洞 见 人 和 时 代

李伯重
文集

发展与制约

明清江南生产力研究

李伯重 著

四川人民出版社

图书在版编目（CIP）数据

发展与制约：明清江南生产力研究/李伯重著.--成都：四川人民出版社，2024.6
ISBN 978-7-220-12561-4

Ⅰ.①发… Ⅱ.①李… Ⅲ.①生产力—研究—中国—明清时代 Ⅳ.①F129.4

中国版本图书馆CIP数据核字（2022）第007703号

FAZHAN YU ZHIYUE：MINGQING JIANGNAN SHENGCHANLI YANJIU

发展与制约：明清江南生产力研究

李伯重　著

出 版 人	黄立新
策划统筹	封　龙
责任编辑	葛　天　苏　玲
版式设计	张迪茗
封面设计	周伟伟
责任印制	周　奇
出版发行	四川人民出版社（成都市三色路238号）
网　　址	http://www.scpph.com
E-mail	scrmcbs@sina.com
新浪微博	@四川人民出版社
微信公众号	四川人民出版社
发行部业务电话	（028）86361653　86361656
防盗版举报电话	（028）86361661
照　　排	四川胜翔数码印务设计有限公司
印　　刷	成都东江印务有限公司
成品尺寸	145mm×210mm
印　　张	18
字　　数	450千
版　　次	2024年6月第1版
印　　次	2024年6月第1次印刷
书　　号	ISBN 978-7-220-12561-4
定　　价	96.00元

■版权所有·侵权必究

本书若出现印装质量问题，请与我社发行部联系调换
电话：（028）86361656

总　序

面对着封龙先生发来的文集校稿，不禁五味杂陈，心潮起伏。从文集所收的第一篇文章《蔡上翔和他的〈王荆公年谱考略〉》发表至今，已是半个世纪过去了。在这半个世纪中，世界发生了巨大的变化，而在整个世界上，中国发生的变化更是巨大。作为这个巨变的亲历者，我也从一个徘徊于史学之门的青年，变成一个被人称为"历史学家"的古稀老人了。

在这半个世纪中，我发表了不少学术论文，具体数量没有统计，应该有一两百篇吧。出版的著作，近来做了一个统计，居然有16部，合著、译著尚不在其中（详见附于各书之后的《李伯重著作目录》）。此外，还有不少学术讲演、笔谈、访谈以及史学随笔等文字，也在各种媒体上流传。四川人民出版社提出为我出个四卷本的文集，我欣然接受了他们的盛意。然而问题就来了，要从以往半个世纪发表的各种作品中，选出哪些作品来呢？我经过反复考虑，为挑选作品制定了两条标准：第一，挑选各个时期中那些比较有代表性的作品；第二，挑选那些目前读者不太方便获得的作品。根据这两条标准，我选出了62篇作品及一部专著，由此分别构成了四卷本文集。这四卷的内容大致如下：

第一卷《走进史学》，共收文章14篇。这些都是我早期的作品，这些作品显现了我在一种非常艰苦的条件下，是如何努力探索走入史学之门的。

第二卷《发展与制约：明清江南生产力研究》，是我的博士论文。1981—1985年，我在厦门大学就读时，在恩师傅衣凌先生指导下攻读中国经济史博士学位。我所作学位论文，题为《明清江南工农业生产六论》，完成于1985年春，并于当年夏通过了由经济史学泰斗吴承明先生主持的论文答辩，取得博士学位。自厦大毕业后，我对论文继续加工，增益修润，于1988年写成此书初稿。承台湾"中研院"刘石吉先生将书稿推荐给台湾著名的学术出版社联经出版事业公司，联经公司请了台湾"中研院"院士刘翠溶先生进行审阅，刘先生对拙稿做了精心审查，提出了很多非常精辟的意见，我根据这些意见做了修改。出版之前，承蒙先家父李埏先生惠题书名，并承吴承明教授和日本科学院院士斯波义信先生惠赐序文。傅衣凌先生、李埏先生、吴承明先生、斯波义信先生、刘翠溶先生和刘石吉先生都是著名的中国经济史学家，此书有幸得到他们的指教，实为学术史上的一段佳话。我对他们的指教一直深为感激。如今，其中傅衣凌先生、李埏先生、吴承明先生已经驾鹤仙去，斯波义信先生、刘翠溶先生和刘石吉先生也都进入了耄耋之年。重新刊出此书，也可以表达我对他们的感激和思念。此外，因为此书在国内不易获得，借此机会收入文集刊出，可以使更多学者读到。

第三卷《江南之外：中国史论集》，所收是一些我在江南经济史研究之外的作品，共16篇。我从1978年到厦门大学攻读研究生开始，就一直主要做江南经济史研究。但是如苏东坡诗"不识庐山真面目，只缘身在此山中"，要更好地研究江南，就必须对江南之外的情况有更多的了解。因此，在江南经济史之外，我也写了若干关于经济史理论和中国整体或者中国其他地区经济史的文章，并且翻译了一些相关的著作。这些作品，有助于年轻学者开阔眼界，从而把所研究的问题放到一个更大的视野中进行讨论。

第四卷《新视野，新历史：讲演、书序与书评》，选收了各种题材的文章32篇，包括我近年来所作的一些学术讲演、书序与书评。我在做经济史的研究时，也密切关注中外学界的新动向，力求从中获取新的知识，扩展自己的视野。由于新知识的启迪，我也不断产生新的看法。把这些新看法讲出来或者写出来，以便能够和学界内外人士进行交流，以检验这些看法是否有问题。其中的讲演，主要是面向经济史学界之外的朋友。书序与书评虽然主要是面向经济史学界中人，但学界之外的朋友也可能会感兴趣。不论是界内还是界外的朋友，如果对历史有兴趣，希望这些文章能够有助于他们更多了解中文史学领域的一些新进展，从中获取一些新的知识。

总而言之，这部文集虽然所收作品有限，但也从一个方面反映了我半个世纪的学术生涯的情况。我的学术生涯并非独特，因为和我一辈的许多学者也有着类似的经历。2017年，我接受了作家、书评人许金晶先生的采访。他采访的对象除了我，还有莫砺锋、陶思炎、胡星亮、钱乘旦、俞可平、马敏、罗钢、庄孔韶和葛剑雄九位学者，连同我总共十位，都是新中国建立学位制度后，文科各个专业方向的第一位博士。许先生和《大众考古》杂志编辑孙海彦先生将这十位学者的采访录编成《开山大师兄：新中国第一批文科博士访谈录》一书，于2019年由江苏人民出版社刊出。读者倘若有兴趣和时间，不妨读一读此书，从中可以看到我们这一辈学者所走过的治学之路，也可以看到每一位学者的人生之路是和国家的命运紧密联系在一起的。没有改革开放，这十位学者的命运就完全不同了，也很可能就没有这十位学者了。不仅是学者，每个中国人的个人命运都和国家命运紧密联系在一起。这一点，也是我在重读这本文集校稿时的最大感想。

　　文集所收的作品写作于不同的时期，在这些时期，由于当时学术环境的限制，这些作品在所论的主题、行文表达方式乃至所用词语等方面都有不同之处。这些不同是由中国史学在这半个世纪中发生的变化所致，因此可以作为中国学术史演变的一个见证。为了使今天的学者（特别是青年学者）能够更好地认识和体会新中国史学的变迁历史，文集对所收作品尽可能保存原貌，除了对原文中的错别字和标点符号进行了更正之外，基本上没有做出更多的改动。这一点，在此对读者作一个说明。

　　四川人民出版社和封龙先生及其同事在文集的编校和出版工作方面投入了大量的精力，力求做到精益求精。因为他们出色的工作，使得文集能够以现在这个面貌和读者见面。在此，我对他们深表谢忱。

2024年4月29日于燕园

吴承明序

　　李伯重君是我国年轻一代的经济史学者。他于七十年代末开始致力于江南经济史研究。1981年在韩国磐先生指导下完成硕士论文《唐代长江下游地区农民个体生产的发展》。以后研究宋、元江南经济，然后集中到明清，陆续有成果问世。1985年在傅衣凌先生指导下完成博士论文《明清江南工农业生产六论》。《六论》内容迭经深入探讨，以专题论文发表，受到史学界重视。他又以"趋势与前景"为题，另撰英文稿，提交1987年1月在美国召开的"中国史研究经济方法讨论会"。1988年1—7月，伯重君应邀在美国加州大学洛杉矶分校讲学，同时，吸取中外学者意见，重撰本书，定名为《发展与制约：1368—1850年江南生产力经济史研究》。因此，本书乃是他长期研究江南经济史的成果，与他同时完成，已付梓的《唐代江南农业的发展》成姊妹篇。我得先睹原稿，不胜欣慰。

　　本书发掘许多罕见资料，论证严谨，殊多创新见解，几乎翻开每页都可见其功力。全书是以生产力和地区经济为研究对象，这在我国史学界尚属新开拓的领域，本书也许是第一部这种研究的系统专著。因而，我想借本书出版之际，就生产力和地域经济史研究的方法论方面略述管见，以求教于读者。

一

　　经济史应当是研究各时期社会生产、交换、分配、消费的历史，其中人们劳动生产的成果及其效率尤应是考察的基础。但是，1949年以来，我国大陆经济史的研究长期集中在生产关系上，甚少研究生产力。这大约有两个方面的原因。其一是我国史籍比较重视典章制度，而少生产实践的记载，以致田亩只是纳税亩，"天下粮谷"实指赋额。劳动、生产统计资料缺乏，研究者也往往驻足。其二是我国大陆用马克思主义研究经济史实际始于20世纪30年代，为适应土地革命和社会革命的需要，自以研究生产关系为重点。五十年代曾有一场关于经济史研究对象的讨论，占主导的意见是经济史应当研究生产关系的演变过程，而生产力只是"条件"。这显然是受当时苏联经济史学理论的影响。到六十年代中叶至七十年代中叶的十年动乱中，批判"唯生产力论"，生产力的研究成为禁区，史学界深感窒息。1979年起，我曾在几个场合提出这个问题。我说"不研究生产力，经济史就愈讲愈空，变成社会发展史"；"不讲生产力，生产关系的演变也就无规律可言了，'穷过渡'的理论正是这样产生的"。伯重君就是在这时开始生产力研究的。近年来情况有了变化，尤其是"生产力标准"提出来以后。既然生产力是评价社会主义初级阶段的标准，是否也是历史上评价社会的标准之一呢？[①]

　　研究历史上的生产力，在我国史学界可说是一个新的研究领域，但它也并非陌生。首先，1949年以来，我们的当代经济史研

---

① 吴承明：《关于研究近代经济史的意见》，《晋阳学刊》第1期，1982。

究，都是以生产力为中心的；在体系上，也多是以几个五年建设计划分期，以社会总产值、国民收入、积累与消费、劳动生产率等为主要指标。其次，西方经济史学者，包括他们对古代经济史的研究，一直是十分重视生产力，也可说是以生产力为主的。近年来发展经济学和历史计量学兴起，也都可以供我们借鉴。但是，研究当代中国宏观经济的方法，很难适用于对中国古代经济的考察，上述社会总产值等那些主要指标，即使在明清时期，也难予估算。西方学者虽然在人口、市场、价格等方面的研究有很大贡献，但他们常是以近代或资本主义的观念来模拟古代。十八世纪中叶当经济史作为一门学科在法国出现时，即流行着"各历史时代经济问题基本相同"的理论，[①]因为它们都是受供求关系支配的。晚近流行的，无论是新古典主义的增长模式，或是结构主义的不平衡增长理论，也都不能直接应用于中国古代经济。因此，生产力研究虽然并不陌生，但要具体写一部唐宋或明清生产力发展史，在方法论上仍然需要一番创建功夫。

生产力的发展有它自己的规律，例如优化结构或优化资源分配、适度规模、时序、自组织性等。这些规律往往是非感性的，需要一定的理论指导。我们研究经济史要以政治经济学的基本原理为指导，这点已成共识。过去人们常把政治经济学定义为研究生产关系的科学，它那种以抽象范畴为架构的研究方法，也成为我们经济史忽略生产力研究的原因之一。其实，政治经济学并非仅以生产关系为研究对象，并且也不限于资本主义生产方式。广义政治经济学，按照恩格斯在《反杜林论》中的界说，是研究各个历史时代的生产和交换的规律的科学。马克思的再生产理论，诸如社会必要劳动在各部门的比例分

[①] 参见《剑桥欧洲经济史》第五卷（1971年英文版），第1—2页。

配、两大部类之间的关系等,是适应于各种生产方式的。伯重君在本书中提出,生产力的发展即是社会再生产的扩大。因而他的研究是以马克思的再生产理论作为基本指导思想,发展的条件和制约的因素也是以社会再生产的扩大为目标。这就给他的全部研究找到一个坚实的立足点,展开思路,形成高屋建瓴之势。

从方法论说,对于生产力的研究大体不外系统论和因素分析两种思路(approach)。伯重君在本书中不是从一定的生产模式出发,而是从各个生产部门、生产过程入手。模式的方法近年来我们已广泛应用,但用在历史研究上局限性很大。历史本来不是按照既定模式发展的,对古代史来说也很难用模拟方法构造一个可以推导变量的公式。本书从每个部门的生产过程入手,是利用投入—产出原理,并尽可能用计量学方法,分析其劳动、物质以至文化技术因素,考察其区域内部和外部的条件,探讨其扩大再生产的前景。

以农业生产为例。作者根据大量直接间接资料,经过详密考察后认为,到明清时期,江南水稻生产已达到传统农业劳动投入的极限,集约化程度的提高已主要是依靠以肥料为代表的资本投入了。而桑、棉和其他经济作物的生产,则另有不同情况。这种产品间的不同情况,又导致水土资源的再分配和人畜力之间的借雇,即导致资源利用的合理化。作为有力证明之一是作者计算的水稻生产的劳动投入量,在中晚唐已达每市亩11.9个工,而明末亦不过12.1个工,清中叶约10.5个工,反之,肥料的投入量(折合标准肥)在明清时代增加了80%强,种子、水利等方面的资本投入也有增长。这个结论,不仅与一些单从人口与耕地比例得出来的集约化概念不同,对于晚近研究中提出的边际收入递减下的生产和"农业内卷化"(involution)理论在江南这个人口最密地区的适用性,也提出挑战。

本书采用从生产部门入手的因素分析法,自然未能包罗全部生产和流通，对发展与制约因素的分析也不能巨细无遗。因而，对于整个地区的社会净生产、积累与消费等未能作出宏观概括。这是这种研究方法的缺点。不过，就生产力的研究来说，作者已考察了当时的主导生产部门和其他重要生产部门，包括运输部门，对于江南生产力的整体功能已经足以概括。至于发展与制约因素，本来难以求全，其中有些亦非经济史本身的研究任务。本书所论诸如能源与动力问题，铁、木和其他原材料问题，肥料问题，都是江南工农业生产中关键性的问题；人力、水运与地理条件，则是本地区之所长。这种探讨，可谓抓住重点，纲举目张。尤其是能源、肥料两章，考证纂详，见前人所少见，发前人所未言，在中国经济史著作中，洵属佳构。尚有一节，作者对于前人已有的论证，不再重复。如清代已占江南产值第一位的纺织工业，作者尊重前人"硕果累累"的研究成果，本书完全免论。这又是一种十分可贵的文风。

二

区域经济史也是近年来新兴的研究方法。以中国之大，各地区经济发展极不平衡，区域史的研究实在是一条必行之路。在这方面，海峡对岸的台湾学者比我们先行了一步，他们从1973年起即组织力量，分别进行沿海沿江十个省的近代经济史研究。其实，我国史学早有区域史的传统，历代地方志即属此类，其文献之丰富为世界仅见。江南尤多，及于镇市乡里，伯重君搜检殆遍。不过，方志及前人著述大都是按行政区划，非经济区域。本书以自然条件为主，将"江南"界定为明清的苏、松、常、镇、应天（江宁）、杭、嘉、湖和太仓八府一州，而这个地区在人文和历史上也是一个特定概念，与今天的长江三角洲经济区也大体一致。这就使得本书的研究更具有现实意义。

从方法论说，区域经济史的研究可以有纵和横的两个方面，当然，两者是互为交叉的。原来区域经济的研究，已从早期的区位论、传播论进至今天的区域成长理论。从纵的方面说，因为划定区域，可将研究时间放长，探讨本区域经济成长的长期趋势和阶段性或周期性变化。西方称之为空间与时间研究法（spatial and temporal approach），近年颇为流行。本书因是研究明清经济史，对于江南经济发展的阶段性或周期性未予详论。但是，作者的考察是从唐代开始的。许多问题，特别像人口、农业、自然条件等，不是一两代时间就可得出定论。如前述作者关于江南农业生产集约化的研究，是与唐代比较，才肯定其质的变化。在手工业方面，又多是与宋代比较，才作出结论。不仅如此，作者的研究又是"瞻前顾后"，从鸦片战争后江南经济的重大变化来探讨其所以发生变化的内部条件和潜在因素，这才能对明清江南地区生产力有较全面认识。

区域经济史在纵的方面特长之一是它的探源的功能。在明清时期的江南，确有十七世纪法兰德斯、列日等地区出现的那种为市场而生产的农民家庭手工业区和商业化农业区并行发展的现象。并且，和欧洲不少地区后来发生的逆工业化趋势不同，江南地区确是在十九世纪六十年代以后成为中国工业化漫长行程的始点站。总之，作者在明清江南生产力的研究中，是把中国近代化的道路作为思想线索，从而探讨这一地区实现工业化的因素与制约，已有的水平和未来的发展途径，存在的矛盾和解决的道路等。我认为这种思考是中肯的，也是作为经济史学家应有的胸怀。历史研究毕竟是为现实服务的。

横的方面，即本区域与外区域的关系，在区域经济史的研究中，较之纵的方面更为重要。近年来在区域经济研究中的一些理论，如中心与外围（core and periphery）理论，区域间发展由不平衡（甚至极化）到平衡、由无序到有序的理论，都是横的方面的问题。这些理论都还在探讨中。不过我们在现实生活中已有过经验和教训。例如我们近年来确定区域经济发展的"龙头"政策，显然是正确的。而1949年以后相当长时期急于要求各地区平衡发展，或许值得商榷。

区域经济史研究的横的方面，首先是把外区域作为本区域经济成长的环境来进行考察，包括劳动力、资本和产品的移进和移出，文化和技术的传播，以及其扩散、互补、竞争等效应。国外某些研究中国经济史的学者曾提出，迄明清时期，中国各大经济区的发展仍属独立的、自给性的（autarky）的看法；国内也有人强调封建社会地区经济的封闭性。本书作者是把明清时期的江南，看成是一个全国性自由交通和贸易的中心，北至东三省、西至川滇，南至两粤，无不互有往来。海外，尤其是南洋和日本，也交往颇盛。我以为，这是符合历史情况的。中国早就是个在政治上和文化上统一的帝国，地主制经济也与封建西欧的领地割据制度有质的不同。地区间经济发展的差距的确很大，贫富悬殊。不过，这是自然和社会条件使然。并且，按照前述区域经济成长的理论，发展的初期会加大区域间的不平衡状态，即所谓极化效应，然后才能向平衡发展。

江南地区缺煤铁，少地下资源，明清时期已粮食不能自给，靠外区接济。但是，它仍然是我国经济最发达的地区，以迄今日。探讨其发达之由和发展之路，正是区域经济史研究的任务。作者这里是把江南置于整个中国之中，乃至置于东亚大环境之内，来进行研究的。江南要取给于外区才能生存和发展，但是它给予外区的大约还多于它所取的，这从江南赋税占全国之半，以及北上船只往往回空，可以想见。而这种不平衡也正是江南经济的主要制约。只有外区经济有了进步，江南在能源、原材料和粮食上得到保证，它才能进一步发展。而江南也有支持外区经济进步的人力和财力，包括知识和技术。其互相作用的结果，就会促进整个中国经济的自组织，进入有序。以上所述，也许是作者研究江南生产力的思路或主旨。不论我上述想法是否符合作者的本意，就方法论来说，作者的这种努力无疑会给人以鼓舞，至少，他在中国经济史的研究中开拓了一条道路或思路。

我热烈地祝贺本书的出版。

中国经济史学会会长

中国社会科学院经济研究所研究员

吴承明

1988年11月23日于北京

斯波义信序

目前，中国正在进行的经济改革和产业的发展，在不远的将来，无疑将会对世界经济产业产生无与伦比的影响和冲击。面对着这场举世瞩目的现代化运动，我们有必要回顾一下其远始期（1368—1850）的发展，究竟为当前的现代化作了何种准备，有哪些不足，特别是作为经济成长中心的江南地区究竟表现出何种具体状况，经历了怎样的发展过程。本书针对这一中国经济史研究的关键问题，以生产力发展的历史为基础，对浩瀚的基本史料作了细致周到的定性、定量分析，为国际学术界提供了系统缜密的新见解，将成为空前的里程碑。

素闻本书作者李伯重教授是傅衣凌老师的高足，自从在厦门大学完成硕士论文（1981）和博士论文（1985）之后不到十年的岁月里，他掌握了新的方法，具有洞察问题的能力，在马克思主义经济史学的基础上，吸收许多欧美的新理论，坚持实事求是的态度，旁征博引，用史料具体地阐述史实，开展前人未曾进行过的研究并获得成功。我钦佩李伯重博士坚持不懈的奋进精神和精湛的学问，并对本书的出版表示衷心的祝贺。

本书全面生动地阐述了构成1368年到1850年江南"经济社会化"的方面及其受制约的方面，系统地揭示了与此问题相关的基本史料。除了上述的巨大贡献外，在许多方法上对今后进一步的研究具有启示意义。第一，断面相关分析（cross-sectional analysis）：

本书除了列举丰富的直接史料外，还集中地对史料进行严密的定性考证，截取特定的时间和空间，抽取出在综合研究生产部门、生产要素上不可缺少的、大量的、多方面的新的数值指标。这种方法，不仅有助于有机地、联系地理解中国江南农业的长期集约动态，而且还提高了同英国事例进行跨社会（cross-societal）比较计量研究的精度。第二，地域分析方法：中国是世界上最大的社会，具有高度的复杂性，因此地域或地方的差别甚大。把一个国家、一个社会全体作为考察的单位，不以地域为媒介而把其视为单纯的、直线性的标准式发展，会导致不正确的结论。我们首先应该将地域经济动态的周期循环同经济变化的内因、外因联系起来加以考察。细致而彻底地再现地域单位的经济实态，将为今后综合性的整体研究提供基础。第三，供需结构的综合性研究：经济的集约化，尤其是在考察伴随着肥料、选择商品作物而来的集约阶段的经济时，对供给方面及对消费的性质、内容、投资的需求等需求的形态和结构进行考察是必不可少的。本书满足了学术界在这方面多年的渴望。第四，平原型经济集约的研究：傅衣凌教授重点分析研究山区型经济的发展，而李教授则探明了长江流域平原区的经济化、立足于剩余输出的发展动态。这一研究，使得对在与经济成长相关的多样性生态系统中的资源利用方式，有可能进行均衡的相互比较。第五，社会内比较（intra-societal comparison）与社会间比较（cross-societal comparison）的综合：本书比较英国的事例，不局限于对江南地域内生产力水平的全面考察，而且还将地域间的经济成长、产业分化、海外诸国同江南之间贸易上的物资需求结构纳入研究范围，通过范围广泛的比较，对棉纺织业、丝织业的发展，稻米、矿物、木材、日常物资的需求，肥料的产销等等问题进行分析，作了扎实而具体的论述。

李伯重教授曾对唐代长江下游地区的农业经济史作过透彻的分析，现在又进一步对明清江南经济的形态进行缜密而敏锐的考证研究，我相信他从总体上系统地阐明中国经济史将是指日可待的事。笔者多年来从事宋代江南经济史的研究，犹如蜗牛爬行，远不及本书之光芒四射。阅读本书，使我能够更加明确宋代生产力的水平，从而得到莫大的教益。我相信，本书将成为想了解中国经济史的全世界学者们必读、共有和受益的金字塔。希望李伯重教授珍重身体，与全世界的同仁一道创造出更多的学术成果。

日本东京大学东洋文化研究所所长、教授

斯波义信

1988年12月吉日

（韩昇译）

前　言

对于研究经济近代化的学者来说，中国的近代化似乎一直是一个难解之谜。

在《中国的近代化》一书的开头，饶济凡（Gilbert Rozman）先生以惆怅的笔调写道："在世界近代（modern era）晨曦初现之时，如果说欧美之外有何国家会从低收入的农业社会，过渡到面向科技运用的城市化工业化社会，简言之，会近代化的话，那将是中国。"然而，"当与近代化相关的各种发展方式开始出现于世界之时，中国非但未能跻身于先进国（first comers）之列，而且在一个多世纪中，她甚至未有迹象会变成一个我们所说的'成功'的后进国（late comers）"。[①]

然而，中国的近代化之谜还不止此。在饱经一个多世纪的挫折与磨难之后，到20世纪后半叶，中国的经济近代化步伐突然加速。自1960年代以来，香港、台湾经济先后起飞，至今一直保持着良好的发展势头，大陆经济在1980年代取得惊人成就，进入1990年代后依然气势如虹。倘若大陆能维持目前的发展速度，在21世纪前半叶，其国民生产总值（GNP）将超过美国，成为世界第一经济大国。

中国的经济近代化为什么会呈现出如此扑朔迷离、曲折复杂的

---

① Rozman, Gilbert, *The Modernization of China*, Free Press（New York）, 1973, p. 1.

情状？许多年来，中外学者一直苦苦探求解开此谜的答案。虽然各人见解尚有出入，但如今大多数学者在以下一点上已取得共识：尽管外力对中国近代化有重要影响，但是中国近代化的动力与阻力，主要还是要从中国传统的社会经济中去寻找。因此全面、透彻地认识中国传统的社会经济，乃是解开中国经济近代化之谜的关键。然而，以中国之大，历史之长，社会经济之复杂，穷一人之力，要想对中国传统的社会经济作一个全面、透彻的研究，是绝无可能的。因此我们必须设定一定的时空界限，选择一定的研究对象。对于此书而言，设定的时空界限是明清江南，选择的研究对象则是生产力。下面，我们先对这些设定与选择的内容作一简要说明，然后再谈谈作这些设定和选择的理由与原因。

一、本书所说的"明清时期"，上限起于明洪武元年（1368），下限止于清道光三十年（1850）。作这样限定的主要理由是：明代的建立标志着中国历史上一个新时代的开端。此前长达二百余年的分裂、战争、动乱和暴政，到此告一阶段。1368年以来的近五个世纪，大体可称安定和平。特别是对于江南地区，更是如此。即使明清鼎革和第一次鸦片战争等重大事件，也并未对江南社会经济造成毁灭性的冲击。但到1850年代和1860年代，江南却成为有"世界史上规模最大的内战"[1]之称的太平天国战争的主战场。在这场惨烈的十年大战中，江南人口减少过半，[2]社会经济也受到无可估量的损失。因此，把我们研究时期的下限定在太平天国战争前夕的1850年是合理的，因为本书所要研究的，是相对"正常"时期的情况，

---

[1] Ho, Ping-ti, *Studies on the Population of China, 1368—1953*, Harvard University Press (Cambridge), 1959, p. 238.

[2] Wang, Yeh-chien, "The Impact of the Taiping Rebellion on Population in Southern Kiangsu", in *Papers on China*, vol. 19, East Asian Research Center, Harvard University (Cambridge), 1965, pp. 210—211.

而不是战乱等"非正常"时期的情况。

在江南经济史上,1368—1850年间的五个世纪,还有另一层意义。众所周知,中国最早的近代工业,是洋务派在太平天国战争中和战争后模仿西方建立起来的军火工业和少数民用工业。这些工业主要集中在上海,亦即江南新的经济中心。虽然早期的近代工业规模很小,在国计民生中的地位微不足道,但从生产力研究的角度来看,这些近代工业的出现却是划时代的大事。中国真正的经济近代化进程,实际也是肇端于此。因此对于江南经济近代化的实际历程而言,1850年代也是一个分界线。1368—1850年间的五个世纪,可以说是江南传统经济在基本未有外来新因素引入的环境中发展变化的最后一个时代。

二、本书所说的"江南地区",确切范围为明清的苏州(包括由苏州析出的太仓州)、松江、常州、镇江、江宁(应天)、杭州、嘉兴、湖州八府。为什么作这样的界定?详见附录一。这里仅简单谈一谈选择这个地区进行研究的主要原因。

至迟到南宋时代,江南已成为全中国经济最发达的地区。在明清时期,江南仍保持着这种领先地位。太平天国战争后,江南经济在一些方面出现历史性大倒退,但在另一些方面却有重大进步。相对于中国其他地区而言,在1850年代以来的一个世纪中,江南的经济近代化最有成就。至1937年日本侵华战争爆发前,在许多方面,江南已是中国以及亚洲工业化水平最高的地区之一。到1980年代初,尽管这个地区的人口仅占大陆人口的二十分之一,面积更只占二百分之一,但其工农业年产值却占大陆的六分之一以上。其中工业产值占大陆的五分之一。农业产值的比重稍低,但是粮食、棉花、肉类、食用油的人均产量均高于大陆人均产量,丝、茶产量则占大陆的五分之一。外贸额亦占五分之一左右。虽然这个地区自明代以来的经济发展情况，对于中国其他地区是否具有"典型"意义，尚难下结论，但是这个地区的经济发展，确实常常比中国大多数地区快一拍，并常为后者仿效，[①]从这个意义上来说，在中国经济近代化研究中，江南占有特殊的地位，值得更多地予以注意。

三、生产力，指的是人们征服自然的物质能力。根据大陆经济学界近年出现的"生产力经济学"学派重新作出的诠释与界定，"生产力"大致包含以下内容：

首先，生产力由不同的物质因素组成。尽管学术界对这些物质因素的种类与性质尚有歧见，但可以肯定的是：即使这些因素在种类上基本一致，但在不同的时间与地点，各个因素在其质与量方面并不相同，各个因素之间的结合方式也有差异。其次，生产力是一个社会生产的所有部门、所有单位构成的体系，这些部门、单位，既相互依存，又彼此制约，关系错综复杂。第三，生产力的发展遵循自身独有的规律，不依人们意志为转移。这些规律，有的属于宏观规律（如社会生产两大部类的协调平衡等），有的则为微观规律（如具体生产过程中不同种类生产要素的配合使用与相互替代等），通常并不与某种社会形态有必然的联系。第四，自然物质在被人类利用之后，就转化为生产力的组成部分，因此自然资源的种类、数量、质量、分布等，对生产力有重大影响。第五，任何一个时代的生产力，都以前一时代已获得的生产力为基础，同时又成为后一时代生产力发展的起点。第六，某一时代不同地区的生产力发展，彼此之间常常存在着程度不同的相互影响，而且时间愈是往后，影响也愈为强烈。最后，生产力与生产关系之间的相互作用，也对生产力有重大影响。

---

① 参阅 Huang, Philip, *The Peasant Family and Rural Development in the Yangzi Delta, 1350—1988*, Stanford University Press(Stanford), 1990, pp. 246—251, 259—265.

不难看出，以上要点，其实大多也是西方现代经济学的重要内容。但是与西方现代经济学一般关注点不同的是，"生产力"这个概念更集中于生产的科学技术、经营管理等实际运作的方面，而较少涉及生产中的制度环境、制度安排等方面（后面这类问题，在大陆的马克思主义经济学中，被归入"生产关系"的范围）。由于本书旨在探讨前面一类问题，为了凸现本书所要研究的对象，我们觉得还是以"生产力研究"为题更佳。

至于为什么要强调生产力研究，主要是出于以下两个原因：第一，生产力在社会经济中所处的特殊地位，使生产力研究应当受到特别的重视。第二，在以往的中国经济史研究中，生产力研究比较薄弱，因而现在尤有加强的必要。这种薄弱，造成了中国经济史研究中理论与实践的脱节：理论上是生产力决定生产关系，在研究实践中则是重视生产关系，忽视生产力。在一些重大问题（如"中国封建社会的长期延续""资本主义萌芽成长缓慢"等）的研究中，由于对生产力的研究欠深入和欠全面，最后仍不得不到生产关系中去寻求根本原因，从而实际上得出了生产关系决定社会发展的结论。不难看出，这种理论与实践的脱节，是影响中国经济史研究健康发展的重大障碍。此外，在以往很长一段时期内，中国经济史研究还受到政治上的那种名为反对"唯生产力论"、实则鼓吹生产关系决定论的极"左"思潮的严重干扰。1979年以后，中国学界重新认识到生产力的决定作用，因而在对现实经济的探讨中，大力加强了对生产力的研究。那么，在经济史的研究中，为什么不应当大力加强生产力的研究呢？

最后，简单地介绍一下本书在内容、方法、结构等方面的主要特点。

生产力研究的内容甚多，方面很广。江南是近千年来中国最主要的经济地区，而本书所说的明清时期（1368—1850）又长达五个世纪。因此明清江南生产力之发展在整个中国经济史研究中的地位特别重要，可以研究的内容也特别丰富。以一人之力，想要把明清江南生产力的所有内容都钻研深透，显然是不可能的。另一方面，虽说过去学界对明清江南生产力的专门研究相对薄弱，但在若干具体问题的探索中已取得相当的成果。例如对工业中的纺织业，农业中的水利、技术、经济作物种植，江南工农业生产的原料输入与产品输出，社会生产的组织形式（小农经营与上农经营、小手工作坊与手工工场）等问题的研究，都相当深入，成就卓著。为避免重复前人的工作，本书不拟作全面探讨，而仅选取一些意义重大、前人涉及较少的方面，作为研究的题材。当然，在题材取舍上力求不重复前人已做的工作，并不意味着本书没有尽可能地利用学术界已有的研究成果。在此，我们要强调：没有中外学者过去所做的大量工作为基础，本书是不可能完成的。

中国近年兴起的"生产力经济学"，虽在强调生产力研究的重要性方面功不可没，但仍属初创，尚未完备，不可能为我们的明清江南生产力研究提供具体的和切实可用的方法。因此我们还须寻求其他的方法。在分析明清江南不同产业部门之间的关系时，本书采用了马克思关于社会生产两大部门的协调平衡及其所需条件的理论。而在讨论许多具体问题时，则采用了当代经济学常用的一些理论与方法，例如供求关系分析、投入—产出方法、数量研究、生产要素的相互替代理论等。此外，为了清楚并客观地了解和评价明清江南的生产力发展状况及其物质条件状况，本书还采用了比较研究的方法，以15—18世纪中期工业革命以前的英国与明清江南进行比较。其所以选择英国，是因为只有英国才是经济近代化产生与发展的典型地点。众所周知，英国工业革命具有世界性的影响，其他国家的经济近代化，都或多或少地受到英国工业革命的推动或刺激。从这个意义上来说，只有英国经济近代化的历史进程最为自然，最为完整，因而也最具典型意义。当然，由于中英各方面情况差异很大，实际上的经济近代化道路也迥然而异，因此如果是作实际上的江南经济近代化的比较研究，似乎日本是更为合适的对象。但是本书没有那样做，因为本书研究的是工业革命以前那个历史时期的情况，而日本的近代工业化，同所有后进国家（late comers）一样，受到先进国家（first comers）的强烈影响，不完全是出于自身的原因。

最后谈谈本书的结构。如前所述，本书并不是一部全面探讨明清江南生产力的著作，而只是选取明清江南生产力若干重要内容来进行探讨。本书的八章，每一章都是一个专题研究。但是这并不意味着本书是一部缺乏统一主旨的松散论集。正如本书标题所示，本书的研究重点，在于明清江南生产力的两个方面——发展状况与发展所受到的主要制约因素。在研究发展的头四章中，前两章讨论工业各部门的发展。其中重工业（第一章），过去研究很少；而轻工业（第二章），除纺织业外，原有研究也不多。因此这两章的重点，是描绘重工业各部门和纺织业以外的轻工业各部门发展的概貌。第三、四两章讨论农业发展，避开了以往研究较多的水利、技术、经济作物种植等专题，集中于探讨农业发展的主要手段——生产的集约化（第三章）和资源利用的合理化（第四章）。第二部分（后四章）着力于分析明清江南生产力发展的主要制约因素。第五、六章分别讨论能源与材料问题，第七、八章则研究肥料与外部市场问题。其中能源、材料问题，以前尚无人研究。肥料问题有一些研究，但欠深入。外部市场问题研究者不少，然而着眼点与我们不同。最后是附录，探讨正文中曾涉及，但未展开详论的一些问题。

在结束本章时，我们还重申：本书虽然讨论了明清江南生产力发展中的若干重要问题，但还只是一些方面，而远不是全部；我们在研究方法的改进上做了努力，但所用方法仍欠完备。一些重要的工作，例如如何运用经济数学的方法，从宏观方面去分析明清江南社会生产两大部类的比例关系、编制社会总产品的投入——产出模型、考察社会总劳动的分配等，也还有待日后作进一步探索。因此对于我们的长远研究目标而言，本书还仅仅是一个开端。如前所述，明清江南生产力研究是一项意义重大而难度甚高的工作，我们衷心希望有更多的学者和我们一道进行这项工作，使这个研究达到更高的水平。

目 录

上编　发展篇

第一章　重工业的发展 / 003
　　第一节　生产工具制造业 / 004
　　第二节　建材工业与矿冶业 / 015
　　第三节　造船业（附修船业）/ 025
　　附　录　乾隆三十三年江南杭、嘉、湖、宁四府建材价格一览 / 046

第二章　轻工业的发展 / 051
　　第一节　食品工业 / 053
　　第二节　服装工业 / 070
　　第三节　日用百货制作业 / 075
　　第四节　造纸业与印刷业 / 083

第三章　农业的发展（一）：生产集约化 / 095
　　第一节　主要农业部门生产集约程度的提高 / 097
　　第二节　农业结构改变导致农业生产集约程度提高 / 134

第四章　农业的发展（二）：资源利用合理化 / 158
　　第一节　水土资源的合理利用 / 159
　　第二节　劳动力的合理使用 / 191

下编　制约篇

第五章　能源问题 / 227
　　第一节　动力的使用与供给 / 227
　　第二节　燃料的使用与供给 / 243
　　第三节　能源短缺对工农业生产的影响 / 258

第六章　材料问题 / 271
　　第一节　木材的使用与供给 / 272
　　第二节　铁与其他贱金属的使用与供给 / 287
　　第三节　材料短缺对工农业生产的影响 / 299

第七章　肥料问题 / 313
　　第一节　肥料使用技术的进步 / 313
　　第二节　肥料需求状况 / 328
　　第三节　肥料生产状况 / 351
　　第四节　肥料供求产需矛盾及解决供求 / 369
　　附　录　农家肥的养分含量一览 / 397

第八章　外部市场问题 / 400
　　　第一节　市场地域范围的扩大 / 400
　　　第二节　江南对外部市场依赖的加强 / 411
　　　第三节　外部市场的变化对江南经济发展的影响 / 428

结　语 / 442

附　录 / 461
　　　一、"江南地区"之界定 / 461
　　　二、明清江南蚕桑亩产考 / 475

征引文献目录 / 507
后　记 / 537
李伯重著作目录 / 539

上 编

发展篇

第一章
重工业的发展

　　重工业是国民经济的主要部门之一，即生产生产资料（金属、能源、机器、建筑材料等）的工业部门的总称。[1]

　　在近代工业出现以前是否已有重工业存在？我们认为应当是有的。[2] 从许多国家的历史来看，早在工业革命以前很久，制造生产工具（包括早期的机器）就已形成了一个相当重要的生产部门，而煤铁工业、建筑材料工业、造船工业等在社会生产中的作用更是引人注目。[3] 如果没有这样一个早期的或原始形态的重工业，以后的重工业岂不成了无本之木、无源之水？因此我们认为：在传统社会后期，重工业已出现，尽管与后来相比，还处于萌芽状态。

　　明清江南的重工业，主要包括四个部门：（一）生产工具制造业；（二）建筑材料业；（三）矿冶业；（四）造船业。下面，我们拟分节论述其发展情况及特点。

---

[1] 科兹洛夫、彼尔乌森:《简明经济学辞典》，人民出版社，1959，第277页；辞海编辑委员会:《辞海》（1979年版缩印本），上海辞书出版社，1980，第86页。
[2] 苏联经济学界向持否定态度。大陆经济学界则罕有人注意此问题。
[3] 当然，在近代以前的经济中，煤铁、建材、造船等工业的产品有很大一部分是用于生活消费而非生产消费，但随着社会生产的发展，用于生活消费的比重会日益下降，而用于生产消费的比重则逐渐上升。

第一节 生产工具制造业

明清江南常用的工农业生产工具,在种类、性能、使用及制作工艺诸方面,较之前代并无大异。生产工具制造业的规模,可能随着农民与手工业者人数的增加而有所扩大,但扩大的幅度并不很显著。主要的发展变化,表现为生产工具生产的专业化与商业化程度较前有相当的提高。下面即按各生产部门分别加以概述。

一、农具制造业(附渔具)

明清时期的江南出现了几个较为有名的铁农具生产中心,如吴江县庉村市产铁搭、锄头、铁鋬、桑叉、滑锲等,[①]钱塘县产耙、犁,[②]宜兴县筱里市产铁犁,[③]桐乡县石门镇与归安县南浔镇产桑剪与桑锯,[④]苏州府城内有专门"成造田器"的作坊。[⑤]这些生产中心的出现,反映出江南铁农具制造业中专业化与商业化生产,较过去有所发展。

在各种木农具的制造方面,尚未发现上述现象。不过,在松江、常州的一些地方,明清时有使用大型牛转翻车及风车车水的记载。[⑥]这些水车规模颇大,结构较为复杂,须由专业工匠制作。[⑦]

[①] 顺治《庉村志》(不分卷)"物产"。
[②] 康熙《钱塘县志》卷八"物产"。
[③] 嘉庆《重刊宜兴旧志》卷一"土产"。
[④] 宋应星:《天工开物》乃服第六卷"叶料",中华书局,1959年影印本;《蚕经》一之艺桑;沈氏(名佚):《沈氏农书》,陈恒力校释、王达参校本(即《补农书校释》,农业出版社,1983)。沈襄琴等纂嘉庆《两淮盐法志》"运田地法",嘉庆十一年刊本。
[⑤] 参阅李华《从徐扬〈盛世滋生图〉看清代前期苏州工商业的繁荣》,《文物》第1期,1960。
[⑥] 参阅本书第五章第一节。
[⑦] 《了凡杂著》卷五《劝农书》"灌溉第六":"翻车之制,关捷颇多,需用木匠,可易成造。"

嘉兴县的水车，地方志将其与绢、布等产品同列为该县的主要"货品"，①看来有可能已成为商品。这些，已隐约地显露了木农具制造业中出现专业化与商业化生产的最初征兆。

渔具制造业中专业化与商业化生产的现象比较明显，在某些地方可能还因此而形成了规模较大的手工工场。例如正德时金山卫及中前、中左二所，"女绩男织，皆善为网以渔于海，又为罾以渔于河，多则鬻"，②已开始把渔具作为商品来生产。至明末，金山青村镇更建立了规模颇大的织网业，成为一个渔具制造中心。据时人曾羽王目击，当时该地所织渔网种类很多，"内河则有缯网、打网，为利尚微；外洋则有希网、长网、拖网。男女无田可种者，皆习此业，且为利数倍于田。每见家有四壁，则数十人聚焉，自朝至暮，拮据不休，彼此谈笑，以消永日。勤俭者铢积寸累，以结网而千金数百金者，比比然也"。③从这段记载来看，明末青村织网业中出现拥有数十名工人的手工工场和由织网而得千金、数百金的资本家，是非常可能的。

二、纺织工具制造业

有关江南棉纺织工具专业化与商业化生产的记载，在明代几乎见不到。入清以后，松江一带的纱锭与布梭制造业中，已出现了专业化与商业化生产。大约在顺治末年，崇明县就有了以制纱锭为业的匠人。④康熙时，宝山县月浦镇上已有一批专门制造与出售纱锭的手工业者，⑤同时布梭也成为青浦县的一项重要出产。⑥到了乾嘉

---

① 康熙《嘉兴县志》卷三"物产"。
② 正德《金山卫志》卷下之三"器用"。
③ 曾羽王：《乙酉笔记》，《清代日记汇抄》，上海人民出版社，1982，第10页。
④ 光绪《崇明县志》卷十七"杂志"。
⑤ 光绪《宝山县志》卷十四"轶事"。
⑥ 康熙《青浦县志》卷十一"土产"。

时期，青浦县金泽镇的铁纱锭生产更达到了一定的规模，"东松郡，西吴江，南嘉善，北昆山、常熟，咸来购买"。①与纱锭、布机相比，纺车与布机的专业化与商业化生产出现迟一些，但至迟到乾隆时亦已有之，故青浦县的谢家纺车、徐家布机都已名闻于当时。不过生产规模估计还很有限，局限于少数家庭作坊，因此尚以谢家、徐家名之。到了嘉道时期，上海县蒲溪镇的纺车生产规模已颇大。据记载，该镇东街"又名纺车街，以此街中人多制纺车售也，其长约三百余步"。②可见已是一个有一定规模的纺车制作中心。

丝织工具制造业中专业化与商业化生产的程度相对更高一些。从明代不同时期的一些户籍统计资料来看，当时江南丝织工具的生产就已开始出现专业化了。例如吴江县有筘匠三户；嘉兴县有筘匠八户，篗匠二十六户；秀水县有筘匠二十户，篗匠十一户；崇德县有篗匠六户；海宁县有篗匠五十户。③到了清代，丝织工具生产的专业化与商业化水平进一步提高，出现了一些生产中心。例如康熙时的武康县篦营村，"土人工梳篦，……伐竹其筠，去其节，加刮削焉。……武［康］、德［清］两邑之机工，皆市篦于其村"。④道咸时归安县南浔镇也以产丝篗子著称。⑤但丝织工具生产专业化与商业化程度最高的地方，应当是南京、苏州、杭州等丝织业集中的大城市。这三个城市的丝织机数量极大，清中期均在三万台以上。其

---

① 《金泽小志》卷一"土产"。
② 《蒲溪小志》卷一"街衢"。
③ 乾隆《吴江县志》卷五"户口"；康熙《嘉兴县志》卷二"户口"；万历《秀水县志》卷三"户口"；康熙《石门县志》卷二"户口"；嘉靖《海宁县志》卷二田赋志"军匠"条。
④ 《前溪逸志》"篦营"条。本书引文中的方括号［ ］系本书作者所加注，引文中的圆括号（ ）则均为引文中原有之注。
⑤ 咸丰《南浔镇志》卷二十四"物产"。

他丝织业发达的城市乃至市镇，也各有织机数千乃至上万台。①丝织业如此发达，对织机及各种零部件的需要量当然很大。因而像南京城内专设有机店、梭店、篾子络梭竹器店等，"储材待乏"，为"织户之附庸"。②这些店中所售工具来自何处不详，但以情理推之，主要应为本地所制。据调查，1953年吴江县丝织业发达的盛泽镇上，为土绸生产服务的行业有钢扣（筬）、梭子、纤子、小木作等十五种，从业人员几占全镇手工业与商业总户数的四分之一。③由此推测，清代中期南京等丝织业中心城镇中从事织机及各种零部件生产的工匠，达到很大的数量。这些情况，都反映出明清江南丝织工具生产的专业化与商业化程度，确实有明显提高。

三、其他生产工具制造业

除了农具与纺织工具外，江南使用最多的生产工具是染色、踹布、缝纫、碾米、磨面、酿酒、榨油、制盐、造纸、打箔等行业中所用的各种工具。这些工具种类繁多，难以备述。兹按照制作材料的不同，把它们分为铁工具、陶工具和石工具三类，然后逐次讨论这些工具制造业的发展情况。此外，木工具虽然制作最多，运用最广，但因资料零散，姑略而不论。

在上述行业所使用的各种铁工具中，最值得重视的是铁锅。铁锅是染色、制盐、榨油、酿酒等行业的基本生产工具之一。明清时期，江南的上述行业颇为发达，所用铁锅数量也颇多（例如仅在清代江南各盐场中使用的铁锅与铁盘即近6,000口）。此外，缫丝也需

---

① 参阅本书第二章第四节第一小节。
② 陈作霖：《凤麓小志》记机业第七。
③ 严重敏、刘君德、孙大文、卢奇达：《试论苏锡地区农业发展与中小城镇的关系》，《地理学报》第30卷第3期，1964。

"大釜"煮茧。①明清江南农家养蚕,都是自己缫丝。因此千千万万蚕户缫丝所用铁釜,总数非常可观。这些铁锅釜基本上是江南自产,因而铁锅制造确是明清江南铁工具生产的主要内容之一。

明清时期,江南出现了几个铁锅生产中心,例如桐乡县炉镇、长兴县炉头镇、宜兴县筱里市等市镇。特别是桐乡县炉镇,万历时即已有冶业;而自康熙时已是以"冶铁为业,炉火不绝";到了嘉庆时更是"釜甑鼎鬻之制,大江南北咸仰赖焉"。②从以后的记载得知,这里"大厂专铸铁釜,别有小炉数家铸鼎钟等物",③因此以生产铁锅为主。除上述市镇外,苏州城郊和无锡也是铁锅的重要产地。嘉靖时备倭,苏州城郊冶坊被官府借去铁锅400口。④万历时无锡"善铸炉鼎投壶"等器物,乾隆时又有不少铁锅输出到临清,⑤可见这两地生产铁锅也不少。此外,江南各盐场用的铁锅或铁盘,大多是就地铸造。从记录元代华亭县下砂盐场生产情况的《熬波图》来看,盐场铸铁业亦有一定规模。盐盘一面,用生铁一二万斤,"洪炉一鼓焰掀天,收尽九州无寸铁"。⑥明清江南各盐场仍然用铁盘煮盐,情况与元代大同小异,铁盘总数约6,000口,⑦每年有一部分需更新。因此盐场内的铸铁业,总生产规模亦颇可观。

关于明清江南铁锅釜铸造业的具体生产情况,史籍中材料不多。我于1986年到桐乡县做实地调查时,当地地方志编纂办公室工

---

① 《养余月令》卷二十一"缫丝"条。
② 康熙《桐乡县志》卷一"市镇",卷二"土宜";嘉庆《桐乡县志》卷二"市镇",卷四"物产"。
③ 光绪《桐乡县志》卷七。
④ 胡宗宪:《筹海图编》卷十二"严城守"条。
⑤ 万历《无锡县志》卷三"食货";乾隆《临清州志》卷十一"市廛"。
⑥ 陈椿:《熬波图》"铁盘模样"。
⑦ 据嘉庆《两浙监法志》卷六"场灶"中有关数字统计。这个数字在清代基本无变化。

作人员提供了一份有关该县炉镇（即炉头镇）与毗近的青镇（即乌青镇）"沈亦昌冶坊"的材料。兹摘录于此，可作一参考。

嘉靖时，吴与县竹墩铁匠沈铧（字东溪），迁至桐乡县城，开设铁铺。倭寇犯桐乡，沈铧率其七子，在桐乡四门城墙之上砌造冶炉十余座。倭寇攻城时，以铁汁泼洒，杀伤甚众。倭退后以功授百户，沈铧不受。殁后，其子长房、二房、三房迁往柞溪，开设铁铺，后发展为冶坊，柞溪也因而改名炉头。其中沈济（字绣川）所创冶坊，即"沈亦昌冶坊"，一直延续至抗战时期，方为日军摧毁。咸丰时期，该冶坊曾因战乱一度停产，但至同治初又复兴。同治五年，该冶坊又设分号于青镇，炉、青两冶坊共设冶炉七座。其中炉头有大炉二，小炉三。大坊（大炉）雇佣冶工百余人，均来自无锡。冶坊内分工颇为复杂，有管场（总管全场工作）、浇铁（负责浇铸）、领档（负责冶槽出锅事宜）、风档（负责鼓风工作）、光房（负责揩擦毛锅、修补砂眼）、焦光（专管铜模）、车刀（负责校准冶槽）等工作。冶坊自每年元宵开铸，立夏停火；然后中秋再开铸，年终停止。工作三昼夜，休息一日。立夏至中秋之间，工人亦不遣散，派往宜兴、无锡等地，搬运制造锅坯所需优质粘土回来并制作锅坯。每炉一座，三昼夜可出大小锅釜约五百口，种类有大酒、二酒、刘六、板六、刘小、昔八、昔六、斗十二、直七、罗小、放尖、二尺尖、广九、庆十、七半、计七、萧二、计二、中二、正二、五半、斗北、二尺、大耳、中耳、广十二、广五、连九，共二十八种。小炉三座，后分属沈万兴、沈万聚，主要铸造钟鼎、蜡台、茅锅等，不开长炉，遇有订货，方制坯鼓铸。光绪时，沈亦昌冶坊坊主沈善兼力图改变冶坊工匠尽为无锡人的状况，大力招募本地乡民入冶坊学习技术。经苦心教授，教成一班，可主持一大炉生产。但后继无人，仍然只得用无锡帮。

以上情况，有些可见于明清人笔记及地方志，但多数则采之沈氏家谱及其他数据。沈氏家族为当地望族，坊主沈和甫（又名善宝），清末曾中举人，清亡后又任省议员，颇有影响。沈氏家族经营的冶坊，亦延续至抗日战争。因此据其家谱及后人回忆等数据所追溯的同治时该冶坊生产情况，应属可信。同治去道光未远，沈氏冶坊复兴于同治，则道光时生产情况应当不逊于同治时。如果我们接受这个推断，那么就应当承认：至少说到了清代中期，江南几个铁锅生产中心的铸铁工业，并不像我们过去想象的那样，仍属规模狭小的手工作坊生产。相反，在这些地方占支配地位的，已是某种程度上具有"近代"性质的手工工场了。

其他铁工具，上述各铁锅产地当也生产。此外，吴江县庉村市、震泽县檀邱市、宜兴县张渚市、乌程县戴山及后林等地，也是比较集中的生产地。其中特别是庉村市，嘉靖时居民数百家，"铁工过半"。清初则"附近市上人皆铁工"。所制铁器不仅有铁搭、锄头、稻叉等农具，而且还有切刀、铲刀、火刀、火叉等厨具和鸟铳、三眼枪、盘铳等火器。①还有，像苏州府城内的针、钉和钢锯，②昆山县的针、剪，③华亭县与归安县南浔镇的针，④德清县的钉等，⑤也是生产较多或比较有名的产品，销售范围不限于本地。⑥

当然，上述各种铁器，在当时恐怕还是多数用作生活用具。但

---

① 乾隆《吴江县志》卷四"镇市村"；顺治《庉村志》（不分卷）"物产""村舍"。
② 正德《姑苏志》卷十四：苏州有针作。又据徐扬《盛世滋生图》，乾隆时苏州城内有"钉铗"店铺或作坊（参阅前引李华文）。此外，苏州钢锯制造颇盛，因此同业人士于道光时成立了钢锯公所（参阅段本洛、张圻圻《苏州手工业史》，江苏古籍出版社，1986，第134页）。
③ 康熙《苏州府志》卷二十二"物产"；道光《昆新两县志》卷九"物产"。
④ 乾隆《华亭县志》卷一"物产"。
⑤ 康熙《德清县志》卷四"物产"。
⑥ 例如苏州所产针就有输往日本的。参阅傅衣凌《明代江南市民经济试探》，上海人民出版社，1957。

可以肯定的是，由于铁器生产专业化与商业化程度的提高，其中铁工具生产的专业化与商业化程度也随之而提高了。

陶器也是古代重要的生产工具，在染色、酿酒等行业中，其作用尤为重要。在缫丝业中，"大甑"亦为基本设备之一。①此外明清江南谷物加工中，也使用陶臼舂米。②由于明清江南缫丝、染色、酿酒业发达，需要大量的陶瓮、缸、盆等容器，因此陶器的烧制，也是生产工具制造业的重要组成部分。明清时期，江南出现了几个较大的陶器生产中心。例如宜兴县丁山、蜀山、川埠等地以产陶瓮、缸、盆等容器著称；③嘉善县甓塘灶在明代"居民以陶冶为业"；④安吉州月山窑规模颇大，"业此者百余家，皆宁波人，颇获厚利"；⑤武康县二都市所产"缸瓮大小不一，大者他处用以盛酒浆，远近俱著名"；⑥长兴县除了有名的方山窑外，在长冲、陶坑、窑岗等处还有陶窑。⑦此外，桐乡、德清、石门、钱塘等县也产陶器。⑧这些生产中心的出现，表明陶工具生产的专业化与商业化程度较前有所提高。

明清江南常用的石工具有石碓、石臼、石杵、碾磨、石硙、踹石及打箔用的砧石等。石碓、磨、臼主要产地有无锡阳山，"其石微粗，材中碓臼，供数郡之用未尝乏绝"，"为磨为臼，……工人终岁

---

① 《养余月令》卷二十一"缫丝"条。
② 《双林镇志》卷十三"农事"（原纂）。
③ 康熙《常州府志》卷十"物产"；《重刊宜兴旧志》卷一"风俗"。
④ 《古今图书集成》职方典卷九五七嘉兴府部山川考一。
⑤ 乾隆《安吉州志》卷八"物产"。
⑥ 同治《湖州府志》卷三十三"物产"下引乾隆十二年《武康县志》；道光《武康县志》卷四"市巷"。
⑦ 《古今图书集成》职方典卷九八八湖州府部山川考、物产考；乾隆《长兴县志》卷十"物产"引康熙县志。
⑧ 康熙《桐乡县志》卷二"土宜"；康熙《德清县志》卷四"物产"；康熙《石门县志》卷三"物产"；康熙《钱塘县志》卷八"物产"。

第一章　重工业的发展　011

勤劬以为业"。[1]江宁县安德等乡产麻石,"坚者可为磨碓"。[2]钱塘县南高峰出青石,"极光腻,土人采为金银锡箔墩",[3]供城中众多的制箔工人使用。石臼、杵、碓主要使用于双林以西以南地区,[4]生产当亦在该地。石工具的生产,由于受自然资源限制,一般集中在产石料的地方,这种情况自古皆然。但是,像上述无锡那样发展为一种专业化与商业化程度颇高而且又有相当规模的生产,却是明清时期才出现的新现象。

由上可见,在明清时期,江南地区生产工具制造业中专业化与商业化生产的水平,较以前有相当程度的提高。这个事实,显示出江南生产工具制造业有作为一个独立的工业部门而发展的最初征兆。

明清时期江南生产工具制造业虽然有上述发展,但与16—18世纪前期的英国相比,这个发展却显得十分缓慢。即使是与明清时期国内某些地区相比,江南生产工具制造业的发展也明显地落于其后。

首先,从生产内容来看,明清江南制造的各种生产工具,较之前代并无太大变化,仍然主要是简单的小型工具。以畜力为动力的大型生产工具量不多,水力机械更是几乎没有。[5]特别要强调的是,中国古代的生产工具制造技术曾经达到很高的水平,但在明清时的江南,这些技术成果却大多并未得到运用或未能得到有效地运用。[6]因此,明清江南生产工具制造业,在生产技术与产品种类等方面并没有多大进步,甚至还比不上前代国内某些地区曾经达到过的水平。

---

[1] 康熙《无锡县志》卷十"土产";康熙《常州府志》卷十"物产"。
[2] 弘治《江宁县志》卷三"物产"。
[3] 陈梦雷等编《古今图书集成·职方典》卷九四九"杭州府部物产考"。
[4] 《双林镇志》卷十三"农事"(原纂)。
[5] 参阅本书第三章第一节。
[6] 参阅本书第三章第三节、第六章第三节。

英国生产工具制造业原来比较落后，但自15世纪以后，进步十分迅速。在16—17世纪，英国工业中已越来越多地使用梳毛机、精梳机、金属滚轧机和滚剪机，以及水力驱动的轮锯、轮锤、鼓风机、起毛机、捻丝机等机器。[1]18世纪初叶又将刚发明的蒸汽机用于生产，使用相当广泛，数量也不少。[2]这些机器都是英国本国制造的，表明当时英国在机器制造方面迅速地步入世界前列，并已逐步建立起了一个雏形的机器制造业。马克思在其关于工场手工业史的研究中指出：在欧洲工场手工业时代，不仅已经有了机器制造业，而且它还"日益分为多种多样的独立部门"，同时"制造机器的工场手工业内的分工也日益发展"。[3]而这个情况又以英国最为典型。机器制造业的逐步建立，标志着在16—18世纪前期，英国的生产工具制造业已发展到了很高的水平。与此相较，明清江南生产工具制造业的发展是明显地落后了。

其次，在生产规模的扩大方面，明清江南也处于落后状态。这在铁工具的生产中最为显著。据明代吴江、嘉兴、秀水、崇德、海盐五县县志中户籍资料统计，五县共有铁匠289户，铸匠56户。每户即使以工匠2人计，亦仅共有约700人。明代中后期，铁工人数有所增加，但著名的铁业中心，一般亦仅有铁工百人至数百人而已。例如吴江县庉村市，嘉靖时"居民数百家，铁工过半"，亦即有铁工一二百人。道光时桐乡炉头镇铁工人数按后代情况推测可能有

---

[1] 约翰·克拉潘：《简明不列颠经济史——从最早时期到1750年》，上海译文出版社，1980，第221、312—315、318页；Nef, John U., *The Rise of the British Coal Industry*, Gordge Routledge and Sons Ltd.（London），1932.
[2] 保罗·芒图：《18世纪产业革命——英国近代大工业初期的概况》，商务印书馆，1983，第163—251页；哈孟德夫妇：《近代工业的兴起》，商务印书馆，1959，第102—104页。
[3] 马克思：《马克思恩格斯全集》第23、25卷，人民出版社，1972，第419页。

三四百人。①江南其他的几个铁器制造中心市镇，生产规模似与庵村相近或稍逊之，各有铁工当亦至多不过数百人而已。与此相较，陕西华州柳子镇，嘉靖隆庆时已"有千家铁匠，作刀斧剪之用"。②广东佛山镇，明末清初时"炒铁之肆有数十，人有数千"；③乾隆时则估计炒铁工匠人数更增至5,000—7,000之间，加上其他行业的铁工，总数不下二三万；④至道光时仅制钉工匠即已"多至数千"。⑤湖北武汉汉口镇，其铁器制造业在明代尚未发达，而入清之后发展十分迅速，到乾嘉之际，已有铁行13家，铁匠5,000余人。嘉庆初奉官府之命，"昼夜赶造田器数十万事，约工价五万[两银]"。⑥较之这些地方，明清江南铁器制造业的生产规模显然很小，生产规模的扩大更是十分缓慢。

此种情况若与16—18世纪前期的英国相比，就更为清楚了。英国铁器制造业在16—17世纪中有迅速的发展，所生产的针、钉、刀、锚、轮、炉膛以及精梳机、梳毛机等上千种铁器，数量都有重大增长，从而摆脱了对荷兰的依赖。其他铁制生产工具和工具零部件，如矿井抽水机械及制盐、制矾、制皂、制糖、染色等行业中所用的铁淘盘、铁锅釜、铁缸瓮，建筑业用的铁栓、铁门、铁锁，造船业用的铁铰链、铁线等，也有迅速的增加。⑦与此相应的是，英国铁工和其他金属工人的数量也在激增之中。到17世纪中后期，

---

① 同治时炉头镇沈氏"沈亦昌冶坊"有大炉二座，每座用冶工百余人，共二三百人。小炉三座，每座用人以30人计，共计亦近百人。大小炉合计，则当有三四百名铁工。
② 隆庆《华州志》卷九"物产述"。
③ 屈大均：《广东新语》卷十五"货语"。
④ 民国《佛山忠义乡志》卷六"实业"。
⑤ 参阅罗红星《明至清前期佛山冶铁业初探》，《中国社会经济史研究》第4期，1983。
⑥ 包世臣：《安吴四种》卷三十五《齐民四术》卷十《筹楚边对》。
⑦ 前引Nef书，第169—171页。

英国金属工人的数量已很多。不仅伦敦以铁匠众多而著称，而且从中部高地（The Midland）到沿海，几乎所有的城镇与乡村中都有锻炉。仅伯明翰一地，就有6个各有上千名金属工人的城镇，在谢菲尔德与维甘两地，情况也差不多。另外据当时人所言，伯明翰以西以北地区也至少有2万金属工人。[①]到了18世纪前期，英国的金属工业发展更为迅速，以致金属工业中心伯明翰的人口在1675—1760年间增加了4.5倍，增加幅度高居全国之首（增幅第二的是海外贸易中心利物浦，其人口在1700—1740年间增加仅1倍）。[②]而上述明代江南吴江等5县，五金匠（铁匠、铸匠、熟铜匠、点铜匠、镀金匠、钉铰匠、罗刀匠、锡匠等）总数不过878户，每户工匠以2人计，尚不足1,800人，与英国相比甚为悬殊。由此可见，明清江南铁器制造业的发展，远远落后于16—18世纪前期的英国。

当然，铁器制造业并不仅仅生产铁工具。但毫无疑问，由于铁工具生产在铁器制造业中占有很大的比重，因此铁器制造业的发展首先意味着铁工具生产规模的扩大。而且还应强调：在传统社会后期以来生产工具的发展中，铁工具的发展占有最重要的位置。因此明清江南铁工具生产的落后，可视为整个生产工具制造业落后的集中代表。

第二节　建材工业与矿冶业

建筑材料（以下简称建材）工业与采矿冶炼（简称矿冶）工业，也是重工业中重要的生产部门。这两个部门的产品，为工农业生产其他部门提供材料与燃料，因此从这个意义上来说，可以称之

[①] 前引Nef书，第112、205页。
[②] Dean, Philips and W. A. Cole, *British Economic Growth, 1688—1959: Trends and Structure*, The Cambridge University Press（Cambridge）, 1969, p. 8.

第一章　重工业的发展　015

为"基础工业"。当然,这两个部门的生产性质及作用并不完全相同,还须分而论之。

一、建材工业

传统的建材工业主要包括砖瓦制造、石灰烧制及石料采取三个部门。在明清时期,江南建材工业的这三个部门都有一定程度的发展。

明清江南砖瓦生产最集中之地首推长洲、无锡二县。长洲县的陆墓镇与徐庄产砖甚为著名,明清皇宫正殿所用细料方砖及工部所用官砖,大都在此烧造。[①]直到乾隆时,陆墓镇居民仍多以烧窑为业。[②]无锡制砖,正德时已称盛。[③]到康熙时,史称"向自吴门而外,惟锡有砖窑,故大江南北,不远数百里取给于此,岁所贩鬻甚广"。[④]在此后一百多年中,仍是"砖窑相望,络绎不绝","大江南北,以无锡之砖为贵"。[⑤]长洲、无锡之外,嘉善县有张泾窑、千家窑两大砖瓦产地。其中千家窑所产砖瓦明代就颇有名,到康熙时更"甓埴繁兴,三吴贸迁勿绝"。[⑥]乌程县不仅有邢窑、蛮窑两大砖瓦名窑(邢窑所产砖瓦品种达二十余,制作颇精),而且还有大钱溪口等窑专业土砖生产。[⑦]安吉州在乾隆时"各乡俱有业此[砖瓦]者,皆徽宁江右人,租地设厂,砌窑烧砖瓦以售"。[⑧]除了这些生产

[①] 正德《姑苏志》卷三十二"物产";乾隆《长洲县志》卷十六"物产";《天工开物》陶埏第七卷"砖";顾炎武:《肇域志》第一册苏州府。
[②] 乾隆《苏州府志》卷十七"乡都"。
[③] 正德《江阴县志》卷七"风俗"。
[④] 康熙《无锡县志》卷十"土产"。
[⑤] 《南浔梏语》卷四"造砖"。
[⑥] 嘉庆《嘉善县志》卷九"物产"引嘉靖县志;康熙《嘉善县志》卷二"乡镇"。
[⑦] 康熙《乌程县志》卷五"习尚""物产";同治《湖州府志》卷三十三"物产"引《双林志》。
[⑧] 乾隆《安吉州志》卷八"物产"。

中心之外，江阴、桐乡、长兴、武康、钱塘、仁和、余杭、富阳、於潜、句容、丹徒等县，在明清时期也都出产砖瓦。

明清江南石灰主要产地为宜兴、钱塘、富阳等县。宜兴在康熙时"有灰户，伐石而焚，炭户斫薪而火，一郡资之"。[①]杭州府则"近山产石处皆烧造，钱塘上四乡及富阳为最多"。[②]苏州府城郊、吴江县平望镇以及长兴、武康等县，也是石灰的重要产地。[③]此外，乌程、新城、昌化、於潜等县也产石灰。

明清江南石料开采主要集中于太湖诸山、宜兴、江阴、海盐等地。太湖鼋山，正德时已产青石，"充碑碣柱础之用"；[④]直至乾隆时仍是"碑碣柱础多用之"。[⑤]洞庭东西山石料，嘉靖时曾运到苏州府城加强城防备倭，[⑥]平时当亦有运去做建材者。乾隆二年湖州修海塘，知府胡承谋建议："所需石料应前往产石之洞庭诸山开采"。[⑦]道光时洞庭诸山石料更远输扬州白蒲镇造桥，[⑧]可见开采和输出规模在不断地扩大。宜兴"业石工者在永兴、均山等地"，[⑨]所产石板"可以盖地"，颇为有名。[⑩]江阴则产石堰石，"可以砌岸，皆工人终岁勤劬以为业也"。[⑪]海盐县秦驻、高阳等六山，"被山户凿石私卖"，"每日疏凿私卖船运"，乾隆、嘉庆、道光时期官府曾

---

① 康熙《常州府志》卷十"物产"。
② 康熙《钱塘县志》卷八"物产"。
③ 胡宗宪：《筹海图编》卷十二"严城守"；乾隆《湖州府志》卷四十"物产"；同治《湖州府志》卷三十三"物产"；《平望志》卷十二"生业"。
④ 正德《姑苏志》卷十四"土产"。
⑤ 金友理：《太湖备考》卷六"物产"。
⑥ 《筹海图编》卷十二"严城守"。
⑦ 嘉庆《德清县续志》卷四"法制志"。
⑧ 《白蒲镇志》卷六"义行"。
⑨ 《重刊宜兴旧志》卷一"风俗"。
⑩ 康熙《常州府志》卷十"物产"。
⑪ 康熙《常州府志》卷十"物产"。

四次封禁而均未奏效。①乌程县，明代已出现"工匠头"，"去山中采贩石块"，"专一在嘉湖乡宦大户人家发卖石板条石，砌墙筑岸，兼造牌坊桥梁，甚有生意"。②德清县敢山，隆庆以来采石不已，屡遭封禁，乾隆时更封禁达五次之多。③杭州府"各县之石亦皆可为柱础阶陂"，④但以瓶窑镇所产柱础及坡岸石最为有名。⑤此外，长洲、江宁、上元、嘉兴、长兴等县亦产石料，而且其中长洲、上元所产不少，以往"山多残毁"，故乾隆、道光时亦遭封禁。⑥

由上可见，在明清时期，江南地区建材的专业化与商业化程度确有相当的提高。生产规模较前也有所扩大，但幅度似乎不很大。

由于建材生产规模扩大缓慢，建材供不应求，价格昂贵，成了一种紧缺物资。这是明清江南建材工业的一个重要特征。早在正德时，江阴的砖瓦售价已高得惊人，方砖（每块体积$1\times1\times0.11$立方尺）"每千价银八两，厅堂平地用之"；合方砖（每块体积$0.86\times0.44\times0.1$立方尺）"每千价银八钱，包砌墙壁用之，即土人所侧立者"；线砖（每块体积$0.8\times0.25\times0.13$立方尺）"每千价银六钱，亦包砌墙壁用之，以间杂侧立之中"；料砖（每块体积$0.77\times0.37\times0.1$立方尺）"每千价银五钱五分，亦包砌墙壁，侧立用之"，省灰砖（每块体积$0.72\times0.25\times0.08$立方尺）"每千价银四钱，平治道途用之"。瓦，大者"每千价银五钱"，中者"每千价银三钱五分"。而当时当地田价，不过是"贵者亩银七八两，贱者甚至三四钱"。⑦亦即方砖一千价当上田一亩，而中瓦一千价当下田一

---

① 《澉水新志》卷三"海堤门"。
② 《清夜钟》第二回。
③ 嘉庆《德清县续志》卷四"法制志"。
④ 《古今图书集成·职方典》卷九四九"杭州府部物产考"。
⑤ 万历《杭州府志》卷三十二"土产"。
⑥ 乾隆《长洲县志》卷十五"山"；《白下琐言》卷八。
⑦ 正德《江阴县志》卷七"风俗"。

亩。在清代前期的杭州，等丈之墙（厚3—5寸）约需300砖，价银一两。[①]清代中期的建材价格，在乾隆三十三年《物料价值则例》中颇为丰富。该则例中记载的是其时官府向民间采购建材的官定价格。在这些价格数字中，杭州府、嘉兴府、湖州府与江宁府属下24县较为完备，兹将有关数字制为表1-1、1-2、1-3和1-4（附于本章末）。兹对表中价格数字所反映的情况略作分析。

由于建材体积大、价值低，纵有贩运，也属少量，因此基本上可以说是本地生产、本地消费。官府在各地的采购价格，或许与实际市场价格有出入（常常偏低），但是比较稳定，通常一定而多年不变，因此可视为一种长期价格。出于这两点认识，我们可以把这些官定采购价格，视为乾隆中期江南地区建材的普遍价格。从这些价格数字，我们可以看到：

（一）江南各地建材价格不一，不同种类的建材价格差异幅度更颇为异殊，这反映了各地建材生产状况颇不相同。例如见方1.2尺、厚0.17尺的方砖，每千块价格在海宁为28.1两银，在孝丰则为17.255两银，仅当前者之61%。石灰每千斤，新城价银2两，昌化仅0.7两，约为前者之1/3。豆青石每方，海盐价4.19两，嘉兴、秀水则为0.7两，适为前者之1/6。

（二）在同类建材中，不同品种的产品价格出入很大。建造大型房舍所需的方砖，价格为用于包砌墙壁或铺盖路面的线砖、旺砖价格之十倍以上。

（三）对比正德江阴砖瓦价格，可以看到，乾隆时江南多数地区的线砖、旺砖，相对于正德江阴的合方砖、线砖、料砖、省灰砖来说，一般价格略有下降，但建厅堂所用的方砖，则价格升幅巨

---

① 毛奇龄：《杭州治火议》（载于《武林掌故丛编》）。

大。如体积1×1×0.11立方尺的方砖，正德江阴每千块价8两银，但乾隆江南体积1.095×1.095×0.17立方尺的方砖，每千块价在17.255（孝丰）—31.52（於潜）两之间，而上元、江宁体积1×1×0.13立方尺的方砖，每千块价亦为12两。乾隆江南筒瓦的价格，也普遍高于正德江阴大瓦价格数倍乃至十数倍。

因此可以得出结论：明清江南建材生产有相当的发展，但各地发展颇不平衡；建造大型房舍的建材，生产更大大落后于需求。整体而言，直至清代中期，砖瓦、石等建材在江南多数地区依旧供不应求，因此价格仍然昂贵。

砖瓦石料昂贵如此，江南民间只好尽量少用。不仅农村与市镇的普通百姓"凿坯为门，编茅盖屋，所在皆是"。[①]就是在大城市，砖瓦石料使用也不多。例如杭州民宅，自南宋以来，一直是"板壁居多，砖垣特少"，[②]"人家房屋，只要门面好看，里边只用芦苇隔断，涂些烂泥，刷些灰白水，就当做妆折"。[③]到了清代依然如是，"计一室所用，其为砖埴之工者，止瓦梭数片耳"，因而火灾频仍。[④]康熙六年一次大火，竟"延烧一万七千余家"。[⑤]江南其他城市的情况亦相差不多，故回禄之灾不断。[⑥]

把明清江南建材业与16—18世纪中叶的英国相比，其发展之缓慢就更加明显。据内夫（John Nef）的研究，16世纪以来，英国建筑材料的使用状况发生了重大变化，砖瓦逐渐取代木材而成为主要的建材。"作为这个变化的一个结果，砖瓦与石灰生产的重要性，与过

---

① 《安亭志》卷三"风俗"。
② 《西湖游览志余》卷二十五。
③ 《石点头》卷十《王孺人离合团鱼梦》。
④ 毛奇龄：《杭州治火议》。
⑤ 《咫闻录》卷八"失火酬神"。
⑥ 详见本书第六章第一节。

去相比大得不可比拟。制砖成了大量工人的经常性职业。石灰窑不仅建于城镇，而且越来越多地散布于农村"；"在17世纪内，石灰正在变成一种重要性迅速增大的产品"，"每个大农场都有自己的石灰窑"。①虽然生产出来的石灰有一部分是用作肥料，但毫无疑问，用作建材的石灰的生产也有显著的扩大。此外，英国建筑业中还开始越来越多地用铅板作屋顶，建筑用石也比过去增多。②因此，16—18世纪前期英国建材生产规模的扩大十分迅速。这是此期英国建材生产发展最显著的特点。

很清楚，明清江南建材生产发展情况与英国很不相同。江南砖瓦石灰的生产，因受燃料紧缺的限制，难以大幅度地提高产量。③石料开采，由于自然资源条件的局限，开采规模很难迅速扩大。而且，在无锡等主要产石地，经长期开采，石资源日益减少（如无锡石资源到乾隆时即"亦殆竭矣"）。④因而，江南建材生产规模，确实不可能有明显扩大。

二、矿冶业

矿冶业，通常指煤、铁和其他金属矿藏的开采以及冶炼。但在明清江南，基本上没有金属开采业与冶金业，仅有一个小小的采煤业。这个采煤业，在明清时期略有发展。

江南煤炭资源非常贫乏，很少的一点煤藏主要分布在湖州府长兴县、南京（江宁）附近、常州府宜兴县以及太湖洞庭诸山。前代未见有开采的记载，而到明清时期，这些煤藏都已得到开发。

---

① 参阅 J. U. Nef, *The Rise of the British Coal Industry*, pp. 186—187.
② 参阅上引 Nef 书，第191页。
③ 参阅本书第五章第三节。
④ 《锡金识小录》卷一"山泽之利"。

长兴煤矿是江南最大的煤藏所在，明代已开始开采。①明末清初已经有一些煤作为商品买卖，故在南皋山出现了"煤市"。②乾隆时，有的煤井"深有百余丈，远至二三里，开挖者数十百人不止"，③已具一定规模。但开挖已不甚容易，且常遇到矿井出水、瓦斯燃烧等问题。更严重的是，煤矿在丛山之中，距水运码头有数十里山路，交通极为不便。而且煤蕴藏总量不大（据抗战前勘察，估计不过3,000万吨），煤质又低劣，④不很适于冶炼金属，用途有限。因此在当时条件下，很难扩大开采和输出。乾隆时封禁长兴煤矿，并未见造成什么严重影响，可见其采煤业规模不大。

江宁煤矿，嘉靖以前曾被开采，后停采已久。到嘉靖时重新开采时，虽提议者说"凿井出煤，取之不竭"，⑤但采时矿井崩陷，⑥再次停采。乾隆时又开采，但"准开者不过数处，仅足供工匠之陶冶，而不能济间阎之炊爨"。江宁煤矿所在地，"地多平衍，非有深山密菁之可比"，⑦运输方便，又接近南京城。惜乎煤储量过小，且又分散，开采规模很难扩大。

太湖淀紫山，明末也曾出煤，⑧而且煤质极佳，有"香煤"之称，"较北煤坚细，无臭名"。⑨但不久即遭封禁。洞庭西山也曾有人采煤，但因"罟棍啸集凿采，或倾倒室庐，或荒废田墓，因而亡命聚集，结党猖獗"，明末被禁。崇祯时"无籍棍徒倡言复举开

---

① 万历《湖州府志》卷三"物产"。
② 《古今图书集成·职方典》卷九六八"湖州府部山川考二"。
③ 乾隆《长兴县志》卷十九"物产"。
④ 《中国实业志·浙江省》第7编第7章，第110—111页。
⑤ 《古今图书集成·职方典》卷六六七"江宁府部纪事"。
⑥ 乾隆《句容县志》卷二十五"摭轶"。
⑦ 乾隆七年七月廿二日两江总督德沛奏。（引自韦庆远、吴奇衍、鲁素编《清代的矿业》，中华书局，1983，第463—464页。）
⑧ 《具县区志》卷四"土产"。
⑨ 同治《湖州府志》卷三十二"物产"引《本经逢原》。

凿"，抚院再度申明严禁。①宜兴的煤矿，亦已开采，故地方志载宜兴出煤。②但这几处煤矿储量太少，没有多大经济价值。

与上述情况相反，16—18世纪的英国，矿冶业发展之快，颇为惊人。早在14世纪，英国就有了一定规模的采煤业。1551—1560年间，英国九个主要煤田的年产量已达21万吨。至1681—1690年间，这九个煤田的年产煤量增加了13倍，达到2,982,000吨。半个世纪以后，在工业革命开始时的1750年，又增加到4,733,828吨。③与此同时，采煤业在国民经济中的地位迅速上升。16世纪后期与17世纪初期，煤已与谷物、羊毛并列而成为英国三大主要产品。而到1738年，法国人梯奎（Ticquet）更把煤称为"英国财富的最大来源"。④此语并非夸张，因为到工业革命前夕的1740年，英国采煤业的净产值在所有工业部门中已仅亚于毛纺织业。⑤

与此同时，英国的金属采冶业也处在迅速的发展之中，据舒伯特统计，英国（英格兰与威尔士）在1500年仅有2座高炉，1550年增至25座，1575年又增至58座，到1600年则更增至85座。⑥到了1630年代，至少在14个郡已有熔铁高炉，"凡有铁、水力与木炭可利用的地方，制铁业就疯狂地活跃起来了"。⑦据另外的估计，英国1611年已有炼铁炉800余座，⑧年产铁达1.2万吨，⑨1660年又增至1.5

---

① 《抚吴檄略》卷一"督抚地方事（崇祯十四年二月初二日出示洞庭西山）"。
② 嘉庆《重刊宜兴县旧志》卷一"土产"。
③ 星野芳郎：《技术革新的根本问题》，科学技术文献出版社，1979，第50页。
④ 前引Nef书，第187页，第222页。
⑤ 中国科学经济研究所世界经济研究室：《主要资本主义国家经济统计集（1948—1960）》，世界知识出版社，1962，第206页。
⑥ 于尔根·库佩斯基：《生产力的四次革命——理论和对比》，商务印书馆，1984，第28页。
⑦ 克拉潘：《简明不列颠经济史——从最早时期到1750年》，上海译文出版社，1980，第21页。
⑧ 前引克拉潘书，第321页。
⑨ 前引Nef书，第194页。

第一章　重工业的发展

万吨,至1720年前后达2.5万吨。到工业革命前夕的1760年,铁年产量更达到3万吨。①即是说,在16世纪的一百年中,炼铁高炉数目增加了40余倍,而在1611—1760年的一个半世纪中,生铁年产量提高了1.5倍。铅年产量,1630年已达1.2万吨,17世纪末仍保持此数。②锡年产量,17世纪前期不到500吨,③而到17世纪末上升至1,500吨,到1740年代更有重大增加。④铜年产量,17世纪末为160吨,在1725—1750年间已达400—850吨,1760年更达2,000吨以上(尚未包括出口数)。⑤早在17世纪初期,各种金属年产量已达3.5万吨以上。⑥据当时人说,17世纪后期和18世纪前期的英国铁生产,按其重要性,在各工业部门中名列第二位。法国人梯奎1738年对英国经济进行考察后说:"人们(特别是熟悉英国商业的人们)使我确信:铁工业以及铁、铜制品所雇用的工人和所产生的利润,同羊毛业同样多"。⑦可见金属采炼业特别是制铁业,已经成为英国主要国民经济部门之一,其地位之重要已远远超过一般工业部门。

因此与英国情况相比,明清江南矿冶业的规模以及发展可以说是微不足道的。这是明清江南与16—18世纪中期英国在重工业乃至整个工业发展方面差别最大的部门。

---

① 前引Deane与Cole书,第55、221页。
② 前引Nef书,第194页。
③ 前引Nef书,第194页。
④ 前引Deane与Cole书,第51、56页。
⑤ 前引Deane与Cole书,第57、58页。
⑥ 前引Nef书,第194页。
⑦ 前引Nef书,第171页。我们应当强调:直到工业革命开始后半个世纪的1805年,英国钢铁工业的年净产值也仅与棉工业相同而略低于毛工业(上引Deane与Cole书,第223页)。因此18世纪前期的情况是很值得注意的。

第三节　造船业（附修船业）

船只是江南主要的交通工具，在江南人民的生产与生活中作用非常重要。江南船只中有一部分主要用于人员运输（客船）、军事（战哨船）以及游览（游船）等，但所占比重不大。大多数船只都作为生产资料来使用。在明清江南，这些作为生产资料使用的船只，可分为农船、渔船、内河船、漕船和海船五类。[1]建造和修理这些船只的部门是明清江南的主要工业部门之一。这个部门的生产规模在明清时期有明显的扩大。

一、农船

农船，又称农装，"农家大小不等，通曰农装，换粪出壅，皆用船载。而南路之罱泥船，东路之扒泥船，皆农船也"。[2]除了运肥船外，各地农民所使用的各种小船（划条船、脚踏船、乌鸦船、桨船、满江飞等等），也都属于农船。农船是江南农民生产所不可缺少的运输工具，[3]因此随着明清江南农村经济的发展，这类船只的总数肯定比以前有相当的增加，因而农船制造业的生产规模肯定也有一定的扩大。

---

[1] 漕船运送漕粮，本与生产无关，但实际上漕船在漕粮之外，还运输大量的民间商货。因此我们仍把漕船归入生产数据。
[2] 同治《湖州府志》卷三十三"物产下"引郑元庆《湖录》。
[3] 据费孝通先生抗战前在吴江县震泽镇开弦弓村的调查，每户农民有此类船1—2艘。见Fei, Hsiao-tung（Fei, Xiaotong）, *Peasant Life in China—A Field Study of Country Life in the Yangtze Delta*, William Clowes and Sons, Limited（London and Beccles），1937, p. 123. 明清时情况，应当也差不了太多。

二、渔船

　　江南的渔船建造业，在明清时期有比较明显的发展，主要表现为各种大中型渔船建造数量的增多。明代中期以前，大中型渔船尚少见。可是到了嘉靖时代，据郑若曾所述，太湖及其附近江河湖泊中，已经广泛使用着载量100石以上的小梢船，60—700石的丁梢船，和载量100—2,000石的江边船及帆罟等大型渔船。①江边船与帆罟之最大者，竖桅5—6道，无桨橹，专以风为动力。其规制大小，相当于大中型海船。乾隆时，太湖中仅最大的六桅罟船（即帆罟）之数已达100艘，此外又新添六桅大三片篷船10余艘。这些巨型渔船都是在太湖东岸胥口的下场湾、西山的东村、五龙船的篷野、光福的铜坑等地建造的。编蒻蓬、打亶缆则在冲山。②可见太湖东岸的造船业已相当发达，并出现了建造大船的造船业中心。此外，明清江南的海上捕鱼较前有所发展，例如万历时，每年孟夏在淡水门捕黄鱼的"苏松沙船以数百计"。③因此，海洋渔船建造业的规模肯定也较前扩大了。

三、内河船

　　郑若曾说："内河之船，即今之官船、民船是也……湖泖之船，大小不齐，运石者谓之山船，运货者谓之驳船，民家自出入谓之塘船"。④在这里，我们把各种航行于内河湖泖的运输船都统称为内河船。

---

① 《天下郡国利病书》（原编）第六册"苏松·苏州府"引郑若曾《太湖图论》。
② 《太湖备考》卷十六"杂纪"。
③ 《天下郡国利病书》（原编）第六册"苏松"。
④ 《天下郡国利病书》（原编）第六册"苏松·苏州府"引郑若曾《太湖图论》。

明清江南内河船的建造业，各地皆有，而以太湖周围地区最为集中。例如吴江县有船作；①震泽县"船厂在潦滨，居民多于此设厂造船"；②康熙时乌程县小湖、织里等地居民以"业造船"著称；③嘉兴县在康熙时出产"少船"等多种船只等等。④明清江南商业远比前代发达，而且清代又比明代繁盛，因此，各种内河船的数量肯定甚大且不断增加。加之内河船更新速度较快，⑤每年需要建造较多的新船，才能补充替换。因此，虽然我们不可能了解明清江南内河船的建造数目，但是可以肯定这个数目不仅相当可观，而且还在不断增加之中。

四、漕船

漕船虽是内河船的一种，但情况比较特殊，故特抽出论之。

自明代后期至清中叶，江南八府一州每年征收解运北京的漕粮数量（不计明末"三饷"所征米谷）基本上固定，大约在200万石左右。因此运送这些漕粮的漕船总吨位本应相去不远。但出于各种原因，江南漕船每年建造数目，在明代与清代颇不相同。

漕船的建造，本有定式。明代漕船通常载漕米300石，⑥另外还余100—200石的载量，供运丁水手装载私货和路上生活用品。但这个定式后来实际上并未得到严格遵守。据崇祯十四年苏州抚院黄希宪致户部咨文，其时"苏、松、常、镇四郡，漕、辽、练正耗米共

---

① 康熙《吴江县志》卷七"物产"。
② 《同里志》卷八"物产"。
③ 康熙《乌程县志》卷五"习尚"。
④ 康熙《嘉兴县志》卷三"物产"。
⑤ 参阅后文关于漕船更新的情况。
⑥ 《大学衍义补》卷三十三；胡宗宪：《筹海图编》卷七附录引太仓生员毛希秉言。

二百余万石，约用漕艘三千只"。①平均每艘载600—700石。可见明末江南漕船载量已大大超出艘载米300石的定式。崇祯十四年十二月初九日，浙江省府县差官在苏州浒墅关封摄民船充浙省漕运，"未封各船，可装载七八百［石］者"，则为苏州长、吴两县封摄。②可见明末江南漕船，载量通常在700石以上，所以官府征用民船也照漕船标准。到了雍正二年，江苏巡抚鄂尔泰上疏说："谨按粮艘旧式，船身虽广阔长大，而每船所装额米不过六百石，此外悉供运丁水手广载私货，以致船身过重，遇浅即阻。"鄂尔泰接着又建议：今后造漕船，"即请饬令更造如舥子船式，窄小而长，量其所装，可容千石。六百石以装正供，一百石以装行月口粮，余三百石地，仍许其带货"。③可见载重1,000石，已成定式。明代规定漕船"龙口梁阔不过一丈，深不过四尺"。但清初浙江漕船"梁头阔至一丈六七尺，深至七八尺不等"，④已大大超过明代定制。雍正时对漕船尺寸作了新的规定，但亦未能生效。至乾隆时，规定"以年久废弛，各船每届拆造，渐放宽大，以希多载私货，并将高深丈尺，逐渐加增，致漕船过于高大，入水太深，不特牵挽维艰，舟行濡滞，抑且行驶招风，易于失事"。朝廷在接受既成事实的基础上，又制新定式，明令"江浙漕船，定以船身长八丈，宽一丈五尺。……较雍正年间所定，仍属宽大"。但到乾隆后期，江浙漕船实际"长至八丈八九尺，宽一丈六七尺"，仍然继续加长加大。⑤这样丈尺的漕船，已经是载量千石以上的大船了。道光时，运丁"附带客货，每

---

① 《抚吴檄略》卷六"为新漕开兑届期讲求宜速事"。原书下半页缺，据前后文日期及编排顺序，可断定日期为崇祯十四年十月或十一月。
② 《抚吴檄略》卷三"为攒运粮储事"［崇祯十四年十二月十一日行长吴（两县）］。
③ 鄂尔泰：《改漕船修水利疏》（贺长龄等编《皇朝经世文编》卷四十七"户政"）。
④ 阿桂：《申明粮船定式疏》（《皇朝经世文编》卷四十七"户政"）。
⑤ 阿桂：《申明粮船定式疏》。

船数百千石不等",①加上漕米（通常为五六百石），载量更在千石以上很多。

漕船的使用年限，明初规定是"松木者五年一造，楠木者七年一造"。②后来"酌定十年一造"，清代因之。③清初有人曾提出"原限十年之外，再展几年"，但姚文然反对说："漕船与江船不同，过闸赶帮，拽浅守冻，回空一迟，修舱不及，又攒新运。多有十年不及而损坏者，节经题报行查。况既满十年，约往返六七万里，即有未坏者，不过百之一二。"④因此直至道光时期，仍是"十年拆造"。⑤也就是说，为保持漕船数量不变，平均每年要制造相当于办漕船总数1/10的新船来替换淘汰旧船。道光时，施彦士说：江南近海漕运旗丁，"苏松常镇四十七帮，约计军船二千四百余只，每年约须造船二百数十只"。⑥此处所说"军船"即漕船，可见每年更新数确实为总数之1/10。

江南漕船总数有多少呢？未见明确记载。上引施彦士语说道光五年苏松常镇四府有漕船2,400只。同时人英和则说查道光五年"江苏出运船二千数百只，浙江出运船约千余只"。⑦与施氏语合观，可知英氏说的江苏实即苏南苏松常镇四府。而浙江主要应为杭嘉湖三府，此三府应征漕米额约为苏南四府的1/5，需相同载量漕船约500艘。因此，道光时江南共有漕船约3,000艘。康熙时，全国"通漕计船约有六千余只"。⑧而嘉庆时，漕运总督"管八省之粮，应过淮

---

① 包世臣：《安吴四种》卷三《中衢一勺》庚辰杂著三。
② 《典故纪闻》卷十六。
③ 姚文然：《请定漕船年限疏》（《皇朝经世文编》卷四十七"户政"）。
④ 姚文然：《请定漕船年限疏》。
⑤ 包世臣：《安吴四种》卷三《中衢一勺》庚辰杂著三。
⑥ 施彦士：《海运议》（《皇朝经世文编》卷四十七"户政"）。
⑦ 英和：《筹漕运变通全局疏》（《皇朝经世文编》卷四十八"户政"）。
⑧ 林起龙：《请宽粮船盘诘疏》（《皇朝经世文编》卷四十六"户政"）。

盘算者共五千船"①加上淮北船，大约也是6,000艘。亦即江南船约占漕船总数1/2。明代后期各省漕船共12,000艘，②比清代多得多，大概是因为明代漕船载量较小。明代后期江南漕粮额（不包括明末"三饷"所征）约200万石，差不多占全国漕粮总额一半，与清代相比变化也不大。如果明代江南漕船载量均以每艘300石计，则运载这些漕粮的漕船应为6,000艘，亦约占全国漕船总数之半。

明末漕船载量增大，但又有新增"三饷"所征米粮要运，所以漕船总数虽然较前减少，但仍多于清代。从黄希宪所说崇祯后期苏南四府漕、辽、剿、练正耗米200余万石需漕艘3,000艘推断，整个江南的漕船总数当在3,600艘左右。

江南漕船虽属朝廷支配，但建造却在本地。明代是运兵自造，③比较分散。从地方志中看，杭州府仁和县谢村有船厂专造漕船。④湖州府乌程县明末曾造"江船四百余只"，⑤应当也是漕船。崇祯时太仓卫指挥王登显也奉命在当地建造漕船。⑥清初郑日奎上疏，请"惟仿清江厂制，于省会镇市之地，起立船厂"。而实际上，漕运总督已先上疏请将江宁三十二帮岁应造船120余艘，归龙江船厂承造。⑦嘉道时运河漕运困难，谢阶树说："今江南大吏又造［漕船］一千只，一船载三百石。"⑧可见也都是在本地建造。

这样，我们便可知道江南每年建造漕船之数，明代约为600艘

---

① 阮元：《粮船量米捷法论》（《皇朝经世文编》卷四十六"户政"）。
② 朱之锡：《运闸运船宜直整理疏》（《皇朝经世文编》卷四十七"户政"）。
③ 郑日奎：《漕议》（《皇朝经世文编》卷四十七"户政"）。
④ 孔天胤：《改建船厂记》（收于嘉靖《仁和县志》卷十四"纪文"）。
⑤ 康熙《乌程县志》卷六"预备志"。
⑥ 《抚吴檄略》卷三"为申请院檄采木与工济运事"（崇祯十四年十二月初一日给太仓卫指挥王登显）。
⑦ 郑日奎：《漕议》（《皇朝经世文编》卷四十七"户政"）。
⑧ 谢阶树：《改运议》（《皇朝经世文编》卷四十七"户政"）。

（明末360艘），清代300艘。但清代漕船载量通常三倍于明代，因此实际年造吨位比明代多出约1/2。船只越大，造价越高。加之清代木材价格上涨，[①]因此漕船的造价比明代高出很多。明初规定漕船每艘造价为银61.9两（松木）和77.5两（楠木），[②]后来逐渐增加。明末侯曾峒说嘉定县如恢复漕运，本县漕粮5.3万石，估计造漕船费要3.74万两银。[③]每船载量以700石计，当造漕船76艘，每艘造价实际已近500两银。实际造价与官定造价悬殊如此，故官府亦不得不将官价提高到280两。[④]到了清初，"物料工价，数倍往时。[运丁]领二百八十两剥削之银，造六七百金之艘"。[⑤]康熙十一年，浙西水灾，朝廷允许改折漕粮，浙江嘉、湖两府及杭州府的钱塘、仁和二县，得将漕粮"改折征银"。运银不用多船，"又应减存漕船六百六十只，可省造船银三万九千六百余两，修船杠具银四千余两"。[⑥]所减漕船660艘，按使用年限的规定，每年应新造者66艘，共享造船银39,600两，平均每艘造价为600两，与上述清初战乱甫定时情况相同。以后造价还在继续上涨。嘉庆时，"各帮大造船只，物料饭食，日益增昂，例价实有不敷。其有屯田津贴之厂，均匀贴造，力尚可支。至江淮兴武等帮，并无屯田津贴，轮届大造，重利借贷，债负纠缠，日甚一日"。两江总督孙玉庭不得不上疏，请求"仿照浙江办法，请于粮道、藩司两库，酌筹闲款，发典生息，量于例价之外，增给造运，俾丁力不致拮据"。[⑦]这时的漕船，多已是长近九丈、宽约一丈六七尺、载量上千石的大船。参考其时盐船及

---

① 参阅本书第六章第三节。
② 《典故纪闻》卷十六。
③ 侯曾峒：《与朝士说嘉定复漕书》（收于《紫堤村志》卷二十五"人物"）。
④ 前引郑日奎《漕议》述及明末情况，此数当为明末之规定。
⑤ 前引郑日奎《漕议》。
⑥ 范承谟：《请改折漕粮疏》（《皇朝经世文编》卷四十六"户政"）。
⑦ 孙玉庭：《恤丁除弊疏》（《皇朝经世文编》卷四十六"户政"）。

海船造价,这样规模的漕船每艘造价亦当上千两乃至数千两银。[1]如上所述,江南每年造船300艘,总价当达30万两以上。与此相对照,明代每年造漕船600艘,按明初价格,每艘平均69.7两,[2]以70两计,总造不过为4.2万两。明末江南每年造漕船360艘,每艘造价以500两(民间实际造价)计,则总造价约18万两,亦仅及清代数字之60%。由此可见,漕船建造业的年总产值,确实有明显增加。

漕船建造需要多少人工设备,未见记载。明初规定造一条一千料(载量一千石)的海船,需各种木料513根。[3]而元代规定造一条一百料的黄河船,也需各种尺寸的板料200余片。[4]明清江南漕船体积不断加大,所需大木料当然也要相应增多,而且船厂规模、工匠人数也必然随之扩大。康熙中期,河南拟造每艘载量大约100石的"扒河船"2,000艘,估计需要"船锯铁等匠三千六百人"。[5]江南年造漕船300艘,总载量在30万石左右,是上述河南"扒河船"总载量的1.5倍。因此江南漕船建造业从业人员,当亦在数千人至一万人之谱。

五、海船

关于明清江南海船建造业的发展,已有不少学者做了专门的研究。我们在这些研究的基础上,作进一步的讨论。对于一些尚有争论或尚未得出一致见解的问题,也提出自己的看法。

元末江南已有相当规模的海船建造业,到明初更起了庞大的官营造船业。除著名的南京宝船厂和龙江船厂外,苏州、松江、镇江

---

[1] 海船造价见后文,盐船则据包世臣说,嘉道时,"约计造一船之费五六千两",每船载盐三四百至七八百引,每引约重364斤(《安吴四种》卷三《中衢一勺》卷三庚辰杂著五),相当于载米750—2,000石。
[2] 松木造者每艘造价61.9两,楠木77.5两。兹取平均数。
[3] 《明会典》卷二〇〇工部二十"船只"。
[4] 《河防通议》卷上"造船物料"。
[5] 朱云锦:《洛浙二运说》(《皇朝经世文编》卷四十七"户政")。

等地，均设有官厂。据《明实录》中有关资料统计，自永乐元年至十七年，明政府在南方各地建造海船21次，造船2,013艘（缺一次之数）。其中提到苏州的有3次，松江1次，镇江3次，南京（京卫）2次。另有造宝船2次，当在南京宝船厂。提到浙江的次数甚多，不过难于确知具体地点。由此可见，南京等地是当时海船建造业的中心。宣德以后，官营海船建造业逐渐衰落，但官营船厂的造船活动并未全停止。①除官府建造外，江南沿海防军也有船厂建造海上沙船。故崇祯后期漕船紧缺时，苏州抚院一方面命令调用沿海各营"空闲宽大沙船……堪装运千石以上者"暂充漕船（其时沿海各水标营刚刚结束出海剿匪，抚院亦"谕令各兵星驰回营，其原驾太仓船十七只，该弁即交明州官以便兑运新漕，勿听其营脱外。本院檄行总镇及程游击、崇明陈守备等官，所调海运沙船，该弁暂驻浏河，即亲押驾姑苏以凭验发抵淮"）；②另一方面则拨公帑下太仓卫指挥，"赴厂发给各匠头马言德等，星夜前往外江天宁洲等处采买木料，回厂刻日兴工"。③可见军队系统的海船建造业，也有一定规模。当然，更重要的是民间造船业的逐渐兴起。据周世德先生估计，到嘉靖时，长江三角洲（包括江北的通州、泰州等地）一带，已有沙船千艘以上，④其中苏州府就有二三百艘。⑤而且此时的沙船，"双桅习以为常，甚至有五桅者"，⑥多是10丈以上的大船。在

---

① 参阅方楫《明代的海运和造船工业》，《文史哲》第5期，1957。
② 《抚吴檄略》卷三"为海运增粮增船等事（崇祯十五年二月十二日行浏河程游击、崇明汤守备、海防王同知），"为禀报事"（崇祯十五年二月十五日行汤守备）。
③ 《抚吴檄略》卷三"为申请院檄采木与工济运事"（崇祯十四年十二月初一日给太仓指挥王登显）。
④ 参阅周世德《中国沙船考略》，《科学史集刊》第5辑。
⑤ 郑若曾：《郑开阳杂著》，陶风楼刻本。
⑥ 《筹海图编》卷十三"沙船"条。

此基础上，隆庆六年复行海运时，募沙船100艘，七年又增至200艘，说明民间沙船已成为北洋航行的主力。明代中叶，太仓、崇明、常熟、江阴、通州、泰州等地大户多自造双桅沙船十数只，小户则数家合伙备造。[①]至明末，崇明一带已出现拥有海船数十艘的大船主。[②]此时江南沿海各防营所用之沙船，大多可载千石或千石以上。[③]民间沙船载量当亦相类。明代江南海船的航行范围，北至天津，南至南洋，但主要是江南至山东胶州湾。[④]这些海船造于何地不详，推测应是太仓、崇明一带为多。

清初厉行海禁，海船建造业遭到空前沉重的打击。康熙二十三年大开海禁后，又逐渐转盛。康熙后期以来，江南与东北之间的海上贸易发展迅速，同时与山东及东西二洋的贸易也有发展。[⑤]故江南海船总数明显增加，船体也不断扩大。大致地说，嘉庆初年，上海千石以上的海运沙船，最多达到3,600艘左右。道光初一度减少，降至1,400艘左右，经过补充，又回升至2,000艘左右。[⑥]加上江南其他地方的大小海船，则嘉庆时共5,000艘，[⑦]道光初约3,000艘，[⑧]道

---

① 《皇明奏疏类钞》（引自萧国亮《清代上海沙船业资本主义萌芽的历史考察》，《中国资本主义萌芽问题论文集》，江苏人民出版社，1983。
② 民国《崇明县志》卷十六"金石"，卷十一"人物"，卷九"武备"。
③ 《橄吴橄略》卷三"为海运增粮增船等事"（崇祯十五年二月十二日行浏河程游击、崇明陈守备、海防王同知），"为禀报事"（崇祯十五年二月十四日行汤守备）。
④ 许涤新、吴承明：《中国资本主义的萌芽》，《中国资本主义发展史》（第一卷），人民出版社，1985，第650、652页。
⑤ 上引《中国资本主义的萌芽》，第658、659页。
⑥ 同上书，第655页。
⑦ 《履园丛话》卷四水学"协济"条："上海、乍浦各口有善走关东、山东海船五千只，每只可载二三千石不等。其船户皆土著之人。"
⑧ 《安吴四种》卷四《中衢一勺》卷四《上英相国书》："沙船，每一州县之船为一帮，共十一帮，而通州、海门、崇明三帮为大，俱有船五七百号。"若通州、海门三帮各以600号计，其余八帮各以100号计，则共有2,600号。但如八帮各以200号计，则共有3,400艘。总之，应在3,000艘上下。

光中叶则上海一带沙船又超过5,000艘。[1]这里我们要强调的是，道光初沙船数目减少，主要是两个原因：第一，嘉庆以前，江南沙船至关东往返不过二次，而至道光初增至四次，[2]即一船可抵二船使用。第二，嘉庆以前，船体较小，大型沙船载量不过载官斛3,000石；[3]而至道光初，大型沙船载量达3,000关东石，即7,500官石，[4]增加了1.5倍。因而道光时载量为1,200石的中型沙船，即已相当于嘉庆初3,000石的大型沙船。嘉庆十六年筹办海运漕粮，江苏督抚说"头号沙船不过五六十号，海船带米不过四百石"。[5]施彦士指出这是"有意从少而言"，实际上应是开始使用关东石为量具的缘故，因为换算为官斛，400关东石相当于1,000官石（一般沙船载漕米，为"慎重正供"，不能全载，实际载量会少些）。故包世臣说嘉庆时上海沙船"其船大者载官斛三千石，小者千五六百石"；[6]而道光时齐学裘在上海调查沙船，说："查上海沙船底册，除小船不计外，其中大中两号沙船，自千石以上至二千石者，不下一千三四百号。"[7]所用标准比包氏所言降低很多，实际则是因为齐氏所用容量为关东石。陶澍也到上海调查，说沙船"大者可装米一千四五百石，中号可装八九百石，小者可装四五百石"。[8]漕米通常"七分装载"，[9]可知全载大者为2,000石，中者1,200石，小者600余石，与齐氏所列标准同，也是以关东石为量具。嘉道之际沙船船体明显扩

---

[1] 参阅前引周世德文。
[2] 谢占壬:《海运提要》"古今海运异宜"（《皇朝经世文编》卷四十八"户政"）。
[3] 包世臣:《安吴四种》卷一《中衢一勺》卷一《海运南漕议》。
[4] 详见本书第七章第四节。
[5] 施彦士:《海运议》（《皇朝经世文编》卷四十八"户政"）。
[6] 包世臣:《海运南漕议》。
[7] 齐学裘:《见闻续笔》卷二。
[8] 陶澍:《陶云汀先生奏疏》卷十一《查看海口运道并晓谕商船大概情形折子》。
[9] 前引施彦士《海运议》与包世臣《海运南漕议》。

大，主要原因当是东北豆货大量输入。"沙船以北行为放空，南行为正载"，①又要赶在"北省豆粮丰熟，货足价廉"之时，"乘顺风运南，商贾获利较重"。②因此采用东北量制，并不足为奇。

1834年英国船胡米夏号抵沪，英人乘此机会对上海航运作了一些实地调查。据其计算，在一周内进出黄浦江的船只约有400艘，每艘吨位自100吨至400吨不等。这些船只大部分走北方，小部分走闽广，个别走南洋。③走北方者主要为沙船，据此可知每艘吨位大约在100—400吨之间。沙船载米，通常以20石（苏石或官石）合1吨计，④则100—400吨合2,000—8,000石。再折为关东石（1关东石=2.5苏石或官石），合800—3,200石。揆诸上文中所引齐学裘、陶澍所说情况，可知载量2,000关东石者还不是大船。从另一方面来说，也证明了道光时上海沙船确乎使用关东量制，否则大船载重8,000官石，小船载重2,000官石，就与其他记载不符了。

正因为海船越造越大，加上木材价格上涨，因此造船费用也不断上升。江南海船造价，明代无明确记载。明初海运漕粮常用的遮洋船（长6丈），造价仅113两余。⑤虽然嘉靖时福建海船造价有达数千至万两的，⑥但张燮说嘉靖时海船一艘造价千余金。⑦兹以张燮所言为据。又，明代"海船大者千石"，⑧故一艘千料海船造价通常1,000余两。嘉庆时，包世臣说"每造一船，须银七八千两"，⑨

---

① 前引包世臣《海运南漕议》与英和《筹漕运变通全局疏》。
② 谢占壬：《海运提要》"河海总论"（《皇朝经世文编》卷四十八"户政"）。
③ 参阅李荣昌《上海开埠前西方商人对上海的了解与贸易往来》，《上海社会科学院学报》第2期，1987。
④ 详见许涤新、吴承明《中国资本主义的萌芽》，第655页。
⑤ 《漕船志》卷三"船纪"。
⑥ 《殊域周咨录》卷四载陈侃《使事纪略》；《筹海图编》卷七附录。
⑦ 《东西洋考》卷九"舟师考"。
⑧ 《明史》卷七十九"食货"。
⑨ 前引包氏《海运南漕议》。

石韫玉说明是"计海船一只,其大者可装二三千石者,估需工价银七八千两"。[①]但至道光时,齐学裘说"大号沙船造价盈万,中号需数千",[②]即大号沙船造价提高了30%左右。谢占壬说,浙江海船,"商货价值五六千金,船价亦值五六千金",[③]应是中号海船的造价。

海船使用年限,据今某原上海沙船业者回忆,可达百年。[④]但据《马可·波罗行纪》,元代中国海船用杉木制造,每年修整一次,修理四次之后即不能远运航,仅可作近岸行驶。明清漕船十年一造,已见上述。另外,康熙二十九年规定:"各海汛战哨船新造后,三年小修,小修后三年大修,大修三年后尚堪应用,仍令大修。或不堪修理,督抚题明拆造。"[⑤]此规定主要针对福建,而福建造船以松、杉木为主。江南海船船材主要亦为松杉。虽然战哨船要求较高,更新年限会比民船短些,但福建战哨船仅使用十年左右,而江南松杉所造沙船却可用至百年,恐怕未必与事实相符。兹以战哨船使用年限之三倍(即30年)作为海运沙船有效航龄计算,应当说较合情理。若依此计,要维持明后期1,000艘或道光时5,000艘左右的海运沙船数,每年必须新造沙船33艘或167艘。当然,这只是一个大致平均数。嘉庆后期,"商贾利微,脚价太贱,船商无力修舰,以致朽坏者居多",造新船很少,故上海沙船总数减少过半。[⑥]道光初年海运南漕,商人见有利可图,又大造沙船。魏源说"增造

---

① 《独学庐三稿》卷三《代江浙督抚议复海运札子》。
② 《见闻续笔》卷二。
③ 谢占壬:《海运提要》"河海总论"。
④ 萧国亮:《清代上海沙船业资本主义萌芽的历史考察》。
⑤ 道光《厦门志》卷五"商船"。
⑥ 齐学裘:《见闻续笔》卷三。

沙船三百余艘"，①包世臣说"新造大船五百余号"，②都是在很短时间里造成的。大致地说，在一般情况下，明后期江南每年造30余艘，清中期约造170艘。

建造海船所需人工不少。据周世德先生估计，明清造中型沙船一艘，用工800—900个。③而据姚廷璘《历年记》，康熙十六年松江府奉命造大型沙船15艘，"每日千工，三个月完竣，亦非轻易事"。即造大型沙船一艘，需工6,000个。明后期年造沙船33艘，应为中型，共需工2.8万个左右，仅需常年工匠百人工作一年（每年工作以300日计）。清中叶年造167艘，其中大中号沙船（即载量关东石1,000石以上者）以半数计，为84艘，如以《万年记》所言情况计，需工50万个。余84艘，以中型沙船计，需工7万个。共计57万个，合专业工匠约2,000人工作一年。

这些海船究竟在何地建造？史料记载很少。明代所造数量不多，在本地建造当无问题（当然肯定有一部分是在江北通、泰等地制造）。清代建造数量很大，又多系大船。吴承明先生认为"[清中叶]上海的沙船，多数是在福建、浙江等木材产地制造，少数在本地制造"，④但遗憾的是没有附上证据。依照我们的看法，这些海船似乎主要还是在江南（虽然不一定都是在上海）制造。从本书第六章第一节可知，清代江南大量输入外地木材，并且有史料明确说江南到福建采办船木回去制造战船。又，浙东、福建一贯制造尖底船，与江南所造平底沙船工艺不同。因此恐怕运木回来制造更为现实。从一些史料来看，江南确实制造海船。除上引《历年记》谈到

---

① 《魏源集》上册《复蒋中堂论南漕书》。
② 包世臣：《安吴四种》卷三《中衢一勺》卷三《海运十宜》。
③ 前引周世德文。
④ 参阅上引许涤新、吴承明《中国资本主义的萌芽》，第661页。

松江造大型沙船外，乍浦、苏州也是重要造船基地。乾隆《平湖县志》卷六"风俗"载："乍浦滨海，……居民或造巨舰出洋贸易。"苏州则造海船更多。康熙五十五年清圣祖说："朕南巡过苏州时见船厂，问及，咸云：每年造船出海贸易者，多至千余，回来者不过十之五六，其余悉卖在海外，赍银而归。"①有人由此推测当时苏州海船建造业的规模已极大，但实际上并非如此。清圣祖本人就怀疑上述说法的可靠性："官造海船数十只，尚需数万金，民间造船何如许之多！"而且，正如田汝康先生所指出，当时海上卖船也不大可能。②年造海船千余艘，卖船又不可能，沙船一艘可用数十年，则在此数十年内即应有海船数万余艘，可是整个江南海船最多时总数也不过5,000艘左右。③可见此说不符合实际。但是这也表明了苏州海船建造业相当发达，否则人们不可能凭空向清圣祖报告。此外，我们认为：崇明、上海、南江、宝山等地也是重要的（或许还是更重要的）海船建造地。不仅因为它们早在宋元时期就已是主要造船之处，④而且如包世臣所说，清代江南沙船"船主皆崇明、通州、海门、南汇、宝山、上海土著之富民"；他们"每造一船，须银七八千两"。⑤这里包世臣并未说他们曾到浙东、福建去造船或买船。因此在未看到有力的证据之前，我们认为江南海船主要在本地及毗邻的通州、海门等地制造。道光五年，包世臣说："沙船，每一州县之船为一帮，共十一帮，而通州、海门、崇明三帮为大，俱有船五七百号。"⑥此时江南所有沙船以3,000艘计，除去通州、海门

---

① 《皇朝文献通考》卷三十三"市籴二"。
② 田汝康：《17—19世纪中叶中国帆船在东南亚洲》，上海人民出版社，1957，第16页。
③ 《履园丛话》卷四水学"协济"条。
④ 见前引周世德文。
⑤ 前引包世臣《海运南漕议》。
⑥ 《安吴四种》卷四《中衢一勺》卷四《上英相国书》。

二帮之船1,200艘（通州、海门、崇明三帮船均以600号计），余下的1,800艘即为江南船。若各帮船只均自造为主，而且这个比率可大致代表江南与江北所造沙船的数量分配，则道光中江南因更新每年应新造的170艘沙船中，江南本地所造为100艘。每艘造价以中型沙船造价（银6,000两）计算，则总造价为60万两。而明代后期每年造沙船33艘，即使全部都在江南造，而且每艘造价均以海船造价1,000两计，总造价亦不过3.3万两，仅及道光时的6%。

六、修船业

航船需要经常维修，故修船业也是一项重要工业。

农船、渔船、内河船的维修情况，未见于记载。漕船则是"三年小修，五年大修，十年拆造"。①明代规定"三修钱粮"（即十年中一次大修，二次小修费用）共3.5两银，约占官定造船费用280两的1.25%，但此外还有屯田等补贴。到了清初，漕船造价上升至六七百两，而修费则"每旧船回次，小修费数十金，大修费百余金"。②若两次小修费用各以50两计，一次大修以100两计，则三修费用达200两，为漕船造价的30%左右。漕船使用期为10年，因此每年平均维修费用约为漕船造价的3%左右。按此比例，则明末江南漕船维修总费每年平均5.4万两，清代中期则约为10万两。

海船的维修业，规模当然更大。清初胡文学上疏说："江浙二省土产松木为多，入水易腐，船底一经海外咸水，即生虫蛀，每年不加焚洗，立见朽烂，加之风涛冲击，樯桅柁楫未免损伤，或板漏蓬坏，因而委之无用，前工甫毕，新工又起。"③周世德先生据上海

---

① 《安吴四种》卷三《中衢一勺》卷三《庚辰杂著三》。
② 前引郑日奎《漕议》。
③ 胡文学:《为民力已尽于船工修练宜娴于平昔事》,《清史资料》第3辑。

道衙门册籍统计并指出：道光时上海一带沙船不下五千艘，而其中坚实可用者不下二千艘。[1]也就是说，至少有一半的船只正在维修或需要维修，可见修船业规模之大。再加上外地船只驶至江南时的修理，江南修船业的总规模就更大了。

海船的修理次数，史籍记载多是每年一次。明代规定："凡在京沿海去处海运辽东粮储船只，每年一次修理。"[2]方以智则指出："吴船岁一油之。"[3]又据《东西洋考》，海船造价千余金，"每岁往还，岁一修缉，亦不下五六百金"，亦即每年修理一次，维修费为造价之半。但民国时期沙船是三年一大修，一年一小修，大修一次费用为造价之半，小修为造价之1/5。[4]若以后说为准，则在海运沙船有效航龄30年中，共需大修9次，小修20次，修船费用共计为船只造价的8.5倍。30年平摊，每年维修费为造价的28%。明清江南海船航运多以江南（特别是上海）为起点和终点，海船（包括通州、海门等地船）修理主要应在江南。明代后期江南有沙船千艘，每艘造价从高估计约1,000两银，总造价为100万两，则每年维修费当为28万两。清代道光中江南有沙船5,000艘，每艘造价从低估计约6,000两，总造价3,000万两，每年维修费高达840万两。即使把通州、海门船只按前述比例除去，所余3,000艘，维修费亦达500万两。分别比明后期高出16倍。

综上所述，可知江南的造船及修船业在明清时期有迅速的发展，生产总规模明显扩大。但是，这个发展的速度和扩大的幅度达到了一个什么样的水平呢？下面我们仍把江南与英国作一比较。

---

[1] 前引周世德文。
[2] 《明会典》卷二〇〇工部二十"船只"。
[3] 方以智：《物理小识》卷八"器用类"。
[4] 许涤新、吴承明：《中国资本主义的萌芽》，第670页所引萧国亮调查采访材料。

16世纪中期以前，英国造船业规模很小，所有外贸和部分内贸商品的船运，都需雇用外国船只。据说1550年到伦敦的海船中，仅有两条本国船，而当时英国全国是否已拥有20艘运煤驳船还是个问题。①但自16世纪末以后，英国拥有的船只数目一直在迅速增加。1560—1630年间，载重量100吨以上的大船数增加了近5倍。1630年代中在该国东北沿海的运煤船已有三四百艘（其中很大一部分载重量都在100吨以上）。②至17世纪末，这种运煤船增至1,600艘以上。加上其他海运航线上的运煤船，总数达1,000艘以上。这些运煤船绝大部分都是英国船。到1700年，运煤船总数更跃至3,000—4,000艘，③大约是70年前的10倍。而到1760年，英国商船总数已达7,081艘。④1700年，英国各口岸船舶登记吨位为27万吨，1770年跃至70万吨，1792年更达154万吨，⑤一个世纪中增加了近5倍。与此相比，嘉靖时江南有沙船约1,000艘，嘉道时增至5,000余艘，近三个世纪船数才增加了四倍；而英国在1550—1760的三个世纪内，海船总数增加了数十倍乃至上百倍。从吨位来看，明中后期江南沙船总吨位约5万吨，肯定远远高于同时期英国；但到清中期，江南沙船总吨位虽增至38万吨，⑥虽比1700年英国船总吨位高出1/3，而尚仅及1770年英国船总吨位之半。可见江南造船业生产规模的扩大，比16—18世纪的英国缓慢得多。

---

① 前引Nef书，第172页。
② 前引克拉潘《简明不列颠经济史——最早时期到1750年》，第324页。
③ 前引Nef书，第173页。
④ 前引克拉潘书，第325页。
⑤ 前引田汝康书，第18、32页。
⑥ 石为容量，一般按20苏石（官石）合1吨计（参阅前引《中国资本主义的萌芽》，第655页）。明代沙船每艘以1,000石计，合50吨；总数1,000艘左右，总吨位合5万吨。道光时沙船每艘以关东石1,000石计，即2,500苏石，合125吨。江南本地有沙船3,000艘，总计吨位37.5万吨。

其次，江南所造海船主要是适于北洋沿海航运的沙船。虽然沙船对于各种水运条件具有相当广泛的适应能力，但局限性也很明显。这一点，清代讨论恢复海漕的人士也每每提到。蓝鼎元说："江南沙船……皆在内洋行走。内洋多沙洲浅角，惟平底沙船可行。沙船所载甚多，但用布帆，止可顺风驾驶。若迎风逆涛，则寸步不能以进。倘一年运一次，亦可用也。"若要运一次以上，他建议改用台湾舢板头船，"最为相宜"，因为这种船"入水不深，轻快稳便，不论内洋外洋，不论风涛顺逆，俱可无虑。欲运漕粮数多，此船似不可少"。①后来沙船有了改进，可以逆风行驶，故每年航运次数也随之增多，但其抗击风浪的能力较差、转向不够灵活、航速不快、续航力不强等缺点依然存在。蓝鼎元比较沙船与闽广船优劣时说："臣生长海滨，习见海船之便利。商贾造舟置货，由福建厦门开船，顺风十余日即至天津，上而关东，下而胶州、上海、乍浦、宁波，皆闽广商船贸易之地，往来岁以为常"，适应能力比沙船大得多。因此他认为海漕最上策乃是用闽广船（"其运船以闽广'赶缯'为主。'缯'，尖底之船"），辅以台湾舢板头船及江南沙船。为此，他建议"宜于江南开厂，分造'赶缯'、舢板头等船，招募闽广舵工水手，给以军粮，令其驾驶"。②包世臣也说："[闽广]鸟船吃水深丈余，沙船大者才吃水四五尺"，"南洋多矶岛，水深澜巨，非鸟船不行"。③谢占壬则说："闽广海船，底圆面高，下有大木三段，贴于船底，名曰龙骨……船有龙骨，则转湾趋避，较为灵便。"④闽广船有以上优点，故早在正德时，丘浚就建议在昆

---

① 蓝鼎元：《漕粮兼资海运疏》（《皇朝经世文编》卷四十八"户政"）。
② 前引蓝鼎元文。
③ 前引包世臣《海运南漕议》。
④ 谢占壬：《海运提要》"行船提要"（《皇朝经世文编》卷四十八"户政"）。

山、太仓"起盖船厂，照依见式，造为海运尖底船只"。丘氏为粤人，其所建议造的尖底海船，就是厂船。①康熙时也曾令在江宁造鸟船。雍正时蓝鼎元又再次呼吁在江南造闽广船。可是我们一直未见到江南建造此类更适于远洋航行的海船的记载。当然沙船有其不可替代的优点，不过总的来说它是一种适于沿岸多沙海域行驶的船只，建造工艺也比南方海船简单。江南只造沙船，使得其造船业内部门类过于单一，不利于技术进步。与此相对照，17世纪初至18世纪后期，英国所造海船以沿海运煤船为最多（运煤船总吨位超过其他所有商船吨位的总和）。②这种运煤船与江南沙船在构造上有相同之处，也是平底，适于沿海航行，每艘载量多在200—500吨之间（约合4,000—10,000苏石）。但是同时英国远洋海船建造业也在迅速发展着。1682年英国东度印公司远洋海队首航中国，除一艘吨位为430吨外，其余均不足300吨。但1740年代该公司驶华船队标准船吨位已近500吨。③驶往各殖民地的远洋海船的数量和吨位，更有迅速增加。以海军装备的大型木帆战船为例，17世纪中叶所造者，排水量为750—1,174吨，18世纪中叶增至2,040吨。④而江南直至道光时，沙船最大者载量才3,000关东石，亦不过375吨，可见造船技术受到船型的限制。

　　明清时期江南造船业有令人瞩目的发展，在成长缓慢的重工业各部门中可谓一枝独秀，成为一个例外。但是，如果与同时期的英国相比，江南造船业发展又相对缓慢。因此，我们一方面要强调明清江南造船业的成就，另一方面也要指出它的局限；对它既不能忽

---

① 《大学衍义补》卷三"漕挽之宜下"。丘氏并言："臣家属海隅，颇知海舟之便。舟行海洋，不畏深而畏浅，不虑风而虑礁，故制海舟必为尖底。"
② 前引Nef书，第240页。
③ 前引克拉潘书，第325页。
④ 参阅杨櫆《略论郑和下西洋的宝船尺度》，《海洋史研究》第3期。

视，也不能夸大。

综观明清江南重工业各部门的发展，我们可以得出以下结论：

在重工业所属各主要生产部门中，除了造船业外，都没有出现生产规模的明显扩大。因此从总体上来说，明清江南重工业的发展是非常有限、非常缓慢的，以致它在整个社会生产中的地位极为低下。这与14世纪至18世纪中叶英国的情况相比，尤为明显。特别要强调的是，明清江南几乎没有基础工业（即煤铁工业），更是与英国最大的不同。重工业（尤其是煤铁工业）在从农业社会向工业社会转化时期的生产力发展过程中具有极为重要的作用。因此明清江南重工业发展缓慢，必然对江南生产力的进步带来严重的消极影响。

附　录
乾隆三十三年江南杭、嘉、湖、宁四府建材价格一览

表1-1　杭州府（价格单位：两银）

	钱塘仁和	海宁	富阳	余杭	临安	於潜	新城	昌化
线砖（每千块）	0.8（a）	0.715（a）	0.63（a）	0.85（a）	0.8（a）	0.41（b）	0.393（c）	2.8（a）
望砖（每千块）	2.472（d）	2.398（d）	2.48（d）	5.846（e）	2.492（d）	2.5（d）	—	—
方砖（每千块）	32.15（f）21.444（h）	31.185（f）28.1（h）	32.214（f）21.486（h）	33.35（f）22.264（h）	33.7（f）21.654（h）	25（g）31.52（h）	32.15（f）21.444（h）	32.57（f）21.73（h）
石灰（每千斤）	1.6	1.68	1.5	1.6	1.38	1.9	2.0	0.7
筒瓦（每千片）	6（i）3.6（l）	5.5（i）3.245（l）	9.5（j）6.3（m）	6.377（j）5.86（m）	5.616（k）—	—	—	—
板瓦	0.5（n）	0.44（n）	0.53（n）	0.533（n）	0.42（o）	1.85（p）	0.64（q）	0.7（n）
豆青石（每方）（r）	2.295	2.448	2.141	2.406	2.318	1.942	2.352	3.79
羊山石（每方）（r）	0.878	1.231	0.893	0.979	0.889	1.25	0.9	1.1
青石（每方）（r）	0.9	0.54	0.817	—	0.833	—	—	2.083

046　发展与制约：明清江南生产力研究

续 表

	钱塘仁和	海宁	富阳	余杭	临安	於潜	新城	昌化
黄石（每方）（r）	0.66	0.93	0.66	0.66	0.66	1.22	0.66	0.924
青黄块石（每方）（s）	2.927	2.977	2.502	2.997	2.997	3.37	2.997	2.997

（a）每块长0.92尺，宽0.45尺，厚0.05尺
（b）每块长0.57尺，宽0.25尺，厚0.06尺
（c）每块长0.7尺，宽0.3尺，厚0.6尺
（d）每块长0.86尺，宽0.55尺，厚0.15尺
（e）每块长1.7尺，宽0.62尺，厚0.21尺
（f）每块见方1.4尺，厚0.24尺
（g）每块见方1.4尺，厚0.25尺
（h）每块见方1.4尺，厚0.17尺
（i）每片长0.85尺，宽0.6尺
（j）每块长1.6尺，宽0.6尺
（k）每片长1.24尺，宽0.55尺
（l）每片长0.75尺，宽0.6尺
（m）每片长1.2尺，宽0.6尺
（n）每片长0.6尺，宽0.55尺
（o）每片长0.8尺，宽0.6尺
（p）每片长0.8尺，宽0.7尺
（q）每片长0.75尺，宽0.65尺
（r）每方长10尺，宽厚各1尺
（s）每方见方10尺，高2.5尺

表1-2　嘉兴府（价格单位：两银）

	嘉兴秀水	嘉善	海盐	石门	平湖
线砖（每千块）	0.7（a）	0.69（b）	0.762（a）	—	—
方砖（每千块）	28.15（c） 19.267（d）	27.73（c） 18.689（d）	29.35（c） 22.47（d）	— —	— —

第一章　重工业的发展　047

续 表

	嘉兴秀水	嘉善	海盐	石门	平湖
石灰（每千斤）	1.6	1.6	1.6	—	1.6
筒瓦（每千片）	5.119（e） 3.325（f）	5.87（e） 3.38（f）	5.116（e） 3.373（f）	— —	— 3.326（f）
板瓦（每千片）	0.684（g）	0.671（g）	1.85（h）， 0.72（i）	—	—
豆青石（每方）（j）	0.7	0.71	4.19	0.72	—
羊山石（每方）（j）	1.078	1.14	1.676	0.922	—
青石（每方）（j）	1.674	0.71	0.72	0.72	—
黄石（每方）（j）	0.6	0.64	0.55	0.54	—
青块石（每方）（k）	4.025	4.2	4.725	4.025	—
黄块石（每方）（k）	3.15	3.29	2.8	3.36	—

（a）每块长0.6尺，宽0.33尺，厚0.11尺
（b）每块长0.7尺，宽0.33尺，厚0.11尺
（c）每块见方1.4尺，厚0.24尺
（d）每块见方1.2尺，厚0.17尺
（e）每片长1尺，宽0.5尺
（f）每片长0.8尺，宽0.44尺
（g）每片长0.58尺，宽0.6尺
（h）每片长0.86尺，宽0.96尺
（i）每片长0.58尺，宽0.63尺
（j）每方长10尺，宽10尺，厚1尺
（k）每方长10尺，宽10尺，厚2.5尺

表1-3 湖州府（价格单位：两银）

	长兴	德清	武康	安吉	孝丰
线砖 （每千块）	0.32（a）	0.33（b）	0.33（a）	0.33（a）	0.33（a）
方砖 （每千块）	32.793（c） 21.873（d）	32.793（c） 21.873（d）	32.793（c） 21.873（d）	33.114（c） 22.87（d）	25.72（c） 17.255（d）
石灰 （每千斤）	1.39	1.6	1.6	1.5	1.2
筒瓦 （每千片）	7.5（e） 5.35（f）	7.55（e） 5.38（f）	7.58（e） 5.4（f）	7.5（e） 5.3（f）	7.45（e） 5.28（f）
板瓦 （每千片）	0.32（g）	0.35（g）	0.35（g）	0.31（g）	0.31（g）
豆青石 （每方）（h）	2.36	2.436	2.49	2.62	2.75
羊山石 （每方）（h）	0.905	0.892	0.892	0.905	0.922
青石 （每方）（h）	1.219	—	1.202	1.197	1.316
黄石 （每方）（h）	0.76	0.87	0.87	0.98	10.9
青黄块石 （每方）（i）	3.486	3.675	3.676	3.5	3.43

（a）每块长0.7尺，宽0.3尺，厚0.09尺
（b）每块长0.7，宽0.4尺，厚0.07尺
（c）每块见方1.4尺，厚0.24尺
（d）每块见方1.2尺，厚0.17尺
（e）每片长1.6尺，宽0.6尺
（f）每片长1.3尺，宽0.5尺
（g）每片长0.6尺，宽0.5尺
（h）每方见方10尺，高1尺
（i）每方见方10尺，高2.5尺

表1-4　江宁府（价格单位：两银）

	上元江宁	句容	溧水
城砖（每千块）	5（a）	8（b）	10（c）
改模砖（每千块）	2（d）	—	—
旺砖（每千块）	0.75（e）	—	—
方砖（每千块）	12（f）	—	—
滚砖（每千块）	0.7（g）	—	—
时砖（每千块）	0.7（h）	—	—
罗砖（每千块）	1.2（i）	—	—
石块灰（每千斤）	1.6	1.2	—
石面灰（每千斤）	1.2	1.5	—
筒瓦（每千片）	8（j）	8（k）	—
板瓦（每千片）	0.65（l） 0.55（n）	0.67（m） —	—
石料（每方）	0.83（o）	0.8（o）	0.8（o）
碎石	0.01（每担）（p）	0.03（每车）（q）	0.02（每方尺）（r）

(a) 每块长1尺，宽0.4尺，厚0.2尺
(b) 每块长1.2尺，宽1尺，厚0.25尺
(c) 每块长1尺，宽0.6尺，厚0.1尺
(d) 每块长1尺，宽0.4尺，厚0.2尺
(e) 每块长0.85尺，宽0.33尺，厚0.11尺
(f) 每块见方1尺，厚0.13尺
(g) 每块长1尺，宽0.36尺，厚0.1尺
(h) 每块长0.8尺，宽0.38尺，厚0.07尺
(i) 每块见方1尺，厚0.15尺
(j) 每片长0.9尺，宽0.42尺
(k) 每片长0.8尺，宽0.45尺
(l) 每片长0.42尺，宽0.6尺
(m) 每片长0.45尺，宽0.5尺
(n) 每片长0.36尺，宽0.58尺
(o) 每方见方10尺，厚1尺
(p) 每担100斤
(q) 每车300斤
(r) 每方尺见方1尺，厚0.8尺

第二章
轻工业的发展

　　轻工业，即工业中生产消费资料的各部门之总称。根据产品消费对象与消费方式的不同，轻工业可以分为两个部分：产品主要供上层社会享用的奢侈品工业和产品主要面向中下社会阶层的普通消费品工业。

　　奢侈品与普通消费品之间并无绝对界限，区分标准应根据具体情况而定。例如丝织品，通常被视为奢侈品，但在明清江南，衣帛者并不局限于富贵之家。中层社会自不必说，就是市井小民、工匠农夫，也不是完全与丝织品绝缘。咸丰《南浔镇志》卷二十三引明董志说：当地人民在明初风俗尚俭之时，"衣服尚多野朴"，但"布衣之外，绸绢本自土产，民间寻常衣着亦不以为异"。[1]而在明季松江，据范濂所见，更是"贫者必用绸绢色衣，[纱或熟罗]包头不问老幼皆用"。19世纪初英人巴娄（John Barrow）到江南旅行，也说此地人民穿着丝绸比中国其他地区更为普遍。[2]可见在江南，除去少数精工制作的高级丝织品外，大多数丝织品应列入普通消费

---

① 咸丰《南浔镇志》卷二十三"风俗"引明董志。
② Barrow, John, *Travels in China, the second edition*, London, 1806, printed for T. Cadell and W. Davies, in the Strard, p. 572.

品。奢侈品工业的工艺水平高，产品附加价值大，容易进入长途贸易，但从经济发展的角度来看，其地位与作用却远逊于普通消费品工业。明清时代江南奢侈品生产无论在质量与数量上均在全国首屈一指，但鉴于其对生产力发展影响相对较小，故在本章中不作专门讨论。本章所研讨的轻工业，乃是与千家万户生产、生活密切相关的普通消费品工业。

轻工业门类繁多，其中于民生最为重要的乃是纺织、食品、服装、日用百货、造纸与印刷等行业。纺织业（特别是棉纺织业）是明清江南轻工业中发展最迅速、地位最重要的部门，一直受到经济史家们的高度重视。自1942年西嶋定生先生发表第一篇专论以来，中外史家对此课题作了深入研究，硕果累累。但是相形之下，对明清江南轻工业其他部门的研究就显得薄弱不足。例如食品工业，其重要性并不亚于纺织业，[1]可是迄今为止，还未见到一篇关于明清江南食品工业的专论。有鉴于此，在本章中，我们不拟重复前人已做的工作，而把注意力转向纺织业之外的其他几个轻工业部门。

---

[1] 事实上，直到近代，情况依然大致如此。例如民国时代，食品工业在江苏工业中的地位仅次于纺织业。而在浙江，直到1950年代，食品工业仍居纺织工业之上，是产值最大的工业部门（孙敬之：《华东经济地理》，科学出版社，1959，第23、128页）。甚至在纺织业比较集中的苏州—无锡地区，1950年以前，以碾米、磨面、榨油为主干的食品加工业仍与纺织品并列为本地区最主要的两大工业部门（程潞、杨万钟、金家相与吴建藩：《江苏省苏锡地区农业区划》，《地理学报》第25卷第3期）；直到1960年，碾米业还占重要地位（严重敏、刘君德、孙大文、卢奇达：《试论苏锡地区农业发展与中小城镇的关系》，《地理学报》第30卷第3期，1964）。又，在工业化以前，酒类生产在经济中的地位非常重要。我国早在汉代，酒已与盐铁并为管榷对象。又如日本，明治维新时酒类产值超过纺织品产值，成为米以外的第一位商品（见许涤新、吴承明《中国资本主义的萌芽》，第343页）。

第一节　食品工业

　　食品工业是明清江南轻工业中最主要的部门之一。其分布之广、从业人员之多，仅亚于纺织业。本节所讨论的，仅是具有商品生产性质的食品工业。因此城乡人家自给性质的食品加工，不在讨论之列。此外，本节讨论的食品工业，主要包括：（一）谷物加工，（二）榨油，（三）酿酒，（四）糖果制作与副食品加工，（五）制盐。至于饭店酒馆中的食物加工，应属商业中的饮食业，与本节所论无涉。

一、谷物加工

　　大米是江南人民的主食，因此谷物加工业主要就是碾米业。但在明清（特别是清代），由于对面粉需求扩大（除食用增加外，纺织品上浆等所需面粉也大大增加了），江南磨面业也有一定发展。具有商品生产性质的谷物加工业，主要服务对象是城镇居民。随着明清江南人口城市化程度的提高，谷物加工业生产总规模也不断扩大。同时，明清时期江南粮食输入的剧增，也大大促进了谷物加工业的专业化与商业化。

　　明清江南的碾米业分布甚广，而以大城市的近郊和交通要道上的城镇最为集中。苏州、杭州、南京三大都市的郊外，都有为数众多的砻坊。江南名镇平望、濮院、双林、南浔等，都有相当发达的碾米业。此外，无锡、枫桥、长安、黎里、新市等地是江南著名米市，碾米业当也相当发达。

　　明清江南碾米业生产规模如何？虽难确言，但可作一些粗略的估算。据万历《杭州府志》卷三十三"城池"，万历时杭州"城中百万烝黎皆仰给在北市河之米，……必储米六十万石为二月之粮"，即杭州府城人民年食米360万石。①清代中期苏州府城人口在百万以上，②据包世臣说：男女合计"牵算每人岁食米三石"，③则府城人民年食米达300万石以上。此外还有大量酿酒用粮，总数据说每年不下数百万石。④这些稻谷多在苏州脱粒，因而城郊虎丘成为一个碾米业中心。⑤嘉庆时的江宁（今南京），据包世臣说，在城郊"聚宝门外窟湾有大砻坊三十二家。每家有粮万余石。是三十二家所储，足敷城中三月之食"。⑥这些稻谷主要来自芜湖、鲁港、和州、庐江、三河及川湖。⑦"又，城中富户租入亦不下数十万石，闻俱囤乡庄，陆续运寄砻坊，按日送宅济用。"⑧大砻坊32家，每家有粮万余石（以低数1.1万石计），共有35万石，足供城中一般市民三月之食，则全年之食应为140万石。此外，城中富户自己有租谷数十万石（以30万石计）未计入前数（但也要在砻坊脱粒），若合计则达170万石。加上酿酒等用粮，估计嘉庆时的苏州每年耗米500万石以上，江宁200万石以上。⑨万历时的杭州，按照上面的记载计算，则在360万石左右。⑩

---

① 但这意味着万历时代的杭州是否有城市居民百万，尚待考证。但我感觉是没有那么多，因此此粮食消费数量看来过高。见下页注⑧。
② 沈寓：《治苏》（《皇朝经世文编》卷二十三"吏政守令下"）。
③ 《安吴四种》卷二十六《齐民要术》卷二"农二"。
④ 《安吴四种》卷二十六《齐民要术》卷二"农二"。这些粮食主要来自外地。
⑤ 顾禄：《桐桥倚棹录》，上海古籍出版社，1980年排印本。
⑥ 《安吴四种》卷二十六《齐民要术》卷二《答方葆岩尚书书》。
⑦ 同治《上江两县志》卷七"食货"。
⑧ 《安吴四种》卷二十六《答方葆岩尚书书》。
⑨ 苏州酿酒业每年耗米数百万石（包世臣言），兹以200万石计。人民食米300万石，共500万石。南京人民食米170万石，酿酒因主要用麦，用米较少，兹以30万石计，合计200万石。
⑩ 据前引万历《杭州府志》计算，人民年食米360万石，似过偏高。又，杭州酿酒不算很发达，估计年耗米在数十万石之谱。兹总共估算为360万石，可能仍然偏高。

明清江南碾米工具，与近代的旧式磨坊所用工具无大差异。据1937年对离南京不远的宣城县20家旧式砻坊所作的调查，使用传统的木砻石臼，平均1个工人年可加工稻谷1,000石，[①]出米率为50%（按容量），[②]得米500石。[③]又据日本人1941年在松江县郊所作的调查，木砻1台，日可加工稻谷2—3石。[④]在专业砻坊中，设备使用率较高，加工量亦较大。故以高数计，日加工稻谷3石，1年则大约加工1,000石（以工作日300日计），与一个工人年加工能力大致相当。据此，则万历时杭州的360万石、嘉庆时苏州的500万石和南京的200万石米，加工需专业砻坊工人分别为7,000人、10,000人和4,000人，以及相应数量的木砻及其他设备。[⑤]明清江南人口城市化水平如何，尚难确知。根据刘石吉先生统计，乾隆时苏州府吴江县城镇人口在总人口的比率高达35%。[⑥]而在苏州府属九县中人口密度最低、市镇密度也低于全府平均水平的常熟、昭文二县，[⑦]虽经太平天国战争人口剧减，[⑧]至光绪二十九年（1903），城镇人口的比率尚达19.6%。[⑨]如果把20%作为清代盛时江南城镇人口在总人口中

[①]　朱孔甫：《安徽米业调查》，《社会经济月报》第4卷第3、4期。
[②]　参阅李伯重《唐代江南农业的发展》，农业出版社，1990，第16页。
[③]　明清容量1石约为1.03市石（参阅上引拙著第12页）。因此500市石应等于485明清石。不过这里没有必要作这样精确的折算。
[④]　吴金成：《明代社會經濟史研究——紳士層の形成との社會經濟の役割》，中村智之譯，汲古書院，1992，第897頁。
[⑤]　这样众多的工人和木砻当然不是集中在一处（也有集中的，如南京），而是广布于城郊（如苏州的虎丘、枫桥等），故史籍关于碾米业中心的详细记载不多见。另外，大城市所需稻米的脱粒，有一部分大概也是在附近地区的砻坊里进行的（如杭州的米，有相当数量是在平望镇碾的）。
[⑥]　参阅刘石吉《明清时代江南市镇研究》，中国社会科学出版社，1987，第137页。
[⑦]　参阅上引刘石吉书第142、159页，以及陈忠平《明清时期江南市镇考察》（打印稿）。
[⑧]　嘉庆二十三年（1818）常、昭二县人口达1,114,432人；而光绪二十九年（1903）为495,691人，仅及前者的44%（据同治《苏州府志》卷十三、光绪《常昭合志稿》卷七所载人口数字统计）。
[⑨]　参阅前引刘石吉书第137页。

第二章　轻工业的发展

的比重，应当不会是过分夸大。①嘉庆二十五年江南总人口约2,640万，②其20%即近530万，人均年食米3石，共约1,600万石。根据以上砻坊生产情况，当需专业砻坊工人3万余名、木砻3万余台。如加上酿酒等所需的脱粒，其数还要更多。

另外值得注意的一个现象是碾米业中单个生产单位的生产规模的扩大。根据前引包世臣所述南京郊外砻坊的情况，32个大砻坊，每坊年脱粒能力最低也在万石以上。即使仅以万石计，依前引近代调查资料，每坊至少需工人20余名、木砻20余台。光绪《大清会典事例》卷二四七户部"杂赋"条说：乾隆初年，"江苏省碾碙缺额银，出自碾米之户完解。因土俗变易，民间皆置木砻自做，碾户消乏，并无顶补之人"，朝廷只得"以乾隆十一年为始，概予豁免"。有的学者已指出这表现了砻坊之分散于农村。③不过严格地说，似乎应该说是分散到城郊或市镇。同时，这个分散并不意味着碾米业专业化水平的降低。碾米本是农家副业，农村里家家户户皆有碾米工具。据《天工开物》粹精第四卷，用土砻脱粒，设备极简单，投资极微小，且"屠妇弱子，可胜其任"，故使用普遍，"庶民饔餐，皆出其中"。木砻较耐用，"攻米二千余石，其身乃尽"。大批量脱粒，当然只能用木砻，"故入贡军国漕储千万，皆出其中"。木砻虽然投资有限，但操作"必用健夫"。在江南农村，碾米向来是妇孺

---

① 饶济凡（Gilbert Rozman）估计清代初期江苏省城市化水平约为7%（Rozman, *Urban Networks in Ch'ing China and Tokugawa Japan*, pp. 218，273）。施坚雅（G. William Skinner）则估计1834年长江下游330个"中心地"（central places）的城市化水平为7.4%（Skinner, *Regional urbanization in nineteenth-century China*）。但刘翠溶和刘石吉氏均已指出以上估计过低（刘翠溶：《明清时期长江下游地区都市化之发展与人口特征》，《经济论文集刊》第14卷第2期，1987；刘石吉：《明清时代江南市镇研究》，第136页）。
② 据梁方仲《中国历代人口、田地与田赋统计》甲表88中数字统计，参阅梁方仲《中国历代人口、田地、田赋统计》，上海人民出版社，1980。
③ 参阅许涤新、吴承明《中国资本主义的萌芽》，第348页。

的工作,因此木砻的使用,主要是在砻坊。因此乾隆初年江苏"民间皆置木砻自做",并不意味着原已脱离农家副业的那部分碾米业又回复为农家副业。相反,这是碾米业进一步脱离农业副业而向市镇工业转化的表现。

虽然江南人民以大米为主食,但麦面的消费也相当可观。包世臣说:"自康熙二十四年,海禁大开,关东豆麦每年至上海者千余万石。"① 输入的关东豆麦中,大多数是豆,但麦也不少。又,江南普遍实行稻麦复种,麦的总产量也颇可观,不过当地所产的麦主要是农民自己食用,② 成粉大约是用手磨磨之。外来的麦大概主要供城市消费,因加工量大,需用畜力磨。清代中期苏州棉织业发达,需要大量面粉浆纱。苏州又是重要粮食输入地,当有大量麦子贩至此。因此苏州府城内外磨粉业相当发达,城内有常州、无锡面业商人于乾隆二十三年建立的面业公所,城郊虎丘则设有磨坊公所,并建有马牛王庙。③ 此外,湖州、双林、南浔也是磨面业较发达之处。

二、榨油业

榨油业不完全属于食品工业,因为油坊所榨出的油中,非食用油也占相当大的比重。但在本章中,我们不拟更加区别,而一并论述如下。

榨油业脱离农民家庭副业的程度比碾米业大。首先是因为榨油设备投资多;其次是须多人同时作业;此外油车生产能力也远远超出一般农家的油料作物收获量。因此,农民不必也不可能家家户户

---

① 《安吴四种》卷一《中衢一勺》卷一《海运南漕议》。
② 自宋代以来,江南农村都实行不交麦租的惯例,因此佃农所种之麦主要供自己消费。
③ 见《桐桥倚棹录》。

自置油车。沈宝禾《拔菜词》描绘菜籽成熟时的苏州农村是："菜子登场箕入市，舴艋出载如飞梭。今年油贵好当口，一斗菜值米一斗。却闻行价有低昂，早枲争先休落后。"[1]农民踊跃出售菜籽，商人购之就地榨油。或如《清嘉录》卷四"小满动三车"条所说：小满时节，"（苏州）郊外菜花至是亦皆结实，取其子至车坊磨油，以俟估客"。直至1930年代，江南不少农村情况犹然。1985年10月我到桐乡县石门镇作调查时，原油坊主毛东庐先生告诉我：这种设在农村、专为农民加工菜籽的小车坊叫做"乡作车"。这种小车坊在抗战以前的桐乡一带农村很普遍。《清嘉录》中"小满动三车"之语是江南农谚，屡见于明清江南各处地方志。农民此时农桑正忙，送菜籽或卖菜籽至车坊打油，应是普遍现象，非特苏州城郊如此。

关于明清江南榨油业的发展情况，过去研究不多，所见仅有北田英人先生关于农村制油业的专论。[2]根据北田氏的论证，我们可以看到：宋元时代，江南榨油业还集中在府州县治一级的城市。自明代中期以降，榨油业逐渐从城市普及到市镇以及农村。从北田氏文章所引用的史料来看，虽然嘉靖时嘉善、吴江等地农村已有油坊、油车的记载，万历《嘉兴府志》卷一"风俗"中更首次出现了"小满动三车：丝车、水车，谓之动三车"的农谚，表明至少在江南平原水稻—蚕桑地区农村榨油业已相当普及，但据比较确切的数据，江南榨油业之真正在农村普及，似乎还是在入清之后。例如，康熙时嘉善县农村有六个地方以"油车村""油车滨""油车港"之类的名称命名，但明代仅有一个；乾隆时吴县农村有四个地方以"油车滨""油车头"或"油车街"命名，明代则一个未有；到光

---

[1] 《吴郡岁华纪丽》卷四"拔菜"。
[2] 详见北田英人《中國江南三角州における感潮地域の變遷》第5章"农村制油业と发展"，《東洋學報》第63卷第3、4号。

绪时，归安县农村以与"油车"有关的名称命名之地名，竟多达十一个。这些，都表现了清代农村榨油业的扩张。

明清江南榨油业的发展，还可以从原料来源的扩大得到证实。江南榨油业的原料种类不少，但最主要者为油菜籽、棉籽与大豆三种。油菜栽植，江南早已有之，但因各方面条件所限，明代中叶以前尚属有限。明代中后期，随着江南低地改良进程的推移，油菜成为低田地带水稻的主要后作，种植才大为普遍。① 棉花种植，也是在明代中后期成为江南最重要的农作物的。明代江南榨油业的发展，实以此为背景。到了清代，江南油菜与棉花的种植还在继续扩大，同时又增加了新的原料来源——大豆输入，因此榨油业得以进一步扩大。

明代江南榨油业虽然已开始使用外地原料（例如石门镇榨油业所用大豆，系"商人从北路夏镇、淮扬、楚湘等处"贩运而来），② 但基本上还是依靠本地原料（主要是菜籽），外地原料（大豆）的比重很小。入清以后，北方大豆输入剧增，大大增加了榨油业的原料供应，因而榨油业总生产规模随之迅速扩大。

油坊的生产能力，依油槽本身大小为转移。万历时期石门镇油坊平均每坊有工人40余人，"间日而作"，每日实际作业的工人约20余人。③ 这大概是明清江南中等规模的油坊。④ 据原油坊主毛乐庐先生回忆，抗战前石门镇榨油业仍使用传统工具榨油（这些工具与《天工开物》所载无大异）；一个中型油坊，每日作业工人约24人，使用油车（榨床）6部，日加工菜籽2,000余斤。按菜籽一市石

---

① 参阅前引北田英人文第五章。
② 道光《石门县志》卷二十四"补遗"上引万历靳志《丛谈》。
③ 详见康熙《嘉兴府志》卷十五收贺灿然《石门镇彰宪亭碑记》。
④ 据后世调查，道光时江苏兴化县（江北）有雇工50人的大油坊。见许涤新、吴承明《中国资本主义的萌芽》，第347页。

重130市斤，[①]2,000余斤（以低数2,100斤计）即为16石，折为明清量约15石。一年开工以300日计，则年加工能力为菜籽4,500石（明清量）。明清江南普遍以油菜为水稻后作，而田地总面积约4,878万亩，即使以五分之一种油菜，亦达975万亩左右。明清江南菜籽亩产量一般是2石，[②]975万亩年产菜籽约1,950万石。亦即需上述规模油坊4,300余家，工人约20万名（按"间日而作"计），油车约2.6万余部，方能敷用。大豆虽然比重及出油率均异于菜籽，[③]但加工工艺则相同。由于各种榨油设备的容量是固定的，因此尽管因原料不同，油坊日产出量也各有别，但原料投入量按容积计则大致相似。如此说来，榨2,000万石大豆，[④]需上述规模油坊4,400余家，工人20万余名，油榨2.6万余部。加上榨棉籽、麻籽、桐籽、柏籽等的油坊，其数还要更多。

三、酿酒业

酿酒业情况与碾米业近似，工艺简单，设备耗资不多，一般殷实城乡人家都能置备，因此分布甚广。至清代中叶，江南已是"糟坊酤于市，士庶酿于家"，"荒郊野巷，莫非酒店"。[⑤]但前已说过，我们的研究对象只是具有商品生产性质的轻工业，因此一般的家庭酿酒这里不拟涉及。

江南各地不乏地方佳酿，但其中名气较大、产量较多者，似乎是起源于苏州的"三白酒"。正德时，苏州煮酒已"转贩四方，谓

[①] 据陈恒力与王达《补农书研究》，中华书局，1958，第13页。
[②] 参阅本书第七章第三节。
[③] 豆类比重为每市石140市斤（《补农书研究》，第13页），出油率"每石得油九斤"，而芸苔子（菜籽）"每石得油三十斤"（宋应星：《天工开物》膏液第十二卷"油品"，中华书局，1959年影印本）。
[④] 道光时江南每年输入大豆约2,000万官石。参阅本书第七章第四节。
[⑤] 《安吴四种》卷二十六；《齐民要术》卷二"农二"。

苏州酒"，[1]但尚未得"三白"之名。至万历时，"江南之三白，不胫而走半九州矣"。由于市场需求量大，苏州酒坊粗制滥造，"急于求售，水米不能精择"。而湖州"三白"则以质量取胜，被认为优于苏州"三白"。[2]顾起元品评天下诸酒，苏州"三白"名列下中，而湖州南浔所酿则时人称为"吴越第一"。[3]入清以后，苏州酒坊显然改善了酒质以相竞争，故袁枚列举海内名酒，苏州"三白"亦名列其中，[4]但较湖州酒仍逊一筹。湖州南浔酒一直保持盛誉，[5]府城及城郊浔溪、菱湖之酒亦远近闻名，康熙时甚至"声闻辇下"。[6]与此同时，常州府无锡县的"惠山三白"声名更大，至被称为"南酒中极品"，[7]"奔走天下"。[8]除了"三白"酒，诸如金坛于酒、无锡华氏荡口酒与何氏松花酒、江阴上杜酒与白酒、华亭熟酒、南翔郁金香酒，[9]也都有名于时，销售范围超出了本府甚至江南地区。[10]苏州坛酒、浦口金酒、江阴细酒、句曲双投酒，在明末时，地位与苏州"三白"相类，被列为天下佳酿中之下中品，[11]看来也还有一定知名度。很明显，上述各种酒都是有一定数量进入市场的商品

---

[1] 正德《姑苏志》卷十四"土产"。
[2] 谢肇淛：《五杂俎》卷十一"物部二"，中华书局，1959年排印本。
[3] 顾起元：《客座赘语》卷九"酒"。《金瓶梅》第七十八回中西门庆以"两坛浙江酒"和其他礼物谢宋御史，想必就是湖州酒被远运至山东。《金瓶梅》故事虽托宋代，但所反映的社会现实乃属明代中后期之情况。
[4] 《崇川咫闻录》卷十一"物产"引袁枚语。
[5] 《崇川咫闻录》卷十一"物产"引袁枚语。
[6] 乾隆《湖州府志》卷四十一"物产"引郑元庆《湖录》。
[7] 宋起凤：《稗说》卷三"品酒"。
[8] 康熙《常州府志》卷十"物产"。
[9] 分见《崇川咫闻录》卷十一"物产"引袁枚语、《客座赘语》卷九"酒"、康熙《江阴县志》卷五"食货记"、《云间据目钞》卷二、乾隆《南翔镇志》卷一"物产"。
[10] 例如南翔郁金香酒"名驰京国"。见乾隆《南翔镇志》卷一"物产"。
[11] 顾起元：《客座赘语》卷九"酒"，中华书局，1987年排印本。

酒。有的学者认为清代酒甚少远销，主要是就地消费。[1]这种看法就一般酒而言是对的，但如上述"不胫而走半九州""奔走天下"的"三白酒"，销售量则很可观，应属例外。

明清江南酿酒业中心，在无锡、苏州、江宁三地。无锡惠山、锡山水质佳，尤宜造酒，每年腊月酿酒时节，"负担争汲，山亭成市，舟载往来，喧溢寺塘"。[2]甚至远处之人也来取水，如湖州"富民之家多至惠山泉载泉以酿"。[3]康熙时无锡"惠山三白"之"奔走天下"者，"每岁数十万斛不止"。[4]而乾隆时，无锡、金匮二县城镇有酒坊183户，均"自造酿酒，零星沽卖"。[5]苏州酿酒业发达颇早，至乾隆时，府城郊外"新郭、横塘、李墅诸村，比户造酿，烧糟为业；横金、下堡、水东人并为酿工，远近皆用之"。[6]至嘉庆时，苏州酿酒业每年耗米"约在数百万石之数"；"本地所产（之米），耗于酒者大半"。[7]江宁主要生产烧酒，原料用麦，嘉庆时，城乡糟坊合计平均日产酒1,000石，耗用谷物1,200石。[8]道光时，城郊孝陵卫以酿造米酒闻名，"其地有酒行，清晨驮载入城，岁无虚日"。[9]除这三大中心外，各地酿酒业也颇发达。例如乾隆初，两江总督那苏图奏称："查镇江糟户工役不下万余人。若竟除此一业，则恐无生计可图。"[10]可见专业酒户之众。另外，江南造曲（酒曲）也

---

[1] 许涤新、吴承明：《中国资本主义的萌芽》，第243页。
[2] 康熙《无锡县志》卷十"土产"。
[3] 《五杂俎》卷十一"物部二"。
[4] 康熙《常州府志》卷十"物产"。
[5] 江苏省博物馆编《江苏省明清以来碑刻资料选集》，生活·读书·新知三联书店，1959，第532页。
[6] 乾隆《吴县志》（引自民国《吴县志》卷三十二"风俗"）。
[7] 《安吴四种》卷二十六《齐民要术》卷二"农二"。
[8] 《安吴四种》卷二十六《齐民要术》卷二《为秦易里侍读条画白门荒政》。
[9] 甘熙：《白下琐言》卷四。
[10] 《清高宗实录》卷六十九乾隆三年五月辛巳。

很发达，"各省皆取决焉"。①乾隆十三年两江总督尹继善奏："就两江而论，酿酒数千家，获利既众，为业日多，约计岁耗糯米数百万石，踩曲小麦又数百万石。民间将肥田种糯，竟有一县种糯多于种稻者"。②由此可见清中叶江南商业化酿酒业生产规模之巨。

民间为自用而酿酒，设备较简单。专业酒坊生产，则购置设备必须相当投资。乾隆初议禁曲，江苏巡抚杨永斌奏："将各踩坊一切造曲器具，分别封贮拆毁，以杜私踩之源。"但清高宗认为："从前民间制造踩曲器具，皆费工本。今既禁止踩曲，理应将器具听民变价，或改造别用，庶几称便。若概行封贮，则前此制造之费，尽归无用。"③酿酒设备投资更多，故"开烧锅者，非大有资本不能具"，"非本多者不能成坊"，④"造酒之家类皆富民，而非贫民之生业"。⑤因此酿酒业的发展，也表现在总投资规模的扩大上。

四、糖果制作与副食品加工业

糖果糕点制作，宋代江南已有之。到了明清，方发展成为一个具有一定规模的生产部门，不仅存在于府、州、县城，而且也分布于市镇；产品主要供本地消费，但也有一些营销外地。嘉靖时，南京"城中有糖食铺户约三十余家"，⑥苏、杭当亦不少。乾隆时，嘉定县外冈镇的桂花饼"五色陆离，用以饷远"；⑦黄渡镇的豆生面（又名银丝面），"过客争购之，可以饷远"。⑧仁和县塘栖镇的姚

---

① 尹会一：《禁止踩曲疏》(《皇朝经世文编》卷五十一)。
② 《清高宗实录》卷三一九乾隆十三年七月甲子。
③ 《清高宗实录》卷七〇乾隆三年六月乙丑。
④ 《方望溪全集》集外文卷一《请定经制札子》《请禁烧烟事宜札子》。
⑤ 孙嘉淦：《请开禁疏》(收于光绪《畿辅通志》卷一〇七"经疏十四")。
⑥ 何良俊：《四友斋丛说》卷十二，中华书局，1959年排印本。
⑦ 《续外冈志》卷二"物产"。
⑧ 咸丰《黄渡镇志》卷二"物产"。

灿然糖包名驰四方，①而且有生产规模较大的糖包作坊。②太仓州的直塘市早在明代已是一个糖果生产中心，所产剪松糖、米花糖、橙糖、宿砂糕、芝麻糕、薄荷板、砂糖煎等均享有盛名，"卖者贮以竹器，封以记号"，以防假冒，但仍为外地仿制。③清代前中期的菱湖、双林、南浔等名镇，也生产多种糖果。④明清江南糖果制作还有一个重要特点，即除饴糖外，蔗糖的使用越来越普遍，例如双林镇统名为"糖味"的各色糖果，都是用白砂糖浇成，而菱湖、南浔所产糖果，亦"皆蔗糖所为"。⑤明清时期闽广蔗糖大量输入江南，糖果制作的原料供给空前增加，当然也促进了糖果生产规模的扩大。

副食品加工，包括鱼、禽、肉、乳、果的加工精制。特别值得一提的是明清时期副食品加工方法有相当大的进步，除了原有的烘、晒、熏、腌、晾等方法仍广泛应用外，此时又发明了罐头贮藏法。方以智《物理小识》卷六"饮食类"记载这种方法为："收湘桔，用煮汤，锡瓶收入，经年不坏。"康熙时苏州人改进了制作工艺，"以糖霜拌杨梅，封贮磁瓮，经年犹鲜"。⑥其他副食品加工中亦不乏使用此法之例。如弘治时太仓直塘市所产的砂糖煎、冬瓜片、姜丝等，就已制为罐头出售；⑦而明末海盐人"多烘〔马鲛鱼〕以为腊，贮罂饷远"。⑧清代苏州人也制虾鲞，"小瓶贮之，可

---

① 乾隆《杭州府志》卷五十四"物产"引《塘栖志略》。
② 光绪《塘栖志》卷十八"物产"。
③ 弘治《太仓州志》卷一"土产"；崇祯《太仓州志》卷五"物产"。
④ 同治《湖州府志》卷三十三"物产下"引《湖录》及《南浔志》；《双林镇志》卷六"物产"；《菱湖镇志》卷十一"物产"。
⑤ 《双林镇志》卷六"物产"；同治《湖州府志》卷三十三"物产下"引《湖录》及《南浔志》。
⑥ 康熙《苏州府志》卷二十二"物产"。
⑦ 弘治《太仓州志》卷一"土产"。
⑧ 天启《海盐县图经》卷四"县风土记"。

以饷远"。[1]湖州双林人则"取大青鱼或鲤鱼制为湖鲞,贮于坛,可经久且香美"。[2]罐头的发明与使用(虽然使用很有限),标志着江南副食品加工的专业化与商业化。

江南号称泽国,盛产鱼虾,但鱼虾易腐败,仅可在产地及附近消费。清初海宁一带"海产惟沿海人得动食指,毋及内地者,以海鲜易败。土人取朝夕之供,不善制以饷远也"。[3]因此,鱼类加工是渔业生产商业化的必由之路。明清江南鱼类加工方法,除去新发明的装罐贮藏法外,还有腊、晾、腌等传统方法,"淡压为腊者曰淡鱼,以物穿风干者曰法鱼,以盐渍成者曰腌鱼。今俗通称鱼干"。[4]此外也有加工鱼子为酱者。

为长途贩运而进行的鱼类加工,明代中期就已出现在太湖沿岸。正德时,苏州人捕太湖银鱼,"多鲭以致远"。[5]到了清代,除银鱼外,也鲭鲨鱼以鬻,"盛行于浙省诸山中"。[6]湖州府乌程县东林山人民原不会加工银鱼,故"不能致远",至明后期学会"以火烘干,谓之银鱼丝,可致远矣"。[7]康熙时,湖州人更凿池养鱼,"取以作酢"。[8]而湖州武康人则取逆鱼子,以猪油加工而干腊之,"可以经岁,可以行远"。[9]松江所出银鱼干,明季亦有名于时。[10]此外,南京以鲟鱼制作的玉版鲊,早在弘治时就已闻名。[11]在沿海,具有商

---

[1] 康熙《苏州府志》卷二十二"物产"。
[2] 《双林镇志》卷十六"物产"。
[3] 《海昌外志》"物产"。
[4] 乾隆《湖州府志》卷四十一"物产"引《湖录》。
[5] 正德《姑苏志》卷十四"土产"。
[6] 《太湖备考》卷六"物产"。
[7] 《东林山志》卷二十一"方产"。
[8] 康熙《上海县志》卷五"土产"。
[9] 乾隆《湖州府志》卷四十一"物产"引《前溪遗志》。
[10] 《露书》卷十"错篇上"。
[11] 弘治《江宁县志》卷三"物产"。

品生产性质的鱼类加工主要在太仓。据崇祯《太仓州志》卷五"物产",明末太仓州城人向渔民购买盐腌鲥鱼,再"和虾子煎制,名虾子,供远馈"。茜泾镇人购取崇明虾肉,伪造"金钩"出售,虾子则曝干市卖。至乾隆时,茜泾镇的银钩虾米更销至各省,"各省市题称之"。[①]从一些记载看来,到了清代,江南鱼类加工业总的生产规模已相当可观。苏州府城中"鲍鱼之肆,以盐渍血,糗干成薨,谓之腌腊,黑鲻白鲦,鳇鲤裙带,云委山积"。[②]有一家咸鱼行,栈房藏有咸鱼竟至万余捆之多。[③]鱼类加工业的繁盛,从中即可见一斑。

禽类加工,似乎主要在太仓与南京二地。明末太仓州崇明县人,把当地盛产的"沙鸭"作腊以"远馈"。[④]至康熙时,太仓人更于秋收后以谷催肥鸡,制为风鸡,成为地方名产。[⑤]南京板鸭当然更是脍炙人口。嘉庆、道光时,"金陵所产鸭,甲于海内。如烧鸭、酱鸭、白拌鸭、盐水鸭、咸板鸭、水浸鸭之类,正四时,各擅其胜,美不胜收"。[⑥]吴敬梓说制作南京板鸭的活鸭来自五河等地。[⑦]陈作霖则说"活鸭产自邵伯、高邮一带,送至南京肥育,制为板鸭,远方人喜购之"。[⑧]嘉道时情况,大概也与此相类。

肉类加工情况,因数据不多,难于详述。不过,从姚廷遴《历年记》来看,明清之际,苏州肉类加工业已颇发达,故有大量腌猪肉销往上海一带。以后亦有大量腌腊输出入苏州府城。仅在乾隆七年《长洲县革除腌腊商货浮费碑》末署名的腌腊商人,就达

---

① 乾隆《镇洋县志》卷一"物产"。
② 《吴门岁华纪丽》卷四"海鲜市"条。
③ 《咫闻录》卷七"冷姓"条。
④ 崇祯《太仓州志》卷五"物产"。
⑤ 康熙《苏州府志》卷二十二"物产"。
⑥ 《白下琐言》卷八。
⑦ 《儒林外史》第四十四回。
⑧ 《金陵琐志八种》"全境物产风土记"。

四百八十人之众。①可见此行业之兴旺。

江南乳品加工业，在明清时期也有所发展。正德时，苏州郊外光福诸山所产乳饼，已"可以致远，四方贵之"，并出产各种酥制品。这些产品，正德以后一直是苏州名产。②苏州府城过小松所制乳酥，明季被誉为"天下至味"。③康熙时，苏州城郊甫里镇所产乳饼据称胜于府城所产。④太仓州沙里头所产乳饼在乾隆时亦优于州城。⑤此外，湖州乌程、长兴等地所出乳饼、乳酥、奶酪、乳腐等在当时也享有盛誉。

果品加工，各地皆有。苏州府人"以杨梅、枇杷、青梅、橙桔之属，蜜渍之成煎"，称为蜜煎，正德时就很有名。⑥康熙时，除了蜜煎，又有用蔗糖渍制的杨梅，另外楂膏、橙膏、橄榄脯、枣脯等也都是当地名产。⑦万历时，杭州人将香园、丁橙、杨梅等或熏或晒、或水或蜜，制成蜜饯。⑧明代杭州的衣梅，制作甚精，[以]各样药料，用蜜炼过，滚在杨梅上，用薄荷叶包裹，远销至山东。⑨康熙时，杭州的冬瓜蜜饯也很有名。⑩弘治时，江宁人制作橙丁，⑪稍后又制作桃脯、梨膏、木瓜蜜煎、橙煎等。⑫清代青浦县的梅皮、⑬

---

① 该碑文收于《明清苏州工商业碑刻集》，第247—250页。
② 正德《姑苏志》卷十四"土产"；康熙《苏州府志》卷二十二"物产"；乾隆《苏州府志》卷三"物产"。
③ 《陶庵梦忆》卷四"乳酪"。
④ 康熙《甫里志》卷一"物产"。
⑤ 《沙头里志》卷二"物产"。
⑥ 正德《姑苏志》卷十四"土产"。
⑦ 康熙《苏州府志》卷二十二"物产"。
⑧ 万历《杭州府志》卷三十二"土产"。
⑨ 《金瓶梅》第六十七回。
⑩ 康熙《钱塘县志》卷八"物产"。
⑪ 弘治《江宁县志》卷三"物产"。
⑫ 《古今图书集成·职方典》卷六六三"江宁府部物产考"。
⑬ 乾隆《青浦县志》卷十一"物产"。

乌程县的糖制香橼，①都是名产。而安吉、富阳的乌梅制作很盛，富阳"土人间借以资厥生"。②我们不应当忽视果品加工在江南经济中的地位。姑举一例以明之：光绪时杭州郊外半山镇所产盐梅，年销售额曾达500万银圆之巨。③由此推测，明清江南果品加工业的总生产规模，应当相当可观。

除以上所述外，明清江南副食品加工业还包括豆制品、藕粉、笋干、糟蔬等产品的生产。这些产品亦有销至外地者，兹不多述。

五、制盐业

江南制盐业分布于松江、嘉兴、杭州三府滨海之地。在明代，由两浙都转运使属下的松江、嘉兴两分司管辖。松江分司辖盐场八，嘉兴分司辖盐场五，共辖十三场。清代袭明之旧，康熙时，十三盐场共有盐灶1,584座，灶丁108,445人；除去久未产盐的下砂二、三场共24,000人外，实有84,455人。④盐的年产量不详。明末及清初，松江、嘉兴、杭州三批验所派行正引共405,773引，票引共74,750引（仁和等16县），总计480,523引。康熙时派行正引442,660引，票引74,532引（仁和等15县），总计517,192引。⑤如果视此为江南盐业的大致年产量，可知江南年产盐约在4.8万—5.2万吨之间。⑥

---

① 康熙《乌程县志》卷五"物产"。
② 乾隆《湖州府志》卷四十引严志；康熙《杭州府志》卷六"风俗"。
③ 《清稗类钞》第十七册工艺类"制花梅"条。
④ 嘉庆《两浙盐法志》卷六"场灶一"。
⑤ 嘉庆《两浙盐法志》卷六"场灶一"。
⑥ 每引盐重约200斤，见《两浙盐法志》卷六。又据《中国实业志·江苏省》第7编，第66页，1931年松江估计盐产量为301,200担。据《中国实业志·浙江省》第6编，第76—77页，杭州、嘉兴各盐场1923年估计盐产量为444,860担。总共746,060担，约合3.7万吨。据《肇域志》第五册引明代《上海县志》及乾隆《南汇县志》卷一"邑镇"，由于自然条件的变化，松江盐业自明末已开始衰落，乾隆时南汇一团砂等盐场的盐房仅存十之二三。由此趋势发展，民国时代的盐产量低于明清是可以预见的。又，清代江南三批验所的盐引中还包含了少量浙东盐场转拨过来的盐引。

据清代史料，一个人一年平均消费食盐7—12斤，①兹以中数10斤计，明初江南人口870万，清中叶2,640万，年食盐量分别为8,700万斤（43,500吨）及26,400万斤（132,000吨）。其他用盐量不会很多。故江南盐在明初可自给，但到清代中期则已严重不足。

还应当指出：由于自然条件的变化，明清江南制盐业总生产规模有缩小的趋势。明代松江东部，本来"以盐利为饶"，但"自清水湾以前□〔原缺一字〕较川沙以北水咸宜盐，近有沙堤壅隔其外，水味浸淡，而煮海之利亦微"。②到了清代，情况愈加严重，以致南汇县一团镇"往时盐房栉比，迩来〔乾隆时〕海滨多积沙，距镇渐远，灶民为农者众，盐房仅存十之二三"。③而上海县下砂二三两场，则自康熙以前就已停业，灶丁24,000人均改行。④此外，江南盐在销售方面问题也较多，以致常发生营销壅滞的现象。雍正六年四月庚戌，李卫奏称："江南苏、松、常、镇四府民间食盐，定例营销浙引。至京口一带地方，接壤两淮，仅隔一江，私贩易于偷渡。是以以前镇江闸口，责成文武各员盘验搜查。但日久法弛，以致私贩潜滋，浙盐壅滞。"⑤乾隆三十七年十月甲申，熊学鹏又奏："江南松江所额销盐引七万九千六百三十三道，近因该处私盐充斥，商力微薄，不能及时营销。浙江绍所商力充裕，销盐亦广，请添拨松所二万引营销。"⑥由此可见，江南制盐业在明清时期没有什么发展。换言之，这是明清江南食品工业中生产规模唯一没有扩大的部门。

---

① 嘉庆《两浙盐法志》卷十二、卷二十六；胡传：《辽海榷盐私议》（《皇朝经世文续编》卷四十六）；佐伯富：《清代盐政の研究》，第205页。
② 《肇域志》第5册引明代《上海县志》。
③ 乾隆《南汇县志》卷一"邑镇"。
④ 嘉庆《两浙盐法志》卷六"场灶一"。
⑤ 《清世宗实录》卷六十八，中华书局，1985年影印本。
⑥ 《清高宗实录》卷九一九，中华书局，1986年影印本。

第二节　服装工业

自古以来，女红针黹是中国妇女的本分，连《红楼梦》中那些千金小姐也不例外。[①]因此，服装（包括衣帽鞋袜）基本上是家庭中妇女或仆婢制作，具有高度的自给性。当然也有雇请裁缝制作服装之事，但不多。到了明清，随着社会分工的扩大与商品经济的发展，衣服巾帽鞋袜的制作也开始向专业化与商业化发展。当时人已看到了这一点。《乡言解颐》卷三人部"衣工"条说："织纴者，妇人之事也……自男作衣工，俗只谓之裁缝，而踵事增华，日甚一日。"康熙九年《常熟县志》则说："往时履袜之属，率妇女手制，今则取给于市。"[②]实际上，明清时期江南的服装生产已成为一个相当重要的独立工业部门。

明代江南成衣业已相当发达，所制衣服的款式称全国之冠。万历时，谢肇淛指出：传统舆论认为天下"九福"中，燕赵有"衣裳福"之说不对，实际情况是"衣裳福则燕赵远逊吴越"。[③]张瀚更明确指出："自金陵而下，控故吴之墟，东引松常，中为姑苏，其民利鱼稻之饶，极人工之巧，服饰器具足以炫人心目，而志于富侈者，争趋效之"；"吴制服而华，以为非是弗文也……四方重吴服，而吴益工于服……是吴俗之侈者愈侈，而四方之观赴于吴者，又安能挽而之俭也"。[④]

到了清代，江南成衣业更有明显发展。不仅在大中城市中，而

[①]《红楼梦》第四十二回，薛宝钗对林黛玉说："你我只该作些针线之事才是。"黛玉"心下暗服"（参阅曹雪芹《红楼梦》，人民出版社，1964年排印本）。
[②] 引自乾隆《常熟昭文合志》卷一"风俗"。
[③]《五杂俎》卷四"地部二"。
[④] 张瀚：《松窗梦语》卷四"商贾纪、百工纪"。

且在小市镇都有成衣业,甚至乡下也有专业衣工。[1]当然,成衣业最集中的还是大城市。特别是杭、宁、苏三大都市。杭州成衣,在明代已闻名全国。《金瓶梅》第二十二、二十五回中说西门庆令家人来旺儿"押了五百两银子,往杭州替蔡太师制造庆贺生辰锦绣蟒衣,并家中穿的四季衣服";"来旺儿往杭州织造蔡太师生辰衣服回……悉把杭州织造蔡太师生辰尺头并家中衣服,俱已完备,打成包裹,装了四箱,搭在官船上来家,只少雇夫过税"。可见杭州成衣已有不少输往外地。到了清代,江宁与苏州成衣业发展尤快,成为江南成衣业中心。嘉道时,江宁"城内有三故衣廊,……其地多故衣铺,为旌德人裁缝聚处之所"。[2]江宁成衣销往外地不少,不仅临清故衣市上有南京铺,[3]而且山东小县城妇女也以着南京时装为荣。[4]苏州成衣业比江宁更为发达。清初徽商汪氏"设益美字号于吴间,巧为居奇,密嘱衣工,有以本号机头缴者给银二分。缝人贪得小利,遂群誉布美,用者竞市。计一年销布约以百万匹,论匹赢利百文。如派机头多二万两,而增息二十万贯矣"。[5]由此可见清初苏州衣工影响之大。不仅如此,许仲元在此段文字末还说到"如派机头多二万两,而增息二十万贯矣",颇值得注意。他在前面已说到衣工有缴益美号机头者给银二分,又说论匹赢利百文。要销售布100万匹,才能派机头2万两,而增息20万贯则须销布200万匹。可见有一半布是在本地加工为服装的。当然实际情况未必完全如是。但苏州本地成衣业规模颇大,每年用布不少,这是可以肯定的。乾隆四十五年,

---

[1] 例如《溪上遗闻集录》卷十:"邑下乡有衣工妇,生一子一女,而衣工卒,妇贫甚,无以自活。"
[2] 《白下琐言》卷六。
[3] 乾隆《临清州志》卷十一"市廛志"。
[4] 蒲松龄(西周生):《醒世姻缘传》第六十五回,齐鲁书社,1980年排印本。
[5] 许仲元:《三异笔谈》卷三"布利"。

苏州成立了成衣业行会——成衣公所。①寿衣业的云锦公所、估衣业的云章公所亦分别创建于道光二年与咸丰六年。苏州生产的成衣既多，输往外地者自然不少。吴锦《菱湖竹枝词》说"姑苏妆束称心怀"，②说的是湖州菱湖镇妇女喜爱苏州服装。李宗定《京山竹枝词》说京山妇人"逢人遍说学苏州，短衫宽袖长罗带"。③据此则苏州时装在湖北京山县也已风靡。乾隆《潮州府志》卷十二"风俗"说："[潮州]妇女装束，以航海往来苏松间，相仿者多。"当然只有苏州服装贩运到这些地方，才可能使这些地方的妇女群起仿效。

除了大城市外，不少市镇成衣业也十分发达。湖州双林镇，清初有衣庄七十余所之多，乾隆时还存十之六。这些衣庄所收，多是城乡女红所制衣履。"农家育蚕外，工纺织，为衣履，比户皆然。居镇者无杂事，于炊爨缝纫外，勤纺织，精刺绣，工裁剪，成衣服"；"自道光以来，[纺织业]生意清淡，机亦减少，咸代市店作针黹，如衣服、京货、鞋袜等，店计物得值，昼夜辛勤，亦大裨生计"。④可见成衣业已成为当地人民主要生计之一。江阴县杨舍堡镇在各方面均远不及双林，但那里的"工人造作，类备艺分，惟土、木、衣三者最繁"。⑤可见成衣业地位可与土、木作相埒，为当地主要产业部门之一。

制帽业中专业化与商业化倾向，在松江一带表现最为明显。范濂《云间据目钞》卷上"记风俗"说："瓦楞骔帽在嘉靖初年惟生员始戴，至二十年则富民用之，然亦仅见一二，价甚腾贵，皆尚罗

---

① 《长洲县禁止无业游民在成衣公所寻衅滋扰碑》（载于《明清苏州工商业碑刻集》，第225页）。
② 孙志熊：《菱湖镇志》卷四十三"诗纪"。
③ 《露书》卷九"风篇中"。
④ 《双林镇志》卷四"街市"。
⑤ 《杨舍堡城志稿》卷六"风俗"。此虽言同治初事，但前此情况应亦相类。

帽、纻丝帽。……万历以来，不论贫富皆用骔帽，价亦甚贱。……而安庆人长于修结者，纷纷投入吾松矣。"但是在毗邻的崇明县，此时仍在生产罗帽。①入清以后，戴帽更为普遍，制帽原料亦更为广泛，因而制帽业亦更为发达。例如在上海，"海獭、骚鼠、海驴皮之类，人人用以制冠矣，从前不知此种何处也。即凉帽，初用藤席制成，以后或用细篾丝编者。康熙年间或用踏马芦皮织成，滑亮之极，独出于江宁等处"。②苏州瓜帽业行会咸庆公所，亦于道光十六年创立。③不过，有关明清江南制帽业详情的记载不多，难以深究。

制鞋业及制袜业情况与上述略同，亦以松江最为显著。万历以前，松江人多尚南京轿夫营鞋，"郡中绝无鞋店，万历以来始有男人制鞋，后渐轻俏美，遂广设肆于郡治东，而轿夫营鞋始为松之敝帚矣"。此前松江亦无暑袜店，"万历以来，用尤墩布为暑袜，极轻美，远方争采购之，故郡治西郊广开暑袜店百余家，合郡男女皆以做袜为生"。④直至康熙时，尤墩暑袜生产仍颇盛，"诸商收鬻，称于四方。妇女不能织者，多受市值为之缝纫焉"。⑤松江之外，南京的轿夫营鞋、镇江的毡袜生产早在万历前就很发达，产品充斥松江等地市场。⑥杭州的履、鞋、靴、帽，自万历以来一直是名产。⑦湖州乌程县的棉鞋、麻鞋，康熙时也享有盛誉。⑧

---

① 万历《崇明县志》卷三"物产"。
② 《记事拾遗》（收于《清代日记汇钞》）。
③ 《瓜帽业移建公所重整善举碑》（收于《明清苏州工商业碑刻集》，第206—207页）。
④ 《云间据目钞》卷二"记风俗"。
⑤ 康熙《松江府志》卷四"风俗"。
⑥ 《云间据目钞》卷二"记风俗"。
⑦ 万历《杭州府志》卷三十二"土产"；康熙《杭州府志》卷六"物产"。
⑧ 康熙《乌程县志》卷五"物产"。

此外，不少地区的蒲鞋生产也很发达。嘉靖时，江阴香山居民"皆织草为屦"，"商贩甚多"；[①]至康熙、乾隆时仍"名为远近所尚，西乡人尤以为专业"。[②]万历时，宜兴蒲鞋与鞋工大量拥入松江，"宜兴业履者率以五六人为群，列肆郡中几百余家，价始甚贱，土人亦争受其业"。宜兴陈桥蒲鞋一直销售松江，[③]到康熙时还是名产。[④]太仓茜泾镇"以蒲鞋著，数里内夫妇穷日夜捆织"，然后拿到"蒲鞋场"出售。[⑤]乾隆时生产扩大，"菅……出茜泾，土人以捆履，曰菅草鞋，邑农皆藉之，其细者縻为女人舄"。[⑥]而苏州甫里镇"东隅多业蒲屦"，[⑦]也是一个蒲鞋生产集中之地。嘉定新泾镇，崇祯时已有蒲鞋行，[⑧]乾隆时更"四方贾客，捆载而往"。[⑨]湖州双林镇也有"蒲鞋埭"，"旧时多业蒲鞋者"。[⑩]此外，昭文县西周家市，"人以蒲鞋为业"，[⑪]武康县四都人业做芦花屦，[⑫]都是蒲鞋制作较发达的地方。正德《松江府志》说：华亭东门外所出蒲鞋细巧，"野老多以御冬"。[⑬]蒲鞋的主要消费者是劳动人民，因此有比较广阔的销路。蒲鞋生产的专业化与商品化，标志着更多农夫工匠卷入商品货币关系之中。

---

① 嘉靖《江阴县志》卷五"食货纪"；乾隆《江阴县志》卷十三"物产"。
② 《云间据目钞》卷二"记风俗"。
③ 《云间据目钞》卷二"记风俗"。
④ 康熙《常州府志》卷十"物产"。
⑤ 崇祯《太仓州志》卷五"流年"。
⑥ 乾隆《镇洋县志》卷一"物产"。
⑦ 《甫里志》卷二"物产""风俗"。
⑧ 光绪《嘉定县志》卷二十九"金石"。
⑨ 乾隆《嘉定县志》卷一"物产"。
⑩ 《双林镇志》卷三"山墩"（塥埭附）。
⑪ 雍正《昭文县志》卷二"市镇"。
⑫ 道光《武康县志》卷五"物产"。
⑬ 康熙《松江府志》卷四"土产"引。

第三节　日用百货制作业

日用百货品类繁多，难以尽述。兹选四类讨论之：草编（附竹藤棕编）、制烛、制扇、文具制作。其他如铁器、陶器，第一、二章中已论及，兹不赘述。而纸张、印刷品等，则将在下一节中加以讨论。此外如普通木器制作等从略。

一、草编业（附竹藤棕编业）

明清江南草编业十分发达，主要产品有席、篓、包等，产地遍及全境，而以苏州城郊、无锡、江阴、镇洋等地最为集中。

苏州城郊的虎丘、浒墅、甪里，早在正德时即以产蒲席著称。[1]直至嘉靖之时，虎丘席仍名列第一，浒墅次之。[2]虎丘席业所用席草来自吴江等地。因输入甚多，康熙时虎丘镇已有席草行专司其事。[3]同时，"环山居民多种茈草，织席为业，四方呼为虎丘席"。[4]至嘉庆、道光时，浒墅已超越虎丘，执苏州蒲席生产之牛耳。[5]"乡村妇女织席者十之八九"，"席草之肆、席机之匠，惟浒墅有之。南津、北津、通安等席市，每日千百成群，凡四方商贾皆贩于此，而宾旅过关者亦必买焉。虽虎丘亦以席多，不及也。"[6]甪里自正德以来，草编一直不衰，"概四栅之民，工商佃田外，大都

---

[1]　正德《姑苏志》卷十四"土产"。
[2]　嘉靖《浒墅关志》卷四"土产"。
[3]　康熙十二年《长洲县严禁诈扰虎丘镇席草行碑》（收于《明清苏州工商业碑刻集》，第201—202页）。
[4]　《桐桥倚棹录》卷十一"席"。
[5]　《桐桥倚棹录》卷十一"席"。
[6]　道光《浒墅关志》卷十一"物产"。

织席。西南二隅暨迤南迤西尤甚",而"迤西北多业草篓",①已有进一步的分工。唯亭镇亦然,南隅业织蒲篓,西南隅业织芦席,此外还生产蓑衣,及刷布用的黄金草刷等。②由于苏州府城郊外市镇草编业发达,因此嘉靖时因倭患需加强城防,府城一次征大样芦席11,000领、草荐2,700条、蓑衣箬笠11,000副,其值银445两。③

常州府的江阴、无锡二县草编也很发达,江阴县良信等乡居民,早在嘉靖时即专"辟蒲编芦以自活"。④康熙时江阴蒲席已颇有名,⑤至乾隆时更"日益工巧,作龙凤飞走之形,远近购买,京师多贵之"。⑥此外,江阴的蒲包产量也很大,道光时,"京西焦垫有市,远近往购"。⑦无锡席草质量好,⑧康熙时,"新安、开化之间,居民田事稍闲,即以织席为业。成则负而鬻于浒墅、虎丘之肆,少有自卖者"。⑨太仓州镇洋县东乡织席、包多,原料不足,以致"东乡滨溇皆艺之,曰蒲杨,初秋刈,织为包以囊木棉,利厚于田";"席,织帘以晾木棉"。⑩此外,湖州乌程县庚村、升山一带居民"业织筷",⑪归安县湖跌、荻港产芦席,⑫武康县四都人"业织席编帘"。⑬

蒲席、包、篓不仅是生活资料,也大量用于生产、运输。乾

---

① 《甫里志》卷一"地理"引《甫里赋》,卷二"物产""风俗"。
② 《元和唯亭志》卷三"物产"。
③ 《筹海图编》卷四"严城守"。
④ 嘉靖《江阴县志》卷四"风俗"。
⑤ 康熙《常州府志》卷十"物产"。
⑥ 乾隆《江阴县志》卷三"物产"。
⑦ 道光《江阴县志》卷十"物产"。
⑧ 康熙《常州府志》卷十"物产"。
⑨ 康熙《无锡县志》卷十"土产"。
⑩ 乾隆《镇洋县志》卷一"物产"。
⑪ 康熙《湖州府志》卷五"习尚"。
⑫ 康熙《归安县志》卷七"土产"。
⑬ 道光《武康县志》卷五"物产"。

隆《镇洋县志》已明说用于包、晾木棉，而《元和唯亭志》更指出该地所产蒲席主要用于赣船、衬仓；蒲包则用以包棉、包粮。道光《江阴县志》还说到蒲包价格，取决于棉花年成，"棉花稔则其价昂，以包棉用尤广也"。明清江南棉业生产发达，粮食贸易兴旺，对蒲席、蒲包的需求很大，因此草编业的总生产规模当也相当可观。

明清江南的竹藤棕编也很普遍。苏州齐门的藤枕与横塘的柳箱，正德时就以做工精致闻名，[1]至康熙、乾隆时又加上虎丘（半塘）的斑竹器。[2]道光时虎丘盛产竹藤篮、竹夫人和紫竹器。[3]紫竹器原料多来自江南以外的地区，除来自安徽的喜阳、泾县、滁州等地外，还从福建输入，故苏州城中有福建紫竹帮商人。他们与福建洋帮、干果帮、青果帮、丝帮、花帮商人一同捐资修复了三山会馆。[4]此外，虎丘的棕编也颇发达。[5]吴江县同里镇郊外的姚家湾、宋家滨，桐乡县的陈庄镇，都是著名的竹器专业生产地。前者"居民男女，岁制竹器为业，四处变卖。近在市镇，远则入城，并有贩卖取利者"；[6]后者则"居民以竹器为业，四方贩鬻甚远，苕霅诸山货竹者皆集于此"。[7]道光时，陈庄藤器生产也发达起来。[8]乌程县戴山、后林、轧村，[9]宜兴县张渚、湖㳇，[10]也都以竹编及制帚著

---

[1] 正德《姑苏志》卷十四"土产"。
[2] 康熙《苏州府志》卷二十二"物产"；乾隆《苏州府志》卷三"物产"。
[3] 《桐桥倚棹录》卷十一"竹藤篮""竹夫人""紫竹器"。
[4] 道光十年《重修三山会馆襄助姓名碑》（收于《明清苏州工商业碑刻集》，第352—354页）。
[5] 《桐桥倚棹录》卷十一"棕榈蝇拂作"。
[6] 嘉庆《同里志》卷八"物产"。
[7] 康熙《桐乡县志》卷一"市镇"。
[8] 道光《石门县志》卷二"物产"。
[9] 康熙《乌程县志》卷五"习尚"。
[10] 《重刊宜兴旧志》卷一"风俗"。

称。杭州钱塘的棕制品如棕套、棕裙、雨衣等,自明代以来一直是名产;① 城郊法华一带,乾隆时盛产竹篮,贫民赖以谋生,"沿山数十里,析竹水声中"。② 安吉州人仿制杭州竹焙笼,但"终不若出于杭者"。③ 此外,江宁、常熟的藤作,早在明代就已颇为闻名了。④

二、制烛业

随着城市化的发展和市民消费水平的提高,明清江南对蜡烛的需求量不断扩大。同时,制烛工艺也相应地发生了很大变化,使制烛业生产的扩大成为可能。王象晋指出柏元代以前,只会以蜜蜡制烛,元代始知用白蜡。明后期,白蜡烛已"为日用物矣"。⑤ 白蜡而外,明人还学会用乌桕籽油(桕油)、蓖麻籽油等制烛。⑥ 至清代,更利用棉籽油制青油烛。⑦ 江南西南部盛产乌桕,⑧ 东北部盛产棉花,制烛原料来源扩大了。

从所见记载看来,明清江南制烛业主要集中于大城市,特别是苏、杭。其他地方必定也有,唯数据不多,难以深究。⑨ 早在正德以前,苏杭蜡烛就输出到江南其他地方,如江阴人需蜡烛,则"于苏杭贾区求之"。⑩ 杭州府属各县,在明代后期种桕已甚多,"每田十数亩,田畔必种桕数株。其田主岁收桕籽,便可完粮"。⑪ 所收桕籽,

---

① 《西湖志余》卷二十四;康熙《钱塘县志》卷八"物产"。
② 乾隆《杭州府志》卷五十三"物产"。
③ 乾隆《安吉州志》卷八"物产"。
④ 弘治《江宁县志》卷三"物产";崇祯《常熟县志》卷十一"土产"。
⑤ 《二如亭群芳谱》木谱二十。
⑥ 《天工开物》膏液第十二卷"油品"。
⑦ 同治《湖州府志》卷三十三"物产下"。
⑧ 《二如亭群芳谱》木谱二十;《农政全书》卷三。
⑨ 如湖州就有用棉籽油制青油烛的,见同治《湖州府志》卷三十三"物产下"。
⑩ 正德《江阴县志》卷十二"物产"。
⑪ 《二如亭群芳谱》木谱二十;《农政全书》卷三。

据康熙《杭州府志》卷六"风俗"所记富阳县情况，是送府城造烛的。①毗邻的临安县则用以自制蜡烛，故乾隆时该县西南乡以产柏烛著称。②苏州制烛业更胜杭州。嘉靖时，苏州府城内外油行储有大量柏油、白蜡，供制烛之需。其时为防倭，令长洲、吴县备蜡烛，一夜3万支，一月90万支，③可见制烛业生产规模之大。乾隆时，传统油烛之外，又新造牛油烛，并有专门作坊制作输往北京的蜡烛。④道光元年，在苏州经营蜡烛业的绍兴人成立了同业公所。⑤据碑文记载，至道光二年改公所为东越会馆时，仅绍兴人在府治长洲、元和、吴三县开办的"浇造烛铺"，为数即达"城乡共计一百余家"。⑥其时还发生过制烛业工人为要求提高工资而"结党霸停工作"的罢工斗争，⑦可见从业人数不少。此外，为制烛业提供原料的柏油商人，也于嘉庆二十四年成立了柏油公所。⑧这些事实都说明苏州制烛业之发达。

三、制扇业

广大民众常用的蒲扇、葵扇等，主要产地似乎也是上述草编业集中之处。例如"蒲扇……则江阴者佳"，⑨"江南人多用之"。⑩而

---

① 该志载：富阳"村落多种柏树，参差成行，以应会城造烛之用"。
② 乾隆《临安县志》卷四"物产"。
③ 《筹海图编》卷十二"严城守"。原文误作一月9万支，兹改正为90万支。
④ 参阅李华《从徐扬〈盛世滋生图〉看清代前期苏州工商业的繁荣》。
⑤ 道光八年《烛业创建东越会馆颠末记》（收于《明清苏州工商业碑刻集》，第269—270页）。
⑥ 道光六年《烛业东越会馆议定各店捐输碑》（收于《明清苏州工商业碑刻集》，第267—268页）。
⑦ 道光六年《元长吴三县永禁烛匠霸停工作碑》（收于《明清苏州工商业碑刻集》，第268—269页）。
⑧ 道光十五年《吴县禁止在柏油公所地堆积污秽有碍行走碑》（收于《明清苏州工商业碑刻集》，第271页）。
⑨ 康熙《常州府志》卷十"物产"。
⑩ 康熙《江阴县志》卷五"食货纪"。

在江阴则集中于后梅、申港等镇市。①苏州虎丘以产蒲扇著称，所用原料来自广东新会。②

江南纸扇似乎主要行用于中上层社会，在江南内外有颇大市场。江南纸扇产地不少，但以南京、杭州、苏州三大城市为中心。南京折扇早已"名天下"，③弘治时更是"四方通行"。④康熙时南京仰氏扇、伊氏扇，均为全国名品，⑤输往北京，大为都下人士所重。⑥乾隆时，南京城中所产折纸扇"四方称最"；⑦嘉庆、道光时生产极盛，且形成专业分工。制扇骨者多聚居通济门外。扇铺多在三山街、绸缎廊一带，"不下数十家"，其中"张氏庆云馆为最，揩磨光熟，纸料厚洁，远方来购"。⑧杭州纸扇制作，远在南宋时已很盛，有不少扇铺、扇肆。到了明代，制作更精，"以银箔为质，红花子油刷盖，向火熏成"。⑨自明迄清，诸色扇一直是杭州重要产品之一，⑩成为当时官员士绅应酬的常用礼品。⑪康熙时杭州各色夹纱扇又大为京师人士所尚。⑫直至清代后期，杭扇仍为杭州地方特产"五杭"之首。⑬苏州扇，明代后期与蜀扇齐名，制作精致，产销俱旺。"蜀扇每岁进御、馈饷不下百万余。……吴中泥金，最宜书画，不胫而走四方，差与蜀箑埒矣。大内岁时每发千余，令中书官

---

① 乾隆《江阴县志》卷五"镇市"。
② 《桐桥倚棹录》卷十一"葵扇"。
③ 《续金陵琐志》上。
④ 弘治《江宁县志》卷三"物产"。
⑤ 《茶余客话》卷八。
⑥ 王士禛：《香祖笔记》卷一，上海古籍出版社，1982年排印本。
⑦ 乾隆《上元县志》卷八"物产"。
⑧ 《白下琐言》卷二。
⑨ 《天工开物》五金第十四卷"黄金"。
⑩ 万历《杭州府志》卷三十二"土产"；康熙《杭州府志》卷六"物产"。
⑪ 例如《金瓶梅》第三十六回，安进士送西门庆的礼物中即有杭扇四柄。
⑫ 《香祖笔记》卷一。
⑬ 范祖述：《杭俗遗风》。

书诗以赐宫人者,皆吴扇也。"①松江大街小巷,也是苏扇充斥。②入清之后苏扇制作亦甚为发达,因此从事扇骨与扇面的匠人在清代后期分别建立了扇骨公所与扇面公所。

四、文具制作业

明清江南文具生产,以笔和笺纸为大宗。由于文化教育发达,因而对文具的需求很盛,刺激了文具生产的发展。

笔,主要产于湖州,后扩及他处。明代已有"湖笔满天下"之谚③及"遍海内制笔皆湖人"之说。④湖笔制作中心是归安县善琏村,抚李家渡亦"业遍天下"。⑤入清之后,湖笔仍遍销海内。李笠翁的小说里,就有湖州笔客进京卖笔的故事。在这篇故事里,京中"五府六部、翰林科道诸官",都向该客订购毛笔。该客身边"一个经折,凡是买笔的主题,都开列姓名;又有一篇账目,写某人定笔几帖,议定价若干,一项一项,开得清清楚楚,好待进京分送"。该客在路上又向人借得银子几百两,返回乡"再做几箱好笔,赶进[京]来也未迟"。⑥湖州之外,娄江笔在明代中叶也很有名,"自漳泉海贾舶来吴,舟羲舟岸下,百金易之,殆无虚岁。虽淞之士大夫求笔,有不待远走百里而取之几席之下矣"。⑦海宁硖石镇也盛产羊毫笔。⑧苏州兔毫笔,正德时已"行于四方",至道光时仍

---

① 《五杂俎》卷十二"物部四"。
② 《云间杂识》卷二"松郡杂摊"。
③ 谢肇淛:《五杂俎》卷十二"物部四",中华书局,1959年排印本。
④ 《吴兴掌故集》卷十三"物产"。
⑤ 《五杂俎》卷八器用类"笔法"。
⑥ 李渔:《笠翁觉世名言十二楼》第五种《归正楼》第二回。
⑦ 李翊:《戒庵老人漫笔》卷七"笔墨",中华书局,1982年排印本。
⑧ 《戒庵老人漫笔》卷七"笔墨"。

如此，①可见数百年畅销不衰。

书写用纸，通常也称笺纸，系用楮皮纸砑制加工而成。钱泳说："近世常用者不过竹料、绵料两种。竹料用之印书，绵料用之写字。"绵料即楮皮纸，"纸质虽熟，总有灰性存乎其间，落笔则泞"，故必砑制而后可用。②笺纸制作（即纸张加工）于是成为独立于造纸业之外的一个工业部门。明清江南一些大中城市（如苏、杭、南京以及松江、上海、无锡、六合等府县城）出产名贵笺纸，产量不多，主要供上层社会消费。同时这些城市也并存规模较大的中低档笺纸生产。康熙时，松江名笺——谈笺——已"多赝造者"，③即开始趋于大量生产。而至乾隆时，"邑人多业此艺，西门外列肆而售"，名色甚多，④不复为上层人士所专。同时谈笺生产还扩大到上海、南汇等县。⑤嘉庆、道光时，杭州笺纸制作质量最佳，"松江、苏州俱不及"。⑥至于苏州，正德时大众化笺纸生产已颇盛，故王鏊讥之为"虽便于用而无古法"。⑦至清中叶，更为兴隆，城厢内外笺纸作坊（纸坊）之数达60余家，雇佣工800余人。作坊内部劳动分工相当精细，生产过程也有专业化趋势。坊主对工人实行计件工资制，劳资纠葛亦时有发生。⑧乾隆五十八年，元和、长洲、吴三县纸坊合建了同业会馆——仙翁会馆。⑨这些，都表现了苏州笺纸生产的发达。

---

① 正德《姑苏志》卷十四"物产"；道光《苏州府志》卷十八"物产"。
② 《履园丛话》卷十一"砑纸"。
③ 康熙《松江府志》卷四"土产"。
④ 乾隆《娄县志》卷十一"食货"。
⑤ 康熙《上海县志》卷五"土产"；乾隆《南汇县志》卷十五"土产"。
⑥ 钱泳：《履园丛话》卷十二"砑纸"，中华书局，1979年排印本。
⑦ 正德《姑苏志》卷十四"物产"。
⑧ 段本洛、张福坧：《苏州手工业史》，第70—77、190、192页。
⑨ 上引书，第132页。

第四节　造纸业与印刷业

造纸与印刷，本是两个不同行业，唯因两者的关系紧密，故合而言之。但应说明：印刷业消费的纸张只是造纸业产品的一部分，而非全部。又，本节中所说的印刷业，内容广泛，不仅包括书籍印刷，而且还包括其他所有文字与图案的印刷。

一、造纸业

纸是人民生活中重要消费数据之一。"凡纸之用，以供□燎，以出玩好，以装缄书帖，贵贱唯所适"；"精者极其洁白，供书文、印文、柬启用，粗者为火纸、包裹纸"。[1]因此火纸（烧纸）、包裹纸与印刷书写纸大致为江南所用纸的三大类。此外，纸还用于收蚕种、糊雨伞与制扇等。[2]根据制造原料的不同，纸又可分为皮纸、竹纸、草纸三大类。"凡纸质，用楮树皮与桑穰、芙蓉膜等诸物者为皮纸，用竹、麻者为竹纸。"皮纸又称绵纸，因"其纵纹扯断如绵丝"而得名。草纸则用稻草等制造。包裹纸介于竹纸、草纸之间，系"竹、麻和宿田晚稻藁所为也"。[3]明清江南所造最多者为竹纸，次草纸，皮纸较少。此外还有蚕纸，[4]但数量似乎很有限。

江南纸张主要产于浙西山区，即湖、杭二府西部。在明清时期，江南造纸业生产规模显著扩大，成为浙西山区的一项主要工业。

---

[1]　《天工开物》杀青第十三卷"纸料"。
[2]　《天工开物》杀青第十三卷"造皮纸"。
[3]　《天工开物》杀青第十三卷"造竹纸"。
[4]　杨秉桂：《潜吉堂杂著》。

湖州山区诸县，明代当已有造纸业，但从文献中未见记载，因此想来规模尚小。至清代，则已十分发达了。康熙时，武康县东沈旁溪上，"水碓接连牵，家家户户出黄阡"，即用水碓捣竹，大量生产黄纸（烧纸）。莫干山乡则"皆业草纸，……鬻于市，包裹干物之用"；"凡造纸者，北自天泉、莫干，西自高隝南回，皆集于三桥镇纳税"，[①]然后远销东部府县。杭州府诸山区县份中，富阳早在宣德时已有颇发达的造纸业，"邑人率造纸为业，老幼勤作，昼夜不休"，[②]直到康熙时，一直以盛产皮纸、竹纸、草纸、桑皮纸著称。[③]余杭县在嘉靖时也已生产皮抄纸，[④]以后所产竹纸大量输往外地，"自江以南皆用之，民借以为利"。[⑤]到乾隆时仍用水碓捣竹造纸。[⑥]临安县，万历时已用水碓造纸，至清代犹然。[⑦]乾隆时，临安所产草纸（茶白纸）畅销外地，"松江、上海等处祀神用以代帛"，从而"养活一方人"。[⑧]道光时，昌化县"秀下、陈村、商解、田阡等村，以造纸为业"。[⑨]而嘉庆时於潜县则嘉后、波后、惟后等地都造纸，所出各色皮纸"独擅其名，非他处竹厂所可比也"。特别是其中的桃花纸，"杭、宁、绍三郡伞铺悉资之"；桑皮纸，"制扇资之"；秋皮纸，"用以衬衣裘，薄贴胜于绵"；百脚树皮纸，则为银包纸，纸制成后，整迭成捆，"贩于行出处"。[⑩]此外，孝丰[⑪]、新

---

① 同治《湖州府志》卷三十三"物产下"引康熙《前溪逸志》。
② 康熙《富阳县志》卷五"风俗"引宣德旧志。
③ 康熙《富阳县志》卷五"风俗"。
④ 康熙十二年《余杭县志》卷二"物产"引嘉靖旧志。
⑤ 嘉靖《余杭县志》卷三十八"物产"引旧志。
⑥ 乾隆《安吉州志》卷八"物产"。
⑦ 乾隆《临安县志》卷四"物产"。
⑧ 乾隆《临安县志》卷四"物产"。
⑨ 道光《昌化县志》卷五"物产"。
⑩ 嘉庆《於潜县志》卷十"食货"。
⑪ 乾隆《安吉州志》卷八"物产"。

城①、钱塘②、乌程③、归安④、宜兴⑤等县也都造纸。总的看来，造纸业是一项山区工业。

明清江南造纸业总生产规模有多大，难以知晓。从清中叶江宁（南京）缎业对棉纸的消费量看来，江南每年用纸量之大，可能超出我们的想象。"机房包裹缎匹，谓之筒货。表里皆用棉纸，按广狭，计长短，裁制合宜。每匹必用二十张，所需极伙。故镇淮桥口及新桥、沙湾之纸坊，有专共缎贾用者"。⑥南京在乾嘉时，"通城机以三万计"。⑦道光间，"缎机以三万计，纱绸绒绫不在此数"。⑧而据西方人记载，1853年（咸丰三年），"南京城内用于织缎的织机共有三万五千台，附近乡村共有一万五千台"。⑨吴承明先生估计清中叶江宁地区至少有织机四万台以上。⑩织机工效，雍正《北新关志》卷六载杭州郊外临平镇，"每机一张，每日出绸一匹"（此处绸为"轻绸"）。清初嘉兴府濮院镇机户织紬（即绸），"紬之轻者一匹，则以幅窄匹短而工省也"。⑪织一般的绸或其他织物，工效可能低些，但每机每天亦可织半匹以上。⑫据唐甄《潜书》下篇下《惰

---

① 康熙《新城县志》卷二"物产"。
② 康熙《钱塘县志》卷八"物产"；《古今图书集成·职方典》卷九三六"杭州府部山川考一·'黄梅山'"。
③ 康熙《乌程县志》卷五"物产"。
④ 康熙《归安县志》卷七"土产"。
⑤ 《重刊宜兴旧志》卷一"风俗""土产"。
⑥ 《凤麓小志》记机业第七。
⑦ 《凤麓小志》记机业第七。
⑧ 光绪《续纂江宁府志》卷十五。
⑨ *The Maritime Customs, Special Series: Silk*, Shanghai, 1917, pp. 63—64（引自彭泽益编《中国近代手工业史资料》，生活·读书·新知三联书店，1957，第601页）。
⑩ 许涤新、吴承明：《中国资本主义的萌芽》，第370页。
⑪ 《濮院志》卷十四"织作"。
⑫ 明代熟练织工用手投缓机生产，每人每日可织幅宽2.1—2.2尺的一般平面纹丝织品23尺多（参阅史宏达《明代丝织业生产力初探》，《文史哲》第8期，1957）。每匹长度以40尺计，则合0.6匹。

贫》，清前期吴江震泽镇妇女织紬（即绸），"一妇之手，岁可断百匹，……夫并作则倍，有事损十三。一亩之桑，获丝八斤，为紬二十匹。夫妇并作，桑尽八亩，获丝六十四斤，为紬百六十匹"。也就是说，一夫一妇，自己种桑、养蚕、缫丝，在"有事"年份仍可织绸160匹，"无事"年份则200匹。①专业机户不仅年工作日数多，工作技艺熟，而且许多工作（如养蚕、缫丝、打线、染色等）不一定要自己一一去做，能够专全力于织，因此每机的日产量及年产量，都应大大高于唐甄所说情况。以每机年织普通织物（绸、缎、绢等）200匹计，江宁城厢内外4万台织机，年总产量达800万匹左右。每匹用衬里棉纸20张，共享1,600万张以上。吴承明先生估计清中期苏、杭二地各有丝织机3万台以上。②此外，湖州、常州、镇江、丹阳等城市及濮院、双林、王江泾、硖石等丝织业发达的市镇，织机数量也不少。例如湖州府城，明代丝织业尚不算发达，但至乾隆时已有织机4,000余部，织工上万人。③濮院镇在清中叶则有织机上万部，织工三四万人。④就整个江南而论，每年用于包裹丝织品的棉纸，数量当然大得惊人。清中叶江南丝织业总生产规模要比明代大得多，因此对棉纸的需求也必然大大加强。加上其他行业（特别是印刷业）用纸量的剧增，造成对纸张总需求的明显增大。上述浙西山区造纸业总生产规模在清代比明代有显著扩大，与此并非巧合。尽管如此，江南本地纸张生产仍不能满足需要，因此必

---

① 据1934年浙江大学在嘉兴县南浔等地农村所作调查，农户农余织绸，每年平均工作5个月，户均产绸89匹［参阅嘉兴地委政治研究室《嘉湖蚕桑资料》（近代篇）第六节，嘉兴地委政治研究室，1985年印行］。
② 许涤新、吴承明：《中国资本主义的萌芽》，第370页。
③ 朱新宇：《浙江丝绸史》，浙江人民出版社，1985，第104页；裘良儒、蒋猷龙：《浙江丝绸史辑要》，《浙江文史资料选辑》第24辑，浙江人民出版社，1983，第21页。
④ 《濮院志》卷十四"织作"。

须从外地输入纸张。除从毗邻的浙东、皖南、江西购入纸张外，[①]江南商人还到福建"压槽"，以保证纸张供应。福建著名的建阳竹纸（建阳扣），自康熙以来，被"吴中书坊每岁以值压槽，禁不外用，故闽人不得建阳扣"。[②]汀州上航六串纸帮于康熙六年在苏州建立了汀州籍纸商会馆——汀州会馆，直至道光时，福建永安纸商仍活跃于福建与江南之间。[③]

纸张生产出来（或输入到江南）后，大部分可直接进入消费，但有少量还需进行再加工。除上节已讲过的笺纸制作外，烧纸、油纸等制作也都属于纸张加工。乾隆时，钱塘县以产油纸出名，[④]而元和县唯亭镇的悬珠、荡上村，则"家家切纸阡"，"比户切纸为业"。[⑤]因而造纸业的发展，也推动了纸张加工的发展。

二、印刷业

关于明清江南的印刷业，学术界已有较多论述。例如沈燮元先生的《明代江苏刻书事业概述》、张秀民先生的《明代南京的印书》、许涤新和吴承明先生主编的《中国资本主义的萌芽》第四章第六节《造纸业和印刷出版业中的资本主义萌芽》，皆论述甚备。这里不拟重复他们已做的研究，只重点考察前人较少涉及的一些方面，主要是民间以牟利为目的的商业化印刷业。这种印刷业主要面向广大中下层社会民众，印刷物五花八门，从时文选本到小说曲本，乃至年画纸牌，无所不有。

明清江南印刷业主要集中于苏州、杭州、南京、湖州、无锡、

---

① 例如汲古阁刻书所用纸，"岁从江西特造之"。见叶德辉《书林清话》卷七。
② 郭柏苍：《闽产录异》卷一。
③ 道光《永安县续志》卷九风俗志"商贾"。
④ 乾隆《杭州府志》卷五十三"物产"。
⑤ 沈藻采：《元和唯亭志》卷三"物产"。

常州、松江等城市。胡应麟说："海内书，凡聚之地有四"，而苏州、杭州、南京即占其三。①谢肇淛说：天下刻书最精者，为南京、湖州和徽州，②江南亦占其二。由此可见明代江南印刷业在全国的地位。清代江南印刷业比明代更盛。康熙十年，苏州印刷业主成立了同业公会崇德公所，③其印刷品已"贸易四方"。④道光时更发生了严重的劳资纠纷，不得不告官解决。⑤乾嘉时的南京有私营书坊二十余家，"大半皆江右人。虽通行坊本，然琳琅满架，亦殊可观"。⑥

与官府、文人刻书不同，商业化印刷业既以牟利为目的，往往急于求成，刻工多不精。谢肇淛指出在万历时情况已如此，"大凡书刻，急于射利者，必不能精，盖不能捐重价故耳"。因此之故，刻书滥恶，而"近来吴兴、金陵骎骎蹈此病矣"。⑦田汝成则说："杭人作事苟且，重利而轻名。但顾眼底，百工皆然，而刻书尤甚。"⑧湖州凌氏是有名的出版商，所刻经史子集之书，"急于成书射利，又悭倩人编摩其间，亥豕相望，何怪其然"。⑨嘉庆时的江宁，也是"雕印书板，海内资之，粗者多而精者亦不乏"。⑩

这类商业化印刷业主要是印制销路广大的通俗文艺读物、应举时文选本、年画日历及迷信用品等。早在明代，江南小说曲本出版已颇盛。南京书坊即已大量印刷此类读物。著名书坊如唐氏富春

---

① 胡应麟：《少室山房笔丛》卷四。
② 《五杂俎》卷十三"事部一"。
③ 《江苏省明清以来碑刻资料选集》，第72—73页。
④ 道光二十五年《吴县禁书坊印手把持行市碑》（收于《明清苏州工商业碑刻集》，第97页）。
⑤ 同上。
⑥ 《白下琐言》卷二。
⑦ 《五杂俎》卷十三"事部一"。
⑧ 田汝成：《西湖游览志余》卷二十五，浙江人民出版社，1980年排印本。
⑨ 《五杂俎》卷十三"事部一"。
⑩ 嘉庆《江宁府志》卷十一。

堂、世德堂、广庆堂、文林阁、陈氏继志斋等，都印行小说曲本，并延请建阳、徽州工匠，为所印之书镌刻插图。①湖州凌氏印书滥恶，但刻"《水浒》《西厢》《琵琶》及《墨谱》《墨苑》等书，反覃精聚神，穷极要渺，以天巧人工，徒为传奇耳目之玩"。②为了迎合读者，明代江南书坊刊行小说之快，实在惊人。明季"京师之变未及两月，即有卖剿闯小说一部，备言京师失陷，先帝将国母及公主俱手刃，然后出后斋门自缢于煤山"。③书坊还雇用落魄文人，编写小说印行。"书坊相传射利之徒，伪为小说杂书。南人喜谈如汉小王（光武）、蔡伯喈（邕）、杨六使（文广）等事甚多，农工商贩抄写绘画，家畜而人有之。痴騃女妇，尤所酷好。"④甚至有公然伪托当代名人之作，以"取悦里耳"者。当时人云："比年盛行温陵李贽书，则有梁溪人叶阳开名昼者，刻画摹仿，次第勒成，托于温陵之名以行。……数年前温陵事败，当路令毁其籍，吴中锓藏书版并废。近年复大行，于是有李宏父批点《水浒传》《三国志》《西游记》《红拂》《明珠》《玉合》数种传奇及《皇明英烈》，并出叶笔，何关于李！"坊刻《大唐西域记》，后乃杂三宝太监下西洋事，令元奘绝倒地下矣"。此外还伪造《琅环记》《缉柳编》《女红余志》《黑旋风录》《顾氏诗史》等多种。不仅坊刻如此，官刻亦倚此规利。"近吴中官刻几汗牛，滥用责人千金，以冯观察诸公言之，并是伪托者。"这些伪书，畅销外地，有远销至太原者。⑤清代文禁虽严，但江南通俗文艺读物出版却更兴盛。康熙时江苏巡抚汤斌，因"江苏坊贾，惟知射利，专结无学之徒，编纂小说传奇，宣淫诲

---

① 参阅沈燮元《明代江苏刻书事业概述》，《学术月刊》第1期，1957。
② 《五杂俎》卷十三"事部一"。
③ 姚廷遴：《历年记》上。
④ 叶盛：《水东日记》卷八，中华书局，1980年排印本。
⑤ 钱希言：《戏瑕》卷三"赝籍"。

诈，备极秽亵，绣像镂版，极巧穷工"，乃下告谕："若淫词小说戏曲，……将书板立行销毁，刊刻发卖者一并治罪。"[1]但此禁并未久行，故至乾隆时，又是"吴中坊贾，编纂小说传奇，绣像镂版，宣淫诲诈，败坏人心"。[2]顺便说一说，汤斌等人指责书坊刊印淫词小说，"宣淫诲诈，败坏人心"，倒也并非无稽之谈。明清黄色读物种类之多、格调之低，为中国历史上所仅见。而此类读物，又大多出于江南书坊。黄色读物在有闲阶级和小市民中有广大市场，无怪乎官府禁之于上，道学家抨击之于下，书坊却照样刊行不误。

通俗实用读物，包括各类"通书"、农书、尺牍、旅行指南等，亦大盛于明清。特别要指出的是，由于商业的发达，明清商人专用的小型百科全书如《陶朱公致富奇书》《万宝全书》《水程一览》《示我周行》《天下水陆路程》《天下路程图引》《客商一览醒迷》等，不断推出，一版再版，发行量相当可观。据我在东京几个图书馆所作的版本调查，明清时期的通俗实用读物（特别是商人用书），大多为杭州、苏州等地书坊印行。余英时先生指出："商人是士以下教育水平最高的一个社会阶层，不但明清以来'弃儒就贾'的普遍趋势造成了大批士人沉滞在商人阶层的社会现象，而且更重要的是，商业本身必须要求一定程度的知识水平。商业经营的规模愈大，则知识水平的要求也愈高。即以一般商人而言，明清时代便出现了大批的所谓'商业书'，为他们提供了必要的知识。"[3]江南是明清中国商业化水平最高的地区，大量的"商业书"刊行于此，是有深厚的社会背景的。

---

[1] 袁学澜：《吴郡岁华纪丽》卷首《睢州汤文正公潜庵抚吴告谕》。
[2] 乾隆《长洲县志》卷十"风俗"。
[3] 余英时：《中国思想传统的现代诠释》，台北：联经出版事业公司，1987，第363—364页。

明清以八股文取士，于是各种时文选本大行。但明中叶以前，江南时文刻印似尚有限，至中叶后始盛。如江阴，隆万以前尚未见坊刻时文，至隆万时，已"满目坊刻"。①到了清代，愈加兴隆。《儒林外史》中对此多有描写，从中可见当时江南时文出版中心之一的杭州，此项事业规模已颇大。例如该书第十八回中，书坊文瀚楼主人雇不第举子匡超人批点一部考卷，说："我如今扣着日子，好发与山东、河南客人带回去卖。若出的迟，山东、河南客人起了身就误了。"第二十回中匡超人对人说：他选点的时文，"每一回去，书店定要卖掉一万部。山东、山西、河南、陕西、北直的客人都争着买，只愁买不到手"。苏州有名的扫叶山房，除刻印经史子集四部书外，也大量刊印笔记小说、村塾读本等。②

　　此外，明清士人，趋名若鹜，多有自费印刷文稿，传播士林以求名者。此风又以江南最盛，明清之际小说《鸳鸯针》卷三《双剑雪》，就描写一个山东假名士卜亨，到南京坐监。到南京后，即将以前自己所作、央人代作以及剽窃他人的诗文，编成诗文集各一部，叫刻字匠刻了，印了千余本，逢人便送，居然骗得盛名，"借此声势，重新开辟乾坤，又在南京摇摆起来"。此后继续行骗，将枪手代作的八股文字，又刻成《南雍试草》《乡试朱卷》，招摇撞骗，以致"三吴地方的名士，无不闻风相思，见面恐后。……那江楚远来地方，求诗求文的，堆架满案，应酬不暇"。从这个故事可以看出：明清江南的民间印刷业，已成为制造社会舆论的重要工具。

　　江南出版的通俗文艺作品及时文选本，大量运售外地，以致成为一项重要的贩运贸易。《醒世姻缘传》第三十三回说："这穷秀才有什么治生的方法？只有一个书铺好开。拿上几百两本钱，搭上一个在行

---

① 《戒庵老人漫笔》卷八。
② 前引许涤新、吴承明《中国资本主义的萌芽》，第433页。

的好人伙计，自己身子亲到苏杭买了书，附在船上。……沿路又不怕横征税钱，到了淮上，又不怕那钞关主事拿去拦腰截断了平分，却不是一股极好的生意？……至于什么缎铺、布铺、绸铺、当铺，不要说没这许多本钱，即使有了本钱，赚来的利息还不够为官府赔垫"。除了国内各地外，江南书籍还大量出口海外。特别是日本，已成为江南书籍的重要市场。①由于书籍市场扩大，而江南劳动力价格又较高，在本地刻书不够划算，于是苏州书商"往往携书入粤，售于坊肆，得值就（顺德县）马岗刻所欲刻之板。板成未下墨刷印，即携旋江南，以江纸印装分售，见者以为苏板矣"。②由此可见江南印书业之发达。

年画、日历、迷信用品等印刷物，实际生产规模恐怕不会比经史子集等"正经"书籍的生产规模小。清康熙以后，苏州桃花坞木刻年画，已名扬海内，与天津杨柳青年画、山东潍坊年画，并列为南北三大民间年画流派。乾隆时，苏州阊门外山塘街和阊门内桃花坞有画铺多家，制品远销江、浙、皖、赣、鄂、鲁、豫及东北，甚至日本。③桃花坞年画主要面向中下层社会，作品题材广泛，为一般民众喜闻乐见，印刷量当不少。与此同时，还涌现了一批著名画铺与画师，④大概是面向上层社会的。日历印刷，亦以清代中叶苏州为最盛。"阊、胥一带，书坊悬卖，有官版、私版之别。官版例由理问厅署刊行；所谓私版，民间依样梓行印成，仍由理问厅署钤印，然后出售。"这种历本，也常常由城乡里正地保强行摊派人民购买。他们于腊月间"以新历逐户分送，人家必酬以钱文，加市

---

① 参阅吴枫《中国古代文献学》，齐鲁书社，1982，第253—254页；山脇悌二郎：《長崎の唐人貿易》，吉川弘文館，1964，第245页。
② 咸丰《顺德县志》卷三。
③ 段本洛、张福圻：《苏州手工业史》，第92页。
④ 同上书，第32页。

价而倍之,号'送历本'"。[1]如此"逐户分送",其发行量自然甚大,非一般书籍所能及。苏州玄妙观,亦于元旦"卖设色印版画片,……乡人争买芒神春牛"。由于"乡村人家,新年贴春牛图于壁,以观四时节序,借以代时宪书,取其便览",[2]因此印刷数量肯定不少。迷信用品的印刷量也很可观。康熙时无锡锡山印制的门神极为有名,"天下以锡山所出为最,丹青人物极工。自京师以下,贩鬻无远不暨"。[3]乾嘉时的苏州,腊月间各纸马香烛铺也"预印路头财马"以售之。[4]黎里镇上则"有印神佛纸马者,用油纸雕穿为范,以苏墨汁刷印,谓之'榻马'。其精者用笔勾清,饰以金彩"。[5]此类印刷品的销售,远及穷乡僻壤,城市中就更不用说了。此外,明清江南民间盛行斗纸牌,纸牌印制也应运而生。雍正时,镇洋人钱三即因印售纸牌而获罪。[6]

通过以上各节论述,我们可以看到明清江南轻工业的发展,具有以下两个主要特点:

第一,与重工业不同,轻工业各主要部门的发展,均首先体现为生产规模的明显扩大。其中,谷物加工、服装制作、草编、制烛等行业生产规模的扩大,看来与江南城镇人口绝对数量的增加,步态大体一致或略快(因为城镇人口是这些行业产品的主要消费者)。榨油、酿酒、印刷、文具制作等行业的成长速度似乎更快一些,生产总能力超过本地区内部需求的增长。至于江南轻工业的首要部门——纺织业,本章虽未加论列,但从众多学者的研究成果可以得知,生产规模

---

[1] 《清嘉录》卷十二"送历本"。
[2] 《吴郡岁华纪丽》卷一"城内新年节景""春牛图"。
[3] 康熙《无锡悬志》卷十"土产"。
[4] 顾禄:《清嘉录》卷十二"年市",上海古籍出版社,1986年排印本。
[5] 嘉庆《黎里志》卷四"风俗"。
[6] 乾隆《镇洋县志》卷十四"逸事"。

的扩大更为迅速。特别是棉纺织业，在1368至1850年的五个世纪中，从一个无足轻重的部门，飞速发展成为江南工业的头号产业，生产规模有成百上千倍的增加。以上这些发展，使得轻工业在江南国民经济中所占的比重大幅提高。到1850年代以前，轻工业已成为江南最大的产业部门，其重要性即使不是大于农业，至少也与农业相当。

第二，同重工业一样，明清江南轻工业生产的商业化与专业化水平也有相当的提高。最足以表现江南轻工业生产商业化水平提高的，是江南大多数轻工业部门的生产，都程度不等地日益面向外地市场，甚至海外市场。到了明代中期，这一倾向已经明朗。姚叔祥《见只编》说："大抵日本所须，皆产自中国。如室必布席，杭之长安产也；妇女须脂粉，扇漆诸工须金银箔，悉武林造也。他如饶之瓷器，湖之丝绵，松之棉布，尤为彼国所重。"到了清代，江南轻工业对于外地原料和市场的依赖程度就更加严重了。[①]与此同时，轻工业生产专业化也处在不断提高之中。明清江南城市的发展与专业市镇的勃兴，都体现了手工业（基本上是轻工业）生产之日渐脱离农家副业而趋向专业化。

总之，明清江南轻工业的发展，成就巨大。特别是在重工业成长缓慢、农业潜力日减的情况下，轻工业的迅速发展，意义更为重大。我们认为把轻工业的发展视为明清江南经济成长的主要内容，是符合历史真实的。

---

① 详见本章各节及第八章第二节。

第三章
农业的发展（一）：生产集约化

　　提高农业生产的集约程度，实行集约化经营，是从内涵方面扩大农业再生产的主要内容。在通常的情况下，农业生产集约程度的提高，意味着在一定量的土地上，增加劳动、资本或技术的投入，以提高单位面积的产量。至于如何增加或增加哪一种投入，则又取决于该时该地所具备的各种条件。

　　在明清时代的江南，农业生产技术虽然有一些发展，[①]但总的说来，较之前此的宋元时代，似看不出有重大改变。土地，在这一时期内随着对该地区内劣地（特别是太湖以东的沙土和冈身地带）

[①] 关于明清江南主要农作物（棉、桑、稻、麦、油菜等）种植技术的进步，可参阅唐启宇《中国作物栽培史》，农业出版社，1986，第31、32、39页（稻），第83、84、88页（麦），第339、342页（油菜），第411、422页（桑），第482—487页（棉）。明清江南农田改良方面的进步，参阅濱島敦俊《土地开发与客商活动——明代中期江南地主之投资活动》，《"中研院"第二届国际汉学会议论文集》，1989。明清江南作物种植制度方面的进步，参见北田英人《宋元明清期中國江南三角州に農業の進化と農村手工業の發展に關する研究》（1986—1987年度科學研究費補助金〈一般研究C〉研究成果報告書）第1—4章，1988。明清江南农业技术中最重大的进步——肥料技术的进步，则阅本书第七章第一节。以上所举诸作，均为1980年代后期以来对江南农业技术进步研究的代表作。除此之外，还有不少，兹不一一列出。

的进一步开发,数量可能有所扩大,但扩大的幅度并不显著。①主要变化似乎表现为原来劣地质量的提高,而不是在农田数量上的扩大。②在人口方面,尽管明清的户口统计严重失实,但毫无疑问,在这一时期内江南地区的人口有相当大的增长。根据官方统计资料,在洪武二十六年至嘉庆二十五年(即1393—1820)的427年中,江南人口增加了2倍以上。③虽然由于相当数量的农村人口脱离农村而移居城镇,农村人口在总人口中的比例有所下降,但是可以肯定,农村人口的绝对数量仍有相当的增加。至于农业中的生产性资本,则随着商品经济的深入农村和农村副业(特别是手工业)的发达,也有明显的增长。其表现之一就是,这里的农民和经营地主从本地区或本地区以外购入各种农业生产资料的活动越来越频繁,规模越来越扩大。总之,在明清江南农业生产的诸要素中,技术和土地可视为两个相对的不变量,而劳动力和资本则是两个增长较快的可变量。因此农业生产集约程度的提高,只可能通过在单位面积的土地上增加劳动投入,或资本投入,或劳动与资本投入并重的

---

① 明代江南耕地约487,752顷(据《明会典》卷十九及康熙《浙江通志》卷十五。其中杭、嘉、湖三府数字系万历前期数字)。而据1930年代的统计,江南耕地总数仅为329,807—401,719顷(据《中国实业志·江苏省》《中国实业志·浙江省》中有关数字统计)。虽然上述数字的可靠性都值得推敲,但其所表现出来的大致趋势是很清楚的,即在明初至1930年代的六个世纪中,江南耕地总数并无增长。同时,由于人口增加甚多,土地资源相对稀缺,因此耕地总数减少也不可能。由是而言,在明清时期,江南耕地总数变化不大。
② 明清江南农田改良的情况,见滨岛敦俊《土地开发与客商活动——明代中期江南地主之投资活动》,《"中研院"第二届国际汉学会议论文集》,1989;北田英人《宋元明清期中國江南三角州に農業の進化と農村手工業の發展に關する研究》(1986—1987年度科學研究費補助金〈一般研究C〉研究成果報告書)第1—4章。
③ 洪武二十六年江南人口约870万,嘉庆二十年约2,740万(据梁方仲《中国历代人口、田地、田赋统计》甲表88,上海人民出版社,1980;及万历《大明会典》卷十九、康熙《浙江通志》卷十五中有关数字统计)。其中明代数字,苏南五府系洪武二十六年,浙北三府系"明初"数而未有确切年代。但这三府的"明初"数均高于洪武二十四年数,因此应即洪武二十六年数。

方式。

然而,农业生产集约程度的提高,究竟是通过上述三种方式中的哪一种,却有着不同意义。大致说来,如果技术条件未有重大变化,那么在农业发展的较低阶段上,生产集约程度的提高主要是通过增加劳动投入的方式,以后则逐渐转向增加资本投入为主的方式。因之,资本集约型的经营方式较之劳动集约型的经营方式,体现了更高的生产集约水平。

从宏观上看,增加对农业的劳动或资本投入量,存在两条途径:一是分别增加各个部门主要生产过程中的投入量,由此使整个农业部门的总投入量提高;二是改变原有农业生产结构,把经营重心转移到集约化程度较高的生产部门,从而导致整个农业部门总投入量的增加。就通常的情况而言,在技术条件不变的情况下,农业生产集约程度尚低之时,第一条途径是主要的;反之,当农业生产集约程度已达到相当高度后,第二条途径就更为重要。从这一点,我们也能看到农业生产集约水平的高下。明清江南农业生产的主要部门是水稻种植业、棉花种植业和蚕桑业。下面,我们将分别对这三个部门生产集约程度提高的情况加以探讨。在此基础上,进而讨论农业生产部门结构改变所导致的整个农业集约水平提高的情况。

第一节 主要农业部门生产集约程度的提高

在明清江南农业的三大主要部门中,水稻种植业一直占着首要的地位。本节拟着重讨论水稻生产集约程度提高的问题。至于棉花种植业与蚕桑业,固然也很重要,但由于数据不够丰富,所以只能作粗线条的描述,而不能像对水稻种植业那样进行较为详赡的定量分析。

一、水稻生产集约程度的提高

水稻生产中的劳动投入，即水稻生产过程中所耗用人工的总和，包括从下种到收获的各项农作所耗费的人工。明清时期江南各地水稻生产技术大体上相差不多，各地水稻农作的项目及各项农作耗工的多少也大致相同。因之，各地水稻种植中的劳动投入基本相近。

明清江南水稻种植中，每亩稻田上的劳动投入是多少呢？让我们先看以下记载：

（一）据孙志熊《菱湖镇志》引明人孙铨所著《上郡守论田地六则》，万历时湖州府归安县种稻，"每田一亩，耕耘工作止四五〔人工〕"。

（二）据万历《通州志》卷二"疆域志"中引时人陈尧所著《农书》，万历时通州（南通）水稻种植，"自莳秧、薅草至于收获，每亩用十余人"。通州虽在江北，但与江南仅隔一江，各种情况相近，故其人工数，当亦与江南类似。

（三）据包世臣《安吴四种》卷二十五《齐民四术》卷一"农一"，嘉庆时江南种水稻，"计三耕两耒劳三耘一莳一刈，每亩不过费人工七八日耳"。同书次卷"农二"："其水田种稻，合计播种、拔秧、莳禾、芸草、收割、晒打，每亩不过八九工。"

（四）据沈镜贤《泖东草堂笔记》，道光时松江种稻，"自犁垦、耘耨以至收获，约人工十日"，[①]加上车水人工，共约12.5个。

上述明清人对当时江南水稻种植中劳动投入量（以亩均人工数计）的估数，出入颇大。

主要原因之一，是各人的估数所涉及的农作活动范围不一致。

[①] 转引自魏金玉《关于中国农业资本主义萌芽的几个问题》，《中国资本主义萌芽问题论文集》，江苏人民出版社，1983。

例如包世臣的第一个估数，未将播种、拔秧、晒打等活动列入，故低于将这些活动包括在内的第二个估数。孙铨的估数较低，大概是仅及耕耘而未及蒔获之故。

比较可靠的办法，是按照当时各项农作的工作效率，将每亩稻田上的各项农作所费人工，逐一计算出来，然后再加得总数。

据《沈氏农书》"运田地法"中有关记载，我们知道明末湖州归安县琏市一带的水稻种植中，各项农作的效率如下：

垦田：每工0.5亩，即每亩2工。

倒田：每工6—7分；以6.5分计，则每亩需1.5工。

插秧：每亩2工。

收获：每亩2.5工。

锄、芸、荡等工作，沈氏未特别说明其效率，大约是从"旧规"。而据同书，旧规是锄、芸、荡皆每工2亩，即每亩0.5工。

沈氏稻田上的农作，包括垦田1次，倒田2次，锄、芸、荡共4次，因此共需人工11.5个。

沈氏是经营地主，他的经营水平比一般农户高，故工作要求也较精。那么，他的稻田上的劳动投入量是否有代表性呢？我们就此再进行分析。

沈氏之田，垦倒深8寸，大大超过1950年代初当地耕田深度，[①]但这不足为奇。据《吴兴掌故集》卷十三"物产"，明代湖州耕稻田，"大率深至八寸"，可见深8寸是当时湖州的一般情况，而非沈氏独然。耕深如此，每工只半亩是理所当然的。但是，据《肇域志》《古今图书集成》以及正德《松江府志》等方志，我们知道明代江南许多地方（特别是松江、苏州等府）人耕的效率是每人日耕一亩，较沈氏

---

① 参阅沈氏（名佚）《沈氏农书》，《补农书校释》，陈恒力校释、王达参校本，农业出版社，1983，第157页。

高一倍。这大概是因为各地土质及耕深不同的关系。又如移种水稻（即插秧），沈氏是每工半亩，而当时当地的"做工之法"是"每工种田一亩"。其差别的原因可能是前者实行密植，[①]同时后者系指农忙时雇短工插秧，未将做秧田等工作包括在内。再如锄、荡、耘，沈氏稻田进行四番（张履祥注是"锄二、荡一、耘一"），而《便民图纂》载弘治时吴县是荡两番，然后再耘（耘的次数不详）。

清代情况，姜皋《浦泖农咨》记载十分清楚。据该书，道光前期松江一带水稻种植各项农作上的亩均人工是：

锄田（垦田）：1工。

塌跋头（倒田）：1工。

插秧（包括拔秧、挑秧）：1工。

三耖党三耘：共2工。

拔草与下壅：共1工。

收稻：1工。

掼稻：2工。

总共9工。加上其他杂活，"自开耕至上场，亩须十余工也"。

对于由沈氏各项农作效率推算出来的人工总数与前述其他人的估数之间的差异，我们也应加以分析，看看引起这些差异的原因到底何在。陈尧及姜皋的估数（每亩十余人工），与我们所得到的沈氏数字颇为相近，兹可勿论。包世臣的第二个估数（每亩八九人工），略低于沈氏估数，但仔细阅读包氏之语，我们可以看到：包氏所列的各项农作中，未包括整地，亦未说明整地须人工多少。如果整地之工同于沈氏（垦倒共3.5工），加上其他人工八九个，则为11.5—12.5个人工，与沈氏的估数相类。孙铨说："耕耘止四五〔人

---

① 参阅本书第四章第二节，沈氏田插秧密度为一般田的 $1\frac{1}{3}$ 倍。

工]",而差不多同时且同县的沈氏,耕耘人工为5.5个(垦倒共3.5工,锄、芸、荡2人工),两者相去也不远。至于包世臣的第一个估数与其他估数的差异,原因盖在于:他在此指的不是人耕而是牛耕(因为"三耕两耒劳"正是牛耕的特点)。明清江南牛耕的效率,许多史料都说是每牛每日十亩。若耒劳的效率亦以耕地效率的1.5倍计,[1]则三耕两耒劳的一亩田,需二人及一牛工作0.6日。[2]若将此项耕耒劳工数换算为人力垦倒工数(每亩2—3.5工),则一亩田三耕两耒劳三芸一莳一刈,人工合计应为9—13.5个,与其他人的估数亦相近。沈镜贤的估数(每亩10工),与他人所言也相去不远。

从以上所述来看,尽管有这样或那样的出入,但是沈氏及姜皋对水稻生产所需人工的估数,基本上与当时其他人的估数相近,因而大体上符合明清时期江南水稻生产的实际情况。可见,江南水稻生产中的劳动投入,在明清时代保持着大致相同的投入量,并未依人口的增长而发生变化。也就是说,是一个相对的不变量。这种情况清楚地表明:明清时代江南水稻生产集约程度的提高,主要不是通过增加每亩稻田上的劳动投入量来达到的。[3]

水稻生产上的资本投入,主要包括在耕牛、农具、种子、农药、肥料等生产资料上的投资。明清时期江南农户养牛不普遍,[4]因此在耕牛(及其饲料)上的投资在此略而未计。农具及其使用

---

[1] 参阅本书第四章第二节。
[2] 《浦泖农咨》说:"中等之牛,日可犁田十亩,然必须两人服事。一人捉草,一人扶犁。一田须犁两次,耙亦如之。合而计之,每亩须人一工。"弱势庚三次耙两次,即需0.6人工(参阅姜皋《浦泖农咨》,上海图书馆,1963年刊本)。
[3] 应该指出:虽然在上述主要生产项目上所投入的劳动量变化不大,但是在此以外的一些劳作项目(特别是施肥、车水等)上所投入的劳动量,明清时期无疑有一些变化。因不易计算,且地区差异大,故未列入。因此,说明清江南水稻生产中劳动投入量变化不大,是相对而言的。
[4] 养牛情况,本书第四章第一节及第七章第三节中还要谈到,兹不细论。

第三章 农业的发展(一):生产集约化 101

情况，在整个明清时期也看不到什么变化，基本上仍沿袭唐宋之旧。①农药亦然，主要是沿用宋代旧法，用桐油来杀灭稻田螟虫。其用量不详，不过估计不大。至于种子，从一些材料来看，江南各地稻田的种子亩均用量差别颇大。例如弘治时的《便民图纂》卷三"耕获"及明末的《农政全书》卷二十五"树艺"，都说每亩下种一斗。而天启《海盐县图经》卷四"风土"则说："凡田一亩用种七八升。"嘉庆时的《齐民四术》卷二农一上"作力"条又说："计下种，亩子三升半。"而道咸时的《农事幼闻》则说："大抵一亩，需谷种四升。"②这种差别，大概是由各地自然条件及农作传统所引起的。这种情况，就是在近代亦存在。例如抗战前，昆山、常熟、镇江三地一般下种量分别约为每亩6—7、8—10、3—4市升。③可见至少自弘治以来，江南水稻每亩用种量较之近代并无多少变化。因此，明清时代江南地区水稻生产中资本投入的增加，并不表现在耕牛、农具、农药及种子等方面。

那么，明清江南水稻种植中资本投入的增加，是否表现在肥料方面呢？下面，我们就对此进行分析。

关于明清江南水稻生产的用肥量，文献中有一些记载，例如：

（一）明代后期的《致富奇书》（木村兼堂本）④"壅田"条："或河塘泥；或麻饼、豆饼，每亩下三十斤，和灰粪；或棉花子饼，

---

① 参阅李伯重《唐代长江中下游地区农业生产集约程度的提高》，《中国农史》第2期，1986。又，陶煦在《租核》"量出入"中，比较明末（据《沈氏农书》）与清同治及光绪初长工种田10亩的农具折旧费，结果大略相同，都合米0.5石，详后。
② 转引自咸丰《南浔镇志》卷二十一"农桑"。
③ 参阅天野元之助《中國農業史研究》（增補版），禦茶の水書店，1979，第397页。
④ 此部《致富奇书》藏于日本内阁文库。该文库《汉籍分类目录》标为"明刊"，大约在康熙、雍正之际流入日本。王毓瑚先生的《中国农学书录》未谈及此版本的《致富奇书》，但他指出《致富奇书》的出现，晚于《便民图纂》而早于《养余月令全》，因而应在明后半期。另外，此《致富奇书》所反映的，主要是江南的情况。

每亩下二百斤。将插禾之前一日,将棉饼化开,匀摊田内秒,然后插秧。或灰粪,各随土宜。"此段记载与下段内容相近,但内容更为明确。从大量使用棉饼作基肥这一点来推测,当为明后期松江等棉产地区之情况。据此,可知明后期松江一带稻田每亩基肥施用量,约当棉饼200斤(此外另有追肥,但未有用量数字。见该书"耘稻"条)。

(二)徐光启《农政全书》卷六"农事",在引述了《便民图纂》(徐氏误作《农桑辑要》)的竹枝词"下壅"后注:"麻豆饼亩三十斤,和灰粪;棉饼亩三百斤。稻禾前一日将棉饼化开,匀摊田内秒,然后插禾。"即是说,明末上海一带的稻田基肥施用量,达到每亩300斤棉饼。

(三)《沈氏农书》"运田地法":"若平望买猪灰,及城镇买坑灰,于田未倒之前,棱层之际,每亩撒十余担。"据此,可知每亩稻田作为基肥施用的猪粪、人粪和草木灰共达10余担(兹以13担计)。

(四)《沈氏农书》"运田地法":"花草亩不过[用草籽]三升,……一亩草可壅三亩田。"当时花草(即紫云英)亩产不详。据中国农业科学院双季稻考察组1957年对长江流域水稻产区各地所作的调查,紫云英一般亩产鲜草2,000斤左右,①即20担上下。但鲜草被沤制成绿肥后,重量会有所减少。光绪时江西人何刚德在其所著的《抚郡农产考略》中说:"红花草比萝卜、菜籽尤肥田,为早稻所必需,可以固本助苗。其力量可敌粪草一二十石。"即1亩花草相当于厩肥10—20担。②而据本节稍后部分对川沙、嘉兴近代水稻用肥

---

① 中国农业科学院:《稻作科学论文选》,农业出版社,1959,第129页。
② 粪草,在明清文献中通常指畜圈中的畜粪与垫草混合物,即许旦复《农事幼闻》中所说的"猪羊槛中腐草"。亦即厩肥。陈恒力、王达先生又称之为"堆肥"(陈恒力与王达:《补农书校释》,农业出版社,1983年,第40页)。章楷先生则称之为"厩肥"(章楷编《中国古代载桑技术史料研究》,农业出版社,1982,第109页,详后文)。又,在一般情况下,1石(容量)也常常可与1担(100斤,重量)通用,在本书中,除了有明确比重数字的物品外,我们都把1石视为1担。

所作的有关折算，1亩花草（用种子5升者）所产绿肥，约当粪肥17担。若花草的亩产量与用种量成正比，则沈氏花草亩产绿肥应相当于粪肥10担，壅田3亩，每亩合3担余。沈氏的花草是割下来加以窖制后才施用的，应为追肥。[①]因此，我们可以认为沈氏之田种稻，每亩用作追肥的绿肥，大致相当于粪肥3担余。

（五）《沈氏农书》"运田地法"：下接力，"每亩下饼三斗"。这里所说"接力"，即追肥。饼肥的比重不详，兹姑以1石等于1担（100斤）计，则3斗约为30斤。

（六）张履祥《补农书》"补农书后"：梅豆，"豆叶、豆萁头及泥，入田俱极肥，以梅豆壅田，力最长而不损苗，每亩三斗，出米必倍"。这里说"不损苗"，可见是追肥。

（七）乾隆二十五年《乌青镇志》卷二"农桑"："粪不可太早，……春初先罱河泥，以草罨而腐之，临种担以作底，其力虽慢而长。伏暑时稍下灰或豆饼（亦有用菜饼、麻饼者），其力虽慢而不迅疾；秋后始下大肥壅，则力倍而穗长矣。"基肥及第一次追肥用量不详，第二次追肥用量是："下接力，都在处暑后做胎及色正黄之时，倘苗茂密，度其力短，俟抽穗之后，每亩下饼三斗，以接其力。"依上述所言，第二次追肥约用饼肥30斤。第一次追肥数量不多。两次合计可统而言之在30斤以上。

（八）包世臣《安吴四种》卷二十五《齐民四术》卷一上农一"任土"条："六月草盛，刈置田中，水热日炎，三二日辄腐，水色如靛，最肥，又松土，亩四担，计人一工而膏庇两熟。"六月份下的肥，应为追肥。每亩用草肥4担。

（九）同上："菜籽……亩收籽二石，可榨油八十斤，得饼

---

① 参阅正文内下引资料第（八）条（包世臣语），如用绿肥作基肥，一般是直接翻压于土下。

104　发展与制约：明清江南生产力研究

百二十斤，可粪田三亩，力庇两熟。"这里所说的应当也是追肥，每亩用菜饼40斤。

（十）姜皋《浦泖农咨》："肥田者俗谓膏壅，上农用三通：头道用红花草也，然非上农高田，不能撒草，草籽亦亩须四五升；二通膏壅，多用猪赕，亩须十担；三通用豆饼，亩须四五十斤。"四五十斤，取其中数，以45斤计。头通、二通为基肥，三通则为追肥。头通基肥用草籽4—5升，按前面种子与产量之比例折算，可产绿肥15担左右（草籽以4.5升计）。

若用以上记载进行比较，显然有许多困难。首先，各种肥料的肥力不同，难以用同等单位计量。①其次，不同经营规模下的稻田的用肥量也有差异。为了解决这个矛盾，我们必须对这些记载做一些推估折算，然后再作比较。

首先，我们假定各类饼肥的肥效都一致；各类粪肥、各类绿肥亦然。接着，我们根据现代的调查材料以及上引各条材料中所谈到的内容，推定1担绿肥的肥效与1担猪粪大致相等，都相当于饼肥10斤。②豆1石重140斤，③如直接作肥，姑定相当于豆饼140斤。④因此上引第（六）条材料中的下梅豆3斗，可折饼42斤，与第（九）、（十）条相符。豆饼比重不详，故第（五）、（七）两条中的下饼3斗，难知重量，姑以30斤计。⑤最后，关于经营规模的差别，我们在备注中予以指出。据此，我们可以把以上各条史料所说的情况归纳为表3-1：

---

① 例如，据《安吴四种》卷二十五《齐民四术》卷一农一"辨谷"，菜饼的肥效优于豆饼，而泥黄豆作肥又优于菜饼。
② 参阅本书第七章第二节。
③ 据《补农书研究》第13页计算，豆1石重140斤（均明清制）。
④ 1石大豆榨油后，可得豆饼130斤，但据乾隆《山海关榷政便览》，1石（仓石）大豆价格相当于150斤豆饼的价格，因用豆饼作肥较为合算（参阅本书第七章第三节）。此处系直接作肥料用，故以140斤计。
⑤ 兹姑以1石＝1担（100斤）之常规计。

第三章　农业的发展（一）：生产集约化　　105

表3-1　明清江南水稻施肥量（折饼肥斤数）

时间	地点	基肥量	追肥量	总肥量	备注
明后期	松江	200斤			
明末	上海	300斤			
明末	归安	130斤	30斤	160斤	经营地主
清初	桐乡	40斤			经营地主
清中期	乌程		30斤以上		
清中期	江南		40斤		
清中期	松江	100斤	45斤	145斤	中下农户
清中期	松江	250斤	45斤	295斤	上农

其次，我们再对这些材料进行分析。

第（一）条材料，是迄今我们所见江南稻田施肥量的最早记载，十分重要。现在的问题是这条材料所反映的真实情况，到底如何。很清楚，在这条材料中，棉饼是最重要的肥种，因此这表现的仅是江南东部松江一带产棉地区的生产状况，据本书第七章的分析，明清江南棉田每亩可产棉饼约50斤，而明末江南棉区主要种植制度是种棉二年，种稻一年。因此，在一个三年的轮作周期中，一亩田实际上仅能生产棉饼100斤，仅及一亩水稻所施基肥之半。由此言之，水稻田施棉饼200斤作基肥，似乎不很现实（此条材料也谈到其他肥料的使用，但未提供具体数字，难以确知其施用量）。因此在对此条材料所述情况有进一步了解之前，我们暂对这些情况存疑。[①]其次，

---

① 当然，在明代后期的松江，每亩水稻施用棉饼200斤，也不是完全没有可能。据北京市农业局编《农业常用数据手册》，人民出版社，1975，第193页，在各种饼肥中，棉籽饼所含养分最低。以含氮量而言，仅及大豆饼之48.7%（见本章附录）。换言之，2斤棉饼之含氮量，仅达到1斤豆饼含氮量。因此每亩水稻施用棉饼200斤，实际上等于施用豆饼100斤。再加入追肥（数量不详，但清代通常是40斤上下），总用肥量共一百数十斤，比明末沈氏的160斤（详后）还低些。不过，在本书中，我们把所有饼肥的肥效均视为一致，因此此条材料所反映的情况，虽然可能正确，但是我们仍姑舍之。

此书"棉花"条谈到棉田施肥情况时，仅说"待苗出时，……须用大粪浇之，或桐油和粪水浇之"。亦即只用追肥而不用基肥，与徐光启所述明末松江种棉大量施用基肥（每亩用饼肥10饼或粪肥10石以上）的情况大相径庭。徐光启说棉田倘实行稀植厚壅（增加基肥用量1—10倍），则土地"二三年后尚有余力"，即一次将数年应施之基肥投入。我揣测《致富奇书》所说一次下基肥用棉饼200斤，或即属此情况。总之，出于以上原因，此条材料所述恐难作为明代后期江南水稻用肥的普遍情况视之。

第（二）条材料中的数字，更加值得推敲。一则此段文字亦可断为："麻豆饼亩三十斤，和灰粪、棉饼，亩三百斤……"如果这样断句的话，则每亩总肥量为豆饼、灰粪、棉饼共300斤（其中麻豆饼30斤，混合灰粪、棉饼后共300斤），因为不知灰粪与棉饼的数量各为多少，故无法算出相当于饼多少斤。二则此段文字所言与其他材料所言出入过大。徐光启本人万历末年在天津近郊试验田作种稻示范，每亩用肥数量也远远低于他在本条中所说的数字。徐氏《粪壅规则》记：万历四十五年，"北天津壅稻，……每亩用麻籸［即麻饼］四斗。是年，每亩收米一石五斗，科大如酒杯口"；而前一年，"到天津用南稻种田，……用干大粪，每亩八石。是年稻科大如碗，根大如斗，而含胎不秀，竟不收。不知是粪多力峻耶？抑为新地不能当粪力耶"？[1]可见，用麻饼4斗是适当的数量，而用干粪8石则太多，导致作物"疯长"而不结实。此外，徐氏谈水稻施肥，仅言施用基肥，未提及追肥。唐启宇先生指出水田施用追肥，出现较迟。大约至16世纪中期，湖州有经验的老农，方琢磨出追肥的性质与施用方法。但到明末，《沈氏农书》还指出：即使是在湖州，追

---

[1] 徐光启：《粪壅规则》，引自胡道静《农书·农史论集》，农业出版社，1985，第200页。

肥技术仍未为许多农民掌握。①不施追肥，基肥必须大量增加，否则"到了立秋，苗已长足，壅力已尽"，②作物得不到足够的养分。但基肥施得太多，不仅浪费肥料，而且容易引起作物"疯长"。因此，本条中每亩下棉饼300斤的情况，一方面反映了明末松江稻作生产技术的落后，③另一方面也可能是徐氏的数字有误（如前所述，当时棉饼的产量不可能保证这样的用量）。总之，在得到证实之前，此条所言数字不可采用。

第（一）、（二）条中的数字既难采用，而第（六）、（七）、（八）、（九）诸条又未提到基肥使用数量，所以我们仅能依靠第（三）、（四）、（十）条，以了解明清江南水稻用肥的亩均总量。结果如表3-2。

表3-2　明清江南水稻亩施肥量

时间	地点	用肥总量（折饼斤数）	备注
明末	湖州	160斤	经营地主
清中期	松江	145斤	中下农
清中期	松江	295斤	上农

表3-2是否仅表现了地域的差异而非时代的不同，尚需加以讨论。

由于自然条件和农作习惯的差异，不同地方的水稻种植中肥料用量有所不同，这是很正常的。由此意义上来说，表3-2确实是地

---

① 唐启宇：《中国作物栽培史稿》，第29页。
② 《沈氏农书》"运田地法"。
③ 明末松江农业生产技术，相对而言比较落后。徐光启就指出松江植棉技术明显落后于山东和浙东。稻作技术与苏、湖、杭等处相比，也较粗放。

域差异的反映。但我们要强调的是：表3-2所表现的时代差异，比地域差异更为明显。其理由如次：

首先，表3-2中所反映的湖州、松江两地情况，分别以《沈氏农书》和《浦泖农咨》为根据。《沈氏农书》作者沈氏居住于湖州归安县东部涟川镇（今琏市、双林两镇之间），紧临嘉兴西部的桐乡县。因此他根据自己的经验所写的《沈氏农书》，实际上主要是湖州东部农业生产状况的反映。《浦泖农咨》虽然是松江地方农书，但奇怪的是很少谈到棉花的生产情况，而谈论水稻生产却非常详细。因此我们可以认为此书主要是反映松江府西部华亭、青浦等水稻产区的农业生产状况。湖州东部与松江西部，都连壤嘉兴，相距不远，自然条件虽有小异，但基本相同。

其次，从江南平原的开发史来看，湖州开发很早，而松江开发较迟，[①]与此相应，湖州在明清之际已基本普及了水田一年二作制。而松江西部低田地带（即水稻产区），直至18世纪末、19世纪初，一年二作的水田仍仅占全部水田的七分之四左右，此外还有为数颇大的荒地。[②]到了道光时代，松江的开发已基本完毕，从《浦泖农咨》来看，水田一年二作制亦已基本普及。因此，就明末而言，松江西部水稻生产较湖州东部粗放，但至清代中期，则两地水稻生产集约程度已比较接近，虽然从清代后期乃至民国时代的情况来看，松江西部仍然比湖州略为粗放一些。[③]由于大量水田实行一年一作（可能甚至有相当数量的水田实行两年一作），[④]而一年一作

---

① 见本书第五章第一节。
② 参阅北田英人《宋元明清期中國江南三角州に農業の進化と農村手工業の發展に関する研究》（1986—1987年度科學研究費補助金〈一般研究C〉研究成果報告書），1988，第38、43页。
③ 参阅上引北田英人报告书，第44页。
④ 因为当时还有不少荒地，可资轮作休耕。

消耗地力不如一年二作严重，①所以明末松江西部的水稻亩均用肥量肯定不及湖州东部。②另外一方面，至了道光时期，松江由于得地理之便，比较容易得到外地豆饼；而湖州则在此方面处于不利地位，肥料紧缺问题在江南最为严重。③因此，尽管此时松江西部水稻生产仍然可能较湖州粗放一些，但因为肥料较易获得，亩均用肥量应当不会明显低于湖州。

接着，我们再看看上面两个事例在整个江南地区是否具有代表性。从下章第一节可知，在江南地区所包括的三个主要自然—生态亚区中，江南平原最为重要。而太湖周围低田地带，又是江南平原人口最稠密、面积最广大的部分。整个江南的水稻生产，重心即在于此。湖州东部与松江西部均属于此地带。从此意义上来说，这两个地方是很有代表性的。又，由于江南平原开发的历史进程的特点，湖州东部的水稻生产，早自宋代以来就比江南平原多数地方更为集约，而松江西部则迟至清代乾嘉之际，可能还较江南平原多数地方略为粗放。因此，从整个江南平原而言，明末湖州的水稻用肥量可能偏高，而清中松江的水稻用肥量，则代表了一般的水平。由于我们在此主要目的是观察水稻亩均施肥量的增长情况，因此前数偏高当然会有影响，不过看来不严重。

因此，我们认为：表3–2不仅反映了明末湖州与清中松江两地的各自情况，而且代表了江南平原水稻生产中亩均施肥量增长的趋势。

用肥量增长的情况，还从肥料费用的增长中表现出来。明清文献中有关江南稻田生产成本的资料不少，但明确说明是肥料费用的

---

① 徐光启说一年少种一茬作物，甚有助于恢复地力（"歇田当一熟"）。参阅徐光启《农政全书》，《农政全书校释》卷三十五"木棉"，石声汉校释本，上海古籍出版社，1979。
② 例如徐光启谈种稻，未言及追肥；而《沈氏农书》则强调追肥。
③ 参阅本书第七章第四节。

史料却不多。因此我们还必须在罗列史料的同时，对这些史料进行分析比较，以求其真相。

（一）前引孙铨《上郡守论田地六则》："每田一亩，……肥费止于二钱。"即万历时归安每亩稻田的肥料费用为银2钱。

（二）据《沈氏农书》"运田地法"，水田一亩施基肥用猪灰、坑灰共10余担，兹姑定为13担；追肥用饼3斗，兹姑定为30斤。猪粪价格，陈恒力先生据《沈氏农书》"蚕务"（附六畜）中猪饲养费计算，每担合银2.25分。兹姑设猪灰、坑灰价同猪粪，则13担合银2.9钱。又据同书，饼每斤7厘—1分（姑以8.5厘计），[①]30斤合银2.6钱。二项合计为5.5钱。

（三）前引姜皋《浦泖农咨》："旧时雇人耕种，其费尚轻，今则雇值已加，食物腾贵，一亩已约需工食二千钱，再加膏壅二千钱。在农人自种伴工，牵算或少减。"据当时（道光十四年前数年）钱银比价（1两=1,300文），[②]二千钱合银1.54两。而这正是中下农每亩用肥的支出。[③]

这样，我们可以得到表3-3：

3-3　明清江南水稻亩肥费

时间	地点	基肥费	追肥费	总肥费	备注
万历	归安			2钱	一般情况
崇祯	归安	2.9钱	2.6钱	5.5钱	经营地主
道光	松江			15.4钱	中下农

---

① 参阅陈恒力、王达《补农书研究》，第10页。
② 参阅彭信威《中国货币史》，上海人民出版社，1965，第843页。
③ 《浦泖农咨》中说当时"猪践……十担须洋钱一元，饼总以二千钱一担为率"。其时银元一元相当于制钱900—1,000文，中下农每亩施用猪践10担（基肥），豆饼40—50斤，其费正好2,000文左右。

由于各时各地物价的差异，上述比较尚不足以完全反映真实情况，因此更为可取的办法，是将上述费用，根据当时当地的米价折为稻米，再作进一步对比。

万历时代归安的米价，据茅元仪回忆，大约是每石0.7两。[①]崇祯时代归安的正常米价，《沈氏农书》已说明为每石1两。据此，则万历归安种稻肥费可折米0.29石，崇祯归安沈氏种稻肥费则应折米0.55石。道光时松江雇工种稻肥费2,000文，工钱2,000文，共合1石米，[②]因此肥费合0.5石米。换言之，清中叶松江中下农的肥料支出（以米计），已接近明末湖州上农的支出水平了。

此外，在水稻生产的总成本中，肥费所占比重也在不断提高。兹仅将最主要的两项成本——人工与肥料的费用——进行比较，即可看到这个趋势。

明代江南农业中劳动费用不详，这里根据《沈氏农书》中的雇工价格进行推算。据该书"运田地法"，一个长工的工银、食米与柴酒银合计为11.7两银，种田8亩。[③]但沈氏之田实行水稻与春花二作制，因此所付工钱不能仅视为种稻的人工成本。种植春花需工多少无法确知，但从《沈氏农书》"逐月事宜"中可以得知，自七月份起，直至翌年五月，种植春花以及与之有关的劳作，无月无之。虽然种植春花用工不用种植水稻用工那样多且集中，但积少成多，工作总量亦不容忽视。例如姜皋说道光时松江种麦，"自锄地、下种、上泥、壅壮，每亩工食亦得五六百文"，[④]约为种稻工

---

① 茅元仪：《掌记》（引自谢国桢编《明代社会经济史料选编》，福建人民出版社，1981，第182页）。茅氏归安人，仕于崇祯朝，他回忆幼时米价每石7钱，应即万历中后期归安米价。
② 《浦泖农咨》说雇工种稻每亩人工、肥料各用钱2,000文，而米价为每石4,000文。
③ 参阅李伯重《对〈沈氏农书〉中一段文字之我见》，《中国农史》第2期，1984。
④ 《浦泖农咨》。

钱的25%—30%，而且收割之费尚未计入其中。①种植油菜，情况与此相近。②除种植春花外，长工还要为主人家做一些其他工作（如《沈氏农书》中所谈到的外出买粪、买饲料、买柴炭以及打油、碾米、修水利等，此外应当还包括为主人家种植蔬菜、饲养家畜等工作）。另一方面，我们在分析种稻人工投入时，有一些项目如车水、施肥、罱泥被略去，而这些项目耗工量虽不可确知，但肯定不少。连上这些人工，那么沈氏田场上每亩水稻的人工总投入，总共大约为15个。③种稻8亩即合用人工120个。长工一年工作的总日数大约为340日。④因此每个工作日的工资合3.4分银。兹以此计，沈氏种稻的每亩人工费用为0.51两银。用上述肥料费用作比较，则肥费为工价之108%，占工肥总费的52%。但这是以"粪多力勤"著称的经营地主的情况，可能比较特别，尚须再看一看一般农民的情况。

顾炎武《日知录》卷十"苏松二府田赋之重"条说："吴中之民，有田者十一，为人佃作者十九。……岁仅秋禾一熟，一亩之收不能至三石，少者不过一石有余。而私租之重者至一石二三斗，少亦八九斗。佃人竭一岁之力，粪壅工作，一亩之费可一缗。而收成之日，所得不过数斗，至有今日完租而明日乞贷者。"据此，明季苏松佃农种植水稻，一般亩产米2石左右，完租1石，已得1石，工肥费用约每亩1,000文。据《双林镇志》卷三十二艺文载沈氏《奇荒纪事》沈以澄注，"明季每银一两约总一千二三百文"，以中数1,250文计，1缗约合银0.8两。按明末正常米价，可折米0.8石。顾炎武说

---

① 小麦收获在夏季，恰与插秧时间相重合，此时必须雇短工帮助。
② 包世臣说："菜子种同麦，粪工同麦。"见《安吴四种》卷二十五《齐民四术》卷一农一"作力"条。
③ 种稻人工每亩10余工，加上车水、施肥、罱泥等，15工并不多（据《柳东草堂笔记》中的戽水费用及雇工价计算，每亩车水用人工约2.5个工）。
④ 参阅郑至章《明清江南雇工经营的利润问题》，洪焕椿与罗仑主编《长江三角洲地区社会经济研究》，南京大学出版社，1989。

第三章　农业的发展（一）：生产集约化

佃农完租并除去工本之后，所得仅数斗，是明代中后期江南常情，非特明末苏松独然。万历时归安亩产米2石有零的水田的情况若亦以此计，按其时米价（每石0.7两），则孙铨所说的肥费0.2两，可折米0.3石弱，约占工肥总费（折米0.8石）的36%，或为工食（0.5石强）的56%。①

崇祯《乌程县志》卷三"赋役"载万历时县人沈演之语云："以一夫十亩之家论之；一夫终岁勤动，可耕十亩。一亩米二石，亦称有年，计为米二十石。一夫食用，可五石而赢；粪其田，可四石而赢。盖所存止十石矣。实征米银正税，亩可六斗而办。止余米肆石耳，而妻孥之待哺，衣缕之盖形，皆取资焉。"据此，可知万历时乌程自耕农种稻每亩肥料费用相当于米4斗余。工食费用，大致相当于每亩5斗余。工肥总费则接近于1石。较之以上据顾炎武语及孙铨语推算的结果，工食大略相同，肥费以及工肥总费则稍高。兹以工食每亩5.3斗、肥费4.3斗、工肥总费9.6斗计，则肥费约为工食的81%，占工肥总费的45%。若依每石米0.7两银的价格计，则工食为0.37两，肥费0.3两，工肥总费0.67两。

清代前期的情况，因数据阙如，难以知晓。兹就中期情况进行探讨。

陶煦在《租核》"重租论"中说："顾亭林《日知录》言吴中私租之重，窃尝读而叹焉，不谓今之私租有更甚于亭林所言者，请案实而详论之：吴农佃人之田者十八九。……田中事，田主一切不问，皆佃农任之。粪壅工作之资，约亩费钱一缗，谷贱时亦七八斗

---

① 这里推算得每亩工食约为0.5石米，而在通常情况下，每亩水稻投入约10—15个（不包括及包括车灌等）。因此每工工食约合3.3—5升米，与前述水利工程中民夫日工食（4—5.5升米）相近，可见这里所作推算是正确的，下面沈演所述情况亦同。

之值也。……一岁仅恃秋禾一熟耳。秋禾亩不过收三石，少者止一石有余，而私租竟有一石五斗之额。然此犹虚额，例以八折算之，小歉则再减。迨同治二年，朝廷从合肥李伯相之请，下诏减赋，苏松减三之一。于是田主声言减租以虚额之数，亩减其三斗。故向止一石二斗而无增者。"但在"量出入"中，陶煦却算出每亩水田（稻与春花两作）的人工肥费总费为3,800余文，为前说每亩1,000余文的3倍有余。不过关于肥料费用，书中不同地方说得倒比较一致。"推原"中说："粪田如湖泥水草等力可自致者，所费亦无多，独豆饼之为物，力最猛，费亦最巨，亩须五七百钱，新谷三五斗之资也。人粪亦买得之。""量出入"中则更明确地说："今苏松田亦尽壅豆饼（间有用菜饼者），约钱五百。"

对于上引文字，我们的看法是："粪壅工作之资，约亩费钱一缗，谷贱时亦七八斗之值也。"从下文来看，很清楚是同治二年以前的情况。究竟以前何时呢？陶氏未说，我们认为至迟止于嘉庆。章谦存《备荒通论》说："一亩之田，耒耜有费，籽种有费，罱斛有费，雇募有费，祈赛有费，牛力有费，约而计之，率需钱千。"[①] 虽然章氏为安徽人，但他所说的佃农种稻情况，却是泛言长江下游一带的。嘉庆以后，江南种稻工本因物价上涨而大幅升高，亩约千钱上下不复可能。又，陶氏所说的肥费，仅包括豆饼费。清代江南壅田，通常以豆饼为追饼，数量在40至50斤之谱。但奚诚说也有农民"不垫底，至苗长壅壮者（今法必用菜豆诸饼，工本又大）"。[②] 陶煦自己也说："今苏松田亦尽壅豆饼。"所以追肥数量应当比《浦泖农咨》中大量施用基肥（垫底）的田多得多。姑不论此，仅以追肥每亩用豆饼50斤计。豆饼价格，在光绪元年至十年期间（《租

---

① 收于《皇朝经世文编》卷三十九"户政"。
② 见奚诚《耕心农话》。

核》成书于光绪十年），上海海关报告是每担0.9—1.05两银，多数为1两。①据《租核》，1两银约值钱1,600文。因此，50斤豆饼值钱800文。运到苏州后价格肯定更大大高于此。"推原"中说豆饼需亩500—700文钱，"量出入"中计算生产成本，豆饼费用更每亩仅500文，皆似偏低。又，"推原"中还说购买豆饼"费亦最巨"。但该书说豆饼费用每亩500—700文，仅占亩均工肥总费的13%—18%，说不上"最巨"。②因此，这个数字（每亩500—700文）不像是光绪初年的，甚至也不是道光时期的。③再次，"量出入"中说长工一年工食为33,200文，并且是以360日计算的。④因此每日工资合为92文。而同节中说："忙时有雇短工者，日钱五七十不计。"这显然也是有错误的，因为短工的日工资比长工日均工资通常高出许多。⑤道光时松江短工日工资为200文，⑥而"咸丰庚申以后，乱离甫定，凡服用之物，及一切工作，其价值莫不视从前加长"。⑦所以同治以来，乌程短工日工资达280文。⑧光绪初年嘉兴府也达210—220文。⑨陶煦所说的每日50—70文的短工价格，只有在乾嘉时期的江南才能找

---

① 参阅足立启二《大豆粕流通と清代の商業の農業》，《東洋史研究》第37卷第3號。
② 在《浦泖农咨》中，豆饼费用占工肥总费的1/4（雇工）或1/3（自种）。
③ 道光时松江豆饼每担2,000文以上，40—50斤即约800—1,000文。
④ 虽然《租核》中长工伙食以一年360日，但实际工作日当为340日左右，见前引郑至章《明清江南农业雇工经营的利润问题》。若以340日，则日平均工资应为100文。
⑤ 魏金玉先生对此作了专门的研究。从他的研究中可以看到：乾隆末年短工（日工）每日工钱约4倍于长工日均工钱，嘉庆末则3.2倍之（参阅魏金玉《明清时代农业中等级性雇佣劳动向非等级性雇佣劳动的过渡》，李文治、魏金玉、经君健：《明清时代的农业资本主义萌芽问题》，中国社会科学出版社，1983）。
⑥ 《浦泖农咨》。
⑦ 光绪《松江府续志》卷五"风俗"。
⑧ 光绪《乌程县志》卷二十六"水利"收《会议溇港岁修章程十条》。这里所说的雇价，还只是"乡农自相雇力"之价格。
⑨ 《申报》光绪十年闰五月十八日（引自前引足立启二氏文）。

到。①综上所述，我们可以断定：《租核》"重租论"中所说的种稻工本每亩千余钱、"推原"和"量出入"中说的每亩豆饼费500—700钱、"量出入"中说的短工日工钱50—70钱，均是前代之事。准确地说，是乾隆末和嘉庆时的情况。根据有关数字，我们可以得知乾嘉时期苏州佃农种稻每亩工本（人工肥料之费）1,000余文，米价贱时可折新米7—8斗；其中购买豆饼的费用约500—700文，合新米3—5斗；种稻人工依《浦泖农咨》仅计10个，每工50—70文，共500—700文，与豆饼之费相当。若是连上车水等人工，工资还会提高一些，但如加上人粪等肥料，肥费更要增加。②因此大致说来，肥费与工资相当或略为超过工资。

道光时代松江种稻的工肥费用都比较清楚。沈镜贤《泖东草堂笔记》说："近年粪田之价，每亩需钱一千五百；戽水之费五百；自犁垦耘耨约人工十日，若以雇工计，即须二千余。"③但姜皋《浦泖农咨》则说："［种稻］一亩约略以十工算，已须工食二千文；再加膏壅必得二千文。在农人自种或伴工，牵算或可少减，然亦总须三千余文。"农人自种或伴工，工食较雇工少，这是因为农民劳动有一部分由家属分担，未计入工资。至于肥费，沈、姜二人所说不同。原因是沈氏说的是佃农，而佃农家庭生产的若干肥料（人畜粪、垃圾等），通常也未列入成本。④姜氏所说的是雇工生产，一切均需加以计算。姜氏说中下农种稻不施绿肥，基肥用猪践，每亩10担，需洋钱一元；追肥用豆饼，每亩用40—50斤，一般价格是每担2,000文钱。其时银洋1元约兑制钱900—1,000文。因此猪践10担、

---

① 例如乾隆五十二年长洲县与嘉庆二十三年余杭县均为50文，乾隆五十五年江阴县为35—40文，嘉庆二十二年上海县为80文。参阅上引魏金玉文。
② 《租核》"推原"已说明"人粪亦买得之"。
③ 转引自魏金玉《关于中国农业资本主义萌芽的几个问题》。
④ 例如陶煦计算佃农的肥费，就只算需要花钱购买者。

豆饼40—50斤,共合钱1,700—2,000文。姜氏说"膏壅必得二千文",盖以较普遍情况计,或者把农民所用的其他肥料也包括进入一起计算。现将以上情况制为表3-4:

表3-4 明清江南水稻种植中的人工与肥料投入

时间	地点	肥费	工食	肥费与工食之比	肥费在工肥总费中的比重	备注
万历	归安	0.2两	0.36两*	0.56∶1	36%	佃农
万历	乌程	0.3两	0.37两	0.81∶1	45%	自耕农
崇祯	归安	0.55两	0.51两	1.08∶1	52%	经营地主
乾隆末嘉庆	苏州	600文以上**	600文**	1∶1	50%以上	佃农
道光	松江	2,000文	2,000文	1∶1	50%	一般情况
道光	松江	1,500文	2,000文	0.75∶1	43%	佃农

*工肥总费以0.8石米计,合银0.56两,除去肥费0.2两,余为工钱。
**均以中数计。

通过以上分析,我们可以看到:在明清时代,江南水稻种植中的人工投入数量,每亩约为十余个,每工的报酬(工资)则在米5升上下,始终变化不大。但是肥料投入,无论是从实际投入数量还是费用来看,都呈现出相当快的增长。因此我们可以得出如下结论:明清时代水稻生产集约程度提高的主要途径,是以肥料投入增加为代表的资本投入的增加,而不是劳动投入的增加。

明清时代江南地区水稻生产集约程度提高到了一个什么样的水平呢?这需要我们把明清以前和以后的情况拿来比较。

江南水稻生产技术在唐代出现了重大进步。①宋代承此发展势头，继续有所进步。经唐宋两代的发展，江南水稻生产技术基本上已定型。与此同时，江南人口自唐以来一直保持着较高的增长率，自南宋起已成为全国人口密度最大的地区，劳动力供给比较充分。在这样的背景下，明清江南地区农业生产的集约程度也处在迅速的提高之中。

　　自两汉六朝以来，江南地区水稻生产集约程度的提高，主要是采取增加劳动投入量的方式。到了唐代，江南稻田的劳动投入量已达到相当高的水平。据官方统计资料，中唐元和时代江南地区（即当时的浙西道）每户平均耕地不到15市亩，已相当于明万历六年苏州的户均亩数。②从人地比例关系推测，唐代江南地区每亩水稻田的劳动投入当已很高。又据《唐六典》卷七"尚书户部"的材料，盛唐时代屯田上水稻种植中所投入的人工为每唐亩9.48个（即明亩12个）。唐代中后期江南水稻种植中的劳动投入量，当与此相近。这样，较之实行水稻一年直播休耕制的粗放方式的南朝时代，水稻种植中的劳动投入是大大增加。③宋元时代江南水稻的种植方法及工具等与唐无大异，水稻种植中的劳动投入谅必亦与唐相近。由此我们可以推知，在明代以前很久，江南水稻种植中的劳动投入即已达到很高水平。

　　至于清以后江南水稻种植中的劳动投入的情况，我们主要采用20世纪30、40以及50年代的一些数据来进行分析。1960年代以来，随着化肥、农药、农机等新生产数据之深入农村，江南水稻种植方

---

① 参阅拙著《唐代江南农业的发展》第三章。
② 元和户均亩数见《元和郡县志》，万历数字见梁方仲《中国历代户口、田地、田赋统计》，第435页。
③ 参阅拙著《唐代江南农业的发展》，第133页。

式发生了相当的变化。因此之故，1960年代以来的统计资料在此不宜采用。

据卜凯（John Lossing Buck）于抗战前所做的调查，华东、华中及华北7省，水稻每公顷需117人工单位（一人工单位指一个成年男子一天劳动10小时），即每市亩8人工单位；若以一人一天劳动8小时计，则为每市亩10人工。[1]

又，据满铁上海事务所1941年3月出版的《江苏省无锡县农村实态调查报告书》，[2]当时无锡县荣巷镇农村每亩稻田上各项农作所需人工为：

浸种：0.25。

做秧田：1.0。

播种：0.5。

大田整地及施上基肥：3.0。

插秧：1.5。

中耕除草：3.0。

割稻：1.0。

搬运：1.0。

总计：11.25。

此外，据费孝通先生1936年对太湖南岸的一个村庄（吴江县开弦弓村）调查所得的材料，[3]我们得知这里每亩稻田上各项农作所需人工为：

整地（用人力）：4。

---

[1] Buck, John Lossing, *Chinese Farm Economy*, The University of Nanking and the China Council of the Institute of Pacific Relations, Nanking(Nanjing), 1930, p 227.
[2] 引自天野元之助《中国农业史研究》，第410页。
[3] Fei Hsiao-tung, *Peasant Life in China: A Field Study of Country Life in the Yangtze Valley*, pp. 159—165.

放水后再次平地：1。

移秧：2。

总计：7。

做秧田、播种、劳动除草、收割等的人工，费氏未说明，若依无锡荣巷镇数字，则各项农作共计为13.75人工，稍高于无锡，但相差不多。

直到1950年代后期，情况也未有太大变化。1957年，我国大陆水稻生产每亩平均用人工15个。[①]这个数字大概将施肥、灌溉等人工也统计在内了。即使这样，与前此相差仍不很大，较之唐代仅增加了3.1个人工。

现在，我们把唐代以来江南地区水稻种植中的劳动投入作一比较：

表3-5　唐代以来江南水稻种植中的人工投入

时间	地点	每亩人工数	折合市制每亩人工数
唐元和	江南	9.48	11.9
明崇祯	湖州	11.5	12.1
清道光	江南	10余	10余
1936年	吴江开弦弓	13.75	13.8
1941年	无锡荣巷镇	11.25	11.3
1957年	全国（大陆）	15	15

---

① 解荫杞：《提高我国农业劳动生产率的途径》，《人民日报》，1959年3月12日。

可见，在一千多年的时期内，江南水稻种植的劳动投入基本一致。也就是说，劳动投入量保持着大致的稳定。这种情况，表明江南水稻种植中的劳动投入，早在明代以前就已接近于饱和。因此在传统的技术条件下，明清时期江南水稻生产集约程度的提高，不可能通过大幅度地增加劳动投入的方法来达到。

在肥料方面，唐代文献中关于江南水田用肥的记述很少。到了宋代，肥料的种类大大增多了。但是有关施肥量的记载，却仍未见于文献。考虑到唐宋时代江南地区可耕荒地尚多（像苏州直到北宋时，富人之田还常用"岁易"旧法来作为恢复地力的重要措施）[1]，因此，想来当时稻田的施肥量不会很大。南宋时，有的地方已经出现从附近城镇收集粪土垃圾的现象，但这种情况并不普遍。[2]至于从江南以外输入肥料，则尚未见于记载。因此就一般江南农户而言，肥料均能自给。据此推测，这时江南的农田总用肥量恐怕还不很大。

明清时代，江南稻田肥料的种类比前代增加了。特别值得一提的是各种饼肥的广泛使用。饼肥的生产不仅为农业提供了肥效优良、使用方便的新肥源，而且由于饼肥体积小，重量轻，便于运输，并可长时间存放，因而能够突破传统肥料供应的时空局限性，使得从外地大量输入肥料成为可能，从而大大增加肥料的供应。此外，其他各种传统肥料的制作技术也有进一步的提高，使用变得极为普遍。[3]明清江南水稻用肥的增长，正是以此为基础的。

民国时代，江南地区肥料的种类及使用方法与明清无大异。水稻生产中的用肥量，据民国二十五年《川沙县志》卷三"农业"载："稻：于车水灌田前，每亩以河泥约40担，或猪粪灰20担为基肥。

---

[1] 参阅前引天野元之助书，第399页。
[2] 见本书第七章第一节。
[3] 见本书第七章第一节。

田性本肥多草者可勿施。至肥性薄弱时，当加豆饼20斤为追肥。"而抗战时期的嘉兴农村，则以紫云英（花草）为基肥（每亩稻田草籽5升），或者河泥14担和羊粪10担为基肥；追肥则用人粪10担（抗战前用豆饼）。① 《川沙县志》所记的河泥与猪粪灰的比值（河泥40担=猪粪灰20担），与现代测算的结果一致，② 可见是正确的，按此比例换算，则嘉兴基肥用猪粪灰7担，羊粪10担，共粪17担。据此，可得表3-6：

表3-6 近代江南水稻亩施肥量

时间	地点	基肥量	追肥量	总肥量（折饼肥）	备注
1937年	川沙	猪粪灰20担	豆饼20斤	220斤	折饼肥标准同前
1937—1945年	嘉兴	猪粪7担、羊粪10担	人粪10担	270斤	折饼肥标准同前

也就是说，清中叶松江上农与中下农户稻田每亩平均用肥量〔（上农用肥量+中下农用肥量）÷2=220斤〕，已达到1937年川沙用肥水平，而清中叶松江上农用肥量甚至大大高于1937—1945年嘉兴的水平。

再从肥料投资在工肥支出中的比重来看，如前所述，清中叶松江已普遍达到50%上下。据原浙江大学农学院1935年对富农经营较发达的嘉兴地区所作的调查数据，这里各类规模经营（大、中、小经营）下的劳动工资（按雇工标准计），每亩平均为2.99元，而

---

① 参阅前引天野元之助书，第399页。
② 据北京农业局编《农业常用数据手册》（1980年修订本），第191、194页，猪粪含氮量约为0.56%，而河泥为0.27%，亦即单位猪粪含氮量高出同量河泥含氮量1倍（见本章附录）。

肥料种子投资为3.84元，[①]工资与肥种之比为1：1.28，肥种费占工肥总支出的56%。而在无锡，据中国农村经济研究会1933年对该地三个乡村所作的调查，每亩肥料投资平均4.76元，占所投流动资金（种子、肥料、农具添置以及工人、机工、畜工的支出）总数9.12元的52%。[②]可见，清中叶水稻生产中的肥料投资在工肥投资中的比重也已达到甚至略高于民国时代的水平。

由以上分析可见，江南水稻生产中的劳动投入，早在明以前即已接近近代的水平。而明清时期江南人口增长，人均耕地的减少，也未能使每亩稻田上的劳动投入有明显增加。这就是说，采用增加劳动投入的方法来提高产量已很困难。因此明清时期江南水稻生产中的劳动投入，可以说大体上已达到传统的极限，因而未能再有明显增加。而以肥料为中心的资本投入，在明清时期有相当大的提高，到了清中叶，已达到了抗战前后的水平。在这样一个水平之上，再继续通过增加肥料投入的手段来发展水稻生产，是否还属有利？对此，我们需要从肥料与粮食之间的投入—产出关系来进行考察。

自明末起，在每亩稻田的肥料投入增加的同时，肥料的边际产量递减的趋势就已经出现。这表现在：尽管肥料投入明显增加，但自明代后期以来，江南地区的水稻一般亩产米量提高幅度已不很大（详见本书第五章第一节）。这个事实，还可以从生产1石米所需的肥料，随着时间的推移而有相当大的上升这一现象得到证实。明末湖州琏川市经营地主沈氏的水田，据陈恒力先生推测，亩产米3石，[③]而用肥量据前折饼160斤，即米肥之比为1石：53斤。清中叶道光时期松江

[①] 据薛暮桥《旧中国的农村经济》第48—50页中数字计算，参阅薛慕桥《旧中国的农村经济》，农业出版社，1980。

[②] 薛暮桥：《旧中国的农村经济》，第48—50页。

[③] 《补农书研究》，第27页。

上农每亩施肥量达到295斤。其时其地水稻亩产量,据《浦泖农咨》说:"[松江]俗以三百个稻为一亩。……昔时田有三百个稻者,获米三十斗,所谓三石田稻是也。自癸未[道光三年,即《浦泖农咨》成书前11年]大水后,田脚遂薄,有力膏壅者,所收亦仅二石。"以道光三年以前情况计,亩收三石,则米肥之比达1石：98斤,比明末湖州几乎提高了一倍。我们再用近代的情况来作比较。据前引民国《川沙县志》,该地稻田用肥折饼220斤,而亩产稻250—400斤。兹取中数325斤,合米1.6石,①用肥220斤,则米肥之比为1石：138斤。嘉兴的情况亦与此相类。据《嘉兴一瞥》,抗战前嘉兴水稻亩产为米2石(稻400斤),用肥量据前述为每亩270斤,则米肥之比为1石：135斤。

这样,我们可以得到表3-7:

表3-7 江南水稻生产中的肥料投入与产量之关系

时间	地点	米、肥比例 (石、斤)	肥料增加幅度(以明末为100%)
明末	湖州(上农)	1∶53	100%
清中	松江(上农)	1∶98	185%
民国	川沙(一般农户)	1∶138	260%
民国	嘉兴(一般农户)	1∶135	255%

---

① 但江南农村习惯是200斤稻谷折米1石(《补农书研究》,第25页)。又据1908年出版的东亚同文书院编《支那經濟全書》第8辑第1编"農業"第203—207页的调查数字,清末江南的苏州、镇江、南京、杭州、嘉兴、嘉善六地上田亩产在1.2—2.5石之间(平均为1.98石),中田在1—2石之间(平均为1.45石),下田在0.8—1.7石之间(平均为1.09石)(参阅东亚同文书院《支那經濟全書》,東亞同文書院1908年刊行)。另外,据和田荣太郎等人的估计,抗战前后长江三角洲的水稻平均亩产为米1.47石(参阅天野元之助《中國農業史研究》,第410—411页),与清末相近。据此,则川沙的亩产1.6石尚略高于一般亩产。

由此，我们可以看出，生产1石大米所需的肥料，自明以来一直在上升，而至清中叶达到一个高峰后增速减缓。换言之，清代中期的肥料投入已达到这样一个水平；再多施用，肥料的边际产量将以更快的速度下降。据20世纪50年代后期大陆有关的统计，亩产稻谷千斤，一般需肥（折猪圈肥）为100担左右，[①]亦即产米5石，所需肥料可折饼肥1,000斤，米肥之比为1石：200斤。也就是说，要把亩产从抗战前后嘉兴的每亩2石提高到50年代后期全国（大陆）的每亩5石（即提高1.5倍），每亩用肥量就要从粪肥27担提到100担（即增加2.7倍），每石米平均需肥从13.5担（粪肥）增加到20担（粪肥）。而新增加的3石米，每石需肥量竟高达粪肥24担。可见用增加施肥的办法来提高亩产，在经济上已经非常不合算了。

二、棉桑生产集约程度的提高

（一）棉

江南种棉始于宋末元初。"木棉，江南多有之，以春二三月之晦下子。种子既生，须一月三耨其四旁……入夏渐茂，至秋生黄花结实。"[②]从这段记载来看，当时种棉所用人工还不算很多（例如锄草仅3次，而且尚未进行打心等工作）。到了明代中期，江南棉农已普遍"频锄"（除草），并"时常掐去苗心，勿令长太高"。[③]可见工作更为精细，投入劳动也更多了。到了明末，徐光启始较为详细地记载了棉花种植中主要生产环节的各项工作要求：

1. 整地：秋耕1次（用人耕）；转（即耒劳）2次（用人或牛）；

[①] 天野元之助：《中國農業史研究》，第436页。
[②] 司马光：《资治通鉴》卷一五九《梁纪》高祖大同十一年胡三省注，中华书局，1956年点校本。
[③] 李光庭：《乡言解颐》卷三"耕获类"，中华书局，1982年排印本。并见《致富奇书》（木村兼堂本）"棉花"条。

126　发展与制约：明清江南生产力研究

作畦。

2. 锄草：未下种前锄草（锄白）3—4次；下种后至棉成熟锄草7次以上。（"锄棉者，功须极细密。"）①

3. 打心：3次。②

上述各工序中工作次数，与光绪时南通或抗战前华北、东北棉区种棉情况大略相同。③清代中期，据包世臣说，江南一带种棉及豆、粟、高粱每亩用人工十二三个，④但未说明详细情况，因此不清楚种棉人工到底多少。卜凯关于华北抗战前植棉业的人工投入调查数字是每亩11.6人工单位，每人工单位为成年男子工作10小时。如以每日工作8小时计，则为14.5工作日。⑤抗战时期日本人在山东临清和河南彰德农村进行调查，种棉每亩所用人工均为13个（不包括灌溉），另有畜工1.4—2.2个。⑥

1932年，建设委员会调查浙江经济所对杭州市郊棉区农民生产情况进行了比较精确的调查，每亩棉花种植中的人工投入情况如下⑦：

耕耙2次人工3.5小时，牛工3.5小时；

掘茅草根人工4.5小时；

筑畦人工6小时；

施肥人工4.5小时；

---

① 《农政全书》卷三十五"木棉"。
② 王象晋：《二如亭群芳谱》，《群芳谱诠释》，伊钦恒校释本，农业出版社，1985。据王象晋本人说，此"棉谱"是撮徐光启之要旨而得。
③ 参阅朱祖荣《通属种棉述略》以及天野元之助《中國農業史研究》，第653—654页。
④ 《安吴四种》卷二十五《齐民四术》卷一"农一"。
⑤ John L. Buck, *Land Utilization in China: Statistics*, p. 36.
⑥ 天野元之助：《中國農業經濟論》，龍溪書舍，1978，第48—49页。
⑦ 建设委员会调查浙江经济所：《杭州市经济调查》，《民国史料丛刊》第22辑，台北：传记文学出版社。

播种人工11小时；

中耕除草人工12小时；

拔草人工13小时。

以上共计54.5小时，每个工作日以8小时计，合7日弱。此外，每亩棉田约产籽棉90斤，而收花每工可收20余斤至50余斤，即每亩需人工1.8—4.5个，兹以中数计，为3个。因此每亩棉田上的人工总投入，大约为10个。此处调查对象系使用牛力耕作的农户。如果是用人耕，则两耕两耙一亩田，按《浦泖农咨》中所说的工效需要4个人工，即人工总投入当达13个左右。总之，大致与包世臣所言情况相近。可见，江南种棉的人工投入在明代有明显增加，而自明末以来，增加幅度已甚小，投入量已接近于近代水平。

宋末元初江南种棉无施肥记载。元初华北种棉尚未施肥，[①]江南当亦如是。元末鲁明善《农桑衣食撮要》首次提到种棉前要粪地（地点是安徽寿州一带）。明中叶江南农书《便民图纂》袭用了鲁明善的这段文字。可见江南棉田开始施肥当在元末至明中叶之间。此时施肥量不详，想来还不会很多。到了明后期，施肥情况比较明确了。《致富奇书》（木村蒹堂本）"棉花"条说：棉苗长出后，"须用大粪浇之，或用桐油和粪水浇之"。至明末，徐光启说：上海一带的棉田基肥，"或粪、或灰、或豆饼、或生泥，多寡量田肥瘠"。每亩用量，"密植者［豆饼］不得过十饼以上，粪不过十石以上［粪为新粪］"。若是稀植者，用量可加1—5倍。若"于冬春下壅后耕盖之，可加至十倍"。此外还要壅泥。"生泥棉所最急，不论［肥料为］何物，壅必须之。"[②]直至光绪中期，南通一带棉田施肥量也仅与上述密植者相同。[③]

---

① 天野元之助：《中國農業史研究》，第501页。
② 《农政全书》卷三十一—"木棉"。
③ 转引朱祖荣《通属种棉述略》。

可见，明代江南单位棉田上的劳动投入量与肥料投入量较过去都有明显增加，证明了棉花生产的集约程度确有较大提高。但是到了清代，提高幅度已很小，表现出江南棉花生产的集约程度，已逐渐接近于传统农业技术条件下的最高限。

（二）桑

鉴于明代以前蚕业生产的细节阙如（估计与明清差别不大），这里略而不论，仅对桑业生产中的劳动与肥料投入情况进行考察。

江南的桑树种植方式，在唐代发生了重大变革。由前此的散植，过渡到专业桑园中的密植，每亩桑地的种桑株数已达到50株左右，[①] 标志着桑业生产的集约程度比过去有重大的提高。到了宋代，不仅每亩50株的种桑方式得到进一步普及，而且在桑业生产技术上又取得几项重要的进步（主要是桑树嫁接技术与拳式树型养成法的出现，优良的桑树品种的选育成功，卑湿地区桑地培基方法的发明，等等）。[②] 虽然这些新技术在宋元时运用还不很普遍，但它们为以后桑业生产集约程度的进一步提高作好了必要的技术准备。正是在此种基础之上，每亩桑地的重桑株数，从唐宋以来的50株左右，增加到明中叶及以后的200株，从而大大地提高了桑园经营的集约程度。

宋元时代江南桑业生产中劳动投入与肥料投入的情况，由于记载极少，难以详知。据陈旉《农书》卷下"种桑之法"篇所述，我们仅知南宋江南桑园的日常工作为锄草2次，修枝（斫桑）1次，以及"时时看虫"而已。施肥则用木桩钉入土中，摆动后拔出，形成深三四尺的洞穴，然后灌粪入其中。每株桑树周围共钉穴十余个。由于洞穴容积有限，而且每亩桑树不过四五十株，故每亩施肥总量不可能

[①] 参阅拙著《唐代江南农业的发展》附录二。
[②] 参阅周匡明《我国桑树嫁接技术的演变》，《科学史集刊》第9辑；天野元之助《中國農業史研究》，第174页。

太多。由此可见，南宋桑业生产中的劳动与肥料投入量还不很高。

到了明代后期，桑业生产中劳动与肥料投入情况有了比较明确的记载。下面主要依据《沈氏农书》"运田地法"中的有关记载，作一比较细致的分析。鉴于明中叶以后直至近代江南桑业生产技术以及各种投入情况基本上没有多少变化，我们在分析中还将参用以后的一些数据，而将分析结果视为明后期至清中期江南桑业生产的共同特点。

根据明清江南农书，江南成年桑园中的主要工作是壅泥、中耕除草、施肥、修枝养型、除虫等。在这些工作中所耗人工大致如下：

1. 壅泥

由于补偿雨水冲刷的土壤和改良土壤的需要，桑地每年都要培土。培土主要用河泥，也有用稻秆泥或陈墙土的。据《种树书》《沈氏农书》《广蚕桑说》等，桑园培河泥一年两次。《桑谱》则说"每年壅泥一次，不可少此"。罱泥人工，据沈氏说是每次6个，一年两次即12个。但是沈氏未说明这些人工所罱之泥究竟施用在几亩地上。陈恒力、王达先生在《补农书研究》中，对此亦仅提出问题而未作结论。我们认为是施于一亩地上，其理由是：据陈、王两先生1956年在嘉兴一带调查，用旧式罱蒲罱泥，每工每日可罱90担。[①]明清时期罱泥工具与1950年代差不多，工效亦应相类。据此，则12个工共可罱泥1,080担。据1964年对原湖州府所属的德清县12个生产大队进行的调查，每亩桑园每年施水河泥1,500—2,000担。[②]1,080担仅为德清县的54%—72%，可见沈氏所说的12工当系一亩桑园罱泥所需的人工。河泥罱起后，还须送到地里施用。《沈氏农书》对如何施用颇有讲究，要"晒曝如菱壳状，敲碎如粉"，

---

① 陈恒力、王达：《补农书研究》，第196页。
② 浙江农业大学蚕桑系：《桑树栽培与养蚕技术》，农业出版社，1976，第65页。

方"趁晴倒罱"。一般农家恐怕没有那么细致，多是直接施用。据近代在江苏桑区的调查，连施用的工时计，通常夫妇二人一日可罱泥80担。①妇女以半劳力计，与前引陈、王先生所言罱泥工效合观，则可知施用的工时至少当为罱泥工时之半。上述沈氏的桑地每亩罱泥之工为12个，则施用之工当为6个，合计18个。陈、王先生1956年在嘉兴农村调查时，看到农民罱泥占整个桑业生产劳动日支出的1/3以上。②而据本书推算，桑业生产的总人工为48个（不连施肥）。其中罱泥工18个，约占37.5%，与陈、王先生调查结果相近。

2. 中耕除草

太湖周围地区的桑园中耕，主要有垦、倒两种，都是人力操作。据《沈氏农书》，桑园一年要垦2次，倒次数不详。《吴兴蚕书》则说："旧规垦倒六番，随时锄削，地可不荒。"据此，我们可认为湖州桑园每年垦2次，倒4次。垦桑地，《沈氏农书》说"必照垦田之法"。倒桑地，想必亦照倒田之法。沈氏已指出垦倒田的效率是"每工只垦半亩，倒六七分"。若据此，则垦桑地一亩，每次需人工2个，倒桑地一亩，每次需人工1.5个（以每工6.5分计）。这样，垦2次倒4次，即需人工10个。有些地方只垦不倒。如《西吴桑略》说："垦必数四，深必尺余。"即每年垦四五次，每次垦深尺余。据陈恒力、王达先生估计，沈氏垦田"二三层起深"，总深度也在尺许。③因此，《西吴蚕略》的垦桑地工效当与沈氏垦田工效相近，为每工半亩，每年垦桑地四五次，需工8—10个，与前面的每年需人工10个相近。

---

① 上原重美：《支那丝业大观》（引自天野元之助《中國農業經濟論》第1卷，第704页）。
② 陈恒力、王达：《补农书校释》，第60页。
③ 《补农书校释》，第27页。

明清太湖地区桑园除草很勤。《蚕经》之一"艺桑"说每月锄草一二次。乾隆《震泽县志》卷二十五"生业"、嘉庆《桐乡县志》卷十二"农桑"等所载与此略同。《沈氏农书》说"夏天约二十日一锄"。《东林山志》卷十三"土风志"更说须"旬锄月壅"。锄的工效不详，仅从《沈氏农书》知锄地"须锄深二三寸"，看来用工颇不少。《沈氏农书》又说"西乡只倒不锄，本处只锄不倒"。兹以每年倒地之工代锄地之工，则每年合人工6个，如此，则中耕除草共享工16个。

3. 施肥

桑园施肥，据《蚕经》、《桑谱》、乾隆《乌青镇志》等书，每年二三次。《沈氏农书》《蚕桑辑要》则多达四次。以《沈氏农书》中施肥量最大的两次来看，施用牛粪时还要打潭盖土。这些工作用工数不详，当亦不少（特别是由于干牛粪是从远地买回的，搬运之工颇多）。因为无法计算各种肥料的搬运人工，我们在论述水稻生产集约程度时未将施肥人工列入。鉴于后面要与水稻生产作比较，故亦将此项人工略而不计。

4. 树型剪养、修剪整枝、结束伏条与除虫

树型剪养用人工之数无从推断，结束伏条亦然。仅从《沈氏农书》中知制作"把桑绳"的人工，每亩至少需要1工以上。

修剪整枝，《沈氏农书》说"乃一件正经事"，虽"不甚忙费工夫"，但因技术性较强，所以还须雇专门的剪桑工，而且每年要修剪4次，因此其工时不可忽视。姑设每亩桑地每年修剪整枝连带树型剪养及结束伏条之人工为4个（每次共1个），那么加上搓把桑绳之工，共5个。

除虫情况与修剪整枝相类，技术性很强，而且"农家惟此项最

辛苦，工夫最难稽考，不得不多下功力"。①据《沈氏农书》，除虫包括除螆，每年须刮螆3次，捏螆3次；另有捉蚄，每年也须3次。刮螆、捏螆、捉蚄，皆颇费工时，一次当至少各需工1个，姑以一工计，则每亩每年各3次须工9个。连上前项，共计14工。

这样，每亩桑园每年经常性劳动投入，据以上推算，至少为48个人工。若加上施肥，则还要多得多。据1950年代在湖州吴兴县双林区张村所作的调查，老农回忆说：在民国时代，他们每年花费在每亩桑园上的人工，至少有27—28个（未包括制肥等）。②而据本节计算，明末湖州每亩桑园上投入的人工，若是除去罱泥，约为30个。可见，明末桑业中的人工投入数，已达近代水平。

明清江南桑园施肥情况，史籍记载不多。兹就《沈氏农书》所记略加分析。据《沈氏农书》"运田地法"，桑地一年施肥4次，但主要的是2次，③一次施用垃圾，每亩30—40担（以35担计）。另外一次施用干牛粪，每亩40担。垃圾，据《双林镇志》卷十七"农事"说："富家猪羊栏中垃圾及蚕籆，俱壅之于地。"汪日桢《南浔镇志》卷二十一"农桑"引《农事幼闻》则说："下雍，……贫家力不能饼，则用猪羊栏中腐草。"两条合观，可知垃圾主要应指畜圈中的垫草，即《沈氏农书》"蚕务"（附六畜）中所说的"垫柴"或"垫窝稻草"，因此陈恒力、王达先生又把"垃圾"释为"堆肥"，章楷先生则释为"厩肥"。④此种肥料的肥效当与粪肥大体相当。据此，则每亩施垃圾35担可折粪肥35担，加上粪肥40担，共合粪肥75担（依照前面一

---

① 《沈氏农书》"运田地法"。
② 嘉兴地委政治研究室编《嘉湖蚕桑资料》（近代篇）。
③ 《桑谱》说：桑园"每年……用肥二三次足矣。惟剪叶后所谓产母桑也，宜用肥一次，能发二叶支条"。《蚕桑捷效书》则说嘉湖一带及苏州、无锡，都是一年两次厚壅。可见直到道、咸、同时，桑园一年施肥3—4次，主要2次。
④ 《补农书校释》，第40页；《中国古代栽桑技术史料研究》，第109页。

第三章　农业的发展（一）：生产集约化　133

小节中有关粪肥与饼肥的折算标准，可折为饼肥750斤）。据前面所引1964年德清县农村的调查材料，其时德清一类桑园平均每亩施肥（折标准肥）93担，二类桑园65担，三类桑园50—60担。据此，则明后期湖州归安一带桑园施肥量已达到1964年德清一二类桑园的水平。不过沈氏经营以"粪大力勤"著称，施肥量会比一般农民高一些，可以代表当时上等桑园的情况。大略地说，在明代后期，江南桑业生产中的肥料投入量已接近于近代水平。

由此可见，较之南宋时代，明代后期以来江南桑业生产中的劳动与肥料投入量，都有很大增加。这有力地证实了明清江南桑业生产的集约程度，较前确有明显的提高。

在此，我们对本节所讨论的问题——明清时代江南主要农业部门生产集约程度的提高，可试做如下结论。

在江南主要的农业部门（特别是水稻生产）中，尽管技术没有很大变化，但生产集约程度仍然有相当提高。提高的主要途径是增加以肥料投入为中心的资本投入。这种投入，自明代以来一直以相当高的速度增长着。到清中叶，已接近传统技术下肥料投入的极限。正因为如此，再加上肥料供给的限制（详本书第七章），通过增加肥料投入来提高产量的余地已很有限。因此，通过改变农业经济结构，把经营重心转移到集约程度较高的部门，对于江南农业发展的意义极为重大。下一节，我们将进行这方面的讨论。

第二节 农业结构改变导致农业生产集约程度提高

农业生产各部门的集约程度高低各不相同。在明清江南农业最主要的三个生产部门中，蚕桑业集约程度最高，水稻种植业最低，棉花种植业略高于水稻种植业。明清江南若干地区蚕桑与棉花生产规模的扩大和水稻种植面积的缩小，体现了这些地区农业经营重心由集约程度较低的部门向较高部门的转移。其结果是推动了整个农业生产集约程度的提高。

在棉花生产方面，由于记载很少，我们难于确知各种投入数量，因此很难将棉花生产拿来与水稻生产进行详细的比较。唯一的数字是包世臣提供的。包氏并依据这些数字对清代中期江南棉、稻两种生产中的劳动与肥料投入进行了比较。他的比较表明：棉田每亩用肥量约为稻田的1.5倍，而所用人工则为稻田的1.47倍。① 虽然包氏所说的棉田情况并不明确（因为他还提到其他旱地作物），但从近代的情况来看，一亩棉花所需的人工，大致相当于一亩水稻，而肥料则过之。② 因此明清江南棉花种植面积扩大，使得棉区农业生产集约程度随之而提高。但是必须指出：宜棉之地多不宜稻，而宜稻之地亦多不宜棉。"棉争稻田"的现象主要限于不甚宜稻的松江、太仓等地，而很少发生于宜稻的江南平原中心地带。因此江南棉花种植的扩大，虽然也体现了农业经营重心从集约程度较低部门向较高部门的转移，但更主要的是反映了对自然资源合理利用程度的提高。桑树对土壤的要求不十分严格，所以适应性较强。③ 宜稻之地，经改造后均宜种桑，故明清杭嘉湖平原上的桑园，多由稻田改造而来。咸丰以后，无锡一带蚕桑业勃兴，桑园亦多占用稻田。因之，农民舍稻种桑而产生的"桑争稻田"，在体现农业经营重心向生产集约程度较高的部门转移的方面，更具典型意义。本节将着重于蚕桑业与水稻种植业的比较。在进行有关分析之前，我们还要指出：由于桑业与蚕业之间存在不可分离的联系，必须把二者作为

---

① 《安吴四种》卷二十六《齐民四术》卷二"农二"。
② 人工情况见上文。肥料情况见本书第七章第二节。
③ 唐启宇：《中国作物栽培史稿》，第383页。

一个整体以与水稻生产比较，所以除了对桑业作考察外，我们还要了解蚕业生产中各项投入的数量。此外，为了更全面地比较，我们还须根据当时各种价格数据，把蚕桑业生产和水稻生产中的各项投入转化为货币形态，从而得到生产投资的数量，再加比较。下面，我们先从蚕桑业生产中的劳动投入谈起。

一、蚕桑业生产中的劳动投入

蚕桑生产与水稻生产不同。在种桑方面，由于桑树生产周期长，在其生长的各个阶段上投入有很大差异，因此在进行分析的时候，有必要把这些投入分为两类：一类是桑树尚未长成、还不能大量采叶以前阶段的投入，本书称之为桑业生产的预备性投入；另一类则是桑树已长成、可以大量采叶阶段的投入，本书称之为桑业生产的经常性投入。后者已在上节中作了讨论，因此前者是本节分析的重点所在。在养蚕方面，由于明清江南蚕户的育蚕活动一直到缫丝为止，因此本文在分析蚕业生产的投入时也将缫丝包括在内。

（一）桑业生产中的劳动投入

1. 经常性劳动投入：桑业生产中的经常性劳动投入是在成年桑园中一年内培育桑树的各项工作所耗人工的总和。根据明清江南农书，这些工作主要有（1）壅泥，（2）中耕除草，（3）施肥，（4）修剪、除虫及其他。前面我们已就这些工作所耗人工逐项进行分析，得出的结果是：大约每亩桑园每年需人工48个（不连施肥）。

2. 预备性劳动投入：桑叶生产中的预备性劳动投入，主要包括新建桑园时的培基、桑秧移植和移植后至长成开采前之间几年内的整治（至于桑秧培育，因当时专门培育桑秧出售的现象已较多，兹将桑秧作为购买的生产资料看待，因而不把桑秧培育列入）。在这几项中，用工最多的是培基。

至少从南宋起，江南一些地方就已采用培基方法建设桑园。据陈恒力、王达先生调查，改田为地，每亩培高1尺约需培土50万斤，即约合5,000担。①但究竟需要多少人工，陈、王二氏未说。据明代中后期江南水利工程中的官方规定，开浚河道，每取土1立方丈，需工12、16、20个不等。②而据明清之际乌程县人范碛的《水利管见》第三条，从河底取土0.3立方丈（"河底纵横方丈，掘深三尺"），可筑圩围0.1立方丈（"可筑圩围延袤一丈，崇厚一尺"），"约略不过两工"。③即筑圩围1立方丈，需工20个。可见前述取土1立方丈需工20个包括了筑圩人工在内。虽然桑园培基与筑圩围有一定关系（在许多情况下，圩围即是桑园）。但一般而言，培基不须将土夯实，故所用人工较筑圩少。兹以取土1立方丈用工12个计，则一亩地培高1尺，需人工72个（60平方丈×0.1丈×12工／1立方丈）。1950年代嘉兴、湖州桑地一般高3—4尺。④如培高3尺则需216人工。根据1980年对嘉兴地区有代表性的8个生产队或生产大队所进行的调查，新建一亩桑园，一般要投入200工左右，⑤可见我们的估算是正确的。培基是一次性投入，培成后可使用多年，因此此项工作用工虽巨，但无法计算每年平均用工数。

桑秧买来后，须先开挖植穴。植穴深度广度，《广蚕桑说》认为应深一尺五六寸，广二尺许；《桑谱》则说只须深六寸；而《齐民四术》却说是七八寸。一般而言，深度多应在1尺以下。至于穴数，每亩须开植穴200个左右。然后下粪水，植桑秧。这些工作合

---

① 《补农书研究》，第182页。
② 参阅滨岛敦俊《明代江南農村社會の研究》，東京大學出版會，1982，第139、141、155、182、196、198页。
③ 参阅上引滨岛敦俊书，第185页。
④ 《补农书研究》，第119页。
⑤ 李百冠：《论商品农产品基地的建设——太湖平原发展农业商品生产若干问题的探讨》，《农业经济论丛》第4辑。

起来，每亩耗工不少。桑秧植下后，有几年的工夫须锄治粪壅修剪，用工亦多。但是，这些工作所用工数也都无明确记载可以推算。不过可以肯定的是：如果把这些预备性投入的劳动摊到每年平均劳动投入中，那么后者的量肯定要比上述的48个大得多。

（二）蚕业生产中的劳动投入

明清江南地区蚕户育蚕的时间，各书记载有所不同。《涌幢小品》卷二说是20天，而康熙及嘉庆《余杭县志》等说是40天，《吴兴掌故集》、《潜书》、同治《双林镇志》等又说是30天。康熙《石门县志》卷二"物产"则明确指出30天是育头蚕所需天数。据冯和法《中国农村经济资料》续编第二十二章第四节，1930年代平湖县用土种育蚕，"从孵化到上簇成茧，如天时正常，只需28天"。因此，育头蚕需30天左右是较有普遍意义的。如果加上缫丝及育二蚕，则如《西吴蚕略》所言："自头蚕始生至二蚕成丝，首尾六十余日，妇女劳苦特甚。"

一亩桑地所产桑叶可以养几筐蚕呢？湖州桑地亩产桑叶量，据《沈氏农书》"运田地法"，大约好地一亩产桑80—100个（每个20斤），中地40—50个。《沈氏农书》说养蚕一筐需桑叶8个，则好地一亩可养蚕10—13筐，中地5—6筐。但张履祥在《补农书后》里却说："地得叶盛者一亩可养十数筐，少亦四五筐，最下二三筐（若二三筐者，即有豆二熟）。"陈恒力、王达先生已指出："产二三筐的并非整片桑园，而是兼种粮食（有豆二熟）的花白地。"[1]这里讨论的是专业桑园，花白地应予排除。因此张氏所说的桑地育蚕比例，应是上等桑园每亩可育蚕十数筐，下等桑园则每亩可育蚕四五筐。中等桑园介乎其中，但至少在7筐以上。因为张氏在为友

---

① 陈恒力、王达：《补农书校释》，第104—105页。

人邬行素遗属筹划生业时说:"种桑三亩(桑下冬可种菜,四旁可种豆芋),……五年而享其成利矣(计桑之成,育蚕可二十筐。蚕苟熟,丝绵可得三十斤;虽有不足,补以二蚕,可必也)。"①邬氏遗属既无劳力,又乏资本,经营能力殆不逮于普通农户,因此张氏为之所作策划,大概只能以当时较差的情况为标准。②但是尽管如此,也还是平均每亩桑地育蚕7筐弱。因此,中等桑园的亩均育蚕筐数,应当在7筐以上。究竟多少呢?难以确言。兹据张履祥所言情况,以13筐为每亩桑园育蚕筐数之上限,4—5筐为下限,则中等情况应在8—9筐之谱,亦即接近10筐。③关于江南蚕妇的人均育蚕筐数,也因时因地而异。例如据《醒世恒言》卷十八"施润泽滩阙遇友",嘉靖时吴江县盛泽镇小机户施复(即施润泽)之妻"每年养几筐蚕儿"。而镇郊滩阙村村农朱恩之母、妻,"长年……养十筐蚕,……今年看了十五筐"。也就是说,蚕妇一人,大约可养蚕5—8筐。但清代前期吴江县震泽镇蚕桑农户,"夫妇并作,桑尽八亩","一亩之桑,获丝八斤"。④而在一般情况下,每筐蚕可产丝1斤。⑤亦即一个蚕妇,通常养蚕8筐。⑥张履祥在《补农书》"总论"中则说:"且如匹夫匹妇,男治田地可十亩,女养蚕可十筐。"可见男耕田10亩,女养蚕10筐,乃是一般情况,如前所述,中等桑园每亩可

---

① 陈恒力、王达:《补农书校释》附录《策邬氏生业》。
② 张履祥为邬氏策划,说桑地1亩,春秋二蚕仅可产丝、绵共10斤。而《沈氏农书》中的桑园,亩产桑叶80个以上,育春蚕10筐以上,仅丝就产12斤以上,连上绵,差别就更大了。
③ 章楷先生认为明清时代江浙的桑地,每亩产桑叶一般在一千五六百斤上下(即75—80个)(章楷:《中国古代栽桑技术史料研究》,第195页)。一筐蚕食叶8个,则75—80个可养蚕9—10筐。详见本书附录二。
④ 唐甄:《潜书》下篇下《惰贫》,中华书局,1984年排印本。
⑤ 《沈氏农书》"蚕务"。
⑥ 此处说"夫妇并作",但据明清江南习俗,实际上是男治桑而女育蚕。因此这里的养蚕数,只是一个蚕妇养蚕之数。

养蚕8—9筐；而蚕妇一人可养蚕近10筐。由此可见一亩桑地之叶大约可供一个蚕妇所养之蚕食用。因此，一亩桑地上的养蚕人工大致相当于一个蚕妇一个月的劳动，即为30个左右。

江南蚕家缫丝之工，据《蚕经》九之戒宜是："养［蚕］之人，后高为善，以筐计，凡二十筐庸金一两；看缫丝之人，南浔为善，以日计，每日庸金四分，一车也六分。"又据《蚕经》五之育饲："一筐之蚕，可得茧八斤，为丝一车而十六两。"依前述，桑地一亩所产之叶可养蚕10筐，据此则应得茧80斤，缫丝10车，合工银0.6两。每日缫丝工银4分，则10车需15人工。[①]明清江南缫丝工具与技术均无大变化，缫丝工效应大致相同。因此，上述人工数可视为明清江南熟练女工缫10筐蚕所产茧之丝需要工时的代表。

蚕丝之外，绵也是养蚕的最主要产品。《天工开物》乃服第六卷说："凡茧造三日，则下箔而取之。其壳外浮丝一名丝匡者，湖郡老妇贱价买去（每斤百文），用铜钱坠打成线，织成湖绸。去浮之后，其茧必用大盘摊开架上，以听治丝、扩绵"；"若双茧并四五蚕共为茧，择去取绵用"；"凡双茧并缫丝锅底零余，并出种茧壳，皆绪断乱不可为丝，用以取绵。用稻灰水煮过（不宜石灰），倾入清水盆内。手大指去甲尽，指头顶开四个，四四数足，用拳顶开又四四十六拳数，然后上小竹弓。湖绵独白净清化者，总缘手法之妙。上弓之时惟取快捷，带水扩开。若稍缓水流去，则结块不尽解，而色不纯白矣"。由于工作难度较大，所以颇费工时："凡取绵人工，难于取丝八倍，竟日只得四两余。"江南养蚕，大约每产丝1

---

① 据此，一人一日可缫丝2/3车，即约11两。史宏达先生据《农政全书》卷三十三"蚕桑"和《天工开物》乃服第二卷"治丝"，计算得明末，缫丝工2人，使用足踏缫车一日可缫丝10两，或中等细丝20两，或粗丝30两（详见该氏《明代丝绸生产力初探》），即平均每人每日缫丝10两（10＋20＋30／3×2），工效与上述南浔缫丝工效相近，缫丝10车（160两），即合15人工。

斤可附带产绵8两，①因此缫丝1斤，要增加2个人工治绵。从上述可知，一般农妇养蚕筐数略少于10筐。兹以8筐计，则约需治绵人工16个。将治绵人工与缫丝人工相加，则作为缫10筐蚕茧之丝的总人工为30个左右。

此外，丝与绵生产出来后，还可以在农家进一步加工，即捻丝（又称治纬、络丝）与打绵线。据明代小说《觉后禅》第九回，一个妇人终日捻丝，每日可"有一二钱[银]进益"，已够夫妇二人遇活。又据另一明代小说《一片情》卷一第一回，湖州农村妇女"皆以打绵线为活计"。如果把这两项工作的人工加上去，那么蚕业生产中的人工投入总量还要更多。

因此，一亩桑地经常性劳动投入为48人工，加上一个蚕妇养蚕劳动30日（以头蚕计），共享人工约78个；再加上缫丝之工30个，共约108个。若是要养二蚕（约用人工20个）②，则总人工就更多了（种桑人工48个+养头蚕人工30个+养二蚕人工20个＝98个，缫丝、治绵人工尚不在内）。关于这一点，我们可以参照现在的情况。据上引1980年在嘉兴地区所作调查，每亩桑地上种桑养蚕的实际人工为98.2个（不包括缫丝），与这里所得到约98个（包括二蚕）相同。可见这里的推算大致是正确的。由于明清时江南蚕区二蚕饲养远不及头蚕普遍，③因此在本文中，仅以饲养头蚕及缫丝人工计。

明清史料中，有一些关于蚕桑业生产中劳动力价格的记载。我

---

① 张履祥在《策邬氏生业》中说养蚕20筐，可得丝、绵共30斤。如前所述，每筐蚕一般产丝1斤。因此20筐蚕共产丝20斤、绵10斤，平均每筐蚕产绵0.5斤。详见本书附录二。
② 见本页注③中所引《西吴蚕略》。
③ 《吴兴蚕书》："湖人所重在头蚕，饲养颇广。二蚕之生，正在插秧之候，田工甚忙，不能多育，较头蚕不过三分之一。"《西吴蚕略》："二蚕于芒种时始生，十八日即成茧，时方农忙，故养者才十二三。"

们可以根据这些记载,从另一个方面去了解每亩桑园上劳动投入的情况。

万历湖州南浔人庄元臣所立《治家条约》第十三条"立庄规"[①]说:"凡桑地二十亩,每年雇长工三人,每人工银二两二钱,共六两六钱。每人算饭米二升,每月该饭米一石八斗,逐月支放,不得预支。……其叶或稍或卖,俱听本宅发放收银,管庄人不得私自做主,亦不许庄上私自看蚕。"据此,万历时湖州南浔地区长工1人,可管桑地$6\frac{2}{3}$亩,每年工银2.2两,饭米7.2石。但据该条约第十四条"定家用",实际发放给庄上长工的饭米是每人每年10石。按万历中期归安米价,10石合银7两。因此庄氏桑园中一个长工的年总工资为9.2两,合米13.1石。而据《沈氏农书》"运田地法",长工年总工资(工银、饭米、柴酒银)为11.7两,按当时米价,合米11.7石。与庄氏长工工银比较货币工资增加了27%,但以米计的工资却下降了11%。这个变化,应当说是符合万历至崇祯的经济变化大势的。

庄氏长工人均治桑$6\frac{2}{3}$亩,每亩投工48个,总计320工,平均1个人工工资2.88分银,桑园每亩人工合银1.38两。因为这些长工除治桑之外不再从事其他工作,[②]因此他们的工资可视为治桑工银。沈氏长工人均治桑4亩,亩投工48个,总计192工。其全年工作总日数以340日计,[③]日均工资合银3.44分,桑园亩投工48个,合银1.65两。因此万历归安南浔庄氏每亩治桑工资约为1.38两,而崇祯归安涟川沈氏每亩治桑工资约为1.65两。按时价折米,则前者为1.97

[①] 见于庄元臣《庄忠甫杂著》。
[②] 上引庄氏《治家条约》说得已经很清楚:这些长工是住在桑园中专力治桑。
[③] 参阅郑至章《明清江南雇工经营的利润问题》,洪焕椿与罗仑主编《长江三角洲地区社会经济研究》,南京大学出版社,1989。

斗,后者为1.65斗,相差不大。

养蚕(包括缫丝)的工银,据前引《蚕经》九之戒宜所说的工价,妇人一人养蚕10筐的工银为0.5两,缫丝工银为0.6两。治绵工银以缫丝为标准,应为0.64两。①也就是说,一亩桑地的养蚕缫丝工银共约1.741两(若是还要养二蚕,那还更多)。这是嘉靖时的数字,以后应当更高些。但因无资料可资研究,故姑以此数为明中后期之代表。

从以上分析可知:一年中在一亩桑地上投入的劳动总量(从桑树培植到缫丝),大约为108个人工,按明代中后期的雇工价算约为3.12—3.29两。后者也就是蚕桑业生产中的可变资本投入量。

根据以上推算,明代中后期江南蚕桑业生产中的每个人工一年雇价为表3-8:

表3-8 蚕桑业生产的工资

	治桑*		蚕**		蚕桑合计***	
	银(分)	折米(升)	银(分)	折米(升)	银(分)	折米(升)
万历归安庄氏	2.9	4.1	2.9	4.1	2.9	4.1
崇祯归安沈氏	3.4	3.4	2.9	2.9	3.1	3.1

*每亩人工俱以48个计。
**育蚕包括缫丝与治绵。
***整个蚕桑生产的亩人工投入以108个工作日计。

---

① 缫丝工银每日4分,治绵工银亦以此计。治一筐蚕所产之绵要16个人工,合计工银0.64两。

第三章 农业的发展(一):生产集约化　143

从此表中可以看到：明末江南蚕桑业生产中人工的价格，已达到较高水平。明代文献中，有一些江南雇工价格的数据。例如万历时崇德石门镇（当时榨油业中心），油坊工人"一夕作，佣直二铢而赢"，[①]即日工资为银2分余。崇祯末苏州募漕船水手，"工食每名四分 [银]"，[②]与上面万历归安庄氏、崇祯归安沈氏桑园长工日工资大略相近。又，万历中期江南征夫修建水利，每工价银约2分，[③]与庄氏、沈氏长工治桑日工资差别不大。由此可见，我们对桑业生产的人工及工价的计算，大体是正确的。尤为值得注意的是，农妇养蚕、缫丝、治绵劳动的工酬，也与男子从事工业、农业、水利、航运等工作的工酬相当。这表明育蚕劳动的地位已颇高。

二、蚕桑业中的资本投入

蚕桑业中的资本投入问题，比劳动投入问题要略为复杂一些。一方面，蚕桑业中的资本，按其内容来看，有固定资本与流动资本之分；另一方面，就其投入的过程来看，又分为预备性投入与经常性投入两种。为了论述的方便起见，我们仅对经常性流动资本投入和整个的固定资本投入问题加以讨论。

（一）经常性的流动资本投入

明清江南桑园中经常性的流动资本投入，主要包括成年桑园中每年以农药、防寒用品、肥料等形式投入的资本。

桑园所用农药，有菜油、桐油、百部、烟筋、巴豆、蒲母草等，看来用费不多；防寒用品，主要用稻草，所费亦少；故皆略而

---

① 康熙《嘉兴府志》卷十五贺灿然《石门镇彰宪亭碑记》。
② 黄希宪：《抚吴檄略》卷三"为攒运粮储事"[崇祯十四年十二月十二日行哨官朱士达、吴江县管主簿、昆山县典史、听用官卞洪勋]。
③ 滨岛敦俊：《明代江南農村社會の研究》，東京大學出版會，1982，第198页。

不计。

肥料一项，为流动资本的主要内容。史籍中有关这方面记述不多，兹仅就上引施肥情况分析之。

庄元臣《治家条约》规定："凡桑地二十亩，……每季发银二两，以定下用，四季共该发银八两。……其载下用，须发竹筹与沈澳［沈澳系庄氏家人——引者］，每一载米［米字疑为来字之误］交一筹，计一季收筹几根，以验载数多寡。仍发自家一人，眼［眼字疑为跟字之误——引者］同去载，以报浅满虚实，则无由作弊矣。"所谓"下用"，滨岛敦俊先生指出即是厩肥，而此项银子则是制作或购买厩肥为桑地用肥之费用。[①]20亩桑园，每年共享银8两，每亩合银0.4两。又，据上节中的计算，明末湖州归安县沈氏的桑园每亩年施肥75担，肥价若干不详。陈恒力、王达先生据《沈氏农书》中的养猪羊成本推算，猪粪每担合银2.25分，羊粪0.5分。[②]牛粪价格则无记载。沈氏所用牛粪是干粪，价格应比羊粪贵一些，兹以猪粪价计。垃圾实即堆肥，以猪羊圈中垫草为主，再加上腐草落叶等。其价格应当比羊粪低一些，兹以羊粪价之半计。据此，沈氏桑园所施肥（干牛粪40担，垃圾35担），共合银0.98两。庄元臣与沈氏两例合观，晚明湖州桑地每亩肥费大约在0.4—0.98两银之间。

另外，《沈氏农书》说"每长年一名，……盘费一两，……计管地四首……"。"盘费"，依陈、王先生解释，即"运输等杂项"，我们认为主要是肥料运输的费用，[③]应亦包括在生产开支中。据此，每亩桑地合0.25两。

---

① 参阅滨岛敦俊《明末江南郷紳の具体像——南潯莊氏について》，《明末清初期の研究》，京都大學人文科學研究所，1989。
② 《补农书校释》，第10页。
③ 因为沈氏的肥料有相当大的部分是购自外地的，所以需要运输费用。

蚕业生产中的流动资本投入，主要包括购蚕种与蚕炭所需资金。

明清江南蚕区的蚕种买卖已很普遍。但有关蚕种价格的数据却极少，我们所见到的只有嘉庆时代的两条。据嘉庆《余杭县志》卷三十八"物产"引《蚕事统纪》，余杭蚕种，一幅纸价自400—500文至1,000余文。嘉庆时的《吴兴蚕书》也说湖州"乡人向各处预购，谓之定种，每幅纸小者值钱千文，大者千四五百文"。《蚕事统纪》不见于王毓瑚《中国农学书录》，兹不论。今就《吴兴蚕书》所言论之。嘉庆时期白银1两，约值制钱1,300—1,450文。[①]兹以中数1,375文计，则蚕种一幅，小者约合银0.7两，大者合1两左右。据冯和法《中国农村经济资料》续编第22章第4节，1930年代初，平湖县所用土蚕种亦来自余杭，分为"糙绵纸"与"白绵纸"两种。后者比前者大一倍，性质也略有不同。前者一幅可产茧1.5担，用叶约20担。据《补农书校释》（增订本）第81—82页有关内容折算，明末湖州筐，一筐蚕可得茧15斤（常衡），用叶190斤（常衡）。因此，10筐蚕可得茧1.5担，用叶约20担，与平湖"糙绵纸"一幅所得之蚕的出茧及用叶情况恰好相同。据此，上述《吴兴蚕书》所说的蚕种之"小者"应即后之"糙绵纸"。如前所述每亩桑地所产之叶大致可养蚕10筐，需蚕种一小幅，则每亩桑地养蚕所需之蚕种费即为0.7两。虽然明清时期（特别是明代），许多农户仍自留种，但因留种要破损多茧子，影响收入，实际所失恐不下于买种。因此以买种价代表此项开支，应较合理。故今以0.7两代表每亩桑地所养蚕的蚕种开支。

蚕炭是明清江南蚕户的重要开支之一。育蚕、缫丝都必须用炭。固然有些是烧草，[②]但从史料所见，以用炭为多。太湖平原地区产炭甚少，须从西部山区输入，因此购炭开支亦颇可观。例如湖

---

① 据彭信威《中国货币史》，第831页。
② 参阅董开荣《育蚕要旨》。

州，虽然"薪炭，湖所产，价亦省于他郡……，湖人用炭，止以供蚕事"，①但湖州蚕农的蚕炭之费也不少。《沈氏农书》"蚕务"说养蚕一筐，平均用蚕炭1钱，盘费1钱，10筐则合2两。据张履祥《补农书后》，嘉兴桐乡用蚕炭是从杭州江干、炉镇和湖州邢窑及陈庄等地买来的，有炭屑、窑炭、竹节等，其中较近的炉镇冶坊炭屑价每担0.25—0.4两。养蚕及缫丝期间，共享炭多少，张氏未说，谅亦不少。

综上所得，蚕种、蚕炭的开支共为银2.7两。

（二）蚕桑业中的固定资本投入

桑业生产中固定资本的物化表现，主要是农具、桑秧等。

明清江南桑园生产用的农具，有一部分与水稻生产相同，如锄、铁搭、粪桶等，可不必专门购置；有一些则是专用的，如桑剪、桑锯、刮桑耙、喷筒、虫凿、虫钩、凿钉等。另外还有其他农活也可用的斧头、蒻蒲、小船等。农具的折旧费，据《沈氏农书》"运田地法"，4亩桑地每年折合3钱，②则每亩约合0.08两。

由于社会分工的发展，明清时期江南许多地方的桑农已不自育秧，而是向市场购买。桑秧种植多年后，方须更新。因此在一般桑园中，桑秧购买费用可视为一次性的生产资料投资，具有固定资本的性质。

桑秧的价格，《蚕经》、《沈氏农书》、《乌青文献》、《乌青镇志》、乾隆《杭州府志》引《蚕书》等，都说是每株2厘，乾隆《长兴县志》说是每株3厘，而乾隆《震泽县志》则说二三厘。兹以2.5厘

---

① 徐献忠辑《吴兴掌故集》卷十二"风土"。
② 《沈氏农书》"运田地法"里所说的"长年每一名，……农具三钱……"，是种田8亩或者管理桑园4亩的农具折旧费。见李伯重《对沈氏农书中一段文字之我见》。

计。张履祥《补农书》"补农书后"说桑秧"买来种者，百枝只可活四五十枝"。因此，每亩种桑秧200株，实际须购桑秧400株左右，每株2.5厘，400株共合银1两。《蚕桑辑要》说"桑之大利，总以十年为期"。因此桑秧成本，应从这十年中平均扣除，每年合1钱。

明代后期《致富奇书》(木村兼堂本)"蚕缫致富"说：育蚕须"五广：一人，二屋，三桑，四箔，五簇"。清代中期的《吴兴蚕书》则说："夫蚕之所需者，人工、桑叶、屋宇、器具，四者备而后可以成功。"从资本的性质来说，屋宇、器具可视为固定资本。

关于蚕室，包世臣《齐民四术》卷一下"农政"云："凡屋一间两架，可上蚕十盘。"即养蚕10筐（一盘即一筐），需一间蚕房。据《沈氏农书》，蚕室必须邃密疏爽，下铺地板或芦席，四壁衬草荐，还要安放火缸，要求的条件颇高。

蚕具，郑元庆《湖录》和汪日桢《南浔镇志》所记最为详细。计有筛、筐（筹、筴）、箪（箵）、筐、匮、帘（竹帘或芦帘、芦帘）、蒲篓、草墩、切桑刀、蚕朵（持子）、蚕快、网、鹅毛、草帚、丝车、小缸、锅灶、竹环以及上述的火缸（火盆、火箱）、芦席、草荐等，不一而足。

这些设备器具，有一些平时可兼作他用（如蚕室、锅灶、水缸等），但大多数则专用于蚕事。除个别器具（如圆箔），这些设备器具的价格都无记载，因此我们也就难于了解其资本投入的情况。不过有一点是明显的，就是这些生产数据与前述种桑农具的价值之和，肯定要比蚕区农民水稻生产中农具的价值高。

三、蚕桑业生产与水稻生产中的劳动与资本投入量的比较

早在明代后期，就已有人注意到蚕桑业生产中的劳动与资本投入量大大地高于水稻生产中的劳动与资本投入量了。万历时归安

人孙铨,在《上郡守论田地六则》①中,就当时当地桑稻种植中所耗的人工肥费情况,作过如下比较:"计其功之劳逸、费之盈缩、息之常变,则二地不易一田矣。每田一亩,耕耘工作只四五,肥费止于二钱。……每地一亩,种植桑树,终岁勤劳,工以百计;运泥培粪,修枝去蠹,寒暑不辍;费银一两有余。一或失望,五六年始或可复。至于育蚕之际,男妇勤劬,寝时无暇,大小协力,柴炭工食,烦费尤难……。"

在这里,我们应该注意到:首先,孙氏说得很明确,是"计其功之劳逸,费之盈缩",即计算人工肥费,其中水稻人工是4—5个,肥费是2钱。因此后面所说的"工以百计"也当相应为人工,而"费一两有余"则应指种桑的工肥总费。其次,孙氏所说的"工以百计",与我们在前面所作的推算(每亩48人工)出入颇大。对此,一种可能的解释是"工以百计"是形容其多,而非确数。另一种解释则是孙铨所说不仅包括桑业生产的人工,而且也包括蚕业生产的人工,两项合起来才"以百计"。我认为,第一种解释恐怕不能成立,因为孙铨在同一段话中说到水稻"耕耘之工止四五",是一个确数,而且也符合实际。至于第二种解释,上面我们已求得一亩地上蚕桑生产所投入的人工108个,与孙氏所言相符。因此我认为孙氏所说的"工以百计",指的是蚕桑生产中投入的总人工约在百个上下。这样,我们可知当时蚕桑业生产的集约程度,远比水稻生产为高。

比较明确的数字是上面据《沈氏农书》和其他数据求得的数字。根据这些数字,可以了解到明末湖州一带蚕桑生产中的平均每亩劳动与资本投入情况。

---

① 收于《菱湖镇志》卷四十二"事纪"。

表3-9 沈氏蚕桑生产的劳动与资本投入

	桑业		蚕业		合计
	劳动投入		劳动投入		
人工（个）	48		60		108
工食（两）	1.65		1.74		3.39
	资本投入		资本投入		
肥费（两）	0.98	蚕炭费（两）	1.00	肥炭费	1.98
盘费（两）	0.25	盘费（两）	1.00		1.25
农具费（两）	0.08	蚕种（两）	0.7*		
桑秧费（两）	0.10				
合计（两）	1.41	合计（两）	2.7		4.12
总投资（两）	3.06		4.44		7.5

*以清嘉庆时湖州蚕种银代。

当然，应当指出：沈氏的经营以"粪大力勤"著称。他要求其长工"只要生活做好，监督如法，宁可少而精密，不可多而草率"。① 所以他桑园上的人工与资本投入都较一般桑园高，这是可以理解的。稍前南浔庄元臣的桑园，投入就比沈氏低一些。若把庄氏桑园中的有关数字代入上表，② 即可得下表：

---

① 《沈氏农书》"运田地法"。
② 治桑工银、肥费之外的投资，均依沈氏。

表3-10　庄氏蚕桑生产的劳动与资本投入

	桑业	蚕业	合计
	劳动投入	劳动投入	
工食（两）	1.38	1.74	3.12
	资本投入	资本投入	
合计（两）	0.83	2.70	3.53
总投资（两）	2.21	4.44	6.65

　　庄氏桑园上的情况，似乎更具代表性。例如，庄氏桑园每亩工食1.38两，肥费0.4两，合计1.78两。比同时同县人孙铨所说的种桑1亩工肥费银1两有余略高一些。但据《吴兴掌故集》卷十三"物产"，嘉靖后期"大约良地一亩，可得桑八十个（每二十斤为一个），计其一岁垦锄壅培之费，大约不过二两"。而万历时工肥价格应当比嘉靖时高一些。①总的来说，把上述情况加以分析比较，可知庄氏桑园应当属于经营得比较好的中等桑园。沈氏桑园上每亩工资、肥费两项合计为2.63两，应是经营水平较高的上等桑园。清代有关资料不多，难以得知详情。不过从一些记载来看，蚕桑生产的亩投资比明末有所增加。例如乾隆《乌青镇志》卷二"农桑"载："大约良地一亩，可得叶一千三四百斤，计一岁垦锄壅培之费，多不过三两。"亩产桑叶1,300—1,400斤（即65—70个），在湖州只算得上是中等偏上的桑园，但工资、肥费合计竟已达3两，为嘉靖时湖州上等桑园相应投资的1.5倍，或万历时湖州一般桑园投资的2倍以上，②亦为此时庄元臣桑园投资的1.36倍，或相当于崇祯时湖州沈氏桑园之投资，而沈氏桑园为当时经营水平较高、生产集约程度

---

① 嘉靖以降，江南物价呈现上扬趋势，见岸本（中山）美绪《明末の田土市場に關する一考察》，《山根幸夫教授退官纪念明史论丛》上卷，汲古书院，1990。
② 孙铨说其时归安县种桑每亩工肥"费银一两有余"（兹以1.3两计，下同）。

较强的上等桑园。由此可见，清代湖州蚕桑生产的投资呈现继续增长之势。不过，由于数据太少（另外还有物价变化的问题），难以深究。

水稻生产与蚕桑生产中各项投入的比较，可见于万历湖州归安、乌程县稻田与归安县桑园的投资比较（表3-11）。

表3-11　万历湖州稻、桑生产投资比较

	稻（沈演）	稻（孙铨）	桑（孙铨）	桑（庄元臣）
工食（两）	0.37*	—		1.38
肥费（两）	0.3*	0.2	—	0.4
合计（两）	0.67*	0.56*	1.3	1.78

*详见本章第一节。

更清楚的比较，是崇祯时湖州归安县琏川沈氏水稻与蚕桑生产的比较（表3-12）。

表3-12　沈氏水稻与蚕桑生产投入之比较

	水稻	蚕桑	前者与后者之比（后者为100%）
	劳动投入	劳动投入	
人工（个）	15	108	13.9%
工资（两）	0.51	3.39	15.0%
	肥料投入	肥料投入	
肥料（折饼斤数）	160	750（桑业）	21.3%
肥费（两）	0.55	0.98（桑业）	56.1%
	资本投入	资本投入	

152　发展与制约：明清江南生产力研究

续表

	水稻	蚕桑	前者与后者之比（后者为100%）
肥炭费（两）	0.55（肥）	1.98（肥炭）	27.8%
盘费（两）	0.125	1.25	10.0%
农具费（两）	0.038	0.075（仅桑业）	50.0%
种苗费（两）	0.05（种）*	0.8（桑秧、蚕种）**	6.2%
资本投入合计	0.76	4.11	18.4%
总投资（两）	1.27	7.5	17.0%

*依陈恒力估计（《补农书研究》，第95页）。
**蚕种以嘉庆时价格代。

还应当指出：以上对水稻种植业与蚕桑业生产中人工投入所作的比较，仅仅是从劳动的日数着眼，而未涉及劳动的质量问题。事实上，蚕桑业（特别是蚕业）生产比水稻生产难度更大，因而劳动也更为复杂。乾隆《湖州府志》卷三十七"蚕桑"说："其治蚕，始于扩种，终于收茧缫丝，而中间时寒燠，慎燥湿，节饥饱，视慈母之护乳儿，殆有甚焉。"《西吴蚕略》则说："自头蚕始生至二蚕成熟，首尾六十余日，妇女劳苦特甚。其饲之也，篝灯彻曙，夜必六七起，……[饲叶]早晚参差，皆有一定之法，稍不经意，其病立见。"[1]缫丝的技术要求也很高，《吴兴蚕书》说："丝之高下，出于人手之优劣，同此茧，同此斤两，一入良工之手，增多丝至数两而匀称光洁，价高而售速。"[2]江南蚕妇的缫丝技术水平普遍较高，是众所周知的。因此如果把蚕桑业生产与水稻生产中的劳动都化为

[1] 引自同治《湖州府志》卷三十"蚕桑上"。
[2] 引自同治《湖州府志》卷三十"蚕桑上"。

社会平均劳动,那么同样一个劳动日,前者所包括的社会平均劳动量,必大于后者。这也是前述育蚕(包括缫丝、治绵)工资不低于榨油、修河等工作的工资的原因,尽管前者是妇女所为而后者是壮丁所为,而且一般而言妇女工资要明显低于男子工资。

因此,我们可以清楚地看到:明代后期湖州蚕桑业生产的劳动与资本投入,无论从哪一方面来看,都大大超过了水稻生产中的劳动与资本投入。换言之,较之水稻生产,蚕桑业生产的集约程度更高。由此可见,"桑争稻田"(即蚕桑业之排挤水稻业)体现了农业经营重心从集约程度较低的生产部门向较高部门的转移。通过这个途径,明清江南地区农业生产集约程度有了相当大的提高。类似的情况也存在于其他经济作物与稻争田的现象中。[1]可以说,明清江南经济作物种植的扩大,使得整个农业生产集约程度有了较大的提高。当然,水稻生产的集约程度也在提高之中。因而明清江南农业生产的集约程度,通过前述两种不同的途径得到了全面的提高。

虽然明清江南农业生产的集约程度通过上述两条途径而普遍得到提高,但是通过经营重心转移而提高生产集约程度的意义似乎更加值得注意。从我们对水稻生产的分析来看,在传统技术条件下,当时水稻生产集约程度提高的余地已较小。例如,明末苏松佃农种稻每亩的劳动与肥料投资可以折米0.8石,而清中松江农民种稻每亩相应投资可折米1石,亦即增加幅度仅20%,但是如果沈氏将其稻田改种桑,则每亩投资可增加1.4倍(实际人工数增加2.2倍,肥料量增加3.7倍),若加上养蚕缫丝,则每亩投资增加4.9倍(人工数增加6.2倍,不变资本增加4.4倍)。也就是说,一亩地种桑养蚕,所用人工约当种稻7亩,不变资本约当种稻5亩。可见,由改稻种桑而引起

---

[1] 例如乾隆时苏州洞庭东山、武山的农民以稻田种西瓜,"获厚利","及至业主索租,无米以应"(《太湖备考》卷六"物产")。

的生产集约程度的提高，较之水稻生产自身集约程度的提高，余地要大得多，因而具有更大的意义。

蚕桑生产的投入比水稻生产高，同时产出也大大超过水稻。关于蚕桑与水稻亩净产值的比较，我们在本书附录二中已经作了。现将有关结果制为下表（3-13）。

表3-13　水稻与蚕桑亩投资与亩产值

时间地点	亩投资（两银）			亩总产值（两银）			亩净产值（两银）			备注
	水稻	蚕桑	水稻/蚕桑	水稻	蚕桑	水稻/蚕桑	水稻	蚕桑	水稻/蚕桑	
万历归安（南浔庄氏）	0.56	6.02	9%	1.68	10.08	17%	1.12	4.06	28%	中等田地
崇祯归安（涟川沈氏）	1.27	7.5	17%	3.6	18.5	19%	2.11	11	19%	上等田地

归安自然条件对水稻生产比较有利，因此就一般情况而言（如庄氏桑园）蚕桑亩净产值比水稻仅高出3倍。若是自然条件对水稻生产较为不利的地方，这个倍数还要高得多。例如在桐乡，从张履祥所提供的数字来分析，在丝、米价格都比较正常的时候，1亩蚕桑的净收入约相当于水稻净收入的4倍上下（若是连上水稻的后作［即春花］的收入一起算，那么蚕桑亩净产值高出水田净产值的倍数会略微下降一些）。①张履祥说：明代归安田、地税额不均，"其地，蚕桑之息既倍于田，又岁登，而税次轻"。②亦即蚕桑的亩净收

---

① 见本书附录二。
② 张履祥：《杨园先生全集》卷二十《书改田碑后》。

入大约两倍于水田。而在桐乡，万历四十四年知县胡舜允概括地说："地收桑、豆，每四倍于田。"①据本书附录二，明末嘉湖一带中等桑地丝绵亩产值确实是"四倍于田"。如果胡氏所说的是指净收入，那么中等条件下蚕桑亩净产值大约4倍于水田田租的情况也颇近之。利之所在，不劝而行。明清江南蚕桑业生产在许多地方排挤了水稻种植，相当多的稻田被改造为桑地，原因即在于此。蚕桑业生产的集约程度和经济效益都较高，不仅吸收了较多的劳动力和资本，而且在一定程度上有助于解决江南的就业问题和商业资本出路问题，其所创造的更高产值和利润，也大大地促进了江南农村经济的发展。由此看来，舍稻种桑确实体现了江南农业生产规模在内涵方面的扩大。

但是我们也应看到：由于蚕桑业生产集约程度较高，所需生产投资数倍于水稻，因而许多贫苦农户无力从事这种生产。这一点，万历时人闵光德说得已十分明白："桑故难成易败，初年种，次年接，又次年阉，三年内国课空输，六年之后获茂盛，非朝稽暮剔则蠹不去，非旬锄月壅则色不肥，葺治稍疏，水潦稍及，数年辛勤悉付乌有矣。且叶之贵贱，顷刻天渊，甚有不值一钱，委之道路者。蚕之成亏，斯须易态，甚有竭产供蚕，毫无茧获者。工费烦而利不可常，……故其民多瘠。"②康熙《石门县志》卷三物产也引旧志说："姑无论天灾流行，赋役烦苦，即使时和年丰，地所产莫如丝、谷，丝、谷相较莫如丝，而育蚕作茧，岂徒手博者？饔餐器具，皆以质贷办。经月辛苦，眼昏头白，追缲丝成谓卒岁，公私取偿丝市，丝市之利，胥仰贾客腰缠。乃大马会小侩，递润其腹而后得抵乡民之手。瞀乱权衡，百计绐

---

① 光绪《桐乡县志》卷七。
② 闵光德：《东林志》卷上"风土论"（引自嘉庆《东林山志》卷二十四"艺文志"）。

弄，朱提白镪，毂以连锡，盖未及纳税输官，而质贷之家，轻出重入浚其膏，小民有依然徒手耳。"前引孙铨《上郡守论田地六则》更说："奸民指称地理倍收于田，此不端本而齐末之论也。若计其功之劳逸，费之盈缩，息之常变，则二地不易一田矣。"原因是蚕桑生产工本多，风险大。种桑工本数倍于种稻，"一或失堕，五六年始或可复。至于育蚕之际，男妇勤劬，寝食无暇，大小协力，柴炭工食、烦费尤难。少或怠忽，工本倍失矣"。蚕桑业生产除前面所论的各种投资外，在桑树长成以前还要垫支一大笔预付资本和人工。同时在蚕桑业生产中风险亦相对较大，为防止破产，还需相当的备用资本。因此，必须有较强的经营力量，才能从事这种集约程度较高的生产。①

其次，从实物投入方面来看，蚕桑业生产所需肥料数倍于水稻，还需大量蚕炭（仅此两项，就占去蚕桑业生产投资总量的四分之一），而在明清时期，随着各业生产部门集约程度的提高，对肥料的需求大增，江南已出现日益严重的肥料短缺现象，不得不从外地大量输入；②而燃料供应不足也是明清江南工农业生产中的一个难于解决的重大问题。③江南蚕桑业生产的扩大，受到各种因素的限制，因此自明中期起直到咸丰同治以前，江南蚕桑业始终局限于嘉湖及苏州南部地区，未能扩及其他地区。这样，自明后期以后，通过改田为地、舍稻种桑而带动整个农业生产集约程度的提高，其幅度已不如宋元到明后期那么大。

---

① 事实上，明清江南蚕农很多是依靠商业资本而进行生产的，最明显的表现是商人高利贷资本在蚕桑业生产中具有重大作用，如"加一钱"之盛行。
② 参阅本书第七章第四节。
③ 参阅本书第五章第二节。

第四章
农业的发展（二）：资源利用合理化

资源是生产力发展的必要条件之一，而如何利用资源又取决于生产力发展的水平。生产力越发达，对现有资源的利用就越充分、越合理。因此资源利用的合理与否，也表现了生产力发展水平的高下。

在近代工业兴起并使农业得到改造之前，农业生产基本上是手工操作。因此对于传统农业而言，最重要的资源就是土地和人力。我们在第三章里谈道：1368—1850年这5个世纪中，江南耕地面积没有增加，但人口却增加了2倍。在此情况下，如何更加充分地利用土地与人力资源，是江南农业面临的严重问题。这个问题如果解决不好，有可能出现农业的"内卷化"（involution），从而导致整个农业生产停滞不前。然而在1368—1850年间的江南，并未出现上述情况。因此，这一时期土地与人力资源的合理利用问题，乃是明清江南农业生产力研究的重要课题之一。本章以对这个问题的探讨为主要内容，但不以此为限。如在第一节中，还会涉及水资源；在第二节中，除探讨人力资源的利用外，还要论及畜力资源的利用问题。理由随文自见，毋庸先作说明。

第一节　水土资源的合理利用

　　水土资源的合理利用，包括两个方向：（一）对原有水土资源进行人工改造，使之更加适合于农业生产；（二）根据各种农业生产活动的特点，把不同的农业生产部门配置在自然条件最适合的地方，形成地方专业化生产。在明清江南，农业生产主要由水稻、棉花、蚕桑三大生产部门组成，而江南地区又包含着江南平原、宁镇丘陵与浙西山地三个自然生态条件差别颇大的部分。[①]在这三大生产部门中，水稻生产始终占据着最重要的地位；而在这三个自然—生态亚区中，江南平原的重要性又远在宁镇丘陵与浙西山地之上。明清江南水稻生产的发展，从某种意义上来说，集中体现了江南（特别是江南平原）水土资源人工改良的成就；而棉花、蚕桑生产的扩大，则与地方专业化生产有密切关系。因此在本节中，我们首先探讨江南水土资源人工改造与水稻生产的关系，其次讨论地方专业化生产的问题。不过还要指出：明清江南的地方专业化生产，是所谓的"宽广型地区专业化"生产（详后文），除了棉花、蚕桑等生产之外，还涉及许多不同的生产活动。因此本节后一部分，将对江南各主要自然—生态亚区的农业生产发展进行综合的考察，而不仅限于其中某一种生产活动。

　　一、水土改良与水稻生产的发展

　　天然资源倘不加以人工改造，就无法利用。一般来说，人工改造程度越高，资源利用也就越充分。因此人工改造是天然资源合理

[①]　关于这三个自然—生态亚区的地域范围，见本节第二小节。

利用的首要条件与内容。

江南的水稻种植技术，在唐代取得了革命性的进步。水田的稻麦复种制，也出现在唐代并在一定范围内得到了普及，[①]以后一千年中江南水稻生产的主要技术进步，大致可以说是唐代技术成就的推广普及（当然也还包括这些技术本身的进一步改良）。而这些先进技术的推广普及，首先又取决于水土资源的改造（即水利建设与农田改良）。因此唐代以来江南的水利建设与农田改良，乃是一千年中水稻农业发展的关键。而这个水利建设与农田改良的进程本身，就是资源合理利用程度不断提高的一个主要表现。

江南的水利建设与农田改良（以下简称水土改良），是一个具有"动态"和"立体"性质的历史过程。所谓"动态"，是指此过程随着时间推移而不断发展；所谓"立体"，则指此过程具有颇大的空间差异。过去的学者通常忽视了这两个特点，而持一种"静态"和"平面"的看法，因而导致了江南农业经济史研究中的若干缺陷。[②]为克服这些弊端，近年来一些日本学者作了很大的努力，从"动态"和"立体"的角度，对江南的水土改良过程，进行了新的研究。在这项工作中，斯波义信、足立启二、北田英人、大泽正昭、滨岛敦俊诸位先生的贡献尤大。

近来斯波义信先生提出了江南地域开发的理论模式，使得系

[①] 参阅拙著《唐代江南农业的发展》第二章第二、三节。
[②] 例如，许多学者只看到宋代江南的一些技术进步与粮食产量的记载，便断言宋代江南农业生产力达到很高的水平，从而导致"宋代江南农业革命"之说。事实上，早在唐代，江南的一些开发较早的地区即已在运用这些技术并取得可观的粮食亩产量。在宋代，虽然这样的发达地区范围比唐代扩大了许多，但就整个江南地区而言，仍不在多数。这样便造成了宋代江南农业的"虚像"（借用大澤正昭语。参阅大澤正昭《蘇湖熟天下足——〈虛像〉と〈實像〉のめいだ》，京都民科歷史部會：《新しい歷史學のために》第179號。根据这个"虚像"，一些学者又得出了"明清江南农业停滞"的结论。

统、深入地研究江南农业的时空特点问题成为可能。斯波氏的模式，借鉴了人类学家高谷好一先生对泰国湄南河下游农业开发的研究成果，并根据长江下游地区的具体情况进行了修正。依照这个模式，对于早期水稻农业来说，最佳环境是在位于河流上游的山间盆地；其次是中游的河谷与丘陵；下游的三角洲（特别是濒海的"新三角洲"）平原，虽然对水稻生长最为有利，但作为人类居住地来说，条件最差，因此总的环境指数最低。①从江南地区来说，浙西山地与宁镇丘陵相当于上述的"上游"与"中游"部分，大运河以西的平原相当于上述"下游"部分中的"古三角洲"，大运河以东的平原相当于"新三角洲"。据此，江南的水稻农业的发展，首先会从浙西山地与宁镇丘陵开始，然后扩及大运河以西平原，最后方达到运河以东平原。事实也确实如此。

六朝时期，江南水稻农业最发达的地区是建康、丹阳、晋陵、义兴、长城、吴兴、武康等地，都在宁镇丘陵与浙西山地及其边缘。到了唐宋时代，大运河以西平原成为水稻农业的中心地带。大运河以东平原也开始了大规模开发，但仍然土旷人稀、生产十分粗放。盛唐天宝元年（742）江南地区（唐润、常、苏、湖、杭五州）共有户440,469，而大部分辖地在大运河以东的苏州（包括明清的苏、松、嘉三府及太仓州）仅有76,421户，约占全地区总户数的17%；中唐元和时，全地区有户305,720，苏州有户100,808，占33%，②而苏州疆域广大，约占江南总面积的34%。③北宋太平兴国五年（980），全地区（宋苏、嘉、常、镇、江宁、杭、湖七州府）共有户321,781—525,680，苏（包括明清的苏、松、太）、嘉二州

---

① 参阅斯波義信《宋代商業史研究》，風間書店，1976，第169—174页。
② 参阅拙著《唐代江南农业的发展》，第69页表2-3。
③ 根据斯波義信《宋代江南經濟史の研究》第146页表4中有关数字计算。

第四章　农业的发展（二）：资源利用合理化　161

有户58,247—89,191，①占17%—18%。从人口密度来看，天宝元年江南每平方公里约有63人，而苏州仅有39人；②太平兴国五年全地区平均每平方公里有34人，而苏州只有21人，嘉兴则仅有15人。直至元丰三年（1080），苏州的人口密度（104人／平方公里）才达到全地区平均数（105人／平方公里），而嘉兴（89人／平方公里）则还差许多。一直到宋亡的那一年（1279），苏州人口密度方达到196人／平方公里，亚于杭州（261人／平方公里）而位居江南各州之次。③另外，我们还要注意到：唐代苏州人口大部分居住在大运河以西和运河沿线，宋代（特别是北宋）苏州、嘉兴情况也大致如此，因此大运河以东广大地区的人口密度，实际还要比上述苏州以及嘉兴的数字低许多。

与上述人口分布情况相一致的，是水稻农业发展水平的地区差异。唐代江南人口主要分布在大运河以西各地，并且集中在若干条件较好的地方，因此形成了许多人口高度密集、耕作十分精细的水稻生产据点。④这些据点是政府赋税的主要来源地，因此元和时浙西的户、田统计主要是以之为对象的。我们根据这个统计以及其他资料得出唐代江南亩产稻谷3石（唐制）的结论，即是针对这些

---

① 根据斯波义信《宋代江南经济史の研究》第144—145页表3中有关数字计算。
② 人口数字见拙著《唐代江南农业的发展》第69页表2-3，面积根据上引斯波义信书第146页表4中有关数字计算。
③ 参阅上引斯波义信书第146页表4。
④ 例如润州（明清宁、镇二府）元和时户均有田12.1亩（合明清制11.1亩），浙西六州（润、常、苏、杭、湖、睦）则为18.5亩（明清制17.1亩）（参阅李伯重《我国稻麦复种制产生于唐代长江流域考》，《农业考古》第2期，1982）。而明万历六年苏州户均有田15.5明亩（根据梁方仲《中国历代户口、田地、田赋统计》第434页附表3中数字计算），而全江南平均数更多于此。因此唐代江南人口总数虽少，分布却十分集中。又，唐代江南已出现稻麦复种制并在主要农业区推广（参阅上引拙文），而稻麦复种制是集约程度甚高的生产（参阅拙著《唐代江南农业的发展》，第四章）。因此唐代江南的精细农业，在空间上是作点状分布，且主要在大运河以西。

地方而言。至于大运河以东广大平原，唐代中期刚刚开始大规模开垦，亩产肯定大大低于前一地区。因此，如果就整个地区而言，那么江南的稻谷亩产量肯定远低于每亩3石之数。

宋代情况也与此相似。足立启二先生对"两浙农业的地域类型"的研究，把宋代江南农业分为两个部分，一是河谷平原地带集约程度较高的"干田农业"（或高田农业），一是低湿平原地区粗放的"强湿田农业"（或低田农业）。从地域而言，后一种农业在整个浙西平原（即江南平原）上仍占主导地位。因此他强烈反对传统的"浙西农业高度发达"说，认为这是以明清的情况反推宋代，从而不能成立。① 大泽正昭先生也持类似的观点，指出陈旉《农书》所反映的集约农业，仅存在于"高田"（即"干田"）地区，宋代圩田、围田等水利建设，正是"下地"（即"低湿田"）改造（滨岛敦俊称之为"干田化"）的开始。由于特殊的人地比例，粗放农业亦可生产大量的粮食，因此"苏湖熟，天下足"的谚语，并不能说明宋代江南农业高度发达（正如"湖广熟，天下足"之语不能说明明代两湖农业高度发达一样）。② 简言之，宋代江南低湿土地的改良，尚处于早期阶段，因而导致了农业的粗放经营。

与此相应的是，宋代江南水稻亩产量呈现出极大的地域差异。在大运河两侧的若干农业发达之地，水稻亩产米2—3石殆为常事，最高者甚至有达4.52石的。但是在大运河以东，情况颇为不同。例如常熟县，斯波义信先生对南宋嘉熙元年（1237）该县学田的146个产量

---

① 参阅足立啓二《宋代兩浙における水稻作の生產力水準》，熊本大學，《文學部論叢》17號，1985。

② 参阅大澤正昭《蘇湖熟天下足——〈虛像〉と〈實像〉のめいだ》，京都民科歷史部會：《新しい歷史學のために》第179號。（参阅大澤正昭《陳旉農書の基礎の研究》，《琦玉大學紀要》第24卷）。在后一文中，大泽氏指出陈旉《农书》所表现的，主要是南宋湖州（特别是西部山区）的生产情况（陈旉所居住的"西山"，即湖州西部山区）。

第四章　农业的发展（二）：资源利用合理化　163

数字进行了分析,其中亩产米0.62石以下者占53%,0.62—1.20石者占27%,1.20—2.25石者占20%,全部平均为0.65石,[①]远低于苏州州治一带。[②]此外,从斯波氏所提供的宋代江南亩产量事例中,我们还可以看到南宋初年常州、镇江的营田亩产也非常之低;直到南宋后期常州亩产仍然远不及北宋中叶的苏州(应是苏州附郭县)。虽然原因很多,但是我们认为这与常、镇二地的劣地大量开垦有关。[③]换言之,随着水稻农业向大运河以东平原和大运河以西原未开垦地区的推进,大量生荒地和劣地得到了利用,但是直到南宋(乃至明初),这些新垦耕地的亩产量仍然还比较低,因此导致江南全地区水稻平均亩产量出现某种程度的下落。斯波义信先生估计宋代初期江南(指长江下游地区)稻田亩产量仅达1石谷(合明清制每亩0.65石谷,[④]即0.33石米),大大低于我们计算出的唐代亩产量(明清制0.93石米/亩),甚至远达不到六朝时代的亩产米量(明清制0.83石米/亩)。[⑤]斯波氏的估计所针对的地区较广,除了我们所说的江南地区而外,还包括苏北、浙东南以及皖中南的许多地区。这些地区中仅绍兴、明州、徽州亩产量较高,其余均甚低。[⑥]因此若就江南地区而言,亩均产量应比1石谷要高一些。但是无论如何,由于新垦耕地大量增加,宋代江南水稻亩均产量并不会很高,直至南宋时代才达到陈傅良所说的上田亩产

---

① 参阅斯波義信《宋代江南經濟史の研究》,東京大學東洋文化研究所,1988,第142—143页。
② 参阅上引斯波义信书第140页。苏州附郭县长洲县、吴县的学田亩产,都在0.78—4.52石之间。
③ 宋代常、镇人口增加颇快。北宋末常州人口比宋初增加了约136%,镇江增加了141%;南宋末镇江人口又比北宋末增加69%(斯波義信:《宋代江南經濟史の研究》,東京大學東洋文化研究所,1988,第146页)。人口迅速增加,耕地亦须相应扩大。原有好地早已开垦,只能开发生荒。
④ 上引斯波义信书书末附英文要旨第5页。斯波氏折算为明制0.56石。兹据拙著《唐代江南农业的发展》第12、13页中折算标准计算。下同。
⑤ 参阅拙著《唐代江南农业的发展》第148页。
⑥ 参阅上引斯波义信书第140页。

米3石（明清制1.96石／亩），次田2石（明清制1.31石／亩）。①

　　江南低湿土地的改良（即"干田化"），持续了很长时期。据滨岛敦俊先生的研究，明代江南"分圩"工程的进展，即是"干田化"的表现。他认为唐末五代宋元，江南平原低湿地区的开发，主要是"外延式"的开发，即以"圩田""围田"为主要形式，大片围垦低湿土地。这一过程大体结束于明中叶。自此以后，转向"内涵式"的开发，主要是消除"内部边疆"（internal frontier），即以高度利用土地为目标，改造圩内低湿地，提高耕地熟化程度以及农业生产的稳定程度。这一过程，始于15世纪中叶，大体结束于17世纪前半期，历时约两个世纪。至17世纪中叶，除了江南东部沿海地区因海塘线外扩而形成的新边疆外，江南平原低湿地的开发大体完成，近代江南之农田水利基本格局方告形成。②

　　水土改良，使得新的耕作方式得以产生并普及，从而提高了农田的生产能力。北田英人先生关于宋元明清时期江南平原农业发展的研究，从时间、空间两方面对太湖平原低湿地带的开发进程做了详细的考证。他的考证不仅以大量史料证实了以上学者的观点，而且更从作物种植制度变化的方面，说明了宋元明清时期江南水田改良所导致的农业发展与农民经济的转变。他指出：宋代江南的二作制，主要存在于高田（干田），以早稻为前作，麦（特别是大麦）为后作；低田则盛行水稻一作制。以后，随着水土改良的进展，低湿地区逐渐发展起一种以晚稻为前作，小麦、油菜为后作的"新二作制"。"新二作制"迟至明清之际方成为江南平原的主要种植制度（虽然直至19世纪初期，仍有相当的低田依旧实行水稻一

---

① 参阅前引斯波义信书第138页。
② 参阅滨岛敦俊《土地开发与客商活动——明代中期江南地主之投资活动》及滨岛敦俊《明代江南農村社會の研究》，東京大學出版會，1982，第1部第1、2章。

作制)。① "新二作制"的出现与推广，标志着水土改良确实导致了对农田合理利用程度的提高。仅就水稻亩产量而言，到了明代中后期，江南各地水稻亩产量普遍达到2石左右。这个提高主要来自大运河以东水稻亩产量的普遍增加，因为唐宋以来新开垦的大量耕地，②大部分位于大运河以东。

明代后期至清代中期，江南的水稻亩产量仍然继续有所提高。一个不容辩驳的证据是：自明代中期开始，尽管输入稻米数量日增，江南自产稻米在江南稻米消费总量中所占的比重日减，但江南自产稻米的绝对数量并未下降，相反还有上升。③与此同时，由于耕地总数未有增加而经济作物种植面积明显增加，稻田绝对数量有相当的减少。从而江南水稻亩产量的提高乃是确定不移的事实。

江南水稻亩产量的不断提高，是否可以解释为对水田的合理利用程度也在不断提高，尚须进行分析论证。要判别是否合理，还要看其经济效益如何，特别是与种植其他作物的耕地的经济效益相比如何。这个问题相当复杂，此处不拟作深入和全面的探讨，仅提出以下几点看法：

---

① 参阅北田英人《宋元明清期中國江南三角州に農業の進化と農村手工業の發展に関する研究》（1986—1987年度科学研究费补助金〈一般研究C〉研究成果报告书），1988，第1—4章。
② 据《元和郡县志》，元和时代浙西地区（即本书中的江南地区以及毗邻的睦州），共有田57,932顷，相当于明制536万亩。明初统计江南有耕地4,878万亩（见本书附录一）。前者仅及后者的11%。除去田数不多的睦州，元和浙西耕地仅及明初江南耕地的1/10左右。换言之，明初耕地的9/10都是中唐以后开垦的。
③ 万历时代江南稻米输入尚有限，江南所产稻米大致可以自足。其时人口总数不详，但肯定不到2,000万。此处从宽以2,000万计，每人每年食米以3石计（据包世臣《安吴四种》卷二十六《齐民四术》卷二"农二"），总需米6,000万石。因此此时江南稻米总产量应在6,000万石以下。嘉庆二十五年江南人口达2,640万，年需米7,920万石。清中叶江南稻米输入的数量，吴承明先生估计约为1,500万石（详吴氏《中国资本主义与国内市场》，第256—258页）。总需求量减去输入量后，尚有6,420万石，须江南本地生产。此数字比万历时的总需求量还多出420万石以上。

1. 根据本书第三章第二节和本书附录二，我们可以知道在对水稻、蚕桑都比较适宜的湖州归安县，在一般情况下，中等稻田（以万历归安南浔庄元臣之田地为代表，下同）的水稻亩净产值约为银1.1两；而中等桑园亩净产值（不包括蚕业）约为2两，只比水稻亩净产值多出近80%。①但若是上等稻田（以崇祯归安涟川沈氏为代表，下同）种稻，每亩净产值约为2.1两；上等桑园亩净产值则为1.8两，尚不及水稻。②陈恒力、王达先生说"沈氏以种水稻为第一，蚕桑为第二"，确实符合实际情况。③因此在最适合于水稻生长的地区，种桑的净收入并不比种稻高出很多。这个结论，也适用于种棉与种稻的比较。

2. 自明代中期以来，江南的农业开始并越来越深地卷入了不断扩大和深化的国内农产品市场，并且在这个市场中占据着中心的地位。④在日愈加剧的市场竞争中，江南的水稻生产经受了严峻的考验。在长江中上游廉价稻米咄咄逼人的攻势下，江南不少地方的水稻生产不得不步步后退，改为桑、棉生产。但是无论如何，即使到清代中期，输入稻米在江南稻米消费总量中仍然只占1/5以下，⑤其余4/5以上的稻米仍然还是江南自己生产的。换言之，江南大部分地区的水稻生产顶住了外地稻米的竞争，从而证明种稻是有利可图的，而且获得的利润不会与桑、棉差别很大，否则江南农民就将大

---

① 水稻亩净产值1.1两银，见本书附录二。又，桑叶亩产以70个计，每个价0.06两银，故亩产值合4.2两（参阅本书附录二）。桑叶生产亩总投资2.2两（见本书第三章表3-10）。因此，净产值合2两。
② 水稻亩净产值2.1两银，见本书附录二。又，桑叶亩产以80个计，每个价0.06两银，故亩产值合4.8两（参阅本书附录二）。桑叶生产亩总投资3两（见本书第三章表3-10）。因此，净产值合1.8两。
③ 陈恒力、王达：《补农书校释》，第103页。沈氏桑园亩净产值不及水稻，但加上养蚕就大大超过水稻了。为了养蚕，沈氏必须种植桑树，因为依靠市场获得桑叶在当时是很不可靠的。
④ 参阅本书第八章。
⑤ 总需求为7,920万石，输入为1,500万石，参阅166页注③。

第四章　农业的发展（二）：资源利用合理化　167

部分舍稻而转向桑、棉了。①

总而言之，明清江南大部分地区种稻并非利薄于桑、棉及其他经济作物。这乃是以江南水田的水土改良的巨大成就为基础的。此外，水稻与春花作物复种的一年二作制，虽形成于中唐，但在唐宋时候，只是实行于那些人口密集、耕作精细的农业据点，而到了明代后期则全面普及于整个江南地区。②这也标志着明代江南水田利用水平的明显提高。

二、因地制宜与资源的充分利用

另外一种合理利用自然资源的方式，是根据各种农业生产活动的特点，把各生产部门配置在自然条件最适合的地方，形成专业化与综合发展相结合的地域分工，从而取得最大的经济效益。为了突出重点和方便论述，我们首先考察江南平原自然资源的合理利用，然后再及于宁镇丘陵和浙西山地。

（一）江南平原

据1930年代的统计数字，江南平原面积约2.8万平方公里，占江南地区总面积的56%。平原上山丘极少，而河湖池荡众多，水面面积约3,900平方公里，占平原面积的14%左右。③

---

① 明清江南农业生产卷入市场的程度颇深，因而种稻、桑、棉孰为有利的争议，颇见于史籍。在我们所研究的时期，大体上说，外地市场对江南棉、丝及其制成品的需求一直比较强劲，同时外地供给江南稻米的能力还有进一步扩大的余地。因此，倘然江南稻米生产的经济效益明显低于棉、桑，农民就会舍稻而转向桑、棉。
② 参阅拙著《唐代江南农业的发展》，第118—119页，以及川胜守《明末清初长江沿岸地区之"春花"栽种》，"中研院"历史语言研究所编《近代中国农业经济史论文集》，1989；北田英人：《宋元明清期中國江南三角州に農業の進化と農村手工業の發展に関する研究》（1986—1987年度科学研究費補助金〈一般研究C〉研究成果報告書），1988，第4、5章。
③ 据《中国实业志·江苏省》《中国实业志·浙江省》中有关数字统计。

根据地势的高低，这个平原又可分为两个地带：沿海沿江的高田地带和太湖周围的低田地带。[1]前者大体上包括明清常州府北部，太仓州全部，松江府、嘉兴府和苏州府的东部，以及杭州府东北部，海拔高度一般在4—6米之间。后者则包括常州府南部，苏州府大部，嘉兴府西部和湖、杭二府东部，高度一般在4米以下。[2]如果作更细的区分，则太湖周围的低田地带又可分为两部分，即地势相对高平的北部和低洼的南部。前者一般的海拔高度在4米左右，湖泊较少；而后者多在海拔3.5米以下，湖荡交错，很大一部分田地常低于河湖汛期水位。[3]除了海拔高度不同外，这几个地带在土质等方面也存在着差异。沿海沿江的高田地带土壤以砂质土壤为主，透水性较强，含微碱性；太湖周围的低田地带土质以壤质粘地为主，排灌均宜，但南部许多地方（主要是湖网圩田地区）潜水面高，土壤质地粘重，排水不良。[4]这些自然条件的差别，对农业生产当然有重大影响。宋人郏亶指出："昆山之东，接于海之岗陇，东西仅百里，南北仅二百里，其他东高而西下；……常熟之北，接于北江之涨沙，南北七八十里，东西仅二百里，其他皆北高而南下……是二处皆谓之高田。而其昆山土冈身之西，抵于常州之境，仅一百五十里，常熟之南，抵于湖秀之境，仅二百里，其地低下，

---

[1] 这里所说的高田地带与低田地带，与前面所谈到的"高田""低田"并不完全等同。前面所说的高田，主要分布于宁镇地区、常州西北部和浙西山区的河谷平原；低田则指江南平原上冈身以西的低湿田地（即此处所说的低田地带）。冈身以东的沿海平原，宋代尚未大规模开发。
[2] 参阅北田英人《中國江南三角州における感潮地域の変遷》，《東洋學報》第63卷第3、4號。
[3] 参阅程潞等《江苏省苏锡地区农业区划》；严重敏、陆心贤、郑国安：《杭嘉湖地区水土资源的综合利用问题》，《地理学报》第25卷第4期，1959。
[4] 参阅利广安、任鑫保《长江三角洲局部棉区提高粮食产量的几个问题》，《经济研究》第10期，1964；程潞等：《江苏省苏锡地区农业区划》；严重敏等：《杭嘉湖地区水土资源的综合利用问题》。

皆谓之水田","高田者常患旱","水田者常患水",故"每春夏之交,天雨未盈尺,湖水未涨二三尺",低田"一抹尽为白水";大旱之年,水田丰收,而"常、润、杭、秀之田及苏州堋埠之地并皆枯旱",因此江南平原"不有旱灾即有水灾","环湖之地常有水患,而沿海之地常有旱灾"。①虽经长期整治,但直到清中叶钱泳仍指出:"三吴之田,虽有荒熟贵贱之不同,大都低乡病涝,高乡病旱","大约畏涝者十之七八,畏旱者十之二三"。②

须强调的一点是,13世纪以后,特别是到16—17世纪,江南平原的水文状况发生了重大变化。吴淞江在13世纪后逐渐淤塞,娄江亦于16—17世纪枯竭。黄浦江夺吴淞江水,于16世纪末取代娄江成为江南最大河流。上述变化的结果是江南平原的潮汐地域发生了重大改变。以前在吴淞口以北的沿海沿江高田地带,原有长江淡潮沿娄江等大小河川倒灌入内地,可资灌溉。吴淞江、娄江等淤塞后,淡潮不复深入内地,灌溉用水遂成为严重问题。南朝时常熟"在三吴尤为卑下",到唐代还有三十二浦以泄蓄诸水,"旱则资潮汐以灌田,涝则分诸浦以入海,田常丰熟而民力有余,故谓之常熟"。③但到清初,常熟沿江沿海之地已不宜种稻,"实有常荒之患",原因即在于"白茅、七鸦诸浦已废矣,而独留福山港一线之道,亦淤塞,仅通舟楫,欲其常熟可乎!"④常州北部、太仓州、松江东部的农田用水也日益成为严重问题。在这几处中,常州情况稍好,虽须人力车水灌田,但"土性受水,每农夫转水一日,则可停二三日"。太仓则不然,"高仰之地,日必打水二遍,若田亢地则全不受水"。⑤松江东部的上海等地,也是"田

---

① 郑璜:《奏苏州治水六得六失》及《治田利害七论》。
② 《履园丛话》卷四水学"围田""浚池"条。
③ 《履园丛话》卷四水学"水利"条。
④ 康熙五十一年《常熟县志》凡例及卷一"物产"。
⑤ 陆世仪:《思辨录辑要》卷十一"修齐篇"。

高岸陡，[水]车皆直竖，无异于汲水，水稍不到，苗尽槁死"。①造成上述情况的主要原因，顾炎武说得很清楚："自三江微而田事艰，不惟患水而兼苦旱。于是方岳贡之守松，奏言上海有天绝、地绝、人绝，未几娄江竭而国亦以之。"②但是，在吴淞口以南地区，16世纪末以后，黄浦江潮汐地域大大扩大了；至18世纪末，淡潮更达到嘉兴、嘉善、平湖等地，③从而对这些地方的农田供水起到了积极的作用。

不同的农作物对水土条件的要求颇不相同。在江南平原的三大农作物中，水稻喜湿，生长期所需水量最多（约为旱作物的4—5倍）；种稻土壤以中性壤土为宜，砂土最差。④棉花耐旱，并有一定的抗盐碱能力，土坯则以中壤土、轻壤土和沙壤土为最佳。⑤桑树（特别是密集种植的桑树），需要水分与肥料都很多，并要求有机质丰富、保肥力强的中性粘壤和壤土。⑥包世臣在总结清代江南农作物对水土条件的要求时说："凡地肥而有水者宜稻，其冬无水浸者则植麦"；"棉花……资粪，地稍薄可成，……宜夹沙之土"；桑虽"不论山水平原各乡皆可耐"，但宜植于"土肥之处"。⑦

很显然，农业经营只有适应不同作物的特性和各地水土条件的特点，才能获得较佳的经济效益。这个原则，明代江南人张瀚说得很具体："高者麦，低者稻，平衍者则木棉桑枲，皆得随宜树艺，庶乎人无遗力，地无遗利，遍野皆衣食之资矣。此百世经常之大利

---

① 何良俊：《四友斋丛说》卷十。
② 《肇域志》第一册。
③ 北田英人：《中國江南三角州における感潮地域の変遷》，《東洋學報》第63卷第3、4號。
④ 华东师范大学等八校合编《中国经济地理》，华东师范大学出版社，1983，第39页。
⑤ 王彬生：《棉花》，高等教育出版社，1959。
⑥ 孙敬之：《中国经济地理》，第62页。
⑦ 《安吴四种》卷二十五《齐民四术》卷一"农一上"。

也。"①包世臣也说:"省偏枯之失宜,酌高下之定势,精其所习,兴其所缺,因地制利,以力待岁。"②

在沿海沿江高田地带的大部分地方,由于供水困难,种稻不易,特别是在16世纪末娄江淤塞后,情况更为严重。万历时松江府同知孙应奎指出:松江"近海则惧潮汐之漰没,远海又惧车戽之难支,故种稻不能"。③上海,直到弘治时还"号泽国,禾亢稻之乡","良田盖居其九"。④可是到了明末,已有一半田不宜种稻。崇祯《太仓州志》卷首"纪事"说:"盖州土盛衰,视潮水通塞,年来水利不讲,干河积淤,致生困","州地未必不宜稻,……小民戽水实难,且河道淤塞,无水可戽,如再泄之,数年后将不知所底"。最典型的是嘉定县。万历二十一年,县民徐行等上书说:"本县三面缘海,土田高亢瘠薄,与他县悬绝。虽自昔已然,但国初承宋元之后,考之旧志,境内塘浦泾港大小三千余条,水道通流,犹可车戽,民间种稻者十分之九,……凡二百年。其后江潮壅塞,清水不下,浊潮逆上,沙土日积。旋开旋塞,渐浅渐狭,即不宜稻……"⑤崇祯十四年张鸿盘亦上书说:明初"吴淞巨浸,入川达浍,嘉定小邑,藉以灌溉",尚可"十田五稻",此后"陵谷变迁,大江忽变平陆,支河遂绝流,斥卤积沙,旋浚旋淤,桔槔莫旋,禾种遂断","粒米不产,仰食外郡"。⑥太湖周围低田地带虽甚宜于种稻,但其南部若干地方由于地势过分低洼,排水不良,土质粘重,土温低,通气性差,有机物分解缓慢,养分供应不上,颇不利于水

---

① 张瀚:《松窗梦语》卷四十三"农纪"。
② 《安吴四种》卷二十五《齐民四术》卷一"农一上"。
③ 崇祯《松江府志》卷四"田赋"。
④ 弘治《上海县志》卷二"风俗""形势"。
⑤ 乾隆《嘉定县志》卷三上"考赋"。
⑥ 《南翔镇志》卷十二"杂志"。

稻生长,①因此也不是很宜种稻之地。

然而,从另一个角度来看,沿海沿江高田地带和太湖南部低田地带不宜种稻之地,却很宜棉、桑。高仰之地宜于种棉,他人已多论及,兹不赘述。太湖南部若干低洼之处宜于种桑,则尚须略加说明。我们知道,"桑性恶湿而好干,恶瘠而好肥,恶阴蔽而好轩敞",②故"桑地宜高平而不宜低湿。低湿之地,积潦伤根,万无活理"。③太湖南部湖网圩田地区土地卑湿,就这一点而言,并不宜于种桑。但经改造(培高地基或筑为圩岸)后,这一不利因素即可以转化为有利因素。因为桑树固恶湿而好干,但只是"喜燥而不喜太燥",④特别是密植的桑树,更要有充分的水分供应。另外,桑性喜肥恶瘠,"高平处亦必土肉深厚乃可"。⑤而太湖南部低田地"厥土涂泥,……周礼所谓川泽之土植物亦膏,原隰之土植物亦丛,湖〔州〕实兼之"。⑥并且有大量河(塘、湖)泥可资利用。因此朱国桢说在湖州圩岸种桑,"桑利圩泥,岁增高厚,瘠产化为膏壤"。⑦张履祥也说:在浙西平原,凿池取土,培高地基种桑竹,"周池之地必厚……池中淤泥,每岁起之以培桑竹,则桑竹茂",或浚河开渠,把所起之泥壅近河之田种桑,"不三四年而条桑可食矣"。⑧可见,太湖南部低田地带的低洼之处,经改造后可以成为很好的桑树生长环境。因此,把沿海沿江高田地带和太湖南部低田地带的不宜

---

① 严重敏等:《杭嘉湖地区水上资源的综合利用问题》;程潞等:《江苏省苏锡地区农业区划》。
② 《桑谱》。
③ 《广蚕桑说》。
④ 《蚕桑捷效书》。
⑤ 《广蚕桑说》。
⑥ 《西吴蚕略》。
⑦ 《荒政议上甘中丞》(收于咸丰《南浔镇志》卷十九"灾祥一")。
⑧ 《杨园先生全集》卷六《辛丑与曹射侯论水利书》,并卷五十附录《策溇上生业》。

水稻之地改种棉、桑，是合理利用江南平原农业资源的主要内容之一。

在宋元时期，江南平原的农业结构中棉桑种植的比重还不大，水稻种植则在各地都占压倒优势。"苏湖熟，天下足""苏常熟，天下足"，已是人所共知的谚语。秀州（后之嘉兴府）、杭州也是重要的产米区。因此郑瑄说："三吴之利，莫重于水田。"[①]至于沿海沿江高田地带，由于供水困难（尽管比16世纪以后情况要好一些），水稻种植受到很大影响，因而这些地区开发程度大大低于太湖周围低田地带。华亭以东广大地区，宋代竟无一县设置，可见当时人口还不多，土地亦多未开垦。而北部沿江的江阴、晋陵、武进等地，也因不宜稻，[②]故开发程度亦较低。

在沿江沿海高田地带不宜稻之地种棉，本是一种很好的水土资源利用方式。但出于种种原因，尽管宋末江南已开始种棉，元代又有所发展，但直到明中叶，棉田数量仍不甚多。例如昆山，在元代仍是"高下悉田，稻色多种"，[③]而上海至弘治时，稻田仍居十分之九。[④]此外，在元代也尚未见江南棉布大量输出的记载，可知江南产棉还不甚多。在太湖南部低田地带的低洼之区，宋元时种桑也还很不普遍。据嘉泰《吴兴志》卷二十"物产"，南宋时湖州桑树主要种于西部山乡，水乡则种苎。杭州桑树亦多种于临安等山区县份。[⑤]嘉兴崇德县平原种桑已不少，史称"语溪无问塘上下地必植桑。富者等侯封，培壅茂美，不必以亩计。贫者数弓之宅，地小隙，必栽沃"。由此看来，桑树主要种在河堤（塘）上下与宅边际

---

① 《奏苏州治水六得六失》。
② 参阅斯波義信《宋代商業史研究》，第164页。
③ 《昆山郡志》卷四"土产"。
④ 弘治《上海县志》卷二"风俗"。
⑤ 见乾隆《临安县志》卷一"风俗"引孙觌《学宫记》。

地，而不像明清时期那样改造水田为桑园，从而可以"辟治荒秽，树桑不可以株计"，"亩以千计"。①南宋陈旉提出的在十亩地上凿陂塘二三亩，以所起之土筑堤、堤上种桑的方法，天野元之助先生认为即近代珠江三角洲"四水六基制"的滥觞，②实则这也是后代江南水乡改造稻田为桑园（即培基之法）的先声。但陈旉又说此法仅适行之"高田"（即江南西部的宁镇丘陵与浙西山区），可见尚未用于水乡。此外，宋元时期适于在江南水乡密集种植的湖桑品系尚未育成，③桑树剪养技术也还比较落后，这也使太湖南部水乡种桑受到很大制约。因此，虽然宋元时期江南蚕桑业已有很大发展，但平原种桑仍颇有限。由于棉、桑种植有限，沿海沿江高田地带的大量土地和太湖南部低田地带的若干土地难以有效利用，或者事倍功半地种植水稻，或者干脆弃而不耕，任其荒芜。④这表明当时江南平原农业资源的合理利用程度还较低。

到了明清时期，情况发生了巨大变化。江南平原棉、桑的种植，较前代有重大发展（对此学术界已有很多研究，兹不赘述）。作为这个发展的结果，江南平原逐渐形成三个相对集中的作物分布区，即沿海沿江以棉为主（或棉稻并重）的棉—稻产区、太湖南部以桑为主（或桑稻并重）的桑—稻产区和太湖北部以稻为主的水稻产区。棉—稻产区，主要包括常州府北部沿江的江阴、靖江县，⑤

---

① 万历《崇德县志》卷二"物产"（引自康熙《石门县志》卷二"物产"及道光《石门县志》卷四"物产"）。
② 陈旉：《农书》地势之宜篇。参阅天野元之助《中国农业史研究》，第174页。
③ "湖桑"之名，至19世纪中期才出现（首见于吴烜《蚕桑捷效书》），是太湖一带若干桑树品种的总称。其特征是枝干矮小，宜于密植。湖桑出现于宋元以后（参阅章楷《中国古代栽桑技术史料研究》，第5、8页）。
④ 直到明中叶，松江沿江沿海一带尚有因"沙田利薄税重，民往往弃而不耕"的现象。见《傍秋亭杂记》上卷。
⑤ 康熙《常州府志》卷十"物产"。

杭州府东北部的"钱塘滨江沙地",①中间则为常熟、昭文、太仓、嘉定、南汇、金山直至槎浦。②桑—稻产区,在同治以前基本上是"北不逾淞,南不逾浙,西不逾湖,东不至海,不过方千里,外此则所居为邻,相隔一畦而无桑矣"。③从地方志看来,桑—稻产区主要包括吴县、长洲、元和、吴江、震泽、乌程、归安、德清、钱塘、仁和、桐乡、石门、嘉兴、秀水、海盐等县。其余的地区,(典型者如无锡、宜兴、荆溪、武进、阳湖、华亭、青浦、嘉善、平湖、海宁等县)则属于水稻产区。又,高晋把苏南分为两个部分,一是"江宁、镇江、常州、苏州府属地方",一是"松江府、太仓州",并指出前者"土多沃壤,民习耕种",后者则"种花者多,而种稻者少"。④因此,前者实即水稻区,而后者则为棉区。

很明显,这三个作物区的范围,与前述江南平原的自然区划范围基本相符。棉—稻产区基本上即沿海沿江高田地带,桑—稻产区主要即太湖南部低田地带,水稻产区除太湖北部低田地带的无锡、宜兴、荆溪等县和太湖东部低田地带的青浦、嘉善等县外,还包括了属于沿海沿江高田地带的平湖、海宁等县,而后两个县恰好都是14世纪现代黄浦江开始形成后淡潮所及之地,情况与其他高田地带县份有所不同。特别有意思的是,跨居高田地带与低田地带分界线上的各县,其境内作物种植布局亦大致上沿此线而一分为二。例如武进县"棉花出通江乡",⑤即产于该县北部沿江高田地区。常熟县仅东乡高田种棉。⑥昆山县东部十一、十二、十三保三区,"虽隶

---

① 乾隆《杭州府志》卷五十三"物产"。
② 郑光祖:《一斑录杂述》卷七"三棱纺纱"条。
③ 唐甄:《潜书》下篇下"教蚕",中华书局,1984年排印本。
④ 高晋:《请海疆禾棉兼种疏》(《皇朝经世文编》卷三十七"户政")。
⑤ 乾隆《武进县志》卷三"物产"。
⑥ 乾隆《常熟县志》卷三"物产";道光《苏州府志》十六"物产"。

本县而连嘉定，迤在沿海之地，号为冈身，田土高仰，物产瘠薄，不宜五谷，多种木棉"，其他区则非是；①直到道光时仍然是"[种棉]东南乡有之"。②桐乡县"南乡高阜"，属于沿海高田地带，故棉亦仅于"东南各荡地植之"，③西部北部则为桑—稻产区。

当然，上述三大作物区与自然区并非绝对吻合。更要强调的是，这三大作物区都不是单一作物区。即使是在桑地比重最大的桐乡、崇德（石门）、归安、乌程、德清等县，据万历九年的清丈数字，旱地（主要是桑地）面积仅为水旱田地总面积的11%—19%。而据康熙六年、五十二年统计，旱地最多的崇德（石门）县，旱地亦只占总面积的41.4%，④而且还并非所有旱地都种桑。在沿海沿江高田地带的棉—稻产区，水稻种植也还有相当地位。在种棉最多的太仓州各县，道光时也还有十分之二三的田地种稻。⑤在水稻产区，种桑棉虽少，但也不是完全没有，像乾隆时海宁全县城乡354庄中，有28庄种桑，14庄种棉，分别占总庄数的8%与4%。⑥同时，在各个作物区内，油菜、麦、豆等作为稻、棉的后作和桑园的间作作物，种植面积亦颇大。而麻类作物在苏、杭、嘉、湖各府及太仓州都有种植，其中嘉兴府东部在清初"田皆种麻，无桑者亦种之"，⑦是比较集中的产地。因此在江南平原上，明清时期已大致形成了一种在几个农业生产部门相结合的基础上实现的专业化，即所谓"宽广型地

---

① 《震川先生文集》卷八《论三区赋役水利书》。
② 道光《昆新两县志》卷八"物产"。
③ 嘉庆《桐乡县志》卷一"水利"、卷四"物产"。
④ 参阅《补农书研究》，第120—123页；康熙《德清县志》卷一"田土"。
⑤ 林则徐：《林文忠公政书》甲集江苏奏稿二《太仓等州县卫帮续被歉收请缓新赋折》，朝华出版社，2018。
⑥ 《海昌备志》卷二至卷六"都庄"。
⑦ 张履祥：《补农书》"补农书后"，《补农书校释》，陈恒力校释、王达参校本，农业出版社，1983。

第四章 农业的发展（二）：资源利用合理化 177

区专业化"。这种专业化不同于自然经济下的"大而全""小而全"的经济模式,是一种有两三个相对独立的部门和作物同时作为主导部门和主导作物(其中也还有主次)有机地结合起来,实行专业化的商业生产。事实证明,这种专业化是合理利用江南平原自然资源的最佳方式。[①]明清时期江南平原已初步形成这种"宽广型地区专业化",标志着这里农业资源的合理利用程度已达到很高水平。

面积大约3,900平方公里的水面,也是江南平原上的一项宝贵的农业资源。江南人民很早就已开始利用水面,特别是到了唐代,利用程度达到了一定高度。[②]明清时期,比前代又有较大提高。这个提高,首先表现为渔业(捕鱼、养鱼)的发展,其次也表现为水生植物种植业的发展。

在捕鱼业方面,太湖捕鱼的发展最为引人注目。太湖面积2,250平方公里,约占江南平原水面总面积的58%。太湖属于富营养型的淡水湖泊,利于水生生物的繁殖,鱼类资源丰富。[③]明清以前,在太湖捕鱼早已有之,但详情不得而知,估计规模不很大。到了明代中叶,太湖渔业有重大发展,已使用了载重量达2,000石的六橹巨型渔船(帆罟)。据记载,这种巨型渔船因体积大、吃水深,不能傍岸入港,故"无问寒暑,昼夜在湖",成为太湖渔业中的"主力舰"。此外,还有数量众多的中小型渔船。[④]到清中叶,太湖中的六橹巨型渔船(罟船、大三片蓬)之数多达110余艘。罟船捕鱼时,"联四船为一带,两船牵大绳前导,以驱石〔石字当为鱼字

---

① 参阅李百冠《论商品生产基地的建设——太湖平原发展农业商品生产若干问题的探讨》。
② 参阅拙著《唐代江南农业的发展》,第172—173页。
③ 参阅窦鸿身、连光华《太湖的自然地理及水产资源的利用问题》,《地理》第5期,1963。
④ 郑若曾:《太湖图说》(见于《天下郡国利病书》卷十五"江南三")。

之误——引者］，两船随之"，实行了大规模联合作业，捕鱼量很大，故在康熙二十年以前，政府规定罛船鱼税钱，"一船准一亩田之赋"。①江南平原上的其他湖泊及河流，也富于鱼产。明清时期，大量的中小渔船活跃在这些河湖之上，像嘉靖时的"打牪船"，就在"吴淞江、阳城湖、太湖水乡多有之"。②其他地方也多如是。

利用水面养鱼，清代远比前代更为普遍。特别是在太湖南部低田地带的水乡，养鱼尤盛。"嘉杭之间，……家有塘以养鱼"，③湖州畜青、草、鲢、鳙四大家鱼甚多，并很讲究饲养方法，实行按比例混合放养，充分利用水域。张履祥说："湖州低乡，稔不胜淹。数十年来，于田不甚尽力，虽至害稼，情不迫切者，利在畜鱼也。故水发之日，男妇昼夜守池口；若池塘崩溃，则众口呼号吁天矣。"可见重养鱼甚于种稻。同时，湖州养鱼商品化程度也颇高，"湖州畜鱼，必取草、籴螺蛳于嘉兴；鱼大而卖，则价钱贱于嘉兴。……吾地［嘉兴府桐乡县］鱼俱自湖州来"。④湖州鱼的销售范围甚广，"冬天船贩南至钱塘，东北达于苏、松、常、镇"。⑤在苏州，"畜鱼以为贩鬻者，名池为荡，谓之家荡。有所谓野荡，荡面必种菱芡，为鱼所喜而聚也。有荡之家，募人看守，俗称包荡"。苏州养鱼以吴、长洲二县最盛。吴县的浒墅、虎丘，长洲县的北庄基、南庄基，都以养鱼著称。其中浒墅青苔河一带居民"皆以养鱼为业，以鱼池之多少论贫富，池大者常至数十亩"。⑥明代后期松江西部低乡之田，"甚得水利，每鱼断之节，长年包银有多至五六十两者。其

---

① 《太湖备考》卷十六"杂记"。
② 《筹海图编》卷十二"严城守"。
③ 《虞初新志》卷十七；孙嘉淦：《南游记》。
④ 《补农书》"补农书后"。
⑤ 乾隆《湖州府志》卷四十"物产"引郑元庆《湖录》。
⑥ 《清嘉录》卷十一"起荡鱼"条；道光《浒墅关志》卷十一"物产"；《桐桥倚棹录》卷七"溪桥"、卷十二"市荡"。

第四章　农业的发展（二）：资源利用合理化　179

寻常河港与人牵网，亦取利一二十两"。①在嘉兴府嘉善县，地主乡绅占有河荡养鱼，明代后期亦已颇为普遍。②沿江沿海高田地带养鱼虽不及太湖南部低田地带之盛，但在一些地方也颇为发达。太仓州镇洋县城郊，明末已池养鲻鱼；③乾隆时并养青、鲫、鲢、白鲫四种家鱼。④宝山县北乡人则多蓄鱼苗"鬻之为利"。⑤松江东部利用积水河与蓄水池养鱼。⑥江阴人民正德时多蓄鲢鱼；乾隆时该县月城镇一带更"渔庄蟹舍，纵横汀渚"。⑦平湖县也养鱼军鱼。⑧海宁县西乡在明末已是"鱼地利重，赋与田等"，而乾隆时该县十、十二两都利用水荡养鱼者甚多。⑨此类例子甚多，表明明清江南平原上的养鱼业，确实是比较发达的。

由于养鱼利大，当时人把养鱼列为畜牧养殖业之首："养五牸之法：一曰养鱼，二曰养羊，三曰养猪，四曰养鸡，五曰养鹅鸭。五牸之中，惟水畜之利最大"，故择居时，"须择背山面湖、山聚水曲之处，……掘筑方围大塘，以收水利"。⑩

此外，种植菱芡等水生作物，也是一种对浅水资源的有效利用方式。明清时期，太湖南部低田地带在这方面取得了相当的成绩。因此文震亨《长物志》说："两角为菱，四角为芡，吴中湖泖及人家池沼皆种之。"但比较而言，在太湖周围地带（特别是杭、嘉、湖地区），水

---

① 《四友斋丛说》卷十四"史十"。
② 参阅滨岛敦俊《明代江南農村社會の研究》，東京大學出版會，1982，第84—89页。
③ 崇祯《太仓州志》卷五"物产"。
④ 乾隆《镇洋县志》卷一"物产"。
⑤ 乾隆《宝山县志》卷四"物产"。
⑥ 《四友斋丛说》卷十四"史十"。
⑦ 正德《江阴县志》卷十二"物产"；乾隆《江阴县志》卷五"镇市"。
⑧ 乾隆十年《平湖县志》卷二"物产"。
⑨ 《海昌外志》"物产"；《海昌备志》卷二"都庄"。
⑩ 《致富奇书》（木村兼堂本）"牧养致富"条。

生作物的种植最为普遍，其他地方就差一些，所以嘉庆时钱泳指出："余以为水深三四尺者种菱芡，一二尺者种芰荷，水不成尺者则种茭白、茨菇、芹菜之属。人能如之以勤俭，虽陂湖亦田也。试看杭嘉湖三府，桑麻遍野，菱芡纵横，有弃地如苏松常镇四府者乎！"①其中，杭州西湖在明代后期即已是"滨湖多植莲藕、菱芡、茭芡之属。……茭田之直可十余金，利倍禾稼"。②归安县菱湖镇在万历时亦盛产菱，"盈池遍泽，无不成熟。菱称果中洁品，惟此乡最佳且多，故曰菱湖"。③其他地方水性作物种植虽逊于杭嘉湖，但也并非都如钱泳所言对水面弃而不用。例如南京玄武湖，"那湖中菱、藕、莲、芡，每年出几千石"。④乾隆时的平湖县，"水乡莳芰者结绳界水，望之如田"；吴江县则"菱，各湖荡之种之，秋间采之，以易钱米，亦小民生计所资也"。⑤沿江沿海高田地带，水生作物种植虽不及杭嘉湖地区，但也并不像钱泳所说那样对水面弃而不用。事实上，早在明后期，常熟县境内的吴淞江沿岸"七十里内，种茭芦者十之二三，种棉花禾豆者十之七八，岁收肥利不下万计，计亩不下数千余顷"。⑥可见种茭芦已相当普遍。

由上可见，明清时期江南平原上的水面资源利用，也比过去更为充分了。

（二）浙西山地与宁镇丘陵

1. 浙西山地，包括杭、湖二府西部地区，面积大约9,400平方公里。宁镇丘陵，包括应天（江宁）、镇江二府，面积约12,600平方公里。两者总面积共约22,000平方公里，约占江南地区总面积的

---

① 《履园丛话》卷四"水学""协济"。
② 《西湖游览志余》卷二十四。
③ 光绪《菱湖镇志》卷一"疆域"引万历《菱湖志》。
④ 吴敬梓：《儒林外史》第三十五回，人民文学出版社，1975年排印本。
⑤ 乾隆四十五年《平湖县志》卷六"风俗"；乾隆《吴江县志》卷五"物产"。
⑥ 王圻：《东吴水利考》卷七"吴淞江图考"。

44%。①这两个地区,曾经是江南农业最发达之地。上节所引日本学者所谈到的宋代江南"干田农业"(或"高田农业"),就主要集中在这两个地区。但是随着江南平原的开发,这两个地区在整个江南农业中的地位逐渐下降,蚕桑业中心也迁至平原地区。至迟到明代前期,这两个地区的农业尽管仍有发展,但已成为江南平原的附庸。

浙西山区河谷平原面积不大,广大山丘土壤以红壤为主,呈强酸性反应,组织松散,蓄肥保水能力均弱。此外还有部分黄壤,呈酸性反应,质地为壤粘土到砂土,有机质含量亦少,肥力不高。②因此除河谷平原外,这一地区不很适于粮食生产,以故史称"山高土燥多石,不利稻麦"。③山区各县,只有安吉产谷略多,到了清代"丰年所入,皆足资一方之食",且稍有输出。④其他各县则多不能自给。例如武康县"山多田少,丰岁不足一县之食,大半仰于外县"。⑤孝丰县"地瘠而隘,民无他利,田不产夫嘉谷。……一岁所入视旱涝以丰歉,而旱常十之七,涝亦十之三"。⑥临安县"山多田瘠,炊米半仰给于苏、湖"。⑦新城县"土瘠民贫,……耕耨者少,民自供夏秋两税外,岁即稔,亦不能赡八口"。⑧清代前中期,棚民在浙西山区开山种植番薯、玉米等作物,但生产规模有限,主要是为解决自身的口粮问题;而且开山引起了严重的水土流失,屡为官府与各地乡族势力所限制和禁止。因此限于自然条件,在浙西山区

---

① 据《中国实业志·江苏省》《中国实业志·浙江省》中有关数字统计。
② 参阅严重敏等《杭嘉湖地区水土资源的综合利用问题》。
③ 乾隆《长兴县志》卷十"物产"。
④ 乾隆《安吉州志》卷八"物产"。
⑤ 道光《武康县志》卷四"水利"收骆鸣銮《答邑侯杨少渠问水利书》。
⑥ 康熙《孝丰县志》卷三"土产"。
⑦ 康熙《临安县志》卷六"物产"。
⑧ 康熙《新城县志》卷四"财赋"。

发展粮食生产的余地很小。

浙西山区也不适宜种棉。嘉靖、万历时，安吉、长兴等地曾种过棉，但安吉地区"花、豆则十岁九潦，极难收成"；长兴地区虽有人种花、豆，然"其数不当安区四分之一"，为数不多。①至乾隆时，安吉已不再产棉，"木棉布则皆自他方贩来，本地绝无纺织者"。②长兴至此时亦无棉布出产。武康过去曾种棉，但到道光县志亦称"昔有今无"。③浙西山区种苎倒是"最为相宜"，④但清代棚民种苎造成水土流失，问题很大，因此进一步扩大苎麻生产，也是不现实的。

但是，浙西山区的自然条件也有其优长之处。这里气候温暖，雨量充沛，有利于茶、桑、竹、木的生长。山区红黄壤一般说来也还宜于这些植物。而且山区地广人稀，可利用荒地甚多，亦使茶、桑、竹、木的种植有较为广阔的发展余地。乾隆《长兴县志》卷十下"物产"说：该县"生殖似逊他县，然依山环水，川原华实之资生利用裕焉"，就是山区自然优势的概括。因此在浙西山区发展茶、桑、竹、木种植，是合理利用当地自然资源的主要途径。

浙西山区种桑，宋元就已颇为发达。例如南宋时，安吉"人唯借蚕办生事"。⑤南宋武康有桑地20,059亩，占该县耕地总数的1/8，⑥比重已相当高。明清时期，虽然江南蚕桑业生产重心已转移到平原地区，但浙西山区蚕桑业仍有进一步发展。杭州府西部山区的富阳、余杭、临安、新城、於潜、昌化各县，自明嘉隆万以来

---

① 万历《湖州府志》卷三"田亩"引李汝节语。
② 乾隆《安吉州志》卷八"物产"。
③ 道光《武康悬志》卷五"物产"。
④ 道光《武康县志》卷五"物产"。
⑤ 陈旉:《农书》卷下种桑之法篇。
⑥ 嘉庆《武康县志》卷四"食货"。

蚕桑一直颇盛，成为当地经济的重要支柱。①其中富阳的桑树享有盛名，"愈老愈茂，年远不败"，"皮坚，虫不能啮，最为佳种"，富阳人因而得以"专擅贩叶之利"。②余杭及临安，"隙地皆树桑，虽田边小径，树低叶茂，植列成行"，③种植情况可与平原地区相媲美。於潜虽然"余岸、山坡、废地，未植者多矣；且桑高而干疏，新接繁嫩者十无一二，是功力未勤，则所收亦薄也"，经营比较粗放，但由于种桑面积广，桑叶总产量多，故亦"家家养蚕"，"蚕熟丝多，乡人多资其利，出息差不亚嘉湖也"。④湖州府西部各山县明清时蚕桑更盛。武康在明代"蚕时户户箔"，号为"浙西巨邑，丝纩之属，衣被海内"。⑤洪武二十四年该县有旱地（主要是桑地）393.98顷，嘉靖二十一年增为463.18顷，增加约18%，⑥比南宋时的桑地200.59顷增加约131%。至道光时，该县"蚕桑尤大利所归"。⑦长兴在明中后期"桑叶宜蚕丝，县民以此为恒产。傍水之地，无一旷土，一望郁然"，而且桑秧的商品化，亦达很高水平。⑧德清自明初以来，蚕桑一直颇发达，康熙时"穷乡僻壤，无地不桑；季春孟夏，无人不蚕"，嘉庆时更是"民恃蚕桑之利，寒暑稍失候，蚕或不登，即为潦岁"。⑨安吉"西北两乡东南近州者家皆饲蚕，桑独茂"，至乾隆时，"山乡亦皆栽桑"。⑩

---

① 参阅万历《杭州府志》卷十九"风俗"、卷十二"物产"，康熙《杭州府志》卷六"风俗""物产"，乾隆《杭州府志》卷五十二"风俗"、卷五十三"物产"，以及有关各县县志中的风俗、物产部分。
② 《广蚕桑说》；同治《湖州府志》卷三十"蚕桑上"。
③ 嘉庆《於潜县志》卷十"食货"。
④ 嘉庆《於潜县志》卷十"食货"。
⑤ 嘉靖《武康县志》卷首弘治辛酉陈琳序、卷五"艺文"收夏元吉《过武康》诗。
⑥ 道光《武康县志》卷五"物产"。
⑦ 道光《武康县志》卷五"物产"。
⑧ 乾隆《长兴县志》卷十下"物产"引王道隆《菰城文献》及引康熙县志。
⑨ 康熙《德清县志》卷四"农桑"；嘉庆《德清县续志》周绍濂序。
⑩ 乾隆《安吉州志》卷八"物产"。

明清时期浙西山区种茶也有扩大。唐代江南茶叶主要产于长兴县顾渚一带，但顾渚茶业至明清时已衰，[①]仅长兴与宜兴交界处所产岕茶仍享盛名，[②]不过产量不多。明清江南产茶最多的县份是於潜，史称该县"民之仰食茶者十之七"，[③]嘉庆时则"各山皆产茶，……盛行于关东，与徽商大叶子相埒，每岁设厂收买如市，俗称曰王茶。乡人大半赖以资生，利亦巨矣哉！"其"头茶之香者远胜龙井"。[④]武康在嘉靖时已产茶，康熙时该县前溪一带茶业大盛，"采之日，老稚男女毕出，筐之苫之，邻里强以相助也。夜篝火彻曙，岸釜而炽薪炙之。……乃盛于篓，乃鬻于市，千树茶比千户侯矣"。[⑤]安吉"茶出南山乡，……山乡鲜蚕麦之利，茶虽工繁利薄，然业此者每藉为恒产云"。[⑥]富阳产茶质佳，嘉靖以来一直被列为杭州府特产。[⑦]余杭经山万历时号称产茶最多，以后一直不衰。[⑧]昌化则"春茶秋荑，其利甚溥"。[⑨]

明清浙西山区各县种竹很盛，以收笋及竹之利。许多地方种竹已十分集约化和商业化。例如武康前溪一带，"笋之市，毛竹之笋为盛。山人艺山如治田，疾薅草，厚加壅，数除数壅，长其母以取子，亩息数金"。[⑩]以故"武康之竹，西南所产为盛，利过蚕桑，其息间岁一收"。[⑪]安吉"东南山乡，借竹为生"，竹山经营有　山、

[①] 《吴兴掌故集》卷十三"物产"；《吴兴备志》卷二十六"方物"引《避暑录》。
[②] 据《露书》卷十"错篇上"，明代岕茶列于"茶之七雄"之一。
[③] 乾隆《杭州府志》卷五十三"物产"引以前的於潜县志。
[④] 嘉庆《於潜县志》卷首、卷十"食货"。
[⑤] 嘉靖《武康县志》卷四"物产"；同治《湖州府志》卷三十三"物产上"引《前溪逸志》。
[⑥] 乾隆《安吉州志》卷八"物产"。
[⑦] 乾隆《杭州府志》卷五十三"物产"引嘉靖《浙江通志》。
[⑧] 万历《杭州府志》卷三十二"物产"；康熙十二年《余杭县志》卷二"物产"。
[⑨] 道光《昌化县志》卷五"物产"。
[⑩] 同治《湖州府志》卷三十三"物产上"引《前溪逸志》。
[⑪] 道光《武康县志》卷五"物产"。

第四章　农业的发展（二）：资源利用合理化

间锄("打退笋")、防兽窃、去梢等工作,有的须雇工才能胜任,所得笋、竹,主要供出售,"两年一收其息"。更"于田间密植小竹,曰竹漾",实行密植,"其竹无大小年之异,盛者丛篁密箐,人不得入内,畜数岁,尽砍以售。……工费无多而直甚倍,故竹漾一亩倍于竹山数亩焉"。①长兴毛笋"多产荒山,……多鬻于市",其味"不让乌程所产"。②余杭产笋号最多,"直北诸乡,以山为业,资竹为生"。③於潜"竹类甚多,栽植易成林",民取荒山笋制笋干,"嘉前、嘉后两乡所出颇多,初夏时贩鬻于嘉、苏以千百计。谋生之资,不为无助"。④

木,嘉庆时於潜有人工种植松杉,⑤其他县当亦有之。种乌桕则甚为普遍,"临安人每田十数亩,田畔必种柏数株。其田主岁收柏子,便可完粮。……江浙之人,凡高山大道,无不种之"。⑥富阳"村落多种柏树,参差成行,采子为膏,以应会城造烛之用"。⑦於潜"冬节前各村……籍乌桕换油盐","俗多乌桕之利,故种[油菜]者不过十之三"。⑧浙西山区其他各县亦多有种柏者。此外,不少山区县还种植漆、谷、楮、桐、皂、冬青(蜡树)等经济林木。

总之,明清时期浙西山区自然资源的合理利用,比前代是更为扩大了。

2. 宁镇丘陵地区在地形上以由下蜀黄土所组成的岗冲为主,起伏平缓,海拔高度在20—40米之间,大大高于东面的江南平原。

---

① 乾隆《安吉州志》卷八"物产";同治《湖州府志》卷三十二"物产下"。
② 乾隆《长兴县志》卷十一"物产"。
③ 万历《杭州府志》卷三十二"土产";嘉庆《余杭县志》卷三十八"物产"。
④ 嘉庆《於潜县志》卷十"食货"。
⑤ 嘉庆《於潜县志》卷十"食货"。
⑥ 《农政全书》卷三十八"种植";《二如亭群芳谱》木谱二十。
⑦ 康熙二十二年《富阳县志》卷五"风俗"引宣德旧志。
⑧ 嘉庆《於潜县志》卷九"风俗"、卷十"食货"。

由于地势高，天然湖泊少，农业用水主要依赖降雨。在水稻用水最多的6—8月（公历），降雨虽较充沛，但在多数年份仅靠降雨不能满足需要。①明清人早已了解到这一特点，如《上元水利论》指出：上元县"山乡居其七"，"田之不平者十居其四"，"境内虽有群山，而其地脉枯燥"，水源不足，"楼梯之田，十日不雨即患其燥矣"。②由于供水困难，水稻种植面积与亩产量在很大程度上取决于当年降水情况，不很稳定，③因而水稻生产难于扩大。棉花耐旱，但由于宁镇地区土质粘重，透水性差，故亦不宜。高淳、句容等地县志虽记载产棉，但为数不多。南京一带则直到同治时仍"无枲麻木棉"。④

为了进一步利用宁镇地区的水土资源，明清当地人民采取了两方面的措施：第一，兴修水利，建设高产稳产的水稻田；第二，在不宜稻之地种桑，发展蚕桑业。

由于水源不足，因而这一地区人民兴修水利主要着眼于"广凿塘堰蓄积雨水"，提出每田三亩，凿塘一亩（深一丈）的方法，⑤比陈旉《农书》提出的每田十亩凿塘二三亩的办法又有所改进。这个方法在明清时期肯定已得到实施。例如弘治间，江宁县"东乡多原麓，寡塘堰，故少值旱涝辄病"。但康熙时张英过江宁，看到那里"[塘]深且陡，有及二丈者，故可以溉数十亩之田而不匮"，因而"其田最号沃壤"。⑥钱泳说：在江南，"[浚池]为利无穷。旱年蓄水以资灌溉，水年藏水以备不虞，深者养鱼为利，浅者种荷为利；其地瘠者，

---

① 祁延平：《苏南丘陵岗地水稻供水问题》，《地理》第1期，1963。
② 乾隆《上元县志》卷四"山川"附《上元水利论》。
③ 上引祁延平文。
④ 同治《上元江宁两县志》卷七"食货"。
⑤ 乾隆《上元县志》卷四"山川"附《上元水利论》。
⑥ 弘治《江宁县志》卷三"蓄亩"；张英《恒产琐言》。

每年以罱泥取污,即为肥田之利"。①明清江南水利专家们多鼓吹在高田凿塘浚池,而从江宁的情况来看,此法确实实行了。

桑树是比较适合宁镇丘陵地区土宜的作物。明代以前,这里种桑不多,到了明清时期蚕桑业才逐渐发展起来。弘治、正德时,句容、高淳已有蚕桑;②明末江宁及清初镇江、丹徒也出现了种桑养蚕的现象,③但是发展还很有限。到乾隆时,溧阳蚕桑业已颇发达,"近且缫声遍轧轧矣"。④而乾嘉道时,南京南郊所产土丝已不少,供城中发达的织缎业作纬线用。⑤

由上可见,明清宁镇地区水土资源的利用,在当时技术条件下,也已达到颇高水平。

(三)土地经济效益的提高

从某种意义上可以说,单位面积土地上经济效益的高下,是检验自然资源利用是否合理的主要依据。下面,我们就看一看上述变化是否导致了单位面积土地经济效益的提高。

在江南平原沿海沿江高田地带,由于供水困难,种植水稻非常不经济。为了解决农田用水,明清江南沿江沿海高田地带的农民不得不从蓄水池或从附近河流中戽水灌田。而在当时的技术条件下,无论是从蓄水池或从河流戽水,都需要投入巨量的劳动。黄卬即说:"高田惟赖于陂塘。……高田去通河远,故浚池积水以溉田。苟池水既竭,而欲引通河之水,则必用桔槔数十重,先戽水入池,历数池以至田。此惟有资者能之,贫人无力,多任其槁死。若去通河十

---

① 《履园丛话》卷四水学"围田""浚池"条。
② 弘治《句容县志》卷三"土产";正德《高淳县志》卷一"物产"。
③ 《(江宁)石步志》原序;康熙《镇江府志》卷四十二"土产";康熙《丹徒县志》卷五"物产"。
④ 乾隆《溧阳县志》卷四"风俗"。
⑤ 《凤麓小志》记机业第七。

里，虽富人亦无可如何。……是高阜之乡，较近水之地，其艰十倍不啻也。"①实际上，在高田地带，稻田即使近河，戽水也是一项极辛苦的劳作。明清松江府各县地方志都说明了这一点。因而，戽水艰难大大增加了稻田上的劳动投入，使这里的种稻人工远远超过其他宜稻之地。松江府东部与西部分别属于高田地带与低田地带，而这两地带的水稻生产条件明显不同。何良俊说："盖各处之田，虽有肥瘠不同，然未有如松江之高下悬绝者。夫东西两乡，不但土有肥瘠，西乡田低水平，易于车戽，夫妻二人可种二十五亩，稍勤者可致三十亩。且土肥获多，每亩收三石者不论，只说收二石五斗，每岁可得米七八十石矣；故取租有一石六七斗者。东乡田高岸陡，车皆直竖，无异于汲水，水稍不到，苗尽槁死。每遇旱岁，车声彻夜不休。夫妻二人竭力耕种，止可五亩。若年岁丰熟，每亩收一石五斗；故取租多者八斗，少者只黄豆四五斗耳。农夫终岁勤动，还租之后，不够二三月饭米。"②据此，松江东部种稻，亩产量仅为西部的50%—60%，户产量（户以夫妻二人计）仅为8%—12%，可见经济效益极低。

　　但是，在松江东部种棉，情况便迥然不同了。我根据姚廷璘《历年记》中上海一带自康熙八年至康熙三十五年的棉田亩产量统计，棉田1亩大约产皮棉80斤，与西嶋定生先生据其他数据考证所得结果相同。③又据《历年记》中康熙六年至康熙三十五年物价数据计算，花价每担约为银2两，而米价每石约1两。④因此一亩田地

---

① 黄印等：《锡金识小录》卷一"地亩"等则，凤凰出版社，2012。
② 《四友斋丛说》卷十四"史十"。
③ 参阅西嶋定生《中國經濟史研究》，東京大學出版會，1975，第830—831頁。
④ 据叶梦珠《阅世编》中有关资料统计，崇祯十七年至康熙二十三年上海花价平均每担3两，米价每石2两。但明末及顺治朝因战灾荒，物价波动极大，不能如实表现正常价格，故此处仍据姚廷璘：《历年记》，《清代日记汇抄》，上海人民出版社，1982。

若种棉,平年可得皮棉80斤,合银1.6两;若种稻,即使丰年也仅可得米1.5石(依何良俊),合银1.5两,平年则更低。因此种棉的亩产值已高于种水稻。不仅如此,由于种棉勿须戽水灌溉,亩均人工投入大大少于种稻。两相比较,种棉的经济效益远比种稻高。明末太仓人民亦已认识到种稻因"戽水至艰,获不赓费",故种棉。①咸丰以后,金山张堰一带农民也感到"农力不足,种木棉者渐多,以省工本"。②可见,农民从生产实践中已深刻地体会到合理利用自然资源与提高经济效益之间的必然联系。

蚕桑的经济效益更明显地高于种稻。在前一章中,我们对水稻和蚕桑生产的亩净产值作过比较,得知蚕桑的经济效益一般说来高于水稻。③特别要强调的是:明清江南的桑园,有很大一部分是由不甚宜于种稻的水田改造而成的,因此经济效益更是大大提高了。

种植经济林木,经济效益亦颇佳。张履祥说:瘠田种竹,"每亩可养一二人",种果"每亩可养二三人",均高于种稻。④包世臣则说,在山坡种漆树,"二岁可获净漆一石,价比谷三十倍。木中器用,可及工本";种谷树,"[皮]价十倍谷,柴供爨,可及工本"。⑤种柏收益亦甚高,已见前述。

水面养殖与种植,亦甚有利可图。张履祥说:把瘠田改造为池养鱼,"每亩可养二三人,若杂鱼则半之"。⑥田汝成则说:西湖茭田"利倍稼禾"。⑦可见经济效益也高于种稻。

因此,我们可以清楚地看到:明清江南农业生产结构的变化,

---

① 崇祯《太仓州志》卷五"物产"。
② 姚裕廉、范炳垣等编著《重辑张堰志》卷一"物产"。
③ 此外并参阅本书附录二。
④ 《补农书校释》附录《策邬氏生业》。
⑤ 《安吴四种》卷二十六《齐民四术》第一下"农政"。
⑥ 《补农书校释》附录张履祥《策邬氏生业》。
⑦ 《西湖游览志余》卷二十四。

导致了经济效益的明显提高。这充分证实了明清江南人民对自然资源利用的合理程度比以前有较大幅度的提高。

通过以上各小节的论述，我们可以清楚地看到：明清江南水土资源的利用，远比前代合理。这种利用方式的合理化，主要表现为：在改善稻田质量、充分发挥水稻生产潜力的同时，改变农业生产结构，把各生产部门配置到最有利的自然环境中。由于水土资源合理利用水平的提高，江南农民能够在耕地没有增加的情况下，创造出更大的经济效益。因此，对自然资源合理利用水平的提高，与农业生产集约程度的提高相并，成为明清江南农业发展的两条主要途径。

第二节　劳动力的合理使用

农业生产由于严重依赖季节变换，所以不是一种连续性生产，而是间歇性生产。在农闲时节，大批农村劳动力处于闲置和半闲置状态，从而造成了极大的浪费。①因此尽量减少农闲天数，让现有劳动力得到更充分的发挥，是合理使用劳动力的关键。从这个意义上来说，劳动力的合理使用，就是劳动力的充分使用。

由于数据关系，本节中仅就种稻农户的劳动力合理利用问题进行探讨。由于明清江南种稻农户的生产能力以特定的技术条件为前提，因此本节首先讨论明清江南水稻生产技术体系所决定的主要生产环节，以及农户在这些环节上可有的工作天数，然后根据当时农民在各环节生产中的工作效率得出农户在各环节上的单项生产能力。在此基础上，进一步探讨劳动力合理使用对农户生产能力的作用，以及由此导致的农户生产能力的差别。

---

① 《补农书》"总论"说："农功有时，多则半年。谚云：'农夫半年闲。'"

一、明清江南水稻生产中的"农时"

明清江南的水稻生产技术，在历史的发展过程中，也取得了若干程度不同的进步，从而形成了有异于前的生产技术体系。耕作制度是生产技术体系的集中表现，不同的生产技术体系也决定并要求不同的耕作制度。对于明清江南水稻生产技术体系来说，最合适的耕作制度乃是一年多作制，因为只有在一年多作制下，农民才能在单位面积的耕地上投入较多的劳动与资本（肥料），并获得较多的产品。而为江南的自然条件所决定，这里实行水稻与其他作物轮作的一年二作制，经济效益最佳。[①]因而明清江南水稻生产技术体系的总特点，也就集中地体现在水稻与其他作物轮作的一年二作制的实行上。

早在唐代中期，江南就已开始实行稻麦复种的一年二作制。[②]到了宋代，这种耕作制度在相当的范围内已得到普及。[③]但是由于当时江南大部分地区的农田改良尚处于初期阶段，以及水稻品种和肥料方面的问题，[④]因此就整个江南地区而言，稻麦复种还不是占主导地位的耕作制度。一直到了明代后期，水稻与棉花轮作的一年二作制才成为江南主要的耕作制度。

明清江南文献把一年二作制中水稻的后作作物称为"春花"或

[①] 江南当然也可以种双季稻，但弊病很多，不如稻与旱地作物轮作有利。参阅南京农学院与江苏农学院主编《作物栽培学》（南方本）上册，上海科学技术出版社，1979，第434页。

[②] 参阅拙文《我国稻麦复种制产生于唐代长江流域考》。

[③] 参阅李长年《清代江南地区的农业改制问题》，《中国农业科学》第7期，1962。

[④] 两宋江南水稻以早稻为主，故插秧通常在农历四月上中旬（参阅陈恒力、王达《补农书校释》，第29页）。而小麦成熟通常在四月中旬，因而无法实行稻麦复种。又，稻田种麦，"极耗田力"（《浦泖农咨》），须补充大量肥料，可是宋代文献中很少提到施肥问题。

"春熟"，但对其所包含内容的解释则一向颇有歧异。有的仅指油叶与小麦，①有的说是二麦、蚕豆与油叶，②有的则在麦、豆、菜之外还加上花草（紫云英）。③这里要说明：本节所说的一年二作制，指的是粮食、油料作物等的种植，因此花草虽然也很重要（有的地方甚至把它与麦连举并称，"言春熟者曰麦、草"），④但我们认为还是排除花草较为合理。其次，虽然"油叶、小麦、豆谓之春花"，但"自苏州以东地高，种麦为多；湖〔州〕地洼下，种叶为宜"；⑤苏州则"割稻后，……所种〔菜、豆〕不过十之二三，余皆栽麦"。⑥可见各地种植情况颇不相同。其实即使在一地，也存在时空差异。如在苏州，据奚诚说是稻麦复种为主，但陈斌却说："苏湖之民，善为水田，春收豆、麦，秋收禾稻"；⑦袁学澜则说，油菜"吴民遍种之"。⑧对于这些细节，我们不予探究。总的来说，明清江南的一年二作制是稻与麦、豆、油菜轮作，其典型的描述是"浙以西，冬十二月种麦，而四月获；五月种稻，秋九月获"；⑨"吴民终岁树艺，一麦一稻。麦毕割，田始除，秧于夏，秀于秋，及冬乃

---

① 许旦复：《农事幼闻》（引自同治《湖州府志》卷三十二"物产"）；康熙《嘉兴县志》卷三"物产"。
② 郑元庆：《湖录》（引自同治《湖州府志》卷三十二"物产"）；康熙《上海县志》卷一"风俗"；乾隆《乌青镇志》卷二"农桑"；《双林镇志》卷十三（原纂）"农事"；嘉庆《桐乡县志》卷十二；《吴门岁华纪丽》卷四"小满动三车"，等等。
③ 崇祯《太仓州志》卷五"物产"；乾隆《镇洋县志》卷一"物产"；乾隆《沙头里志》卷二"物产"。
④ 乾隆《镇洋县志》卷一"物产"。但该书同时又说："言春熟者必言菜、麦。"
⑤ 《农事幼闻》（引自民国《南浔志》卷三十"农桑"）；又见于《双林镇志》卷十三（原纂）"农事"。
⑥ 奚诚：《耕心农话》。
⑦ 陈斌：《量行沟洫之利》（《皇朝经世文编》卷三十八）。
⑧ 《吴郡岁华纪丽》卷四"拔菜"。
⑨ 贺灿然：《六欲轩初稿》"救荒八议"之五"议种"。

获"；①"岁既获［稻］，高田既播叶麦，……（夏初收叶籽、麦、蚕豆，名曰春熟），自是耕以艺稻，至秋乃登。周而复始，迄无宁日"。②

当然，就是入清以后，真正的一年一作稻田也还是有的。陆世仪说："江南水田，田中冬夏积水，不便开沟分明"，所以麦仅种于高田。③张履祥说："下乡田低，无春花"，"湖州无春熟"。对此说，陈恒力、王达先生释为"土反田过冬，只种一季水稻"。④康熙时的常州，也"有不种二麦者，春初耕锄，俗谓冬田"。⑤乾嘉之际，松江府之东、西、北，"大污小污钩衔簿逐，为顷五万，泉甘土沃，去山池涂荡十三不可耕，十三一稔，十四再熟"，⑥即一作稻田仍占耕地总数的七分之三。直至道光时，松江也还有一作稻田。⑦不过，自明代后期以来，随着江南平原水土改良的进展，这种一作稻田主要存在于某些特别低洼的地区，在整个江南耕地总面积中所占比重已不大。⑧更多的稻田虽出于各种原因不能种春花，但在收稻前撒下花草籽，收稻后任其生长，来年垦田时翻入地下作基肥。本书中所说的一年一作制稻田，也包括这种稻与花草轮作之田。不过即使是这种田，其普遍性也远在前述稻与麦、豆、菜等作物的一年二作田之下。

各种农作物都有自己的生理特点。明清江南水稻生产技术体系

---

① 李彦章：《江南催耕课稻编》陶序。
② 乾隆《吴江县志》卷三十八"生业"；乾隆《震泽县志》卷二十五"生业"。
③ 陆世仪：《思辨录辑要》卷十一"修齐篇"。
④ 《补农书校释》，第107页。
⑤ 康熙《常州府志》卷九"风俗"；《重刊宜兴旧志》卷一"风俗"。
⑥ 钦善：《松问》（《皇朝经世文编》卷二十八）。
⑦ 《浦泖农咨》。
⑧ 湖州地势最为洼下，一作稻田相对多些，故张履祥说湖州无春熟。但从地方志来看，湖州种油菜是很普遍的。又，沈氏虽在湖州，但他也种春熟及花草。可见张氏之言失之偏颇。

既然把水稻以外的许多农作物也包纳了进来,那么我们在研究种稻农户的生产能力时,便不能不考虑到其他作物。由这些作物的生理特点所决定的生产技术要求,对水稻生产具有重大影响。林则徐就曾指出:"尔农贪种麦,麦割方莳禾,欲两得之几两失,东作候岂同南讹?"[①]明确地表现了稻与麦在插、收工作上的时间矛盾,会影响稻、麦生产。为了更好地分析水稻生产各主要环节所需的时间,以及农户在这些时间内所能完成的工作量,我们有必要对明清江南有关农作物的收种时间作一了解。兹据明清江南农书及各地方志中的《农作日历》制成以下两表(表4-1与4-2):

表4-1 春熟作物的收种时间

时代	地点	收获时间	播种时间	出处
正德	苏州	五月（小麦）	八月（蚕豆）,九、十月（小麦）	《便民图纂》卷三"耕获类"
万历	秀水	四月（麦）	九月（麦、豆）	万历《秀水县志》卷一"农桑"
万历	崇明	小满（麦）		万历《崇明县志》卷一"风俗"
万历	嘉兴	芒种（菜、麦）	九月（菜、麦）	万历《嘉兴府志》卷一"风俗"
万历	浙西	四月（麦）	十二月（麦）	《六欲轩初稿》"救荒八议"之五
崇祯	归安	四月（麦、菜）	九月（菜）,十月（麦、豆）	《沈氏农书》"逐月事宜"
明后期	江南	三四月（大小豆）,五月（麦）	八月（蚕豆、菜）,九月（麦）	《致富奇书》（木村蒹堂本）

---

① 林则徐:《云左山房诗钞》卷二《区田歌为潘功甫舍人作》。

续 表

时代	地点	收获时间	播种时间	出处
崇祯	江南		三四月（大豆），八九月（麦），九月（菜）	《养余月令》卷五、十四、十五
清初	江南	夏至（麦）		《思辨录辑要》卷十一"修齐篇"
清初	桐乡		立冬后（麦）	《补农书后》
康熙	长兴		九月（麦、蚕豆）	康熙《长兴县志》卷十"物产"
康熙	乌程	小满（菜）	九月（菜、麦）	《乌青文献》（引自同治《湖州府志》卷二十九"四时俗尚"）
乾隆	乌程	四月（麦、菜、豆）	九月（麦、菜、豆）	《乌青镇志》卷二"农桑"
乾隆	平湖		九月（麦）	乾隆四十五年《平湖县志》卷六"习尚"
嘉庆	嘉兴	四月（麦）	九月（麦、菜、豆）	《嘉府典故纂要续编》卷一"农家风景"
嘉庆	苏州	端阳（春熟）	十月（麦、菜、豆）	道光《浒墅关志》卷一"风俗"
嘉庆	江南	立夏（大麦），小满（小麦、菜）	秋分（早麦），寒露（菜、豆），立冬（迟麦）	《安吴四种》卷二十五《齐民四术》卷一"农一"
嘉庆、道光	湖州	四月（菜、麦）	立冬（迟麦）	《农事幼闻》（引自同治《湖州府志》卷三十二"物产"
道光	石门	四月（麦）	立冬（豆、麦）	道光《石门县志》卷四"物产"
道光	苏州	四月（菜）	九月（麦）	《吴门岁华纪丽》卷四"拔菜"，卷九"树麦"

表4-2　水稻插秧与收获时间

时代	地点	插秧时间	收获时间	出处
正德	苏州	芒种前后	寒露前后（早稻），霜降前后（晚稻）	《便民图纂》卷三"耕获类"
嘉靖	湖州	芒种前后		同治《湖州府志》卷二十九引归安县志（当为乌程嘉靖志之误）
万历	上海	夏至前后（至小暑毕）		《农政全书》卷二十五
万历	崇明	芒种		万历《崇明县志》卷一"风俗"
万历	秀水	芒种（端阳前后毕）	九月（霜降前）	万历《秀水县志》卷一"农桑"
万历	嘉兴	芒种后	九月	万历《嘉兴府志》
万历	浙西	五月	九月	《六欲轩初稿》"救荒八议"之五
明后期	江南	小满芒种前后		《致富奇书》（木村蒹葭堂本）
天启	海盐	夏至后		天启《海盐县图经》卷四"县风土记"
崇祯	湖州	五月	九月（早稻），十月（晚稻）	《沈氏农书》"逐月事宜"
崇祯	乌程	夏至后15天内		崇祯《乌程县志》卷四"时序"*
崇祯	江南	四月		《养余月令》卷七
明清	江南	芒种三时内	十月	《致富奇书》（杭城聚文堂本）

续表

时代	地点	插秧时间	收获时间	出处
清初	江南	小满前后		《思辨录辑要》卷十一"修齐篇"
清初	桐乡	夏至		《补农书后》
康熙	松江	夏至、大暑		康熙《松江府志》卷四"土产"
康熙	长兴		九月	康熙《长兴县志》卷十"物产"
康熙	湖州	芒种**		《湖录》（引自同治《湖州府志》卷二十九）
乾隆	湖州	芒种后至端阳前后	九月	《乌青镇志》卷二农桑,《双林镇志》卷十三（原篡）
嘉庆以前	宜兴	芒种到夏至前后	秋分（早禾），霜降（晚禾）	《重刊宜兴县志》卷一"风俗"
嘉庆	嘉兴	端阳前后	九月	《嘉府典故篡要续编》卷一"农家风景"
嘉庆	苏州	端阳前后	十月	道光《浒墅关志》卷一"风俗"
嘉庆	江南	小满（早稻），芒种（中稻），夏至（晚稻）	立秋（早稻），白露（中稻），寒露、立冬（晚稻）	《安吴四种》二十五《齐民四术》卷一"农一"
嘉庆、道光	湖州	芒种		《农事幼闻》（引自咸丰《南浔镇志》卷二十一"农桑"）
道光	石门	芒种至夏至		道光《石门县志》卷四"物产"

续 表

时代	地点	插秧时间	收获时间	出处
道光	松江	芒种	八月（中秋稻），霜降前后（晚稻）	《浦泖农咨》
道光	江南	夏至（迟至六月）	十、十一月	李彦章：《江南劝种早稻说》
道光	江南	夏至		《吴门岁华纪丽》卷四"浸种"引林则徐语
道光	苏州	五月中		《吴门岁华纪丽》卷五"插秧""祭牛栀开秧把"
道光	苏州	芒种到夏至	十月	《吴门岁华纪丽》卷五"了田过夏至"

　　*崇祯《乌程县志》未明说此系插秧时间，但同治《湖州府志》卷二十九引用崇祯《乌程县志》中文字并明确说是插秧时间。

　　**原作"立夏浸种"。下种后一个月才能移植，已至芒种时，故《乌青镇志》亦言五月插秧。

　　据潘曾沂《丰豫庄本书》"区田法"中的《课农区种法图》所列节气与农历对照表，在一般年份，立夏在农历三月二十八日，小满在四月十三日，芒种在四月二十九日，夏至在五月十六日，小暑在六月初二日，大暑在六月十七日，立秋在七月初四日，处暑在七月二十日，白露在八月初六日，秋分在八月二十一日，寒露在九月初七日，霜降在九月二十二日，立冬在十月初八日。此外，端午则为五月五日。据此把表4-1、4-2中有关节令化为农历后，我们即可得知各种作物收、种月份在全部事例中的比例（见表4-3）。

表4-3 各种作物收种时间之月份分配*

	三月	四月	五月	六月	七月	八月	九月	十月		
小麦		2（3）（收）	1（3）（收）				1（2）（种）	1（2）（种）		
大麦	1（1）（收）									
早麦										
迟麦								1（ ）（种）		
麦		12（12）（收）				1（7）（种）	12（17）（种）	4（12）（种）		
油菜		7（7）（收）				2（12）（种）	9（12）（种）	1（12）（种）		
大豆	1（2）（收）1（2）（种）	1（2）（收）1（2）（种）								
小豆	1（2）（收）									
蚕豆						2（3）（种）	1（3）（种）			
豆		1（1）（收）					4（7）（种）	3（7）（种）		
	四月	四月下旬与五月上旬（芒种到夏至）	五月	五月中下旬（夏至到小暑）	六月	七月	八月	九月	十月	十一月
早稻	1（1）（插）					1（4）（收）	1（4）（收）	2（4）（收）		

200 发展与制约：明清江南生产力研究

续表

	三月	四月	五月	六月	七月	八月	九月	十月	
中稻		1（1）（插）					2（2）（收）		
晚稻				1（1）（插）			5（7）（收）	2（7）（收）	
稻	3（30）（插）	15（30）（插）	3（30）（插）	8（30）（插）	1（30）（插）		6（11）（收）	4（11）（收）	1（1）（收）

*括号中数字是该种作物收或种的全部例子数（据表4-1，4-2）

由以上三表，我们可以看到：（一）春熟的收获时间，绝大多数在四月，特别是在小满前后（四月中旬），播种时间则范围较宽，九、十月均可；（二）水稻的插秧与收获时间出入都颇大，多数是在芒种（五月初）前后插，九月收，其次是在夏至（五月中）以后插，九、十月收，还有个别的在四月插，七月收。这个现象表明：各种春熟作物的收种时间比较一致，而水稻则包括收种时间各不相同的三个种类。

一些明清江南文献把水稻分为早、中、晚稻三个品系。例如《吴门事类》说："吴俗以春分节后种、大暑节后刈为早稻；芒种节后及夏至节种、白露节后刈为中稻；夏至节后十日内种、寒露节后刈为晚稻。"①《齐民四术》则以小满节种、立秋节刈为早稻，芒种节种、白露节刈为中稻，夏至节种、寒露节以后刈为晚稻。另外一些文献对中稻的认识不很明确，如《便民图纂》《沈氏农书》

---

① 明清江南人常把"种"作"插秧"之意使用，参阅《补农书校释》，第28页。

把中稻称为早稻，①《重刊宜兴旧志》亦然。②但实际上早稻由于收成低、米质差，特别是由于与春熟作物在种植上有矛盾，因而种植很少，仅限于沿海的上海、奉贤、南汇、海宁、仁和等县的少数地方。③唐甄在《潜书》上篇上"七十"中说："吴农获谷，必在立冬之后，虽欲先之而不能也"，清楚地表明清初苏州绝大多数农民种的是晚稻；而之所以如此，乃是其时农作方式所决定的，故"虽欲先之而不能也"。正因为绝大多数地方都是种中、晚稻而不种早稻，④甚至不知早稻为何物，因而有人才会把中稻称为早稻。

明清江南主要种植中、晚稻，除表4-2所列资料外，更有力的证据是崇祯末苏州巡抚黄希宪所下的一系列文告。崇祯十四年五月初十日，黄氏行文苏南四府两道，说："照得二麦已收，插薙方急。"十四日行文江浦县："照得该县二麦已登，插薙正急。"该年天旱缺水，六月初二日黄氏行文长洲、吴县："照得三时已过，插莳未施。"初五日再次行文此二县："照得亢旱已极，三农失望，……如再过五日之期不得邀灵大沛，稍补插莳，民命绝而国计穷矣。"至初七日仍无雨，大小官员不得不"朝夕露祷二日"，幸而得雨，"甘雨偏始，秧苗自可补种"，但已"插莳逾期"，为防无收，必须"挪帑金，多方收买［米壳］并招采客贩至苏贸易"。崇祯十五年再旱，五月二十八日黄氏行文苏南四府："照得二麦方登，插莳方急，惟借甘霖时布，如插种如期。今三时已届，雨泽愆期，岁事可

---

① 参阅《补农书校释》，第20—21页。
② 《重刊宜兴旧志》卷一"风俗"。
③ 《浦泖农咨》；嘉庆《余杭县志》卷三十八"物产"引《浙江通志》。
④ 陈恒力、王达先生指出：明清江南水稻"插莳很晚，四月耕，五月种"，"五月才大面积插秧"，"大部分仍是四月播种，五月插秧"（《补农书校释》第15—17页），可见是以中晚稻为主。又，即使是本文中所说的种早稻较多的几县份中，有些仍然是以中、晚稻为主，例如海宁"地近嘉、湖，种多晚稻"（崇祯《宁志备考》卷二"土产"）。

虑。"①以上情况，不仅证实了明末江南以中、晚稻种植为主，而且也充分表现了在当时的耕作制度下，插秧时间受节令的严格限制。

农业生产严重依赖于节令变换，故"种田天时不可不讲"，②"耕种之法，……惟当急于赴时。同此工力肥壅而早"迟相去数日，其收成悬绝者，及时不及时之别也"。③明清江南水稻生产技术体系既然包容了许多对生产节令要求各异的农作物，种稻农户在作生产安排时，就受到多方面的制约，他们对许多重要生产环节的工作天数有严格限制，少此不足以完成该环节的工作，多了又要影响其他环节的活计。

在一年工作制下，由于"田有宿麦，遂废春耕，而大概莳秧在刈麦后"。④春熟作物的成熟与收获，通常在四月月中小满前后，因此稻田的整地工作也只能从此时开始。中稻插秧，依前所述，通常是芒种至夏至，其间大约有半个月时间。晚稻插秧多始自夏至，后限不得过小暑，⑤亦仅有15天左右，而《吴门事类》更说只有10天。郑元庆《湖录》说："夏至日……插秧，……[分上中末三时]，老农以中时为万全，过来时则违节矣。"崇祯《乌程县志》卷四［时序］"释三时"说："[夏至日]后三日谓之头时，又五日谓之中时，又七日谓之末时。"以三时合计，亦仅15日。因此，中晚稻的插秧期限，一般在15日上下。

---

① 《抚吴檄略》卷五"拯救摄生事宜"。
② 《浦泖农咨》。
③ 《补农书》"补农书后"。
④ 潘曾沂：《潘丰豫庄本书》。
⑤ 《补农书后》说：小暑才插秧，为"农家之大忌"。又，《吴门事类》说："若过夏至节后十日[插秧]，虽种不生矣。"可见还不到小暑就需插完。虽然崇祯《乌程县志》所说的"末时"又过小暑节三日。但一般而言，以小暑为断是比较恰当的。在一般年份，小暑在六月初二日。因此前引黄希宪文告说六月初二日未插秧，即"三时已过"。

这样一来，中稻稻田的整地时间，就仅剩下自小满至芒种之间的半个月了。晚稻稻田的整地时间虽似乎要长一些（自小满至夏至，约一个月），但实际上不然。种晚稻的地区，多属棉、桑种植较多之处。由于在时间上与种棉、育蚕、缫丝乃至收春熟冲突，农民只好推迟稻田整地及插秧，因而才种晚稻。例如在上海一带，由于"乡人多种吉贝，芒种以前甚无暇"，故只好种晚稻。① 在湖州，"菜、麦之熟在四月底，正蚕忙时，每未暇及此然梅雨将来，稍迟恐不及矣。谚云：'打稻夺麦，甚言以速为贵也'"。因忙于收菜、麦和养蚕，"官府至为罢征收，禁勾摄，而农夫红女尽昼绵宵，竭蹶以祈蚕事之成"，② 也无暇整地。在桐乡，四月份"新麦新丝齐出场，做丝收麦一起忙"，"因有蚕事，人力不及，故率种晚稻"。③在海盐，四月内蚕事极紧，忙得"男不盥，女不栉"，又"间以捻泥、割麦、撒秧诸事"，④无暇整地，故迟至芒种后至夏至前，方得"垦田平之，又碌之，且粪之"，尔后方插秧。⑤因此晚稻稻田的整地时间，通常也仅有芒种至夏至之间的半个月。

稻秧插下后半个月至20天，又开始田间管理，时间大约是小暑至立秋的一个月。这也是工作最为紧张的时期，"排事日繁，不能稍懒"。⑥以后到了九月，中稻收熟后，"农家筑场收稻，随种菜、麦。谚云'畚金取宝月'，言收获之忙也"；⑦"子妇竭作，亦谓之

---

① 《农政全书》卷二十五。
② 乾隆《湖州府志》卷三十七"农桑"。
③ 民国《濮院志》卷六"风俗"、卷十四"农桑"。此虽民国志，然所记风俗与明清嘉湖情况亦无异。
④ 乾隆《海盐县续图经》卷一"县风土纪"。
⑤ 天启《海盐县图经》卷四"县风土纪"。
⑥ 《双林镇志》卷十三（原纂）"农事"。
⑦ 《乌青文献》（引自同治《湖州府志》卷二十九"四时俗尚"）。

忙月"。①但是由于春熟作物播种时间的伸缩性较大，农户在收稻、种春熟时所受的时间限制因而也相对较小。

至于播种花草的一作稻田，情况与上述有所不同。花草长成在谷雨前后，②长成后即可刈下沤肥（窨花草）或直接翻入田中作基肥，因此整地时间可相应延长。其他情况则与二作稻田无异。

了解以上各方面的情况以后，我们便可以对明清江南种稻农户在水稻生产各主要环节上的单项生产能力以及由此而形成的总的生产能力，进行深入的分析了。

二、明清江南种稻农户的生产能力

如前所述，明清江南水稻生产中受时间限制最大的生产环节是整地、插秧和田间管理。下面即着重分析农户在这三个环节上的生产能力。另外，水稻生产也离不开车灌，因此也有必要讨论这方面的情况及其对农户生产能力的影响。

明清江南种稻农户的劳动人手，以每户二人（一夫一妇）为常。③男子参加水稻生产的全过程，妇女则主要在插秧、田间管理、收获以及车灌时辅助男子劳动。④在嘉、湖蚕桑发达的地区，妇女因忙于蚕事不参加插秧、车灌等工作，兹姑以为例外而置之不论。

明清江南稻田的整地工作包括两道工序，一为垦（亦称锄、翻），一为倒（也叫摊、削、落别、塌跋头），都是用人力，所用工具为铁搭。如用牛，则为耕（或称犁）与耙（或称耒劳）。整地用人

---

① 《乌青镇志》卷二"农桑"；《双林镇志》卷十三（原纂）"农事"。
② 一般农书说花草成熟于三月，而乾隆《宝山县志》卷四"物产"说是"四月熟，刈以粪田"。兹以三月月中（谷雨前后）为准。
③ 例如何良俊在《四友斋丛说》卷十四"史十"中，即以夫妇二人为标准种稻农户的劳动力。
④ 明清江南地方志中关于"田家妇女饁饷外，耘获车灌率与夫男共事"，"农忙，[农夫]率其妇子力作，莳秧车灌，劳甚"之类的记述甚多，兹不备录。

第四章　农业的发展（二）：资源利用合理化　205

力还是牛力,虽然与各地土质有一定关系,①但更重要的是取决于农户的经济条件,因为通常只有比较富裕的农户才养得起牛。②

垦田工效,通常是每人每日1亩,③但有的地方"尽日之力不及一亩",④甚至只是半亩,⑤大概与土质及垦田深度有关。⑥倒田工效要高些,每人每日可达2亩,⑦或者6—7分(兹以6.5分计)。⑧垦、倒次数通常是垦1次,倒2次。⑨

牛耕,"中等之牛,日可犁田十亩,然必须两人服事,一人捉草,一人扶犁"。⑩耙田工效不详,据近代的调查约为犁田工效的1.5倍,⑪即15亩左右。耕耙次数,包世臣说是"三耕两耒劳"。⑫姜皋则说"须犁两次,耙亦如之"。⑬我们已知一年二作制下插秧前整地时间通常只有半个月左右,现在又得知整地各工序的工效与次数,因而也就可以知道在这半个月的工作时间内,一个无牛农户大约可以整地3.3亩(深耕)—15亩(一般),而有牛农户则可整地35

---

① 例如据嘉庆《嘉兴府志》卷三十二"农桑",嘉兴府各县用牛用人不一,"盖土壤稍殊,事力各异"。光绪《金山县志》卷七"风俗":"干巷以北,土性墥,耕用四齿耙(俗名铁搭),……干巷以南,土坟水咸,用犁。"
② 详见本书第五章第一节。
③ 正德《松江府志》卷七"俗业";《天下郡国利病书》(原编)第6册"苏松";《浦泖农咨》。
④ 凌介禧:《程安德三县赋考》卷二《程安德三县民因状》。
⑤ 《沈氏农书》"运田地法"。
⑥ 凌介禧与沈氏所言皆系湖州情况,而湖州土质粘重(参阅《补农书校释》,第15页)。又,沈氏之田系深耕,比起近代嘉湖水农耕田深得多(参阅《补农书研究》,第157页)。
⑦ 《浦泖农咨》说"锄田及蹋跋头,亩各一工",蹋跋头(即倒田)一般2次,故每人每日可倒2亩。
⑧ 《沈氏农书》"运田地法"。
⑨ 《沈氏农书》"运田地法"。
⑩ 见《浦泖农咨》。一牛日耕十亩,又见前引正德《松江府志》卷七"俗业";《天下郡国利病书》(原编)第6册"苏松"等。
⑪ 潘鸿声:《解放前长江黄河流域十二省区使用的农具》。
⑫ 《安吴四种》卷二十五《齐民四术》卷一农一。
⑬ 《浦泖农咨》。

亩（三耕两耙）—45亩（两犁两耙）。①

"计一年之田作，以种秧为最重"。②插秧的工效，明代湖州通常是每工1亩，③但沈氏之田是每工半亩（包括做秧田、拔秧、挑秧等）。④清代中期苏州是"每一人之力，终日只堪盈亩"，⑤松江则是"插秧，每日人种一亩五六分。然拔秧、挑秧、分秧，两人种秧，须一人服事，统计一亩亦得一工"。⑥以一般情况计（每工一亩），则一年二作制下的插秧期15日，一个农户（夫妇二人）可插秧30亩。若依沈氏密集插秧工效计，则仅得15亩。⑦因此，在插秧这一环节上的生产能力，无牛、有牛农户都大约为15亩（密植）—30亩（一般）。

田间管理工作所包括的工序及各道工序的工效与次数，因各时各地的差异颇大，难以统而言之。兹将明清江南农书及地方志中的有关材料辑出制成表4-4，然后再据之进行分析。

---

① 耕田时的"捉草人"，以农户内的妇女儿童计。
② 《浦泖农咨》。
③ 《沈氏农书》"运田地法"说："旧规：每工种田一亩。"此处说的"旧规"，为嘉靖以来百余年的习惯（参阅《补农书校释》，第71页）。
④ 参阅《补农书研究》，第237页。这是陈恒力、王达先生的估计。另外，费孝通先生也说抗战前吴江农村农民插秧，1人1日可插半亩（参阅费氏，*Peasant Life in China: A field Study of Country Life in the Yangtze Valley*, pp. 162—163）。
⑤ 《吴郡岁华纪丽》卷五"插秧"。
⑥ 《浦泖农咨》。
⑦ 沈氏之田插秧，行距7寸，株（簇）距7寸以下；清初南浔插秧，行距8寸，株（簇）距5寸（《补农书研究》，第163页）。又据陆世仪《思辨录辑要》卷十一"修齐篇"，清初江南一般插秧株（簇）距为8寸，华亭富农插秧株距5寸以下，行距一般为5寸（陆氏说一行插秧6簇，相去8寸，"一步之地当得稞［簇］六十余"。以60簇计，则行距约为5寸）。因此在明末清初，密植相当普遍，并非沈氏独然。太平天国以后，江南盛行稀植，情况与以往颇不同（《补农书研究》，第164—165页）。

表4-4 水稻田间管理的工序与功效

时代	地点	拔草 次数	拔草 每次工效（亩/工）	芸田 次数	芸田 每次工效（亩/工）	荡（挡）田 次数	荡（挡）田 每次工效（亩/工）	出处
弘治	苏州			至少1		2		《便民图纂》卷一
嘉靖以来	归安	1	3	锄2 芸艺1	2 2	1	2	《沈氏农书》"运田地法"
万历	江南			3		1		《了凡杂着》"劝农书"
天启	海盐			2-3		至少1		天启《海盐县图经》卷四
崇祯	江南			2				《养余月令》卷十一
康熙	湖州			2	不到1	至少1	1	《程安德三县民困状》
康熙	乌程			2		至少1		《乌青文献》
乾隆	乌程	1-3		至少1		至少1		《双林镇志》卷十三（原纂）
嘉庆	桐乡	至少1		锄至少1，芸至少1		至少1		嘉庆《桐乡县志》卷十二
嘉庆道光	湖州	1-3		至少1		至少1		《农事幼闻》
道光	松江	1	3	3	（详下）	3	（详下）	《浦泖农咨》

除了以上各工序外，还有追肥一道工序，但次数与工效均不详。

从表4-4中所列比较完备的几个例子来看，明中后期湖州归安稻田上的锄、芸、荡上的人工是每亩$2\frac{1}{3}$个，康熙时仅芸、荡两项人工就已是三个以上。而道光时的松江，"三耘三挡搅，每亩合须两工，拔草下壅须一工"，总共3工。①兹依姜皋所言为准，把小暑与立秋之间的田间管理（包括追肥）所需总人工数定为每亩3个。这些工作妇女也可参加，故一个农户在七月（小暑至立秋）一个月内，可管稻田20亩。不过，农户在此环节上的生产能力可有一定伸缩性。

应当说明：我们在对农户在水稻生产三个主要环节上的生产能力进行分析时，还略去了一些细节，例如整地期间的施肥（基肥）、田间管理中的烤田（熇稻）等。若把这些工作所需的时间考虑进去，则农户在各环节上的劳动天数还要增加，因而在固定期限内的各项生产能力亦当随之降低。因此上面所得到的结果，应是农户在各环节上的单项生产能力的上限。

除了受各主要生产环节上的单项生产能力的限制外，农户总的生产能力还受到灌溉工作的严重制约。

"脚痛腰酸晓夜忙，田须车戽响浪浪，高田车进低田出，只愿高低不做荒。"②虽然江南自然灌溉条件一般说来较好，但在整地、插秧、烤田、稻做胎等时节，车水仍是常常需要的。明清江南农村所用水车，与前代无大异，为牛车、踏车（脚车）与手车（拨车）。从使用的情况来看，以第二种为主。樊维城说：明末海盐一带，"近水者单车，水稍远者双车，悉用人力，高阜者戽水间用牛车"。③许旦复说：清中期湖州地区主要用"两人坐而踏转"的脚

---

① 《浦泖农咨》。
② 《便民图纂》卷一竹枝词"车戽"。
③ 天启《海盐县图经》卷四"县风土纪"。

车,而牛车、三四人立而踏转的大型脚车及一人手摇的手车都"不经见"。①这些水车的工效,明清文献中也有一些记载,②但与近代调查所得出入颇大。③总而言之,其工作效率并不很高。④这当然对农户生产能力限制很大。但是,由于各年降雨及各地地文情况差异甚大,因此虽然车戽常常是"施工莫计",⑤但"车水[人工]无定",⑥难以进行计算,只能依据明清江南人所言作一大概了解。从何良俊、姜皋等人的著作中,我们得知明代后期的松江,"西乡田低水平,易于车戽,夫妻二人可种[稻]二十五亩,稍勤者可至三十亩。……东乡田高岸陡,车皆直竖,无异于汲水。水稍不到,苗尽槁死。每逢旱岁,车声彻夜不休,夫妻二人竭力耕种,止可五亩"。⑦而清中期松江则是"高田……车水较难,十亩之田,必养一牛,廿亩则两牛。低田四五十亩而后用一牛"。⑧江南平原沿江沿海地带田高,而太湖周围地带田低,松江东西乡则分处两个地带,因而上述记载可视为江南普遍情况的写照。这样就可得知高田地带无牛农户灌溉能力仅为5亩,有牛农户10亩;低田地带无牛农户25亩,有牛农户40—50亩(兹以中计45亩计)。

这样,我们便可得知明清江南种稻农户在各主要生产环节及方面上的生产能力了,情况如表4-5:

---

① 许旦复:《农事幼闻》。
② 参阅《天工开物》乃粒第一卷"水利";《天下郡国利病书》(原编)第6册"苏松"。
③ 参阅潘鸿声《解放前长江、黄河流域十二省区使用的农具》,《农史研究集刊》第2辑,科学出版社,1960。
④ 参阅上引潘鸿声文。又,据费孝通抗战前在吴江县开弦弓村的调查,用水车把水从沟里提升到田里(高度为十余厘米),车灌1亩要1天(见前引费氏书第162页)。
⑤ 凌介禧:《程安德三县赋考》卷二《程安德三县民困状》。
⑥ 《浦泖农咨》。
⑦ 《四友斋丛说》卷十四"史十"。
⑧ 《浦泖农咨》。

表4-5　种稻农户耕作能力

	无牛户	有牛户
整地	3.3亩（深耕）—7.5亩（一般）	35亩（三耕两耒劳）—45亩（两犁两耙）
插秧	15亩（密植）—30亩（一般）	15亩（密植）—30亩（一般）
田间管理	20亩	20亩
灌溉	5亩（高田）—25亩（低田）	10亩（高田）—45亩（低田）

一个种稻农户进行水稻生产的总的生产能力，如果仅仅依靠农户自身力量的话，那么通常取决于其单项生产能力最小的那个环节。根据这个原则，我们即可得知明清江南种稻农户的生产能力大约为：高田地带的无牛农户是3.3亩（深耕）—5亩（一般），而有牛农户是10亩；低田地带的无牛农户是3.3亩（深耕）—7.5亩（一般）；有牛农户则为15亩（密植）—20亩（一般）。

三、农户间生产能力之调剂

从以上所论，我们可以发现，由于水稻生产各主要环节上农户生产能力相差甚大，因而由最小生产能力的环节所决定的农户总生产能力，实际上是非常不合理的。以上述低田地区一般情况下农户的总生产能力而言，其在各环节的单项生产能力发挥情况如表4-6：

表4-6　低田地区种稻农户单项生产能力之发挥

	无牛户	有牛户
整地	100%	57%（三耕两耒劳）、44%（两犁两耙）
插秧	25%	67%
田间管理	38%	100%
灌溉	30%	44%

可见，无论是无牛户还是有牛户，都有很大的一部分单项生产能力得不到发挥，白白闲置着，从而造成社会劳动的巨大浪费。为改变这种不合理情况，明清江南农民和农学家们想出了不少办法进行尝试。这些办法主要有以下三种：

第一种办法是从根本上改变耕作制度，变一年二作制为一年一作制，从而增加某些环节的劳动时间，使各环节上的单项生产能力的不平衡状况得到改善。这种办法在相当范围内已实行，特别是在主要依靠人力耕垦的湖州一带。在这些地方，许多农民不种春熟作物而种花草，农历三月中即可开始垦田，从而大大加强了最为薄弱的整地这一生产环节上的生产能力。在这种耕作制度下，垦田一般在三月下半月，可有半个月的时间。①倒田在四月，扣除了其他各种工作外，倒田天数也还有二十来天（兹以25天计）。依第二节中所言工效，一个无牛农户可垦田7.5亩（深耕）或15亩（一般），倒田8.1亩（深耕）或25亩（一般）。假如连花草也不种，正月垦田1次以25天计，二、三月各倒田1次均以半月计，则可垦田12.5亩（深耕）或25亩（一般），倒田10亩（深耕）或30亩（一般）。这样，

---

① 此处未考虑种桑、养蚕、缫丝等工作，若加上这些工作，倒地只好放到五月去了，情况即与一年二作制下种晚稻者相同。

我们可以得这个无牛农户在主要生产环节上的单项生产能力为（表4-7）：

表4-7* 一作制下种稻农户的单项生产能力（一）

	种花草之无牛农户	不种花草之无牛农户
垦田	7.5亩（深耕）—15亩（一般）	12.5亩（深耕）—25亩（一般）
倒田	8.1亩（深耕）—25亩（一般）	10亩（深耕）—30亩（一般）
插秧	15亩（密植）—30亩（一般）	15亩（密植）—30亩（一般）
田间管理	20亩	20亩

＊灌溉能力以低田地带情况计。

如果种花草的无牛农户实行深耕密植，而妇女不参加农作，则一个农夫的单项生产能力都在7.5—10亩之间，十分接近。不种花草的无牛农户不实行深耕密植，而妇女参加农作，则一个农户的各单项生产能力在25亩上下（±5亩），不同的单项生产能力仍有差距，但较表4-5中有关情况已大大缩小。何良俊所说的万历松江西部种稻农户，即属此种情况。这里不宜棉、桑，何氏也未言及他们种春熟以及花草，故应视为一年一作的水稻生产。①松江种稻，从农书和地方志来看，一向比湖州粗放，故以一般工效计之。②由此可得该农户的单项生产能力情况如表4-8。

---

① 北田英人：《宋元明清期中國江南三角州に農業の進化と農村手工業の發展に關する研究》（1986—1987年度科學研究費補助金〈一般研究C〉研究成果報告書），1988，第2章。

② 事实上，本文中各单项生产的工效的一般情况，即主要以松江为据，详前文。

表4-8 一作制下种稻农户的单项生产能力（二）

垦田	25亩
倒田	30亩
插秧	30亩
田间管理	20亩
灌溉	25亩

从表4-4中我们可以得知，各地在田间管理方面的差别颇大。如果工作马虎一些，[①]那么一对夫妇管理25亩是可以做到的。何氏说他们可种稻25亩，确实是有根据的。

然而，如第一节中所述，明清江南耕种制度的形成与定型，有其深刻的背景，是江南农业经济长期发展的结果。因而要通过改变耕作制度来消除一年工作制下水稻生产的内在矛盾，显然是难以普遍行得通的。

第二种方法是改变水稻的种植品种与技术，免去插秧环节，并减少车戽工作量，从而使整地与田间管理得到更多的劳动时间。具体方法是改种旱稻以及实行水稻直播。

种植旱稻，自正德以来江南一直有人提倡，但主要是以高亢的地区或少雨的年份为对象。[②]清代初年，太仓东部有农民实行"撮谷法"，即水稻直播。陆世仪观察其利弊，提出"撮谷区种法"，

---

① 田间管理的工序次数，可以压缩到最低限度：一芸一揭。故当时农谚说："一粥一口［原缺一字］饿不杀，一芸一揭荒不杀。"（《乌青文献》）不过这意味着耕作的粗放："芸凡三，再芸为下农，一之为多莩矣"（天启《海盐县图经》卷四"县风土记"）。
② 如正德《江阴县志》卷十二"物产"；崇祯《太仓州志》卷五"物产"；嘉庆《上海县志》卷十九"遗事"，等等。

并建议农民实行之。①以后，到了清中期，包世臣复提出水田种旱稻、并与大麦轮作的方法，②目的显然是省去插秧、车水等工作。稍后潘曾沂又倡导水稻直播区种法。他说：在原来的耕作制度下，农民"最忙是下秧插秧的时候，家家挨挤不开"，而"春二三月这两个月空闲，徒然游荡过日子"，劳动力的利用极不合理，如果农户用一半田实行水稻直播，一半田仍然插秧，那么"长春三月便有生活做了，接着下秧种秧，刚刚时候恰好，而且比往年插莳要少一半功夫，岂不从容省力？"③林则徐也为之鼓吹宣传说：行此法，可"不违天时，及时勤事无蹉跎"。④可是，出于技术的、经济的和其他方面的原因，种植旱稻和直播水稻都不可能得到普及推广。⑤

第三种办法，即在当时各方面条件下唯一可以有效实行的办法，是在不触动原有耕作制度的前提下，通过各个农户之间的调剂，使得水稻生产各主要环节上的生产能力趋于一致。

农户之间进行生产能力调剂，古已有之。但在明清江南特定的历史环境里，这种调剂却被赋予了新的内容，产生了新的结果。在讨论这一点之前，我们先来看一看这种调剂的种类。显而易见，这种调剂可分为两类：同类农户（无牛户与无牛户、有牛户与有牛户）之间的调剂和不同类农户（有牛户与无牛户）之间的调剂。

无牛农户之间的劳力调剂，在明清江南颇为盛行。"[农民]至力田忙时撮忙一两月者谓之短工"，"农月暂佣者曰忙工"，"独耕无力，倩人助己而还之曰伴工"，"佃农通力耦耕曰伴工"，"若通力合作曰盘

---

① 《思辨录辑要》卷十一"修齐篇"。
② 《安吴四种》卷二十五《齐民四术》卷一"农一"。
③ 潘曾沂：《潘丰豫庄本书》"课农区种法示各佃"。
④ 《云左山房诗钞》卷二《区田歌为潘功甫舍人作》。
⑤ 有关原因详见陆世仪和潘曾沂在《思辨录辑要》卷十一"修齐篇"、《潘丰豫庄本书》"区种法"中的分析。

工（彼此自旋轮转也）"。①在地方志中，这类记述比比可见。因此劳力调剂方式很多，性质也颇复杂，有邻里互助，有换工，也有雇工。这种调剂对于调整私有制下各个农户在劳力与田地的不一致（即北魏李安世所说的有的农户"人有余力"，有的农户却"地有遗利"）②，具有重要意义。但从全社会生产的角度来看，要用这种方法解决农户在水稻生产各主要环节上生产能力的不平衡，却不可能起很大作用，因为这种不平衡是由生产的客观规律所决定的。一个农户固然可以通过雇短工（或唤忙工）扩大其在某些生产环节上的生产能力，从而使其各个单项生产能力趋于一致。但是从整个社会来说，这种方法却不行，因为当时的江南社会里还不存在着一支仅在农忙最紧张时受雇工作，而在其他大部分时间无事可做的劳动力后备大军。③至于农户间的互助（换工、伴工、盘工等），并不能增加水稻生产各环节上的社会劳动总量，当然更不是解决上述不平衡的有效方法了。另外，对有牛农户来说，其人力已得到比较充分利用，闲置的是牛力，因此在他们之间，已无多余人力可调剂，而牛力调剂又无必要。

无牛户与有牛户之间的人力与牛力调剂，结果与上述大不相同。这种调剂有两种方式，一是有牛户将多余的牛力调给无牛户，一是无牛户向有牛户提供多余的劳动力。两种方式在明清江南都已

---

① 参阅傅衣凌《明代江南市民经济》，第19页；傅衣凌：《明清社会经济史论文集》，人民出版社，1982，第133—134页；李文治：《明清时代中国农业资本主义萌芽问题》，李文治、魏金玉与经君健：《明清时代中国农业资本主义萌芽问题》第三节，中国社会科学出版社，1983。盘工记载见《双林镇志》卷十三（原纂）"农事"。
② 《魏书》卷五十三"李安世传"。
③ 由于农村手工业的发展，明清江南出现了相当数量的"半工半农"甚至"以工为主，以农为副"的农户。这些农户农忙时务农，农闲时务工，从而在相当大的程度上扮演了农业劳动力后备军的角色。这大概也是农忙雇工的主要来源。但是应当看到：在大多数情况下，农户仍然以农业为主业，最重要的事业——纺织业——仍然是副业，主要由妇女承担，而妇女很少去做农业雇工。因此对此不宜估计过高。

实行,效果颇为良好。

正德时期的松江农户整地,通常是"牛犁之后,复以刀耕,制如锄而四齿,俗呼为铁搭,每人日可一亩,率十人当牛"。[①]到了道光时仍是"无牛者用铁搭垦之,一日一人可锄一亩,大率十人当一牛。又两次犁耙,无牛者则借人之牛用之,其价计亩核算也"。[②]清初陆世仪指出:"今江南农家犁则有之,未见用耙。……农家种稻,耕犁之后,先放水浸田,然后集众用铁搭镉镂土块,谓之摊,亦谓之削,亦谓之落别(江南呼土地为别),用力颇众。"[③]三条合观,明清江南无牛农户向有牛农户借牛耕耙(或仅耕不耙),而有牛农户招无牛农户为之摊田(及倒田)的情况,不是个别现象。如果无牛户借牛代耕而自己摊,有牛户自己耕耙而雇工协助插秧及进行田间管理,则情况即发生如下变化(见表4-9与表4-10。灌溉条件以低田计)。

表4-9 无牛农户种稻的生产能力

	不借牛	借牛
整地	3.3亩(深耕)—7.5亩(一般)	4.9亩(深耕)*—15亩(一般)
插秧	15亩(密植)—30亩(一般)	15亩(密植)—30亩(一般)
田间管理	20亩	20亩
车灌	25亩	4.9亩(深耕)—15亩(一般)
总生产能力	3.3亩(深耕)—7.5亩(一般)	4.9亩(深耕)*—15亩(一般)

*无牛农户只倒不垦(垦皆牛为之)。若深耕(依照沈氏功效),15日内可倒田4.9亩(一人一日倒6.5分,共倒2次);若一般耕作,15日可倒田15亩(一人一日倒2亩,共倒2次)。

---

① 正德《松江府志》卷七"俗业"。
② 《浦泖农咨》。
③ 《思辨录辑要》卷十一"修齐篇"。

表4-10 有牛农户种稻的生产能力

	不雇工	雇工
整地	35亩（三耕两耒劳）—45亩（两犁两耙）	35亩（三耕两耒劳）—45亩（两犁两耙）
插秧	15亩（密植）—30亩（一般）	35亩（密植：雇工40人日，一般：雇工20人日）；45亩（密植：雇工60人日，一般：雇工30人日）
田间管理	20亩	35亩（雇工45人日）—45亩（雇工75人日）
车灌	45亩	45亩
总生产能力	20亩（一般）	35亩（三耕两耒劳）—45亩（两犁两耙）

这样，无牛户的总生产能力便由原来的种稻7.5亩增至15亩（以一般情况计），扩大了一倍；而有牛户则从20亩提高到40亩左右，也增加了一倍。至于双方所调剂出的人力与牛力，也不必从农村外寻求。因为有牛户为无牛户耕田15亩，仅需1.5日，可以挤出，而无牛户即使种稻15亩，每户在插秧及田间管理两个环节上还各有15人日的多余人工可以出售。同时还有大量未借或无法借牛力的农户存在，他们在这两个环节上可供出售的人工数还更多。

这种农户之间牛力、人力互相调剂的现象是否具有普遍意义呢？答案是肯定的。在明清江南，尽管绝大多数农户不养牛，但除太湖南部低洼地区（或蚕桑—水稻作物带）外，用牛耕田仍然相当普遍。清初陆世仪指出江南农民不愿采用区田法的主要原因之一，即是"区田之法，必用锹、镢垦掘，有牛犁不能用"。[1]乾隆六年清

---

[1] 《思辨录辑要》卷十一"修齐篇"。

高宗上谕亦指出在江南"非耕牛,则农耕不能与举"。[1]这些都证明以牛耕田在江南相当普遍。

多数农户不养牛,而牛耕又相当普及,除了农户之间互相调剂之外,别无他法。陆世仪又说江南农夫只用牛耕而不用牛耙,更说明实际牛耕田地的面积,比我们通常想象的大得多。因为只耕不耙,意味着在一个固定的耕作时限内,一头牛可以耕更多田地。从技术上来看,耙地比耕地的劳动强度低,故可以人工代替(陆世仪所述情况,即是如此)。江南农民仅在劳动强度最高、对生产动力要求也最高的耕地这一工作上借助牛力,从技术与经济的角度来看都是很合理的。例如在道光时的松江,"中等之牛,日可犁田十亩",而人力垦田,每亩需1工;倒田(塌跛头)每亩亦1工;耙地工效为犁田工效之1.5倍,即每牛每日可耙15亩。当时松江稻田两犁两耙,因此在15天的整地时期内,一牛可犁耙田45亩,而人力垦倒,一人15天只能垦倒7.5亩。但是如果以牛犁而以人倒,则15天内,一牛可耕75亩。换言之,如果一个有牛农户有田30亩,无牛农户有田10亩,那么有牛农户在犁完自己的田外,尚可为4.5个无牛农户犁田,即代替了45个垦田人工。在这45个人工中,有30个系无牛农户用来为有牛农户倒田(代替耙田)。尚余15个,可在插秧时补偿给有牛农户。从无牛农户的角度来看,在15天的整地时期内,一户仅有15个人工(整地是成年男子的工作),若不与有牛农户换工,则只可垦倒7.5亩田。若换工,在这15天内上述4.5户中每户仅须拿出$6\frac{2}{3}$个人工为有牛农户倒田,余下$8\frac{1}{3}$人工可用于倒自家田地。这样做,不仅为无牛农户赢得了1个人工,而且使无牛农户得以免去劳动强度最大、消耗体力最甚的垦田工作,从而使之有更多的精力用于倒田及紧接而来的插秧

---

[1] 李彦章:《江南催耕课稻编》"国朝劝早稻之令"。

工作。在插秧工作期限内，由于妇女也参加劳作，无牛农户的劳力比较充裕（在15天内，一对夫妇可以密集插秧15亩，但他们自己仅有田10亩）。这样，他们不仅可以挪出倒地所需补足的$1\frac{2}{3}$个人工，而且还可以偿还有牛农户代耕田时欠下的$3\frac{1}{3}$个人工（4.5户共偿15人工）。而有牛农户恰好在插秧时期劳力比较紧缺（他们有田30亩，但一对夫妇15天只可密集插秧15亩）。这样，自然使得人牛力的利用更加合理。明清江南盘工、换工、转工之盛行，当与此有关。①在本书第七章第二节中，我们根据近代的情况估计清代江南稻、棉产区一个农户平均有牛0.2头，即有牛农户的比重约为20%。这个比例，恰恰与此情况相近，看来不是巧合。

此外，无牛农户的剩余劳动力，还常常被上农买去作车戽之用，如乾隆《乌程县志》卷十三"风俗"所述："防水旱不时，车戽不暇，必预雇月工，名呼短工或伴工。"相反的情况也存在。如清初上海姚廷璘的花田、稻田，要付一大笔"排牛车费"。《泖东草堂笔记》载道光时松江种稻，每亩"戽水之费五百［文］"。这里是雇人车戽抑或租牛车戽不详，但江南农田灌溉中雇工或借牛之风颇为流行，应可肯定。

这样，我们便可以看到：由于水稻生产合理化的要求，明清江南种稻农户依据有无牛这一点而分成了两个生产能力悬殊的阶层。一方面是占农户总数大多数的无牛农户，生产合理化的需求迫使他

---

① 如果不是人牛力相贸，盘工、换工和转工在许多情况下就没有必要了。例如，一个无牛农户有田10亩，不借牛力，则垦倒需20日，占去了插秧时间5日，剩下插秧时间10日，一对夫妇密集插秧，恰可插10亩。这样一来，不仅无牛农户无须盘工、换工或转工，就是有牛农户亦无工可雇。而且，由于不能免去劳动强度最大的垦田工作，农民在倒田与插秧时的工作效率自然也会受到影响。不过，事情当然不是绝对的，特别是插秧工效可因密植抑或疏植具有颇大伸缩性。因此，不借牛力的农户肯定为数也不少（尤其是在蚕桑地区）。兹不可一概而断。

们不得不去向有牛农户借用牛力；同时更多的是向后者部分地出卖劳力。另一方面则是人数较少的有牛农户，他们不仅可以向无牛农户出卖牛力，而且更可以大量购买后者的多余劳力。在明清江南牛很宝贵，只有少数富裕农户养得起，因此这部分农户通常被称为"上农"。明清地方志与农书常载"上农多以牛耕"，①"水车，上农多以牛，曰牛车"，②可见这种"上农"与牛是有密切联系的。至于贫农，宋应星明确指出，苏州一带"贫农之家，会计牛值与水草之资，窃盗死病之变，不若人力亦便"。③因而说用牛与否是明清江南上农与贫农的一大区别，是可以成立的。

此外，是否拥有充足的肥源，也是上农与贫农的一大区别。《沈氏农书》《农事幼闻》《浦乡农咨》等农书都说"上农"或"富农"由于购入饲料、多养猪羊及种植花草而肥料充足，施肥多于贫农。康熙时湖州也是"有资者再粪，……无资者一粪"。④因此，顾炎武把牛、肥当作区分贫农与富农的主要标准："贫民种田，牛力、粪草不时有，……富室于此等则力能豫为。"⑤沈子实则认为贫、富农之分主要依据于用牛与雇工："富家插田遍肥堘，佣工百指牛十角。贫家无力雇忙工，妻孥终日行泥浊。"⑥因此，在肥料、耕牛与雇工三个方面的不同，乃是区分上农（或富农）与贫农的主要标准。

在当时的技术条件下，上农经营是比较有利于生产力发展的经营形态。《沈氏农书》说："凡种田总不出粪多力勤四字。"而乾

---

① 正德《松江府志》卷七"俗业"；康熙《松江府志》卷四"风俗"；《浦泖农咨》。
② 《浦溪小志》卷一"风俗"。
③ 《天工开物》乃粒第一卷"稻工"。
④ 凌介禧：《程安德三县民困状》。
⑤ 《天下郡国利病书》（原编）第六册"苏松"。
⑥ 《吴郡岁华纪丽》卷五"祭牛栏开秧把"。

隆《江阴县志》卷三风俗说："上农类多力勤，余三余九。"《补农书》说种田要"赴时"，而上农由于有效率较高的牛力并且有钱雇工，自然不难做到"赴时"。《补农书》又说："凡农器不可不完好，不可不多备，以防忙时意外之需，……诸项绳索及蓑、箬、斧、锯、竹、木之类，田家一阙，废工废时，往往以小害大。"要备置完好、充足的农器，当然主要是上农所能为。因此，上农不仅由于经营规模较大而享受到"规模经济"（economy of scale）带来的好处，而且单位稻田产量也比一般农户高，当然可以做到"余三余九"了。至于中下农户，不少人仅靠种稻收入尚不足以维持一家人生活及应付地租赋税，不得不从家庭副业与手工业中找出路，其与上农在种稻生产能力上的差别是很显著的。

顺带指出，"上农"这个名称，古已有之，但在明中叶以前，这个名称的含义还不很明确，有时甚至把不事生产的地主也包括在内。例如正德《江阴县志》卷七"风俗"所说的上农，竟然是"其最盛者赀累巨万，田多者至十万亩，少者亦一二万亩，……分授贫农耕稼而收其入"的特大地主。但自明中叶以来，那种有牛、雇工、肥多并从事生产（或组织生产）的"上农"（即富农或经营地主）的概念才逐渐明确起来。因此到了乾隆时蔡澍主修《江阴县志》，即指出正德志所言上农"皆富贵家，……不应属之农"，而上农应为"类多力勤，余三余九"之农，概念已完全不同。这个变化，正是当时农民阶级新分化的反映。成化时吴宽说："三吴之野，终岁勤动，为上农者，不知其几千万人。"[①]所言自是夸大，但也透露出这个阶层开始出现的消息。以后，这个阶层缓慢地成长着，故地方志中每每言及。上农经营的发展以水稻种植业中的劳动力（以

---

① 吴宽：《匏翁家藏集》卷三十六《心耕记》。

及蓄力）合理调剂和安排为基础，因此我们可以把上农经营（以及与之相伴的农民分化）的发展，也视为江南农业劳动力（以及蓄力）合理利用程度提高的标志。

通过本章论述，我们可以看到：明清江南的农业资源的合理利用，确实达到了很高的水平。这种对自然与人力资源的合理利用，成为明清江南农业发展的主要途径之一。也正是有效地利用自然与人力资源，才使得江南未落入马尔萨斯主义者所预告的陷阱。明清时期江南人口增加了两倍，而耕地未有增加。至少自明后期起，江南已是世界上人口最稠密的地区之一了。但人地比例的严重恶化，并未导致江南农业的衰落，主要原因之一即在于农业资源的合理利用程度大大提高。

下 编

制约篇

第五章
能源问题

能源是一切文明的先决条件,是人类社会生产力发展的主要物质基础之一。传统的农业社会所赖以生存的能源,主要是可再生能源。具体而言,生产中所使用的在动力上是人力、畜力、风力和水力等,在燃料上则是木柴、秸秆等。而近代的工业社会则以不可再生的化石燃料为能源基础。在20世纪以前,煤又是这些化石燃料中最主要者。以煤取代各种可再生能源,是实现农业社会向工业社会转变所必不可少的物质前提。[①]因此,研究明清江南能源的使用、供应状况以及对工农业生产的影响,对于深入探讨并正确评价明清江南生产力的发展水平与发展前景,是十分重要的。

第一节　动力的使用与供给

工业革命以前,工农业生产中所使用的动力,主要是人力、畜力、水力和风力,这在各个国家和地区皆然。但是,较多地使用这些

[①] 阿尔温·托夫勒:《第三次浪潮》,生活·读书·新知三联书店,1983,第70页;Wrigley, E. A., *Continuity, Chance and Change*, Cambridge University Press (Cambridge), 1988, p. 15.

动力中的哪一种，却又因时因地而异。能够采用或较多地采用哪一种动力，并不以人们的主观意志为转移。这既取决于一个时代一个地区的动力使用技术，同时又取决于该时代该地区所拥有的动力资源。没有前者，后者只是一种有待开发的潜在资源；而没有后者，前者也只能是一种科学与技术的艺术品，仅可供人欣赏而无实用价值。

在动力使用技术方面，我国古代人民很早就取得了辉煌的成就。这些成就，大多已在《王祯农书》《农政全书》《天工开物》三部著作中得到总结。明末西方传入的一些动力使用技术，也一直有人传播提倡。因此，工业革命以前人类所创造出的各种动力使用技术知识，除蒸汽动力技术外，对明清江南人民都不是什么秘密。他们可以根据实际条件选择使用有关动力，即如徐光启总结农田灌溉中的动力使用情况时所说：转动龙骨车，或用人力，或用畜力，"溪涧长流而用水，大泽平旷而用风"。[①]因此，明清江南人民选择哪一种动力，主要决定于当时当地所拥有的动力资源。在本节中，我们先考察明清江南工农业生产中动力使用实际情况，然后再分析明清江南的动力资源及其变化。

一、动力使用

明清江南工农业生产中所使用的动力，和大多数地方一样，也是水力、风力、畜力和人力。其中畜力基本上仅包括牛力，罕有使用马、骡、驴力的情况。

宋代江南可能已使用水力机械，如熙宁八年江南大旱，运河干涸，不通舟楫。无锡县知事焦千之曾据单锷的建议，"率军民车四十二管，车梁溪之水以灌运河。五日河水通流，舟楫往来"。赵

---

① 《农政全书》卷十六"水利"。

雅书先生推测文中"四十二管",即有四十二个筒管的大轮车。[1]
又,南宋初年建康府溧阳县人李处权诗中,亦有"一轮十筒挹且
注,循环下上无时了。四山开辟中沃壤,万顷秧齐绿云绕。绿云看
即变黄云,一岁丰穰百家饱"之句,也表明当时溧阳有用水转筒车
车水溉田的例子。[2]但是到了明清时期,从有关文献来看江南水力
的使用仅限于湖、杭两府西部山区的某些县份,主要用来舂谷与捣
纸浆。嘉靖时,"水碓惟孝丰以上有之,其下则昆铜土人据水口作此
计",[3]"计其中虚可容黍数斗,不人而运;或截竹置其中,待水自
舂,捣烂如泥,辄用竹廉捞取,堆积蒸曝,可成纸,今所谓黄纸、
白纸者也"。[4]康熙时,武康县东沈家傍溪居民"分流激石,转水以
为碓,以杀竹青而捣之,……水碓接连牵"。[5]至乾隆时,"捣竹作纸
者,惟余杭及孝丰有之,安吉久无此产,南乡近孝丰处亦有水碓,
他乡则无此者"。[6]此外,明初曾在南京设置水磨,"运机作面,以
食太学诸生",[7]但以后不复见此水磨的运用。其他地方,则未发现
使用水力的记载。总的来看,水力在江南工农业生产动力结构中所
占的比重,可以说微乎其微。

在松江府和湖州府的一些地方,自明至清一直使用风力车
水。[8]但宋应星已指出长江下游的风车仅宜排涝而"不适救旱";[9]

---

[1] 赵雅书:《中国水车之演变》,《台湾大学历史学系学报》第4期,1977。
[2] 李处权:《崧庵集》卷三《士贵要予赋水轮因广之幸率介卿同作兼呈郭宰》。
[3] 乾隆《安吉州志》卷八"物产"引嘉靖四十三年州志。
[4] 汪日桢:《湖雅》"器用水碓"条引安吉州志、嘉靖州志。
[5] 康熙《前溪逸志》(北京图书馆藏残本未载,无此段文字。兹据同治《湖州府志》卷二十三"物产下"中所引者)。
[6] 乾隆《安吉州志》卷八"物产"。
[7] 董谷:《碧里杂存》卷上"古战场"。
[8] 《肇域志》第五册,以及正德、康熙、嘉庆《松江府志》,并见咸丰《南浔镇志》卷二十一。
[9] 《天工开物》乃粒第一卷"水利"。

顾炎武更说江南风车"不可常用，大风起亦败车"。[1]因此在明清江南，风力使用仅属个别现象。

明清江南一些碾米、磨面、榨油等行业比较集中的市镇如震泽、平望、双林、金泽、南浔、虎丘等地，以及苏州等城市中，都有使用牛力为生产动力的记载。[2]其中平望镇碾米业在明末时役牛颇多，以至牛粪成为附近农村肥料的一个重要来源。清代中期苏州虎丘磨坊公所建有马牛王庙，可见牛是此地磨坊的主要动力。在江南榨油业中，牛向来是拽磨的主要磨动力，无论城乡油坊，尽皆如此。[3]榨油业集中的市镇，畜牛颇多，故顺治时乌程县南浔镇，有"牛税"之征。[4]乾隆时南浔、震泽油坊用牛数也不少，本地饲料不足，须远赴洞庭东山采购。制盐业中，牛力作用也十分重要。据元代华亭县下砂盐场的生产情况来看，江南盐业中，广泛使用牛力以开辟摊场，牵引卤船，运载茅柴，输送成盐。[5]这种情况一直延续到清代，故乾隆时海宁沿海各盐场，仍然普遍"畜养牛头，载运柴卤"。[6]在农业中，牛力主要用于耕田与车水。耕田的记载，散见于明清松江、上海、青浦、南汇、江阴、震泽、嘉善、平湖、秀水、武康、安吉等地方志。乾隆六年，清高宗谕："江南水灾之后，幸冬间地亩，涸出者多。明春耕种，刻不容缓。然非耕牛，则

---

[1] 《天下郡国利病书》（原编）第6册"苏松"。
[2] 见《太湖备考》卷六"风俗"；《双林镇志》卷六"物产"（原纂）；咸丰《南浔镇志》卷二十四"物产"；《桐桥倚棹录》卷十六"会馆"；《明斋小识》卷十二"牛斗"；以及陈恒力、王达《补农书研究》，第43页。又见《庚巳编》卷三"人为牛"。
[3] 参阅北田英人《宋元明清期中國江南三角州に農業の進化と農村手工業の發展に関する研究》（1986—1987年度科學研究費補助金〈一般研究C〉研究成果報告書），1988，第五章。
[4] 节庵：《庄氏史案本末》（收于《清代历史资料丛刊》）。
[5] 陈椿：《熬波图》"开辟摊场""卤船盐船""打卤入船""担载运盐""打卤入团""人车运柴""辊车运柴""起运散盐"。
[6] 《海昌外志》卷二都庄（乾隆十七年辑）：五都二庄、北六都八庄、七都四庄等。

农耕不能兴举。着该督抚，饬令有司，劝谕灾民，爱护牛只，倘有图一时之利，轻鬻耕牛者，即行惩治，勿得以为民间细事，淡漠置之。"①由这道上谕可以看到：乾隆时苏南地区牛耕，并非罕见现象。牛力车水则在松江、崇明、江阴、海盐、嘉善、平湖等地方志中均有记载。此外，据焦循《忆书》，苏州也有用牛力车水的。

然而，我们应当注意：尽管有以上记载，但在明清江南工农业生产的动力结构中，牛力所占的比重仍然颇为有限。不少地方志已明确指出，用牛耕田车水的，仅是有田数十亩、百亩的上农。②在养牛较多的双林、南浔等地，牛也不用于农耕。③在嘉兴府亦仅"用以打油车水"。④南浔磨面、榨油才用牛，而碾米则用人。⑤清代平望的碾米业，从翁广平的《杵臼经》来看，亦主要是以人力而非牛力运砻。⑥即使在用牛最集中的榨油业中，所役牛数亦颇有限。榨油必须用牛转碾，二牛一班。碾小则班数少，碾大则班数多，故各碾每日役牛之数，依油碾之大小而增减。我曾于1985年采访桐乡县石门镇原油坊主毛乐卢先生（时年78岁），据他回忆，抗战前该镇榨油业仍使用旧式工具榨油（这些工具与《王桢农书》《天工开物》中的工具并无多大差异），一个拥有6部油车（即榨床）的中型油坊，通常每日需工人24人操作，役牛8头。万历时石门镇上有"油坊可二十家，……坊须数十人，间日而作，……二十家合八百余人"，⑦平均每坊40余人，每日实际工作人数20余人，与抗

---

① 《江南催耕课稻编》"国朝劝早稻之令"。
② 如康熙《松江县志》卷四风俗；乾隆《吴江县志》卷二十八"生业"；《蒲溪小志》卷一"风俗"；以及姜皋《浦泖农咨》等。
③ 《双林镇志》卷六"物产"（原纂）；《南浔镇志》卷二十四"物产"。
④ 《古今图书集成·职方典》卷九六三《嘉兴府部》"物产考"。
⑤ 咸丰《南浔镇志》卷二十一"物产"。
⑥ 《平望志》卷十二"生业"。
⑦ 康熙《嘉兴府志》卷十五收贺灿然《彰宪亭碑记》。

战前该镇中型油坊规模相近。若依同样的人牛比例，则万历时该镇榨油业役牛总数为320余头。石门镇是明代江南榨油业中心之一，盛时用牛总数亦不过如是，其他地方情况更可想而知了。

因此，在明清江南工农业生产的动力结构中，人力占了绝大的比重，成为明清江南工农业生产的基本动力。还要着重指出的是，这种情况似乎是与时俱长，愈演愈烈，比前代有过之而无不及。唐代江南农业中似乎还较多地使用牛力，因而才出现了耕犁及其他水田耕具的重大改进，奠立了长江流域水稻作业的特有模式。[①]宋元时江南农业中用牛似乎也还比较普遍，故南宋於潜县令楼王寿作的《耕织图》还把牛力作业作为江南农业的普遍景观加以描绘。明清江南人耕盛行，故宋代发明的铁搭在明清得到广泛使用，[②]以致朱国桢作出"今江南皆用之"[③]的概括。

虽然工农业生产普遍以人力为动力是工业革命以前世界各地的共同现象，但是像明清江南这样几乎完全依靠人力的动力结构，即使在近代工业化以前经济发展中也是颇为引人注目的。若与英国相比较，我们马上可以看到二者之间在动力使用上的巨大差异。

中世纪中后期至工业革命发生前夕英国的情况与明清江南迥然而异。早在11世纪末，英国的水力使用就已相当普遍。据当时政府对英国34个郡、9,250个领地所作的调查，该国水力机构甚多（5,624台），分布甚广（37%的领地至少有1台水力机械），以当时英国人户数平均，大约每50户（或250人）即拥有1台水力机械。在多伦多河南侧，水力机构尤多。维特郡怀利河流域16公里的范围内竟集中了30台水力机械，大约半公里就有1台。13世纪时，英国已

---

① 参阅天野元之助《中国农业史研究》，第3编2章第3、4节。
② 参阅杨宽《中国古代冶铁技术发展史》，上海人民出版社，1982，第278—280页。
③ 朱国桢：《涌幢小品》卷二"农桑"，中华书局，1959年排印本。

开始用水力机械来缩绒,给全国带来了富裕与繁荣。[1]15世纪炼铁业中已广泛使用水力风箱鼓风,制刀业中则用水力磨轮磨刀。15世纪末又开始用水力轮锤锻铁。进入16世纪以后,水力机械更广泛使用于锯木、碾压、金属拉丝与碾轧等行业。呢绒加工业中,也大量运用水力机械来进行捣、漂练、起毛等工作。18世纪初,又出现了拥有300名工人的水力捻丝厂。[2]E.M.卡鲁斯-威尔逊说:13世纪以后水力机械的广泛使用,使得英国中世纪的面貌发生了变化。[3]马克思亦指出:"在大工业的发源地英国,水力的运用在工场手工业时期就已很普遍。"[4]正是在此基础之上,阿克莱(Arkwright)的水力纺纱机才在1769年问世,揭开了工业革命的序幕。

英国工农业生产中畜力使用也很普遍。13世纪时,挽具、蹄铁等的引进与改良,使马的牵挽能力较前提高了数倍,因而马力成为工业(主要是建筑业)中重要的运输动力。在农业方面,11世纪以来,马也逐渐进入农耕,并对三圃制的推广起了重要作用。[5]到了18世纪,马更逐渐取代了工作效率较低的牛,成为农业生产的主要动力。[6]与此同时,马力在工业中的使用也已相当普遍(阿克莱的纺纱机最初就是以马力为动力的),[7]因此马克思说:"在大工业的

---

[1] ギャンペル,ジ.(Gimpell, J.):《中世の産業革命》,岩波書店,1978,第12、13、18页。
[2] 克拉潘:《简明不列颠经济史——从最早时期到1750年》,第214、219、221、312—315页。
[3] Carus-Willson, B.M., "An Industrial Revolution of the Thirteenth Century", in *Economic History*, vol. 11.
[4] 《马克思恩格斯全集》第23卷,第414页。
[5] 上引ギャンペル,ジ.(Gimpell, J.)《中世の産業革命》,岩波書店,1978,,第59、64、70页。
[6] 参阅G. G. 坎农《近代农业名人传》,农业出版社,1981,第6、7页;林举岱:《英国工业革命史》,上海人民出版社,1979,第14页。
[7] 罗伊斯顿·派克:《被遗忘的苦难——英国工业革命的人文实录》,福建人民出版社,1984,第12页。

第五章 能源问题

童年时期，马是常被使用的。……一直到今天仍用马力来表示机械力这件事，就是证明。"①

更值得注意的是，在17世纪末期，英国又出现了一种与传统动力完全不同的动力——蒸汽动力。虽然早期的蒸汽机还很原始，但它的出现却具有划时代的意义，预告了动力革命的到来。T．萨维利于17世纪末首次设计出世界上第一部可用于工业的蒸汽机后，经T．纽康门、H．贝汤等人改进，到1720年前后，蒸汽机已达到应用形式（直到工业革命发生后，蒸汽机才有很大改进）。自1711年起，已有一个公司经营蒸汽机的制造，于是蒸汽机的使用很快就流行起来了。到处都有这种机器，不仅在矿井里必不可少，而且还用它把水抽到水池里，然后放水推动水力机械。此外，也用它向城市供水。到工业革命前夕，仅煤业中心纽卡斯尔一带已有70部左右蒸汽抽水机，②北部各煤矿也大约有100部这种机器。③

可见，在中世纪中后期到工业革命前的英国工农业生产动力结构中，水力、畜力占有很大的比重，而且越是往后，这个比重越是增大。到了这个时代的末期，又增加了新型的动力种类——蒸汽动力。因而，人力在动力结构中的比重随着时间的推移越来越小。这与前述明清江南的情况，恰成一个鲜明的对照。从中我们可以清楚地看出：两地在动力使用状况方面，确实存在着巨大的差异。

二、动力资源

明清江南这种以人力为主的动力使用结构的形成与发展，主要是由动力资源条件所决定的，而不是缺乏动力使用技术，或缺乏对

---

① 《马克思恩格斯全集》第23卷，第414页。
② 芒图：《十八世纪产业革命——英国近代大工业初期概况》，第251、253页。
③ 哈孟德夫妇：《近代工业的兴起》，第102—104页。

较高效能动力（如畜力、水力等）的需要。

（一）要使用水力作动力，首先要有可资使用的水力资源。清人林昌彝说："山涧水车用以车水、舂碓，巧矣。然必得上流之水下注以转其车，水平处即不可用。"①王光彦也说："山民设水车，一轮转一磨，捺木杵，舂四碓，声如雷，力省利巨。江河水宽平，不能运轮。山溪小涧，自上溜下，轮随水翻"，反而倒能利用。②然而，江南虽然是水乡，但可利用的水力资源却极为贫乏。早在南宋时代，李处权就已指出："吴侬踏车茧盈足，用力多而见功少。江南水轮不假人，智者创物真大巧。"③其原因即如王祯所述："世间机械巧相因，水利居多用在人。可是要津难必遇，却将畜力转筒轮。"④明清之际人许缵在湖南看到水转筒车的使用后，明白地察觉到了这一点，说：水转筒车极佳，但"大江以南，水势平衍，不可用也"。⑤刘献庭则指出："此法不用人牛之力而水自升，亦水法之最善者。中原江浙地水平衍，但有山有水处即堰坝而为之，惜无讲究此耳。"⑥但事情并不如刘氏所讲那么简单，仅有山有水，并不能保证水力的使用。例如上元县"境内虽有群山，而其地脉枯燥，诸水自秦淮河与汤泉之外，其余溪涧，皆未有淙淙如注之水可以筑坝而截流者也"。⑦明初在南京设置的水磨，后来亦因"河流几绝，磨盘岿然尚存，徒想当时秦淮水势而已"。⑧湖州西部山区"水多于

---

① 林昌彝：《砚耒圭绪录》卷十三。
② 王光彦：《名胜杂记》卷六。
③ 李处权：《松庵集》卷三《士贵要予赋水轮因广之幸率介卿同作兼呈郭宰》。
④ 王祯：《王祯农书》卷十八农器图谱"卫转筒车"，王毓瑚校注，农业出版社，1981。
⑤ 《滇行纪程》"农家取水"。
⑥ 刘献庭：《广阳杂记》卷十三，中华书局，1957年排印本。
⑦ 乾隆《上元县志》卷四"山川"收《上元水利论》。
⑧ 董谷：《碧里杂存》卷上"古战场"。

第五章 能源问题　235

山间暴下，其色殷红，禾苗浸者尽死，谓之发洪"。①这样的水力，显然也难以有效利用。事实上，江南水力资源最集中的东、西苕溪（在湖、杭二府），水力蕴藏量也很小（仅为2.85万千瓦），而且季节变率很大（如西苕溪特大洪水期与枯水期流量相差竟达185,000倍），直至今日尚难利用。②因此，除了浙西山区某些地方外，江南几乎不存在可用传统技术利用的水力资源。水力在明清江南工农业生产动力结构中比重微不足道，原因即在于此。

英国有众多的河流可资利用，这是英国比欧洲大陆国家优越之处，因此笛福在18世纪初期写道：大自然对英国特别惠爱，使它拥有最好的地理位置、急湍的流水和不易淹没的煤矿。③水力是一种自然的生产要素。英国由于拥有丰富的、在传统技术条件下可以利用的水力资源，因而一旦其他条件具备，这种自然的生产要素便可在工农业生产中扮演重要的角色。这是很自然的。

（二）在畜力资源方面，明清江南也处于很不利的地位。在各种畜力中，马力是最好的一种。经测定，一马之力比一牛之力大1/2倍，而且马每日可比牛多工作2小时，工作速度也更快。因此马的日工作量相当于牛的2倍。④然而明清江南马极少，当然谈不上用作生产动力了。唯一可用的役畜只有牛。

明清江南工农业生产中所用的牛，黄牛有湖种、山种、沙种，水牛有长兴种、金华种、沙种等。其中长兴种、金华种水牛和山种黄牛，都以强力著称。⑤虽然江南各地城乡都有畜牛者，但总的来

---

① 《五杂俎》卷四"地部二"。
② 严重敏等：《杭嘉湖地区水土资源的综合利用问题》。
③ 参阅前引 J. Nef, *The Rise of the British Coal Industry*, p. 227.
④ 前引ギャンペル，ジ．（Gimpell, J.）《中世の産業革命》，岩波書店，1978，第63页。
⑤ 道光《江阴县志》卷十"物产"。

说，畜牛并不普遍。例如吴江县，自明至清，一直都是"牛惟富家畜之"。[1]康熙时嘉兴府，"本地牛最贵"，[2]当然也只有富人能养。常熟县则更是"无牛羊猪马驴之畜"。[3]而且，畜牛少的现象似乎还随着时间的推移而有所加剧。譬如在洪武《苏州府志》卷十六"风俗"、正德《姑苏志》卷十"风俗"里还保存着有关耕牛饲养的专条（虽然是抄袭前代旧文），但在以后的《苏州府志》及各属县县志里，此条已多被删除。这也从侧面反映出正德以后苏州地区耕牛饲养当是更少了。又如嘉靖《上海县志》卷一"物产"还称上海是"江海之乡，孳生牛马"。可是在以后的县志里再也不见此语，原因当如乾隆《青浦县志》卷十一"物产"按语所言："旧载骡、马骒，今产者绝无，即畜者亦甚少，故删。"

从外地输入牛的记载，史籍中偶亦有之，例如乾隆《金山县志》卷十七"物产"载："牛贩自浙东，土产者少。"不过明清时期江南邻近各地产牛也不多，徽州甚至还要从江西购入耕牛。[4]因此江南所输入的牛数量肯定极为有限，不足以成为生产用牛的一个重要来源。

本地养牛不多，输入数量又甚微，因而牛在明清江南成为一种稀缺之物。江南牛价之昂，从道光时松江地区情况可见一斑。据《浦泖农咨》载，其时松江"耕牛用水牛、黄牛二种，价亦不甚悬殊，其最上者须四十余千，减至七八千而止，现在通用者大率二十千左右而已"。价昂如此，正表现了牛在江南的紧缺。

导致明清江南牛紧缺的根本原因之一，是囿于各种条件，江

---

[1] 嘉靖《吴江县志》卷十三"风俗"；康熙《吴江县志》卷五"风俗"。
[2] 康熙《嘉兴府志》卷十"物产"。
[3] 康熙三十一年《常熟县志》卷一"风俗"。
[4] 弘治《徽州府志》卷二"土产"。

第五章 能源问题　237

南养牛的费用太高，一般人家承担不起，只好不养。在道光时的松江，耕牛"自四月至九月不须上料，但得一人斫青草饲之。九月以后，每日饲以棉花核饼两张，稻草三十斛，统计之亦日须七八十钱也"。姑不计斫青草人工，仅十月至来年四月这半年中养一头牛所喂的棉饼与稻草之费，总计就已达13,500文（每日以75文计）。根据当时当地米价钱引包世臣所说的人均日食米量，一头耕牛半年饲料费已相当于2.25石米，已够一个人吃9个月了。此外，我们还要看到：明清江南地狭人稠，寸土必耕，早已没有天然牧场。如饲牛稍多，青草来源又是一个问题。像乾隆时震泽、南浔油坊用牛充其量也不过各数百头，本地青草即告匮缺，不得不远赴洞庭东山采购茭草。[1]即令是稻草，虽处处皆产，但由于要用作燃料，可拿出来饲牛的也很有限。从下节所论情况可知，中下农户每年所获稻草尚不敷炊爨之需，焉得用以饲牛！而且，随着明清江南燃料紧缺现象的日益加剧，稻草可用来作饲料的可能性也必然越来越小。在这样的情况下，江南养牛减少的趋势只会逐渐增强。因而明清江南的畜力来源难以扩大，这是可以肯定的。

英国情况则大异于是。这个国家的畜牧业自古就很发达，拥有大量的牛、马等大牲畜。到17世纪末马耕开始逐渐取代牛耕时，该国（英格兰与威尔士）除大量役马不计外，尚有牛450万头，以当时人口平均，每人有牛0.8头，[2]亦即每个五口之家有牛4头。大牲畜数量如此之多，故英国畜力资源极为丰富，可以充分满足工农业生产对畜力的需要。这是明清江南莫能相比的。

（三）像18世纪初期的英国那样，把蒸汽动力用于生产，从而

---

[1] 《太湖备考》卷六"风格"。
[2] P. Deane and W.A. Cole, *British Economic Growth, 1688—1959: Trends and Structure*, pp. 6、9. 人口系1701年数。

弥补江南水力、畜力的匮缺，对于明清江南是否可行呢？答案是否定的。主要原因倒不在于技术方面，而在于江南不具备使用蒸汽机所必需的最起码条件——拥有充足的煤、铁供给。

  远在公元以前，埃及亚历山大城人赫罗就已发明出了简单的蒸汽机。文艺复兴时代，赫罗著作被译为多种文字出版，受到广泛重视。在此基础上，欧洲各国科学家不断地研究蒸汽机的改进问题。①然而只有在英国，才首先制成并使用了在生产上有实用价值的蒸汽机。显然，这与近代早期的英国在煤铁生产上的领先地位是分不开的，因为即使是制造和使用早期那种十分简陋的蒸汽机，也需要大量的煤铁。②在明清江南，煤铁供给极为紧缺，已成为经济发展的重大障碍，因而制造和使用蒸汽机是不可想象的。事实上，蒸汽涡轮机之直接前身——卧式水轮，中国早在西汉时代即已有之。③然而一直到清代晚期，江南科技人员掌握了欧洲传入的蒸汽机技术知识后，仍因煤铁问题而难以制造及使用蒸汽机。同治元年（1862），江南科学家徐寿与华蘅芳在安庆成功地研制出了中国的第一部蒸汽机，而且这部蒸汽机已达到当时世界先进水平，④可是也未能使用于生产。主要原因之一当即在于当时江南煤铁的紧缺。洋务运动中在上海开办的江南制造局，虽"购有炼钢机器"，但"因其地不产煤铁"，"炼钢所用之生铁、煤石等件，尚向外洋购

---

① 哈孟德夫妇：《近代工业的兴起》，第102—104页。
② 1720年代制造的纽康门蒸汽机，汽锅容积达450立方英尺，汽缸直径2.5英尺，高9英尺，每年要烧价值1000英镑的煤。见芒图《十八世纪的产业革命》，第253页。
③ 参阅赵雅书《中国水车之演变》。赵氏并引用李约瑟先生之语，指出卧轮水车"为文艺复兴后新技术时代中最重要之动力机，即水力与蒸汽涡轮机之直接前身"。
④ 参阅三月《我国第一部蒸汽机的问世》，《北方论丛》第1期，1983。

买",而"采买制炼,所费不赀,以致开炉日少"。①在此情况下,蒸汽机的制造和使用当然是很困难的。因此在蒸汽动力的使用方面,明清江南更无法与工业革命前半个世纪的英国相比。

(四)至于在人力资源方面,明清江南是大大优于中世纪中后期至工业革命前的英国。

江南地狭人稠,总面积不过4.3万平方公里,而人口在明初即已达870万,至清中期(嘉庆二十年)更增至2,640万。亦即每平方公里人口数,明初为180人,清中期则高达547人。其人口密度之高,即使用今天的眼光来看,也是十分可观的。与此相较,英国(大不列颠岛)面积22.98万平方公里,②而1500年时人口仅有300—350万,③1701年也才达到687万。亦即每平方公里人口数分别为13—15人与30人。其中人口最为稠密的英格兰与威尔士的人口密度,④1700年也仅达每平方公里35人,直到工业革命前夕的1750年才增至41人,⑤尚不及明初江南人口密度的23%或清中期江南人口密度的8%。江南众多的人口,为工农业生产提供了极为充足的人力储备,这是英国所不能比拟的。

通过以上比较,我们可以清楚地看到,明清江南与中世纪中后期至工业革命前的英国,在动力资源方面存在着巨大的差异。这个差异,乃是前述两地在动力使用状况方面明显不同的主要原因。而这种动力使用与动力来源的重大歧异,必然会给两地工农业生产的发展带来深远的影响。

① 魏允恭编《江南制造局记》卷二、卷三,上海文宝书局石印本,光绪十一年。
② 据伊·叶·拉比诺维奇《大不列颠与爱尔兰》,天津人民出版社,1977,第1页。
③ 据克拉潘《简明不列颠经济史》第110页数字计算。其中苏格兰人口系15世纪数字。
④ 据Deane等,*British Economic Growth, 1688—1959*,第6页表2数字统计。
⑤ 据Bowden, Witt, Micheal Karpovich and Abott Pyson Usher, *An Economic History of Europe since 1750*, American Book Co. 1937, p. 3中有关数字换算。

三、江南人士克服动力局限的努力

明清江南生产动力基本上是人力这一严重缺陷,已为当时先进人士所意识到。他们进行了可贵的努力,以图减少这一缺陷所带来的消极后果。

人力并不是一种理想的动力,特别是在车水、牵磨等工作中,更是如此。这一点,明清科技专家早已熟知。徐光启说:"东汉以来,盛行龙骨〔水车〕。龙骨之制,日灌水田二十亩,以四三人之力,旱岁倍焉,高地倍焉",效率很低。用畜力好些,但"驾马牛则功倍,费亦倍焉"。用水力、风力,"此不劳人力自转矣",虽然"枝节一蹩,全车败焉",但仍比人畜力好,原因是"水车之属,其费力也以重。水车之重也,以障水,以帆风,以运旋本身。……故用风、水之力,而常得人之功"。①王征则说:"砲,必须物也,每叹人若畜,用力甚艰",故特设计风力、水力机械,以代其劳。②但是江南无水力可用,畜力太贵,因此科学家们的努力便集中到了两个方面:一是风能的开发,一是人力工具的改进。

季风在江南是一项可资利用的动力资源。在江南毗邻地区,明清时期有一些利用风力的记载。宋应星说:"扬郡以风帆数扇,使风转车,风息则止。"③方以智说:"用风帆六幅车水灌田者,淮扬海壖皆为之。"④纳兰性德说:"西人风车,借风力以转动,可省人力。此器扬州自有之,而不及彼之便易。"⑤祁春圃说:"江北通泰诸邑,则用风车〔车水〕。其式以蒲为蓬,八中立柱,八蓬围绕

---

① 《农政全书》卷十九"水利"。
② 王征:《新制诸器图说》转砲之器三"图引"。
③ 《天工开物》乃粒第一卷。
④ 方以智:《物理小识》卷八。
⑤ 纳兰性德:《渌水亭杂识》。

之,随风左右。下置龙骨车,挽水而上,日夜不绕,较水车同一疾便也。"①林昌彝看见浙江处州用风车车水,"风车一具可转水车两具"。②两淮盐田,也常用风车车水。③江南松江、湖州有些地方也用风水车,已见上述。

由于风力对于江南来说是一项难得的动力资源,因此虽然明代中国风车比欧洲更为有效,④但是明清科技专家和江南地方人士仍然努力改进风力机械,力图更有效地使用风力。早在明末,王征就在传教士带来的风磨图样的基础上"想象损益",设计出风碓,这种风碓构架颇大,但使用方便,"用者无他谬巧,止借风力,省人之力云耳",同时转轴(将军柱)两端安装铁制部件,以防磨损。⑤清代绍兴人汪禹九则设计出一种简便可行的风力水车,运用齿轮传运,带动普通水车车水。同时,这种风车可自行对准风向,"随风所向转水灌田"。林昌彝在处州看见的风水车,就是这一种。⑥但是风力有一个致命弱点,即行止、强弱不一,无法控制。不仅"大风起亦败车",⑦而且所带动的工作机"因风车为力,无风则滞",倒"不如改用牛马牵机,可以常常不息"。⑧仅可"救潦"(排水),不适"济旱"。⑨因此虽然"田器之巧极于是,然不可常用"。⑩改进风力机械的努力,不可能对江南动力使用状况发生多大影响。

---

① 祁寯藻:《馤纫亭集》(引自金武祥《粟香二笔》卷一)。
② 林昌彝:《砚桂绪录》卷十三。
③ 周庆云:《盐法通志》卷三十六。
④ Elvin, Mark, *The Pattern of the Chinese Past*, Stanford University Press (Stanford), 1973, pp. 127—128.
⑤ 《新制诸器图说》。
⑥ 《砚桂绪录》卷十三。
⑦ 《天下郡国利病书》(原编)第6册"苏松"。
⑧ 周庆云:《盐法通志》卷三十六引东三省志。
⑨ 《天工开物》"乃粒"第一卷。
⑩ 《天下郡国利病书》(原编)第6册"苏松"。

江南人力资源虽然丰富，但是要提高工作效益，人力机械仍须加以改进。在这方面，科技专家与劳动人民也进行了很大的努力。尽管明清江南生产工具基本上仍因前代之旧，但也有若干细微进步，因而成为在当时技术条件下最有效能的工具。王介从陕西来到苏州，看到苏州农民所用的水车，赞叹道："嗟尔苏州农圃人，班输技夺天工巧"，①即是一例。更重要的例子，是自明末以来科技专家和有识之士对龙尾车的不断研究与提倡。龙尾车可以人力操作，比较符合明清江南的动力条件，因此徐光启倡导于前，纳兰性德、戴震、齐彦槐等鼓吹于后，江南人士黄履庄、沈狎鸥、徐学俊、梦树齐等不断研制改进，江南封疆大吏林则徐、陶澍等赞助推行。②但又因材料问题的限制，亦未能得到实际运用。不过，对这种工效较高的人力工具的积极倡导，也确实体现了在江南除人力之外，没有其他可选择的更好的动力来源。

第二节　燃料的使用与供给

在农业社会中，工农业生产所消费的燃料数量颇为有限。随着工农业（特别是工业）的发展，生产中燃料的使用越来越广，数量也越来越大。因而燃料的使用情况如何，从某种意义上来说，是一个地区经济（特别是工业）发展水平的标志。然而一个地区的燃料使用，又决定于其燃料供给。因此，讨论一个时代与地区的燃料使

---

① 《正学斋文集》卷三。
② 以上各人情况见于下文献：徐光启：《农政全书》卷十九"水利"；纳兰性德：《渌水亭杂识》；戴震：《戴东原集》卷七《赢旋车记》并凌廷堪：《校礼堂文集》卷三十五《戴东原先生事略状》；齐彦槐：《梅麓诗钞》；黄履庄：《虞初新志》卷六《黄履庄小传》；沈狎鸥：《履园丛话》卷三；徐学俊：《明斋小识》卷十"龙尾车"；梦树齐：《梅麓诗钞》上《梦树齐君传》；林则徐，同前；陶澍：《一斑录》杂述六"泰太西水法"。

用与供给状况，具有非常重要的意义。

一、燃料使用

明清江南使用的燃料，主要有薪炭、芦苇、秸秆和煤四大类。工业中主要的燃料消费部门为五金加工、烧窑和煮盐，其次则为榨油、制烛、染色、食品加工等。农业中主要的燃料消费部门则为蚕业。以上各部门对燃料种类的要求不同，大体来说，五金加工要用煤或被称为"火墨"的硬木炭，烧窑则用煤或炭均可。[1]煮盐多用芦苇或茅草，[2]蚕业则要用"为火不甚烈"的"蚕炭"或"小炭"。[3]其他行业大致以柴薪为主。至于秸秆，则多用于农家炊爨，用于工农业生产的较少。

五金加工业中，消费燃料最多的是铁业。江南地区虽然基本上不产铁，但铁器制造业却仍具一定规模，情况见于本书第一章第一节。江南所生产的铁制品主要为日常所用的工具与用具，这些制品有少量输出，同时也有一些输入，不过估计数量都不大。大体地说，江南的铁器制造业基本上仅能在一种很低的水平上满足本地日常所需，或仅能维持社会简单再生产。据邱亮辉先生估计，中国"封建社会"里日用工具与用具所消耗的铁，每人每年平均大约为1.2市斤。[4]江南地区的人口，明初约870万，嘉庆二十年（1815）约为2640万。若依邱氏的估计，则为补充这种日常的消耗，每年用于制作各种器具的铁当为1,044万—3,168万斤，即约0.52万—1.58万

---

[1] 《天工开物》锻锤第十卷"冶铁"，陶埏第九卷，燔石第十一卷"石炭"。
[2] 叶梦珠：《阅世编》卷七"食货六"，上海古籍出版社，1981年排印本；《前溪逸志》"绞丝岭"条。
[3] 乾隆《安吉州志》卷八"物产"；道光《武康县志》卷五"物产"。
[4] 丘亮辉：《中国近代冶金技术落后原因的探讨》，《科学传统与文化》，陕西科学技术出版社，1983。

吨。此外还有一些其他用途的铁（如兵器、船锚等等），邱氏估计其消耗量为日常消耗量的1/3。若依此加上，则江南铁的年消费量总共为0.69万—2.11万吨。①据《熬波图》，元代下砂盐场用废铁制作铁盘，"每铁一斤用炭一斤"，这个燃耗比例可能太低，因为1930年代浙江余姚人和冶坊与富阳协盛昌镬厂土法生产铁锅、犁头等器具（所用生铁俱系购入），平均加工铁1担，需木炭2.32担及煤1.8市斤。据其时价将煤折为木炭，共为木炭2.34担。②依此燃耗比例，加工铁0.69万—2.11万吨，当用木炭1.62万—4.94万吨。

除了铁器制造外，江南许多城镇还有金银铜锡等金属制品业（其中规模最大的是制箔业，仅杭州一地就有金锡箔匠上万人之多）。不过，明清时期铜锡（特别是铜）是货币材料，作其他用途者数量有限，铜锡制品生产规模自然不很大。金银制品的生产就更不用说了。而且铜、锡熔点低，加工所需燃料较少。③尤其是制锡箔，仅在打箔之前熔锡时需用不多的燃料，而在以后压薄、制页、磨纸等十数道工序中完全不用燃料。因此，杭州城里上万名箔匠所耗用的燃料，不见得比桐乡炉镇一地锻铁炉所用燃料更多。尽管如此，我们仍从宽估算，姑设金银铜锡加工所用燃料总量与制造日常所用铁器所用燃料量相当（这可能大大高于实际数字），即约当1.22万—3.70万吨木炭。据此，则江南五金加工业所用燃料大约总共可折木炭2.84万—8.64万吨。

窑业也是一个消耗燃料最多的工业部门。大体而言，生产陶

---

① 这个数字可能偏高，详见本书第六章第二节。
② 《中国实业志·浙江省》第7编，第337页。
③ 从铜矿石中提炼铜，每斤铜燃耗为木炭100斤（据王茂修《金沙江水输泥量增加引起科学工作者极大关注》，《光明日报》，1986年8月12日），比炼铁低得多。至于熔铜以加工，燃耗更低。

器130斤，需柴100斤，①而烧砖1,000块约需木柴1马车（折合煤0.44吨）以上，烧石灰1吨则至少需木柴4马车（折合煤1.76吨）。②明清江南的窑业具有一定规模，第一章第一节已述。但是江南窑业所用燃料量究竟是多少？据现有材料很难估计。我们仅知道：第一，由于烧制陶器、砖瓦、石灰单位燃耗较高，而江南的陶器、砖瓦、石灰生产又有相当的规模，因此窑业每年消耗的燃料相当可观；第二，江南地区所生产的陶器不能完全自给，尚须由江西等地输入瓷器和部分陶器，可知其生产规模不算太大。砖瓦石灰虽能自给，但只是一种低水平的自给，因而生产总规模也不可能很大。总而言之，江南窑业所消费的燃料数量虽然相当可观，但仍然有限。

第三个使用燃料最多的工业部门是制盐业。江南各盐场制盐方法基本相同，都是先晒灰、刮土、沥卤，然后煎卤成盐。每卤水1担，得盐10—25斤不等。元代下砂盐场煮盐，"上则月分卤咸，每盐一引［每引重400斤］，用柴［芦柴］百束。下则时月卤淡，用柴倍其数"。其时煮盐芦柴，每束六尺围圆。辒车（二牛四轮大车）每辆可运柴50束；塌车（二牛无轮拖车），每辆只载15束，③若以辒车载重1,000斤计，则每束约重20斤。换言之，每得盐100斤，当用芦柴500—1,000斤。清中期江北煮盐，平均每百斤盐要2—5亩草荡供燃料，④可见消耗燃料很多。1570年代英国德洛依图里奇（Droiturich）地方煮井盐1吨，平均用木柴4马车左右（折煤1.76吨），而从浓缩后的海水里得盐1吨所用燃料还更多于此。⑤江南盐田得盐1吨，须煮干卤水4—10吨，所用燃料恐与英国相去不远。江

---

① 《天工开物》陶埏第七卷"罂瓮"。
② 参阅前引 Nef, *The Rise of the Britisch Coal Industry*, 第192、193、217页。
③ 《熬波图》"樵斫薪柴""束缚薪柴""塌车辒车"。
④ 嘉庆《如皋县志》卷七"盐法"；嘉庆《东台县志》卷十八"盐法"。
⑤ 前引 Nef 书，第193页。

南盐年产量据本书第二章第五节中的估计，当在4.8万—5.2万吨之间，依上述英国燃耗比例（1∶1.76），所用燃料当可折煤8.45万—9.15万吨。

除了五金加工、烧窑、煮盐三个耗用燃料最多的部门外，榨油、制烛、染色、食品加工等部门也要消费燃料。这些部门生产中的单位燃耗虽然较低，但是由于生产单位数量多、分布广，因而其所耗燃料，总合起来也是一个不小的数目。

在蚕业中，燃料主要用于蚕室取暖和煮茧。此外，江南嘉湖蚕区更有"出口干"与"出水干"之法，即在蚕结茧时及缫丝时用炭火烘丝，使之光泽坚韧。①这种方法盛于明代，尔后一直沿用下来，被称为"擦火""灼山"或"擦车头火"。②这种方法用炭不少，董蠡舟《擦火诗》形容说：一遇天阴，擦火用炭增多，就会引起"市中炭值顿翔贵"。③因此江南蚕业中的燃料消费，比他处更多。由于江南蚕业发达，千千万万蚕户所用的蚕炭，加起来数量十分可观，所以湖州虽以盛产蚕炭著称，"价亦省于他郡"，但"湖人用炭，止供蚕事"，余则不及，④可见蚕业用炭之多。

从以上对江南各主要燃料消费部门的燃料使用状况所作的初步分析，我们可以看到：明清江南工农业生产中所使用的燃料，达到了相当可观的数量。为了进一步认识江南工农业中燃料使用的特点，下面还使用16—17世纪英国的燃料使用情况来作比较。

英国的燃料使用，最初以木柴为主，但在中世纪中后期，煤的使用也日益增多。英国国内煤的年度平均消费量，1550年代约为

---

① 《天工开物》乃服第二卷"结茧""治丝"；《物理小识》卷六衣服类"丝棉"。
② 见咸丰《南浔镇志》卷二十二"农桑"引《育蚕要旨》《遣闲琐记》《南浔志藁》。
③ 此诗收于咸丰《南浔镇志》卷二十二"农桑"。
④ 《吴兴掌故录》卷十二"风土"。

198,000吨，1680年代增至2,832,000吨；[1]1696年约为300万吨，此外还有热量相当于50万吨煤的木柴（约100万立方米）。[2]人均煤消费量，1558年以前尚不到1英担（每英担约为51公斤），而至17世纪末已增至9英担（459公斤），伦敦更高达16英担（816公斤）。[3]这个人均消费量，即使用今天发展中国家的消费标准来看也相当高。

从行业燃料消费来看，英国工业中主要燃料消费者之一的金属工业，在17世纪末据估计大约每年消费煤20万吨以上（当时主要炼铁燃料木炭尚未包括在内），烧石灰用煤数万吨，煮盐用煤30万吨以上。此外制玻璃用煤5万吨以上，制明矾用煤1万吨以上。[4]制烛、制皂、染色、熬糖、酿酒也用煤不少。[5]整个制造业每年消费煤近于100万吨，约占当时全国煤总消费量的1/3，[6]人均约3英担（153公斤），而且数量也很大的薪炭尚未包括在内（据估计，在17世纪前期英国仅冶金业每年所烧木炭，至少要用去20万株大树）[7]。在农业上，17世纪的英国农民通过大量使用石灰作肥料，从而间接地消费燃料。同时，还将煤粉及煤烟灰、煤灰用来肥田。[8]由于施用这类肥料很普遍，因此所用的煤数量也不少。

通过比较我们可以看出：

1. 明清江南主要工业部门的燃料使用量远低于16—17世纪的英国。例如，江南五金加工业所用燃料从高估计，也仅折合木炭2.84

---

[1] 前引Nef书。兹据第19—20页表1煤产量，减去第84页表8相应年份的煤出口量而得文中数字。
[2] 前引Nef书，第83页。又，据刘再兴《中国工业布局学》第307页，1吨煤热量相当于2立方米木材。
[3] 前引Nef书，第222页
[4] 同上书，第204、205、208、210、220页。
[5] 同上书，第211—214页。
[6] 同上书，第220页。
[7] 同上书，第193页。
[8] 同上书，第236页。

万—8.64万吨，而17世纪末英国的金属工业则烧煤20万吨以上（此外还有大量木炭）。江南的制盐业所用燃料按16世纪英国煮盐燃耗比例可折煤8.64万—9.36万吨，而17世纪末英国制盐业则用煤30万吨以上。窑业所用燃料因无确切数字，无法进行对比，不过在16世纪中英国的建筑材料发生重大变革，砖瓦逐渐取代木材成为基本建筑材料，① 而江南则如本书第一章第二节中所述，砖瓦运用尚十分有限。17世纪英国农民已普遍将石灰用作肥料，而江南虽然也有此方面的记载，② 但属个别现象，③ 因而可知明清江南砖瓦石灰等的生产规模远难与17世纪的英国相匹。因此，在燃耗最多的这三个部门中，明清江南的燃料使用水平十分低下。

2. 从整个工业所使用的燃料来看，明清江南更明显低于17世纪末的英国。17世纪末英国制造业每年消费煤100万吨，这个数字可能超过明清江南煤消费总量的若干倍，因为从下一节对明清江南地区燃料供应的分析来看，江南本地所产煤极为有限，从外地输入煤的规模也不大。此外，17世纪英国工业所消费的薪炭，肯定也远比江南更多。

因此，明清江南尽管在其早期曾是当时世界上经济最发达的地区之一，但是在工业生产中的燃料使用方面，直至19世纪前期，仍远远落后于16—17世纪的英国。在农业方面，至少是人均燃料消费量也低于英国。

二、燃料供给

明清江南工农业生产中燃料消费水平低，与江南地区燃料的

---

① 前引Nef书，第186—187页。
② 参阅康熙《六合县志》卷十二"稼学"；嘉庆《於潜县志》卷十"食货"等。
③ 江南农田使用石灰，主要是中和酸性土壤，而且仅用于少数地方。

供应状况有密切关系。下面，我们看一看明清江南地区的燃料生产状况。

煤的生产，从本书第一章第二节中可知产量很少。而且从近代情况来看，江南的煤资源在明清时期已得到比较充分的开发，但限于矿藏量以及运输等条件，很难再进一步扩大煤的生产。

江南的薪炭主要产于湖、杭二府西部山区各县，其中孝丰、安吉、武康、於潜几县出产最多，所产窑片、松箍、刀柴、枪柴和生炭（硬炭）、蚕炭等，沿东西苕溪、天目溪、富春江运到附近各城镇以及杭州出售。[①]此外，据明清地方志，长兴、富阳、新城、昌化、临安等山县亦出产薪炭。平原地区的钱塘、归安、平湖、海宁、宜兴、吴县、句容、江宁等地的山岗丘陵也有很少量的薪炭出产。而在东部的松江等地，则很少见到记载。

江南的薪炭产量看来不会很大。例如江南薪炭以湖州府西部诸山县出产最多，但嘉靖时湖州所产之炭亦仅足供湖州蚕事而已。至于杭州府西部诸山县所产薪炭，则尚不敷杭州府城之需，因而杭州府城不得不依赖严州等府的薪炭。

江南地区的薪炭资源，早在南宋时就已严重消耗，[②]到了明代，平原地区森林已基本消失。浙西山区的薪炭资源，也呈现出不断减少之势。早在明代后期，长兴西北诸山，除大小官山"薪苏不及"外，其余尽已"或专艺茶，或伐为薪炭"；[③]武康绞丝岭一带，康熙时已无薪，"担荷而交于埠者曰茅柴，实草也"；[④]德清"南北

[①] 参阅乾隆《安吉州志》卷八"物产"；乾隆《武康县志》卷十"物产"；嘉庆《於潜县志》卷十"食货"；《前溪逸志》"小长山"，等等。
[②] 庄绰:《鸡肋编》卷中，中华书局，1997。
[③] 宋雷:《西吴里语》卷三。
[④] 《前溪逸志》"绞丝岭"。

之势盈于山，而枣栗薪炭之利弗与焉"；①江宁石步大山，乾隆时也已是"远近山坳，柴草稀少"。②为了缓和薪炭资源锐减的趋势，明清江南出现了人工营造薪材林的现象。例如嘉靖时海盐澉浦一带"种松十年一伐以为薪"。③尔后桐乡、上海、川沙等地种植生长较快的薪木芊芝（甘棵、芒）。④包世臣则提倡种柳、白杨，"平乡乏薪，尤资其利"。⑤但是树木生长慢（董谷说：十年一伐为薪，"人生能几伐焉"），种树难以成为解决燃料问题的有效方法，⑥而种芊芝则要占用田地。⑦江南地狭人稠，此法当然难于推广。

芦苇主要产于松江东乡的荒滩、池荡与海岛，以及南京一带长江江心的沙洲，并且是这些地方的主要燃料。⑧不过，早在南宋时代，松江芦苇资源就已不很充足，因此不得不"殖芦为薪"。⑨华亭下砂盐场，元代芦柴已不敷供应，"才至起水，便行阙柴"，于是不得不竭泽而渔，"三四月间，柴苗方长尺许，已是开荡樵斫。至八九月内，已无接济，不免多募人丁工具，将荡内茅根生柴，再行刮削砍斫，用茅捻三务缚束，名曰横包柴，搬担堆垛，陆续搬运入团"；或者"如四五月乏柴，则买大小麦秆接济"。⑩至明清时，随着荒滩、池荡、海岛的开发，芦苇生长空间进一步缩小，从而产量

---

① 康熙《德清县志》侯元斐序。
② 《石步志》。
③ 嘉靖《续澉水志》卷一"山川"。
④ 《补农书》"补农书后"；《馥芬居日记》；道光《川沙抚民厅志》卷十一"物产"。
⑤ 《安吴四种》卷二十五《齐民四术》卷一农政。
⑥ 据绍熙《云间志》卷五"物产"，南宋时松江"种芦为薪"。尽管芦生长比树快，但亦未能解决问题。
⑦ 据《补农书》"补农书后"，一家日用柴30斤，需种芊芝1—2亩。
⑧ 参阅《四友斋丛说》卷十；正德《金山卫志》卷三"风俗"；乾隆《崇明县志》卷十二"风俗"；《阅世编》卷七"食货六"；《凤麓小志》记诸事第八；《炳烛里谈》上卷"柴车"；同治《上江两县志》卷七"食货"等。
⑨ 绍熙《云间志》上卷"物产"。
⑩ 《熬波图》"砍斫柴生""樵斫柴薪"。

也更加减少。明代江南盐场燃料已非常紧缺,"近伐嘅山童,远入虞虎咒,肩重何足辞,突黔良藉此"。①长江江心沙洲面积有限,所产芦苇不敷南京之需,因而南京燃料供应一直比较紧张。

秸秆各地农村都有,绝对产量也不少,但是由于江南农村人口多,人均秸秆数量并不甚多,仅勉强够其炊爨之用。据调查,民国时代苏湖嘉杭一带农民平均每户有4.5人,种田9亩,亩产稻500斤;每日炊爨平均烧稻草15斤,一年烧54,000斤,②即所产稻草仅敷10个月之用。加上其他作物(豆、麦、油菜等)秸秆,再扣除作他用(如盖房、补房等)的稻草,也只是勉强够用,谈不上有多少剩余。明清江南平原地区农村情况与此大致相同,因此难以指望秸秆能为工农业生产提供很多燃料,况且在许多任务农业生产部门中,秸秆并非可使用的燃料。

很明显,江南地区的燃料生产十分有限,不能满足工农业生产之需。为了解决这一矛盾,从外地输入燃料是必不可少的。

煤的输入,估计明代中期即已有之。据《娱目醒心编》卷三《解己囊惠周合邑,受人托信着远方》,景泰时有晋商房某,自山东东昌一带载煤十大船赴京师发卖,购入价达二万八千两银,而运至京师,适逢乏煤,"悉照时价给发,……一算本利,除去二万八千原本,反余了十万有余"。此故事虽出乾隆时小说家之笔,但看来也并非无稽之谈。因为这篇小说的主人翁蔡凯(节庵),出于明清德清望族,本人在《湖州府志》《德清县志》中均有传。蔡凯一生中最重要之事迹,系景泰时代全县人民输一年之赋。而此篇小说,

---

① 彭韶:《两浙盐场图咏》"咏灶图八·山场图"(引自吉吉田寅《元代制鹽技術資料〈熬波圖〉研究》,汲古書院,1983,第90页)。
② 陈恒力、王达:《补农书校释》,第120页。又,陶煦《租核》"量出入"亦说:"稻杆可为炊爨,俗曰稻柴。亩可得五担(俗以百斤为担)。"

正是说明蔡凯代民输赋之资金从何而来。据此故事蔡氏代晋商房之孝运煤销售京师，得善价。房氏感蔡在逆境中接济之恩，即以售煤所得利润，以蔡之名，代德清全县之民输一年之赋。这个故事表明：早在明代中叶，京杭大运河上就有颇大规模的煤炭贸易，而且江南人士也卷入了这种贸易。不过尚未有明确记载说煤炭输入江南。到了清代，煤输入江南已是常见现象。清初通过龙江关输入江南的煤，主要来自湖南宝庆、江西乐平和湖北兴国。① 上江方向来的煤，一直运到苏州。② 乾隆初，据湖南巡抚高其倬奏，湖南衡阳府属耒阳、衡山，长沙府属湘潭、湘乡、安化等县以及桂阳州所产的煤，也远输江南，"江南之铸造铁器者亦多资之"。③ 至嘉道时，又见有江北船运煤经镇江输入江南。④ 可见至少自清初起，外地煤输入江南已不是偶然现象。

江南的煤输入规模有多大？我们仅能根据当时各供应地的情况，作一大概的推测。

两湖、江西、安徽南部沿江地区煤藏不丰，这首先就决定了这些地方的煤开采规模不可能很大。因此除去本地消费外，可资外运的数量就颇为有限。例如在这几省内，湖南是最主要的煤产地，但是在湖南六个主要产煤州县里，煤藏最多的耒阳、衡山⑤以及桂阳等州县距离长江水道较远，"地远则煤之运脚多费，煤之价值亦

---

① 同治《上江两县志》卷七"食货"。
② 据道光《浒墅关志》卷十四"榷税则例"，由上江来的船，未在九江纳船料者，须在浒墅补纳船料，称补料。而据同书卷五"货物则例"，纳加补料的货物中有煤炭。据此可知是上江方面运来的。
③ 引自韦庆远、吴奇衍、鲁素编《清代的矿业》，第464页。
④ 道光四年九月初四日延隆奏（引自彭泽益编《中国近代手工业史资料》第1卷，第455页）。
⑤ 朱克敬：《瞑庵二识》卷一引郭嵩焘上李鸿章书："即以湖南地产言之，……煤矿多在衡州。"

第五章 能源问题 253

昂"。在长沙、岳阳一带已感到其价格太高，要大量外运到数千里之外的江南恐怕不很现实。具有较好运输条件的湘乡、安化、湘潭三县中，"湘潭一县虽［距长沙］近，而产煤之山甚少，所产亦微"；湘乡、安化两县产煤较多，但供应面亦广，"止就长岳一府属州县人户论之，已不下百余万家"，而家家俱烧煤；此外"湖北武汉一带地方亦多资以为用"。①湘乡、安化所产煤，在供应两湖之外，所余有限，若要大量地输到江南，恐怕也是不可能的。因此，我们至今尚未发现湖南煤像湖南米那样大量沿江而下的记载。据重田德对清代湖南商品流通的研究，甚至在湖南省内，煤也并未取得像米谷、木材、桐油、纸张、麻、铁等那样的主要商品地位。②因而，其作为商品输出到江南的数量当是很有限的。

  在江北方面，两淮煤田直至清中期尚未见大规模开采。同时，对于像煤这种重量大而价值低的物资来说，运河船运费用过高，经济上很不合算。③因此上述江北船运输到江南的煤当是江北接近江南地方零星小矿所产。而且官府规定江北船每船限载煤仅60担，总输入量想必也很小。通过运费低而且运量大的海运输入煤，对于江南来说倒是一个在经济上可行的办法。据乾隆三十三年陈宏谋

---

① 以上详见乾隆二年二月二十三日湖南巡抚高其倬奏（载于前引《清代的矿业》，第464—465页）。
② 参阅斯波义信《宋代江南経済史の研究》，東京大學東洋文化研究所，1988。
③ 例如在前引《娱目醒心编》卷三的故事中，晋商房之孝在山东购煤十大船，价28,000两银，沿大运河北运赴京发卖。时逢瓦剌侵扰，京郊"人民逃散"，西山煤矿停产，"京城正乏煤用"，所以"运交煤厂，悉照时价给发。……一算本利，除去二万八千两原本，反余了十万有余"。明中叶运河船只载量有限（漕船一般载300石），即以清代前期大型漕船通常载量计（每船载1,000石，每石以150斤计），十大船煤总重量为150万斤。亦即景泰时在山东煤产地价格为煤百斤值银1.9两，运至北京则8.7两。当然彼时北京正乏煤，价格高昂，不可视为正常时情况，但运河长途运煤，代价太高，殆为常情。也因为如此，方见晋商之精明：利用京师乏煤之机，长途运煤以求善价（正常情况下肯定不能如此），所以为房氏代办此事的蔡凯（节庵）感叹说："看这姓房的不出，倒有如此造化！"

编《物料价值则例》，江南八府一州属下各地，仅上海、金山、青浦、南汇、奉贤五县有煤价（每斤煤价3—4分银）。这五县本身并无煤产，何以官府要在此采购煤？唯一的解释只能是这几个滨海县份平时有煤从海上输入，所以才成为官府的采购地点。但是，当时华北、东北接近海岸、便于海运的煤矿，明清时尚未开采或大规模开采。广东近海地方虽产煤，但煤质劣，[①]而且产量很少，[②]尚不敷本省铁业之用（广东冶铁仍以木炭为主）。因此希图像17世纪荷兰那样依靠从邻近地区大量输入煤来解决燃料问题，在当时的条件下对江南来说是很难办到的。

薪炭输入，前代早已有之。南宋杭州所用柴炭多产于严、婺、衢、徽等州（特别是严州），[③]而明清仍然如此。[④]不过，从严州等地输入的薪炭，似乎仅在杭州府范围内使用。除杭州府城外，只见到在海宁境内的许村盐场等地使用，[⑤]他处则未见。南宋建康府薪炭"悉资客贩"，[⑥]而清初经由龙江关输入江南的货品中，也有江西、宁国、安庆、湖北等地来的炭。[⑦]其中主要来源看来是毗邻的宁国府，故史言宁国府居民"采薪作炭，远方之人大航贩载不绝"。[⑧]不过总的说来，输入仍有限，因而江宁一带的燃料紧缺状况并未因之而得到较大改善。此外，正德时江阴每年都有"数百人往

---

① 曹士桂：《馥堂公宦海日记》道光二十七年正月三日。
② 参阅前引《清代的矿业》第476页与前引《中国近代手工业史资料》第1卷，第329—331页。
③ 《鸡肋编》卷十九，吴自牧：《梦粱录》卷一二。
④ 王士性：《广志绎》卷四，中华书局，1981年排印本；康熙《钱塘县志》卷三"城壕"。
⑤ 《两浙盐法志》卷六"场灶一"。
⑥ 《挈斋集》卷十三。
⑦ 同治《上江两县志》卷七"食货"。
⑧ 嘉庆《宁国府志》卷十八"物产"。

衢州、长沙、南阳、川巴等地收买棉花、豆、炭、麻饼等物"。[1]嘉靖时则有"沙船载芦"行驶于太仓一带；[2]明末崇明又出现了"业有沙船几只，开贩柴行生意，家甚厚"的海上柴商。[3]清代亦有海船载柴炭输入海宁的记载，[4]而海宁境内黄湾盐场所用柴薪，即有一部分来自浙东舟山、象山等地。[5]输入平湖乍浦港的货物中，亦有来自浙东的木炭。[6]不过这些输入的数量不会很大，因为明清江南周围地区的薪炭资源并不丰富。例如江北的通州一带，乾隆时已无薪可采，"炊灶悉倚葭芦，价日腾踊"。[7]西面的皖赣一带，早在明代后期，"由江右抵安庆，山多童而不秀"。[8]广德州的山峦至迟在清初亦已变"童山"。[9]浙东沿海温、台、宁波等府，林木本不甚丰，早在宋代即输入外地乃至外国的木材，[10]此时亦恐难有大量薪炭输出。再南一些，福建的福宁、福德一带在明清之际已是"海滨无薪"，不得不"爇茅以煎［盐］"。[11]到乾隆时，沿海的广东、山东乃至辽东，各地封疆大吏莫不奏称本地柴薪短缺，薪价高涨，影响民生。[12]可见，在这样的环境中，江南要从毗邻地区或通过海运从沿海各地大量输入薪炭是不太可能的。

由上分析，我们可以得出结论：明清江南受其本地及外部各种条件的制约，其燃料供应很不充分。随着工农业生产的发展，燃料

---

[1] 正德《江阴县志》卷七"商风"。
[2] 《筹海图编》卷七附录。
[3] 《历年记》上。
[4] 道光《海昌备志》卷五十三"采访日记三"。
[5] 嘉庆《两浙盐法志》卷六"场灶一"。
[6] 乾隆《乍浦志》卷一"城市"。
[7] 乾隆《直隶通州志》卷十七"物产"。
[8] 《五杂俎》卷四"地部二"。
[9] 《古今图书集成·职方典》卷八四四"广德州部物产考"。
[10] 参阅斯波义信《宋代商业史研究》，第224页。
[11] 《古今图书集成·职方典》卷一一〇八"福宁州部物产考"。
[12] 参阅前引《清代的矿业》，第460、474、486—490页。

的供求矛盾必然越来越尖锐，结果导致了明清江南的"燃料荒"的出现。这个燃料危机达到何种程度，我们仅须通过几个例子，即可略见大概：

1. 明代后期湖州府归安县琏市一带的稻草价，已经高达每百斤值银5.6分。[①]一个农户每年炊爨烧稻草5,400斤，即合银3两，依当时当地物价，可买米3石，够一个人吃一年。

2. 清代初年上海一带的柴，"大约百斤之担，值新米一斗，准银六七八分，或一钱内外不等"，[②]已成为一种贫民莫敢问津的奢侈品。

3. 明清之际南京一带的芦柴供应，已甚紧张，人们不得不尽量节约使用，"以三芦炊一顿饭"。[③]乾隆初，芦柴价更高至"每担需银一钱二三四分不等"，而煤又"价甚于芦，故［民］皆用芦"。燃料昂贵如此，"民恒苦之"，[④]连人民炊爨都已不易，可见燃料危机达到相当严重的程度。

4. 据前引《物料价料则例》，乾隆三十三年官府在上海等五县采购煤，定价为煤一斤银3.4分。而同书所载杭州、嘉兴、江宁三府的二十个县，人工价平均匠每工银5.85分，夫每工付银4.16分，可见一斤煤竟相当于一个非专业劳工（夫）一日工资的80%以上。

16—17世纪英国的燃料供应情况与江南迥然而异。其所产燃料，不仅能充分满足本国需要，而且还有剩余出口。工业革命以前英国采煤业发展的情况，本书第一章第二节中已述。这里仅补充一点：到1680年代，英国不仅已成为当时欧洲最大的产煤国，而且也

---

① 据《沈氏农书》"蚕务（附六畜）"中数字计算。
② 《阅世编》卷七"食货六"。
③ 《物理小识》卷六"省柴法"。
④ 乾隆七年七月二十二日德沛奏（引自《清代的矿业》，第463—464页）。

成为当时世界上最大的煤出口国之一。英国的煤年度平均出口量，由1550年代的1.2万吨增至1680年代的15万吨，[①]增加了十余倍。至于柴炭，虽然当时英国林木资源的迅速减少，已引起了各方面的注意，但是直到17世纪末每年仍能提供多达100万立方米的木材作为燃料，可见其薪炭供应仍然远比江南充分。

可见，明清江南的燃料供应状况，远比16—17世纪的英国差。这种状况，决定了明清江南的工农业生产只能是一种低燃耗的生产，并且不可避免地对明清江南工农业生产的各个方面，带来重大的消极影响。

第三节 能源短缺对工农业生产的影响

能源既然是社会生产赖以进行的物质先决条件之一，因此一个时代一个地区的能源问题如何解决，必然对其工农业生产的发展具有巨大影响。在一定的条件下，甚至会成为决定生产力发展快慢的主要原因。明清江南能源短缺，对江南经济发展起到了极大的制约作用，这主要表现在以下几个方面。

一、动力

（一）动力问题对机械与机器运用的影响

机械与机器之用于生产，对社会经济的发展具有极重大的意义。在传统经济向近代经济演变的过程中，机械与机器的使用更起过革命性的推动作用，因而有的西方经济史学家把机械与机器的使用称为"中世纪经济发展中头等重要的因素"。[②]历史证明这并不是

---

① 前引Nef书，第80页。
② J. Gimpell:《中世纪の产业革命》，第2页。

故作惊人之语。

然而机械与机器的使用,要取决于各种条件。其中动力条件就是最重要者之一。不具备必要的动力条件,机械与机器即使发明出来,也不可能得到应用或广泛应用。

各种机械与机器对动力条件的要求各不相同。马克思对蒸汽动力出现以前的各种生产动力的优劣作了比较。他指出:人力太微,"更不用说人是产生划一运动和连续运动的很不完善的工具了";风力虽大,但"太不稳定,而且无法控制",难以有效使用;只有畜力和水力比较适于作机械与机器的动力。因此,只有具备了必要的水力、畜力条件,"原先只是用人当简单动力的那些工具,如推磨、抽水、拉风箱、捣臼等,才能发展成为机器"。① 可见,水力与畜力对于机械与机器的出现与运用,在某种程度上来说具有决定性的意义。特别是水力,由于它具有比畜力更大的优越性,因而对机械与机器的使用意义尤为重要。② 自中世纪中期以后,英国在机械和机器的使用方面表现出了惊人的进展。各种水力推动机械和机器不断地被发明出来并得到广泛使用,对英国工业的迅速成长起了巨大的推进作用,以致被有的经济史学家称为"真正的工业革命"。③ 在同一时期,畜力牵引的各种机械也渐次出现并改变着英国农业的面貌。13世纪以来,英国农民使用以牛6—8头或马2—4匹为动力、装有犁鐴和轮子的新式耕犁耕地,使农业进入了一个新阶段。④ 到了18世纪,各种畜力牵引的农业机械和机器不断出现并用于生产,

---

① 参阅《马克思恩格斯全集》第23卷,第412页。
② J. Gimpell 说:"水能在中世纪的重要性,不下于石油在今天的重要性",因此"水力机械的运用是中世纪经济发展中头等重要的因素"。见《中世纪の产业革命》,第2页。
③ B.M. Carus-Wilson, *An Industrial Revolution of the thirteenth Century*.
④ 前引 J. Gimpell 书,第69、70页。

导致了农业革命的发生。①不言而喻,这些机械与机器之所以能够广泛地应用于工农业生产,根本条件之一就是英国拥有能够推动和牵引这些机械与机器的水力和畜力。

明清江南的情况则反是。由于缺乏必要的动力条件,中国人比欧洲人更早发明出来的各种先进的机械和机器,在明清江南仍无法应用或广泛使用。这个情况,从以下两例即可见之。

元代,中国发明出了世界上最早的水力纺纱机——水转大纺车。这种大纺车一度在中原和四川的一些地区得到了相当广泛的使用。这种机器的工艺水平已近于英国18世纪前期的亚麻纺纱机,而且有种种迹象表明:英国工业革命以前的水力捻丝机、亚麻纺纱机和成为工业革命标志的阿克莱水力棉纺机,都与它有着某种直接间接的渊源关系。这种机器主要适于纺麻(苎),同时也可捻丝。在作出一些并不十分困难的改进之后,还可用于纺棉。我们知道,明清时期江南棉纺织业中纺与织两道工序在生产效率上已出现明确的不平衡,产生了采用高效能纺纱工具的要求。因而改进大纺车,使之适于纺棉,然后用到生产上,正是解决纺、织矛盾的好办法。由于这种机器生产效率很高,一旦用于生产,又将造成纺与织、踹、染等工序之间在生产效率上的新的和更大的不平衡,从而推动各个工序采用机器生产。②可是,由于缺乏推动水轮的水力,大纺

---

① 具有讽刺意义的是,成为18世纪农业革命技术基础的两种最重要的农业机械——耕犁与播种机,却是从中国传入后改进的。参阅 Bray, Francesca, "The Chinese Contribution to Europe's Agricultural Revolution: A Technology Transformed", in *Explorations in History of Science and Technology in China*(the special number of *the Collection of Essays on Chinese Literature and History* in honor of the eightieth birthday of Dr. Joseph Needham), Shanghai guji chubanshe(Shanghai)1982.
② 以上内容详见李伯重《水转大纺车及其历史命运——兼探明清中国未能出现工业革命的原因》,《平准学刊》第3辑。

车终无法在江南运转,①遂使中国古代这一伟大技术成果,未能对明清江南最重要的工业部门——纺织业——的发展,起到任何积极作用。

元代还发明出了以齿轮装置为基础的畜力水车(牛转水车)。这种水车的使用,在明清江南的某些地方(如松江、江阴等地)虽有一些记载,可是很不普遍。究其原因,主要仍是动力问题。清初上海姚廷璘种稻12亩,花豆数亩,一年中"排牛车费约二十金",而当年稻、花、豆总收入亦仅20余金(花、豆歉收),②与排牛车费大略相当。道光时松江牛翻水车一部价十余千,而普通役牛一头价20千,大大超过水车之价。在松江东部高田地带,一牛仅可胜任10亩稻田的车水工作。③把牛价及饲养费平摊下去,每亩用牛车水的费用相当可观。因此诚如明末宋应星所言,在苏州一带用牛,"会计牛值与水草之资,窃盗死病之变,不若人力亦便"。④在这样的情况下,明清江南农业中要广泛使用各种畜力机械和机器,显然是非常困难的。也正因如此,元代发明的高转筒车,提水可至十丈之高,是一项重要的发明。这种筒车可以人力或牛力操作。但只有以牛力驱动,方有实用意义。若用人力,终究太弱。因此苏州虎丘寺剑池虽然也一度使用高转筒车提水,但"小小汲饮,不足溉田",⑤入明以后即不复见使用。

由上可见,水力与畜力的匮缺,确实对明清江南工农业生产中

---

① 王祯说大纺车也可以畜力或人力为动力,可是我们仔细分析,认为这是不太现实的,而且也未见到实例。详见上引拙文。
② 《历年记》上。
③ 《浦泖农咨》。
④ 《天工开物》乃粒第一卷"稻工"。
⑤ 王祯《农书》卷十八农器图谱"高转筒车"条。王祯未说剑池高转筒车以人或牛为动力,但玩味文中语气,推断当为人力。又,徐光启指出:"筒车之妙,妙在用水,若用人畜之力,是水行迂道,比于翻车,枉费十分之三。"(《农政全书》卷十七"水利")

机械与机器的使用，具有严重的消极影响。①

（二）动力问题对工场手工业成长的影响

工场手工业与个体手工业之间的最大不同，首先在于前者的生产规模较大。②从现代经济学观点来看，工场手工业取代个体手工业并继续发展，实际上是一个关于企业规模不断扩大的问题。企业规模的大小取决于各种因素的配备与结合。一般来说，一个企业的规模首先决定于其生产设备规模的结构，而后者主要又依赖于主导生产设备的生产能力。③因此使用生产能力较大的主导生产设备，是小手工作坊向手工工场转化、手工工场不断扩大的基本条件之一。在中世纪中后期至工业革命以前英国经济史上，水力机械与机器就作为手工工场的主导生产设备而对工场手工业的成长起过重要作用。马克思引用亚德格雷夫的话说："设置水磨意味着家庭工业体系开始解体。"而马克思自己则指出："在纺织工场手工业初期，工厂的厂址取决于水流的位置，而且这种水流必须具有足以推动水车的落差。"④在农业中，畜力机械对当时出现的那种"和工场手工业时期相适应的、仅仅由于同时使用的工人数量和所聚积的生产数据规模才和农民经济有本质区别的大农业"的发展也起到了同样的作用。⑤J.金培尔指出：13世纪以来，由于需要6—8头牛或2—4匹马才

---

① 人力作为机械与机器动力不仅不理想，而且不划算。道光十六年江南造出大型龙尾车，因"全资人力"，故"率归废弃焉"。见郑光祖《一斑录》杂述六。
② 《马克思恩格斯全集》第23卷，第1358页。
③ 参阅于瑞厚《试论规模经济》，《论生产力经济学》，吉林人民出版社，1983。
④ 《马克思恩格斯全集》第23卷，第414页。事实上，不仅西欧情况如此，江户后期日本情况亦然。早在19世纪初，日本一些地方的缲丝业中，就已运用水力机械缲丝（水车缲）（参阅根岸秀行《幕末開港期における生系、繰系技術轉換の意義について》，《社會經濟史學》第53卷第1期）。这对于日本丝纺织业中手工工场的发展，意义甚为重要。
⑤ 《马克思恩格斯全集》第23卷，第372页。

能牵引的新式耕犁的使用，英国农民不得不实行集体耕作，[1]而这种集体耕作又为日后大农业的发展奠定了基础。

水力、畜力机械与机器工作效率远远超过人力工具，早已为明清人所熟知。袁黄（了凡）指出：水转翻车，工作"日夜不止，绝胜踏车"；筒车（流水筒轮），"灌田稻，日夜不息，绝胜人力"；经改进的筒车（高转水车），效率尤高；即使是牛车翻车，亦"比人踏功将倍之"。[2]徐光启进一步指出："龙骨之制，日灌水亩二十亩，以四三人之力，旱岁倍焉，高地倍焉。驾马牛则功倍而费亦倍焉。溪涧长流而用水，大泽平旷而用风，此不劳人力自转矣。"[3]宋应星说得更为明确：水碓舂谷，"省人力十倍"；水磨磨面，工效20—40倍于人工；水转筒车车水，一昼夜可灌田百亩，而人力车水仅可灌田5亩。[4]至于水转大纺车，工效更为惊人，一昼夜可纺麻（苎）纱百斤。[5]而在清代麻（苎）纺织业发达的江西，使用手摇纺车，一日仅可纺麻（苎）纱1—4两。[6]畜力机械的工效稍低，但也比人力工具高得多。例如用牛碾米，1牛可当5人；磨面可当6—13人；榨油则可敌10人。[7]溉田，1牛1日可灌10亩，2倍于人工；[8]耕田，"人日耕一亩，率十人当一牛"；[9]用牛耙、耖、耒劳，比用人"省工大半"；[10]牛曳石滚脱粒，则"视人手击取者省力三倍"。[11]

---

[1] 前引Gimpell书，第70页。
[2] 《了凡杂著》卷五《劝农书》"灌溉第六"。
[3] 《农政全书》卷十六"水利"。
[4] 《天工开物》粹精第四卷"攻稻""攻麦"，乃粒第一卷"水利"。
[5] 王祯：《农书》卷十九农器图谱利用门、卷二十二农器图谱麻苎门。
[6] 吴其浚：《植物名实图考》卷十四。
[7] 《天工开物》粹精第四卷"攻稻""攻麦"，膏液第十二卷"法具"。
[8] 《天工开物》乃粒第一卷"水利"。
[9] 《天下郡国利病书》（原编）第六册"苏松"。
[10] 《思辨录辑要》卷十一"修齐篇"。
[11] 《天工开物》粹精第四卷"攻稻"。

第五章　能源问题　263

很明显，这些工效较高的机械与机器如果进入生产，成为生产单位中的主导生产设备，必然会推动企业规模的扩大。事实上，明清江南某些地区农村中的大经营（即所谓上农经营），即多以牛力农具为基础。不过由于大多数农户养不起牛，只能依靠人力耕作，因此要从个体小经营向上农经营转化是很困难的。

动力匮乏对明清江南业已出现的手工工场的规模进一步扩大，也有着严重的制约作用。典型的例子见于榨油业。在旧式油坊中，主导生产设备是油碾，因而油碾的生产能力对油坊的规模起着决定作用。我于1985年冬到桐乡县石门、屠甸两镇对此进行了调查，结果见表5-1。

表5-1 油碾大小与油坊大小生产能力之关系

油碾碾槽直径（丈）	转动油碾每日需牛数（头）	油碾每日加工菜籽数（斤）	相应配合油车（榨床）数（部）	每日出油数（斤）	油坊所需操作工人数（人）	备注
—	8	2,000余	6	700余	24	（1）
	10	3,000余	9	1,000余	近30	（2）
1.39（外沿）1.24（内沿）	13	—	12	—	—	（3）
3丈余	15—16	9,000余	32	3,000余	100余	（4）

（1）（2）系石门镇原油坊主毛乐庐先生所述。

（3）油碾碾槽直径系我据屠甸镇南车油坊遗物实测后计算得出；用牛数及油车数系该镇原油坊主李锦春先生所述。

（4）系李锦春先生据其所经营的仁和油坊情况所述。该油坊在1940年代已改用电机转动油碾，用牛数系李锦春先生从前一般情况估计。我认为此数可能偏低，因为据毛乐庐先生说：石门镇的沈氏聚和油坊（实际上是两所油坊），有油碾2台，各种油车25部（菜油18、柏油2、豆油6），工人（包括牧童）百余人，用牛30余头，平均每所油坊有油碾1、油车13、工人50余、用牛15—16头，与李所估数出入颇大。

由表5-1可见，油碾越大，油坊的规模也就越大，企业的规模经济效益也越佳。然而，油碾增扩大意味着用牛数的增加。转碾之牛要用强健有力之牛，终年皆需喂料，冬季还要喂黄酒。[①]若以道光时松江有关价格计，则购一健牛需钱40千，饲料费年需27千。如牛役限以10年计，则牛价每年摊合4千文，加上饲料费27千（全年喂料），共31千。按当时松江米价及农忙雇工工资数计，[②]则一牛一年役使费用，可购米7.75石，够两个半人吃一年；或相当于农忙雇工155人日工资之总合。代价如许之大，足以使任何一个小油坊主在考虑扩大其油坊规模时思之再三。明清江南手工工场规模难以扩大，始终不出数十人的格局，罕能发展为百人以上的大型工场。这与明清江南动力问题不能很好解决，肯定是有密切联系的。

因此，动力条件的局限性，严重地束缚了明清江南工场手工业及与工场手工业相应的大农业的发展。这是动力问题对明清江南工农业生产发展的又一重要的消极影响。

二、燃料

在进入江南燃料短缺的影响这个正题之前，我们先简略地看一看燃料问题对17、18世纪西欧先进国家荷兰与法国经济发展的影响，以便更好地认识燃料问题对江南的影响。

"17世纪荷兰和18世纪法国提供了真正工场手工业的典型。"[③]荷兰在17世纪曾是欧洲经济最发达的国家，但是荷兰本国不产煤，其他燃料也很少，必须从邻国输入。17世纪末18世纪初，荷兰从

---

① 此据毛乐庐先生所述。但乡作车（仅在菜籽收获季节开工为农民加工菜籽的油坊）之牛，夏秋不喂料，只喂青草。
② 据《浦泖农咨》，其实米价为每石4,000文，而农忙雇工工资（各项统计）为200文。
③ 《马克思恩格斯全集》第23卷，第419页。

其主要煤供应地比利时的列日、蒙斯两大煤区输入的煤达到10万吨，[①]加上从其他地方的输入，总共约为一二十万吨。而1700年荷兰人口为110万，[②]人均一二百公斤，情况已比江南好得多。但是，从国外进口煤不仅不得不付出高昂的代价，而且使本国经济置于外国商业政策支配之下。这与荷兰工业长期停滞不前，以至丧失其原来的领先地位，有重大关系。[③]法国在1763年以前，商业并不落后于英国（甚至还略为领先），而1780年时其铁产量尚三倍于英国。[④]然而，尽管法国本身也产煤，但不能自给，需要从国外大量输入。这为法国工农业发展带来了严重的消极影响。[⑤]有的西方经济史学家认为：煤不足是法国工业向需求有限并波动不定的奢侈品生产发展，而不能向英国那样在有着大量而固定需求的大规模消费品生产方面大步前进从而引起工业革命的主要原因之一。[⑥]

如前所述，江南本地产煤极少，附近又没有像列日、蒙斯那样距离近、水运便而且又已大规模开采的大煤田。因而明清江南的燃料供应还不如荷兰，更不如法国。燃料问题对江南工农业生产的消极影响比对荷、法二国更为严重，是必然的。

（一）在工业方面，这种影响首先表现在，由于燃料供应不充分，一些消耗燃料多的工业部门（如金属工业、玻璃工业、砖瓦石灰制造业、制盐业等）得不到充分发展，有的甚至根本未得到发展。

江南铁、铜、锡等金属矿藏贫乏，是江南冶金工业得不到发展的重要原因，但是燃料短缺，也是同样重要，甚至更加重要的

---

① 前引Nef书，第129页。
② 前引Bowden等书，第21页。
③ 参阅前引Nef书，第234页。
④ 斯塔夫里阿诺斯：《工业革命为何始于英国》，《世界史研究动态》第4期，1983。
⑤ 参阅前引Nef书，第126、234—237页。
⑥ 前引斯塔夫里阿诺斯文。

原因。我们知道，江南虽无大中型金属矿藏，但小矿还是有的。其中，杭州附近的闲林埠铁矿储量相对较大；①宁镇一带铁、铜矿很多，虽无大矿，但总储量占江苏省铁、铜储量的一半以上，最适于发展中小冶金企业。②1950年代以来在这些矿区附近建立了杭州半山钢铁厂等中小型钢铁厂。此外这些小矿在1958—1959年期间也曾用土法开采和冶炼，③可见是可以开发利用的。而且，宁镇一带铁铜矿在明清以前多已为人所知，有的还进行过一些小规模开采。④但是明清时期却未见开采，主要原因应当是前述江宁一带严重的燃料短缺。同样地，平湖县雅山本产铁，但"烹冶者以为不当炉鞴费"，⑤即所得铁的收入尚不及燃料等费用，故未开采。据乾隆三十三年《物料价料则例》，当时官府在松江府属5县采购煤，定价为每斤给银3.4分，但在苏松常镇4府所属20县采购生铁的定价，却为每斤给银1.2—2.4分，平均1.4分，仅为煤价之41%。据常理，铁价应远高于煤价，如今煤价二倍于铁价有余，还有何人愿以煤鼓铸冶炼以求利呢？

在本书第一章第二节中，我们已谈到英国1611年产生铁约1.2万吨，1720年前后约产2.5万吨。在18世纪末欧洲生产1吨铸铁大约需要6吨煤。⑥明清江南若要建立一个能与1611年或1720年英国绝对规模相当的制铁业，需煤7.2万—15万吨，这肯定是当时江南燃料供应所不能承受的。另外，直到1701年英国（大不列颠）人口才达

---

① 孙敬之：《华东经济地理》，第110、131页。
② 同上书，第53、54页。
③ 同上书，第53、54、110、131页。
④ 见《古今图书集成·职方典》卷六五三"江宁府部山川考一"，卷六五四"江宁府部山川考二"。
⑤ 嘉庆《嘉兴府志》卷三十三物产引《醉里耳余录》。
⑥ 保罗·贝罗赫：《1900年以来第三世界经济的发展》，上海译文出版社，1979，第74页。

686万左右，仅为明初江南人口的79%，为嘉庆二十五年江南人口的26%。若是江南要建立一个人均生铁产量与17世纪英国相当的冶铁业，所需的燃料更比上述数字多得多。这样的燃料消费，江南无论如何也经受不起。①宁镇一带以及杭州等地铁铜矿之未能开采，江南的冶金工业之未能建立，其主要原因当在于此。

从第一章中我们也可以看到：明清江南虽然有一个金属加工业和建筑材料工业，但与16—18世纪中期的英国相比，生产规模小得多。此外在制盐方面，17世纪末英国盐产量大大超过10万吨（其中井盐约3万—4万吨，海盐约6万—8万吨），②而江南仅为4.7万—5.2万吨，仅为英国之半。这些与燃料短缺有紧密关系。

由于消耗燃料多的工业部门在江南发展受到很大限制，因此明清江南能够得到较大发展的，只是那些消耗燃料最少的工业部门，例如纺织业、奢侈品及工艺品生产等。然而，即使这些工业的发展也程度不同地受到燃料问题的影响。例如江南棉布染色的中心，明后期在松江，入清以后逐渐转移到苏州。③在众多的原因中，燃料未必不是其中之一，因为清初松江一带燃料极为紧缺，而苏州比较接近浙西山区，周围又有大片湖荡，燃料供应状况相对好一些。

（二）在农业方面，燃料问题的影响也很明显。早在明代后期，燃料短缺就已是江南蚕业发展的一个障碍。在蚕业中心湖州，虽然产炭相对较多，但嘉靖时亦仅足供蚕事，余则不及，说明蚕炭

---

① 例如，若17世纪后期英国制铁业年均用煤量以1611年（7.2万吨）及1711年（15万吨）两数字之中数11.1万吨计，人口以1701年数字（686万）计，在嘉庆二十五年的江南若要建立一个人均产铁量与之相当的制铁工业，每年应需煤约40万吨。按照前引乾隆三十三年松江府官府采购价格（每斤煤价3.4分银），40万吨煤价2,720万两银。
② 前引Nef书，第179页。
③ 参阅杜黎《关于鸦片战争前苏松地区棉布染踹业的生产关系》，《学术月刊》第12期，1962。

供应已无很大余地。万历时，湖州琏市一带蚕炭费已占到生丝生产成本的10%。[①]而到清嘉道时，湖州南浔蚕户更不得不借高利贷以买蚕炭。[②]湖州情况尚且如此，他处情况亦可想而知。蚕炭的紧缺，不仅提高了江南生丝的生产成本，而且还使得蚕业难于扩大到东部松江等地。自徐光启以来，不少人在松江提倡蚕桑，均未奏效，燃料紧缺当是其原因之一。

然而，更重大的影响还不在此。前面已经说到江南农村因缺乏燃料，不得不烧稻草和其他作物秸秆，从利用方式来说，这是非常不经济的。包世臣说："［稻］草为牛冬粮，抽其心可织鞋打索，去穗去秄取净秆，可以煮灰为纸……"，[③]是一种用途广泛的原料和饲料。仅就作饲料而言，据《浦泖农咨》，在每年十月至来年四月的半年中，除喂精饲料外，每牛每日需稻草30斤，半年5,400斤。明清江南普通农户每户一般种田10亩左右，可得稻草大约5,000斤。如果用这些稻草作为牛饲料，再加上精、青饲料，那么一两户农民养一牛是可能的。[④]明清江南养牛少，饲料是主要原因。若是饲料能保证，当然情况就不同了。因此江南养牛不多，与稻草不能用作饲料有很大关系。但是，要把稻草拿来作牛饲料，就必须有其他燃料作为替代。据测定，每公斤干秸秆（含水分15%）的热值相当于1公斤原煤热值的76%。[⑤]江南每户农民每年烧稻草5,400斤，按热值约相当于煤2吨；[⑥]每户以5人计，人均400公斤。17世纪末，英国城乡生

---

① 《沈氏农书》"蚕务（附六畜）"。
② 咸丰《南浔镇志》二十一农桑引董恂《贷钱》诗。
③ 《安吴四种》卷二十五《齐民四术》卷一农一。
④ 牛的青饲料是一个更难解决的问题。详见本书第七章第三节。不过，如果稻草较多，可用稻草代替一部分青饲料，从而减少对青饲料的需要量。
⑤ 参阅鲁明中等《我国农村能量消费典型分析》，《农业经济论丛》第4辑，此处结果系据文中有关数字计算而得。
⑥ 1970年代末北京市郊东旺公社生活用煤每户平均约1.8吨。见前引鲁明中等文。

活用煤每人平均约6英担（306公斤）。江南农户若得到同样数目的煤供应，再加上不能作饲料的油菜、豆、棉等秸秆和桑枝等，燃料问题也可基本解决了。稻草即可用来作饲料，发展畜牧业。可见，如果明清江南农村有17世纪英国那样的燃料供应，江南的畜牧业以及整个农业的面貌，可能又是另一个样子了。

总之，充分的能源供应是扩大社会再生产所必需的物质前提之一。明清江南的能源问题限制了社会再生产规模的扩大，从而限制了经济更加迅速的发展和由农业社会向工业社会的转变。因此我们完全有理由认为：能源问题是明清江南生产力发展的主要制约因素之一。

第六章
材料问题

本章所讨论的材料,并不是一般所说的原材料,而仅指用来制作劳动资料的材料。①材料问题之所以值得特别重视,乃是因为劳动资料在人类社会生产中所起的作用极为重要。劳动资料不仅是人类劳动力发展的测量器,而且是劳动借以进行的社会关系的指示器。而劳动资料的性能,在很大程度上又取决于用以制作劳动资料的材料,以致人们根据制作劳动资料的材料的不同,把人类社会产生发展史分为石器时代、青铜时代、铁器时代等阶段。

在人类以往用以制作劳动资料的各种材料中,铁是最重要的一种,在历史上曾起过非常革命的作用。但是直到18世纪工业革命发生以后,铁在社会生产中的地位才发生了根本的变化,人类历史也才由"木材时代"进入"煤铁时代"。②当然,这个变化并不是突然出现的,而是一个由量变到质变的长期历史发展的结果。在传统社会后期的社会生产中,铁的使用呈现出迅速增加的趋势,正是工场手工业赖以顺利成长、工业革命赖以发生的重要物质前提。铜、

---

① 劳动资料是马克思经济学中的术语,不仅包括生产工具,而且还包括劳动过程中所使用的工作场所(厂房)等。

② J. U. Nef, *The Rise of the British Coal Industry*, p. 191.

锡、铅等贱金属的情况也大略如是，尽管其地位与作用远不能与铁相匹。与此同时，木材在生产中的重要性虽然在下降，但是直到工业革命发生乃至发生后相当一个时期内，其使用量仍然有明显增加。因此，对于一个地区铁（及其他贱金属）和木材的使用与供给状况进行考察，乃是研究该地区经济从农业社会向工业社会发展的重要内容之一。下面，我们先从木材问题开始讨论。

第一节 木材的使用与供给

一、木材的使用

明清江南工农业生产中所使用的大多数工具，如农业中的桔槔、桶担、水车，纺织业中的轧车、纺车、缫车、织机，谷物加工业中的木礱、扬谷风车，榨油业中的榨床，冶金业中的风箱，等等，都以木制成。即使是像锄、犁、铁搭、斧、锤等铁工具，也离不开木制部件。明清江南工农业生产工具多为小型，仅宜个人使用，耗木并不很多。当然，小型工具虽然就单件而论用木不多，但由于使用总件数多，磨损快，因此每年用于制作和维修这些工具的木材，总量也不少。明清江南也有一些地方使用着用木较多的大型生产工具。例如牛转翻车，仅水车车身即长达二丈，而转盘尺寸也颇大。[①]人力水车，大者亦长二丈余。[②]大型的油榨床，"凡榨木巨者，围必合抱，……[其中]受一石有余"，[③]而且所用木还必须是"性坚硬而质

[①] 《天工开物》乃粒第一卷"水利"。江南松江等地所使用的牛转翻车情况应与此相似。
[②] 《农政全书》卷十七水利"翻车"条；并见许旦复《农事幼闻》（见于咸丰《南浔镇志》卷二十一"农桑一"）。
[③] 《天工开物》膏液第十二卷"法具"。

重"的桧木。①不过这些耗木多的大型工具在江南使用不多。

明清江南造船业与建筑业是最大的木材消费者。据元代规定，造一艘一百料的内河船，要用各种尺寸的板木203条片，而制作船上的樟、橛、革菁头板、韕头板等设备所用之木还未包括在内。②造海船用木更多。明初规定造一艘一千料的中型海船，需杉木302根、杂木149根、株木20根、栗木2根、櫓杯38枝，共511根。③与上述生产工具制造不同，造船对木材要求较高，不仅要求较大尺寸，而且对木材种类也颇有讲究。例如造漕船，"桅用端直杉木；……梁与枋樯用楠木、楮楮木、樟木、榆木、槐木；浅板不拘何木；舵杆用榆木、榔木、楮木；关门棒用稠木、槐木；橹用杉木、桧木；此其大端云"。④大体而言，明清江南造船使用最多的是杉、松、楠木。⑤船只维修，也主要用松、杉。从本书第一章第三节中我们可以看到，明清江南造船与修船业生产规模颇大，因此所用木材总量也甚大。

明清江南城乡房屋均以木竹为主要建筑材料。典型的描述如杭州，"计一室所用，其为砖垣之工者，仅瓦棱数片耳"，而"自基殿以至梁榍栋柱樑榈，无非木也。且以木为墙障，以竹为瓦荐壁夹。凡户牅之间牅用椴隔，而半牅、承牅又复以板与竹夹为之。间或护牅以笆，护牅以篱，层层裹饰，非竹即木"。⑥苏州也是"瓦屋馈

---

① 乾隆《安吉州志》卷四"土产"。
② 沙克什：《河防通议》上卷"造船物料"。
③ 《明会典》卷二〇〇工部二十"船只"。
④ 《天工开物》舟车第九卷"漕舫"。
⑤ 参阅《二如亭群芳谱》木谱六"樟"、七"楠"、八"杉"；康熙《上海县志》卷五"土产"；顺治十七年胡文学题本《为民力已尽力船工修练宜娴于平昔事》（收于《清史资料》第3辑）。
⑥ 毛奇龄：《杭州治火议》（收于《武林掌故丛编》）。

馈,俱以木成"。①因此建筑业需要耗用大量木材。木质建筑容易腐朽,必须经常维修和更新,而且由于"竹木皆为酿火之具,而周回无墙垣之隔,宜乎此屋延烧,势不可止,此事理之必然"。②明清江南城市火灾频仍,动辄焚毁千百房舍,康熙六年杭州一次大火,竟延烧一万七千余家之多,③"其余以数十百计者,比岁而有"。④苏州也是"瓦屋鳞鳞,俱以木成,……不烧则已,烧必百家或千家"。⑤南京亦相类,故回禄之灾不绝。⑥因而生产与生活中江南房舍的正常修缮和更新以及火灾后重建所需的木材,数量也相当可观。

二、木材的供给

明清江南日常生产与生活用木数量极大,这些木材是从何而来的呢?

江南地区森林不多。平原地区几乎已没有森林,"惟沿村有树,其河港之在野者罕植。间有之,亦必取作器,小则伐为薪"。⑦以故史载常熟"无室卢之材",⑧无锡"木不足以备屋材",⑨平原各地情况大率如是。浙西(湖、杭二府西部)山区有一些森林,但因交通不便,大木难以出山,故只得解板运出。⑩更主要的是,这

---

① 《哃闻录》卷八"失火酬神"。
② 前引毛奇龄文。
③ 《归庄集》卷十"杂著"。
④ 沈方穆:《火灾议》(收于《武林掌故丛编》)。
⑤ 《哃闻录》卷八"失火酬神"。
⑥ 《白下琐言》卷一。
⑦ 徐珂:《清稗类钞》卷八十九矿物类"河底古木灰"条,中华书局,1984—1986年重印本。
⑧ 康熙五十一年《常熟县志》卷一"物产"。
⑨ 《锡金识小录》卷一"山泽之利"。
⑩ 乾隆《安吉州志》卷八"物产";嘉庆《於潜县志》卷十"食货"。

些地方木材蕴藏量本来有限,而且还在不断减少之中。例如於潜县,"重山迭巘,自昔蔚若邓林","杉之巨者为栋为梁,小者为椽为梗",但至乾嘉之时,"亦稍零落矣"。①因而木材产量有限。

江南各地木材生产的具体情况,因资料匮缺,难以深究,迄今所见最完全的资料,乃是乾隆三十三年《物料价值则例》(浙江省)。此《则例》记录了官府在杭、嘉、湖三府二十个县的木材种类与采购价格。木材种类,计有杉木(6种径围尺寸)、松木(6种径围尺寸)、柏木(6种径围尺寸)、杂木(6种径围尺寸)、杨木(1种径围尺寸)以及海木(2种径围尺寸),共计六类二十七种。各种木材的单价,均按县一一列出。兹将有关价格数字,以县为单位,按类平均,制为一表,然后根据此表来分析浙西的木材生产情况(见表6-1)。

表6-1　乾隆三十三年杭、嘉、湖三府木材价格(价格单位:两银/根)

	杉木 (a)	松木 (a)	柏木 (a)	杂木 (a)	杨木 (b)	海木 (c)
钱塘、仁和	2.523	0.918	2.390	1.177	7.488	38.00
海宁	2.851	0.965	2.667	1.283	7.713	31.04 (d)
富阳	2.523	0.918	2.391	1.171	7.580	38.14
余杭	2.497	0.941	2.408	1.261	7.788	38.45
临安	2.474	0.908	2.368	1.233	7.560	38.38
於潜	0.719	0.554	3.268	0.504	7.550	38.38
新城	2.708	1.311	2.732	1.397	9.880	31.80 (d)
昌化	1.851	0.403	2.051	1.397	7.225	38.57

① 嘉庆《於潜县志》卷十"食货"。

续 表

	杉木（a）	松木（a）	柏木（a）	杂木（a）	杨木（b）	海木（c）
嘉兴、秀水	3.556	0.935	2.425	1.318	7.680	38.20
嘉善	3.582	0.941	2.437	1.323	7.720	38.24
海盐	3.467	0.922	2.485	1.296	7.600	38.12
石门	3.593	0.948	2.364	1.333	7.780	38.3
桐乡	3.591	0.943	——	——	——	——
长兴	0.405	1.256	2.811	1.286	7.711	39.14
德清	4.010	1.237	2.790	1.269	7.638	32.33（d）
武康	4.010	1.078	2.724	1.254	7.638	38.43
安吉	4.067	1.085	3.105	1.410	7.713	39.14
孝丰	4.271	1.158	2.790	1.449	8.237	41.80

a.每根长20尺，径1.6尺、1.4尺、1.2尺、1.0尺、0.8尺、0.6尺，作算术平均。
b.每根长37尺，径1.7尺。
c.每根长58尺，径2.2尺（海宁、新城、德清除外）。
d.每根长56尺，径2.0尺。

从此表中所列的价格数字来看，杭州府属各县木价较低，湖州府属各县最高，嘉兴府属各县则居中。这表现了杭州府木材供应状况较好，而湖州府最差。在三府二十个县中，仅有於潜、昌化两县（均在杭州府西部）的杉木、松木价格明显低于他地，而长兴、武康、安吉、孝丰（均在湖州府西部）的各类木材价格，均大大高于杭嘉湖平原各县，这证明到乾隆中期，就整个江南地区而言，仅有於潜、昌化二县还有相对充裕的木材资源；而湖杭二府西部山区（特别是湖州府西部山区）各县的木材资源，已经开采殆尽。平原各县，虽然早已无有木材资源，但因得地理之便，有浙南、皖南以及福建木材输入，所以木价反较大多数西部山区县份低廉。明显的例子是钱塘、仁和、富阳等县，因位于钱塘江下游，上游衢州等地木材输入较便，故木价亦相对较廉。湖州山区多数县份本地木材资源既竭，外地木材又难于溯流输入，故价格特昂。由此可见，到了乾隆时代，江南本身已经没有多少木材资源可资开发了。

由于本地木材资源严重不足，为解决用材问题，明清江南一些地方已有人工种树育林的现象。如正德时江阴县种檀成林，"货之得厚利"；①嘉庆时於潜县亦人工培养松杉。②种树须数十年方能用材，③因此也不是解决问题的有效办法。这样，随着江南本地森林资源的不断减少，木材的供求矛盾将越来越加剧。清初在江南兴造战船，已以木材为难得。顺治六年，"议剿巢舟山，造水舟居船，高大异常，须十数围大木。凡木料人夫，皆责取于县令。县令亲下乡封木。僧寺及民家大树，多被斩伐。所取虽有限，然衙役索诈，及不肖子孙乘机借口，伐去坟树者不少。树亦遭此一厄"。④苏州大树几乎扫地以尽。顺治末，"经屡次造船之后，[江浙]老材巨干搜伐无遗"。⑤因而在康熙初年再造战船时，木材更成问题。康熙元年在镇江造战船，连江北江都县民间园圃中的古树都在劫难逃。⑥而康熙十六年造战船时，松江各县县令都不得不亲自下乡"寻觅大树"，找到即加封摄，闹得鸡犬不宁。⑦可见当时木材危机已颇为严重。在这样的情况下，从外地大量输入木材才是唯一的出路。

---

① 正德《江阴县志》卷十二"物产"。
② 嘉庆《於潜县志》卷十"食货"。
③ 雍正《浙江通志》卷一〇六"物产"。
④ 《吴城日记》（作者名佚），江苏古籍出版社，1985。
⑤ 前引顺治十七年胡文学题本。
⑥ 《熙朝新语》卷八。
⑦ 《历年记》中。

江南的木材输入，历史颇为悠久。五代时江南已开始从江西输入木材，[1]北宋时又从湖南输入。[2]南宋时建康府造船业所用木，皆仰上江（江西、湖南等地）输入。[3]至于与江南毗邻的宣、歙等州，则整个宋元时期都是江南木材的重要提供者。[4]此外，宋元时明州（宁波）一直从日本输入松板、杉板、罗板、倭枋板柃、倭条、倭橹等，[5]其中当有部分转运到江南。

　　明清时期向江南输出木材的地域比宋元时期大为扩大。按距离远近，计有浙西南的衢、严，皖南的徽、宁（国），福建、江西、湖南及四川、云南、贵州等地。其中福建、湖南、四川、云南与贵州是最重要的供应地。尤其是尺寸巨大的木材，更主要靠川、滇、黔提供。

　　衢州府主要木材输出地是开化、常山等县。明代开化"杉利盛时岁不下数十万，……然而仰给予徽人之拼本盈而吴下之行货勿滞也"。[6]清初徽州木商程某，"常在衢、处等府采判木植，商贩浙东、南直地方，因此常处开化"；[7]另一徽商王某到常山贩杉木，一次拼买丁氏山林即"用价银一千五百两"之多。[8]所伐杉木主要沿富春江而下到杭州等地。严州府淳安、遂安二县多山，"所产皆材木杉桧之类，大可为栋梁榱桷，小可为薪蒸器用，各有分业，采取岁

---

[1]　徐铉辑《稽神录》卷三"徐彦成"条，《太平广记》，中华书局，1961年排印本。
[2]　《古今图书集成·职方典》卷一一八〇"黄州府部物产考"。
[3]　徐松辑《宋会要辑稿》食货五十嘉泰四年二月九日条，中华书局，1957年影印本。
[4]　范成大：《骖鸾录》乾道癸巳正月三日条；罗愿：《新安志》卷二"木果"；方回：《桐江续集》卷五《沂江回溪三十里入婺源界》；《肇域志》第一册，第850页。
[5]　宝庆《四明志》卷六"市舶"；至正《四明续志》卷五"市舶货物"。
[6]　雍正《浙江通志》卷一〇六"物产"引崇祯《开化县志》。
[7]　东鲁古狂生：《醉醒石》第四回，金城出版社，2000。
[8]　《详状公案》卷二《断强盗掳劫》（引自藤井宏《新安商人の研究》，《東洋學報》36卷1期，1953）。

供。斯民便利之出于山者无穷，盖振古如兹矣"，并且有徽州木商"岁经营其间"。①严州历来是徽州木材输浙所经之路，本地木材当亦沿富春江输往杭嘉湖平原。

皖南徽州、宁国二府，明清时仍向江南输出木材。徽州杉木质佳，"自栋梁以至器用小物，无不需之"。②"每年木商于冬时砍倒，至五六月梅水泛涨，出浙江者由严州，出江南者由绩溪而下，为力甚易"。③宁国府太平县亦产杉木，"客则以兴贩［杉木］为上，……有挟千金、数百金者"贩宁国府木材"由绩溪顺流而下"，经过泾水、青弋江、长江运至江南。④清初通过龙江关输入江南的木簰中，亦有来自宁国者，不过被列为下品。⑤

从海道输入福建木材，明清时颇盛。明代木商"先往福建收买杉木，至定海交卸"；⑥而"宁波势家，每至漳州贩木，雇白船往来海中，无复溺之患"。⑦这些木材主要来自福建"上四府"（即延平、汀州、邵武、建阳）。⑧由于闽材经宁波输入江南数量颇大，故政府规定："凡浙闽客商贩海木至［华亭县］拓林漴缺地方，必由该堡把总官验放过塘。"⑨"到了清中期，闽材输浙大盛。乾隆时，由闽浙总督孙尔准提倡，"江浙木客相率来闽设庄集购木材"。⑩"［浙

---

① 嘉靖《淳安县志》卷二"山镇"附姚鸣銮《重修山镇关防说》，卷十五"文瀚"收邵逵《乡民感德碑记》。
② 陈继儒辑《重订增补陶朱公致富奇书》卷一。
③ 赵吉士：《寄园寄所寄》卷十二。
④ 嘉庆《宁国府志》卷十八"物产"、卷十九"风俗"；《寄园寄所寄》。
⑤ 同治《上元江宁两县志》卷七"食货"。
⑥ 王在晋：《越镌》卷二，《明清福建社会经济史杂抄（续十）》，《中国社会经济史研究》第3期，1988。
⑦ 《筹海图编》卷七附录。
⑧ 计六奇：《明季北略》卷五《张延登请申海禁》。
⑨ 《肇域志》第五册松江府市镇。
⑩ 翁礼馨：《福建之木材》，《福建调查统计丛书》之五，福建省政府印行，1940，第2页。

江］材木之用，半取给于闽。每岁乡人［浙江木商］以海舶载木出［福州］五虎门，由海道转运者，遍于两浙"。因采购业务繁忙，浙江木商遂于乾隆三十八至四十年建会馆于福州台江中洲。①据《闽政领要》卷中"各属物产"，乾隆时"本省［福建］贸易之大，无过茶叶、杉木、笋干三项"。杉木出省，主要输往江南，故有"徽贾买山，连筏数千为捆，运入瓜步"。②此外，闽材输江南的记载，亦见于清代笔记小说。例如《赤嵌笔谈》"商贩"条言杉枋为清代前期闽船北上运载的主要货品之一；《听雨轩笔记》卷一"杂记"亦载乾隆十年五月，"闽中木商沈某以黄椐数筏来乍浦，有购其数株为堂柱者，大可抱余"，等等。乾隆时代官府在浙西三府的物资采购价目表中，列有"海木"一项。"海木"径围尺寸及长度，均较价目表中其他木材为大，每根单价更为其他木材单价的数倍乃至数十倍，显然是由海道输入的巨材。在有"海木"价格的十九个县中，沿海县价格较低（每根径围2.2尺、长58尺的海木，钱塘、仁和价38.0两，海盐38.12两），山区县较高（同样径围长度的海木，余杭价38.45两，临安、於潜38.38两，昌化38.57两，武康38.43两，长兴、安吉39.14两，孝丰更达41.8两），平原县则介乎其中。这个价格差异，也表现了"海木"确乎是海道输入的木材。

江西本是江南木材的传统供应地，但明清时期的江西向江南输出木材的记载已不多见。我近从黄希宪《抚吴檄略》、吴拱宸（华阳散人）《鸳鸯针》中发现一些重要史料，证明直至明末时期，仍有相当数量的江西木材输入江南。据《抚吴檄略》卷三《为申请院檄采木兴工济运事》（崇祯十四年十二月初一日行太仓卫指挥王登显），其时太仓卫船厂奉抚院命建造漕船，所需木料购于"外江天

---

① 《安澜会馆碑记》（嘉庆十年六月立，原碑今存于福州画院内）。
② 康熙《宁化县志》卷二"土产志"木之属"杉"条。

宁洲等处。而《鸳鸯针》第四卷(《双剑雪》第二卷)第二、四回，更生动地描述了明末南京米商范顺在江西饶州府"拼山"采购木材的故事。饶州"府前徐公子家一块山，木头养了几十年，价值千金，拼将下来，趁春山发做下南京，少也有万金出息"。范顺亲自入山查看，但见满山巨树，"轮□［原缺］离奇，收来画栋梁之用；拥肿遨游，载去皆梁挽之材"。范顺看过，"莫说五百一千，就是万来银子，也是值得，心下暗喜"，于是雇工采伐。到了清代，徽州商"贩木于江右""取杉材于江右""贩木豫章"之事在康熙《婺源县志》里仍不乏记载，说明江西的木材仍然有输出。输出之木，主要或有很大部分输往江南。故在明清之际，九江株木"材堪作室，江南多尚之"；而赣州府会昌、安远、长宁等县出产的杉、樟、楠、槭等木，"康熙、雍正间尚有金陵以售者"，直到道光时，"木客不过贩及省垣青山而止"，①木材出省方停止。

  湖南木材主要产于湘西山区，这里多有苗族人民居住，故所产木材又称"苗木"。清初经龙江关输入江南的木簰中，就有"苗簰"之目。②明清时徽州木商"贩木苗疆""贩木湖南""货木三楚"的记载不少，有的木商一次贩木价值数千金之多。③他们所贩之木，皆编排放入长江，输往江南等地。湘西之外，湘南也出产木材，取道广西、江西水道输往江南。太平军初起于广西时，"客商重本经营，不无观望，以致［自江西而至芜湖关之楚南］簰把未能旺运"，影响了芜湖关税收，④可见其数目相当可观。

---

① 《古今图书集成·职方典》卷八七六九"江府部物产考"；道光《会昌县志》卷十一"风俗"。
② 同治《上元江宁两县志》卷七"食货"。
③ 康熙《婺源县志》卷三十三"义行六"。
④ 咸丰二年八月十四日安徽巡抚莽文庆奏（引自彭泽益编《中国近代手工业史资料》第一卷，第594页）。

第六章　材料问题　281

我国南方森林资源主要集中于西南诸省。明清时，随着华东、华中森林的迅速减少和木材供求矛盾的突出，人们对西南林木的重视日益增强。王士性在概述天下资源分布情况时指出："西南川贵黔粤饶楩柟大木"，"深山大林，千百年砍伐不尽"。①王象晋也指出："樟木，大者数抱，西南处处山谷有之"，"楠木……黔蜀山中尤多"。②方以智则指出四川杉木质量优于福建所产。③而尺寸长大的巨木，更只有西南才有。因而西南森林资源的开发，意义极大。

西南森林在明代时已大规模采伐，范围远及川西建昌卫、马湖府等地，以及滇东北、黔中、黔东和黔东南各地。四川林区采运数量之大，甚为惊人。万历三十五年为修建北京宫殿，招商采办楠杉等木，皆"鸿巨异常，如一号楠杉连四板枋，此等巨木，世所罕有"，总数多达24,601根，费用估计高达363万两银。④官私木植采伐后，沿金沙江放下。商人"刻姓号于木上，于下流取之"。⑤在明代，"凡楠木最巨者，商人采之，凿字号，结筏而下。既至芜湖，每年清江主事必来选择，买供造运舟之用，南部〔南京工部〕又来争，商人甚以为苦"。⑥至清代，川木东运亦盛。康熙四十六年川抚能泰奏："川省地方，山深林密，产木颇多。……商贩所运木植过夔关时，止纳板税，其余木植运赴湖广、江南货卖。"⑦雍正五年四月至六年四月，川东渝关共收木税6,061两。⑧重庆因渝关所在，城外

---

① 《广志绎》卷一"方舆崖略"、卷五"西南诸省"。
② 《二如亭群芳谱》木谱六"樟"、七"楠"。
③ 《物理小识》卷八"器用类"。
④ 雍正《四川通志》卷十六"木政"；并参阅《古今图书集成·职方典》卷六一九"马湖府部艺文一"收周洪谟《大木议》。
⑤ 《广志绎》卷五"西南诸省"。
⑥ 《涌幢小品》卷四"神木"。
⑦ 雍正《四川通志》卷十六"榷政"。
⑧ 雍正《四川通志》卷十六"榷政"载四川巡抚史宪法奏。

江北嘴一带成了木材输出的集中地方与转运中心，"山客发卖各项木植，运商扎造下楚大簰，数十年来，百无一失，篙缆夫工，熟谙齐备"。①

滇东北木材沿车洪江、牛栏江、赤水河入长江东运。嘉庆时，"滇人锯巨[杉木]为板而货之，名洞板，以四大方、二小方为一具。板至江浙，值每具数百斤"。②贵州木材向江南输出者更多。王士性指出：明代"楚中与川中均有采木之役，实非楚蜀产也，皆产于贵竹深山大垒中耳"。贵州楠木，"大者备官家之采，其小者土商用以开板造船，载负至吴中，则拆开船板，吴中拆取以为他物料，……近吴中器具皆用之"。③遵义在嘉万时即是重要产木地，至道光时输出仍"以木为大宗"，经支流放入长江，运至江苏。④黔东清江、台拱、古州、八寨等厅的木材则一向通过源江，取道湖南输出。⑤黔东南自明清之际起即大量输出杉木。至乾隆时，"编巨筏之大江，转运至江淮"。⑥至嘉道时，这种输出更臻于鼎盛。⑦黔东南木材通常是沿清水江、舞阳河，进入沅江，然后转长江而下，或顺都柳江漂至融江，取道广西、湖南水道，进入长江。黔东南三江（清水江、舞阳河、都柳江）流域木材输往江南数量甚为可观。清水江流域的木材通过湖南沅州府东运，"每岁可卖二三百万金"。⑧

---

① 乾隆二年八月二十九日四川巡抚顾琮奏（引自彭泽益编《中国近代手工业史资料》第一卷，第462页）。
② 师范：《滇系》四之一。
③ 《广志绎》卷四"江南诸省"。
④ 前引周洪谟《大木议》，《戴经堂日钞》（引自彭泽益编《中国近代手工业史资料》第一卷，第593页）。
⑤ 同治十一年七月初一日湖南巡抚文韶奏（引自彭泽益编《中国近代手工业史资料》第一卷，第593页）。
⑥ 爱必达：《黔南识略》。
⑦ 参阅黄承钧《清代黔东南的木材出口与商品经济略观》，《民族经济》第1期，1988。
⑧ 光绪《黎平府志》卷三下食货志"物产"，系道咸时情况。

都柳江流域木材虽然还要供应两广,但输向江南者亦不少。故道咸之际,因江苏"连被灾歉之后,民力拮据。……木把过〔九江〕关亦寥寥。细访其故,实缘黔省产木最多,贩运来江,必由粤西经过。现值贼氛未消,商贩不无戒心,兼之下游销售,亦属艰难"。① 可见黔东南木材的主要市场之一为江南,而且输出规模亦颇大。

综上所述,我们可以得出以下结论:明清江南所需木材主要是从外地输入,木材输入的规模远较前代为大,来源地域亦远较前代更广。然而,木材来源地域的扩大,也反映了江南木材供求矛盾的进一步发展。江南对木材的需要量日益增加,但毗邻地区以及较近省份的木材输出能力又随着当地森林资源的剧减而难以提高,因而不得不求诸西南地区。西南木材虽丰,但搬运出山不易,加之路途遥远,运费颇昂,因此其输出的扩大也颇受限制。

江南毗邻地区的衢、严、徽、宁国等府,经宋元以来长期砍伐,森林资源已大大减少,特别是巨木已很少。例如衢州府龙游县,万历时虽称"南山多杉",但俱"不甚高大,鲜栋梁材"。② 而开化、淳安等产木地更因森林资源锐减而不得不实行人工育林。③ 徽州早在弘治时即已普遍人工育材,"大抵新安之木,松杉为多,必栽植模始成材,而婺源、祁门之人尤勤于栽植"。宣、池、歙、饶等府在明代后期亦人工种杉。④ 由于"凡栽杉以三十年为期乃可伐",⑤ 难以弥补森林砍伐而致的损失,因而至康熙时,徽州产木已甚少,"旧志所载如枫香、苎麻、株板、松板之类,今绝少。贩木伐

---

① 咸丰二年正月二十六日九江关监督德新奏(引自彭泽益编《中国近代手工业史资料》第一卷,第593页)。
② 万历《龙游县志》卷三"物产"。
③ 嘉靖《淳安县志》卷一"风俗";雍正《浙江通志》卷一〇六"物产"引崇祯《开化县志》。
④ 《致富奇书》(木村兼堂本)"树植致富"。
⑤ 弘治《徽州府志》卷二"土产"。

者，皆取材于江右"。①

江西、湖南也是江南木材的传统供应者，但明清时期向江南输出木材的直接记载已较少，由此推测其输出规模或许不如前代之大。此二省自宋代以来一直输出木材，砍伐甚多，便于集采伐之地的森林资源已严重耗减。因此，虽有湘西山区"苗木"输出的增加，但要大幅度地扩大输出总规模，恐亦甚难。

福建森林资源丰富，木材业在同治以前方为萌芽期，②采运输出潜力尚大。但早在明末，像邵武府山区就已开始种杉，③可见森林资源在一些地方已严重消耗。至乾隆中期，"缘各处集处木料，历年久远，凡近水次山阳大料，采伐殆尽，近来采办甚难"。④至道光初，更"因历年承办战船，江浙等省屡次委员采办，伐木过多，出产缺乏，桅木一时难得"，以致福建各官营船厂只有"停工待料"。⑤要进一步扩大输出，就只有深入交通不便的山区，但这又要大大提高采运费用。清初在福建内地采木运到江浙建造战船，"计大木一株值价不过数两，然运送至厂，车牛夫役，雇车一辆用价十余两，觅夫一名用价四五两不等。凡此数百里、数千里之遥，计一切工价量用一二百金，是大木一株即破中家数人之产矣"。⑥乾隆时在福建"每桅一根需价四五百金"，⑦再运到江南，其费更不赀。如此高昂的价格，大大限制了闽木对江南的输出。

西南林区道运山深，木材"在彝方瘴疠之乡，深山穷谷之内，寻求甚苦，伐运甚难"；"木非难而采难，伐非难而出难。木值百

---

① 康熙《婺源县志》卷三"土产"。
② 前引《福建之木材》，第1页。
③ 计六奇：《明季北略》卷五《张延登请申海禁》，中华书局，1984年排印本。
④ 徐福：《闽政领要》中卷"各营战船"。
⑤ 道光《厦门志》卷五"商船"。
⑥ 前引胡文学题本。
⑦ 《闽政领要》中卷"各营战船"。

金，采之亦费百金；值千金，采之亦费千金。上下山阪，大涧深坑，根株既长，转动不易，遇坑坎处，必假他木抓搭鹰架，使与山平，然后可出。一木下山，常殒数命。直至水滨，方了山中之事"；"及其水行，大木有神，浮沉迟速，多有影响，非寻常所可测"；"若陷入嵌则不得出矣，嵌中材既满，或数十年，为大水所冲则尽起，下流有竟取之以为横财。不入嵌者，亦多为夹岸夷贼所勾留，仍放姓号于下流，邀财帛入取之"。①再加上沿途官府征税及苛索，商人损失甚大。②这一切，当然最后都会加到木价上，因此西南木材在江南的售价十分昂贵。这对于江南输入西南木材，肯定是一个重大制约。

因此，在明清时期，虽然江南木材的输入规模空前扩大，来源地域空前增广，但江南木材的供求矛盾仍在继续发展。

16—17世纪英国的木材供应状况，要比明清江南好一些。英国本是森林茂密的国家，16—17世纪中，森林资源虽遭严重消耗，但地广人稀，所余林木仍远较江南为多。因此在17世纪前期英国冶金工人一年还可砍伐20万株大树作燃料，这在明清江南乃是不可想象的。而且，早在1558年英国议会即立法以保护森林，以后并采取各种措施限制冶金业者取得木材。③同时英国政府积极从美洲殖民地输入廉价的造船木材，甚至不惜损害殖民地利益，禁止殖民地将船材（船桅、帆桁、牙樯等）输往他国，以压低木价，保证英国获

---

① 前引周洪谟《大木议》；《广志绎》卷四"江南诸省"、卷五"西南诸省"。
② 据《涌幢小品》卷四"神木"：商人运楠木至芜湖，清江主事及南京工部都来争，"商人甚以为苦，剔巨者沈江干，俟其去，没水取之，常佚什一二"。又据嘉庆《宁国府志》卷九引《太平县志》，太平木商"虽有挟千金、数百金者，自盘剥关税外，获无几"。
③ 前引Nef书，第193、224页。

得廉价木材。①此外北欧瑞典等国也盛产木材，英国当亦有从此地区输入者。②与明清江南相比，英国木材供应源无疑更广，特别是美洲殖民地，森林资源极为丰富，殖民者为开拓农田，甚至不得不放火烧之，可见木材之廉。而且这些森林都在平原，砍伐搬运均较易，虽然北美至英国程约3倍于金沙江林区至江南里程，但均为海道，可资季风，运费尚不至高到不可接受。从各方面综合言之，其木材供应比江南为充分，当可肯定。

第二节　铁与其他贱金属的使用与供给

在本书第一章第一节、第五章第二节里，我们已经讨论了明清江南铁与其他贱金属的使用情况，因此这里着重考察铁的供给问题。

一、输入概况

江南本地基本上不产金属，生产与生活中所必需的铁与其他贱金属向来从外地输入。早在北宋时代，江南就已严重依赖闽铁。庆历三年两浙运司奏称："当路州军自来不产铁，并是福、泉等州转海兴贩。逐年商贩，课利不少"，"商贾通贩于浙闽皆生铁也"。③南宋时，除了闽铁外，更输入广铁，故通过宁波港输入江南的生铁与条铁，主要是泉州、广州等地船舶载来。④到了元代，江南从宁波

---

① 亚当·斯密：《国民财富的性质和原因的研究》，商务印书馆，1972，第150—151页。
② 克拉潘指出英国在1500年以前即已有木材输入，但未说地点。应即瑞典等国。（前引克拉潘《简明不列颠经济史》，第236页）
③ 绍熙《三山志》卷四十一"物产"。
④ 宝庆《四明志》卷六"市舶"。

港输入的铁有条铁、镶铁、丁铁等,而"生铁出闽广,船贩常至,冶而器用"。此外还有少量日本铁。[①]入明之后,闽广仍是江南铁与铁器的主要供给者。王世懋说:福建的各种产品,其中包括福州与延平所产之铁,"无日不走分水岭及浦城小关下吴越如流水,其航大海而去者尤不可计"。[②]万历时福建尤溪之铁,"贡课之外,转市他省,以利器用甚伙",[③]主要当亦经浦城道贩于江南。在广东方面,正统景泰时佛山铁器已大量输出,"工擅炉冶巧,四远商贩辐辏焉"。[④]著名的佛山铁器商人冼灏通,此时已建立起了其庞大的铁器输出贸易网,故"各省巨商,……咸投其家,……商客人人得以充其货,……公以故饶于财"。[⑤]这些外省商人所购去的铁器,有颇大数量运往江南,故万历时霍与瑕说:"两广铁货所都,七省需焉。每岁浙直湖湘客人腰缠过梅岭者数十万,皆置铁货而北"。[⑥]清代闽铁输往江南的记载已少见,而广东铁器运销江南仍颇盛。屈大均说:清初"广州望县人多务贾,与时逐,以香、糖、果箱、铁器……诸货,……北走豫章、吴浙,西北走长沙、汉口"。[⑦]乾隆时,佛山"铁锅贩于吴越、荆楚而已,铁线则无处不需,四方贾客辇运而转鬻之"。[⑧]

湖南铁输往江南,明代尚少见于记载,至清则已大盛。雍正时,"楚南产铁各地方,外来射利商贩悉于就近设炉锤炼,下船装

---

① 《四明续志》卷六土产"市舶货物"。
② 王世懋:《闽部疏》。
③ 王应山:《闽大记》卷一"食货考",中国社会科学出版社,2005。
④ 陈赟:《祖庙灵应祠碑记》(收于道光《佛山忠义乡志》卷十二"金石")。
⑤ 《鹤园冼氏家谱》卷六之二(引自罗红星《明至清前期佛山冶铁业初探》)。
⑥ 《霍勉斋集》卷一《上吴自湖翁大司马》。
⑦ 屈大均:《广东新语》卷十四"食语",中华书局,1985年排印本。
⑧ 乾隆《佛山忠义乡志》卷六"风俗"。

运赴湖北汉口发卖，或由汉口而转运两江递贩"。①嘉庆五年政府规定，湖南兴安"销售铁斤经由江海贩运者"，须持印照；二十二年重申，"商民贩运铁斤至江浙等省销售者"，须请司照。②这些规定的详细内容，可参同治《新化县志》卷九食货"铁矿"条所载有关规定的条文："凡遇客商贩运铁斤赴各省以及武汉等处销售，均经照例填给印照。……凡江苏等省商民来汉购买，并北省铺户赴江省一带售卖，及赴南省采买回汉发售，均遵定例填给印照，按年取结，造册咨明户、工二部存案。今有川南客商贩铁来汉镇坐售，不运往下游，毋庸给照（无照不能逾越：下有武昌、九江、芜湖关）。"从这些规定的颁布来看，到了清代中期，湖南铁运销江南已是经常之事，数量亦已相当可观。

闽、广、湖南之外，明清江南还从其他地方输入少量的铁与铁器。例如明代江南用铁有远自四川所来者。③明清浙东、皖南、江西、湖北、山东的一些产铁州县当亦有向江南输出铁与铁器的，不过尚未见于记载。这大概是其输出数量较少之故，因为这些地方铁产本不甚多，输出量自然难与闽、广、湖南同日而语了。

明清江南铜、锡、铅等贱金属来源也十分狭窄。当时国内铜、锡、铅主要产于云南，道路遥远，多无水路可通，因而运出颇不易，运费亦甚高昂。加之这些金属为铸钱所需，通常在国家统制之下，难以大规模地从产地自由流入江南。故江南民间不得不主要求诸海外。铜主要来自日本。据日本方面的记载，日铜输华在清代极

---

① 雍正六年湖南辰永靖道王柔奏（引自韦庆远、吴奇衍、鲁素编《清代的矿业》，第499页）。
② 嘉庆《彬州总志》卷十九"矿产"。
③ 万历《无锡县志》卷八"食货"（引自韩大成《明代商品经济的发展与资本主义萌芽》，《中国资本主义萌芽问题讨论集》，生活·读书·新知三联书店，1957）。

第六章 材料问题 289

盛，最高年输华量达784万斤之巨。^①这些铜主要是用江南丝、绸等产品交易，运回后又在江南各口岸卸货。虽然此项贸易为政府所垄断，但当亦有少量日铜流入民间。锡、铅多来自南洋，为闽广海舶载至广州后，再分海陆二道转运至江南。早在清初，广锡即"捆载而过梅岭者踵相接"。^②而其中大部分即是"洋锡"。^③曾有两个浙东商人在广东一次购买"洋锡"1.5万—1.8万斤运往苏州、扬州发卖，加上他们在梅岭十八滩中打捞起的以往路过客商所失落的"洋锡"，实际运到苏、扬发卖的"洋锡"总数共达6万—7.2万斤之多。^④此外据日本方面的记载，清代闽广海舶常载南洋锡、铅至日本销售，康熙五十年运到长崎的锡达13,900斤，铅达36,040斤。^⑤由此可推知，明清闽广商人从海道运锡、铅到江南，当亦有之。

总的说来，由于各方面的限制，明清江南铜、锡、铅等贱金属的来源很狭窄，输入规模很有限，因而这项贸易活动也鲜为当时人所注意，未能在史料中留下多少痕迹。

二、输入数量

明清江南铁的实际年消费量大致如何？这个数量是否还有继续扩大的余地？这是我们所关心的又一个重要问题。

在本书第五章第二节中，我们曾根据邱亮辉先生对中国"封建社会"中人均铁年消费量的一般估数和洪武二十六年、嘉庆二十五年的江南人口数，推算出明清江南生产与生活中铁的年消费总量约在0.69万—2.11万吨之间。但在此应当指出：这个推算结果可能高

---

① 山脇悌二郎：《長崎の唐人貿易》，吉川弘文館，1964，第219、220页。
② 刘献庭：《广阳杂志》卷十一。
③ 广东自产锡不多，主要靠从南洋输入，故广锡即洋锡。
④ 慵讷居士：《咫闻录》卷十一"马禹平"条。广锡块重据《广阳杂记》卷十三。
⑤ 山脇悌二郎：《長崎の唐人貿易》，吉川弘文館，1964，第113页。

于实际数量，因为据日野开三郎和吉田光邦先生的估计，北宋全国铁年产量不过为1.5万—2.5万吨和3.5万—4万吨。[①]而北宋是中国历史上产铁较多的时期，所产之铁中还有很大部分用于湿式收铜而非全都用于制作生产工具与生活用具。[②]另外，我们从对明清江南的几个主要铁来源的生产与输出能力所作分析来看，当时江南铁年消费量恐亦难以达到0.69万—2.11万吨之数。

闽铁质量甚优，在明代被认为在广铁、楚铁之上。[③]明初福建制铁业颇盛，弘治以后逐渐衰落，到清代则已不复在全国铁生产中占有重要地位。从产铁地点来看，天顺时全省共有产铁县十九，[④]弘治时有十八，[⑤]而明末清初仅余八，而且其中龙岩、漳平、宁洋三县所产很少，"为生甚微"。[⑥]直到乾隆时，主要产铁县仍仅有九个。[⑦]福建铁生产的衰落还表现在政府征铁与购铁数量的下降方面。正统十二年以前，建宁、延平官铁冶每年向政府交铁达50万斤之多，而嘉靖三十四年政府复设建宁、延平铁冶时，每年征铁额仅为17.3万斤，而且其中建宁铁冶还是征收折色而非本色。[⑧]万历时代

---

① 参阅日野開三郎《北宋時代における銅鐵の産出額について》，《東洋學報》第22卷第1號；吉田光邦《宋代の鐵》，《東洋史研究》第24卷第2期。R. Hartwell（郝若贝）先生认为北宋全国铁产量最高年份（1078）达7.5万—15万吨（见 Harwell, Robert, "A Revolution in the Chinese Iron and Coal Industry during the Northern Song, 960—1129", in *Journal of Asian Studies*, vol.21, no.2, pp. 960–1126），似太高，兹不取。
② 宮崎市定：《宋代における煤と鐵》，《東方學》第13輯。
③ 方以智：《物理小识》卷七"金石类"。
④ 《大明一统志》。
⑤ 弘治《八闽通志》卷二十五"土产"。
⑥ 《古今图书集成·职方典》卷一〇四二、一〇四六、一〇六八、一一〇一。
⑦ 乾隆九年十二月初七日福建巡抚周学健题本，见上引《清代的矿业》，第511、512页。
⑧ 《明世宗实录》卷四二二，台北："中研院"历史语言研究所，1962年校印本。

改行购铁，十三年工部召买熟建铁数为193,275斤，[①]虽略多于嘉靖三十四年建宁、延平两铁冶征铁额，但亦仅及正统十二年以前两铁冶征铁数的五分之二。

福建全省铁产量未有记载，兹据高炉数目及冶炼能力推测之。弘治时，连江等十三州县有铁冶、铸冶、铁炉38所，铁坑、铁场30余处。这些炉冶的生产规模大概都比较大，所以才被地方志记录下来。[②]而至乾隆九年时，沙县等九县炉户呈报开煽的熔炉铁仅有大炉5座，小炉65座。[③]明清时期福建炼铁炉生产能力已难追考，仅可据其毗邻地区的资料作一推测。清代前期广东大型炼铁高炉每座年出铁量高达324吨，[④]而清中期地处闽赣边境的江西长宁县大炉每座年产铁约156吨。[⑤]福建大炉年产量似乎远不及广东大炉，因为万历时福建产铁中心尤溪的铁工，"每一炉多至五七百人"，[⑥]而清初广东大型炉场每所用工人多达千人以上。[⑦]若假设福建大炉产量近乎长宁县大炉，则弘治时全省有大炉38座，年产铁可达6,000吨左右，而乾隆时有大炉5座，年产铁仅达800吨上下。加上小炉所产，乾隆时的产量会更多一些，但最多时是否能达到明代的60,000吨还是疑问。福建铁的生产条件远不及广东，而广东在正德末年铁年产量估计不过9,000吨左右，最盛时（雍正末年）方达27,000吨，[⑧]早已为中外所瞩目。明清史料中对福建铁生产情况记载不多，也从侧面反

---

① 《工部厂库须知》卷六、卷七（引自白寿彝《明代矿业的发展》，《北京师范大学学报》第1期，1956）。
② 见《八闽通志》卷二十四"坑冶"。此外尚有五个产铁县的炉冶场坑之数未被载入，大概即因其规模较小。
③ 上述乾隆九年十二月七日周学健题本。
④ 参阅杨宽《中国古代冶铁技术发展史》，第182页。
⑤ 参阅嘉庆二十二年九初一日江西巡抚钱臻奏，引自《清代的矿业》，第510页）。
⑥ 张萱：《西园见闻录》卷四十"蠲赈"。
⑦ 《广东新语》卷十五"货语"。
⑧ 参阅罗红星《明至清前期佛山冶铁业初探》。

映出福建铁生产能力实远不及广东。明清时期福建人口众多，经济也相当发达，所产之铁大部分要供本省消费，可输出者颇为有限。另外，福建铁产地除古田等少数几县近海之外，大多僻处山区，运输很不便。特别是主要产铁地沙县、尤溪等八县，"均属上游山县，四面崇山迭岭，不通海口，铸出铁斤，该炉户俱散卖内地商民铸造农具，无以透露外洋"。①山区运输费用当然很高。嘉靖三十四年将建宁铁冶征铁改收折色的主要原因，大约就是收本色运送出省费用太高，因为当时建宁铁每斤价值银1分，而水脚银却达1.2分，超过本价五分之一。由于受生产与输出能力的限制，明前期闽铁运销江南最盛时，每年当亦不过数千吨，而明中叶以后已日渐减少，至清代则已为数甚微。

明清时期广东制铁业发展迅速，年产量自明初以来一直在上升。据罗红星先生估计，正德末年广东每年铁产量已达1,800万斤（约9,000吨），嘉靖十年增至2,700万斤（约13,500吨），雍正十二年更达5,400万斤（约27,000吨）。②此时是广东制铁业的极盛时期，炼铁炉厂数占全国总数的五分之二，③铁产量居全国各省之冠。此后逐渐走下坡路，嘉庆四年仅产铁2,250万斤（约11,250吨），④尚不及两个半世纪前嘉靖十年的产量。广东制铁业衰落的主要原因是铁矿资源日益枯竭⑤及燃料短缺，⑥因而这个衰落是不可逆转的。这个情况当然会对广铁输出发生重大影响。

此外，江南输入广铁还受到其他因素的制约。众所周知，广东

---

① 前引周学健题本。
② 前引罗红星文。
③ 参阅彭泽益《清代前期手工业的发展》，《中国史研究》第1期，1981。
④ 参阅李龙潜《清代前期广东采矿、冶铁业中的资本主义萌芽》，《学术研究》第1期，1979。
⑤ 参阅吴承明《关于中国资本主义萌芽的几个问题》。
⑥ 见本书第五章第二节。

所产之铁与铁器拥有广大的市场，明代中叶即已是"七省需焉"，清代亦"鬻于江楚"，"贩于吴越荆楚"，"转鬻四方"，同时更畅销海外。明末荷兰人就在南洋大量收购广东铁与铁器，曾有一艘荷兰商船在爪哇一次就要求用货物换取中国生铁100担和大铁锅600口。①雍正时夷船云集广东购买铁锅，每船所载少自数百连，多至千连。②18世纪初欧洲人已注意到铁以及铁锅釜、铁锚、铸铁圆筒等铁器，是当时广东输往柬埔寨、越南、暹罗、巴达维亚、马尼拉和日本的主要商品之一。③因此我们可以说，自明后期起，广东已成为远东地区的主要铁供给地之一。由于广铁供应面太宽，可以输到江南的数量肯定颇为有限，最多时恐亦仅为数千吨而已。而且雍正以后，随着广东制铁业的逐渐衰落，广铁运销江南者数量自然也日减于前。

湖广制铁业在明初已相当发达，年产量多达6,752,929斤（约3,376吨），占当时全国总产量的三分之一以上，居于各省之首。④以后情况不明。到了清代，湖南铁生产大盛。明末清初时湖南多数州府（长沙、宝庆、衡阳、永州、靖州、郴州等），都已有产铁记载。⑤雍正以来，湖南产铁之地达16州县，⑥其中兴安、攸县、新化、邵阳、武冈、新宁、石门、永定、辰溪、泸溪、桂阳、桂东、临武、东安等处的铁矿开采，直到嘉庆时还颇盛，矿洞"穿崖越岭，长至一二里及三四里不等"，"甚者断山截脉，坏及坟茔屋

---

① 参阅田汝康《十七至十九世纪中叶中国帆船在东南亚洲》。
② 《皇朝文献通考》卷三十三"市籴二"。
③ サバリ（Savary）兄弟：《世界商業大辭典》，《東亞經濟研究》第25卷第6號。
④ 万历《大明会典》卷一九四。
⑤ 《古今图书集成·职方典》卷一二一二、一二二四、一二三五、一二五一、一二六六、一二八七、一二九二。
⑥ 嘉庆五年闰四月初二日湖南巡抚祖之望奏（引自《清代的矿业》，第502页）。

294　发展与制约：明清江南生产力研究

址",已具相当规模。①湖南不仅"产铁甚广,采取最易",而且像安化等重要产铁地还产煤,可资鼓铸。"[煤]火耐久,而价又贱于柴炭一倍有余",②从而大大降低了铁的生产成本,使之有可能抵销高昂的运费而输往江南。

然而,从有关资料来看,清代湖南铁的生产规模始终远逊于广东。就铁矿在采数而言,即使是在广东制铁业已走向衰落而湖南制铁业正在欣欣向荣的乾嘉道时期,湖南铁矿每年平均在采数也仅有7所,而广东则有30所,③彼此相去甚远。就熔铁炉场规模而言,两者差距亦甚大。清中期湖南制铁中心之一的辰溪县,熔铁炉每座"所需雇工及挑运脚夫约数十人,十座则数百人矣。邑属此食力养家者亦千计"。④而在清前期的广东,仅一所大型炉场即用工人上千名。生产既有限,输出自然也不会很多。乾隆八年湖广总督孙嘉淦指出:"湖南铁矿一项,不过农器所需,系本地民人挖取,利息甚微。"⑤生产与输出规模都远不能与广东相颉顽。而且,湖南输出的铁,很大部分已为汉口等地的铁器制造业吸收,因而剩下可输往江南的数量就更少了。

通过以上分析我们可以看到:由于主要铁来源地生产与输出能力的限制,明清江南的铁年输入量十分有限。而且随着时间的推移,江南的铁输入量不仅不可能扩大,相反还在进一步缩小。

由于来源有限,供不应求,因而明清江南铁价格颇为昂贵。据1724年法国萨凡利(Savary)兄弟编纂出版的《世界商业大辞典》记载,当时生铁在广东的价格是每百斤值银1.6两,运到日本长崎后

---

① 嘉庆十九年九月十七日江南道监察御史陶澍奏(引自《清代的矿业》,第502页)。
② 乾隆二年二月初三日湖南巡抚高其倬奏(引自《清代的矿业》,第465页)。
③ 据彭泽益编《中国近代手工业史资料》第317、318页中有关数字统计。
④ 刘家传:《矿厂利弊说》(收于道光《辰溪县志》卷二十一"矿厂")。
⑤ 前引陶澍奏。

售价增至银4.5两。上海至广州航程约为长崎至广州航程的三分之二，若运费依航程比例计，则广铁在上海的售价当为每百斤3.5两银。不过这个数字看来过高。我将乾隆三十三年《物料价值则例》中官府在江南八府属下50余县的采购价格作了统计，结果如下（表6-2）：

表6-2 江南铁价

种类	生铁	熟铁	荒铁	锉白铁料	铁钉
价格（分银/斤）	1.42	3.48	2.11	4.5	3.23
备注	苏松常镇四府20县平均	江南八府54县平均	苏南五府15县平均	江宁府2县平均	苏松常镇四府17县平均

此外，制成之铁农具（铁锄、刨锄、锹），平均为每斤5分银。官府采购价可能偏低，但比较稳定，因此可视为一个较长时期内的价格指针。据此，乾隆中期江南生铁价约为每百斤合银1.5两，熟铁则3.5两。

铁贵如此，江南要达到邱亮辉推测的中国"封建社会"一般铁消费水平，看来颇为困难。因为这个消费标准意味着乾隆中期的江南每人每年平均要为此付出约2.4分银（生铁计）。此数字虽然不大，但是江南人口众多，其总数即不容忽视。嘉庆时江南要达到上述消费水平，总共需铁2.11万吨，合银63.4万两（若以熟铁计则合银147.8万两），为数颇巨。

明清江南铜、锡、铅等贱金属的消费量已不可考。可以肯定的一点是：由于来源狭窄和其他问题，江南对这些金属的消费量很小，人均年消费水平极低，几乎可以略而不计。这些金属不仅极少用于生产，而且生活消费也甚微。嘉庆时江南有人用铜制作烟袋，还被包世臣斥为浪费，①便是典型的例子。鉴于江南铜、锡、铅等的来源以及其他方面的情况，在相当长的一个时期里，江南对这些金属的消费量也难以出现提高的趋势。

三、消费水平

铁与其他贱金属的使用量明显增长，是传统社会后期社会生产力迅速提高的重要标志。但是明清江南却未出现这个情况，至少人均消费数量如此。

明代以前江南对铁与其他贱金属的消费情况已难详知。鉴于明清江南的人均消费水平已甚低下，以前的消费水平即使还低于明清，也不可能低出许多。也就是说，较之以往，明清江南对铁与其他贱金属的人均消费量并未出现明显的增加。同时，从本章第二节所作的分析来看，在明清时期内，江南对铁与其他贱金属的人均消费也看不出任何增长的迹象与可能。

明清江南铁与其他贱金属的人均消费水平，甚至可能低于中国传统社会中的一般人均消费水平，更不用说大大低于近代英国的人均消费水平了。如前所述，邱亮辉估计中国"封建社会"一般情况下的生产与生活用铁，每人每年平均约1—2市斤，加上把作其他用途（兵器制造、造船等）的铁平摊到人，每人每年总共消费铁约1.6市斤。这个数目看来已足以满足中国传统社会的简单再生产以及日常生活等需要，因为1949年全中国人均钢铁产量也还不到1公斤。②明清江南人均铁消费量低于此数，说明铁仅能勉强维持简单再生产及供日常生活所需，

---

① 《安吴四种》卷二十六《齐民四术》卷二农二。
② 1949年全国钢铁产量据国家统计局编《我国钢铁、电力、煤炭、机械、纺织、造纸工业的今昔》第8页数字（参阅国家统计局《我国钢铁、电力、煤炭、机械、纺织、造纸工业的今昔》，中国统计出版社，1958）。人口以4.5亿计。

即使以邱氏的"封建社会"一般标准来看也是一种较低的消费水平。

14世纪以来英国的情况，恰与明清江南形成鲜明的对比。14世纪前后英国制铁业还很不发达，生产出来的铁质次量少，故钢材和好铁要从瑞典、索林根和波罗的海沿岸国家进口，[①]数额也不会很多。15世纪以后，英国制铁业迅速地发展起来了。与此同时，英国的铁进口量也迅速地扩大。1700—1709年间，每年的条铁进口量平均高达1.6万吨（折生铁2.9万吨），[②]1715—1724年间，条铁的年均进口量又提高到1.9万吨[③]（折生铁3.5万吨）。英国的人口数，据G.尼科尔斯估计，1600年约为500万，1625年约为550万（均仅包括英格兰与威尔士）；而据P.迪恩及W.A.科尔等人的估计，直至1701年，英国人口方达到686万（包括英格兰、威尔士、苏格兰）。[④]如据本书第二章第二节所述，英国1611年与1720年的产铁量分别为1.2万吨及2.5万吨。若1611年人口以1600年与1625年人口之中数计（525万），而1720年人口数以1701年数计（686万），则1611年英国的人均铁产量已达2.3公斤，而1720年人均铁产量更达3.7公斤。与此相对照，1949年以前中国钢铁产量最高的1936年，人均钢铁产量也才为2.7公斤，[⑤]分别为1611年及1720年英国人均铁产量的117%和73%。加上进口之数，1720年英国人均生铁消费量已高达7.9公斤，[⑥]为上述邱氏所估计的中国"封建社会"一般消费水平的10倍，或1936年中国人均产量

---

① 前引克拉潘《简明不列颠经济史——从最早时期到一七五〇年》，第236页。
② 1吨条铁的含铁约相当于1.84吨生铁，见前引Deane与Cole, *British Economic Growth, 1688—1959*, 第222页。
③ 上引Deane等书，第51页。
④ 库佩斯基：《生产力的四次革命——理论和对比》，第13页；上引Deane与Cole书，第6页。
⑤ 钢铁产量据《我国钢铁、电力、煤炭、机械、纺织、造纸工业的今昔》第8页数字。人口以4.5亿计。
⑥ 但与此同时，英国也有少量生铁输出，因此实际人均消费量略低于此数。

298 发展与制约：明清江南生产力研究

的2倍。明清江南人均铁消费量连邱氏所估计的中国"封建社会"一般消费水平都达不到，其与英国差距之悬殊，更是一望可知了。

英国铜、锡、铅等金属的生产量与消费量亦远非明清江南所能比。在17世纪初期，英国铜、锡、铅以及其他有色金属的年总产量已达2万余吨。①以后有更大增长。除去出口数不计，到1760年代（即工业革命的前夜），英国每年国内铜消费量多达2,000吨，而在1725—1750年间才为400—850吨，即增加了1.35—4倍。由于生产量大，自给之外尚有大量盈余，故出口数量也很多。仅1697年一年，英国即出口锡1,115吨，铜52吨，黄铜63吨。1725—1750年间，铜的年出口量更多达400—850吨，与国内消费量相若。②这些情况，与前述明清江南铜、锡、铅等贱金属极度紧缺、消费水平极为低下的状况，又形成了一个强烈的对照。

可见，在工业革命发生前的一两个世纪中，英国与江南在铁与铜、锡、铅等金属的生产与消费方面处于很不相同的地位。撇开生产不说，就是在消费方面，英国也已远远地走在江南的前面。更为严重的是，随着时间的推移，二者在消费方面的差距与日俱增，越来越扩大。这种情况，必然要对两地社会生产力的发展产生极其重大的影响。

第三节　材料短缺对工农业生产的影响

明清江南工农业所需的木材、铁及其他贱金属，供给远不及16—18世纪前期英国充分，使得生产中的材料使用，处于一种低下的水平。这不能不给工农业生产的发展带来重大的消极影响。

---

① Nef, *The Rise of the British Coal Industry*, p. 194.
② 前引 Deane 与 Cole 书，第51、56、59页。

一、木材短缺的影响

如前所述，木材是明清江南生产工具制造业、造船业、建筑业等生产中所使用的主要材料。因而木材供给的状况，对这些部门的影响最为明显，特别是对消耗木材最多的造船业与建筑业两个部门来说，尤其如此。

明清江南造船业发展颇快，已见第一章第三节。这里要强调的，是这个发展完全依赖于外地木材的输入。江南本地木材匮缺，康熙十六年松江府奉命造大沙船15只，即已弄得阖府官私鸡犬不宁。[1]其原因是当时海禁和三藩之乱，福建和西南的木材输出陷于停顿。事实上，江南造船所需木材，自明初以来一直仰赖川、滇、黔、湘、闽。例如明初所造的大舟宗宝船，木材即来自川、滇、黔、湖广；[2]而清代江南建造战船，木材一直主要依靠福建提供。[3]民间所造沙船木材来源，当亦出于以上诸地。因此明清江南造船业的发展，是建筑在川黔湘闽木材的大量输入基础之上的。这里顺便说一句，明初南京宝船厂造的巨型远洋航船——大舟宗宝船，排水量高达7,833吨，[4]比工业革命前夕英国最大海船的排水量（2,040吨）几乎多出3倍，[5]航程远及西非、东非，不仅显示了江南造船业的高度工艺水平，而且在世界造船工业史上也写下了光辉的篇章。然而，这一辉煌成就的取得，又以川黔湖广木材的输入为物质先决条件。由此我们也可以清楚地看出木材输入的扩大对江南造船业发展的决定性影响。

---

[1] 《历年记》。
[2] 参阅寺田隆信《鄭和——中國とイスラム世界と結んだ航海者》，清水書院，1981，第186頁。
[3] 前引胡文学题本及道光《厦门志》卷五商船。
[4] 据周世德先生计算（见前引周世德《中国沙船考略》）。
[5] 当时英国最大的海船是军舰，其排水量见杨槱等《略论郑和下西洋的宝船尺度》。

木材供应的增加对明清江南城市建筑业的发展也具有决定性意义。明清江南城镇人口增加很快，[①]城市规模在明清时期亦有颇大发展。由于江南城镇房舍多为木竹建筑，城镇人口增长而引起的城镇建筑业的发达，必然以木材供应量扩大为前提。前述杭州房屋建造与维修用木甚多，故虽有衢、严二府和福建木材输入还不够，尚依赖"下乎三峡"的西南木材。[②]仅由此一端，即可窥见外地木材输入对明清城镇建筑业发展的重要促进作用。此外，江南的生产建筑也依赖于外地木材。例如万历四十年嘉兴新筑运河石塘，所用木材皆购于长江边的瓜洲、仪真，[③]当为长江上中游所来者。

　　然而，我们同时还应看到：明清江南木材供应方面的局限性，对江南工业发展也起到很大的制约作用。这个制约作用表现在：随着江南对运费高昂的远地木材的依赖越来越加深，江南木价日益上涨，使得江南民间得木日益不易，从而限制了用木最多的造船、建筑等部门的更大发展。

　　在造船业方面，上述情况最为典型。明初建造大舟宗宝船，所用木材主要是靠政府以超经济强制的手段从川、黔、湖广采运而得，民间决无此力量经营之。即使如此，仍所费不赀，成为后来宝船停造的主要原因之一。[④]清代中期，一根桅木在福建价格已达四五百两银，运到江南价格更大大提高。江南沙船长10丈以上者一般有桅4—5根，故仅仅购桅木即需数千两。张燮说嘉靖时海船一艘造价千余金，[⑤]而清中期包世臣说江南"每造一船需银七八千

---

① 参阅本书第二章第一节。
② 胡敬：《东河棹歌叙》（收于《武林掌故丛编》）。
③ 陈懿典：《嘉兴新筑运河名塘碑记》（收于万历《秀水县志》卷九"艺文志"）。
④ 参阅前引寺田隆信书，第186页。
⑤ 张燮：《东西洋考》卷九"舟师考"，中华书局，1981年排印本。

两",①齐学裘则说"大号沙船造价盈万,中号需数千"。②木价上涨正是船只造价提高的主要原因。与此相比,福建由于本地产木,船只造价低于江南。而广东和南洋因木价更廉,船只造价又低于福建。③这样,高昂的木价就使江南造船业处于很不利的地位。

木材供应的局限对江南建筑业发展的消极影响也很严重。早在正德时代江阴民间建房即以栋梁材为难得,故"作堂构架不用长材通贯而零星凑合之,……[立屋全赖墙壁,殊不在堂(原缺一字)柱,贫家柱大不如椽,仅同中竹],故屋最易圮,而修缮之费多"。④杭州直至康熙时,仍是"远市之居,除缙绅豪室外,不论房屋单舍,木材俱细弱不堪,江东之椽,可以为柱"。⑤民舍多"用木杙而编竹夹以墁之",⑥作为墙壁。当然,若是建造贫民容身的斗室单舍,这样做虽然尚可应付,但已严重制约了江南民居建造的发展,使得江南城镇居民的居住条件十分恶劣。⑦对于生产用房,木

---

① 《安吴四种》卷一《中衢一勺》卷一《海运南漕议》。
② 齐学裘:《见闻续笔》卷二。
③ 道光时,福建船每吨造价比华侨在越南与暹罗的造价分别高出81%和101%,比华侨在加里曼丹的造价更高得多。参阅田汝康《17—19世纪中国帆船在东南亚州》,第21页。
④ 康熙《江阴县志》卷七"工风"。
⑤ 康熙《钱塘县志》卷七"风俗"。
⑥ 毛奇龄:《杭州治火议》(收于《武林掌故丛编》)。
⑦ 明清江南城市居民的居住条件,以当时一些西欧城市的标准来看,是比较差的。据18世纪耶稣会士的记录,当时南京普通民居,"房舍仅有一层[即平房],而不像巴黎那样有五六层。住家都没有客厅,没有夫妻专用的卧室,没有厕所,没有厨房,没有马厩,没有附属建筑物,也没有园子。一家人就住在一个长宽各10—12英尺的房间内。房间里端,有一个高约2英尺,长5—6英尺的平台[即火炕]。整个都由窗扉组成,父母、兄弟、姊妹全都睡在上面。这也是做饭的地方,因为平台前有一烧煤的炉灶。冬季则用此炉灶燃火,有管道在平台之下,热气通过管道,藉此取暖。四面都是这样的住家,中间有一小天井。因此你可以判断:虽然没有多层建筑,中国的城市是否人口稠密"(引自Mark Elvin, *The Environmental History of China: an Agenda of Ideas*)。当然,这位传教士所描绘的,应当是南京城内一般平民甚至贫民的居住条件,官绅富豪之家决非如此。又,据现存的清代江南城市画卷(如徐扬《盛世滋生图》等),江南大城市商业区似乎颇多两层建筑(一楼一底之楼房)。但不可否认的是,明清江南大城市市民的普遍居住条件,确实不如18世纪西欧某些大城市。

材短缺的影响更为严重，因为要建造可容多人工作的厂房或贮藏大量物资的仓库，没有长梁大柱和大量椽、板肯定是不行的。①由于木材昂贵，加上明清江南砖瓦、石灰、石料的建材也颇为紧缺，因而大型房屋造价极高。在《醒世恒言》卷十八《施润泽滩阙遇友》的故事中，吴江县震泽镇上的织工施复（施润泽）捡到六两银子就可添一部紬机，以两部紬机经营数年又可"增上三四张紬机"。有了这五六部紬机后，"欲要添张机儿，怎奈家中窄隘，摆不下机床"，急欲扩大劳动场所，但仍买不起较大房舍，只能乘人之急，拾便宜买下邻家的两间小房作为厂房。直到又发了一笔千余金的横财，并省吃俭用，昼夜营了近十年，"长了数千金家事"之后，方有财力购买一所大房舍，开办起一个有三四十部紬机的手工工场。此虽小说家之言，但也并非无稽之谈。兹举实例数则以为佐证：

1. 自康熙四十七年至乾隆四十一年，苏州的潮州会馆在城内二图、五图买房屋（作祭产）共计17次，大致情况如下（表6-3）：②

表6-3　苏州的潮州会馆购买房产表（1708—1776）

购买年代	房屋规模		价银（两）
	门面（间）	地基（进）	
康熙四十七年	3	6	4,850
康熙五十一年	1	3	247
康熙五十六年	1	2	247
雍正元年	2	2	280

---

① 《熬波图》"起盖灶舍"说：建造灶舍，原则是"屋在壮而不在丽，故檐楹垂地，梁柱椽桷，俱用巨木"。这样的灶舍，方可保证盐生产"自春至冬，照依三则火伏煎烧，晨昏不住"。所述情况，所有工场皆然。
② 乾隆四十六年《潮州会馆碑记》（收于《明清苏州工商业碑刻集》，第340—345页）。

续 表

购买年代	房屋规模		价银（两）
	门面（间）	地基（进）	
乾隆七年	1	2	600
乾隆八年	1	5	1,600
乾隆八年	1	2	500
乾隆十二年	1	3	800
乾隆十二年	1	2	270
乾隆十四年	2	13	9,200
乾隆十九年	1	11	7,200
乾隆二十二年	—*	2	450
乾隆二十六年	1	2	540
乾隆二十八年	1	楼房15间	1,010
乾隆三十年	—**	平房3间	160
乾隆三十一年	1	2	460
乾隆四十一年	2	2	1,250

*由后门出入。
**路由卖盐店出入。

亦即除乾隆二十二、三十年两次所买房屋外，平均每所房屋有门面1.3间，前后地基4进，可以称得上中型规模的房屋，平均价银为1,900两。

2. 雍正三年，苏州的广东商人兴建岭南会馆，"购地鸠工，量地阔四丈五尺，深五丈五尺"，耗资710两银。[①]

[①] 雍正七年《岭南会馆广业堂碑记》（收于《明清苏州工商业碑刻集》，第327—330页）。

3. 乾隆三十七年，杭州旅苏人士在苏州关东北桃花坞，购得房屋一所作钱江会馆，"凡为楹者计一百三十有奇"，"以白金七千二百两易之"。①

4. 道光二年，东越会馆在苏州十一都三十四图三腊湾买下房屋一所，计34间，又披厢6间，备弄2条，亭子1座，价银1,500两。②

从这些实例可以看到，清代苏州房价很贵，大型房屋尤甚。当然房价昂贵还有地价等因素，但建筑材料价格高肯定是重要的原因（像上面3、4两例在城郊，地价比城内低，但房价亦高得惊人）。建筑材料昂贵，一方面是砖瓦、石灰价高，更重要的一方面是木材价高，因为江南房屋主要是木结构。建立手工工场需要较大的劳动场所，房价（特别是大型房屋价）昂贵，肯定对手工作场向手工工场转化十分不利。上述施复的故事，虽系小说家言，但也反映出在明代江南丝织业手工作坊向手工工场转化的过程中，扩大劳动场所的费用，远远超过增置生产工具的费用。扩大劳动场所费用的高昂，不仅阻止了绝大多数手工业者或小手工作坊主向手工工场主转化，而且也使得经营手工业的地主和商人在此费用之前却步。马克思指出：初期的工场手工业在劳动工具与劳动方式上与个体手工业并无多大差别，这时的手工工场不过是手工作坊的扩大，其主要优越性在于集中使用生产数据而产生节约。"即使劳动方式不变，同时使用较多的工人，也会在劳动过程的物质条件上引起革命。"共同使用的生产数据（如厂房、仓库，供许多人使用的容器、工具、器具等），规模会比分散使用的生产数据更大，但其价值"一般地

---

① 乾隆三十七年《吴阊钱江会馆碑记》（收于《明清苏州工商业碑刻集》，第19—20页）。
② 道光二十五年《吴县为东越会馆房契失慎烧毁给示勒石碑》（收于《明清苏州工商业碑刻集》，第272—273页）。

第六章 材料问题 305

说，不会和这些生产数据的规模和效果成比例地增加。……生产数据使用方面的这种节约，只是由于许多人在劳动过程中共同消费它们。即使许多任务人只是在空间上集合在一起，并不协同劳动，这种生产资料也不同于单干的独立劳动者或小业主的分散的、并且相对地说花费大的生产数据"。马克思并且举例说："20个织布工人用20台织机劳动的房间，必然要比一个织布者带两个帮工做工的房间大得多。但是，建造一座容纳20个人的作坊比建造10座各容纳两个人的作坊所耗的劳动要少。"[①]由于初期工场手工业时期的劳动场所，在共同使用的生产数据中占有特别重要的地位，因此马克思举厂房为例以论证之，是很有深意的。但是，如果建造一座能容纳20人的大作坊并不比建造10座各能容纳二人的小作坊花费少，相反是花费更多的话，那么初期工场手工业在经济上的一个主要优越性即大大减少或完全被抵消。因而把较多的工人集中到同一场所工作，对经营者（资本家）来说并不合算。换言之，建立手工工场就不如让分散的小手工业者独自进行生产，然后直接或通过包买方式收购其产品更为有利，因为让小手工业者或工人在家里生产，可以把建造工作场所的费用转嫁到他们头上，使经营者得以节省这笔巨大的投资。明清江南工场手工业发展缓慢，手工工场难以成长并取代手工作坊，原因固然很多，但是当时建材与木材供不应求，不能为手工工场的迅速增加提供必需的条件，肯定是一个重要的原因。

二、铁与其他贱金属短缺的影响

明清江南铁与其他贱金属的匮乏对社会生产的严重影响，首先表现在生产工具方面。由于铁与其他贱金属的紧缺，一些耗用这些

---

① 《马克思恩格斯全集》第23卷，第360页。

金属较多的生产工具自然难以得到广泛使用。一个典型的例子是铜活字版的命运。本来在明代前中期，尤其是成弘正嘉时期，江南民间使用铜活字版印书已相当普遍，可是自万历以后这种现象逐渐减少，[①]入清以后更为罕见。铜活字版数量日稀，价格日昂，逐渐成为一种富室珍藏的古玩。嘉庆时，上元县人武攀凤"尝得铜铸活字版一副，甚精。某制军闻之，欲假之印书，不允。固求之，索重值三千两"。[②]其贵重如此，当然不可能广泛应用于生产。而导致铜活字版稀少的原因，又是铜、锡、铝等金属的紧缺，使得原有的铜活字版多被销毁以供他用。"康熙年间编纂《古今图书集成》，刻铜字为活版，排印藏工，贮之武英殿。至乾隆初年，值京师钱贵，遂毁此铜供铸。"[③]皇家铜活字版命运尚且如此，民间情况更可想而知。另外，从对明清江南生产工具的研究中我们还可以看到：在明清江南，不仅用铁很多的大型生产工具十分罕见，就是用铁稍多的生产工具部件也未能得以广泛运用，如纺车上的铁纺锭、舂具上的铁碓头等，实际使用都不多。江南工农业中使用最普遍的生产工具，都用铁甚少或者根本不用铁。因此，明清江南一直停留在主要是使用木制工具的阶段。

铁与其他贱金属的紧缺，更严重地阻碍了明清江南生产工具的改进。我国古代人民在长期的生产实践中，掌握了机械制造与工作原理方面的许多知识。这些知识对于改进生产工具、使简单的生产工具逐渐演化为较为复杂的生产工具（即机械与机器），具有重大的意义。但是，这些知识在社会生产中应用的有效程度和广泛

---

① 参阅沈燮元《明代江苏刻书事业概述》；唐锦：《龙江梦余录》卷三十一；缪荃孙：《云自在龛随笔》；陆深：《金台纪闻》卷下；叶德辉：《书林清话》卷八，等等。
② 甘熙：《白下琐言》卷九。
③ 赵慎珍：《榆巢杂识》卷下。

程度，则又依赖于制作工具的材料的性质和数量。例如我国人民很早就懂得了齿轮传动原理，并已将其运用于碾磨、水车等简单机械中。明清时期，江南某些地方也有使用元代所发明的、以齿轮传动装置为基础的大型风力、畜力水车进行排灌的记载。可是这些机械中的大小齿轮皆为木质，不仅易于损坏，而且由于运转中阻力太大，影响工效，从而大大减少了其优越性，使之不易为人们广泛采用。如果易之以金属齿轮，则以上缺陷皆可克服。齿轮传动装置也将因此而在机械中得到有效运用，特别是在那些结构比较复杂、对齿轮装置工作的精确性要求更高的机械与机器中广泛使用。此外，即使是作为一般机械部件而言，金属也比木优越得多。徐光启评论水转翻车时说："此却未便。水势太猛，龙骨板一受龃龉，即决裂不堪，与今风水车同病"；"［风车、水车］不劳人力自转矣"，但"枝节一蒌，全车悉败焉"。①如易以铁或铜制件，情况就会好得多。《熬波图》"塌辐车"条及"辐车运柴"条说："管：车轮轴头处，每辆用生铁铸成铁管四个，穿套在车机内，笼轴其中，庶耐转轴，名曰团穿。"装上了"团穿"的辐车，因"轮轴团转，易于牵运"，可大大提高工效。可见像这样前代早已有之的简单零件，也未发现运用于明清江南踏车、纺车等工具中，主要原因即在于这些零件要用铁制造。

铁与其他贱金属的紧缺对生产工具改进的消极影响，也表现在对外来先进技术的吸收上。明清时期从西欧传入了一些关于生产工具制作的知识，这些知识对于补充我国传统的生产工具制作技术具有积极的作用，因而受到王徵、徐光启、方以智等人的高度重视。他们对这些知识作了相当深入的介绍并大力进行宣传，力图使之为

---

① 《农政全书》卷十七"水利"。

国人接受，从而改进中国传统生产工具。然而他们这种可贵的努力却没有收到任何效果，原因之一即是当时铁与其他贱金属的紧缺。

王征把当时传入的西欧生产工具制作知识中"最切要者""最精妙者"和"最简便者"，编译选录成《远西奇器图说》一书。此书把西欧常用的机械与工具分解为六类基本构件。在这六类基本构件中，藤线器类和圆轮类中的飞轮在中国运用较少或尚未运用，是中国传统机械与工具制作知识的薄弱环节。补充这些方面的知识，将大大促进中国生产工具制作的进步。王征指出：藤线器类（又名螺丝转），"其用最广，其能力又最大"，可广泛应用于水利、起重、压榨、印刷、安装等方面的机械设备，效果比中国传统工具好得多。飞轮"受力而又以己之重能加其力者也"，作用更为重要。保罗·芒图指出：飞轮由于有很大的推动力和均匀的速度，对工业革命时期的机器运用具有重大意义。[①]马克思更高度评价了17世纪出现的关于飞轮的理论与运用，指出飞轮"后来在工业中起了非常重要的作用"。[②]但是藤线器类须以铁或铜制造，飞轮亦因为"重量很大和有严格精确的形式"，制造更须铜或生铁。[③]因此能否吸收这些知识并用之于生产工具改进，关键在于有无充分而廉价的铁、铜等金属，而不在于中国当时的工艺水平。[④]

王征、徐光启、方以智等人还具体地介绍了一些西欧生产工具的构造与效用。这些工具都有较多的金属部件，耗用铁、铜、锡、铅等金属为数颇多。例如，《远西奇器图说》中的各种机械，"大都

---

① 芒图：《十八世纪产业革命——英国近代大工业初期的概况》，第247页。
② 《马克思恩格斯全集》第23卷，第414页。
③ 上引芒图书，第247页。
④ 王征在《远西奇器图说》序中说：此书所介绍的诸工具没有"工匠不能如法"制造的；在卷三中又说藤线器类"制作简便"。至于飞轮，制作工艺当然较藤线器更简单。

用木、用铜、用铁居多",普遍安装有铁转轴、铁曲拐、铁柁、铁环、铁叉、铁桩、铁槖臼、铁钻、铁天平以及铜管、铅柁等金属零部件。《农政全书》卷十九"泰西水法"所介绍的各种汲水机械,也使用着金属齿轮、铁枢、铁环、铁管、铁山口、铜锡筒、铜壶、铜锡盘、铜钻、铜铁足等金属组件,有的机械更全部或大部以铁或铜、锡制成。这些机械的工效通常大大高于中国传统机械。例如龙尾车,纳兰性德说:"中国用桔槔,大费人力。西人有龙尾车,妙绝";如与风车配合使用,工效更高,"数百亩之水,一人足以致之,大有益于农事"。[1]钱泳则指出:"大江以南灌田之法,俱用水车,其来久矣。……近吴门沈狎鸥孝廉按之古法[当即《农政全书》卷十九"泰西水法"]制龙尾车,不须人力,今车盘旋自行,一人一日可灌三四十亩,岂不大善。"[2]道光时,江南发明家梦树齐"仿泰西水法造龙尾、恒升二车。其用一车当翻车之五,人一当十,迅捷奔腾,靡有渗漏。林公则徐试之于塘,塘宽十亩,深二尺,戽干七寸,才三刻许。林公大喜,谓有益于农田水利"。[3]道光十六年,两江总督陶澍在南京造龙尾车,"费及三千金成之,车大四五抱,扛抬需百夫,坏墙垣以出,试于池沼,立刻告涸",[4]可见工效确乎很高。可是制造龙尾车需要耗用较多金属,而金属在江南很昂贵,因此龙尾车造价自然甚高。像上述纳兰性德、钱泳谈到的龙尾车,造一车都要百金,而陶澍所制大型龙尾车,造价竟达三千金之多。"农家贫者居多,分毫计算,岂能办此!"[5]因此,虽然"江南农家甚少盖藏,踏车十日忧无粮,泥沙抛弃吁可惜,源断

---

[1] 《渌水亭杂识》卷三。
[2] 《履园丛话》卷三"水车"。
[3] 《梅麓诗钞》上"龙尾车歌"附《梦树齐君传》。
[4] 《一斑录》杂述六。
[5] 《履园丛话》卷三"水车"。

泽竭终成荒"，灌溉工具亟待改进。而龙尾车"激浪奔腾似决渠，神机活泼如翻掌，……内无退转外无漏，崇朝百亩如滂沱。一车当五人当十，用力甚少成功多"。倘若"八家同井开一具，旱涝不患田无禾"。可是因为太贵，农民买不起，所以结果是"利〔玛窦〕熊〔三拔〕二士来西海，法入中华三百载，布衣能述不能行，霖雨还须有人在"。①其他机械情况也大致如是。如王征后人王介所说："余先端节图奇器，虹吸鹤引神斤造。少贱无赀今奔走，镂版楼头空留宝。"②由于缺乏充足的金属材料，这些早期的技术引进并未对实际生产发挥任何作用。

不断改进生产工具，推广先进生产工具的使用，是社会生产力提高的物质前提之一。在明后期，一些关心国计民生的科技专家已敏锐地察觉了改革现有生产工具的重要性与必要性。例如王征在《远西奇器图说》的注文中指出："民生日用饮食宫室，种种利益，为人世所急需之物，无一不为诸器所致。如耕田求食，必用代耕等器；如水干田、干水田，必用恒升、龙尾、辘轳等器；如榨酒榨油，必用螺丝等器；如织裁衣服，必用机车、剪刀等器；如欲从远方运取衣食诸货物，必用舟车等器；如作宫室，所需金石土木诸物，必用起重、引重等器。"徐光启则指出：龙尾车"方之于龙骨之类，大略胜之"，"若有水之地悉皆用之，窃计人力可以半省，天灾可以半免，岁入可以倍多，财计可以倍足"。③但是，由于缺乏必要的物质前提，明清江南没有，而且也不可能像15世纪以来的英国那样出现一个生产工具改革的浪潮。在19世纪中叶以前的几个世纪中，江南劳动人民主要使用的仍是祖先们所使用的简陋工具，基本

---

① 《梅麓诗钞》"龙尾车歌"。
② 《正学斋文集》卷三。
③ 《农政全书》卷十七"水利"。

上没有什么改进。在这种情况下，明清江南社会生产力怎么能够出现迅速提高呢？

由上述情况可见，铁和其他贱金属的奇缺，木材供给的不足，确实严重影响了明清江南工农业生产的发展。在导致明清江南不能像近代早期英国那样迅速提高的众多原因中，材料问题肯定占有非常突出的地位。因此，材料问题确乎是明清江南社会生产力发展的主要制约因素之一。

第七章
肥料问题

在本书第三章里，我们指出了明清江南农业生产发展的主要特征之一，是农作物种植中肥料投入的不断增加。但是在该章里，我们仅对肥料投入增加作了一些微观分析，对象亦仅涉及稻与桑。本章将对肥料问题作一全面探讨，并进行宏观数量研究的尝试。本章首先概述明清江南肥料使用技术的进步，然后顺次讨论肥料的需求状况与生产状况，最后分析供求矛盾及其解决。

第一节 肥料使用技术的进步

土地连续耕种将会导致肥力减退，是一条客观规律。我国古代人民早已从生产实践中认识到了这一点。宋末农书《种艺必用》说："地久耕则耗。"[①]《陈旉农书》说："土敝则草木不长，气衰则生物不遂。凡田种三五年，其力已乏。"[②]土地肥力减退，作物收成就

---

① 转引自中国农业科学院中国农业遗产研究室《中国古代农业科学技术史简编》，江苏科学技术出版社，1985，第159页。该书作者为吴怿，但据王毓瑚《中国农学书录》第105页，应为吴攒（参阅彭泽益编《中国近代手工业史资料》，生活·读书·新知三联书店，1957）。
② 《陈旉农书》"粪田之宜篇"。

要下降。清初梁清远已注意到这一现象。他说:"昔日人有记:嘉靖时,垦田一亩,收谷一石。万历间不能五斗。粪非不多,力非不勤,而所入不当昔之半。……乃今十年来,去万历时又不同矣,亩收二三耳,始信昔人言之果然也。"①尔后钦善在松江听到"八十以上老农之言",曰:"往昔肽苗,亩三石粟;近日肽苗,亩三斗谷。泽革内犹是,昔厚今薄,地气使然。"②要制止土地肥力下降,就必须采取相应措施,维持土地肥力,不使用掠夺式的土地利用方式。

维持土地肥力的方法,通常有两种。一种是实行定期休耕,让土地自行恢复肥力。明代江南农谚说:"歇田当一熟。"徐光启解释就是"息地力"之意。③另一种方法是施用肥料,补充土壤营养要素。陈旉说:"若能时加新沃之土,以粪治之,则益精熟肥美,其力当常新壮矣,何敝何衰之有!"④就是后一种方法的集中表述。但是,能够和应当采用哪一种方法,或者说,采用哪一种方法更为合理,则又取决于许多方面的因素,须根据各时各地的各种具体条件,不可一概而论。就施用肥料而言,又要弄清楚各时各地所使用的主要肥料是哪些,然后还要了解这些肥料是如何使用的,是否经过加工,根据什么原则施用,等等。陈恒力先生指出:肥料使用是"一门最重要的科学","即使有了充足肥料,如果施肥不当,也一样要减产";"对肥料不加工,则其所含各种肥分(氮、磷、钾等)或者要损失很多";"比如同是一堆猪粪,管理得法,其效力就大,不得法,其效力就小,甚至全无"。⑤因此肥料技术水平的高低,对整个肥料问题有很大的意义。

---

① 《雕丘杂录》卷十五。
② 钦善:《松问》(《皇朝经世文编》卷二十八)。
③ 《农政全书》卷三十五"木棉"。
④ 《陈旉农书》"粪田之宜篇"。
⑤ 《补农书研究》,第124、148页。

下面，我们就对明清江南肥料技术的发展情况进行考察。在此以前，先简略地谈一谈江南农田用肥主要种类的历史变化。

一、肥料的主要种类及其变化

江南使用肥料的历史十分悠远。近年在吴兴县钱山漾新石器时代遗址下层出土文物中，发现有木制的千篰，形状与后世该地所用相似。千篰是戽水工具，但也可用来罱河泥，所以有人由此推测早在4,200年之前，江南先民可能已知道罱泥作肥了。① 此后，西晋时出现种植苕草的记载，② 南朝时人担粪为生，③ 唐代开始种植房豆。④ 这些都透露出使用绿肥和人粪的消息。不过，在南宋以前的江南，农民究竟使用什么肥料、怎样使用肥料，因为史料阙如，难以知晓。唯一明确的记载是《四时纂要》中关于茶园施用人粪尿、蚕沙和米泔水的一段文字。不过该书中有些内容是后人传录时添加的，⑤ 上述文字是否属于这种情况，尚需研究，兹姑存疑。总而言之，南宋以前的情况，不很清楚。从江南农业发展的历史进程来看，两宋以前，江南经济作物种植不多，水稻生产占有压倒性地位。而在盛唐以前，江南通行稻田二年一作制，无须另施肥料。盛唐至北宋末，水稻生产渐趋集约，一些地方还实行稻麦复种。但整个地说，未垦土地还多，农民可以从未垦地上获得肥料，或仍旧实行定期轮作休耕制。⑥ 陈恒力先生估计五代吴越国统治时，江南平

---

① 前引《中国古代农业科学技术史简编》，第132页。
② 郭义恭:《广志》。
③ 《南史》卷二十五"到彦之传"。
④ 杨华:《膳夫经手录》，并参阅拙著《唐代江南农业的发展》第三章。
⑤ 参阅王毓明《中国农学书录》，第49页。
⑥ 参阅拙著《唐代江南农业的发展》第三章，天野元之助《中国农业史研究》第二编第一章第六节，以及本书第五章第一节中所引足立启二、大泽正昭、北田英人、斯波义信诸氏关于宋代江南平原低湿地开发研究的论著。

原尚有三分之二土地尚未开垦，平均每亩稻田有二亩未耕地配合，故获得野生肥料及野生饲料（后者又转化为肥料）较易，[1]更不用说可以进行土地轮休了。[2]因此大体上可以说，在盛唐至北宋末年这一时期，江南大田所用肥料，主要是用荒地野生植物所制的绿肥、休耕地上的野草与作物残秸、稻田薅秧所得杂草、草木灰等。人畜粪可能也已广泛使用，不过至今还未发现有关史料。[3]

到了南宋，情况才开始变得比较清楚。从《陈旉农书》里，我们得知南宋江南水稻秧田使用的肥料有人粪、草木灰、麻枯、糠秕、谷壳以及石灰；大田用肥则大致与前代相同，为人粪、作物残秸、草木灰、稻田杂草等；桑园用肥主要是人粪。楼王寿《耕织图诗》第七《淤荫》也说秧田施用人粪与石灰。《陈旉农书》还说到"时加新沃之土"，应即河塘泥。毛翊《吴门田家十咏》描写南宋苏州农民"竹罾两两夹河泥，近郊沟渠此最肥。载得满船归插种，胜如贾贩岭南归"，[4]清楚地表明使用河泥。总的来看，南宋江南使用最多的肥料是人粪、草木灰、垃圾和河泥四种。《陈旉农书》特别谈到建造粪屋、粪池收集人粪尿，又谈到把"扫除之土、燃烧之灰、簸扬之糠米比、断藁落叶，积而焚之"，以取得草木灰。吴自牧《梦粱录》卷十三"诸色杂卖"条说杭州"户口繁伙，街巷小民之家，多无坑厕，只用马桶，每日自有出粪人瀽去，谓之'倾脚头'。各有主顾，不敢侵夺。或有侵夺，粪主必与之争，甚者经府

---

[1] 《补农书研究》，第241页。又，《王祯农书》卷三农桑通诀"粪壤篇"说元代江南沙田"肥渍苔华"，徐光启批评王祯说："肥渍苔华此四字，弗轻诵过，是粪壤法也。今滨湖人漉取苔华，以当粪壅，甚肥，不可不知。王君既作赞，而《粪壤篇》又不尽著其法，此为不精矣。"元明时代江南农民尚以水草为重要肥源，以前更无论矣。
[2] 即使是稻麦复种田，也可以种植二三年后休耕一次，并不一定连年种下去。
[3] 唐代江南牛已圈养（见陆龟蒙《甫里集》卷十九《祝牛宫词》），当可得到厩肥。
[4] 毛翊：《吾竹小藁》（收于陈起编《南宋群贤小集》）。

316 发展与制约：明清江南生产力研究

大讼，胜而后已"。同书卷十二"河舟"条又说："更有载垃圾粪土之船，成群搬运而去。"运到何处作何用，吴氏未言。据程珌《洺水集》卷二十一《壬申富阳劝农文》："每见衢、婺之人，收蓄粪壤，家家山积。市井之间，扫拾无遗。故土膏肥美，稻根耐旱，米粒精壮。"可知南宋浙南地区已有农民入城收集垃圾粪壤，运回作肥料。但江南是否如此，尚未见记载，因此即使有也不会很普遍。上引《梦粱录》中杭州的粪便也不会运得很远，因此只是在邻近农村使用。

　　元代江南肥料使用情况更加清楚了。《王祯农书》卷三农桑通诀"粪壤"条，对江南谈得很多。由此可知江南所用主要肥料为苗粪（绿肥）、火粪（草木灰）、泥粪（河泥）和人粪。该书说："江南三月草长，则刈以踏稻田，岁岁如此，地力常盛"；"江南水田多冷，故用火粪，种麦、种蔬尤宜"；"又有泥粪，于沟港内乘船，以竹夹取青泥，锹泼岸上，凝定，担去同火粪和用，比常粪得力甚多"；"南方治田之家，常于田头置砖槛，〔大粪〕窖熟而后用之，其田甚美"。《王祯农书》卷八百谷谱三"莲藕"条也提到了豆饼的使用。①其文说："池藕，……或粪，或豆饼壅之，则益茂。"但王氏仅明确说种藕可施用豆饼而未谈种其他作物是否如此，而且也未说明种藕用豆饼系何地情况，因此尚难确言江南在元代已开始在农业生产中使用豆饼。

　　入明以后，江南肥料品种结构发生了引人注目的变化。徐光启总结说：松江一带用肥，"大都用水粪、豆饼、草秽、生泥四

---

①　这是中国农业史上第一次提到豆饼的使用。《农政全书》卷六"农事"还引用元代另一农书《农桑辑要》中关于豆饼使用的记载，不过天野元之助先生已指出这是徐光启误将《便民图纂》中的文字当作《农桑辑要》的文字。详见天野元之助《中国农业史研究》，第309页。

物"。①而比徐氏早一百多年的邝璠则说苏州地区"壅田，或河泥，或麻豆饼，或灰粪，各随其他土所宜"。邝氏还描写苏州一带农民施肥的情景道："全靠粪浇根，豆饼河泥下得匀。"②《致富奇书》（木村兼堂本）中谈到的水稻施肥的种类有河塘泥、麻饼、豆饼、棉饼、菜饼与灰粪，麦及油菜用肥种类有灰粪、人畜粪（粪水），棉花则为大粪（人粪）。袁黄《了凡杂著》卷五《劝农书》"粪壤第七"则说万历时江南农民使用的肥料，主要为人畜粪、苗粪（杂草、腐藁败叶、枯根朽根）、火粪（草木灰）、泥粪（河塘泥）等。天启《海盐县图经》卷四县风土记记述嘉兴府海盐一带种稻，大田所用之肥为猪灰、豆饼以及掺草的污泥。可见，壅田肥料主要为人粪、饼肥、河泥三大类。《沈氏农书》中所说到的湖州农民使用的肥料种类甚多，但若作大概分类，也不外粪肥（人畜粪）、豆饼、绿肥、河泥四大项。③因此我们可以下结论说：明代江南主要使用的肥种就是粪肥、河泥、绿肥、豆饼四类。

在上述四类肥料中，除豆饼外，都是前代已有的，但是具体内容却与前代颇有差异。元代使用河泥，除了与草木灰拌合使用外，大约是单独使用。但明代农民则知道在河泥中加入田间杂草等，使之腐熟，成为肥效更高的"草泥"。④这种草泥的肥力，据姜皋说"可抵红花草之半"。⑤因此与原来单独施用河泥时的肥力差别颇大。粪肥，除人粪和猪、牛、羊粪外，由于蚕桑业的发展，蚕粪（蚕沙）也成为重要肥料，因此《沈氏农书》"逐月事宜"中把蚕沙

---

① 《农政全书》卷三十五"木棉"。
② 《便民图纂》。
③ 《沈氏农书》中还多次提到"灰"（即草木灰），不过都是与粪肥混合，很少见单独使用。另外《沈氏农书》说到"垃圾"，主要当为厩中垫草。详见第三章第一节。
④ 《沈氏农书》"逐月事宜"；天启《海盐县图经》卷四"县风土记"。
⑤ 《浦泖农咨》。

加工作为四月份农活项目之一。绿肥的变化更大。前代肯定已有人工种植绿肥，但从《王祯农书》的记载来看，明代以前江南绿肥主要还是取之野生植物。[①]到了明代中后期，由于荒地已基本开垦完，故人工种植绿肥遂取野生植物而代之，成为"草粪"的主要来源。在《农政全书》卷一"农事"中，徐光启引述《王祯农书》"江南三月草长，则割以踏田。岁岁如此，地力常盛"之后加注说："江南壅田者，如翘荛、陵苕，皆特种之，非野草也。恐苜蓿亦可壅稻"，清楚地证明了上述变化。陵苕，徐光启在《农政全书》卷二树芒"稷"条中说："吴人……称陵苕为草"，应即花草之一种。翘荛，据石声汉先生解释，就是金花菜（黄花苜蓿、南苜蓿），[②]而曹恭隆先生则释之为"黄花草"，[③]总之是紫云英属的一种作物。紫云英是极好的绿肥，产量高，肥力大。《浦泖农咨》说翻压红花草（亦紫云英属）作稻田基肥，"肥不可言"。何刚德《抚郡农产考略》更说："红花草如萝菔、菜子，尤肥田，为早稻所必须，可以固本助苗，其力可敌粪草一二十石。无草者虽以重本肥料壅之，其苗终不茂。故乡人种红花草极多，不敢以草籽贵而稍吝也。"何氏所言虽是光绪时江西的情况，但红花草是一种上好绿肥，对明清江南亦不谬。与徐光启所言"草壅之收，有倍他壅者"，[④]可互相印证。

饼肥的出现与运用，是中国农业史上划时代的大事。[⑤]虽然

---

① 据《王祯农书》卷三农桑通诀粪"土衰篇"同一段文字，人工种植绿肥（苗粪）乃"江淮以北用为常法"，江南则仅用野草。此外，王祯还说到"肥渍苔华"（即捞取水草作肥）。
② 石声汉：《农政全书校释》，上海古籍出版社，1979，第987页。
③ 曹恭隆：《肥料史话》，农业出版社，1981，第37页。
④ 《农政全书》卷三十五蚕桑广类"木棉"。徐光启在同一段文字中已说明"草"乃是"黄花苜饶草"（即黄花草）。
⑤ Perkins, Dwight H., *Agricultural Development in China, 1368—1968*, Aldine Publishing Company (Chicago), 1968, p. 70.

第七章　肥料问题

《陈旉农书》已提到麻饼（即麻枯），但麻在江南从来都不是主要作物，[①]麻枯产量不会很多，因此《陈旉农书》也只说在秧田用之。到了明代，菜饼和棉饼用做肥料始出现于史籍。《天工开物》乃粒第一卷"稻宜"说稻田肥料有"榨油枯饼"，并比较各种饼肥肥效说："胡麻、莱菔子为上，芸薹次之，大眼桐又次之，樟、柏、棉花又次之。"其中芸薹即油菜。清初绍兴一带，用菜饼壅麦，[②]江南应亦有之。《致富奇书》（木村兼堂本）和《农政全书》卷六农事都提到说：插秧前一日施用棉饼。随着植棉的扩大和以油菜为水稻主要后作之一的"新二作制"的普及，自明中后期以来，棉籽与菜籽产量日增，因此菜籽饼与棉籽饼也成为农业用肥的重要组成部分。豆饼系指大豆（即黄豆）榨油后所得油枯。虽然由于自然条件和其他原因，江南历来种植大豆不多，[③]但是自明末以来，豆饼作肥料日益广泛，至清中叶成为饼肥中使用最多的一种。这一情况，本章第三节还要进行深入讨论，故兹不详言。总而言之，饼肥体积小，重量轻，易于运输，使用方便，[④]而且肥质优良，效力大，[⑤]是极理想的肥料。明代江南开始普遍使用饼肥，是江南农业史上最重大的技术进步之一。

清代江南农田用肥主要种类仍是上述四大类，但是饼肥所占比

[①] 棉花未传入之前，江南主要种苎麻作衣着原料，以后则主要种棉。可用于榨油的大麻与胡麻（芝麻）种植很有限。
[②] 《补农书》"补农书后"。
[③] 《申报》光绪元年五月初四日载吴元炳片说："黄豆一项，本省所产无几。"以前亦无江浙大量种黄豆的记载。
[④] 《补农书》"补农书后"说："近年人工既贵，偷惰复多，浇粪不得法，则不若用饼之工粪两省。"《蚕桑捷效书》也说："河泥、垃圾，培壅必多，少则力薄。"（引自章楷《中国古代栽桑技术史料研究》，第121页）实际上，用饼比用粪省工，不论何时皆然。
[⑤] 道光时的《树桑法二十一条》比较各种肥料的效力，指出："肥桑之物不一，人粪力旺，畜粪力长，垃圾最松地，豆饼、菜饼最耐久。"光绪时卫杰《蚕桑萃编》桑政·论粪类"粪性"说："豆饼油之余也，性滑，能化干燥，长物最易。"其他饼肥性质亦近。

重有很大提高，绿肥（花草）种植也更为扩大。此外，由于制肥技术的提高，还增加了更多的混合肥料。

二、肥料技术的进步

同样的肥料，使用方法不同，效果会有很大差别。合理用肥包括两个方面：首先是对肥料进行加工处理，使养分更为全面，且更易为作物吸收，从而发挥更大的效力；其次是根据时间、地点和作物的不同，施用不同种类和数量的肥料，使最少的肥料，发挥最大的效益。因此，肥料使用实际上包括制肥（加工）与施肥（施用）两方面的内容。而在明清时期，江南农民的制肥与施肥技术都较前有颇大提高。

南宋以前江南是否对肥料加工处理，因史料缺乏，难以知晓，但南宋时已知粪便和麻枯要腐熟后方可施用。《陈旉农书》"善其根苗篇"说：秧田"切勿用大粪，以其瓮腐芽蘖，又损人手脚，成疮难疗"。因此"若不得已而用大粪，必先以火粪［焦泥灰］久窖罨乃可用。多见人用小便生灌，立见损坏"。到了元代，人粪腐熟技术的运用已较为普遍，前引王祯关于江南农民置粪池于田头、腐熟生粪后用之语即是明证。但是一直到明末，江南一些地区在施用人粪时，仍然还在使用未经腐熟的"新粪"。[①]由此可推知宋元施用生粪当更广泛。[②]此外，河泥、绿肥（主要是野草等野生植物）大概也主要是单独直接使用，未经加工处理。[③]

明清江南肥料加工处理（即制肥）技术大大提高，大部分传统

---

① 据《农政全书》卷三十五"木棉"条，明末松江棉田施用生粪而非熟粪。又据《沈氏农书》"运田地法"，桑园亦施用新粪。
② 例如上引《陈旉农书》文字，当时农民还多用小便生灌。另外陈旉说用大粪是"不得已"之事，可见腐熟技术还不高，此外他说的窖罨法，加工量也颇为有限。
③ 据前引《王祯农书》关于河泥、草粪使用的记载，可知如此。

肥料都经过加工。同时农学家们还不断地探索把传统肥料加工为浓缩高效肥料的新方法。

传统农家肥多是有机肥,直接施用,在土壤里发酵,会烧伤庄稼的根系。例如人粪,《陈旉农书》已指出会"瓮腐芽蘖";《王祯农书》卷八农"桑通诀粪壤篇"也说:"若骤用生粪及布粪太多,粪力峻热,即杀伤物。"清代《耕心农话》则说:"人粪虽肥而性热,多用害稼,暴粪尤酷。"绿肥亦然,"草壅甚热,过于粪、饼。粪因水解,饼亦匀细。草壅难匀,当其多处,峻热伤苗"。因此,腐熟之后施用,才能避免峻热伤苗之弊。

自入明以后,虽然粪肥、绿肥直接施用之例仍然有之,但从有关资料来看,大部分肥料是经腐熟才使用的。腐熟的方法,元代江南是"于田头置砖槛,窖熟而后用之",即自然腐熟法。这种方法费时颇多。徐光启说"水粪[即新粪]积过半年以上",方成熟粪,①应即指此法。为了加快腐熟,而且避免暴露田间丧失养分,明代江南农村广泛使用"蒸粪法"。此法据袁黄《了凡杂著》卷五《劝农书》"粪壤第七"所述,是在冬天地气回暖时挖深潭聚粪,封闭沤熟;或在空地建茅房,凡粪尿、灰土、垃圾、糠秕、藁秆、落叶皆可堆积其中,以土覆盖,关闭门户,使之在屋内发热腐熟。所得熟粪,又称蒸粪。②明末江南农民还通用一种人粪加工法,即"于白露前,日中锄连泥草根,晒干成堆,用穰草起火,将草根煨过。约用浓粪挠和,加河泥,复堆起,顶上作窝,如井口。秋冬间,将浓粪再灌三次",所得的"粪灰泥",用作油菜基肥。③到

---

① 《农政全书》卷三十五"木棉"。
② 参阅曹隆恭《肥料史话》,第39—40页。袁黄吴江人,素留心民谟。《劝农书》是他在宝坻县令任上所作,意在将江南农业技术向河北农民推广。
③ 《农政全书》卷二十八树艺"藏菜"。

了清中叶，苏州人潘曾沂和奚诚又分别创造出"煨粪法"和"窖粪法"，以加速人粪腐熟并增加养分。前者是："先用浓粪拌泥，筑一土堆，空了这当中，放柴草在内烬烧，烧得四周都有热气，便住。"经过这种"拌泥烧用，以解热毒"，即可施用。[1]后者则是："于秋冬农隙时，深掘大坑，投入树叶、乱草、糠等物，用火煨过，乘热倒下粪秽、垃圾，以河泥封面，谓之窖粪。来春用此垫底下种，则［棉］花、［水］稻之精神，都在蕊穗之上。"此外，奚诚还提出另一种方法，即"如窖粪不及备而用热粪者，其法将柴草、砻糠作堆，用火煨过半，以稠粪拌泥覆之，令其中外蒸透，以解郁毒而滋生发也"。[2]从江南农村实际情况来看，奚诚"窖粪法"可能采用较广。在畜肥加工处理方面，《沈氏农书》说把干牛粪"加人粪几担，或菜卤，或猪水"，"下潭作烂"，使之加速腐熟。[3]碾坊牛粪尿与垫土（磨路）、蚕沙与蚕吃剩桑叶梗、垃圾，也应加入畜粪，下窖沤熟。[4]这些方法，也成为湖州一带农村日常农活的组成部分。[5]

绿肥的加工也很普遍。《沈氏农书》"逐月事宜"中，就有"窖花草""窖蚕豆姆"等工作。田间杂草，包世臣说"割置田中，水热日炎，三二日辄腐，水色如靛，最肥，又松土"，[6]仍是宋元旧法。但《浦泖农咨》则说将河泥于"秋末春初无工之时，罱成满载，堆于田旁。将杂草搅和，令其臭腐，然后敲松敲碎，散于田内，亦可抵红花草之半"。可知亦采用加工处理。

---

[1] 潘曾沂：《丰豫庄本书》。
[2] 《耕心农话》。
[3] 参阅《补农书校释》第58页。沈氏说加入这些东西是因为"取其肯作烂也"。
[4] 参阅《补农书校释》第12、15、16、17页。
[5] 《沈氏农书》"逐月事宜"。
[6] 《安吴四种》卷二十五《齐民四术》卷一农一"任土上"。

第七章 肥料问题

肥料经腐熟之后，不仅肥效更高，而且运用范围也扩大了。例如陈旉说秧田不可用大粪，但《浦泖农咨》却说秧田"若田脚薄甚者"，在秧苗生长过程中，须"浇粪两三次，以接地力"。可见人粪经腐熟后已成秧田主要肥料。

另一种主要加工方法是把各种肥料按需要掺和，使之成为养分更全的混合肥料。众所周知，各种肥料养分不同，性质（如肥效、时间）也各异，单独使用必然造成土壤营养不平衡，或者肥料作用发挥不能与作物生长需要相一致。因此把各种肥料掺和使用，是合理用肥的重要手段之一。

《陈旉农书》已说到把火粪（焦泥灰）掺入人粪使用，《王祯农书》也提到将麻枯、谷壳与草木灰拌合腐熟后施用。但是此外记载却很少，因此宋元时代各种肥料大约主要是单独使用。到了明清，情况大变。除了饼肥外，其他传统肥料大都作混合使用，单独使用的当然还有，但是似乎已经较少。

事实上，江南农民在把各种肥料进行腐熟时，大多要加入其他一些肥料，因此所得之物可说已是混合肥料。这从以上关于腐熟技术发展情况的论述中可以清楚看到。除此之外，更直接的混合肥料则主要是将草木灰、河泥、稻草与粪肥及绿肥进行适当掺和。

草木灰富于磷、钾，粪肥富于氮，混合起来使用，养分就比较全面了。但是草木灰和粪便掺和后，粪便中的氮素会挥发溢出，从而减低肥效。因此如何混合是关键。明清江南农民常用草木灰来垫猪圈或粪窖，从而得到"猪灰"与"坑灰"。对这种做法，过去农业科技界一直持否定态度。1950年代以来，因江南著名农民水稻专家陈永康先生一直强调猪灰的优越性，于是朱光琪等农业技术研究人员于1962至1964年通过实地垫圈和室内缸钵堆腐以及盆钵与大田肥效试验，对此进行了检验。结果证明：用草木灰垫圈或与粪尿堆腐所得厩肥均有保氮效果，能够大大提高厩肥质量，使之肥效快，肥力长，能够显著提高作物产量。关键是要经常压紧压实。①《沈氏农书》说猪灰与坑灰不仅"极益田脚"，而且可使土壤"彻底松泛"，改善土地物理性质。这从今日观点来看也是正确的。因此用垫圈并压实的方法将草木灰与粪尿掺和作肥，确乎是明清江南制肥技术的一大进步。

河泥本身肥效并不太高，但性温和，"能解水土之寒，能解粪力之热"，是一种较好的中和剂。因此明末松江农民在棉田施粪、饼、草秽之后，以生泥壅之，就不会烧伤庄稼，且肥力长久。徐光启极力提倡学习余姚棉农的"草壅"之法，即施绿肥时，加以生泥，使得"生泥中水土草秽和合淳熟。其水土能制草秽之热，草秽能制水土之寒。故良农重之，有'国老'之称"。②此法后来江南亦用之。

稻草可以用作肥，但明清江南农民多用之垫猪羊圈，与粪尿混合作肥。这样不仅稻草可一物两用，而且在猪羊圈中与粪尿混合并经牲畜践踏，纤维腐烂分解，肥效更快。明清江南文献中常提到的"垃圾"，主要即指这种"猪羊栏中腐草"。③此法前代容或有之，但不会太普遍，因为彼时荒草地荡甚多，猪羊只是晚上才入槛，产粪尿有限，不一定垫草。到了明代，"江南寸土无闲，一羊一牧，一猪一圈"，④尽都圈养，因此必须垫窝。万历时，江南"农家凡养牛羊猪属，每日出灰于栏中，使之践踏；有烂草腐柴，皆拾而投之足下，粪多而栏满则出而迭成满矣"。⑤至明末，松江、湖州垫窝已经很普遍，故徐光启在引述《齐民要术》"踏粪法"之后说："不止牛

---

① 参阅《补农书校释》，第66页；《中国古代农业科学技术史简编》，第137页。
② 《农政全书》卷三十五蚕桑广类"木棉"。
③ 详见第三章第一节第二小节。
④ 诸葛升：《开荒刍议》（引自《农政全书》卷八农事"开垦上"）。
⑤ 《了凡杂著》卷五《劝农书》"粪壤第七"。

也,凡猪羊皆仿此作,而以灰及杂草秽布之。"①而《沈氏农书》中对猪羊垫草的数量更作了精确计算。可见,江南用稻草垫猪羊圈以得到混合厩肥,主要是明后期以来之事。

饼肥以外的各种传统农家肥,都有一个共同缺点,即体积大,分量重,单位肥料养分含量相对较低,使用、运输均甚不便。克服这个缺点,提炼出其养分,制成浓缩的高效肥料,当然是江南农民的一大愿望。明清江南农学家们朝着这个方向进行了可贵的尝试。虽然在当时的技术条件下,他们的努力没有取得令人满意的效果,但这也表现了制肥技术进步的一个侧面。

首先提出这种设想的是袁黄,他设计了一种"煮粪法",即把粪便放入大锅,加进人发或动物骨头,一起煮熟。然后取一些田土晒极干,加鹅黄草、黄蒿、苍耳子所烧成之灰,拌合煮熟之粪,晒极干,又洒熟粪水再晒干,即得高效肥料。袁氏自称"亲曾试验,凡依法布种,则一亩可收三十石;只用熟粪而不用草灰,可收二十余石;凡不煮粪、不用草灰,其收皆如常,不能加多"。②徐光启也说使用这种肥料"依法播种,则一亩可收三十石","树虽将枯,灌之立活"。这些说法当然不免夸大,但袁氏希图用加料煮熟的方法提取并补充养分的构想,却值得注意。在此基础上,徐氏又提出了一种更富于想象力——从今天的眼光来看,也更加符合近代科学方法——的设想,即用"烧酒法"(蒸馏法)来提取人粪中养分。运用这种方法所得的蒸馏物,肥力"百倍金汁"("金汁"指蒸煮熟的粪)。他还提出另一法,即"锅煮法"——用三四个缸砌成连灶,缸内放入"真粪",盖好,烧数沸,并不时搅拌,所得物肥效也很高。徐氏另外还在前人"粪丹"法基础上,设计了一种高效混合肥

---

① 《农政全书》卷六农事"营治"。
② 《了凡杂著》卷五《劝农书》"地利第二"。

料，即用人粪、畜粪、禽粪、麻渣、豆饼、黑豆、动物尸体及内脏、毛血等，再加入药物如黑矾、砒信、硫磺等，一同混合，收入土坑或大缸里密封，腐熟后取出晾干、敲碎施用，"每一斗，可当大粪十石"。当然情况是否如此尚待研究，但这种"粪丹"内含多种成分，肯定会有显著肥效和杀虫作用。[①]袁黄、徐光启的这些构想，虽未为生产实践所采纳，但作为当时人们努力探求肥料制作新技术的努力，是非常可贵的，值得我们予以应有的重视。

合理使用肥料的另一重要方面，即施肥技术。明清江南农民在这个方面的进步，中外农史学家已进行了深入的研究。[②]此处不拟重复他们的工作，只简要地引述一下他们所得出的结论。这些研究指出：施肥技术的关键是"三宜"，即施肥时做到因地制宜、因时制宜和因物（农作物及肥料）制宜。较之前代，明清江南农民确实做到了"三宜"。《陈旉农书》提出的"用粪得理""用粪犹用药"的指导原则，在明清江南得到成功的运用。施肥技术的进步，也表现了用肥技术水准的提高。

总而言之，明清江南在肥料使用技术方面的确表现出有很大的进步。这个进步意味着更合理、更有效和更经济地利用现有肥料资源。但是换一个角度来看，上述技术进步也反映了明清江南肥料供求矛盾的发展。由于现有资源已不像前代那样充分，而需要量却在不断扩大，因此精打细算、充分利用现有资源，成了时代的要求。在上述两方面背景之下，江南肥料使用技术出现明显的进步，乃是必然的。

---

① 参阅中国农业科学院中国农业遗产研究室《中国古代农业科学技术史简编》，第140—142页；曹恭隆：《肥料史话》，第39、40页。
② 主要成果见于陈恒力、王达《补农书研究》；天野元之助：《中国农业史研究》；上引《中国古代农业科学技术史简编》等。

第七章 肥料问题　327

第二节　肥料需求状况

　　一个地区的肥料总需求量，取决于以下两个因素：单位面积作物施肥量；作物播种总面积。这两个因素是两个变量。在本书所研究的近五百年中，它们发生了重大改变，致使江南地区肥料需求状况也出现了巨大变化。因此研究明清江南肥料需求问题，必须从考察这两个因素的改变入手。在作考察之前，有两个前提性的问题必须说明。

　　（一）江南耕地数量。本书前面几章所用的江南耕地总数，苏、松、常、镇、宁五府（包括太仓州）取自《明会典》卷十九，系洪武二十六年统计数字；杭、嘉、湖三府取之康熙《浙江通志》卷十五，为万历时统计数字。这两个数字都比较准确可靠，或者说相对而言比其他数字更接近明代实际情况。清代耕地数字基本依万历丈量数，增减很少。因此在本书中，我们采用根据上述来源得到的4,878万亩作为明清江南耕地总数。此外，本节中还抽取嘉善、上海、崇德三县作个案研究，其耕地数也是以万历数为准。

　　（二）各种肥料的折算标准。各种肥料单位养分含量不同，必须用统一标准折算为一种肥料，才有可能进行数量分析。但是在近代的调查资料中，各种肥料的折算比例出入很大，莫衷一是。[①]此外，农家肥是有机肥，除了能补充土壤化学成分外，还可改善土

---

① 例如，据清季农工商部编《棉业图说》卷一"棉业新法图说"，"薄粪料"1担可等于豆饼40斤。而据江苏省望亭农业试验站1959年的报告《太湖地区一季晚粳稻栽培经验》（收于中国农业科学院《稻作科学论文选集》），人粪尿100担才相当于豆饼75斤。又该试验站报告还认为紫云英1担，仅当豆饼1斤。而据下面引用的《人民日报》评论员文章，紫云英1担与猪粪1担肥力相当。据此，猪粪100担，才相当于豆饼100斤。这个比例恐怕过低，而清季农工商部的比例则太高。

壤物理性质。因此单以肥料的化学成分为肥效标准也欠全面。为了便于讨论问题，我们姑排除后一方面的问题，仅对各种肥料的肥力作一个大体上的比较。在本书第三章中，我们采取的标准是：1担粪肥＝1担绿肥＝10斤豆饼。这个标准的根据，一是1960年9月23日《人民日报》评论员文章《大种绿肥》，该文说1斤绿肥肥效与1斤猪粪相同；二是清代江南稻田追肥，通常用饼肥40斤，否则就用绿肥4担。当然这个折算标准是很粗略的，但是亦与现代测算结果大致上相符，我们认为还是可以使用的。① 下面，我们就着手考察各种作物亩用肥量及各种作物播种面积的变化。

一、各种作物的亩均施肥量

在本书第三章中，我们曾经分析了水稻和桑树种植中的肥料投入情况。但是在那里，我们主要讨论的是自明末到清代中期上农稻田肥料投入的变化和明末上农桑园肥料投入的数量。在此，我们将补充中下农户的肥料投入情况，然后还将对第三章未涉及的其他农作物施肥情况一一进行探讨。

（一）水稻：从《浦泖农咨》中，我们可以得知清中叶松江上农施基肥两次，追肥一次，每亩用肥共折饼肥295斤，而中下农则仅下基肥一次，追肥一次，用肥折饼肥145斤，约为上农之半。《沈氏农书》仅记载了明末湖州归安县上农稻田的用肥量，每亩折饼160斤，而未提及中下农的用肥量。沈氏经营以"粪大力勤"为宗旨，用肥量肯定大大高于中下农，但高出多少则不得而知。康熙时凌介禧说湖州乌程、归安、德清三县，"有资者再粪，亩获二石；无资者一粪，获不及焉"。② 由此可知"无资者"施肥比"有资者"少一次，但具体

---

① 见本章附录。
② 凌介禧：《程安德三县民困状》。

数量少多少仍不得而知。如果"有资者"两次施肥的总量是"无资者"施肥量的二三倍，而且两次施肥数量又都一致，那么后者施肥总量应为前者施肥总量的一半。这里我们参照清中叶松江的情况，姑设明末湖州中下农稻田用肥量亦为上农之半，应当是合理的。如然，则知明末湖州中下农每亩水稻用肥量大约可折饼肥80斤。

（二）桑树：《沈氏农书》未讲到中下农桑园用肥情况。沈氏桑园，一年施肥4次，而一般桑园仅2—3次。[①]因此沈氏桑园用肥量肯定大大超过一般桑园。张履祥为其友人遗属策划生业说："种桑三亩，……须畜羊五六头，以为树桑之本。"[②]羊五六头，以5.5头计，每头年产粪27担，[③]即每亩桑园可得50担，折饼500斤，约为沈氏用肥750斤的2/3。邬氏是仅有田10亩的小户人家，其情况应可代表中下农户。又，1964年德清县中下桑园（二、三类桑园）平均用肥亦为上等桑园（一类桑园）的2/3，[④]亦可作一旁证。

（三）棉花：明末江南棉田用肥量已很高。徐光启说上海棉农"用齐鲁之粪肥，余姚之草肥"，可见很不少。可是因为过分密植，产量大大低于齐鲁及余姚。徐氏主张合理密植，认为施肥量应根据种植密度而定："凡棉田，于清明前下壅，或粪，或灰，或豆饼，或生泥，多寡量田肥瘠。剉豆饼，勿委地，仍分定畦畛，均布之。吾乡密种者，不得过十饼以上，粪不过十石以上"；"若能稀种，科间一尺，此二物者可加一倍；间二尺，可加三倍；间三尺，可加五倍也。更能于冬春下壅后耕盖之，可加至十倍。既不伤苗，

---

① 《补农书校释》附录《壅田地定额》："三月至九月，粪俱上地，……八月至二月，……垃圾俱上地。"同治《湖州府志》卷三十三"蚕桑说"和《桑谱》也都桑地"用肥二三次足矣"。
② 《补农书校释》附录《策邬氏生业》。
③ 据《沈氏农书》"蚕务（附六畜）"中数字计算。
④ 浙江农业大学蚕桑系：《桑树栽培与养蚕技术》，农业出版社，1976，第65页。

二三年后尚有余力"。当时上海实行密植，因此实际用量是饼约10饼，粪约10石。然而，到底是饼与粪二者都用，或只用其一？从徐氏语气来看，应是后者。此外，徐氏还说棉田可种花草作绿肥，"欲厚壅，即并草掩覆之"；若一般情况，则"割草壅稻，留草根田中，耕转之"，然后种棉。① 也就是说，厚壅之田，每亩也不过用花草十余担，相当于粪十余担而已。若一般田，还用不了这么多。因此，我们在未得到其他更清楚的材料之前，认为饼与粪的使用只是其中之一，而不是二者并用。这样，我们便可知道，明末上海棉田用肥是每亩粪10石左右或豆饼10饼左右。因为不知其时每饼重量，因此以粪计。粪10石以10担计，② 可折豆饼100斤。

清代江南棉田施肥量，史无明记。包世臣说："计一亩烟叶之粪，可粪水田六亩，旱地田亩。……每烟一亩，统计之，须人工五十而后成。其水田种稻，……每亩不过八九工；旱地种棉花、豆、粟、高粱，每亩亦不过十二三工。是烟叶一亩之人工，又可抵水田六亩、旱地四亩也。"③ 即棉花、豆、粟、高粱的用肥量与用工量，均1.5倍于水稻。其时松江中下农种稻，亩用肥折饼160斤，1.5倍之则为240斤。但包氏这段话未说清楚旱地种棉、豆、粟、高粱是如何安排的，因此难于确知棉花用肥量。据光绪二十三年刊出的朱祖荣《通属种棉述略》，我们知道1890年代与太仓隔江相望的南通棉田施肥情况是："芒种时锄三遍，每根苗边用肥料浇壅一次；……小暑锄后，复壅一次。肥料若人畜粪、豆菜饼、草秽、生泥皆相宜。粪亩不得过十担，饼亩不得过十饼。"此段文字与上

---

① 以上徐光启语均引自《农政全书》卷三十五蚕桑广类"木棉"。
② 石为容量单位，担为重量单位，本有所不同。但在用作粪肥单位时，我们均将二者等同之。
③ 《安吴四种》卷二十六《齐民四术》卷三"庚辰杂著"。

引《农政全书》中有关段落有相似之处，但亦有不同之点。首先，《农政全书》中所说之肥是基肥，但《通属种棉述略》中却不是基肥，而是追肥，次数为二次；其次，虽然朱氏说用肥"粪亩不得过十担，饼亩不得过十饼"，与徐文同，但徐氏说："或粪、或灰、或豆饼"，而朱氏则未加此选择性前提。因此我们认为南通应是粪、饼并用。据光绪二十四年丹徒豆饼每饼价格，并参照当年上海海关豆饼每担价格与当年钱银比价，可知豆饼一饼重约7斤。①10饼即70斤，粪10担折饼100斤，共170斤。1910年清政府农工商部编《棉业图说》卷一"棉业新法图说"说棉田施肥，"第一次（苗长至三四寸）可用牛羊猪犬等骨粉十五斤，豆饼三十斤，或用菜麻饼亦可。第二次（六七寸时）可用豆饼等一担，堆肥等料五担，柴灰百五十斤。第三次（打心时）可用豆饼等四十斤，或薄粪料一担亦可。至六月初为止。此就一亩而计。然土壤之肥瘠不同，施肥多少宜随地参酌"。不计骨粉、柴灰，则每亩施肥量为饼肥170斤、堆肥5担折饼50斤，共220斤。此法系新法，面向全国，与1850年代以前江南所用之法应有所不同。但是该书说到前两次施肥，时间与朱氏所说光绪中期南通情况相似，而且数量（合计为饼180斤）亦相近（至于第三次施肥，即打心时追肥，尚未见于此前的江南农书，恐是新法）。因此可推断朱氏所说"粪十担，饼十饼"应是并用。由于清代前中期江南棉田用肥量方面史料阙如，同时南通到1890年代也还是用传统方法种棉，而南通与江南主要产棉区松、太仅隔一江，情况想来相去亦不远。因此这里姑以1890年代南通棉田用肥量权代

---

① 豆饼每饼价80文（光绪二十四年《农学报》第31期《各省农事述》，引自彭泽益编《中国近代农业史资料》第1卷，第591—592页），上海豆饼输出入价均为每担9钱银。（引自足立启二《大豆粕流通と清代の商業の農業》）钱银比价为1,300文兑银1两。（彭信威：《中国货币史》，第843页）由此计算出豆饼每饼重约7斤。

332 发展与制约：明清江南生产力研究

1850年代江南棉田用肥量，想来尚不至大谬。

（四）麦："二麦极耗田力，盖一经种麦，本年之稻，必然歉薄"，①因此必须施肥。早在南宋，《陈旉农书》就指出麦要"屡加粪锄转"，"宜屡耘而屡粪"。到清代中期，包世臣也还在表述类似的意见："［稻田］植麦者，耗粪工太甚"，"麦喜耘资粪"。②可见麦田施肥，乃是南宋以来江南的常情。但是令人奇怪的是，麦田应该施什么肥，施多少肥，却很少见于记载。这里，我们不得不从一些零星史料中去探求蛛丝马迹。

《致富奇书》（木村兼堂本）"稼圃致富"之"种大麦"条说：种大麦，"下种以灰粪盖之。谚云'无灰不种麦'，须灰粪均调为上"；"种小麦"条则说："法与大麦同。"可见，种麦施肥（基肥）以灰粪为主。但是《沈氏农书》"逐月事宜"说正月浇菜麦。同书"运田地法"则说："麦要浇子。……麦沉浇一次，春天浇一次。若八月初先下麦种，候冬垦田移种，每颗十五六根，照式浇两次，又撒牛壅，锹沟盖之，则秆壮麦粗，倍获厚收。"又说："沉麦，盖塘要满（施基肥要足）。"文中所说的"浇"，据陈恒力先生解释，就是浇粪。③但是浇多少，则不得而知。包世臣《安吴四种》卷二十五《齐民四术》卷一农一上"作力"说："小麦宜各粪，须于下种时散着田中，劳之；大麦则否，于春社时以熟粪水薄泼之。"同卷"办土"也说："凡粪麦，小麦粪于冬，大麦粪于春社。"所说情况与《沈氏农书》有所不同，小麦只下基肥，不施追肥，所用肥料也不限于粪肥，但亦未言用量。

唯一的麦田用肥量记载见于张履祥《补农书》"补农书后"。

---

① 《浦泖农咨》。
② 《安吴四种》卷二十六《齐民四术》卷二农二。
③ 《补农书校释》，第12、41、42页。

该书说麦田施肥用灰粪、豆饼、河泥，又说："余至绍兴，见彼中壅菜饼，每亩用屑末十斤，俟麦出齐，每科撮少许。遇雨一次长一次。吾乡壅豆饼屑者更有力，每麦一升，入饼屑二升，法与麦子同撮。"据《农政全书》卷二十六"树艺"，江南小麦，"早种每亩种七升，晚种九升"，大麦则"早种，种一斗；晚种二斗二升"。平均以1斗计，则应施豆饼屑2斗。饼屑比重不详。从张氏语气来看，嘉兴麦田施肥可能比绍兴略多。兹姑以绍兴的10斤计，又，从张氏之语来看，在桐乡豆饼是用作基肥（而绍兴菜饼是用作追肥）。此外是否还施追肥，张氏未说，看来不施。在清代的松江种麦，据《浦泖农咨》，"自锄地下种，上泥壅土，每亩工食亦得五六百文，籽种在外。而收成至好之年，不过一石有余，其价千文而已，仅得相抵也"。麦种每亩约用1斗，时价约百文，加上工食，共六七百文。收成售价1,000文左右，扣除工食、种籽费用后，所余三四百文，就是肥料费用。该书中的豆饼价格是每担2,000文。肥资300—400文可购豆饼12—20斤。因此清代中期松江1亩麦的施肥量大约为15—20斤豆饼。兹姑以不低数15斤计。

（五）油菜：油菜"拔土膏尤甚"，[1]在长叶与结籽时尤需下重肥，[2]但用肥量不详。徐光启说要先用浓粪灰泥作基肥，"然后将菜栽移植"，种下后，浇水粪三四次，"菜栽渐盛，渐加真粪"。到了腊月，"又加浓粪生泥土"。正月、二月中，"视田肥瘦燥湿加减，加粪壅四次"。其时菜籽收成，是"中农之入，亩子二石"。[3]统计共施浓粪（及真粪）7次，水粪3—4次，共10次左右。徐氏说这是"吴下人种油菜法"，又说是中农情况，当具普遍性。油菜施肥次数如此之

---

[1] 黄宗坚：《种棉实验说》"土宜第一"。
[2] 陈恒力、王达：《补农书校释》，第13页。
[3] 《农政全书》卷十八树艺"藏菜"。

多，其总数量自然不少。如每次施肥以起码量粪肥1担计，则10次共施粪肥10担，可折饼100斤。因此施亩肥量应在100斤以上。但是据《沈氏农书》"逐月事宜"和"运田地法"，油菜在正月、二月都要施肥，具体情况是"菜要浇花。……菜比麦倍浇，又或垃圾，或牛粪，锹沟盖，再浇煞花，即有满石收成，种田不须垫底"。此可知油菜施肥两次，其中仅第一次（基肥）的施用量就已比麦多一倍。而且沈氏菜籽亩产量仅以1石计，应是起码产量，因此，用肥量少于徐氏所述是不足为奇的。清代情况不明。包世臣说："[菜籽]种时同麦，起板撒牛粪，播子而劳之。"又说："菜子种同麦，粪工同麦。"[①]包氏所言与沈氏所言出入颇大，但一般而言，油菜需肥料比麦更多。况且包氏也说清中叶江南菜籽亩产2石，与徐光启所说相同而高于沈氏所说一倍，因此施肥量亦应与前者相近。那包氏所言"粪工同麦"又应如何解释呢？我们认为包氏说的是油菜田的净施肥量与麦田的净施肥量相同。如下文所示，麦田不产肥，而油菜则产菜籽饼，亩产量是120斤左右。因此油菜田的总施肥量，应当是所产菜籽饼加上净施肥量。后者若以上述之15斤计，则清中叶油菜亩净施肥量应为135斤。明末似乎略少一些，姑以120斤计。

（六）豆：江南所种之豆以蚕豆为多。徐光启说："豌豆与蚕豆各种，蚕豆之利，倍于豌豆十一"，而且蚕豆"极救农家之急"。[②]姜皋说："吾乡春熟者，除红花草外，蚕豆、油菜为多。盖豆自湿至干，皆可为粮，以补无米者之饱。"[③]其次，江南一些地方也种有大豆。张履祥说桐乡一带盛产梅豆，白地收梅豆后又种晚

---

① 《安吴四种》卷二十五《齐民四术》卷一农一上"作力"，"任土"。
② 《农政全书》卷二十六树艺"麦"。
③ 《浦泖农咨》。

豆。①何谓梅豆？历来有三说。一说是桐乡特产，但清末已绝种；一说是大豆；另一说则认为是绿豆的变种。陈恒力、王达先生列出此三种意见，但未举证，亦未表示自己的看法。②翻检《王祯农书》，发现该书卷七百谷谱二"大豆"条及《致富奇书》（木村兼堂本）"稼圃致富"之"种大豆"条都说：大豆，"早者二月种，四月可食，名曰梅豆"，很明确说梅豆即是早熟大豆。因成熟在梅雨时，故名梅豆。张履祥将梅豆、晚豆并举，说白地种豆一年两熟，梅豆、晚豆各一熟。可见梅豆确是早种早熟之豆，晚豆则是晚种晚熟之豆，即通常所种的黄豆（大豆）。③

蚕豆和大豆是豆科作物，根部有根瘤菌固氮，且"茎叶卸下，亦可当田中膏壅"，④"豆叶、豆箕头及泥，入田俱极肥"。⑤但是种稻仍然需要施磷、钾肥。特别是江南一带农村，春花例不还租，佃农为了多得收入，也会增加豆田施肥量。徐光启说："蚕豆，八月初种，月葛月厚壅之。"又说："腊月宜用灰粪盖之。"⑥可知肥料施用量不会太少。但究竟多少则不得而知。何刚德说光绪时江西抚州农村种蚕豆，"种时以灰盖之，苗出浇以粪水，腊月宜厚壅培，计每亩需粪秽三四石，草木灰三石"。⑦明清江南蚕豆地施肥量似乎没有这么高。兹以起码用量计之，姑定粪肥1担（折饼10斤），作为清中叶江南蚕豆用肥量，想必不会超出实际用量太多。大豆，据《补农书》"补农书后"说主要是用草木灰和河泥，"［种梅豆］其法有五：……一曰挑泥宜密（稻秆泥），……一曰撒灰宜多……"，"壅麦

---

① 《补农书》"补农书后"。
② 《补农书校释》，第112页。
③ 参阅《补农书研究》，第31页。
④ 《浦泖农咨》。
⑤ 《补农书》"补农书后"。
⑥ 《农政全书》卷二十六树艺"麦""蚕豆"。
⑦ 何刚德：《抚郡农产考略》。

之法，略与梅豆相似。但豆只需撒灰，麦则灰粪兼用"。由于本章不计草木灰与河泥，故大豆用肥姑定为零。

（七）花草：花草虽然本身就是绿肥，但如要其生长茂盛，亦需酌量施肥。否则"若草不甚盛"，种下茬作物时还要"加别壅"。①《沈氏农书》"运田地法"：说花草施肥主要用猪灰与坑灰，"一取松田，二取护草"。1950年代末江苏紫云英田也是施用厩肥与草木灰。②施肥量向无记载。《抚郡农产考略》说光绪时江西抚州农村种花草，"肥料：乌灰一二石，大肥十余石"。明清江南用量绝对不会有那么高，兹姑以起码数量每亩粪肥1担计之，折饼10斤。

（八）麻：明清江南平原一些地方（特别是嘉兴府东部）种麻不少。张履祥说"东路田皆种麻，无桑者亦种之，盖取其成之速，而于晚稻、晚豆仍不碍也"。麻耗肥极多，须"粪浇二次（每亩一次约清水粪百担）"。③依照《沈氏农书》"运田地法"所述的清水粪配制比例，每百担清水粪需干粪40担。据此，施肥2次，共需干粪80担，④折肥达800斤。

（九）萝卜：萝卜不但可以食用，而且可以松土。江南各地（特别是嘉湖一带）种植颇多，常作为麻的后作。王祯说："凡种[萝卜]先用熟粪匀布畦内，仍用灰粪和子令匀，播种之。……俟苗出，……厚加培壅。"⑤《农桑辑要》说每亩施"细熟粪"125担。⑥张履祥则说要"浇浓粪二次"，"至菜起毛叶，则频浇清

---

① 《农政全书》卷三十五"木棉"。
② 《人民日报》，1959年4月18日、1961年1月25日（引自天野元之助《中国农业史研究》，第437页）。
③ 《补农书》"补农书后"。
④ 参阅《补农书研究》，第187页。
⑤ 《王祯农书》卷八农桑通诀百谷谱三"萝菔"。
⑥ 见于《农政全书》卷二种植"萝卜"条。该书说萝卜每畦（1.2×0.4平方丈）用细熟粪1担，1亩（60平方丈）当为125担。

第七章 肥料问题

粪"。①从他们的话里，可知应施重肥。兹设施浓粪2次，每次20担；浇清粪2次，每次折用浓粪10担，则每亩总共当用粪肥60担，折饼600斤，尚不及《农桑辑要》数之半，应不会过高。

以上我们对明清江南主要农作物每亩用肥量的大概情况作了考察。现在，我们可以将有关结果汇集制为表7-1。有些农作物只有明末或清中叶的数字，对于这种情况，我们姑以此作为两个时期的共同数字。另外，我们得到的各种数字，由于数据源的关系，主要集中在松江、湖州、嘉兴三府的一些地区。鉴于有关资料缺乏，对其他地区，难以得到相应数字。因此，我们只好把所得到数字视为整个江南地区代表数字，而不再做地域区分。

表7-1　各种作物每亩施肥用量（单位：饼肥斤数）

作物/时间	明末	清中叶
稻	80（中下农）—160（上农）	145（中下农）—295（上农）
桑	500（中下农）—750（上农）	500（中下农）—750（上农）*
棉	100	170
麦	10	15
油菜	120	135
豆	蚕豆10、大豆0	蚕豆10、大豆0
花草	10	10
麻	800	800*
萝卜	600	600*

*沿用明末（或清初）数字。

---

① 《补农书》"补农书后"。

二、肥料施用总量

尽管明清时期江南耕地总数变化不大，但由于农业结构的变化，各种作物的实际年度播种面积却发生了很大改变。这种改变又因地而异，因此我们必须分地区考察其种植制度，方可了解各地各种作物的播种面积及其变化。在第四章第一节里，我们根据明清土地利用的情况把江南平原分为三个主要作物区，即沿海沿江棉花种植集中的棉—稻产区（简称棉区）、太湖南部蚕桑生产集中的蚕桑—稻产区（简称蚕桑区）和余下的以水稻生产为压倒性生产的水稻产区（简称水稻区）。现在，我们就分别来看看这三个地区的种植制度以及在不同种植制度之下各种作物的种植比例。

（一）水稻区

水稻区的主要作物是水稻。稻田的种植制度，我们在第四章第二节中已作论述，知道通常是水稻与春花（麦、豆、油菜）以及花草的一年二作制，由于难于确知各种春花作物具体种植指数，在本章中，我们姑设每种春花作物每年种植面积为前茬稻田面积的1/4，即收稻之后，1/4的稻田种麦，1/4种蚕豆，1/4种油菜，1/4种花草，作为水稻后茬。由于明代江南稻田复种率低于清代，因此做这样的设定意味着高估了明代复种率而低估了清代复种率，从而多算明代用肥量而少算清代用肥量。但我们做此讨论是想证明清代用肥量比明代增加，因此多算明代用肥量而少算清代用肥量并不会影响讨论的可靠性（如果结论是确有增加的话）。蚕桑区和棉区的稻田种植制度，亦以此计。

水稻区还有少量耕地（主要是旱地）不种稻而种其他作物。例如最典型的水稻县——嘉善县，自明末到清中叶，都有大约2%的耕地（旱地）不种稻。由于水稻区旱地所种作物的种类繁多，又因地而异，难以备述，因此我们在讨论此问题时，仅以嘉善县为例。

据《补农书》"补农书后"所说嘉兴府东部种麻较多以及桐乡一带白地常种大豆的情况，我们姑定嘉善县的旱地一半种麻，一半种大豆。桐乡一带种麻以萝卜为后作，一年二作。豆地种大豆，也是一年两收。①但张履祥为友人遗属策划生计，认为豆地实行豆—麦轮作，经济效益较佳。②兹以豆地实行豆—麦连作计之。因此，白地上就是麻—萝卜与豆—麦复种各半。

（二）蚕桑区

成年桑园中，也可种些其他作物。所种作物，据俞贞木《种树书》和黄省曾《蚕经》，主要是蔬菜。但是《天工开物》乃粒第一卷说："[蚕豆]，西浙桑树之下遍繁种之。凡物树叶遮露则不生，此豆与豌豆，树叶茂时，彼已结荚而成实矣。"包世臣《安吴四种》卷二十五《齐民四术》卷一农一上"辨谷"之"菽"条也说："南人多沿田岸开窝下种，撒灰其上，不锄不粪，亩收二斗。桑下收豆，又益桑，此分外之利。"《齐民四术》卷一农一下"蚕桑"则说："[桑园]秋种菜子，春秋种赤绿豆、芋头、脂麻，余皆病桑。每熟，宜三粪三锄。粪锄皆宜及桑，则地不荒而桑益茂。"但是从近代江南的情况来看，桑园除豆外，很少种其他作物。而种豆"一般习惯是冬季种蚕豆，夏初种黄豆，大约十亩桑地的种植面积相当于白地一亩的面积"。此外"一般农村为解决自己的吃菜需要，也在房前屋后的桑地种些蔬菜"，但甚为有限。③而且张履祥已指出"不得已则于桑下种菜"，会致使"桑枝不茂，……无足取也"。④故此处不考虑种菜情况。白地种大豆，亩收2石。包世臣说桑下收大豆，亩收2斗，恰符桑园种

---

① 《补农书》"补农书后"。
② 《补农书校释》附录《策邬氏生业》。
③ 嘉兴地委政治研究室编《嘉湖蚕桑资料》（近代篇）。
④ 《补农书》"补农书后"。

豆10亩相当于白地种豆1亩的比例。兹设一年种蚕豆、大豆各一作，则每10亩桑地上每年种蚕豆与大豆的实际面积均为白地1亩。

(三) 棉区

棉区种植制度颇为复杂。首先，有一些地方因为缺水，实行棉花连作。例如嘉定，万历中王锡爵说虽然"木棉之性喜与水田相代"，但因水利不修，故实际上棉连作"数十年不能易"。[①]但大多数可稻可棉之田，多实行"翻田制"，即"今岁种稻，明年种花豆"。[②]原因是同一耕地，种棉"多不得过三年，过则生虫"。[③]因此合理的方式，是"凡高仰田，可棉可稻者，种棉二年，翻稻一年，即草根溃烂，土气肥厚，虫螟不生。……三年而无力种稻者，收稻后，周田作岸，积水过冬，入春解冻，放水候干，耕锄如法，可种棉，螟亦不生"。[④]到了清中期，这种方式已成常法。光绪时，连嘉定县棉田也是"三年中一年种稻，二年种棉"。[⑤]

其次，棉花的后作安排也不像水稻那么简单。棉花后茬作物通常是蚕豆、花草，也可以是麦或油菜，但是要做特别的安排。徐光启说："蚕豆种花田中，冬天不拔花秸，用以拒霜，至清明后拔之"；但"棉田沟侧勿种豆，疑虑伤失"，因此不宜间作，只宜八月摘花后种之。[⑥]关于花草，徐氏说："有种晚棉，用黄花、苕饶草底壅者。田拟种棉，秋则种草，来年刈草壅稻，留草根田中，耕转之。若草不甚盛，加别壅。欲厚壅，即并草禾奄覆之。"[⑦]但江南主要种早棉，因此此法运用不广。棉田可否种麦，历来有争议。徐光启说："凡田，来年拟种稻

---

① 王锡爵：《永折漕粮碑记》（收于万历《嘉定县志》卷十九文苑）。
② 雍正《南汇悬志》卷十五"风俗"。
③ 《农政全书》卷三十五"木棉"。
④ 光绪《嘉定县志》卷八"土产"。
⑤ 《农政全书》卷三十五"木棉"。
⑥ 《农政全书》卷三十五"木棉"。
⑦ 《农政全书》卷三十五"木棉"。

者,可种麦,宜棉者勿种也。谚曰:'歇田当一熟。'言息地力,即古代田之意。若人稠地狭,万不得已,可种大麦或裸麦,仍以粪壅力补之,决不可种小麦。"江南大麦或裸麦用途有限,①不种小麦,实际上也就不种麦了。徐氏又说:"吾乡间种麦杂花者,[种花]不得不迟。"影响收成,当然不划算。②因此我们同意西嶋定生先生的观点,即明代江南棉田不种麦或很少种麦,棉—豆轮作是压倒性的种植方式。③到了清代,情况发生了相当大的变化。一方面,一些地方仍然不种麦。例如清初叶梦珠说:"吾邑[上海]土高水少,农家树艺,粟、菽、棉花参半。"④康熙《苏州府志》卷二十一"风俗"说:"惟太仓、嘉定东偏,谓之东乡,土高不宜水稻。农家卜岁而后下种,潦则种禾,旱则种棉花、黄豆。"都未提到麦。而乾隆《镇洋县志》卷一"物产"更明白地说:"邑人勤莳棉者不种麦,即种仅列塍畔。恤地力,且不及俟麦秋也。其竟亩皆麦者,心艺稻。"但是另一方面,到了嘉道时期,种麦显然多起来了。褚华《木棉谱》说:"种棉者,或共大麦下种。夏获麦,秋则获棉,谓之麦杂花。"包世臣则说:"其小麦地种棉花者,就麦塍二丛为一窝,种棉子,计麦熟而棉子民二寸矣";"[棉田]沟塍种小麦者,及小满可于麦根点种。刈麦,棉长数寸"。⑤从清代中期文献来看,松江一带种麦相当普遍,以至松江人被讥为"东乡麦子"。推其缘由,大概是人地比例变化所导致的粮食紧缺,加之

---

① 在《农政全书》卷三十五蚕桑广类"木棉"中,棉田种大麦常被当作绿肥,这种情况,可以归并入花草类中。
② 《农政全书》卷三十五"木棉"。
③ 西嶋氏观点见渡部忠世與櫻井由躬雄编《中國江南の稻作文化——その學際の研究》,日本放送出版協會,1984。另外,徐光启说种晚棉才以花草为前茬,但当时上海主要是种早棉,故棉田种花草应亦很少。
④ 《阅世编》卷七"种植"。
⑤ 《安吴四种》卷二十五《齐民四术》卷一农一上"作力""辨谷"。

"二麦菜子，例不还租"，①所以农民多种之。至于油菜作棉花后茬，1850年代以前文献未有记载，直至光绪时黄宗坚《种棉实验说》才首次提到，因而此处不予考虑。

综上所述，明末与清中叶江南棉田种植制度可归纳如表7-2。

表7-2　江南棉田种植制度

作物组合方式	第一年 主茬	第一年 后茬	第二年 主茬	第二年 后茬	第三年 主茬	第三年 后茬
方式一	棉	豆	棉	豆	棉	休耕(放水浸泡)
方式二	棉	豆	棉	豆	棉	豆
方式三	棉	豆	棉	豆	稻	豆
方式四	棉	豆	棉	豆	稻	花草
方式五	棉	麦	棉	麦	稻	花草

从有关材料来看，棉田换主茬（即"翻田"，表中的第三、四、五种方式），明末主要实行第三种方式，清前期多实行第四种方式，而清中期则可能更多实行第五种方式。棉田连作（即第一、二种方式）各时期都有实行。乾隆四十年高晋上疏说："松江府、太仓州、海门厅、通州等并所属各县，逼近海滨，率以沙涨之地，宜种棉花，是以种花者多，而种稻者少。……究其种棉而不种稻之故，并非沙土不宜于稻，盖缘种棉费力少而获利多，种稻工本重而获利轻。……又究其种稻多费工本之故，则因田间支河汊港淤塞者多，艰于车水，工本不无多费。"②由此来看，实行第一、二种方式的也还不少。但江南降雨充沛，大多数棉田还是可以种稻的。

---

① 《浦泖农咨》。
② 高晋：《请海疆禾棉兼种疏》(《皇朝经世文编》卷二十七"户政")。

如上引康熙《苏州府志》之文就说"潦则种禾，旱则种棉花、黄豆"。因此，姑设明末江南棉田1/3实行第一种方式，1/3实行第二种方式，另1/3实行第三种方式；清中叶则1/3实行第二种方式，1/3实行第四种方式，余1/3实行第五种方式。①棉田所种之豆主要是什么豆？徐光启已明说是蚕豆。又据前引康熙《苏州府志》说"潦则种禾，旱则种棉花、黄豆"。可见江南所种大豆主要是春大豆。但是据《齐民四术》卷一农一上"作力"与《沈氏农书》"逐月事宜"，种棉在小满（四月中），采棉花在立秋（七月初），拔棉花在霜降（九月下旬）；而大豆种、收分别在立夏（三月底）、寒露（九月上旬）。彼此时间重合，故不可连作。另外明清松、太一带棉田种豆，主要是种在棉沟中，而这对棉生长颇不利。因此推之，农民为减少损失，大概会少种大豆。《浦泖农咨》也明确说上海春熟种的是蚕豆。此处一律以蚕豆视之。这样我们就可以知道明末与清中叶棉田上各种作物每年实际平均种植指数如表7–3。

表7-3 棉田作物实际种植指数

	明末	清中叶
棉	88.9%	77.8%
稻	11.1%	22.2%
麦	0	22.2%
蚕豆	88.9%	55.6%
花草	0	22.2%
总复种指数	188.9%	200%

① 明末徐光启讲到种棉三年，如不能"翻稻"，即应休耕一季，放水泡田过冬，故知连作棉田是采取第一种方式。清代无此方法记载，故应是采取第三种方式。

以上情况都清楚了，我们便可着手分析肥料使用总量的问题。由于史料欠缺，难以对不可能得知的明清江南整个地区的作物种植结构比例作出判断，因此我们只好选取几个有代表性的县，进行县一级的宏观数量分析。在此基础上，再对全地区肥料使用总量进行推测估计。以下，我们以嘉善、崇德、上海三县分别作为稻、桑、棉三个作物区的代表，展开探讨。

（一）嘉善县

嘉善县是典型的水稻产区，万历八年丈量耕地，水田占到耕地总数的98.2%。咸丰八年虽然耕地总数因战乱有所下降，但水田所占比重并未改变，仍为98.2%左右。[①]余下的1.8%为旱地。耕地总量，以万历八年清丈结果60万亩计。[②]这样，明末及清中叶该县肥料使用量即如表7-4所示。

表7-4　嘉善县肥料使用状况

耕地类别	作物品种	明　末		
		种植亩数	亩用肥量（折饼斤数）	总用肥量（折饼斤数）
水田（59万亩）	稻	59万亩	80斤*	4,720万斤
	麦	14.75万亩	10斤	148万斤
	蚕豆	14.75万亩	10斤	148万斤
	油菜	14.75万亩	120斤	1,770万斤
	花草	14.75万亩	10斤	148万斤
旱地（1万亩）	麻	0.5万亩	800斤	400万斤
	麦	0.5万亩	24斤	12万斤

---

① 参阅光绪《嘉兴府志》卷二十一"田赋"。万历八年清丈数为田5,904顷，地108顷；咸丰八年为实在田5,669顷，地104顷。
② 咸丰八年田地总数为57,730顷，比万历八年少4%，系因战乱之故。兹以万历八年数计。

续表

耕地类别	作物品种	种植亩数	亩用肥量（折饼斤数）	总用肥量（折饼斤数）
	大豆	0.5万亩	0斤	0万斤
	萝卜	0.5万亩	600斤	300万斤
全部耕地总共享肥（折饼斤数）7,646万斤，全部耕地亩均用肥（折饼斤数）127斤				

清　中　叶

耕地类别	作物品种	种植亩数	亩用肥量（折饼斤数）	总用肥量（折饼斤数）
水田（59万亩）	稻	59万亩	145斤*	8,555万斤
	麦	14.75万亩	152斤	221万斤
	蚕豆	14.75万亩	10斤	148万斤
	油菜	14.75万亩	135斤	1,991万斤
	花草	14.75万亩	10斤	148万斤
旱地（1万亩）	麻	0.5万亩	800斤	400万斤
	麦	0.5万亩	24斤	12万斤
	大豆	0.5万亩	0斤	0万斤
	萝卜	0.5万亩	600斤	300万斤
全部耕地总共享肥（折饼斤数）11,776万斤，全部耕地亩均用肥（折饼斤数）196斤				

*以中下农户用量计。

（二）崇德（石门）县

崇德县是蚕桑最发达的县份之一。万历八年清丈耕地，总数为50万亩，其中水田43.8万亩（兹以44万亩计），占87.6%；旱地6.2万亩（以6万亩计），占12.4%。康熙末年田地总数仍为50万亩，但水田减少至29.3万亩（以29万亩计），仅占58.6%；而旱地上升至20.7万亩（以21万亩计），占41.4%。旱地基本上都种桑，故均以桑地计。①这样，该县明末与清中叶用肥情况即如表7-5所示。

表7-5 崇德县肥料使用状况

明 末					
耕地类别	作物品种	种植亩数	亩用肥量 （折饼斤数）	总用肥量 （折饼斤数）
水田（59万亩）	稻	59万亩	80斤*	4,720万斤
	麦	14.75万亩	10斤	148万斤
	蚕豆	14.75万亩	10斤	148万斤
	油菜	14.75万亩	120斤	1,770万斤
	花草	14.75万亩	10斤	148万斤
旱地（1万亩）	麻	0.5万亩	800斤	400万斤
	麦	0.5万亩	24斤	12万斤
	大豆	0.5万亩	0斤	0万斤
	萝卜	0.5万亩	600斤	300万斤
全部耕地总共享肥（折饼斤数）8,230万斤， 全部耕地亩均用肥（折饼斤数）165斤				
清 中 叶*				
耕地类别	作物品种	种植亩数	亩用肥量 （折饼斤数）	总用肥量 （折饼斤数）
水田（29万亩）	稻	29万亩	145斤**	4,205万斤
	麦	7.25万亩	15斤	109万斤
	蚕豆	7.25万亩	10斤	73万斤
	油菜	7.25万亩	135斤	979万斤
	花草	7.25万亩	10斤	73万斤

---

① 以上参阅《补农书研究》，第108、109、246页。

第七章 肥料问题 347

续 表

耕地类别	作物品种	种植亩数	亩用肥量（折饼斤数）	总用肥量（折饼斤数）
旱地（21万亩）	桑	21万亩	500斤**	10,500万斤
	蚕豆	2.1万亩	10斤	21万斤
	大豆	2.1万亩	0斤	0万斤
全部耕地总共享肥（折饼斤数）15,960万斤，全部耕地亩均用肥（折饼斤数）319斤					

*以康熙末年情况计。
**以中下农户用量计。

（三）上海县

上海县是主要产棉县，其疆域在明清变化颇大。明末徐光启说："海上官民军灶垦田几二百万亩，大半种棉，当不止百万亩。"①以后析出的南汇、川沙也是产棉地，因此仍依明末疆域，耕数以200万亩计。稍后叶梦珠说："吾邑［上海，包括南汇、川沙］土高水少，农家艺粟、菽，棉花参半。"②与徐氏所言相近。兹以棉田占总耕地的55%计，为110万亩。清代中期，棉田面积扩大。乾隆四十年高晋上疏说："惟松江府、太仓州、海门厅、通州并所属各县，……种花者多，种稻者少。……以现各厅州县农田计之，每村务本种稻者不过十分之二三，图利种棉者则有十分之七八。"③上海［包括南汇、川沙］是松江府主要产棉县，种棉比重当不少于此。道光中期，姜皋说："松江七邑，奉、上、南三处［即奉贤、上海、南汇三县］，多种木棉，然亦有三四分稻田，皆种早稻。"④综

---

① 《农政全书》卷三十五"木棉"。
② 《阅世编》卷七"种植"。
③ 高晋：《请海疆禾棉兼种疏》。
④ 《浦泖农咨》。

观以上材料，可以认为清中叶原上海县棉田面积约占总耕地面积的60%—80%。兹取中数，以70%计，即为140万亩。表7-6是该县用肥的情况。

表7-6　上海县肥料使用状况

明　末			
耕地类别	作物品种	种植亩数	亩均用肥量（折饼斤数）	总用肥量（折饼斤数）
棉田（110万亩）	棉	97.79万亩	100斤	9,779万斤
	稻	12.21万亩	80斤*	977万斤
	麦	0万亩	10斤	0万斤
	蚕豆	97.79万亩	10斤	978万斤
	花草	0万亩	10斤	0万斤
稻田（90万亩）	稻	90万亩	80斤*	7,200万斤
	麦	22.5万亩	10斤	225万斤
	蚕豆	22.5万亩	10斤	225万斤
	油菜	22.5万亩	120斤	2,700万斤
	花草	22.5万亩	10斤	225万斤
全部耕地总共享肥（折饼斤数）22,309万斤，全部耕地亩均用肥（折饼斤数）112斤				
清　中　叶				
耕地类别	作物品种	种植亩数	亩均用肥量（折饼斤数）	总用肥量（折饼斤数）
棉田（140万亩）	棉	108.92万亩	170斤	18,516万斤
	稻	31.08万亩	145斤*	4,507万斤
	麦	31.08万亩	15斤	466万斤
	蚕豆	77.84万亩	10斤	778万斤

第七章　肥料问题　349

续表

耕地类别	作物品种	种植亩数	亩均用肥量（折饼斤数）	总用肥量（折饼斤数）
稻田（60万亩）	花草	31.08万亩	10斤	311万斤
	稻	60万亩	145斤*	8,700万斤
	麦	15万亩	15斤	225万斤
	蚕豆	15万亩	10斤	150万斤
	油菜	15万亩	135斤	2,025万斤
	花草	15万亩	10斤	150万斤
全部耕地总共享肥（折饼斤数）35,828万斤，全部耕地亩均用肥（折饼斤数）179斤				

*以中下农用肥量计。

　　整个江南地区在明末或清中叶农田用肥量，因为无法知道各种作物的种植面积，故难以计算。用上述三例来代表三个作物区，也不一定合适，因为它们都是很突出的例子。此外，还应考虑到浙西山地和宁镇丘陵两地区的若干地方，作物施肥量可能没有江南平原那么高。因此，我们在此把种棉最多的松江府与太仓州作为棉区，把种桑最多的苏、杭、嘉、湖四府中的吴江、钱塘、仁和、崇德、桐乡、归安、乌程、德清几县作为蚕桑区，①则棉区与蚕桑区耕地

---

① 上列棉区与蚕桑区内，许多县不一定能达到上海与崇德的棉、桑种植比重（当然超过的也有，如嘉定、桐乡等），但在我们所划区域之外，还有不少地方种棉桑（如常熟、江阴、武进、海宁等县种棉不少，而嘉兴、海盐、吴县、长洲、元和、安吉、武康等县种桑也很多）。因此，如把上述棉、桑区外的棉、桑也计入，那么区内棉、桑比重肯定比上述比例想必更高。兹仅作一般概算，细节从略。

均约占全江南地区耕地的1/10左右。我们若以上海和崇德的亩均用肥数作为这两个作物区亩均用量标准，根据各占1/10的比例，即可求得明末与清中叶整个江南地区亩均用肥量与用肥总量，如表7-7：

表7-7　全江南地区肥料使用状况

地区	明末 耕地面积比重	明末 亩均用肥量（折饼斤数）	地区	清中叶 耕地面积比重	清中叶 亩均用肥量（折饼斤数）	增长幅度
水稻区	80%	127斤	水稻区	80%	196斤	54%
蚕桑区	10%	165斤	蚕桑区	10%	319斤	93%
棉　区	10%	112斤	棉　区	10%	179斤	60%
全江南	100%	129斤	全江南*	100%	207斤	60%
全江南用肥总量（折饼担数）6,293万担			全江南用肥总量（折饼担数）10,097万担			60%

*江南耕地总数以4,878万亩计。

第三节　肥料生产状况

　　明清江南主要使用的肥料为粪肥、绿肥、饼肥、河泥四大类。其中河泥用量虽然很大，但其肥效较低，主要作用是改善耕地土壤物理性质，并作粪肥、绿肥的中和剂使用。因此本节不把河泥的生产列入讨论范围。粪肥生产涉及人口与畜牧业，须作专门讨论。绿肥与饼肥，主要取之农作物，可并而论之。下面，我们就先从绿肥与饼肥的生产谈起。

第七章　肥料问题

一、绿肥、饼肥产量

明清江南所使用的主要绿肥是花草,主要饼肥则是菜饼、豆饼和棉饼。其他一些绿肥(如野生植物、田间杂草)和饼肥(如柏子饼、麻饼、桐子饼等)虽也不乏使用之例,但不占重要地位,兹姑从略。因此下面仅对花草、菜饼、豆饼和棉饼这四种主要肥料的产量进行分析。

花草:明末湖州花草亩产绿肥10担,清中松江亩产15担。[1]兹即以此作为明末与清中叶江南花草亩产肥量的代表。

菜籽饼:据包世臣说是"亩仅籽二石,可榨油八十斤,得饼百二十斤"。徐光启也说:"中农之入,亩籽二石。"宋应星则说油菜籽(芸薹籽)每石可出油30—40斤。[2]与包世臣所说相近。兹即以此为据,定油菜亩产饼肥120斤。

豆饼:大豆亩产1石(一熟),上节已谈到。大豆1石重约140斤,[3]出油率据宋应星说是"黄豆每石得油九斤",[4]即可得饼130斤。白地种大豆,一年二熟,亩产豆饼260斤。

明清江南棉田通常亩产子花80斤左右。[5]据清高宗《御题棉花图》之八《轧核图》的解说:"有核曰子花,核去曰瓤花,……子花三得瓤花一。"子花3斤得瓤花1斤,则80斤子花得棉子50余斤。《天工开物》膏液第十二卷"油品"说:"棉花子每百斤得油七斤。"其余为枯(即棉饼)。因此1亩棉花能产棉饼近50斤。兹以50斤计。

---

[1] 参阅本书第三章第一节。
[2] 《安吴四种》卷二十五《齐民四术》卷一农一上"任土";《农政全书》卷二十八树艺"藏菜";《天工开物》膏液第十二卷"油品"。
[3] 《补农书研究》,第13页。
[4] 《天工开物》膏液第十二卷"油品"。
[5] 见本书第四章第一节第二小节。

下面，我们取嘉善、崇德、上海三县作为稻、桑、棉三区的代表，进行考察，结果见表7-8、7-9、7-10。

表7-8　嘉善县绿肥、饼肥生产状况

\	明末				清中叶			
肥种	种植亩数	亩产肥量（折饼斤数）	总产肥量（折饼斤数）	肥种	种植亩数	亩产肥量（折饼斤数）	总产肥量（折饼斤数）
花草	14.75万亩	100斤	1,475万斤	花草	14.75万亩	150斤	2,213万斤
菜籽	14.75万亩	120斤	1,770万斤	菜籽	14.75万亩	120斤	1,770万斤
大豆	0.5万亩	130斤	65万斤	大豆	0.5万亩	130斤	65万斤
绿肥、饼肥总产量（折饼斤数）3,310万斤				绿肥、饼肥总产量（折饼斤数）4,048万斤			
绿肥、饼肥总产量（折饼斤数）*55斤				绿肥、饼肥总产量（折饼斤数）*67斤			

*用总产量除以全县耕地总数60万亩。

表7-9　崇德县绿肥、饼肥生产状况

\	明末				清中叶			
肥种	种植亩数	亩产肥量（折饼斤数）	总产肥量（折饼斤数）	肥种	种植亩数	亩产肥量（折饼斤数）	总产肥量（折饼斤数）
花草	11万亩	100斤	1,100万斤	花草	7.25万亩	150斤	1,088万斤

续 表

明末				清中叶			
肥种	种植亩数	亩产肥量（折饼斤数）	总产肥量（折饼斤数）	肥种	种植亩数	亩产肥量（折饼斤数）	总产肥量（折饼斤数）
菜籽	11万亩	120斤	1,320万斤	菜籽	7.25万亩	120斤	1,870万斤
大豆	0.6万亩	130斤	78万斤	大豆	2.1万亩	130斤	273万斤
绿肥、饼肥总产量（折饼斤数）2,498万斤				绿肥、饼肥总产量（折饼斤数）2,223万斤			
绿肥、饼肥亩均数量（折饼斤数）*50斤				绿肥、饼肥亩均数量（折饼斤数）*45斤			

*用总产量除以全县耕地总数50万亩。

表7-10 上海县绿肥、饼肥生产状况

明末				清中叶			
肥种	种植亩数	亩产肥量（折饼斤数）	总产肥量（折饼斤数）	肥种	种植亩数	亩产肥量（折饼斤数）	总产肥量（折饼斤数）
花草	22.5万亩	100斤	2,250万斤	花草	46.08万亩	150斤	6,912万斤
菜籽	22.5万亩	120斤	2,770万斤	菜籽	15万亩	120斤	1,800万斤
棉籽	97.79万亩	50斤	4,890万斤	棉籽	108.9万亩	50斤	5,446万斤
绿肥、饼肥总产量（折饼斤数）9,840万斤				绿肥、饼肥总产量（折饼斤数）14,158万斤			
绿肥、饼肥亩均数量（折饼斤数）*49斤				绿肥、饼肥亩均数量（折饼斤数）*71斤			

*用总产量除以全县耕地总数200万亩。

二、粪肥产量

粪肥（即人畜粪）的总产量甚难分析。要知道明清江南粪肥的总产量，我们必须先弄清每个人和每头畜的年产肥数，其次还要了解总的人口数和家畜数。但是在明清史籍中，仅见人口数以及猪、羊的每头年产肥量，其他则一概全无。特别是家畜的饲养数量及畜种比例，全无线索可寻。因此我们在研究这个问题时，不得不采用1930年代的一些调查数据，作为讨论的基础。

（一）粪肥的单位生产量

人的粪便年产量：未见于明清江南史料。从近代调查来看，卜凯估计一个"成年男人单位"年产粪便992磅，[①]即约9担（900斤）。兹以此为准。如一个五口之家，有夫妇一对，老人一，未成年子女二，可计为成年男人单位3.5个，年产粪肥32担。

猪年产粪量：据《沈氏农书》"蚕务（附六畜）"，每口母猪年产厩肥80担，小猪（肉猪）30担。[②]而现代资料则说每口猪年产厩肥80—100担。[③]兹以《沈氏农书》所言为准，大小猪平均则每头产55担。

羊年产粪量：据《沈氏农书》载，胡羊（即湖羊）每头平均年产厩肥27担，山羊20担。据近代资料，湖羊每头每年产粪尿1,100—1,500斤，加上垫草，可产厩肥2,500—3,000斤，[④]即25—30担，可见沈氏所说不诬。江南养羊以湖羊为多，兹以湖羊计，每羊每年产厩肥27担，小羊以大羊之半计，为13.5担，平均则20担。

牛年产粪量：未见于明清史籍。据费孝通与张子毅先生1940年

---

① John L. Buck, *Land Utilization in China: Statistics*, p. 258.
② 参阅《补农书研究》，第101页。
③ 1960年8月26日《人民日报》文章（引自天野元之助《中国农业史研究》，第436页）。
④ 嘉兴地委政治研究室编《嘉湖蚕桑资料》（近代篇）。

初在云南禄丰县的调查，每牛每年产粪180担。①兹即以此为据，则大小牛平均产粪肥135担。②

此外，江南蚕区育蚕甚多，蚕粪也是重要肥料来源。据调查，在1930—1940年代的嘉湖地区，一张蚕种所养蚕可产蚕沙3—5担，可肥水田1亩。③该调查材料未说明"肥水田一亩"是够作1亩水田的基肥还是追肥，也未说明仅蚕沙3—5担即够1亩水田所需的全部肥料，抑或还要配合施用其他肥料。周匡明先生说："蚕沙还田是上好的有机肥料，可是直接还田肥效有限。"④如果认为3—5担蚕沙即可作1亩水田的全部用肥，那显然是不符合实际情况的。⑤在本书第三章第一节

---

① 费孝通、张子毅：《禄村农田》，商务印书馆，1944，第93页。
② 以上人畜产肥数字，与现代测算结果差别颇大。据北京农林局编《农业常用数据手册》，第206页，一个人及一头猪、牛（均为成年者）每年平均排泄粪尿数量为：

	粪	尿	总计
人	180斤	1,400斤	1,580斤
猪	1,095斤	2,190斤	3,285斤
牛	14,600斤	7,300斤	21,900斤

对于这个差异，我们的初步看法是：
（一）人粪尿必须经发酵腐熟后方可使用，而发酵腐熟需要颇长时间。在此过程中，人尿中的水分有很大一部分挥发而去，或为粪窖土壁吸收。因此到施用时，总重量必然大大减少。卜凯所说成年人年产粪992磅，应即指此种经腐熟后的人粪尿。
（二）江南养猪，使用大量稻草垫圈。《沈氏农书》"蚕务（附六畜）"说一窝肉猪半年产肥90担，其中垫草就有18担，占总重量的20%（参阅《补农书研究》，第246页）。垫草之外，通常还草木灰（灶灰）垫圈（参阅《补农书校释》，第65—66页）。因此所得猪圈厩肥，重量自然比猪粪大得多。
（三）牛圈也要垫圈，但一般所用垫草远少于猪圈。因此牛圈所产厩肥，重量虽比牛粪大，但不像猪圈增加那样多。
因此，在无法得到更准确的数据之前，我们仍采用卜凯、沈氏与费孝通的数字。
③ 前引《嘉湖蚕桑资料》（近代篇）。
④ 周匡明：《中国蚕业史话》，台北：成文书局，1985，第350页。
⑤ 如果实际情况真是如此，那么蚕沙应成为明清时江南最重要的肥源之一，可是在史籍中并未见对蚕沙特别重视。连《沈氏农书》也仅在"逐月事宜"中轻轻带过。

中，水稻追肥量多为绿肥4担或饼肥40斤左右。由此推测，蚕沙3—5担（兹以中数4担计），大约也是作为稻田追肥之用。此处即以一般粪肥计之。据上原重美1920年代在嘉湖13个蚕桑县的调查，一张蚕种大约可产春茧16—40斤，而桑园平均每亩产茧38斤。因此大概地说，一亩桑园可养蚕种一张而略多（兹以一张计）。[①]若1930年代江南情况亦同此，[②]则前述一张蚕种可产蚕沙3—5担，即可理解为一般桑地每亩可产蚕沙3—5担（以中数4担计）。明清江南中等桑园通常每亩可养蚕8—9筐（以8.5筐计），产茧以10斤（常衡）计，[③]每亩产茧约85斤，即大约2倍于1920年代嘉湖地区桑园平均产量。[④]如蚕沙产量也相应增加，则明清中等桑园每亩养蚕可产蚕沙约8担。蚕沙虽是粪肥，但由于与作物种植关系紧密，故应归入上一小节所列有关表中，作为植物性肥料的一部分。从而我们可得到表7-9的修正结果（表7-11）。

表7-11　崇德县蚕沙及绿肥、饼肥生产状况

肥种	明末			肥种	清中叶		
	桑园亩数	亩产蚕沙量（折饼斤数）	总产蚕沙量（折饼斤数）		桑园亩数（折饼斤数）	亩产蚕沙量（折饼斤数）	蚕沙总产量（折饼斤数）
蚕沙	6万亩	80斤*	480万斤	蚕沙	21万亩	80斤*	1,680万斤

---

① 上原重美调查结果引自《嘉湖蚕桑资料》（近代篇）。又据冯法和《中国农村经济资料》续编第22章第4节（参阅冯法和《中国农村经济资料》续编，黎明书局，1935），1930年代平湖育蚕用余杭土蚕种"糙绵纸"，一张可产茧1.5担（用桑叶20担）。但不知当时桑叶亩产量，故难知桑园亩产蚕茧量。
② 事实上，1920年代江南蚕桑生产水平尚高于1930年代（《补农书研究》，第40页）。因此采用1920年代数字，不会超出实际情况之上限。
③ 参阅本书附录二。
④ 上原重美调查数据的数字似乎都偏低。但至1956年，嘉湖蚕桑生产最发达的嘉兴、桐乡、崇德、吴县等县桑园亩产桑叶量，仍也大大低于明清之际嘉湖中上桑园亩产叶量。因此虽然2∶1的比例是可能的。

续表

明末	清中叶
绿肥、饼肥总产量（折饼斤数）2,498万斤	绿肥、饼肥总产量（折饼斤数）2,223万斤
绿肥、饼肥、蚕沙总产量（折饼斤数）2,978万斤	植物性肥料总产量（折饼斤数）3,903万斤
绿肥、饼肥、蚕沙亩均数量（折饼斤数）60斤	植物性肥料亩均产量（折饼斤数）78斤

*以中等桑园计。

（二）家畜饲养数量

卜凯在1930年代对江南一些地方农村家畜饲养情况作了有限的抽样调查，现将有关结果简要归纳整理如下（表7-12、7-13）。

表7-12　每个农场平均所有家畜数量

地点\家畜	水牛	黄牛	猪	绵羊	山羊	总计
嘉兴	0.32头	0	0.04头	0.44头	0.09头	0.89头
德清	0	0	0.06头	0.60头	0	0.66头
无锡（一）	0.03头	0.02头	1.72头	0.79头	0	2.56头
无锡（二）	0.01头	0	0.47头	0	0	0.48头
武进（一）	0.19头	0.38头	1.55头	0.32头	0	2.44头
武进（二）	0.23头	0.21头	0.07头	0.95头	0	1.10头
武进（三）	0.23头	0.11头	0.38头	0.08头	0	0.80头
常熟	0	0	0.22头	0.11头	0	0.33头
昆山	0.34头	0.49头	0.44头	0.06头	0	1.33头
平均*	0.15头	0.13头	0.55头	0.37头	0.01头	1.18头

此表据John L. Buck *Land Utilization in China: Statistics*，第123页表1编制。
*系将上述9例中各数进行简单算术平均。

表7-13 饲养家畜的农场占全部农场百分比及养畜农场所有家畜平均数

地点\家畜	水牛	黄牛	猪	绵羊	山羊
嘉兴	29.3%（1.1头）	0	3.0%（1.3头）	30.3%（1.5头）	7.1%（1.3头）
德清	0	0	4.0%（1.5头）	28.0%（2.1头）	0
无锡（一）	3.3%（0.9头）	1.6%（1.3头）	50.8%（3.4头）	31.1%（2.5头）	0
无锡（二）	0.9%（1头）	0	18.8%（2.5头）	0	0
武进（一）	18.9%（1头）	37.8%（1头）	61.4%（2.5头）	13.5%（2.4头）	0
武进（二）	24%（1头）	19%（1.1头）	5.00%（1.4头）	51%（1.9头）	0
武进（三）	21%（1.1头）	11%（1头）	24.0%（1.6头）	6.0%（1.3头）	0
平均*	13.9%（0.9头）	9.9%（0.6头）	23.8%（2头）	18.6%（1.7头）	1.0%（0.2头）

此表据Buck, John Lossing, *Land Utilization in China*, The University of Nanking（Nanjing），1937，第123页表1、表2编制。
*系将上述7例中各数简单算术平均。

卜凯的调查是否能够真正反映1930年代江南农村实际情况，还须仔细研究。在他对以上地点的抽样调查中，除无锡（一）、（二）仔猪数近于或多于成年猪数外，所有地方仔畜（牛、猪、羊）数都低于成年家畜数，而武进（一）仔猪数竟然只有成年猪数的1/10。我们知道，猪、羊（特别是猪）产仔率高，在通常情况下，仔猪数不会少于成年猪数，更不会少到只有成年猪数的1/10。因此这大概与事实不符。又，从表7-13来看，9例平均仅有23.8%的农场（即农户）养猪（每农场平均养猪2头）。可是据同书第126页表3，杭县却有80%的农场养猪（每农场平均养猪2头）。二者出入也颇大。但是，卜凯调查中反映出来的一些现象，也值得我们注意。

首先，家畜的地域分布与当时的农作物布局有一定关系。位于蚕桑区的嘉兴、德清和无锡（一）、无锡（二），4例中，除嘉兴养牛较多外，其余3例养牛都很少。同时这4例中，除嘉兴养羊较少外，其余3例养羊都较多。反之，位于水稻区和棉区的武进（一）、武进（二）、武进（三）、常熟、昆山5例中，除常熟不养牛外，养牛都较多。同时除武进（一）外，养羊都不算多。其次，各种家畜之间的比例也有一定联系。7例中，除无锡（一）和武进（一）外，养羊多的地方猪就少，反之亦然。因此我们可以大致以1930年代的作物区，来区分家畜饲养的情况。大体上说，嘉兴、德清、无锡可代表蚕桑区，武进、昆山、常熟则代表水稻区与棉区。①

这样，我们便可以用简单平均方法把表7–12简化为表7–14。

表7-14 不同作物区每个农场平均所有家畜数

家畜/作物区	水稻区与棉区	蚕桑区
水牛	0.20头	0.09头
黄牛	0.24头	0头
猪	0.53头	0.57头
绵羊	0.31头	0.46头
山羊	0头	0.02头
总计	1.28头	1.14头

---

① 武进北部沿江地带、昆山及常熟二县东部，自清代以来都种棉，但这三县大部分地区却主要是种稻。因此把这三个县作为水稻区与棉区的代表，应是可以的。

以上情况与明清江南的有关记载有几点类似之处，例如：

1. 明清江南蚕桑区养牛极少，盛行人耕，这在地方志中可以见到很多论述。像《沈氏农书》《补农书》这样的著名农书，因以嘉湖地区为背景，也完全不提养牛及牛耕。《补农书》"补农书后"干脆说："吾乡不宜牛耕。"而水稻区与棉区关于养牛与牛耕的史料就相对多一些。像松江、上海、青浦、南汇、江阴、嘉善、平湖、武康、安吉等地地方志中，均有用牛车水、耕田的记载。以松江府为背景的农书《浦泖农咨》，也详细记载了养牛及牛耕的情况。另外，十分有趣的是，卜凯调查中常熟无羊，猪羊也很少。而康熙《常熟县志》卷一"风俗"也说该地"无牛羊猪之畜"。卜凯调查表明武进养水牛与黄牛较多。而在与武进毗邻的江阴，据道光《江阴县志》卷一"物产"，这里养水牛、黄牛，种类不少，而且其中长兴种、金华种水牛及山种黄牛，都以强力著称。

2. 卜凯调查中蚕桑区养猪羊较多，这也与明清江南情况类似。从《沈氏农书》和《补农书》来看，嘉湖上农养猪、羊固然很多（例如沈氏养猪以六口一窝为单位，养湖羊则以十一头一窝为单位），就是中下农所养猪，羊，看来也不少（如张履祥为友人遗嘱策划生业，建议把其十亩瘠田拿出三亩种桑，养羊五六头作"树桑之本"）。① 而在水稻区与棉区，养猪虽然受到重视（如《浦泖农咨》就大力鼓吹养猪），但绝少见到像沈氏那样大量养猪出卖图利的记载，② 养羊的论述也很少。

因此从大的轮廓来看，卜凯调查反映的情况，与明清江南有相似

---

① 《补农书校释》附录《策邬氏生业》。
② 沈氏养猪，仔猪自出生，养至6个月即屠宰出售。为加速催肥，以便尽快出槛屠宰出售，所以沈氏所用精饲料比近代普通农家所用者更多（参阅《补农书研究》，第189、190页）。

之处；但是从另一方面来看，卜凯调查又与明清江南实况出入颇大。

　　1. 在卜凯调查中，武进、昆山养牛都颇多，4例合计，每个农场平均有牛（水牛、黄牛合计）0.55头，即两个农场即有牛1.1头。卜凯所谓的农场，实即单个农户经营的田地。换言之，即两户即有牛1头多。即使加上不养牛的常熟，5例平均，每户也有牛0.44头。而蚕桑区的嘉兴、德清、无锡三县，4例平均每10户也有近1头牛。全部9例平均，则每户有牛0.28头，即大约3.5户有牛1头。但是我们知道，江南在太平天国战争之后，人口锐减过半，直至1930年代尚未恢复到1850年代的人口数。①因为人口比例的变化，自清代后期起，牛耕在江南许多地方（甚至是原来不用牛耕的嘉湖蚕区）盛行了起来，②因此农村养牛数应当比明中后期及清前中期多。③其次，明清江南一些地方志虽然也提到黄牛，但这样的记载很少。江南以水田为主，使用水牛更为适宜，因此应当是水牛为主。但卜凯调查中，9例平均水牛与黄牛数接近，而武进（一）和昆山二例中，黄牛竟然超过水牛很多。这大概也不符合明清实际。

　　2. 卜凯调查中，蚕桑区每农场平均养羊0.48头（绵羊、山羊合计）。养羊最多的无锡（一），仅31.1%的农场养羊，平均每农场养2.5头。但据上引张履祥《策邬氏生业》，清初桐乡有瘠田10亩的贫弱农户，通常也养羊5—6头。因此明清江南蚕区农户平均养羊数应当比卜凯调查高一些。另外，在明清江南水稻区与棉区，很少见到养羊的记载，因而当时养羊数恐怕比卜凯调查数要少。

　　3. 比起养牛、羊，养猪与饲料供应关系更为紧密。《沈氏农书》说用豆饼喂猪，陈恒力先生从近代的眼光来看认为太贵，耗用

---

① 参阅刘石吉《明清时代江南市镇研究》，第74—77页。
② 参阅《补农书研究》，第50、129页。
③ 明代前期牛可能比明代中后期会多一些（参阅本书第五章第一节）。

精饲料太多，不能效法，且无处去大量购买。①但据《沈氏农书》，用这样的方法养猪，还是有利可图的。②由此可见，由于饲料供给较充分，明末一般农户养猪应比近代普遍，户均养猪数应多一些。清代前中期豆饼供应比明末更充足，相对价格更低（详见下文），因此户均养猪头数也应当多于近代。《吴郡岁华纪丽》卷十二"岁猪"条记道光时代的苏州农村，"乡人豢猪于栏，极其肥腯，俟腊月宰之，充年馔、祭神、享先之用，谓之岁猪。……腌透风干，至年外犹足充馔"。这种情况在苏州农村十分普遍，因此才被列为地方风俗。由此可知清中叶苏州农民养猪相当普遍。《农事动闻》则说道光时期湖州农村用肥，"富家多用豆饼，……贫家力不能致饼，则用猪羊栏中腐草"。③可见即使是贫农，也养猪、羊。较之卜凯调查的德清（属湖州）仅4%的农户养猪、28%的农户养羊的情况来说，无疑明后期至清中期湖州农民养猪会更普遍。

鉴于以上情况，我们认为卜凯调查大致反映了明清江南农村家畜饲养的特点，但亦有不符之处。在没有其他更全面的材料之前，我们姑且以卜凯调查作为基础，进行必要的修正之后，运用于明清江南农村家畜饲养数量的分析。

1. 关于牛的数量，上面已说卜凯的数字可能高于明清实际情况，应当削减。但减至什么水平呢？同治五年（1866），江苏巡抚马新贻上疏说："……当承平之日，小民安居乐业。……自发贼据扰，三载于兹，颠连困苦，不能罄述。光复以来，商贾稍稍复业，而农民无以为生，所恃者惟以田亩。虚村绝户，败垒荒坟，田之废弃者无论矣。即有可耕之田，苦无能耕之人。兼之农具既不皆备，

---

① 《补农书研究》，第189—190页。
② 《补农书校释》，第90—91页。
③ 引自咸丰《南浔镇志》卷二十一"农桑"。

第七章 肥料问题　363

耕牛尽被宰伤，往往数家之中，置器一份，而彼此通用；一村之内，畜牛一头，而先后递耕。播种既不多时，收成必多偏歉。加以佣工有费，壅田有费，贷牛赁具又有费。竭终岁之劳，所得不偿所费。"①从这段文字来看，在"承平之日"，情况当然大不一样。牛再少，也断不至少到"一村之内畜牛一头，先后递耕"的境地。本书第四章第二节曾指出清代江南牛耕相当普遍（虽然大多数农户并不养牛），特别是乾隆初年清高宗的上谕更指出江南"非耕牛则农耕不能与举"。正是因为咸丰以前，牛耕在江南仍相当普遍，因此战争中"耕牛尽被宰伤"，才会那么严重地影响到战后初期的农业。考虑到明清江南牛耕总的来说可能不如近代普遍，我们从低估计，姑定每户有牛仅为卜凯数字的一半，即水稻区平均每户有0.2头，蚕桑区有0.05头。这种估计，大概会差近于实际。②

2. 明清江南农户平均每家养猪、羊的数量，如上所述，当高于近代。这里我们亦从低估计，假定全江南地区农户平均每户养猪1头，另外蚕桑区农户平均每户还养羊1头，应当也不会超出实际情况太远。

下面，我们就将以上内容制为表7–15。

表7-15 各作物区农户家畜饲养量

	水稻区与棉区	桑区
牛	0.2头	0.05头
猪	1头	1头
羊	0头	1头

---

① 该奏疏见于光绪《嘉善县志》卷十"土田"。
② 《浦泖农咨》说："低田，四五十亩而启用一牛。"当时江南（特别是该书所代表的松江西部）一般是户耕十亩（详后）。因此大约4—5家农民平均养牛1头。换言之，即每个农户平均养牛0.20—0.25头。

至此，我们便可知道明清江南一个农户人畜肥年产量的平均数量了（见表7–16）。

表7-16　江南农户户均人畜肥产量

肥种	家畜种类	每头产肥量（折饼斤数）	饲养头数	总产肥量（折饼斤数）
水稻区与棉区					
畜肥	牛	1,350	0.2	270
	猪	550	1	550
	羊	200	0	0
人肥	农户人数	每成丁产肥量（折饼斤数）	每户折成丁数	总产肥量（折饼斤数）
	5	90	3.5	320
合计		每户人畜产肥量（折饼斤数）1,140		
蚕桑区				
肥种	家畜种类	每头产肥量（折饼斤数）	饲养头数	总产肥量（折饼斤数）
畜肥	牛	1,350	0.05	68
	猪	550	1	550
	羊	200	1	200
人肥	农户人数	每成丁产肥量（折饼斤数）	每户折成丁数	总产肥量（折饼斤数）
	5	90	3.5	320斤
合计		每户人畜产肥量（折饼斤数）1,088		

得知了农户户均人畜肥产量，如果再知道农户户均耕田数量，即可求得农户的人畜肥亩均产量。把农户人畜肥亩均产量加上其绿肥、饼肥的亩均产量，又可得到其自产肥料的亩均总产量。

由于明清官方人口统计数字（特别是明代中后期与清代初期的数字）严重失实，因此我们不能以官方数字为根据求得江南农户的户均耕田数字。这里我们所能做的，是依据明清人对于农户耕田数

第七章　肥料问题　365

的一般性描述，以及我们在本书第四章第三节里对农户生产能力所作的分析，就明末与清中叶江南三大作物区农户耕田数作一个粗略的或泛泛的估计。

1. 水稻区：从本书第四章第三节所作的分析可见，在明末与清中叶的江南，一个进行普通作业的无牛农户，如果采用一年一作制，可种稻25亩上下；如采用一年二作制，则可种稻7.5（不借牛）—15亩（借牛）。考虑到明代江南水稻生产中一作制实行还颇为广泛，因此可以认为明代后期江南种稻农户一般种田数在20亩上下。① 在清代中期，江南各地基本上都实行了一年二作制，而且借牛也已十分普遍。在此条件下，一个无牛农户可种稻7.5亩（不借牛）—15亩（借牛）。清代江南采用精细作业的农民也比明代多。如果以精细作业计，则一个无牛农户仅可种稻5亩。总之，一个无牛农户种稻大约在10亩上下。因此，乾隆时张海珊说江南"一夫［种稻］不能十亩"。② 由于这种"一夫十亩"的经营规模符合江南农民的生产能力，因此在清代中期成为江南种稻农户的主流经营模式。③ 这里将明代后期和清代中期水稻区农户一般种田数量分别以20亩和10亩计算。

2. 蚕桑区：桑业生产集约程度比水稻生产高，因此一个劳动力能够育桑之亩数比能够种稻之亩数少得多。④ 同时蚕桑区农民种稻，通常也比其他地区农民更为精细。正因如此，关于"人耕十亩"这种集约型经营规模的记载，也最早出现于万历时代的湖州，

---

① 万历六年（1578）苏州、松江、常州三府的户均耕地数分别为15.47、19.45和25.25亩（见梁方仲《中国历代户口、田地、田赋统计》，第341页），即在15—25亩之间，或者说是20亩（上下5亩）。
② 张海珊：《积谷会议》（《皇朝经世文编》卷三十九"户政十四"）。
③ 一直到太平天国战争以后，尽管江南人口减半，这种经营模式依然延续了下来。见陶熙《租核》"推原""量出入"。
④ 见李伯重《对〈沈氏农书〉中一段文字之我见》。

随后是清初的嘉兴,①到了清代中期才普遍流行于江南各地。因此我们可以认为在明代后期和清代前中期的江南,蚕桑区一般农户的耕作面积(桑、稻合计)都在10亩左右。

3. 棉区：关于明清江南一般农户种棉田地数量的记载很少且零星。从这些记载中可以看到一个下等农户种棉的面积,在清代大约在3—5亩之谱。②中等农户应稍多,当在6—7亩之数。因为棉田一般只能连续种棉两年,然后种稻或豆(休耕情况不计)一年,因此一个农户每年如种棉6—7亩,那么他同时还要种稻或豆3—4亩。换言之,一个农户耕作总面积也在10亩左右。

这样,我们便可得到江南农户的亩均粪肥产量(表7-17)和亩均肥料总产量(表7-18)了。

表7-17　江南农户亩均粪肥产量(折饼斤数)

	明末			清中叶		
	粪肥产量	种田面积	亩均粪肥产量	粪肥产量	种田面积	亩均粪肥产量
水稻区(嘉善)	1,140斤	210亩	57斤	1,140斤	10亩	114斤
蚕桑区(崇德)	1,088斤	10亩	109斤	1,088斤	10亩	109斤
棉区(上海)	1,140斤	10亩	114斤	1,140斤	10亩	114斤

---

① 崇祯《乌程县志》卷二"赋役"引万历时县人沈演语；张履祥《补农书》"总论"。
② 我所见到的记载仅有二条,一出于钦善《松问》(《皇朝经世文编》卷二十八),一出于张春华《沪城岁事衢歌》。姚廷遴《历年纪》"顺治七年"条和郑光祖《一斑录杂述》卷二也说他们自己的家庭种棉三数亩。

第七章　肥料问题　367

表7-18　江南农户亩均肥料产量（折饼斤数）

	明末			清中叶		
	绿肥、饼肥、蚕沙亩均产量	粪肥亩均产量	全部肥料亩均产量	绿肥、饼肥、蚕沙亩均产量	粪肥亩均产量	全部肥料亩均产量
水稻区（嘉善）	55斤	57斤	112斤	67斤	114斤	181斤
蚕桑区（崇德）	68斤	109斤	77斤	78斤	109斤	187斤
棉区（上海）	49斤	114斤	163斤	71斤	114斤	185斤

从上节末所定的稻、桑、棉三个作物区耕地面积在江南耕地总面积中的比重及农户自产肥料亩均数量出发，便可了解明末与清中期全江南地区肥料生产的总况了（见表7-19）：

表7-19　江南地区肥料生产总况

	明末			清中			
地区	耕地面积比重%	自产肥料亩均量（折饼斤数）	地区	耕地面积比重%	自产肥料亩均量（折饼斤数）	增长幅度（明末/清代中期）
水稻区	80	112	水稻区	80	181	62%
蚕桑区	10	177	蚕桑区	10	187	6%
棉区	10	163	棉区	10	185	11%
全江南	100	124	全江南	100	182	47%
全江南肥料总产量（折饼）6,049万担*			全江南肥料总产量（折饼）8,847万担*			47%

*以耕地总数4,878万亩乘以亩均自产肥料数而得。

第四节　肥料供求产需矛盾及解决供求

一、供求产需矛盾

现在，我们将江南肥料供求产需状况制为表7-20，然后进行分析。

表7-20　江南肥料供求产需状况（一）（折饼斤数）

	明末		清中叶	
	肥料亩均量	肥料亩均用量	自产肥料亩均量	肥料亩均用量
水稻区	112斤	127斤	181斤	198斤
蚕桑区	177斤	165斤	187斤	319斤
棉区	163斤	112斤	185斤	179斤
全江南	124斤	129斤	182斤	207斤

对于以上分析，尚有一点需要指出，即饲养家畜需要饲料，而饲料中的精饲料主要是豆（或豆饼），大多产自农户自家田地。这些豆（榨为豆饼后）是农家自产肥料的来源之一，现在用来作饲料并转化为畜肥，因此应当从上述自产肥料中扣除，以免重复计算。从下文可见，一头耕牛每年需精饲料合豆670斤，而一口猪每年需精饲料合豆饼250斤。不过明末水稻区所产糠秕尚足以养猪，因此一般无须喂豆饼。把上述精饲料摊到农户所种之田上，情况即如表7-21：

表7-21　家畜精饲料按田地平摊（折饼斤数）

地区	明末					清中叶			
	每个农户平均拥有家畜数量（头）	每头家畜一年精饲料用量（斤）	每个农户平均种田数量（亩）	每亩耕地平摊家畜精饲料（斤）	每个农户平均拥有家畜数量（头）	每头家畜一年精饲料用量（斤）	每个农户平均种田数量（亩）	每亩耕地平摊家畜精饲料（斤）
水稻区	牛0.2	630	20	16	牛0.2	630	10	38
	猪1	0			猪1	250		
蚕桑区	牛0.05	630	10	28	牛0.05	630	10	28
	猪1	250			猪1	250		
棉区	牛0.2	630	10	38	牛0.2	630	10	38
	猪1	250			猪1	250		

把表7–20与表7–21合并，即可得知江南肥料供求产需的实际状况（表7–22与表7–23）。

表7-22　江南肥料供求产需状况（二）（折饼斤数）

	明末				清中叶			
	肥料亩产量*	肥料亩用量	供求产需盈缺	产/需	肥料亩产量*	肥料亩用量	供求产需盈缺	供/求产/需
水稻区	106	127	−21	83%	143	196	−53	73%
蚕桑区	149	165	−16	90%	159	319	−160	50%
棉区	125	112	+13	112%	147	179	−32	82%
全江南	112	129	−17	87%	145	207	−62	71%

*用表7–20中肥料亩产量减去表7–21中家畜精饲料亩平摊数而得。

表7-23　江南地区肥料供求产需状况（三）

	耕地总数（万亩）	肥料亩产量（折饼斤数）	产肥总产量（折饼万担数）	肥料亩用量（折饼斤数）	肥料总用量（折饼万担数）	供求产需总盈缺（折饼万担数）	供/求产/需
明末	4,878	112	5,463	129	6,293	−830	87%
清中叶	4,878	145	7,073	207	10,097	−3,024	71%

从以上几表中，至少可以得出以下两个结论：

1. 江南肥料供求产需状况前后变化很大。明末肥料总产量尚相当于总用量的87%，而清中叶则仅为71%，尽管清中叶肥料总产量比明末多出三成。这表明江南自明末已开始出现缺肥的问题，而到清中叶此问题已十分严重了。

2. 各个作物区肥料供求产需状况有颇大差异。明末棉区肥料可以自给而略有余，而稻、桑两区则已缺肥。到了清中叶各区都缺肥，其中蚕桑区缺肥竟然高达一半，水稻区则达四分之一，棉区略好些，但也达到七分之一。

这两个结论是否能够成立，下面即用史料进行证明。

1. 明末江南许多地方仍然实行一年一作制，而在这种种植制度下，不仅无须为春花作物施肥，而且由于耕地能休耕，地力可得颇大程度的恢复（用明末江南的农谚来说，就是"歇田当一熟"），所以来年种稻时可减少施肥。这样一来，明末江南农田亩均用肥量以及由此而得到的用肥总量就会比我们在前面所得到的数字要低。其次，明末江南缺肥达一成四，虽然这个比例已不低，但明末江南肥料总产量（折饼5,463万担）仅为清中叶肥料总产量（折饼7,073万担）的77%，说明明末江南肥料生产尚有潜力可挖掘。此时所缺

第七章　肥料问题　371

之肥878万担（折饼），通过搜集城镇人畜粪便、多种绿肥、多养猪等方法，应在颇大程度上能够弥补（详后）。出于上述两方面的原因，明末江南肥料短缺的实际数量，就比表7-23所示要少许多。也正因如此，明末江南当然也没有必要大量从外地输入肥料了。事实也正是如此。明代江南有一些输入豆和豆饼的记载。例如早在正德时代，江阴每年都有"数百人往衢州、长沙、南阳、川巴等处收买棉花、豆、炭、麻饼等物"。①万历时，"商人从北路夏镇、淮阳、楚湘等处贩豆来此［嘉兴府崇德县石门镇］作油作饼"。②天启时，南京"豆商辏集，贸豆甚便"。③顺治十二年苏州浒墅关的货物则例"加补料"项内有诸色豆与诸色饼，可见是从江西方向输入。④此时天下甫定，钞关则例多依明季成法，此项规定亦当系明代之旧。若然，明末外地豆与饼已有经浒墅关输入江南腹地。这些史料，都说明明代江南有豆与饼的输入。

但是如果我们认真分析一下以上材料，就会发现：首先，江南虽然很早就用麻饼作肥料，但麻饼从来都不是江南使用很多的饼肥，因此，正德时江阴纵有输入，其量肯定也不多。其次，明代江南输入豆，主要是为榨油食用。⑤榨油所得副产品，当然也可用来做肥，但获取豆饼不是从外地购入豆的主要目的。江南以食菜油为主，而且自己也出产一部分豆油，因此对豆油的补充需求量有限。若为得油而输入豆，其数必然不多。再次，明末江南一些地方（主要是蚕桑业发达的湖州）盛行买豆饼喂猪。例如湖州琏州经营地主

---

① 正德《江阴县志》卷七"商风"。
② 道光《石门县志》卷二十四"补遗上"引万历新志"丛谈"。
③ 王象晋：《东南赋役独重疏》（收于《天下郡国利病书》卷十八"江南六"）。
④ 《浒墅关志》卷五"则例"。浒墅关的"补料"系自江西方向来，但未在九江关纳税的商船所补纳之船料。见《浒墅关志》卷四"榷税则例"。
⑤ 吴承明先生指出，明代外地豆运到石门镇加工不合算，不如运油来（见许涤新、吴承明《中国资本主义的萌芽》，第347页）。可见主要是为得油。

沈氏养的猪，主要就是靠买豆饼喂养。①张履祥也听得湖州乡下老人告诫孙子说："猪买饼以喂，必须资本"，不如养鱼合算。②因此有一些外地豆饼输入，并不意味着都拿来壅田，也不意味着其数量很大。如下文所述，明代江南大多数地方一个农家所生产的米糠喂养1.5头猪是够用的，所以不必购买豆饼喂猪。③最后，明代向江南输出豆或饼的地方，主要是长江沿岸。而由于各方面的条件，长江沿岸历来产大豆并不多，因此不可能大量地向江南输出豆。弘治时，江宁"民贫，粪不足，虽有年亦鲜获"。④江宁在长江边，交通方便，如有大量外地豆饼沿长江贩运到江南，江宁情况就不至如此了。由此可见，上引正德江阴豆与饼输入，数量确实不大。大概正是出于以上原因，所以我们迄今还没有看到明代大量输入豆或饼（特别是后者）的明确记载。相反，我们倒发现了江南豆输往浙东，供浙东作肥的材料。例如据万历《龙游县志》卷三"物产"载，该县豆"籴于浙西"，买来后"刈腐作肥种"。当然，这种输出的数量也不会很大。总而言之，明代江南虽有一些豆与豆饼的输入，但数量不大，不足以对江南肥料供求关系发生重大影响。

清代情况与明代大不相同，由于缺肥严重，不得不从北方大量输入豆饼与大豆。详细情况，我们在下一节中还要讨论。

总而言之，从史料来看，明末江南已开始出现缺肥，而清中叶江南缺肥已十分严重，从而证明上列第一个结论可以成立。

2. 清中叶江南稻、桑、棉三个作物区都缺肥，而以桑区最严

---

① 参阅《补农书研究》，第189—190页。
② 《补农书》"补农书后"。
③ 如前所述，明代后期一个种稻农户一般种田20亩。而如后文所述，一亩水稻一般可产米糠100斤，够一头猪吃25日。20亩水稻所产，即够1.4头猪吃一年。连上该农户种的豆类与沍水等，养1.5头猪是可以做到的。
④ 弘治《江宁县志》卷三"葡亩"。

第七章 肥料问题　373

重，稻区次之，这在史料中亦不乏证据。例如乾隆时水稻产区江阴县"壅田之本，屑豆饼者十之六，用灰粪者十之三，罱河泥者十之二"。①但江阴本地出豆饼不多，主要靠外地输入。同治以后，外地豆饼输入剧减，立给江阴农民造成极大困难："农夫粪田以饼为常事。近来……田中窖壅势难，摈而不用，无如［饼］来数甚少，比较往年贩运而来者，只得十分之三，价亦因之大涨。市中出售，计豆饼每担需洋蚨一元六角。青青秧苗，向待滋培，小民大为拮据云。"②可见若非外地豆饼的输入，江阴早就缺肥了。又如蚕桑区的吴江县（及由吴江析出的震泽县）与湖州，情况更为明显。据康熙二十四年《吴江县志》卷五"风俗"载："邑中多瘠田，故当春初，农人皆罱湖之泥以壅之，……至夏末复市麻饼加焉，计其费率与藁值相当，否则收必薄也。"乾隆十二年《吴江县志》卷三十八"生业"及乾隆十九年《震泽县志》卷二十五"生业"记载与此略同，但后句作："……夏市豆饼或麻饼加焉，否则收薄。在昔饼之直贱，计费率与藁值相当。今饼直视前日增，藁值不能偿也。"咸丰《南浔镇志》卷二十一"农桑"引用《吴江县志》中"在昔饼之直钱，计费率与藁值相当……"这段文字后加注："今稻草价日昂，盖由于此。"这段文字的不断修增颇有深意。由此我们可以得知：康熙时吴江一带已缺肥，但还不严重，故农民购买一些麻饼作补充就够了，价格也还不太高。至乾隆时，缺肥已相当严重，农民必须购买豆饼（因为麻饼数量不可能很多），而且由于供不应求，豆饼价格不断上涨。到了道光末年，湖州乌程、归安一带不仅饼价高昂，而且带动稻草价也日涨（因为稻草也可以作肥）。这表明蚕桑区的缺肥现象在日

---

① 乾隆《江阴县志》卷三"风俗"。
② 《益闻录》光绪十九年癸巳五月二日《妯娌峰青》（足立啓二：《大豆粕流通と清代の商業的農業》，《東洋史研究》第37卷第3號）。

益加重。许旦复《农事幼闻》说道光时的湖州，"下壅，富家多用豆饼；……贫家力不能饼，则用猪羊栏中腐草"。同时期的苏州农村，情况亦相似。袁学澜说："今吴俗用麻豆饼为粪壅"，特别是"七月半后，耕耒毕，禾黍勃兴，用灰粪或麻豆饼撒入田间"，作为追肥。但总的说来，"吴地农家，大率用人畜粪为多。间用竹罱捞取湖泥，满载至垄畔，曝干和以水草，俟其腐烂，以为壅田之需"，"山田粪以石灰，圩田多以粪秽杂物"。① 可见虽有大量豆饼输入，然由于供求关系，缺肥以及由之引起的饼价高涨现象仍然相当严重。

另一方面，在棉区，由于肥料供求产需差距相对较小，所以较少见到缺肥的记载。从表7-10和表7-6我们可以算出在棉区棉田与稻田的亩均用肥量、亩均绿肥与饼肥产量（粪肥产量固定，故可不考虑）。计算结果见表7-24。

表7-24　棉区肥料供求产需状况

	明末			清中叶		
	亩均绿肥、饼肥产量（折饼斤数）	亩均用肥量（所饼斤数）	盈缺情况（折饼斤数）	亩均绿肥、饼肥产量（折饼斤数）	亩均用肥量（折饼斤数）	盈缺情况（折饼斤数）
棉田	44斤	107斤	-63斤	72斤	176斤	-104斤
稻田	55斤	118斤	-63斤	68斤	188斤	-120斤

也就是说，在清代江南东部（松江、太仓）的种植制度下，虽然种一亩棉所施的肥比一亩稻多，但与其他作物组合后，棉田

---

① 《吴郡岁华纪丽》卷二"罱泥"，卷七"搁稻天"，卷十"获稻"。

第七章　肥料问题　375

实际缺肥反而比稻田少一些。因此棉田面积的扩大,有助于减轻肥料的紧缺。高晋说松太等地"并非沙土不宜种稻,盖缘种棉费力少而获利多,种稻工本重而获利轻。小民惟利是图,积染成风;官吏视以为常,亦习而不察"。①种稻多费工本的原因,高晋已说到是灌溉问题,但实际还有肥料问题。因为松太种棉之地,真正不能灌溉者是少数,多数是因为"田间支河汊港淤塞",故"艰于车水,工本不无多费"。但淤塞水道可以开挖修复,灌溉问题不是不能解决。之所以如此,另一个重要的原因恐怕是沙土种稻,需要肥料比种棉多。钦善说清代中期松江棉农"冬沉雪子,春涩饼钱,窖粪如金"。②他们决定作物种植品种时不会不考虑肥料问题,因为肥料价值是生产成本中最主要部分之一。松江、太仓一带农民的这种选择,减轻了这个地区对肥料的需求程度,从而这个地区缺肥问题不如上两个地区严重,是很自然的。

总而言之,上面提出的两点结论,与明清江南实际情况相符,因此是能够成立的。这两点结论归结为一点,就是由于明清江南农业的发展,本地肥料生产量的增长赶不上肥料需求量的增长,因而出现了供求产需之间的不平衡,生产量低于需求量,亦即肥料短缺。

很明显,由于肥料在明清江南农业发展中扮演着极为重要的角色,因此肥料短缺将会对江南农业造成严重损害。但事实上,虽然在一些地方肥料短缺已影响到了生产,③然而整个地说,明清时期江南农业的发展并未因肥料短缺遭受严重损害。换言之,江南找到了解决肥料短缺的办法,从而相当成功地克服了这一障碍。

---

① 前引高普《海疆请禾棉兼种疏》。
② 前引钦善《松问》。
③ 例如在康熙时代的湖州府乌程、归安、德清三县,本地肥源不足,须购买饼肥,"有资者再粪,亩获二石,无资者一粪,获不及焉"(凌介禧:《程安德三县民困状》)。

二、进一步开发本地肥源

明清江南解决肥料短缺的办法,不能够脱离当时当地的物资条件。在这个物资条件允许的范围之内,解决办法有以下几种。

第一,充分开发城乡人粪肥源。

人粪始终是江南肥料供应中最主要且最稳定的来源之一。充分开发人粪肥源,包括两个方面:一是加强收集,增加数量;二是加工制作,提高质量。后者我们在本章第一节中已讨论过,兹从略。这里仅就城乡人粪的收集问题作一说明。

农村人粪的收集,《陈旉农书》已提到。[①]王祯、袁黄也说元、明两代的江南农家"各家皆置坑厕,滥则出而窖之,家中不能立窖者,田首亦可置窖,拾乱砖砌之,藏粪于中"。[②]但事实上一直至明代后期,江南许多地方对人粪的收集工作做得还很不够,使许多人粪白白浪费掉。到了清初,情况发生很大改变,人粪的收集受到高度重视,以致有人不惜斥重金在农村兴建公厕,以收集人粪。清初酌元亭主人所作小说《掘新坑悭鬼成财主》,[③]大概是中国文学史上唯一的一篇以厕所为题材的作品。通过这篇作品,我们可以对清初湖州农村肥料问题(特别是农村人粪的收集),获得生动而直观的了解。兹不避烦碎,将有关内容摘引如下:

湖州乌程县义乡村,位在"山凹底下"。"那些种山田的,全靠人粪去栽培。又因离城穹远,没有水路通得粪船,只好在远近乡村田埂路上,拾些残粪。这粪倒比金子还值钱。"村中有一穆太公,"想出一个较策来,道:'我在城中走,见道旁都有粪坑。我们

---

① 《陈旉农书》"粪田之宜篇"。
② 《王祯农书》农桑通诀集之三"粪壤篇";《了凡杂著》卷五《劝农书》。
③ 收于酌元亭主人《照世杯》,上海古籍出版社,1985年排印本。

村中就没得，可知道把这些宝贝汁都狼藉了！我却如今想出个制度来，倒强似做别样生意。'随即去叫瓦匠，把门前三间屋掘成三个大坑，每一个坑都砌起小墙隔断，墙上又粉起来"；"又分外盖起一间屋，掘一个坑，专放妇人进去随喜"。盖好后，穆太公"忙到城中亲戚人家，讨了无数诗画斗方，贴在这粪屋壁上"。又请镇上塾师，为粪屋命名"齿爵堂"。装修毕，"恐众人不晓得"，央塾师书写海报百十张，大书"穆家喷香粪坑，奉迎远近君子下愿，本宅愿贴草纸"，四处粘贴。消息传出，"那乡间人最爱小便宜，……见有现成草纸，怎不动火？又且壁上花花绿绿，最惹人看。登一次新坑，就如看一次景致。莫讲别的，只那三间粪屋，粉得雪洞一般，比乡间人卧室还不同些"。于是"老老幼幼，尽来鉴赏新坑"。穆太公"每日五更起床，给放草纸，连吃饭也没工夫。到夜里便将粪屋锁上，恐怕人家偷粪换钱"。因有粪，"一时种田的庄户，都来他家趸买，每担是价银一钱。更有挑柴、运米、担油来兑换的。太公以买粪坑之后，倒成个富足人家"，号"新坑穆家"。后来村中有人与穆家作对，另建一坑"抢生意"，于是酿成人命案。

从这个故事我们可以看到：清初以前，湖州农村肥料供应状况较好，即使是像义乡村这样无外来肥料补充的村庄，肥料也尚未感短缺，所以村中人粪，未被很好收集利用。但至清初，肥料开始紧缺，因而农村人粪被高度重视，以致像穆太公这样的悭吝鬼也不惜重金兴修公厕，把收集人粪当作"生意"来做，而且还发了财。清初以后，肥料短缺日愈加剧，因此农村人粪的收集当更为充分。在这样的情况下，虽然农村人粪肥的总量会随着农村人口的增加而相应增加，但本章第二节在计算每亩农田可得到粪肥的数量时，实际上假定农户全部人粪肥都被利用。因此在农村已无多大潜力可挖掘。

但是城镇人粪肥资源开发又另是一回事。徐光启说："田附廓多肥饶，以粪多故。村落中民居稠密处亦然。凡通水处多肥饶，粪壅便故。"①明清江南人口城市化程度颇高，清中叶城镇居民在全部人口中所占的比例依前所述以20%计，约为530万。②按照前面的人均粪肥产量标准，可年产粪肥3,339万担，折饼334万担，是一个相当大的潜在肥源。

要把城镇人粪肥搬运下乡，需要两个方面的工作：一是在城镇加强收集，二是做好运输工作。在江南，这两方面的工作很早就已开展。本章第一节所引《梦粱录》卷十三"诸色杂买"条与"河舟"条都反映了南宋时杭州的人粪收集与搬运出城的情况。不过这只限于杭州这样的大城市，其他中小城市情况如何不得而知。此外，这些人粪是作为废物搬运出城，但出城后如何处理，情况也不很清楚。③到了明清，城镇人粪肥（以及少量畜粪肥）的收集、运输工作显然又有改进。例如在收集方面，不仅有"挑粪担的，每日替人家妇女倒马桶，再不憎有半点憎嫌，只恨那马桶里少货"，而且城中"道旁都有粪坑"（公共厕所）。④这种粪窖还租给乡下富农，被后者视为"根本之事"。⑤此外，清中叶苏州还备有专船，"挨河收粪"，包世臣建议南京亦仿效之，将所收之粪卖与农民。⑥在运输方面，有专业的粪船，"粪舡上的人，饮食坐卧，朝夕不离，还唱山歌儿作乐"。⑦运载粪肥时，如何装载过坝，方能减少损失，

---

① 《农政全书》卷七《营治下》。
② 参阅本书第三章第一节。
③ 这些粪便搬出城去是否作肥料用，未有记载。程珌《洺水集》说衢州、婺州人用城市垃圾作肥，但杭州属县富阳县就不如此，故江南实际情况如何尚待考。
④ 前引《掘新坑悭鬼成财主》。
⑤ 《沈氏农书》"运田地法"。
⑥ 《安吴四种》卷二十六《齐民四术》卷二农二《苔方葆岩尚书书》。
⑦ 前引《掘新坑悭鬼成财主》。

亦有一定之规。①明清江南城镇分布广，水路运输方便，这都是宋元所不能比拟的。明清江南开发利用城镇人粪（以及畜粪）资源条件更好，因此城镇粪肥大量运到乡下，成为农村肥源的重要补充。

第二，发展畜牧业，增加畜粪肥生产。

一头牛年产粪量15倍于人，猪6倍于人，羊2倍于人。多养牛、猪、羊，自然能大大增加肥料供给。但是从明清（特别是清中叶）江南各方面的条件来看，这个办法是行不通的。

饲养家畜要饲料。饲料可取之野生植物，但至明代，江南可耕地也开垦殆尽，野生饲料基地随之消失，②因此不能再采用此法。明代中叶人诸葛升说："江南寸土无闲，一羊一牧，一豕一圈。喂牛马之家，鬻刍豆而饲焉。"③因此发展畜牧业，实际上就决定于饲料（主要是人工种植的饲料）的供给量。

1. 养牛：徐光启说：牛，"冬月以棉饼饲之"。④包世臣说："冬月，仍时以干桑叶和麦麸，剉草剉豆其饲之。"⑤姜皋则说：耕牛"自四月至九月不须上料，但得一人斫青草饲之；九月以后，每日饲以棉花核饼两张，稻草三十斤。统计之，亦日须七八十钱也"。⑥但是在夏秋农忙时，仍须喂精饲料及盐，以补充耕牛体力消耗。

耕牛的精饲料喂量，唐代的规定是每日给豆半斗，喂青草日减半，⑦折为明清量制，合每日约3升和1.5升，或4斤与2斤。⑧元代的

---

① 《沈氏农书》"运田地法"。
② 参阅《补农书研究》，第243、244、250页。
③ 诸葛升：《开荒十议》（见《农政全书》卷八农事"开垦上"）。
④ 《农政全书》卷四十一牧畜"牛"。
⑤ 《安吴四种》卷二十五《齐民四术》卷一农一下"畜牧"。
⑥ 《浦泖农咨》。
⑦ 《大唐六典》卷十七"典厩令"，并参考仁井田陞《唐令拾遗》第696页。
⑧ 明清制1斗等于唐制1.75斗，元制1斗等于唐制1.61斗（见李伯重《唐代江南农业的发展》，第12页），大豆1斗重14斤（见陈恒力、王达《补农书研究》，第13页）。

规定则是"牛一具三只,每日前后饷约饲草三束,豆料八升"。①即每牛每日给豆料2.7升,约当明清制2.5升;按重量计则为3.5斤,介乎唐代两个标准之间,应较合理。姜皋说耕牛冬春两季每日喂棉籽饼2张,但未说重量。兹以元代规定每日喂豆3.5斤计,则半年要喂豆630斤。若加上农忙时节加喂的精饲料,其数还更多。如前所述,明清江南每亩产豆饼130斤(一作)或菜饼50斤。换言之,仅为供给一头耕牛冬春两季所需的精饲料,就需5亩大豆或13亩菜籽。

据姜皋所言,耕牛四至九月饲青草。日喂几斤,姜氏未说,但可以肯定在60斤以上。②姑以每日60斤计,180天即需稻草约11,000斤。靳辅说:康熙时"淮徐凤阳一带之民,全不用人力于农工。……惟刈草以资生者,比比皆是。……大抵每地一亩,其岁所产之草,茂者可能千斤,稀者可得四五百斤"。③以茂者计,则一牛需天然牧场11亩。江南没有天然牧场,若改喂紫云英,紫云英亩产2,000斤左右,也要5.5亩才够一牛。而5.5亩紫云英,在道光时的松江,仅草籽就要2.5斗左右,价750—1,750文之间,更不说5.5亩花草可产绿肥82.5担,可敷5.5亩水稻施肥之用(以中下农户用肥量计)。至若像第五章第三节中讲到的震泽、南浔等地油坊主远道至太湖洞庭东山采购菱草作牛饲料,其费更大。而且,就是菱草一类的野生水生植物,数量也很有限。张履祥在《补农书后》说:"吾地无山,不能畜牛。亦不能多畜羊。"就是因为青饲料难以解决。此外,耕牛有180天要喂稻草,每日30斤,共计5,400斤。而一亩水稻

---

① 元代大司农司纂《农桑辑要》卷七"孳牧篇"。
② 据前引《浦泖农咨》,牛在冬春两季每日喂棉饼两张,稻草30斤。青草水分多,热量低,光喂青草,喂量至少应为喂干草之倍(况且干草之外还有棉饼)。
③ 靳辅:《生财裕饷第一疏》(《皇朝经世文编》卷二十六"户政")。

仅可产草500斤左右。①亦即一头牛半年所食稻草要10亩水稻供给稻草。可是如第五章第三节所说，江南燃料不足，稻草大部分要拿去供炊爨之用，不能拿来喂牛。

当然，在一定的限度之内，江南的青饲料和稻草等还可维持一定数量的牛数。但要扩大养牛，却是条件所不允许的。也正因为如此，明代后期的《致富奇书》（木村蒹堂本）的"牧养致富"篇，竟是只将养鱼、羊、猪、鸡、鹅、鸭作为农村畜牧养殖业的内容，而完全不提养牛。

2. 养羊：羊也吃草，情况与牛相似，故张履祥说桐乡无山，"不能畜牛，亦不能多畜羊"。《便民图纂》说羊也须喂少量豆等精饲料。但实际上明清江南很少如此，故张履祥干脆说："喂猪须资本，畜羊饲以草而已。"②羊饲料喂量，《沈氏农书》"蚕务（附六畜）"中有精确计算，大约每头湖羊每年吃草680斤，枯桑叶680斤。而据现代调查，嘉湖地区一头羊每年要越冬饲料500斤，其中干草300斤，枯桑叶200斤。又，每亩桑地晚秋可得枯桑叶100—200斤。③也就是说，一头羊的饲料（按《沈氏农书》计），须桑园4.5亩供给枯桑叶，另加天然牧场0.7亩或花草0.3亩供给青饲料。正因如此，明末归安琏市一带已无足够青草与枯桑叶，沈氏不得不到崇德、桐乡一带去买草，到海宁长安镇买枯桑叶。但是崇德、桐乡、海宁等地草、叶资源也不丰富。如果本地农户养羊更多一些，也就无余草余叶可卖了。事实也正是如此。张履祥《补农书》成书距《沈氏农书》成书不过十数年，然而《补农书》已说明桐乡无山不

---

① 《补农书研究》第251页。
② 《补农书》"补农书后"。
③ 前引《嘉湖蚕桑资料》（近代篇）。

能畜羊,可见自然草资源基本已耗尽。整个江南情况亦相类。①当然,若田地宽裕,也可以种植饲料养羊,《致富奇书》(木村蒹堂本)牧养致富篇说:"羊一千口者,三四月中种大豆一顷,杂谷并草畜之,不须锄治,八九月中刈作青茭。若不种谷豆者,初秋草实成时,收刈杂草,薄铺使干,勿使郁浥,至冬风雪、春初雨落时则饲之。"但是,从清代江南的人地比例情况来看,种植饲草不很现实。因此要多养羊以增加肥料产量,十分困难。

3. 养猪:猪是杂食性家畜,饲料不局限于某一种。明代以前,江南养猪大约以野生饲料为主,所以《王祯农书》卷五农桑通诀集畜养类第十四"养猪"条说:"江南水地多湖泊,取近水诸物,可以饲猪。"张履祥说"莽乡多羊豕",②也是同样意思。然而,到了明代,由于野生饲料的消失,猪数大量减少,在嘉湖的一些地方,甚至一度灭迹。③到了明末,开始使用豆饼喂猪,④养猪才慢慢增多。清代豆饼大量输入,猪的总数肯定也比明代末期多,因此猪粪在生产中的地位也日益突出。《沈氏农书》"蚕务(附六畜)"说:"种田养猪,第一要紧。"《浦泖农咨》说:"养猪乃种田之要务也。"明代湖州农谚说:"养了三年无利猪,富了人家不得知。"⑤清代松江农谚则说:"种田不养猪,秀才不读书";"棚中猪多,囷中米多"。⑥这些都表明:明末以来江南农村确实是把养猪当作增产肥料的重要

---

① 陈恒力先生说:"江南平原因为未耕地垦尽,家畜自然饲料基地消失,自明代起,牛只逐渐减少。湖羊冬季有枯桑叶当饲料,夏季饲料就感困难。"参阅《补农书研究》,第243、244、250页。
② 张履祥:《杨园先生全集》卷四十七《训子语上》。
③ 《补农书研究》,第250—251页。
④ 除了《沈氏农书》外,《天工开物》膏液第十二卷"油品"也记载了明代江南用豆饼喂猪。其文曰:黄豆,"吴下取油食后,以其饼充豕粮"。
⑤ 《沈氏农书》"蚕务(附六畜)"。
⑥ 《浦泖农咨》。

手段之一。

但是，扩大养猪同样受到饲料供求关系的制约。用野生饲料喂猪已不可能，可用饲料就只有如《浦泖农咨》所列举的米糠、豆饼与豆渣了。米糠是水稻生产的附产品，每亩稻大约能产糠100斤，而每头猪每天至少要吃糠4斤。[①]清中叶全江南农户平均种田10亩，[②]所产米糠仅够一头猪吃250日。另外麦麸够吃9日，米糠麦麸合计喂260日。[③]余下100日须喂豆饼。猪日均食豆饼量，据《沈氏农书》"蚕务（附六畜）"，小猪每头每日约1.7斤。[④]据《浦泖农咨》中数字计算，每猪每日食饼约2.5斤。[⑤]兹据后说，一猪100日需250斤，即2.5担。其时稻田后作种大豆，每亩可产豆饼130斤。亦即2亩大豆之收获方可供一猪。如果再多养猪，则本地米糠、麦麸已用尽，[⑥]只能净喂豆饼。而尽用豆饼养猪，一则农户已无更多田地种豆，二则只喂豆或豆饼，养猪成本太高。早在明末，《沈氏农书》就说这样养出来的猪，卖肉所得收入，仅当饲养成本的4/5，

---

① 参阅《补农书研究》第250页与《补农书校释》第90页。前书说每猪日食糠10斤。又，据《浦泖农咨》计算每猪每日食糠8—9升，因此看来不会食糠10斤。后书说4斤。不过后一数字有明确调查时间地点，又是所有猪平均数，故从之。
② 兹按"户耕十亩"的说法泛言之。如前所述，这种说法最早出现于万历时代的湖州，尔后是清初的嘉兴。到了康熙时代，扩大到苏、松（见尹会一《敬陈农事四疏》，收于《皇朝经世文编》卷三十六"户政十一"），乾隆时代更延及全江南（见张海珊《甲子救荒议》，收于《皇朝经世文编》卷四十三"户政十八"）。虽然在蚕桑区与棉区有相当一部分耕地用于种桑、棉，但整体而言，江南一个农户平均种稻10亩应是很普遍的。
③ 10亩稻田，后作种麦以2.5亩计。麦亩产1石（《浦泖农咨》），重140斤（《补农书研究》，第13页），可出麸约14斤（天野元之助《中国农业史研究》，第1044页）。2.5亩共产麸35斤，够一猪吃9天（每日食4斤）。加米糠喂250日，共259日，兹以260日计。
④ 《沈氏农书》中母猪每日吃饼3.3斤，但那是怀孕期情况，比较特殊，兹不取。
⑤ 猪食费每日50—60文。豆饼每斤20余文，大约合2.5斤。
⑥ 而且每猪平均每天喂糠4斤，已是一种"穷养猪"的饲料喂量（《补农书校释》，第90页），不可能再减少了。

384　发展与制约：明清江南生产力研究

"亏折身本，此其常规"。①而在清中叶的松江，虽然米糠、豆渣杂用，但养猪亦"无亏无赢"。②在这种情况之下，再多养猪就意味着更大的亏本。

此外，无论养牛、羊、猪，都要大量垫圈稻草。包世臣引农谚说："畜生不要好，只要窝干食饱。"因此应"每夜以草铺［牛］栏，厚五六寸，食之余，践以为粪。常以草复粪，毋令粪贴牛身"。③垫草用量甚为可观。羊的垫草，平均每头每年要360斤，猪则平均每头每年用600斤。④这些加起来，数量也惊人。前引咸丰《南浔镇志》说豆饼涨价引起稻草也涨价；《浦泖农咨》则说松江农民干脆不用稻草而用稻草灰垫猪圈，而每担猪践（猪灰）所用稻草灰价格也达到50—60文之多，占该担猪粪价钱的1/2至2/3。这当然也就使得通过多养家畜来增加肥料愈加困难。

第三，多种花草，多罱河泥，多收垃圾。

花草每亩可产绿肥10—15担，够中下农种稻一亩的总肥量。多种花草，确实不失为解决肥料短缺的好办法。因此《沈氏农书》"运田地法"说："花草亩子不过三升，自己收子，价不甚值，一亩草可壅三亩田［作追肥］。今时肥壅艰难，此属最为便利。"在清中叶的松江，上农普遍种花草在稻田基肥，而且花草似乎是水稻后茬作物中最受重视的作物。因此《浦泖农咨》说："吾乡春熟者，除红花草外，蚕豆、油菜为多。"但是，多种花草却面临着一个难以克服的障碍，即种花草要占用耕地，而耕地在清代的江南早已没有空闲。即使把花草作为稻、棉等主要作物的后茬来种植，也意味着

---

① 《沈氏农书》"蚕务（附六畜）"。
② 《浦泖农咨》。
③ 《安吴四种》卷二十五《齐民四书》卷一农一下"畜牧"。
④ 据《沈氏农书》"蚕务（附六畜）"计算。

要挤掉麦、豆、油菜的种植。在明清江南,这是很不现实的。张履祥说:"吾乡春花之利居半。"故蚕豆、小麦的种植必须重视。[1]姜皋说:"[蚕豆]自湿至干皆可为粮,以补无米者之饱;菜则收子打油,自用外,可粜卖之作种田之工本。"种麦从经济上来说不很合算,但"青黄不接,无米可炊者,麦粥麦饭,终胜草根树皮"。[2]因此农民不能不种麦、豆、油菜。另外,江南春花例不纳租,佃农为增加收入,也尽量多种麦、豆、油菜。在这种情况下,要进一步扩大花草种植,显然不可能。

河泥经加入杂草腐熟,肥力可抵绿肥之半。[3]多罱河泥,是增加肥料供给的重要手段。早在万历时代的嘉善,"捞泥粪田"已被视为"农家本务"。[4]《沈氏农书》"运田地法"也说:"古人云:'家不兴,少小齐。桑不兴,少河泥。'罱泥第一要紧事。"在沈氏的农作日程中,除四、六两月外,每月都有罱泥工作。他还指出:"人家雇长年,天雨无生活可做,不得已而垦田。若有船可以罱泥,定须开潭罱泥,消磨雨工。其田地生活,必须晴天方做。"可见明末湖州上农已将多罱河泥作为解决肥料短缺的主要方法之一。到了清代中期,河泥的使用更为普遍,并且被视为粪肥的替代物。[5]然而多罱河泥,也有其困难。姑且不说是否各地都有泥可罱,[6]也不论一个地方是否可无限制地罱泥,[7]更不用说大量罱取河泥会导致"傍河田地渐积高

---

[1] 《补农书》"补农书后"。
[2] 《浦泖农咨》。
[3] 《浦泖农咨》。
[4] 支大纶撰《支华平先生集》卷二十二《放生河约说》。
[5] 袁学澜《罱泥诗》说:"田禾须培壅,河土可代粪。捞泥必及时,农工纪吴郡";钱载《罱泥诗》也说:"吴田要培壅,赖比[河泥]粪可成"(俱载于《吴郡岁华纪丽》卷二"罱泥"),都表明河泥在清中时苏州农田用肥中的地位。
[6] 例如前引《掘新坑悭鬼成财主》中的义乡村,就因是山村而无河泥可罱。
[7] 陈恒力先生指出:"今年尽量捞河泥,可产一千船,明年后年继续捞,能否永远保持这个数字?这是一个问题。"(参阅《补农书研究》,第255页)

阜，旱涝不堪车戽"，"地面越高，池溇越少"，①影响农田生态，仅就人工而言，就是大问题。罱河泥耗人工颇多。像沈氏桑园每亩施用河泥量仅为德清县1964年平均亩用量的54%—72%，就已用人工18个，占全年桑园每亩人工投入量的1/3以上。若是增至德清水平（以中数计），人工相应要增至29个，即增加61%。大量增加罱泥人工，必然会相应减少其他农活或工副业生产中的劳动投入，从而打乱农民的生产秩序，影响整个农业生产及农家工副业生产。其次，多施河泥，效果如何，也还是问题。据陈恒力先生调查，1950年代中期嘉兴县建成农业生产合作社，农民"因没有其他肥料来源，只有在捞河泥上面打主意"，"一年劳动时间有60%花费在捞河泥和运送河泥上"。嘉湖其他农村情况当也相似。但在丰收的1955年，嘉兴、桐乡主要作物亩产量仍还达不到《沈氏农书》和《补农书》的亩产纪录。②因此我们可以说，罱河泥在补充清代江南肥料短缺方面的作用是十分重要的，但不可能从根本上解决问题。

  垃圾也是肥料不足时的重要补充之一。《补农书》附录《雍田地定额》说："粪有限，垃圾无限；粪不足，以垃圾补之。"但事实上，垃圾并不是无限，而且明清江南所说垃圾，主要是指畜圈垫草，本书已将其计入粪肥之中。③因此所能增加的数量，应当很有限。城镇也产一些垃圾，不过总量不会很多。

  这样，我们可以看到：以上各种方式中，仅有开发城镇人粪肥源和多罱河泥两种，可以较多地增加农村肥料供给，但是也不能从根本上解决肥料紧缺问题。因此，唯一可以从根本上解决问题的办法就是，而且只能是从外地大量输入肥料。

---

① 参阅滨岛敦俊《土地开发与客商活动——明代中期江南地主之投资活动》。
② 《补农书研究》，第255页及第2章。
③ 详见本书第三章第一节。

三、豆饼输入

在各种传统肥料中，唯一能够长途运输的，只有饼肥。而在当时中国的农业中，唯一可以大量生产的饼肥又只有豆饼。[①]因此豆饼或者豆（用以榨饼）的输入就成了清代江南解决缺肥问题的唯一出路。

很明显，江南要大量输入豆饼或豆，除了自身强劲的需求外，还要具备两个条件：第一，江南以外地区有豆饼或豆的大量生产；第二，江南与产地之间有便利的交通条件，可以廉价而大量地运送豆饼或豆。

关于第二个条件，我们从下章所作分析中可以看到：最佳的运输方式是海运，其次是长江船运，再次是大运河船运。其他方式（如陆运等），则对豆饼或豆贸易意义不大，因为对于像豆饼或豆这类价值低、重量大的货物来说，长途陆运从经济上来说很不合算。

根据以上运输条件，可以大量运豆饼或豆到江南的地区，大致是沿海地区、长江沿岸地区和大运河沿岸地区。其中，南方沿海地区（浙东、福建、广东）大豆种植很少，而且本身农业生产集约程度较高，需肥量很大，不仅不可能输出肥料，相反倒需要输入。[②]长江沿岸情况好一些，但由于自然条件及耕作制度等，大豆种植也不很多，仅可有少量输出。因此可以向江南大量输出豆饼或豆的，实际上就只有大运河沿岸各地及沿海的山东东部、江苏北部和辽宁

[①] 在可制作饼肥的各种作物中，棉、油菜耗地力严重，所产饼与所用肥相抵已无剩余，而且种植这些作物要精耕细作，耗用人工很多。大豆则相反，本身不需施肥，而产饼量又很高，并且可以粗放种植，耗工很少，故可大量种植。
[②] 乾隆时浙东、福建已有山东和东北大豆输入。1860年代以后，东北大豆主要输往闽广，从而引起江南的肥料危机。详参足立启二《大豆粕流通と清代の商業的農業》，《東洋史研究》第37卷第3號。

388　发展与制约：明清江南生产力研究

等地。这些地区都是旱作农业,各方面条件都适于大面积种植大豆。特别是东北,清代开始大规模开发,地广人稀,极宜于畜力作业及粗放经营,加之土地肥沃,因此最便于大规模种植大豆。

明代华北南部的淮扬一带,已出现相当规模的大豆贸易。《蒿庵闲话》中就有崇祯十四年"宿迁有估客载黄豆一船约五百石"的记载。自明代后期起,这一带也已开始向江南输出豆,但因此时江南对豆的需求有限,故输出量不大。[1]到了清代,江南的需求越来越强,刺激了北方大豆种植的迅速扩大。先是华北,后是东北,相继成为江南豆饼与豆的主要供给者。

华北主要输出豆饼与豆的地区是山东、河南和两淮。这些地方的豆饼与豆经大运河南运到江南,途经凤阳、宿迁、淮安、扬州、浒墅等钞关。由于豆货(豆饼与豆)南运数量巨大,在过关货物中占有最重要地位,以致这些钞关能否完课,"全赖"(或"全仗")上述地方大豆南运数量的多少。[2]足立启二先生以为乾嘉时期华北向江南的豆货输出,在全国商品流通中占头等位置,[3]并非夸大。除了这些"合法"南运的豆货外,为逃避税课和官吏科索刁难,华北豆货还大量走私到江南。苏北赣榆县青口镇,就是因大豆走私发达起来的。[4]苏北、皖北、豫东许多地方的大豆被偷运至此,从海路运到太仓和苏松。[5]另一条走私路线是:北方豆船到洪泽湖后,即离开大运河,进入高邮、宝应湖,由甘泉县六闸盘入通州、泰州

---

[1] 与此相反的是,由于江南对棉花需求很强,故明代华北棉花大量输入江南。
[2] 参阅足立启二《大豆粕流通と清代の商業的農業》,《東洋史研究》第37卷第3號注35、36、38、40、41等所引史料。
[3] 上引足立启二《大豆粕流通と清代の商業的農業》,《東洋史研究》第37卷第3號。
[4] 光绪《赣榆县志》卷三"建置"。
[5] 《安吴四种》卷二十七《齐民四术》卷三农三;《青口议》;《续纂淮关通志》卷六"令甲"。

第七章 肥料问题 389

内河，出长江，通达上海。①这种走私规模很大，以致引起各地督抚上奏，朝廷明令查处，可是亦未能十分奏效。华北大豆南运之数，史无明记。陈慈玉教授估计乾隆时每年通过淮安关南运的华北大豆，就达到520万石之多。②而这只是大运河"合法"南运豆货的一部分。加上其他部分，其总数还要大得多。

但是华北豆货的输出能力，也受到各方面因素的制约。首先，华北各地（特别是山东、河南）人口不少，在清代增长尤快，因而人均耕地不断减少。加上大量种棉，又占去不少耕地，余下可用来种豆出售的田地为数也日少。典型的情况如乾隆五十七年，"河南山东均有少雨之处，豆收不能丰稔，又半为本地民食所需，以致豆货船只，到［淮、宿等］关稀少"。③这虽然是歉岁时的情况，但随着人均耕地减少，不仅豆田面积将难以再扩大，而且所产之豆留供本地消费的比例也将越来越高。这样，可输出的数量就不会再有很大增加。其次，运河船运，本身费用就不小。如果遇上雨泽稀少，"附关支河滩口，时形浅涩，南北货船，难于行走"，④运输能力还要受限制。加上沿途官吏科索，商人常遭损失（走私主要即因此），也影响正常贸易。再次，江南与华北之间的贸易，主要是布—豆交易。雍正末，山东巡抚岳浚上疏说："豆船一项，由东省贩运江南者尚少，惟江南贩货来山东发卖之后，即买青白二豆，带回江省者，十居六七。"⑤江南所贩之货，主要就是棉布。随着清代华北纺

---

① 同治《户部则例》卷四十关税"巡查偷越"；《续纂淮关通志》卷六"续纂令甲"所收嘉庆十六年十月三十日两江总督百龄。
② 陈慈玉：《从清代前期淮安关功能论官商的关系》，"中研院"近代史研究所编《近代中国初期历史讨论会论文集》，1988。
③ 《清实录》乾隆五十八年上谕，中华书局，1985年影印本。
④ 《史料旬刊》第三十四期《清道光朝关税案，魏元煌折》（引自足立啓二《大豆粕流通と清代の商業の農業》，《東洋史研究》第37卷第3號）。
⑤ 《雍正硃批谕旨》，岳浚雍正十二年八月八日。

织业的迅速发展，江南棉布在华北的市场缩小（见本书第八章第三节），因而也难以维持大规模的布—豆贸易。因此华北大豆输往江南的数量虽巨，但也难于继续扩大。

东北情况则不同。上述限制，对东北都不存在，因此东北很自然成为江南最重要的豆与豆饼供给者。

东北大豆与豆饼输往江南始于何时不详，清初大约没有或很少。康熙二十四年大开海禁之后，逐渐增多。乾隆前期加以禁限，但"各省商贩，冒险航海，原图厚利，……不免黑夜偷载。纵有巡役兵弁访拿，而海堰辽阔，稽查难周。兼之巡役得钱卖放，借端勒索，此等弊窦，难保必无"，因此"从前虽有限定装载豆石之例，究竟未能令行禁止"。清廷不得不"就实在情况，明定章程"，取消限制，"准各省海船，于到奉天时，任商贩运，毋庸限以成数"；并规定"嗣后奉天省海运黄豆豆饼，经由山海关，酌照临清关豆粮科则，每石征收税银"。① 依照税率（先是每石1分1厘银，后增至2分2厘银）及历年税银数，可知乾隆三十八、三十九年经山海关课税南运大豆与豆饼，每年大约为85万石，而以后逐年增加。乾隆四十二、四十三、四十四年分别为122万石、123万石和128万石。② 加上隐瞒走私者，其数还更多。不过在乾隆朝，输到江南的豆货，似仍以华北为最多。但至嘉庆时，包世臣说："关东豆麦每年至上海者千余万石。"③ 江南对麦消费有限，而"豆之为用也，油腐而外，喂马溉田，耗用之数，几与米等"。④ 所以这千余万石的豆麦，绝大多数是

---

① 以上引文俱载《山海关榷政便览》，收于同氏引自加藤繁《康熙乾隆时代における满洲と支那本土の通商について》，《支那经济史考证》。
② 参阅上引《康熙乾隆时代における满洲と支那本土の通商について》。原史料未说明豆与饼各多少石，但乾隆时该关规定豆饼150斤作豆1石。
③ 《安吴四种》卷一《中衢一勺》卷一《海运南漕议》。
④ 《阅世编》卷二"食货三"。

豆，数量当在1,000万石左右。包世臣说运豆麦的船用官斛，因此这1,000万石左右的豆应是官石（即仓石或苏石）。另外，乾隆时南运的东北豆货中，豆饼所占比重不少，所以《山海关权政便览》中有关奏疏谕旨都是黄豆、豆饼并提，并载有豆饼150斤以黄豆1仓石计的征税折算标准。但自嘉庆以后的文献，大多仅提豆，原因大约是东北自身榨油能力有限，而大豆输出量剧增，本地无力加工，只得以豆输出。由于东北"黄豆出产既多，价值亦贱"，在本地"除做酱磨腐外，开无别用"，①加之运输成本低廉，所以滚滚南来，不断排挤江南市场上的华北豆货。到了道光时期，华北豆货大部分退出了江南市场。《续纂淮关通志》卷二"物产"记述这一变化说："豆油豆饼，道光以前转贩江南，获利为厚，榷关亦以此为巨款。三十年来，收获益薄，业此者少。北人之佃于南者，又教以植豆榨油，所在浸广，油饼南运者亦稀。"正是由于华北豆货南运数量减少，所以嘉道时期运河沿岸各钞关都报告说因豆船南来少而不能完课。②

道光时期东北大豆年输入江南总量有多少呢？当时人谢占壬在《海运提要》"古今海运异宜"中说："凡北方〔指东北〕所产粮豆枣梨运来江浙，每年不下一千万石"。谢氏在同文"水脚汇筹"中又说海船上用的是关东石（关石），"每关石计仓斛二石五斗有零"。③因此东北每年运到江浙的粮豆枣梨，共达官斛2,500万石。这个数字是否可靠呢？道光初年齐学裘奉命到上海调查海运，报告说："查上海沙船底册，除小船不计外，其中大中两号沙船，自千石以上至二千石者，不下一千三四百号。"又说："今上海沙船自千石

---

① 以上引文俱载《山海关权政便览》。
② 参阅足立启二《大豆粕流通と清代の商業的農業》，《東洋史研究》第37卷第3號，注33、34、36所引資料。
③ 《海运提要》，见于《皇朝经世文编》卷四十八"户政"。

以上至三千石者，约不下一千二三百只。"亦即当时沙船载量，最大约三千石，大号二千石，中号一千石。他又说：大中两号沙船，"载豆一次，豆价总值银五六千两"。①以大号沙船计，每石豆价合银2.5—3两；以中号沙船计则合5—6两；即使以最大号沙船计，也达1.7—2两，显然都不符实情。②若是关东石，则平均每官石豆价分别为1—1.2两（大号沙船）和0.7—0.8两（最大号沙船），与实际相符。齐学裘本人也说："关斛一石，合苏斛二石四斗二升。"③自己拥有沙船、熟悉海运的崇明举人施彦士则说："关东一石，当江苏二石五斗。"④魏源揭露海关税牙作弊，说他们"变为仅倍"，企图贪污运费。⑤他们都是道光五年讨论雇上海沙船运送漕粮时谈到这个问题的，可见众人调查都说明当时沙船使用关东石。当时"上海船商以北行为放空，南行为正载"，⑥即以运关东货物（即大豆等）为主，因而使用关东量制是不足为怪的。事实上，由于关东大豆是上海最主要的输入商品，故其所用度量衡对上海商业的影响极大。民国《上海县续志》卷七"风俗"载："中外未通商以前，[上海]

---

① 齐学裘：《见闻续笔》卷三。
② 据当时谢占壬说浙江海船"商货价值五六千金，船亦值五六千金"（谢占壬《海运提要》"河海总论"，见《皇朝经世文编》卷四十八"户政"，而在当时造价五六千金的只是中号沙船（见本书第一章第三节），因此齐氏所说的"大中两号沙船"实际不包括最大号沙船在内。这样，每石豆值即在2—5—6两银之间。而光绪时关东豆饼至上海，海关价均在银1两上下（参阅足立启二《大豆粕流通と清代の商業の農業》，《東洋史研究》第37卷第3號），而据乾隆时《山海关权政便览》，150斤豆饼相当于大豆1仓石，因此大豆每仓石价格应在1.5两银左右。此外，道光时松江豆饼每担（以100斤计）价约2,000文钱，即1.5两银左右（《浦泖农咨》）。以此推算，大豆每石价也仅为2.3两。而且这还是经过课税及商人转手后的市场零售价。
③ 齐学裘：《见闻续笔》卷三。
④ 施彦士：《海运议》（收于《皇朝经世文编》卷四十八"户政"）。
⑤ 魏源：《复魏制府询海运书》（收于《皇朝经世文编》卷四十八"户政"）。
⑥ 前引包世臣《海运南漕议》；英和：《筹漕运变通全局疏》（《皇朝经世文编》卷四十八"户政"）。

商市以豆业为领袖。至今市用银两通行豆规，而米麦行肆所用斗斛之较准，获豆业操其权。"在这样的情况之下，关东大豆南运用关石，应是没有疑问的。

道光时期运到江浙约2,500万石（苏石或官石）粮豆枣梨中，粮（麦）和枣梨数量不多，而大豆还有少部分要运到浙东。兹从宽估计，把粮、枣、梨和运到浙东的大豆以500万石计之，则江南得到的大豆约2,000万石。嘉庆时代，关东大豆输入江南者每年约1,000万石（官石），加上华北大豆与豆饼数百万石（官石），共一千数百万石（官石）。因此道光时江南输入的大豆比以前有明显增加。由于关东大豆主要在上海卸货，因此上海商业勃兴于此时是必然的。顺便说一下，清代江南从北方输入大豆，目的主要是获得豆饼，因此一些邻近江南而又处于大豆南运途中的地方，如高邮、如皋、青口等，都发展起了榨油业，将北方大豆榨成饼后运往江南。①从一些数据来看，华北似乎向江南输出豆饼比豆多，②而东北则主要输出豆，这大概是清代前中期东北榨油业还不发达之故。

道光时江南每年输入大豆2,000万石，③榨饼可得2,600万担。按照前面的计算，清中叶江南约缺肥3,000万担（折饼）。如果城镇人粪肥（折饼334万担）全部得到利用，再加上输入之大豆所制成之豆饼2,600万担，那么肥料供需就基本上可以平衡，从而供不应求的矛盾也就得到解决。

---

① 见前引包世臣《青口议》；嘉定《高邮州志》卷四"物产"；嘉庆《如皋县志》卷四"物产"。
② 前引道光元年魏元煌折，《续纂淮灵通志》卷六"续纂令甲"嘉庆二十一年条，光绪《大清会典事例》卷二四〇嘉庆二十年条等，都说华北豆货沿大运河南运者是（或主要是）豆饼。另外，郑光祖《醒世一斑录（杂述）》卷十一"漂泊异域"条说山东莱阳从海上运往江南的也是豆饼。
③ 有的学者认为这个数字过高，我后来在其他文章中对此做了说明，详见本书第二章第一节。

当然，输入的豆饼不可能均匀地分送到每个地区和每个农户手中。因此，一方面，像湖州那样离大豆输入地点（上海、浒墅等地）较远、肥料供求产需差距又特别大的地方，尽管使用外地大豆所制豆饼，一些农户（特别是贫穷农户）仍感肥料不足，例子已见前述。但另一方面，离输入地区较近的地方，情况又不一样。嘉道时，奚诚说苏州农夫种田，"今法必用菜豆诸饼"。① 而道光时，潘曾沂也说苏州佃农对腐叶败草、稻秆谷壳、灰土糠秕等都属"垃圾"而可以制肥料的东西，"不甚爱惜，随便抛弃"，② 可见那里农民并未感到缺肥。

　　北方大豆（或豆饼）的输入，基本上解决了江南的肥料危机，因而对江南农业经济的影响极为重大。一旦输入减少，必然严重危及江南农业。第二次鸦片战争以后，由于外国人的插手，东北豆货大部运往闽广，给江南造成极大困难。③ 直到1920年代和1930年代江南农业经济相对繁荣时期，甚至到1950年代中期，江南许多地方主要农作物亩产量以及土地利用水平（作物复种指数），还赶不上明末清中。重要原因之一就是肥料不足。④ 可见外地肥料输入对江南农业关系之重大。其次，虽然北方豆饼价格相对说来不算太高，但终究比原有的传统农家肥要贵（当然只是就制作成本而言）。王祯说："夫扫除之猥，腐朽之物，人视之而轻忽，田得之为膏润。"⑤ 张履祥说："种田地利最薄，然能化无用为有用。……何以言之？人畜之粪与灶灰脚泥，无用也，一入田地，便将化为布帛

---

① 《耕心农话》。
② 潘曾沂：《丰豫庄课农区种法示各佃》（收于《潘丰豫庄本书》）。
③ 参阅足立啓二《大豆粕流通と清代の商業的農業》，《東洋史研究》第37卷第3號。
④ 参阅《补农书研究》第二章及第146、147、164、181、182、183、184、189、190、250页。
⑤ 《王祯农书》卷三农桑通诀集"锄治"。

第七章　肥料问题　395

菽粟。"①而获得豆饼则要种豆、榨饼及运输，成本当然较高。道光时，松江稻田追肥用豆饼40—50斤，价格约800—1,000文，而猪粪10担，也才1,000文，这40—50斤豆饼购买费用，占水稻生产全部肥费的1/2左右和工肥总费的1/4左右，②已经很可观。肥料昂贵，当然会大大提高江南农产品生产成本，不利于江南农产品在全国及海外市场上的地位。同时，道光时输入东北大豆2,000万石，每石（官斛）价即使以1两计（按大号沙船之低价），共需银2,000万两，这对江南经济是一个沉重负担。此外，由于上农用肥量大，因此购入肥料数量也多。肥料价格高，必然对上农经营产生更大的消极影响。明末江南上农经营发展缓慢，肥料也是一个重要的制约因素。《沈氏农书》计算田地经营的投资与收益后说："全无赢息，落得许多早起晏眠，费心劳力。"就是深刻的总结。而在他的计算中，"田壅、短工之费，以春花、稻草抵之"，肥料占了重要比重。

如果我们将工业革命以前的英国与明清江南进行比较，肥料问题的重要性就更清楚了。英国本是畜牧业发达的国家，1701年，英格兰与威尔士平均每人有牛0.8头，绵羊1.9头（此外马还未计入），③远远高于明清江南。大量的畜粪，为英国农业提供了充足的肥料，以致18世纪著名农业专家科克总结说："无饲料便无牲畜，无牲畜便无肥料，无肥料便无收入。"④与此同时，英国还有丰富的矿物可用作无机肥料。早在17世纪时，英国农民已将煤粉与煤烟灰施用于粮田与牧场。1748年瑞典人卡尔姆（Kalm）说他发现英国农民使用一种"无与伦比"的优质肥料——煤粉与煤烟灰，而且英国农

---

① 《补农书》"补农书后"。
② 参阅《浦泖农咨》。
③ 据前引 Deame 与 Cole, *British Economic Growth, 1688—1959: Trends and Structure*, 第6及69页中有关数字统计。
④ 引自林举岱《英国工业革命史》，第13—14页。

民认为使用这种肥料是"很好的耕作方法"。[①]英国17—18世纪农业经济发展迅速突飞猛进，以致出现农业革命。当然肥料并不是引起农业革命的唯一原因，但肯定是主要原因之一，因为它是任何农业发展的必备物质条件。因此从肥料供给的局限这个意义上来说，江南的农业不可能走英国的道路。只有到现代工业建立并能够大量生产化学肥料的时候，农业革命才有可能发生。于是我们可以得出这样的结论：肥料问题确实是明清江南农业经济乃至整个经济发展的主要制约因素之一。

附　录　农家肥的养分含量一览

根据北京农林局编《农业常用数据手册》，各种农家肥的养分含量如下：

人畜粪尿养分含量（%）*

类别/成分	水分	有机质	氮	磷	钾
人粪	70以上	20.0	1.00	0.50	0.37
人尿	90以上	3.0	0.50	0.13	0.19
猪粪	82	15.0	0.56	0.40	0.44
猪尿	96	2.5	0.31	0.12	0.95
牛粪	83	14.5	0.32	0.25	0.15
牛尿	94	3.0	0.50	0.03	0.65
羊粪	65	280.	0.65	0.50	0.25
羊尿	87	7.2	1.40	0.03	2.10

*见该书第191、192页。

---

① 参阅前引 Nef, *The Rise of the British Coal Industry*，第236—237页。

饼肥养分含量（%）*

肥料名称	氮	磷	钾
大豆饼	7.00	1.32	2.13
棉籽饼	3.41	1.63	0.97
芝麻饼（即麻饼）	5.80	3.00	1.30

*见该书第193页。

厩肥、堆肥、沤肥及泥肥养分含量（%）*

肥料名称	氮	磷	钾
厩肥	0.48	0.24	0.63
堆肥	0.40—0.50	0.18—0.26	0.45—0.70
沤肥	0.32	0.06	0.29
河泥	0.27	0.59	0.91
塘泥	0.33	0.39	0.34

*见该书第194、195页。

绿肥作物（鲜草）养分含量（占绿色体的%）*

绿肥品种	氮	磷	钾
草木樨	0.52—0.56	0.07	0.42
毛药苕子	0.56	0.13	0.43
蚕豆	0.55	0.12	0.45
紫花苜蓿	0.56	0.18	0.31

*见该书第196页。

将有关数字作算术平均，可以得知各类肥料的含氮量为：

畜粪（不包含尿），0.51%；厩肥、堆肥、沤肥，0.42%；绿肥，0.55%；饼肥，5.40%。

可见同量的畜粪，厩肥（堆肥、沤肥）、绿肥，含氮量都在0.50%上下（合计平均0.49%）；而饼肥约为5.40%，即大约十倍于上述诸肥。因此，正文中的折算标准，大体上是符合实际情况的。

至于人粪，含氮量显然大大高于畜粪。不过人粪与人尿在施用时是合在一起用的。而据该手册（第206页），一个成年人一年所排泄的粪，仅占粪尿总量的11%，因此粪尿合计，含氮量约为0.56%。当然，畜尿含氮量也低于畜粪，但一则畜尿在畜粪尿中所占的比重较小（如猪尿仅占猪粪尿总量的67%，牛尿则占34%，而人尿占89%）；二则家畜圈养，畜尿排出后水分大部分蒸发，养分则为畜粪与垫草吸收（垫草是干草，含氮量大大高于鲜草，见该手册第196—199页）。因此总的来说，人粪尿合计，单位养分亦大略与畜粪相当。

第七章　肥料问题　399

第八章
外部市场问题

一般地说，在传统农业社会中，各地区之间的经济联系不很紧密。但是到了传统社会后期，随着商品经济的发展，各地区在经济上的孤立性日益削弱，相互依赖性日渐增强，从而一个地方的经济发展也越来越大地受外地的经济发展的影响。

明清时期，江南与江南以外地区之间的经济联系有明显的扩大与加强。这种经济联系，从一定意义上来说，已是一种相当发达的市场联系。它的扩大与加强，实际上意味着江南越来越深入地卷入一个不断发展着的外部市场。卷入程度越深，对外地的依赖就越强。因而如果其他地区的经济出现剧烈变化，必然会通过市场对江南经济造成性质不同、程度不等的影响。既然有着这样的背景，那么透过市场问题来分析江南经济发展变化的外因，对于深入研究明清江南生产力发展的道路，自然是非常必要的。

第一节 市场地域范围的扩大

尽管对于明清中国是否已经形成了国内统一市场（或称"全国市场"），大陆史学界历来存在着不同的意见。但是事实上，早在明代以前，一个包括中国东部一些地区和东亚、东南亚一些国家在内的远东贸易圈，就已经形成，并不断地扩大深化。到了明清时期，西方殖民主义势力东来，也更促进了这个贸易圈的发展，从而演化为一个远东国际市场。而在这个远东国际市场中，江南正好处在一个中心的位置。

一个市场，必须有一定的地域范围。而一个市场地域范围的大小，取决于具有市场联系的地区的多寡。我们说明清时期形成了以江南为中心的远东国际市场，那么它的地域范围有多大、随着时间的推移有什么变化，对这些问题都应当给予明确的解说。但是，我们首先要说明的是：这里所说的市场联系，不是指那种偶然性和小规模的商品交流，而是经常性的和较大规模的商业交往。因此有市场联系的地区，就是彼此有较频繁和较大量贸易的地区。其次，两个地区之间商业往来的频繁程度和产品交流数量的多少，与两地之间的交通条件及运输能力有密切关系。[1]因此在确定一个市场的地域范围时，首先应当注意交通与运输条件。虽然各种产品对交通运输条件的要求可以有所不同，但毫无疑问，低廉的运费是进行大宗贸易的基础或先决条件。众所周知，在铁路运输出现以前，水运是运费最低廉的运输方式。因此在本章中，我们主要依照水上交通运输情况来确定市场的地域范围。在这方面，吴承明先生已做了深入的研究。这里我们主要采用他的研究成果，[2]再作一些补充。

---

[1] 罗友枝（E. Rawski）教授特别强调交通运输对中国贸易发展的影响，甚至认为运输技术没有突破是明清中国贸易发展的决定性障碍。由此亦可见交通运输对两地经济联系之重要。参阅 Rawski, Evelyn S., *Agriculture Change and the Peasant Economy of South China*, Harvard University Press（Cambridge），1972, pp. 99—100.
[2] 吴承明先生的研究成果，主要见于其《明代国内市场和商业资本》《论清代前期我国国内市场》二文（参阅吴承明《论明代国内市场和商人资本》，《中国资本主义与国内市场》，中国社会科学出版社，1985；吴承明：《论清代前期我国国内市场》，《中国资本主义与国内市场》）。

早在明代以前很久，我国内河航运与海运的主要航线就已开辟使用。这些主要航线列举如下。

一、长江

长江是中国也是远东最大河流，在中国内河航运方面占有头等重要的地位。20世纪以前，长江货运量常占全国货运总量的一半以上。长江全长6,000余公里，大约有一半在宜宾以上，称金沙江，不能通航，但可以顺流漂运木材。宜宾至宜昌1,030公里为长江上游，称川江；宜昌至汉口705公里为中游，称汉江；汉口以下1,125公里为下游，称扬子江。川江有三峡之险，行船比较困难。"江流在两山夹石曹中，陡峻处江狭迅驶，开衍处江阔稍缓，……千迢万转，始至三峡而下湘江也。"[1]下水行船已不易，上水行船则更难，"水道由湖北宜昌至重庆，……[须]雇觅纤夫，负绳牵挽，盘旋而下，至蜀则纤夫无用"，[2]因而运费相应也较高。汉江与扬子江通航条件甚佳，特别是顺水行船，最为方便。据光绪时英国人的报告，长江大木帆船运费仅为陆运运费的1/20—1/30。[3]而据1930年代的调查，用木帆船由芜湖运米至上海，每吨运费尚低于轮船和铁路。[4]因此由长沙用木帆船运米至苏州后米价的增加，不超过原价的30%。[5]总而言之，长江通航条件甚好，是中国最主要的内陆水道。

---

[1]《松窗梦语》卷二"西游记"。
[2]《道咸宦海见闻录》道光二十九年十一月初四日条。
[3] D. Perkins, *Agricultural Development in China: 1368—1968*, p. 141.
[4] 参阅唐雄杰《皖苏浙赣四省米粮运输过程之探讨》，《交通杂志》第5卷第6、7期。
[5] 上引Perkins书，第147页。

二、大运河

大运河是中国南北货运的主要内陆水路之一。元代开通济州河、会通河后，使大运河全程由过去的2,700公里缩短为1,700公里，大大加强了南北货运功能。但元代对大运河重视不够，水运不畅，常须陆路中转。徐州以下利用黄河一段，尤多患害。明代大力整治，使得大运河全程畅通，货运功能大大加强。清代对大运河整治远不及明代，以致淮南航段数度淤塞，但总的来说，大运河作为联系长江下游与华北腹地的主要通道的地位，还是无可替代的。大运河通航条件不如长江与海路，但仍比陆运优越得多。同量货物的大运河航运运费，在明代仅及陆运运费的70%。[1]而据抗战前的调查，在运河许多航段上，民船（即木帆船）的单位运费仅为独轮车的1/16—1/5，驴车的1/15—2/5，在某些情况下尚低于铁路。[2]因此大运河不失为一条经济价值颇高的交通干线。

三、赣—粤水路

由江西赣江南行，陆路过大庾岭，入北江至广州。此路虽开于秦代，但到明代修建沟通两广的大庾岭山路后，才真正成为一条重要商运路线。这条水路货物运费虽然高于沿海海运，但无风涛之险及海盗劫掠，比较安全，故"广货之来，无资于海，……不如一踰梅岭，即泛长江，四通八达"。[3]鸦片战争以前，这条水路成为我国东南诸省出口货物运往广州集中的主要路线。清代广西、贵州的木材，也常取道赣江北运。

---

[1] 邱濬：《大学衍义补》卷三十四"漕挽之宜"下。
[2] 汪胡桢：《民船之运输成本》。
[3] 《筹海图编》卷十三"经略三"。

四、湘—粤水路

由湖南湘江南行,过桂林,沿桂江、西江至广州。此路也开于秦代,明代又重修灵渠,但主要都是军事目的,清代以前商运不盛。入清以后,随着洞庭湖流域的开发与对外贸易的发展,这条水路的商运日盛,作用也越来越重要。但与赣—粤水路相比,仍然差许多。

除了上述四条主要干线之外,还有几条相对次要的水路,如珠江水路、汉水水路、沅江水路等。珠江水路通过赣—粤、湘—粤两路与长江衔接,汉水水路在汉口与长江相接,沅江水路经洞庭湖连接长江水路。

很清楚,上述各条水路,都与最重要的长江水路相接,从而也可以说是以长江为主干的全国内陆水运网的组成部分。这个水运网的骨干,即长江(特别是中下游)、大运河和赣—粤水路,又在江南(或江南邻近)汇集。因此江南处于全国内陆水运网的中心。通过这个水运网,江南可与全国大部分地区发生程度不等的经济联系。此外,江南还有两条水路通往赣、闽,一条是浙—赣—粤水路,由新安江经铅山接闽、赣陆上交通干线,转入赣—粤水路。另一条是浙—闽水路,则由新安江陆行过仙霞岭入闽江流域。两路(特别是浙—闽水路)因陆路部分较多,故货运量较小。不过在道光以前,仍是浙、闽、赣之间的重要商道。虽然人们已感到"陆运取道于浙,有仙霞岭之阻,劳费且倍,计莫便于航海",但松江棉布输闽仍走此道。[①]

在海路方面,明清中国的主要航线有两条,即长江口以北的

[①] 《黄渡续志》卷五"人物""商业"。

北洋航线与长江口以南的南洋航线。北洋航线主要是从上海沿华北海岸到东北，而南洋航线则主要由闽广通向江浙、日本、琉球、朝鲜、东南亚。海运运量大，运费低廉。大体说来，北洋航运运费，仅为运河漕运的3/10左右。[①]嘉靖时漕粮海运，每石米运费仅为米原价的40%，而漕运运费却为米原价的2倍。[②]嘉庆时由沪运米至天津，每石运费仅为银4钱。[③]南洋海运运费也很低，乾隆二十四、四十四年由台湾运米至海盐县乍浦港，每石运费仅1.6—1.9钱，为台米原价的1/4—1/3。[④]明代北洋航线甚少使用，至清康熙二十四年大开海禁之后，北洋航线方日愈兴盛，成为南北贸易大干线。南洋航线，清代使用情况基本上与明代同，但通台湾航路增辟高雄线，商运范围亦有所扩大。

江南处于北洋、南洋两条航线的交汇点。北洋航线更是主要为江南与东北之间的商运所专。南洋航运虽然中心不在江南，但与江南关系亦相当密切。江南与闽广的贸易主要就是通过这条航线，而且闽广的海外贸易很大程度上是转贩江南产品。因此在某种意义上也可以说，江南在中国海运网中，也据有中心的地位。

还要指出的是，虽然以上各条干线早在明代以前就已开辟，但在明清时期这些运输干线上的运输能力有很大提高，特别是南北洋航运。[⑤]有人估计嘉道时北洋航线上每年进出上海港的船只有1.4万—2万艘，货运量达50万—60万吨；南洋航线中的闽广浙东航线

---

① 《大学衍义补》卷三十四"漕挽之宜"下；《安吴四种》卷一《中衢一勺》卷一《海运南漕议》。
② 《筹海图编》卷七"附录"。
③ 前引《海运南漕议》。
④ 乾隆四十四年二月准户部咨复闽浙总督杨景素奏（收于乾隆《杭州府志》卷五十一"恤政"）。
⑤ 参阅方楫《明代的海运与造船工业》；郭松义：《清代国内的海运贸易》，《清史论丛》第4辑；田汝康：《17—19世纪中叶中国帆船在东南亚洲》，等等。

上每年进出上海港的货运量为20万—30万吨，东南亚、日本、朝鲜航线上每年进出上海港的货运量约5万—6万吨；长江航线上，每年从长江及其支流开来上海的船只约5,300—5,400艘，货运量30万吨左右；大运河和其他内河航线上每年进出上海港的船只不下万余，每年货运量达20万吨左右。各条航线上每年进出上海港的货运量共达120万—150万吨。①虽然这个估计是否准确尚待研究，②但很明显，到清代中期，以江南为中心的国内内河与海上运输能力较明代有空前提高。这一点是无可置疑的。③

此外，还要强调的是此时期中西交通运输的发展。16世纪西人东来，但航运规模还甚小。17世纪从西欧航行至中国，往返需2—3年，到18世纪已缩短至1年半。17世纪末，英国来华船舶吨位亦较17世纪初提高了2倍余，18世纪又有进一步提高，因而英国人方可能在17世纪内，把商业重心从波斯推向远东的印度和中国。④中国到美洲的航运（由菲律宾中转），亦于17世纪内建立，从而使远东海运的传统格局，发生了空前的变化。明清江南虽然与西方直接接触不算很多，但透过闽广、浙东海商，也与不断发展中的远东国际海运发生日益密切的联系；至1840年以后，则更是直接卷入了远东国际海运网。

因此，从某种程度上来说，江南是当时中国和远东地区水运的中心所在。"水运开拓了比陆运开拓的广大得多的市场"，⑤而江南正处于一个广大水运网的中心位置，因而能够与江南有密切贸易联

---

① 上海港务局：《上海港史话》，上海人民出版社，1979，第17—20页。
② 例如上述对北洋航线货运能力的估计就似乎偏低。道光初每年江南输入东北粮豆枣梨1,000万关东石，每关东石约2.5官石，每官石粮豆约重140斤，则1,000万关东石重175万吨。
③ 参阅本书第一章第三节，第七章第四节。
④ 利奇温：《18世纪中国与欧洲文化的接触》，商务印书馆，1960，第14页。
⑤ 亚当·斯密：《国民财富的性质和原因的研究》，第17—18页。

系的地域，特别广大。

但是，有水路联系仅仅是进行大宗贸易的先决条件之一。各地之间要进行大宗贸易，还要有许多必备条件，特别是一定程度的经济发展与地域分工。关于明清中国国内与国际贸易的发展，近数十年来，中外史学界一直论之者已甚多。这里仍主要依据吴承明先生的分析，作一些补充，以考察当时全国及海外贸易大势的变化与江南有何联系。

明代国内大宗贸易，主要是南北贸易。明人李鼎描绘当时贸易情况说："燕赵、秦晋、齐梁、江淮之货，日夜商贩而南；蛮海、闽广、豫章、南楚、瓯越、新安之货，日夜商贩而北。"[1]南北货运的流畅，是明代国内市场扩大的特征。这个货运，主要沿大运河及赣—粤水路进行（特别是前者），因此大运河贸易在全国贸易中占有头等重要的地位。不言而喻，这种贸易格局，乃是以江南为中心的。到了清代，大运河贸易的重要性有所下降，但仍不能轻视。道光初年，大运河因洪泽湖决口，难以通行，有人请求暂停航运，江苏巡抚陶澍即上奏说："若停运一年，将南方之货物不至，北方之枣豆难消，物情殊多不便。是折色与停运二者，均有不可行也。"[2]可见直至此时，大运河仍是南北货运的一大干线。特别要指出的是，明代大运河船南返时，常因无货可载而空回。及至清代，华北豆货大量南下，成为沿河钞关税课的主要来源。这就使得大运河贸易的实际数额，比以前大为增加。至于长江以南的南北贸易，赣—粤、湘—粤二线商运繁盛程度，清代均远超明代。因此即使就大运河、赣—粤水路这两条南北商运干线上的贸易来看，清代也超过明代。也就是说，江南在这种南北贸易中的中心地位不仅未削弱，反而增

---

[1] 李鼎：《李长卿集》卷十九《借箸编》。
[2] 陶澍：《复奏海河并运疏》（《皇朝经世文编》卷四十七"户政"）。

强了。

明代国内东西贸易（主要是长江贸易），繁盛不及南北贸易。吴承明先生指出：明代长江贸易的发展，主要表现为下游、中游商运区逐渐相接，从而扩大了贸易地域。至于上游，则因川粮尚未大量输出，与下游贸易主要是丝、茶等细货，贸易量不大。吴先生这个结论是十分正确的，但也有例外，即木材贸易。如本书第六章所述，由于明代川、滇、黔成为江南木材的主要供给地之一，因而长江上游乃至金沙江沿岸林区与长江下游的贸易情况发生了重大变化。川、滇、黔盛产木材，而江南亟须木材，故采贩西南木材成为当时国内最重要的商业活动之一。张瀚综论天下市利时指出："夫贾人趋厚利，不西入川，则南走粤，以珠玑、金碧、林木之利或当五，或当十，或至倍蓰无算也"，[1]深刻地揭示了西南木材东运在全国商业活动中的地位。这些木材主要是运到江南销售，它们与沿江各地和其他地区的木材汇集江南，形成了规模巨大的木材市场。康熙时期的苏州，"东西汇之木簰"，与"枫桥之米豆，南濠之鱼盐药材"并列鼎立，"云委山积"，成为苏州最大的交易对象。[2]同时，为了交换木材，江南的纺织品也大量溯江西上，故商人携数千金采购苏杭绫罗绸缎运销四川以及江南棉布输往四川之事，在明清小说中常有反映。[3]王士性更明确指出，四川主要产木地建昌卫，"虽僻运万里"，但因木材多，"商贩入者每住十数星霜，……苏杭新织种种文绮，吴中贵介未披而彼处先得，……钱神所聚，无胫而至，穷

---

[1] 《松窗梦语》卷四"商贾纪"。
[2] 康熙《苏州府志》卷二十一"风俗"。
[3] 例如《石点头》卷六《贪婪汉六院卖风流》（参阅天然痴叟《石点头》，上海古籍出版社，1957年排印本）；李渔：《连城璧》外编卷四《连鬼骗有故倾家，受人欺无声落局》，等等。

荒成市，沙碛如春"。①因而，木材输出也使四川成为江南丝织品的重要市场。

到了清代，长江贸易有重大发展，以致超过南北贸易而成为国内最重要的贸易活动。特别要强调的是，这条贸易路线（以及汇入这条干线的各支线）上的货运流向，很大程度上是以江南为终点。因此，清代东西贸易的大发展，极大地加强了江南在长江贸易中的中心地位。

清代北洋贸易规模远远超过明代，这从本书第一章第三节关于明清江南沙船建造数量及吨位的考察中也可略见一斑。除此之外，清代北洋航运技术也比明代有很大进步，故沙船年往返次数及安全率均有明显提高。明代及清代康雍乾时期，"江浙海船赴奉天贸易，岁止两次"。到了嘉道时代，则"一年行运四回"。②明中叶由江南航行至山东，"习海者"尚以"水极险恶"为惧。③可是到了清中叶，情况已完全不同。"辽海东吴若咫尺，朝洋暮岛如内地"。④ "上海人视江宁、清江为远路，而关东则每岁四五至，殊不介意。水线风信，熟如指掌。关东、天津之信，由海船寄者，至无虚日。此不得以元明之事说也。"⑤元代海运漕粮，事故损失率约1%—1.6%，明代隆庆时王宗沐海运漕米，损失率达2.6%。而清代道光六年雇商船由上海运米至天津，损失率不足0.2%。⑥当时人说："商民往来海外，遭覆溺者百不一二。"⑦"[沙船]每岁漂没

---

① 《广志绎》卷五"西南诸省"。
② 谢占壬：《海运提要》"古今海运异宜"（《皇朝经世文编》卷四十八"户政"）。
③ 嘉靖《浙江通志》卷七十二杂志第十一之十野史。
④ 魏源：《复魏明府询海运书》（《皇朝经世文编》卷四十八"户政"）。
⑤ 包世臣：《海运南漕议》。
⑥ 许涤新、吴承明：《中国资本主义的萌芽》，第651页。
⑦ 施彦士：《海运议》（《皇朝经世文编》卷四十八"户政"）。

之数，总不过百分之一"，①"遭风搁浅，砍桅松舱，事诚有之，然不过千百中之一二，且率在秋冬之间。春夏二运，从无此事。"②当然，更为重要的是清代东北地区的开发远远超过明代，从而引起这种主要是在东北与江南之间进行的北洋贸易的突飞猛进。从货运规模来看，北洋贸易与长江干流贸易不相上下，成为国内贸易最重要的部分之一。

明清南洋贸易的发展，也令人瞩目。首先是闽广与江南之间的沿海贸易格局，虽然清代与明代相比变化不很大，但贸易量亦有相当增加。更重要的是闽广与海外贸易的空前发展。明代主要海外贸易伙伴，是日本、朝鲜以及西班牙、葡萄牙、荷兰和它们的殖民地。到了清代则增加了英国、法国、美国和俄国。这些国家的经济实力，远远超过西、葡、荷等老牌殖民帝国，因而它们的东来，使得远东贸易发生了空前的变化。如前所述，在1840年以前，江南与外国的直接交往不多，但明清远东国际贸易中最大宗的商品如丝、丝织品、棉布等却主要产于江南，通过闽广商人转卖到海外。因此海外贸易的空前发展，也意味着江南产品市场的空前扩大。

由此我们可以得出这样的结论：江南特殊的地理位置，使它能够与一个非常广大的地区发生大规模的贸易联系。在明清时期，由于这个地区内各地经济的发展，形成了一个日益扩大和深化的市场。在这个市场中，江南正好处于一个中心的位置。因此江南经济的发展，变得越来越依赖外地；而外地经济的变化，也必然对江南造成重大影响。

---

① 包世臣：《海运南漕议》。
② 齐学裘：《见闻续笔》卷二。

第二节　江南对外部市场依赖的加强

在明清时期，江南与其外各地之间的经济联系有明显的增强。这主要表现在产品交流规模显著扩大，使得江南工农业生产对外地市场的依赖大大增强了。

明清江南与外地交流的产品品种繁多，不胜枚举。其中数量最大的单项产品，计有（一）稻米；（二）蚕丝；（三）丝织品；（四）棉花；（五）棉布；（六）大豆与豆饼；（七）铁与铁器；（八）木材；等等。关于第（六）（七）（八）三项产品，前面已做讨论，因此本章仅就前五项进行探讨。鉴于中外史家对这几项产品的交流情况已多有深入研究，因此本节将尽量利用已有研究成果，同时对其中尚嫌不足的方面，进行必要的补正。

一、稻米

江南地区的稻米输出入，西汉时即已有之。元鼎三年（前114）江南水灾，武帝诏"下巴蜀粟以赈之"。[①]东汉安帝永初元年（107）与七年（113），朝廷也曾调江南丹阳、吴郡等地米以赡给北方东郡等地。[②]唐代中期以后，江南米更作为税米大量输往北方，每年达数十至上百万石。到了南宋时期，江南稻米输出入已十分频繁。一方面，两广、淮南、江西、湖南稻米输入杭州、建康、镇江以及江南其他地方，规模已颇为可观（例如建康府兵食每年需米50万—80万石，皆仰赖江西上供米与和籴米）；另一方面，江南米输往浙东各州、福建沿海各州、浙西的严州、江西的信州以及两淮地区，甚至

---

① 司马迁：《史记》卷三十"平准书"，中华书局，1959年排印本。。
② 班固：《后汉书》卷五"安帝纪"，中华书局，1965年排印本。

输往金人统治下的山东并海外诸藩。①从有关数据来看，南宋江南的稻米输出入，除税米输入以及江南米对福建的输出比较固定外，多属各地之间丰歉调剂性质，输出入数量在不同年份中变动颇大，还未建立起稳定的供需关系。大体上说，南宋时江南地区的稻米出产自给有余，但数量似乎并不很大，②而江南稻米的主要输出对象福建，缺粮问题也还不十分严重，所输入江南稻米的数量有限。③因此，南宋江南民间平时稻米的输出入规模不很大。

到了明代，情况发生了重大变化。一方面，江南稻米仍有输出，例如正统时"苏［州］岁航粮数万［石］至［通州］狼山巡检司兑易［盐］，遂以为常"；④浙东普陀山"岁用米七八千石，悉资江南"；⑤江南对严、徽、宁、绍等地的输出仍然比较常见。嘉靖时山东、河南歉收，江南地主与米客也"个个装粮食来卖"。⑥漕粮输出的数量也还甚大。但此时江南粮食供应已日趋紧张，故漕粮中已有很大一部分改征折色。除去转口部分外，本地稻米输出量肯定已大大减少。另一方面，江南稻米输入规模，较宋代更为扩大。吴承明先生指出明代江西南部和安徽北部已成为江南重要的稻米供应地，所输往江南的稻米数量已经很大；⑦而据吴金成、藤井宏先生等的研究，自正

---

① 参阅全汉昇《南宋稻米的生产与运销》，《中国经济史论丛》，香港：新亚研究所，1972年刊行；斯波義信：《宋代商业史研究》，第142—165页。
② 全汉昇先生认为南宋长江三角洲生产的稻米，除供本地消费外，尚有大量剩余输出，因而长江三角洲成为当时东亚的谷仓。可是我们从上引全先生以及斯波义信先生著作中所用的史料来看，南宋长江三角洲稻米大宗输出的事例，几乎都带赈灾性质。比较固定的输出对象为福建，可是福建当时主要仰赖两广米。即使是在灾年福建从浙西输入的最大数量，也不过10万石（据全氏文），比建康从江西输入的数量小得多。因此全先生上述结论似可商榷。
③ 参阅上引全氏及斯波氏著作中所引资料。
④ 万历《通州志》卷十八"遗事"。
⑤ 《涌幢小品》卷二十六"普陀"。
⑥ 《连城璧》外编卷四《连鬼骗有故倾家，受人欺无心落局》。
⑦ 吴承明：《论明代国内市场和商业资本》。

统时起，湖广（主要是湖南）的稻米已开始大量向江南等地输出，到万历时湖南米输出更达到"各省商人射利，皆舍其本业，百千万艘，入楚籴谷"的程度。①所籴之谷，自然主要是沿江下运到江南，因为沿途江西、安徽也是重要的稻米输出地，勿庸输入湖南米。到了明末，长江中游稻米输入江南，更已成为日常贸易的主要内容。明末小说《鸳鸯针》卷四《欢喜冤家一场空热闹，赚钱折本三合大姻缘》就生动而细致地描写了明季米商活跃于湖广、江西与江南之间的情况。从这篇小说来看，江南米商至江西、湖广收购米麦，或江西米商贩运米麦至江南，乃属常事。贩运规模亦颇为可观，单个商人一次贩米动辄以千石计，一年中往往贩运数次，范围远及武昌。这种贸易常常是江南米商与外地米商连手经营，并在南京设有设备齐全的据点，和外地官府亦有勾结（南京米商范顺在武昌向官府行贿，一次即达米千石之多）。小说作者吴拱宸（华阳散人）是江南人，又在江西南昌生活过，所描写之事真实性颇高。由此可见：至明末，江西、湖广米麦之输入江南，已成为长江中下游贸易之主要内容。

明末苏州巡府黄希宪所颁发的诸多公文，也证实了上述情况。据黄氏《抚吴檄略》卷一《为祈饬遏籴之禁大沛邻封事》（崇祯十三年五月二十九日行苏州府长洲县、吴县）说："吴所产之米，原不足供本地之用；若江广之米，不特浙属藉以济运，即苏属亦望为续命之膏。……江广谷米，悉听往来通行，不得藉江阻挠，遏迎商船。"《督抚军门示》（崇祯十三年八月初四日出示枫桥、关上、无锡、常州、丹阳、镇江）说："照得江广谷商，冒涉风涛险阻，贩米来苏，不过权母子而少获微赀耳。……凡有远来船只，装载米豆等货，悉星飞驾至姑苏，仍照时价发卖。"《为新漕开兑届期讲求宜速

---

① 参阅吴金成《明末洞庭湖周邊の垸堤の發達とその歷史意義》，《史朋》第10號。

第八章　外部市场问题　413

事》(日期缺,当在崇祯十四年十至十一月间)说:"江南万姓,皆资外贩以接济。"在一个个案处理中,黄氏亦于崇祯十四年六月初四日行文芜湖、仪真两县:"据长洲县商民吴允忠等呈称:忠等世籍苏民,揭本外运,收贩米麦豆等货约五千余石,堆积芜湖仪真ඳ少山栈房",有司不得遏运。

此外,从其他文献中还可以看到:明代南京一直依赖湖广、江西米。①嘉定即使在平时也仰食江楚。②朱国桢更明确指出:万历时南直隶与浙江"米则一岁之收,不足一岁之用,反取给于外江"。故万历末湖广"禁米不得下江,……[江南]米一时涌贵,斗至一百五六十钱。时非水非旱,田禾蔽野,而所恓慢。平粜抑价,吴江县立破一百二十余家"。③由此可见,江南即使在平年亦已仰赖外地稻米,不过这种平时性的依赖的程度似乎还不很深,因为此时皖米生产能力本属有限,赣米在供应本省南昌之余恐怕也不很多,④而湖南在万历时更因稻米输出引起本地民变或骚动,⑤说明生产剩余也还不太大。由此看来,明代江南稻米输入规模虽比南宋扩大了许多,但灾年商业性调剂仍然占很大比重,因此万历时人陈继儒有言:"向吴中不熟,全恃湖广、江西。"⑥

到了清代,虽然灾年调剂在江南稻米输入中仍占有一定地位,但平时性输入看来已成为稻米输入的主要内容。全汉昇、王业键、吴承明、重田德、安部健夫、柏金斯(Dwight Perkins)、罗友枝(Evelyn Rawski)等学者,对清代江南平时性稻米输入都已作了深

---

① 顾起元:《客座赘语》卷二。
② 张鸿磐:《请照旧永折疏》(收于《南翔镇志》卷十二"记事")。
③ 《涌幢小品》卷十二"普陀"。
④ 参阅前引吴承明文。
⑤ 参阅前引吴金成及藤井宏文。
⑥ 《晚香堂小品》卷二十三。

入的研究。①从这些研究中我们可以看到：一方面，清代湖南与四川的稻米生产与输出能力较明代有很大提高；另一方面，江南的缺粮问题也远比明代更为严重。因此，长江流域在清代已形成了一个稻米由西流向东的巨大粮食市场。输往江南的稻米数量，嘉道时包世臣估计："苏州无论丰歉，江广安徽之客米来售者，岁不下数百万石。"②罗友枝教授估计清代前期与中期长江三角洲每年输入粮食700万—1,000万石；全汉昇与王业键先生估计雍正时长江三角洲年输入湖广米达1,000万石；吴承明先生则估计清代前期（鸦片战争以前）江浙年输入湖广、四川米1,000万石，安徽、江西米500万石，共1,500万石；而江浙米输闽者甚微，仅及上述数字的1%。总而言之，江南稻米年输量在700万—1,500万石之间。即使仅以中数1,000万石计，也可供江南330万人一年之食，③或相当于万历时松江东部670万亩稻田丰年的总产量。④由此可见，清代江南对外地稻米的依赖已十分严重。此外，清代江南还从东北输入相当数量的小麦，并从广东输入为数不少的甘薯，以致甘薯"江浙近来亦甚多而贱"。⑤

二、蚕丝

北宋江南蚕桑业较前有较大发展，两浙路的两税，上供丝绵绒

---

① 参阅斯波義信《宋代江南經濟史の研究》，東京大學東洋文化研究所，1988；安部健夫：《米穀需給研究—雍正史のとしみた一章》，《東洋史研究》第34卷第4號；D. Perkins, *Agricultural Development in China: 1368—1968*，第7章；E. Rawski, *Agriculture Change and the Peasant Economy of South China*，第5章；吴承明：《论清代前期我国国内市场》。
② 《安吴四种》卷二十六《齐民四术》卷二农二。
③ 包世臣估计苏州男女老幼合计，每人每年食米3石（见《安吴四种》卷二十六《齐民要术》卷二农二）。
④ 何良俊说明末松江东乡"若年岁丰满，每亩［产米］一石五斗"（见《四友斋丛说》卷十四"史十"）。
⑤ 吴震方：《岭南杂记》卷下。

线已达209万两,为全国各路之冠,但仍低于华北诸路或四川诸路之总和。[1]南宋时江南蚕桑业进一步发展,已有"吴蚕最最多于鲁"[2]之势,但产量仍未超过华北,而且江南所产"南丝"质量也不能与"北丝"相匹。[3]因此我们尚未发现宋代江南丝输出的记载(赋税除外),相反"北丝"输入江南则有之,[4]但数量估计不会很大。所以,可以认为宋代江南蚕丝生产基本上是地区自给性生产。到了元代,江南在全国蚕丝生产中的地位虽有进一步的提高,但据《马可·波罗行纪》所载统计,大德时全国产丝之地共有十七,其中长江以北有十,而江南仅有四。此外,据汪大渊《岛夷志略》,元代输往国外的丝仍为"北丝"。从这些可推知,元代江南蚕丝的生产与输出仍颇有限。

到了明代中期,全国蚕桑业生产格局发生剧变。华北地区的蚕桑业急剧衰落,仅有少数地方还生产数量不多的土丝。另一传统的主要丝产地四川成都平原,到万历时蚕桑业几乎已经荡然无存,"锦官以南,千里无一桑株"。[5]四川另一产丝地阆中,明代产丝还很多。嘉靖时人郭子章说:"今天下蚕事且疏阔矣。东南之机,三吴闽越最伙,取给于湖茧;西北之机,潞最工,取给于阆茧。予道湖、阆,女桑梗桑,未尝不羡二郡女红之廑而病四远之惰也。"[6]阆丝产于四川保宁府(即阆中)。嘉万时,该府各县皆出丝,"家植桑而人饲蚕",[7]所产丝除供应本地、成都和潞安的丝织业外,还远输福建漳泉沿海供织倭

---

[1] 斯波義信:《宋代商業史研究》,第276页。
[2] 虞俦:《尊白堂集》卷一《春蚕集》。
[3] 《鸡肋编》卷上。
[4] 参阅前引斯波义信书,第273页。
[5] 章潢:《图书编》(引自《古今图书集成·职方典》卷五八〇"四川总论")。
[6] 《农政全书》卷三十一载郭子章《蚕论》。
[7] 嘉靖《四川总志》卷六保宁府"土产"。

缎之用，①甚至也贩运到江南，"吴越人鬻之以作改机绫绢"。②阆丝质量颇佳，其中一种水丝，"精细光润，不减胡［湖］丝"，③生产成本估计也颇低，故方能千里迢迢输往山西、江浙。④但其总产量看来不很多，其输到闽南、江南者，仅限于用作某些特殊的高级丝织品原料，数量肯定不会很多。除去成都外，潞安是阆丝的主要消费者，但此二地丝织业规模有限，而且并非专用阆丝，而是兼用湖丝。⑤因此阆丝在全国蚕丝市场中所占的分量虽然值得重视，但远不能与湖丝（江南丝）相匹。经明末战乱，阆中蚕桑业一落千丈，阆丝也寂无所闻。

在整个明清时代，在全国丝市场上居于支配性地位的产品是产于江南（特别是湖州）的湖丝。万历时张瀚言天下之利，说嘉湖一带"桑麻遍野，茧丝棉苎之所出，四方咸取给焉"，⑥就是对上述情况的一个概括。清代前期情况也差不多，"夫蚕桑之地，北不逾淞，南不逾浙，西不逾湖，东不至海，不过方千里。外此则所居为邻，相隔一畔而无桑矣"；虽然"桂、蜀、河东及所不知之方亦多有之"，但仍是湖丝垄断中外丝市场的大部分。⑦

在明代前中期，随着华北、成都平原等传统重要产丝地蚕桑业的衰落，江南丝对国内各地的输出，肯定比宋元时代有很大增加。但是，随着新的产销局面逐渐稳定，自明代后期起，江南丝在国内丝市场中所占比重的增长似乎放慢。通过闽、广及其他管道向海外输出却增长迅速，日益成为江南丝输出的另一主要内容。

明清江南丝出口最主要的对象是日本、西欧、西班牙的美洲殖

---

① 《天工开物》乃服第二卷"倭缎"。
② 嘉靖《保宁府志》卷七"食货志"。
③ 嘉靖《保宁府志》卷七"食货志"。
④ 参阅吴承明《论明代国内市场和商人资本》。
⑤ 顺治《潞安府志》卷一。
⑥ 《松窗梦语》卷四"商贾纪"。
⑦ 《潜书》下篇下"教蚕"。

民地和俄国。此外南洋一带也是重要主顾，其土著居民所消费的江南丝，总量肯定不少，但因史料阙如，故在此姑略而不论。

明代江南丝输往日本不少，是中日贸易最重要的商品，但贸易的具体数量难以知晓。崇祯十四年（1641）输入长崎的中国丝共127,175斤，清初顺治七年（1650）中国大陆及台湾船只运到长崎的白丝（湖丝）为108,110斤，十七年（1660）更达到198,780斤。[1]在此时期，由于重赋摧残与战争破坏，江南丝生产肯定不及明后期盛时，加之清初厉行海禁，对中日贸易影响甚大，因而江南丝对日出口当不及明后期之盛。据上述数字推测，明后期江南丝对日出口量，每年至少有10万—20万斤。顺治以后，虽然江南生产逐渐恢复，海禁亦开，但由于中日双方政府的限制，中国丝（绝大部分为江南丝）输日量大减，据日本方面的资料统计，康熙四年至乾隆三年（1665—1738）间，每年平均为28,836斤，[2]远不及明末。

江南丝对西欧输出始于嘉靖时。[3]在17世纪，西班牙与葡萄牙是中国丝（主要为江南丝）的主要主顾。[4]这里先从葡萄牙谈起。至明末，葡萄牙人每年运往果阿与交趾殖民地的中国丝，已达43万余磅。[5]1603年2月25日，荷兰海军在约合（Johore）海域俘获葡萄牙武装贸易船"圣·凯瑟琳娜"号，船上载有中国生丝1,200包，[6]

---

[1] 参阅山脇悌二郎《長崎の唐人貿易》，吉川弘文馆，1964，第30、35页。
[2] 据前引山脇悌二郎书第229页有关数字统计。
[3] 据朱纨《甓余什集》卷二《捷报擒斩元凶荡平巢穴以靖海运事》，当时已有葡萄牙人来宁波海域收买湖丝。
[4] 在17世纪，荷兰、英国、法国、意大利主要进口波斯与孟加拉国生丝，而西、葡从不进口波斯生丝，进口孟加拉国生丝亦有限，主要依靠中国生丝。参阅Glamann, Kristof, *Dutch–Asiatic Trade, 1620—1740*, Danish Science Press, 1958, 第115、123页。
[5] 引自韩大成《明代商品经济的发展与资本主义萌芽》。文中Cochin有人译作"可陈"，但实即交趾，兹改之。
[6] 见上引Glamann书，第112页。

418　发展与制约：明清江南生产力研究

每包约200磅，①共计24万磅，价值约225万弗罗林，②可见葡萄牙输入中国丝之多。而这些中国丝，主要产于江南。

以后，随着荷兰与英国相继取得远东商业霸权，中国丝输欧之量也在剧增。1610年代后期与1620年代，荷兰每年进口中国丝约7万磅左右。③英国在1698—1699年的生丝进口总量仅37,507磅，1700年升至106,469磅。从同时期荷兰生丝进口情况来看，英国所输入生丝大约还是以孟加拉国生丝为主，中国生丝分量不大。④但到乾隆三十六年（1771），英国进口中国丝已达126,531斤，在乾隆三十六年至嘉庆七年这31年中，每年进口量在8,067—228,227斤之间。⑤而至道光二十七年（1847），伦敦海关进口的中国丝更多达1,924,000磅。⑥西欧所输入的中国丝，始终都以江南丝为主，⑦所以18世纪初期法国萨凡利兄弟编写《世界商业大辞典》时写道："中国的浙江省为世界产丝最多之地，其出产可与欧亚两洲之总产量相匹。"⑧

据全汉昇先生的研究，明后期至清中期中国对西属美洲殖民地丝出口增长甚速。万历二十一年（1593），西班牙当局规定中国丝输美年额为25万西元，可是到康熙四十年（1701）前后，每年由菲律宾运往墨西哥的中国丝货通常达到200万西元上下，在贸易特别兴旺的时期更多至300万—400万西元。这些丝货中，蚕丝占很大

---

① 见前引Glamann书，第116页。
② 前引Glamann书，第112页。
③ 前引Glamann书，第127页。
④ 前引Glamann书，第127页。荷兰1698年进口中国丝仅占其进口生丝总量的2.5%，1699年占1.8%，1700年占21.1%。
⑤ W. Miburn, *Oriental Commerce*, p. 256.（引自山脇悌二郎《长崎の唐人贸易》，第231页）。
⑥ ヘデ，イ.（Hedde, Isidor）：《南京條約直後の支那對外貿易統計》，刊於《東洋史研究》第6卷第6號。
⑦ 例如上述伦敦海关进口之丝中，从上海输入者占85%。
⑧ サバリ（Savary）兄弟：《世界商業大辭典》，《東亞經濟研究》第25卷第6號。

比重。雍正五年（1727）前后，由菲输美的中国货物（以丝为主）每年通常为1万—1.2万包。①即使其中丝仅占一半（即0.5万—0.6万包），重量亦达47万—56万斤。②而在这些丝中，江南丝又占主要部分。

俄国进口中国丝较晚。雍正八年（1730），俄国官商队在北京购丝仅6.5普特（共约220市斤），数量甚微。但到乾隆四十至四十六年（1775—1781）间，俄国每年所进口的各种中国丝已达3,592普特（约12万市斤），价值9.4万卢布，③其中江南丝肯定占很大比重。

很显然，清代江南丝对海外市场的依赖程度，比明代有很大增加。乾隆时尹继善奏称："立［丝］出洋之禁，则江浙所产粗丝，转不得利，是无益于外洋，而更损于民计。"④可见在此时丝出口已关系到江南民生大计。以后更甚。到太平天国时，"中国积岁兵荒，丝市减十之六七，而夷船所购，数倍往时，故蚕桑之利近年更普"。⑤生丝之输出量，于1860年突破6万担，达到1840年输往国内外市场总数的约88.7%。⑥这说明在19世纪中期，江南丝对海外市场的依赖，可能已甚于对国内市场的依赖。

三、丝织品

江南丝织品输出入情况的变化，与蚕丝大略相同。北宋时，两

---

① 全汉昇：《自明季至清中叶西属美洲的中国丝货贸易》，《中国经济史论丛》。
② 清代江南南浔、震泽丝市以1,500两为1包。
③ 吉田金一：《ロシアと清の貿易について》，《東洋學報》第45卷第4號。
④ 《皇朝文献通考》卷三十三市"籴考"。
⑤ 冯桂芬：《校邠庐抗议》卷上《筹国用议》。
⑥ 中国生丝出口量，1860年达到6.3万担（Li, Lillian, *China's Silk Trade: Traditional Industry in the Modern World, 1842—1937*, Harvard University Council on East Asian Studies（Cambridge），1981，p. 74）。而1840年丝内外贸易总量为7.1万担（吴承明：《论清代前期我国国内市场》）。

420　发展与制约：明清江南生产力研究

浙路每年两税，上供绢达116万余匹，已居各路之首，但其他丝织品（主要是高级丝织品）上供数仍较少。而且两浙路上供的丝织品有很大部分出自浙东。另外，直到南宋时，江南丝织质量仍不及华北和四川，似乎还逊于浙东。[1]两宋时期江南丝织品作为商品输出的记载尚未发现，而输入的例子倒有一些，例如浙东诸暨所产"吴绢"输往杭州，湖州商人到湖南邵阳购买"隔织"等。[2]元代江南绢品质仍次于河北绢。[3]虽然有记载说元代已有苏州色段等向南洋出口，[4]但数量似乎很有限。从《马可·波罗行纪》来看，元代华北、四川、福建等地的丝织业尚颇为发达，故江南丝织品还难以在国内丝织市场上占据支配性地位。

到了明中叶，除江南之外，全国仅有山西潞安、四川成都和保宁、闽广沿海少数城市以及华北个别地区还保留着一些规模有限的丝织业。其中规模最大的是潞安，其丝织之数在一般繁荣时期约为9,000张（最多时达13,000余张），年产潞绸10万匹左右，[5]但亦仅相当于或尚不及明清江南一个大型丝织业市镇的织机数与产量。[6]到万历末年，潞安丝织业已陷入危机，因"商不来"，除织造上供

---

[1] 参阅赵雅书《宋代蚕丝业之发展》（见沈宗瀚编《中华农业史论集》，（台湾）商务印书馆，1979，第193—194页）；斯波義信《宋代商業史研究》，第273—274、281—284页。
[2] 参阅前引斯波义信书，第282页。
[3] 陶宗仪：《（南村）辍耕录》卷十八"叙画"条，中华书局《元明史料笔记丛刊》本。
[4] 汪大渊：《岛夷志略》。
[5] 王守义：《明代山西的潞绸生产》，《中国社会经济史论丛》第2辑，山西人民出版社，1982。
[6] 例如濮院镇万历时即号称"日出锦帛千计"（《濮川所闻记》卷四收李培《翔云观碑记》），至清初更称"日出万䌷"（民国《濮院志》卷十四"工业"）。王江泾镇在乾嘉之际"日出千匹"（唐佩金：《闻川缀旧诗》），而至嘉道时更"有日出万绸之谚"（宣统《闻川志稿》卷二"农桑"）；盛泽镇及其周围25里之内农村，光绪初共有织机8,000张左右，年产绸约90万匹（引自彭泽益编《中国近代手工业史资料》第2卷，第72页），等等。

品外，民间丝织业几已无存。[1]明代成都的蜀锦生产虽名传天下，但仅存于蜀王府而"闾阎不存"。而且蜀锦"不可以衣服，仅充裀褥之用，只王宫可，非民间所宜也"，[2]而产量肯定不多。保宁虽"有丝绫文锦之饶"，[3]"其丝䌷绫绢既用以自衣被，其余且以货诸他郡，利云厚矣"，[4]但输出量实际并不很大。事实上四川民间衣服所用丝织品尚多取之于江南，位于川西金沙江林区的建昌卫，因有大量木材输往江西，故"虽僻远万里，然苏杭种种文绮，吴中贵介未披而彼处先得"。[5]而明代商人携数千金购苏杭绫罗绸缎运销四川之事颇见于小说。漳、泉、广州丝织业规模在明代还很小，产品又主要供出口，故张瀚论天下市利时，对此未予重视。其他各地则仅能生产少量质次的土绢、土䌷等，[6]在全国丝织品市场上地位亦不足道。在这样的背景之下，江南丝织品遂垄断了国内市场之大部，因而张瀚说："虽秦晋燕周大贾，不远千里而求罗绮缯币者，必走浙之东也。"[7]与此相伴，江南丝织品对外地市场的依赖程度也大大增加，故万历时孙隆在苏州加征丝织品输出税，"止榷行商，不征坐贾"，致使"吴中之转贩日稀，织户之机张日减"，[8]最后引起民变。可见，此时丝织品输出在江南经济生活中的地位已十分重要。明清之际潞安、成都丝织业毁于兵火，尔后亦未复兴，而保宁丝织业入清以后亦寂然无闻。福建沿海城市丝织业在清代也不见有何

---

[1] 参阅前引藤井宏《新安商人の研究》。
[2] 《广志绎》卷五"西南诸省"。
[3] 《松窗梦语》卷四"商贾纪"。
[4] 前引章潢《图书编》。
[5] 《广志绎》卷五"西南诸省"。
[6] 参阅佐伯有一《明代匠役制の崩壊と都市絹織物業流通市場の展開》，《東洋文化研究所紀要》第10册，1956。
[7] 《松窗梦语》卷四"商贾纪"。按：此处所言"浙之东"，当为"浙之西"之误，因为张瀚在此之前一直在讲述杭嘉湖地区情况，而杭嘉湖属浙西而非浙东。
[8] 《明神宗实录》卷三六一，台北："中研院"历史语言研究所，1962年校印本。

发展。广州丝织业虽有发展，但主要面向海外。因而在清代中期以前，江南丝织业在国内实际上已无重要竞争对手，于是江南丝织品遂得独占国内市场。由于清代版图扩大，江南丝织品对国内各地的输出肯定亦随之而有进一步增加，因而对国内市场的依赖当然也更为加强了。

明清时期，江南丝织品的出口增长迅速。明代前期，有关记载尚不多见，可能是因为出口规模尚小，明后期江南丝织品出口量已不小，至清代更有巨大增长。

江南丝织品输日，嘉靖时已颇多，这从有关倭患的记载中可见到。据日本方面的记载，崇祯十四年（1641）长崎进口的中国丝织品为134,936反（每反面积为10×0.34平方米），顺治七年（1650）为145,638反，康熙五十年（1711）为188,492反。除数量很少的北绢、温州纱绫、洛州纱绫外，输日丝织品绝大部分为江南所产。① 江南丝织品对朝鲜的出口，明末亦颇称盛，故毛文龙据皮岛，独占中朝海上贸易，"南货缯帛，北货参貂，咸于文龙处输税挂号，然后敢发，不数年，遂称雄镇"。② 清代江南丝织品输朝主要通过朝贡贸易，规模似乎超过明代。据朝鲜方面的记载，康雍乾时期，朝鲜贡使每年在北京采购江南织造的纹缎，价值银七八万至十万两不等，③ 数量亦颇可观。

江南丝织品对西欧出口增长更快。17世纪中国丝织品开始大量输入西欧，至18世纪数量已相当大。1730—1772年间，西欧市场上销售的中国丝织品中，仅丝肩巾一项每年平均多达8万条。而至

---

① 前引山脇悌二郎书，第30、35、112页。
② 《烈皇小识》卷二。
③ 参阅畑地正憲《清朝と李氏朝鮮の朝貢貿易——特に鄭商の盛衰をめづつて》，《東洋學報》第62卷第3、4號。

1776年，单是法国的英格兰公司一家就输入丝肩巾10万余条，其他国家输入的中国丝织品，数量也有很大增加。①输往西属美洲的丝织品，增加亦甚速。据前引全汉昇先生的研究成果，崇祯九年（1636）以前，自马尼拉驶往西属美洲的船只，每艘登记装载的丝织品约300—500箱；但崇祯九年出发的船，已有装载超过1,000箱以上者。另外，前面提到的经菲输美的丝货中，很大一部分亦为丝织物。由此可见，明后期至清中期，中国丝织品输美增长甚大。当然，应当指出：输往欧美的中国丝织品中，有相当大一部分系闽广所产，而且这个部分所占的比重还在不断地提高。但是可以肯定，江南丝绒品仍然占据主要地位，因为直到清代中后期广州丝织业勃兴以前，闽广丝织业的规模很有限，所产丝绒品数量不多，质量一般说来也不如江南。据萨凡利兄弟所述，18世纪初广东输往马尼拉的丝织品中，南京所产的各种纺绸仍是主要项目之一，而南京"金箔织"更在欧洲市场上享有盛名。而且此时西欧商人已知道：如果直接到南京采购丝织品，免去了闽广商人从中渔利，可比在广州购买便宜50%。②

到了清代，俄国也成了江南丝织品一大买主。雍正五年至六年（1727—1728），俄国莫洛可夫（MolLokov）官商队在北京采购各种丝织品达8,866波斯达夫（每postav长17米），值银5,6113两，占其采购各种商品总值的三分之一以上。到1750年代后期和1760年代初期，俄国每年进口中国丝织品的价值平均高达21万卢布以上。③同一时期朝鲜贡使在京所采购的丝织品皆为江南所产，因而俄国人所采购者当亦多为江南产品。

---

① 利奇温：《18世纪中国与欧洲文化的接触》，第14页。
② 参阅前引《世界商业大辞典》。
③ 参阅前引吉田金一文。

因此明清时期江南丝织品对国内外市场的依赖，变得越来越严重了。

四、棉花

明清江南棉花输出入的情况，西嶋定生、徐新吾等先生已有专门的研究。从这些研究中可以得知：向江南输出的地区，明代主要是山东、河南，清代则主要是河南、湖广以及浙东余姚等地。江南棉花的输出对象，明清都是闽、广。[①]此外，从文献中我们还可以看到：明代江南棉花曾经输往河北，而相反的是清代山东棉花大量输入江南，[②]同时江北的通州、海门等地也是向江南输出棉花的重要地区。[③]相对而言，江南的棉花输入，明代似乎比清代更多。[④]棉花输出，则清似盛于明。隆万以降，松江、太仓一些县份所产之棉中，很大部分为闽广商人购去，以致当地人民生活严重依赖闽广商人的采购。由此可见，明后期至清中期，江南棉花对外地市场的依赖增强了。

五、棉布

南宋末江南纺织业尚未发达，故仅见有闽广棉布输入江南的记载，[⑤]但其数肯定甚微。元代江南棉纺织业较宋有颇大发展，故致

---

① 西嶋定生：《中國經濟史研究》，東京大學出版會，1975；徐新吾：《鸦片战争前中国棉纺织手工业的商品生产与资本主义萌芽》第一章第一节，江苏人民出版社，1981。
② 前者如吴伟业《梅村家藏稿》卷十《木棉吟》所说："昔年河北载花去。"后者则可见黄忍庵《仓田赋议》（收于乾隆《沙头里志》卷十）。
③ 道光《江阴县志》卷一"镇保"；嘉庆《松江府志》卷六"物产"。
④ 褚华《木棉谱》说：乾隆时"江北［棉花］绝无来者"。虽然实际上并非"绝无来者"（例如有来自通州、海门等地者），但输入确实也不如以前之多。
⑤ 《资治通鉴》卷一五九《梁纪》武帝大同十一年胡三省注。

和年间（1328）已有大都人来松江收购棉布，①但除此之外有关输出的记载还不多，说明元代江南棉布输出尚有限。到了明清，江南棉纺织业迅速发展，成为全国最大的棉布产地，其棉布生产与输出的绝对规模在当时世界上也一度处于领先地位。

明清江南棉布输出的情况，严中平、吴承明、徐新吾、全汉昇、西嶋定生、藤井宏、寺田隆信等学者已进行了深入的研究。②他们的研究表明：明代江南棉布的最大市场为华北与西北，其次为华中与闽广。到了清代，江南棉布的华北与西北市场缩减，虽东北市场有所扩大，但输出重心仍移到了华中与闽广。在这里我们特别要强调的是，江南棉布的出口在清代迅速扩大，足以抵消华北与西北市场的缩减而有余。

明代江南棉布主要出口对象仅有日本及南洋。对日出口数量，在明清两代都不甚多。据日本方面的记载，崇祯十四年（1641），运到长崎的中国棉布（主要为江南产品）仅有2,170反，顺治七年（1650）增至7,145反，康熙五十年（1711）为7,329反，而嘉庆九年（1804）降至384反。③销往南洋的数量不详。仅就南洋各地对江南棉布的消费量而言，在明清两代随着大批华人之移居，当有颇大增加。

江南棉布输往欧美，明代尚未见到记载，但在清代增长甚速。1730年英国东印度公司开始购运"南京棉布"，而到乾隆五十一年

---

① 《平江纪事》。
② 详阅严中平《中国棉纺织业史稿》第一章，科学出版社，1963；吴承明：《明代国内市场和商人资本》及《论清代前期我国国内市场》；徐新吾：《鸦片战争前中国棉纺织手工业的商品生产与资本主义萌芽》第一章第二节，江苏人民出版社，1981；全汉昇：《鸦片战争前江南的纺织业》；西嶋定生：《中國經濟史研究》第三部第四章；藤井宏：《新安商人の研究》；寺田隆信：《山西商人の研究》第四章；等等。
③ 前引山脇悌二郎书，第231—234页。

（1786）欧美各国在广州购买的"南京棉布"已达372,000匹，乾隆六十年（1795）为1,005,000匹，嘉庆三年（1798）更翻了一倍，达到2,125,000匹。在乾隆五十一年至道光十三年（1786—1833）这48年中，总数高达44,622,739匹。[1]另外在俄国方面，雍正五年（1727）莫洛可夫官商队在蒙古与北京收买"南京棉布"14,705端（每端长35.6米），价值银43,692两。至乾隆中期（1775—1781），俄国每年平均进口"南京棉布"及中国其他下等棉布价值高达106万卢布以上，占当时中俄贸易总额的63%。[2]由于江南棉布的国内市场在清代扩大有限，因此海外市场的迅速扩大已成为江南棉布的重要出路。

明代江南棉布主要产于松江，每年对国内外市场的输出额，据吴承明先生估计，在明代后期已达1,500万—2,000万匹，到了清代，这个产区扩大了，输出量亦跃至4,000万匹左右，占总产量的九分之八。[3]输出量之大以及输出所占比重之高，说明江南棉布对外地市场的依赖，确实在不断地加强。

由以上五种主要产品的输出入增长情况来看，在明清时期，江南与其外各地之间的经济联系，确实明显地增强了。再加入在第六、七章中所论述的江南对外地铁、木材和肥料的依赖，我们可以很清楚地看到：明清江南工农业生产的发展，严重依赖外部市场的扩大与深化。也正由于对于外部市场的依赖程度越来越深，因此外部市场的变化，也必然对江南工农业的发展带来深刻的影响。

---

[1] 参阅全汉昇《鸦片战争前江苏的棉纺织业》，《中国经济史论丛》。
[2] 参阅前引吉田金一文。
[3] 吴承明：《论清代前期我国国内市场》。

第三节　外部市场的变化对江南经济发展的影响

市场的扩大与深化，意味着把更多地区的经济更加紧密地联系在一起，从而不可避免地形成和加强各地区之间的分工和生产专业化。地域分工与生产专业化可以促进一个地区的经济发展，但同时也使一个地区的经济发展受制于其他地区。在一定的条件下，其他地区的经济发展也会妨碍这个地区经济发展。特别是如果这种市场关系中还包含着强烈的非经济因素的话，上述情况就更为复杂。明清时期形成的远东国际市场并不是一个"公平交易"的市场，卷入这种市场关系的各个地区也不是在进行平等的竞争，因此这个市场的扩大与深化，给各个地区带来的影响也不大相同。在本书中，我们仅从经济的方面简单地考察这个市场的变化对江南经济发展的影响。非经济因素虽然非常重要，但在此姑从略。

随着与外地经济联系的加强，明清江南在经济上的自给自足性已严重削弱，江南经济日益深入地卷入了正在形成和不断扩大的国内与国际地区分工体系。很显然，卷入这个分工体系对江南经济发展具有双重的影响：一方面，在这个分工体系中，江南可以因地制宜地调整自己的产业结构，发展地区专业化生产，扬长避短，从而使本地区经济得以较快发展；另一方面，由于卷入程度日深，当原来的分工结构随着各地经济的发展而发生重大变化时，江南经济发展便不可避免地面临严重挑战。而恰好在明清时期，江南以外许多地区的经济取得非常迅速的发展，从而对江南构成了日益严重的威胁。下面，我们就选择一些事例，来分析上述两方面的影响。

一、积极影响

明清江南农业的发展，主要是通过进一步加强对本地区自然资源的合理利用，以及提高农业生产集约程度两种方式。而这两种方式之所以能够采用，又以外地稻米、豆与豆饼的大量输入为基础。豆与豆饼输入的意义，上章已述。兹仅讨论稻米输入的作用。

明清江南农业资源合理利用的加强，主要途径是扩大棉、桑的种植；而棉、桑种植的扩大，又以长江中上游稻米输入为前提。这一点，深刻体现了江南与长江中上游地区之间的地域分工。这种分工取决于多方面的因素，其中最重要因素之一，是有着紧密经济联系的各个地区，在不同农业生产部门中，存在着劳动生产率的差异。长江中上游各主要水稻产区自然条件都不错，但其人口密度在清代中期以前都远远低于江南。"江右荆楚五岭之间，米贱田多，无人可耕，人亦不以田为贵"。①此种情况并非明代独然，清代初期更甚。而四川情况亦相近甚至有过之。由于地多人少，因而这些地区的农民大多采取比较粗放的经营方式。而在一定的条件下，这种粗放经营下的劳动生产率，比江南精耕细作经营方式下的劳动生产率更高。下面就把明代中期以来全国最主要的产米区之一的湖南，拿来与江南作一比较。

湖南的洞庭湖平原地区，自然条件很适于水稻生长。早在南宋时期，湖南稻米就有输出。但此时水利设施不完备，水稻生产与输出数量波动很大。②到了明代，水利事业有很大发展。③明末一度被破坏，

---

① 《五杂俎》卷四。
② 参阅前引斯波義信《宋代商业史研究》，第146、147、166页。
③ 参阅前引吴金成文。

但清代又有更大发展,各种灌溉手段也有很大改进,[1]从而大大改善了当地的水稻生产条件。在此基础上,湖南稻农的粗放经营取得了明显的经济效益,劳动生产率大大高于江南。例如,17世纪后期湖南浏阳县一般农户平均种田据记载多达50—100亩,亩产谷1.6—1.8石,与宋代长沙地区亩产量差不多。[2]据此,每户每年可得谷80—180石,合米40—90石,比万历时松江东乡普通农户平均产米量(7.5石)高出4.3—11倍,或为清初桐乡丰年上田户均产米量(包括春花折米,共30石)的1.3—3倍。即使水稻生产条件甚好的松江西乡,万历时农户稻米生产能力的最高限度也仅达米67.5石,仅及浏阳农户最高产量90石的75%。[3]此外,明代与清代前期湖南水稻生产中有关用肥的记载颇为罕见,从外地输入肥料现象则尚未发现,由此可推知湖南稻田用肥量肯定大大低于江南。劳动生产率高,而生产投资少,因而每石湖南稻米生产成本颇低。明代后期长沙府谷价一般在每石0.08—0.1两之间,[4]其中像浏阳县甚至才0.05两。[5]清代前期湖南谷价仍甚低,直到康熙中叶浏阳县谷价依然仅为每石0.08两,[6]远远低于江南。[7]正因如

---

[1] 参阅前引 E. Rawski(罗友枝),*Agriculture Change and the Peasant Economy of South China*, pp.116、117.
[2] 参阅前引 E. Rawski 书,第130、114—115页。清初康熙时浏阳亩产量原缺,但同时期附近醴陵、湘潭亩产谷量均为1.6—1.8石,而稍后雍正时期浏阳亩产量亦为此数。据此推知康熙时情况,亦当与此相近。
[3] 据《四友斋丛说》卷十四"史十",万历时松江东乡一个农户种田5亩,亩产米1.5石;西乡水利条件好的地方最多可种25亩,亩产米2.5石。又,据《补农书》"补农后书",桐乡在清初一个农户可种田10亩,丰年可产米3石(包括春花折米在内)。
[4] 李腾芳:《增饷议》(收于乾隆《长沙府志》卷二十三"政绩")。
[5] 冯祖望:《八难七苦详》(收于乾隆《长沙府志》卷二十三"政绩")。
[6] 参阅前引 E. Rawski 书,第114页。
[7] 例如在长沙府,乾隆中期亩产谷量已达到2石(据王业键推算,详见前引 E. Rawski 书第115页),而乾嘉之际湘阳县亩产谷量更高达5—6石(据嘉庆《湘潭县志》卷十)合米2.5—3石,已相当于清代江南上中田亩产量。但湖南米价一直比江南米价低得多,参阅全汉昇与王业键《清雍正年间的米价》,《中国经济史论丛》。

此，湖南的稻米便可不远千里而来，在江南市场上与江南稻米展开竞争。竞争的结果，是江南水稻生产中劳动生产率最低而生产成本最高的松江、太仓等地大批不宜稻的沙地以及太湖南部水网地区若干不甚宜稻的低洼地退出水稻种植。这样，尽管江南水稻种植面积减少了，但水稻的平均亩产量和劳动生产率却较前提高了。同时，退出水稻种植的土地，经改造后用来种植适于当地土宜的棉或桑，又获得了更好的经济效益，从而大大提高了劳动生产率。[①]当然，江南之所以能扩大种棉、桑，外地对棉、丝及其织品需求的扩大，也是一个决定性的前提条件。可见，与外地市场联系的加强，对明清江南农业的发展具有极为重大的意义。

与外地市场联系的加强，也是明清江南工业发展的条件之一。纺织业是明清江南主要工业部门，而江南纺织业在明清时期之所以有重大发展，一个重要的原因是江南纺织品有广阔的外部市场，同时江南又能从外地大量输入棉花和粮食。

明清棉布与丝织品对外地市场依赖之严重，从前节所述情况已可明了。江南本地对所产纺织品消费有限，若无广大的外部市场，江南纺织业绝不可能发展到这么大的规模，这是不言而喻的。在19世纪以前，外地（特别是欧美）市场对纺织品的需求很强劲。据洪亮吉说：乾隆初年江南棉布每丈约值三四十文，至乾隆末则上涨至一二百文，价格提高了数倍。[②]虽然乾隆时代物价的通货膨胀对此有一定影响，但布价上涨的幅度比稻米价格上涨更大。很显然，这对江南棉纺织业的发展是一个有力的刺激。

外地棉花的输入，对江南棉纺织业的发展也很重要。出于各方面的原因，江南棉农用肥不比山东、余姚少，但亩产量却大大低于

---

① 参阅本书第四章第一节。
② 洪亮吉：《卷施阁文甲集》卷一"生计"。

第八章 外部市场问题　431

二地。①而且，一般说来山东、河南及苏皖北部棉农的经营规模也较江南更大。因此，这些地方棉花的生产成本明显地低于江南。②在此情况下，"北花高挢渡江南"，③"齐豫皆捆载而至，货多用寡，日贱其值"，④从而压低了江南的棉价。这虽然影响了江南棉农的收入（"南人种植知何利？"），但有助于降低江南棉布的生产成本，保持其在外地市场上的竞争能力。江南棉花生产成本已较高，加上闽、广商人大量采购，若无北棉输入，花价当进一步上涨，从而导致布价提高，削弱其在外地市场上的竞争能力。

长江中上游廉价稻米的输入，也对江南工业发展起了重要促进作用。明清时期，江南水稻生产中的各项投入已接近传统技术条件下的最高限，边际产量开始下降，稻米生产成本的上升幅度已明显超过产量上升幅度。⑤由于稻米是江南人民最重要的生活数据，稻米生产成本上升，必然引起城乡生活费用的全面上涨。至清初，袁尧文已指出江南生活费用大大高于湖南，后者"柴木食物庐舍田园之值，较江浙几四分之一"。⑥生活费用昂贵，将使得劳动力价格提高，从而引起江南工业品的生产成本亦随之上涨。这当然会削弱江南工业品在外地市场上的竞争能力。外地廉价粮食的输入，大大减缓了这一趋势，从而对江南工业的发展也做出了重大贡献。

---

① 据《农政全书》卷三十五"木棉"，松江棉田"用齐鲁之粪肥，余姚之草肥"，但亩产量比山东、余姚低得多，故此二方人闻松江之薄收，"每大笑之"。松江棉田亩产量，至康熙时亦不过80斤左右（参阅西嶋定生《中国经济史研究》，第830页），而山东在明末即"亩收二三百斤为常"（《农政全书》卷三十五"木棉"）。
② 据《农政全书》卷三十五"木棉"，明末河北肃宁由于"吉贝贱"，故所织棉布价格仅及松江布60%至70%。
③ 前引吴伟业《木棉吟》。
④ 乾隆《沙头里志》卷一附黄忍庵《太仓田赋议》。
⑤ 参阅本书第三章第一节。
⑥ 《广阳杂记》卷二。

二、消极影响

如前所述，明清江南的产业结构比较单一。因此随着与外地市场联系的加强，一旦外地的有关产业有了较大发展时，便不可避免地对江南造成严重威胁，阻碍甚至打击江南经济的成长。

这方面最典型的例子是棉纺织业。明末以来，由于华北棉纺织业的兴起，江南棉布在华北市场上受到沉重打击，市场明显缩小，这是许多学者的研究所证实了的情况。[①]华北棉布虽不及江南棉布精细，但由于得地理之便和成本低廉，[②]仍然很有竞争力。而且，到了清代，华北若干地区在技术上也已赶上江南。例如河北中部"〔棉〕产既富于东南，而其织纴之精亦与松娄匹"，因而所产棉布除供本地消费外，"更以其余输大河南北，凭山负海之区，外至朝鲜，亦仰商贩之供楮布之用"。[③]从吴承明先生的研究可知，清代前中期河北、山东、河南三省若干地区所产棉布，大量运销东北、蒙古和西北，数量估计每年达300万匹。[④]这对于江南棉布在北方的销售，当然是十分不利的。

在南方各地市场上，不断发展中的湖北棉纺织业也逐渐成为江南的劲敌。早在万历时，湖北罗田、孝感布就已出现于江西铅山市场，与江南棉布竞一日之短长。[⑤]嘉靖时，江南棉布尚运销四川。[⑥]

---

① 参阅前引西嶋定生《中國經濟史研究》，第887—888页；徐新吾：《鸦片战争前中国棉纺织手工业的商品生产与资本主义萌芽》，第30—33页；吴承明：《论清代前期我国国内市场》等等。
② 据《农政全书》卷三十五"木棉"，明末河北肃宁布质量接近松江中等布的水平，而"其价值仅当十之六七"。
③ 董浩：《授衣广训》。所言为乾隆时河北冀、赵、深、定等府情况。
④ 吴承明：《论清代前期我国国内市场》。
⑤ 万历《铅书》卷一"食货"。
⑥ 《连城璧》外编卷四《连鬼骗有故倾家，受人欺无心落局》。

第八章　外部市场问题

而至明末清初，湖北德安、荆州的棉布与棉制品已大量入蜀。[1]乾隆时四川已成湖广、江西布的天下，[2]滇、黔二省也盛行汉阳布。[3]此外，明清之际，湖北咸宁大布还远销广东，与松江布角逐。[4]至乾隆时，湖广布又与河南布取代江南布而控制了陕西市场，[5]同时山西也从汉口大量输入扣布。[6]据吴承明先生估计，清代中期进入长距离运销的湖北棉布，每年不下百万匹，另外湖南亦有40万—50万匹。[7]清代中叶，四川棉纺织业又兴起，迅速控制云、贵市场。乾隆时，云南每年买用川布，计价银二十万两。由于本地不织布匹，是以大利归于川省。[8]嘉道时，情况更甚，川布不仅输往云南，而且还贩运贵州以及其他地方。如隆昌县所产棉布，"贩往云南、贵州等省发卖"。[9]中江县棉布，"这商贩运至滇黔"。[10]新津县则"男女多纺织，故布最多，有贩至千里外者，其名则有大布、小布、台镇等号"。[11]由于这些地方棉布的排挤，到了清代中期，江南布仅在长江下游地区（苏、浙、皖三省）和沿海一些地区（东北、山东东部、福建）保有比较固定的市场。

在国内市场有所缩减的情况下，海外市场成了江南棉纺织业

---

[1] 《古今图书集成·职方典》卷一一六六"德安府风俗考"，卷一一九"三荆州府风俗考"。
[2] 《清高宗实录》卷七四七乾隆三十年十二月二十九日谕旨，中华书局，1986年影印本。
[3] 乾隆《汉阳县志》卷十"物产"。
[4] 《广东新语》卷一"货语"。
[5] 参阅陈宏谋《巡历乡村兴除事宜檄》（《皇朝经世文编》卷二十八）；并前引藤井宏文。
[6] 乾隆《汉阳县志》卷十"物产"；同治《续辑汉阳县志》卷九"物产"。
[7] 参阅吴承明《论清代前期我国国内市场》。
[8] 彭泽益编《中国近代手工业史资料》第1卷，第411—412页。
[9] 咸丰《隆昌县志》卷三十八。
[10] 道光《中江县志》卷三十八。
[11] 道光《新津县志》卷二十九。

赖以发展的重要支柱。但在这个方面，广东棉纺织业在清代中期兴起，又对江南构成严重威胁。嘉庆时期，松江府每年上市的商品棉布约二千数百万匹，用棉约30万担。①而乾隆五十年至道光十三年（1785—1833）广东平均每年进口印度棉花2740万磅（约20万担），已相当于上述松江用棉量的三分之二。而至鸦片战争前夕，广东每年进口棉花更多达50万—60万担。②若按同样的用棉比率，则其棉布产量已接近清中期江南棉布的总产量。③广东进口之印棉，价廉物美，故广东布成本亦较低；加之广东是当时对外贸易中心，其棉布出口得地理之便。因而广东布在海外市场上亦颇具竞争力，遂得冒"南京棉布"之名输往欧美，从而夺走了江南很大一部分海外市场。宫崎市定先生指出：自乾隆中期以来，由于广东棉纺织业的勃兴，加上江南丝织品输出的停滞，以苏州为中心的江南经济已陷于衰落。④虽然说"衰落"尚可商，但江南经济面临严重挑战是无可置疑的。

更沉重的打击来自工业革命完成后的英国等西方国家。欧美本是江南棉布的重要市场，但到了19世纪中期，情况发生变化，西布滚滚东来。道光二十五年（1845）英美两国向中国出口各种棉布价值6,389,276美元，为同年中国向英国出口棉布价值（48,899美元）的130倍。⑤包世臣一再惊呼："松、太利在棉花梭布，较稻田倍蓰。……近日洋布大行，价才当梭布三之一。……松、太布市，稍减大半"；"松、太两属，以木棉入优，稍精胜苏属。近来洋布盛行，价止梭布三之一，梭布市必减滞，……年复一年，亦断难堪此朘削

---

① 参阅前引徐新吾书，第17页。
② 见 M. Elvin, *The Pattern of the Chinese Past*, 第214页。
③ 依松江织布每匹用棉比例，广东进口50万—60万担棉可织布四五千万匹，而清中期江南棉布总产量，依吴承明先生估计为4,500万匹。
④ 宫崎市定：《明清时代の蘇州と輕工業の發達》，《東方學》第2辑。
⑤ 见前引《万物解》。

矣！"①至此，江南棉纺织业已面临危机。

棉花的情况与棉布相近。闽广一向是江南棉花的主要买主，但是到康熙四十一年（1702）和四十三年（1704），英国东印度公司船只分别运印棉1,000余担到广州与厦门，开辟了印棉输入闽、广的新时代。以后输入日增。1790年代广东每年输入量已达10万—20万担，19世纪初增至30万—40万担，而鸦片战争前夕更上升到50万—60万担。于是印棉遂逐渐占领了广东与闽南市场，把江南棉花驱赶到福州以北，②从而使江南棉花的主要外部市场大部丧失。不仅如此，洋花甚至早在嘉庆时就已开始进入江南，③侵蚀着江南本地市场。

明代后期以来，广东蚕桑业逐渐发展。虽然其规模在1850年以前还不很大，但已成为江南在海外市场上一个重要性日益增加的竞争对手。据估计，万历时珠江三角洲地区仅有桑6.8万株，④尚不及宣德五年（1430）江南的嘉兴府桑8.8万株的80%。但至顺治七年（1650）广东已向日本出口绢丝20,150斤，占当年日本所进口中国丝总数的11%。⑤广东丝虽质量逊于江南丝，但价格低廉，故颇具竞争力。康雍之际，广东市场上每百斤广东钧丝价格仅为银35两，而南京生丝则为125两；长崎市场上广东钧丝价130两，南京生丝价230两。⑥即是说，在广东与日本市场上，广东钧丝售价分别为南京生丝售价的28%与57%，可见广东丝外销利润率比江南丝高出1倍。道光以后，广东蚕丝产量与出口量更急剧增加，咸同之际广东生丝

---

① 参阅前引西嶋定生书，第900页；徐新吾书，第27—28页。
② 参阅前引西嶋定生书，第900页；徐新吾书，第27—28页。
③ 见陈金浩《松江衢歌》（收于嘉庆《上海县志》卷一"风俗"）。
④ 司徒尚纪：《明代广东农业和手工业分布的若干特色》，《经济地理》第4期，1982。
⑤ 参阅前引山脇悌二郎书，第30页。
⑥ 前引《世界商业大辞典》。

出口量已达全国出口总量的8%，同治末年更跃居25%左右。①在本文所涉及的时期内，广东丝虽然还未严重地震撼着江南丝在海外市场上的地位，但已经开始侵蚀着江南丝的海外市场。

西南贵州与四川的蚕桑业勃兴于清代中期，对江南丝在西南与西北的销售也造成重大威胁。乾隆八年（1743）秋，贵州遵义已"会报产茧八百万"之多，以后益盛。嘉道时"遵义蚕事最勤，其丝行楚、蜀、闽、滇诸省，……广东程乡茧亦遵义丝也"；②"远徼界绝不邻之区，秦晋之商，闽粤之贾，又时以茧成来㡀鬻，捆载而去"。③四川綦江丝市在道光时亦极盛，"每年山陕之客云集，马驼舟载，本银约百万之多"，④不减于江南双林、南浔、震泽等主要丝市。这当然会大大减少江南丝在西南、西北地区的销量，甚至夺取江南丝的一部分闽广市场。此外，山东胶东一带的山蚕丝生产，清代中期亦盛于前，"估客购至京师，为纶巾韬穗带绅之属，货行远方"。⑤

在海外，日本原是江南丝的重要市场，可是随着该国蚕桑业的发展，日本逐渐成为江南的竞争对手。早在17世纪前期，日本一方面进口江南生丝，另一方面也通过荷兰向西欧出口生丝。由于日荷间的特殊关系，荷兰在采购远东生丝时，常常要优先考虑日本。⑥自康熙四年（1665）以后，日本进口中国生丝数量日减，每年不过数万斤乃至仅数百斤，较康熙四年以前的每年10万—20万斤减少甚剧。⑦清中期以后，日本丝更大量出口，与江南丝争夺欧美市场。以后至光绪元年（1875）时，日本丝输出已达11,810担，相当于当

---

① 参阅孙健《中国第一家民族资本近代工业的出现》，《学术研究》第3期，1979。
② 李宗昉：《黔记》卷二。
③ 道光《遵义府志》卷十六。
④ 道光《綦江县志》卷十。
⑤ 咸丰《青州府志》卷三十二。
⑥ 前引Glamann, *Dutch–Asiatic Trade, 1620—1740*，第116、117页。
⑦ 参阅前引山脇悌二郎书，第228—229页。

第八章 外部市场问题 437

年中国丝出口量的六分之一，[1]成为江南丝的主要竞争对手。在西欧市场上，江南丝也遇到波斯丝与孟加拉国丝的强有力的挑战。据英国东印度公司估计，1619—1620年间，欧洲英、荷、法、意诸国每年从波斯进口生丝6,000包（约120万磅），而且还不包括取道今日伊拉克—叙利亚陆路运至阿勒颇，然后输入欧洲的波斯生丝。[2]1633年荷兰规定进口波斯生丝6万磅，而中国生丝仅7,200磅；次年波斯生丝进口提高到20万磅，但中国生丝进口仅提高到9,600磅。1698年荷国进口波斯生丝74,090磅，中国生丝仅3,899磅。[3]自1630年代以降，廉价的孟加拉国生丝大量涌入欧洲。1650年代荷兰东印度公司平均年进口孟加拉国生丝5万磅；[4]1698年达72191磅，近于波斯生丝进口，而量为中国生丝进口量的18.5倍；1698年与1700年孟加拉国生丝进口均在14万磅上下，而波斯生丝进口已停止，中国生丝亦仅达2,656磅（1699年）与35,865磅（1700年），为同年孟加拉国生丝进口量的1.7%与26.8%。[5]此外，17世纪以来，西欧法国、意大利的蚕桑业也处在不断发展之中，到19世纪中期以后更有重大发展，对江南丝在欧洲市场上的地位提出了挑战。

外地丝织业的发展，对江南的打击亦甚大。在明代，潞绸、蜀锦是江南丝织品的主要竞争对手，但其在全国丝织品市场中的地位远不及江南，已见上述。此外，漳泉的纱绢、倭缎、斫缎，广东的粤缎、粤纱等，在海外市场上也享有一定声誉。[6]不过明代闽广丝织业规模很小，不足以对江南造成多大影响。到了清代，广东

---

[1] 参阅曾同春《中国丝业》，商务印书馆，1933，第3页。
[2] 前引Glamann书，第114—115页。
[3] 前引Glamann书，第116页。
[4] 前引Glamann书，第122页。
[5] 前引Glamann书，第127页。
[6] 据姚士麟《见只编》卷上，嘉靖时漳州纱绢与饶州瓷器、湖州丝绵、松江棉布同为倭人所重，即是一例。

丝织业发展颇为迅速。早在清初，广东的绒纱、牛郎绸、五丝、八丝、云缎、光缎，"为东西二洋所贵"，出口不少，以致有"洋船争出是官商，十字门开向二洋，五丝八丝广缎好，银钱堆满十三行"之语。[1]康雍之际欧洲人认为：此时输欧的中国丝织品，以广东所产为多。[2]乾隆三十九年（1774）后运往西属墨西哥的丝货中，广州光缎就占了主要部分，[3]而另一项主要输出丝织品丝袜（番袜）当亦在广州制造。广东丝织质量不如江南，但价格便宜得多。例如康雍之际广东纺绸每反重10两者，在广州售价为0.95两，而在长崎为2.2两；而南京纺绸每反重7.5两和10.5两者，在广州售价为1.15两和1.6两，在长崎则为2.4两和20.5两。[4]换言之，广东纺绸在广州的售价仅为南京纺绸的59%—83%，但在长崎的售价则为南京纺绸的87%—88%。可见广东纺绸在外贸中获利更丰。这当然反过来又有力地刺激了广东丝织品的生产与出口，但对江南丝织品的生产与出口的扩大却颇为不利。

在西南，贵州丝织业在清代中期兴起后，产品迅速打开了国内外市场。到了嘉道之际，遵义产绸已多，"其匀细不及川绸而细密过之，顶佳者每匹长五丈余，宽尺二寸，重三十余两，值银才三两许，穿绸几比穿绵。年来不仅遍于各省，并出嘉峪关，远贩西域、南洋"，[5]"稗贩骈臻，远走数千里外，价视吴绫蜀锦廉，一衣可十余岁"，[6]从而夺去了江南丝织品的一部分市场。四川成都"自明季兵燹后，锦坊尽毁"，[7]但到清中叶后又重振兴，蜀锦不仅与吴

---

[1] 《广东新语》卷十五"货语"。
[2] 前引《世界商业大辞典》。
[3] 参阅全汉昇《自明季至清中叶西属美洲的中国丝货贸易》。
[4] 前引《世界商业大辞典》。
[5] 道光《綦江县志》卷十。
[6] 吴振棫：《黔语》卷下。
[7] 嘉庆《华阳县志》卷四十二。

绫、遵绸"争价于中州",[①]而且"每年采办入京,常以供织造之不足"。[②]成都机户还专门生产"哈达"销往西藏。[③]此外,清代中期山东丝织业也有所发展。乾隆初,临清绵䌷集市上,"货卖者俱堂邑、冠县、馆陶人,日出时咸集于此,不下千余匹",[④]一年上市当数万至十数万匹。胶东茧绸生产也颇有发展,"山民有起家至巨万者",[⑤]可知生产规模不算太小。在清前期,茧绸成为山东与福建之间海上贸易的主要商品之一。[⑥]

在海外,日本丝织业自江户时代以来发展颇为迅速。乾隆四十年(1775),京都32家批发店所登记的日本国产丝绒品数已达857,057反,而同年日本进口中国丝织品仅61,536反。由于日本丝织品在质量上与价格上均不能与中国竞争,该国政府为保护本国丝绒业,限制中国丝织品进口,故自江户中期以来,中国丝织品输日数量一直在下降。[⑦]西欧方面情况亦有类似之处。西欧最主要进口的丝绒品生产国法国,早自1689年起即采取保护主义政策,对中国丝织品加以限制甚至禁止。[⑧]这些保护主义的政策,对于江南丝织品海外市场的扩大,显然很不利。

通过本节论述,我们可以看到:明清江南与其外各地经济联系的加强,确实对江南经济发展具有巨大的影响。大体上来说,在19世纪之前,积极的影响似乎还是主要的方面,因而促进了明代与

---

① 道光《遵义府志》卷十七。
② 同治《重修成都县志》卷二。
③ 陈克绳:《西域遗闻》风俗〔引自翦伯赞《中国史纲要》(中册),人民出版社,1963〕。
④ 乾隆十五年《临清州志》卷十一"市廛志"。
⑤ 《稗说》卷三"山茧"。
⑥ 黄叔璥:《赤嵌笔谈》"商贩"。
⑦ 参阅前引山胁悌二郎书,第231、234、235页。
⑧ 参阅前引利奇温书,第33—35页。

清代前期江南经济相对迅速的发展；而进入19世纪之后，消极影响日益上升，成为清代中期江南经济发展的障碍。此外，还要强调的是，从商品结构方面来看，明清时期形成的远东市场也很不完备。诸如江南工农业生产发展所需的煤、铁等物质，就不能通过这个市场大量而廉价地获得。尤其是在海外市场方面，江南产品出口的大量贸易盈余，并未能换回江南工农业发展最需要的物资。其所换回的，主要是白银以及鸦片。前者虽然对中国货币经济的发展有一定积极作用，但对江南工农业生产本身，却未必有直接的帮助；后者则严重地危害了江南经济的发展。道光时包世臣已指出："即以苏州一城计之，吃鸦片者不下十数万人。鸦片之价，较银四倍。牵算每人每日至少需银一钱，则苏城每日即费银万两余，每岁即费银三四百万两。……买食鸦片，则其银皆归外夷。……近来银价日高，市银日少，究厥漏卮，实由于此。"[①]也就是说，江南人民创造的大量物质财富，没有换回本地经济发展的必需物资，而是消耗于外部市场输入的毒品。这种市场的缺陷，显然是江南工农业生产发展的重大影响。

---

① 《安吴四种》卷二十六《齐民四术》卷二农二。

结 语

明清江南生产力的发展，最终将把江南经济引向何处？这是每一个读者读完本书后，心头都会出现的问题，作者亦不应回避之。本书原稿的最末一章，就是专门用于讨论此问题。后来多读了一些书（特别是关于近代早期西欧和日本经济史的较新研究成果），觉得此问题太复杂，涉及一系列重大理论、方法、数据、论证等方面的问题，需要进一步探讨，因此将已就的初稿撤下，作为日后专题研究的准备。为了使读者不致感到本书戛然中止，特把撤下初稿中的若干要点，简述于下，以作为本书的结语。

一

根据欧美学界近年来对西欧近代早期以来经济史的研究，"经济近代化"包括不同的阶段。在各个阶段中的经济变化，有着不同的驱动力，需要不同的条件与环境。虽然前一阶段的经济发展，常常是后一阶段经济发展的起点，但是在大多数情况下，前一阶段的经济发展，并不能自发导向后一阶段。只有在个别国家（主要是英国），关键性的转变——从18世纪的经济近代化转变为19世纪的城市工业化——才是可能的，因为只有这些国家具备转变发展的各种必要条件。①

如果以西欧经验作为经济近代化的"标准"模式（但是摈弃西欧中心论的价值取向），那么我们可以看到：至少自明末以后，江南经济已具有亚当·斯密所总结的18世纪中叶经济近代化的主要特征：分工、专业化及与交通运输相联系的市场发展。在商业化、城市化、农村工业、交通条件、人民受教育程度等方面，江南均走在18世纪中叶英国的前面。因此从上述这些方面来看，若以18世纪中叶的西欧为标准，江南可以说已是十分"近代化"了。

但是，和早期经济近代化的模范荷兰一样，江南也没有走向工业革命或走向19世纪类型的近代化。也和荷兰一样，煤、铁等重要矿物资源的贫乏使江南始终停留在雷格莱（Edward Anthony Wrigley）所说的那种"发达的有机经济"（advanced organic economy），而不能像英国那样，转变为"矿物能源经济"（mineral-based energy economy）。②由此而言，不论明清江南生产力怎样发展，也不可能出现工业革命。

然而与荷兰不同，明清江南是大一统的中华帝国的一部分，而且在这个帝国中占有最佳交通位置。这使得江南可以通过和平的方式并以较少的代价，从这个巨大的统一帝国中获得各种经济上的利益。与此相反，荷兰为强邻虎视，殖民地又远在万里之外，为保卫本土与殖民地，不得不一次次地与强敌血战，因此总是处于一种受制于人的境地。当然，由于中国各地发展的不平衡，在1368—1850

---

① 关于以上情况的集中讨论，可参阅王国斌（R. Bin Wong）《转变中的中国：历史变迁与欧洲经验局限》，江苏人民出版社，2008。
② 雷格莱在 Continuity, Change and Change 一书中，对上述转变作了深刻的分析，并把荷兰用作英国的对照。雷氏强调：只有与上述转变相结合，西欧近代早期的经济进步（即通常意义上的资本主义）才能导向近代化。详见该书第113—115、130—132页。

年间，尽管中国其他地区对江南的生产力发展已做出了很大贡献，但还未能在若干关键问题（如前述的煤、铁供应）上为江南经济的转变创造一个合适的外部环境。但是这里要强调的是，从明末开始，以东北地区的开发为主要标志，江南的外部环境日趋改善。随着东北、华北的进一步开发和南北海上贸易的进一步加强，江南由"发达的有机经济"向"矿物能源经济"转变的前景是存在的。不过，由于这个前景只能在中国东部沿海地带的共同发展中实现，存在着许多不确定的因素，所以只是一种可能而非现实，尽管1860年代以后江南实际的工业化进程也证明了这种可能是可以实现的。

从马克思经济学来看，生产力的发展就是社会再生产的扩大，而扩大再生产需要在生产数据生产（主要即重工业）和生活资料生产（主要即农业和轻工业）两大部类之间实现平衡。如果没有重工业的相应发展，无论从哪一条道路都无法实现工业化。但是也应指出，在一个发达的地区分工体系内，并非每一个地区都需要建立一个强大的重工业（特别是煤铁工业等基础工业）。事实上，从外部输入煤铁以补充本国生产之不足，在近代早期西欧英、法等国的经济发展中就曾起过重要作用。法国煤藏贫乏，必须从比利时和法兰德斯（后并入法国）大量输入煤。英国虽然盛产煤铁，但在18世纪末之前，由于尚未掌握炼焦技术，炼铁木炭又供不应求，所产之铁不敷所需，同时也因为炼铁技术落后，不能生产质量较高的条铁，因此不得不在少量出口生铁的同时，从瑞典和俄国大量进口条铁。在1695—1760年间，英国每年出口生铁1,600—9,800吨，以含铁量计，大约相当于870—5,300吨条铁。但在同一时期每年进口条铁却高达16,000—19,700吨，为生铁出口量的3.7—18倍之多。1760年前后英国所产生铁不过3万吨，可折条铁16,300吨。而1755—1764年间每年平均进口条铁29,500吨，为国产生铁之1.8倍。[1]因此之故，保罗·芒图说：18世纪中叶以前英国金属加工业之所以保有生气，"多亏输入瑞典或俄国的铁"。[2]雅·波梁斯基更认为："如果没有18世纪［俄国］乌拉尔的铁，英国工业革命本身就不可能发生。"[3]又，英国的煤矿多在北部与中部，而经济中心却在东南部，长久以来一直不得不大量海运煤南下，故有"海煤"之称。因此对于英国经济中心地区英格兰东南部来说，其经济近代化所需的煤、铁是输入的。

虽然由于缺乏煤、铁等资源，江南不可能建立一个强大的基础工业，但是通过输入煤、铁等为轻工业提供其所需的材料与能源，却并非不可能。明清江南已出现一些改进生产工具的迹象（例如以铁纱锭取代木纱锭、试制龙尾车等），但因能源与金属材料匮乏，这些改进不能导致原有的生产工具制造业进一步发展为一个机器制造业。如果有大量的较廉价的煤、铁输入，那么情况当然就不同了。而从清代中国沿海地区的发展来看，这种前景是确实存在的。例如就与江南有水路可通的地区而言，山东的淄博煤矿（清代属博山县），至今已有千年开采的历史。到了清代中期，博山全县有数千人从事煤炭业，煤炭年产量达15万吨之多，[4]所产煤炭中还有一部分远销到南方。[5]枣庄煤矿（清代属峄县）在万历时

---

[1] 输出入数字见上引Dean与Cole, *British Economic Growth, 1688—1959: Trends and Structure*书，第51、59页表15、16。生铁与条铁折算标准为1吨条铁=1.84吨生铁，详见该书第222页。产量数字见同书第221页。
[2] 芒图：《十八世纪产业革命》，第223页。
[3] 波梁斯基：《外国经济史（封建主义时代）》，生活·读书·新知三联书店，1958，第380页。
[4] 淄博矿务局、山东大学编《淄博煤矿史》，山东人民出版社，1986，第6、20—21页。
[5] 彭泽益：《中国近代手工业史资料》第2卷，第156—157页。

代也已开采，①到了清代中期居民皆以采煤为业，"往往以煤故致赀
数百万"。因大运河穿该县西南境而过，南通江苏，交通运输条件
较佳，"粮艘过境，多夹南货以易邑煤米"，因"运费甚轻而炭价极
昂，业此者皆积赀巨万"。乾嘉时，"漕运数千艘连樯北上，载煤动
数百万石"。②光绪时该县设立官局，以新法开采煤矿，至今仍为华
东重要煤产地。河北的开滦煤矿，早在明代就已开始开采。③后来
虽未有发展，但光绪初年以新法开采后，"所出煤斤极为精美，……
价值又廉"，④不仅大量运到上海供应江南制造局，⑤而且还运到汉
口供应汉阳铁厂。⑥辽宁的本溪，乾隆时代已建成煤窑23座，所出
生煤"价廉用省"，因此"运贩附近各处"。⑦近代江南所用的煤主
要即来自以上地方。例如抗战前上海每年输入煤约390万吨，其中
37.5%来自开滦，23.1%来自山东，而9.5%来自东北的抚顺。从上
述三地的输入共占总输入的70.1%。⑧此外，东北的冶铁业，早在
清初就已有一定规模。⑨而到乾隆时代，东北又开始使用焦烟煤来
炼铁。⑩这意味着冶铁业可有更大的发展空间。煤、铁矿藏最为接
近的鞍山——抚顺矿于19世纪末已开始用新法开采，并在20世纪前半
期成为东亚最大的煤、铁生产地。位于华中的汉口，乾隆时就已成

---

① 康熙《峄县志》卷二"物产"。
② 光绪《峄县志》卷七"物产略"。
③ 全汉昇：《清季西法输入中国前的煤矿水患问题》，收于《中国经济史论丛》。
④ 张焘：《津门杂记》卷中"开平矿务局"条。
⑤ 李鸿章：《李文忠公海军函稿》卷二《拟复奏底》（光绪十二年十月十六日）。
⑥ 全汉昇：《清末汉阳铁厂》，《中国经济史研究》，香港：新亚研究所，1976年
刊行。
⑦ 引自韦庆远等《清代的矿业》，第486页。
⑧ 全汉昇：《上海在近代中国工业化中的地位》，《中国经济史论丛》。
⑨ 田中宏巳：《清朝の興隆と滿洲の礦工業——紅夷砲製作を中心として》，《史
苑》第34卷第1號。
⑩ 丁格兰（F.M. Tegenren）：《中国铁矿志》，农商部地质调查所，1923年印行，第
217页。

为全国最重要的铁器制造中心之一。到了洋务运动时代，汉阳凭借大冶铁矿与萍乡煤矿的矿藏，于1884年建成东亚第一个近代化的大型钢铁联合企业。到1910年，汉阳铁厂年产生铁近15万吨，钢材5万吨，钢轨及附件2.8万吨，相当于当年中国钢铁进口量的4/5。[①]这些煤、铁矿藏的开发前景颇为光明，预示着江南通过水运大量输入煤、铁并非不现实。制造早期近代轻工业机器与机械所需的金属材料颇为有限，而推动这些机器与机械所需的能源也相对较少。因此所需输入煤、铁的数量，以后代的标准来看，其实并不很多。由此而言，江南通过输入煤、铁来为轻工业服务，应是可能的。

因此，尽管江南不可能像英国那样建立一个社会生产两大部类比较平衡的经济，但是在中国国内的地区分工体系内，它仍有可能获得扩大社会再生产所必需的生产资料，从而促成经济的近代化。

二

尽管江南并未自行走上经济近代化之路，但是江南后来的经济近代化，尽管发生在与明清颇为不同的内外条件下，仍然表现出了明清时期生产力发展的主要特点。因此可以说，不论江南的经济近代化是自发出现的还是在外力影响下产生的，它都必定具有明清江南生产力发展所确定的若干主要特征。这些主要特征包括：

第一，农业将不能对经济近代化发挥重大促进作用。

西欧历史上的经济近代化虽然以工业化为主要内容，但事实上，农业的迅速发展也是近代早期经济起飞的基础。没有一个迅速发展的、劳动生产率不断提高的商业化农业，工业革命就不可能出

[①] 吴承明：《早期中国近代化过程中的外部和内部因素》，《教学与研究》第3期，1987。

现和发展。因此在此意义上来说，农业的发展对经济近代化发挥了至为重大的促进作用。英国的经历就清楚地表明了这一点。

在工业革命开始前的两个世纪中，英国农业就有迅速发展；而在工业革命期间，更发生了农业革命。在1700—1760年间，该国谷物年产量增加了15%，而人口只增加了13%。因此除了满足本国消费之外，每年尚有184万—1,006万夸特谷物出口。在1760—1800年间，谷物年产量增加了24%，而人口增加了37%，生产已不能满足本国消费，故从1760年起必须进口谷物。在1760—1800年间，每年进口量达250万—1,313万夸特之间。但是进口数量仅及国产谷物数量的1%—6%，[1]远远低于清代中期江南输入粮食的比重（12.5%）。[2]在牲畜饲养方面，17世纪末英国有羊1,100万头，1740年前后增至1,600万头，19世纪初更增至2,600万头。羊剪毛量，1695年约为4,000万磅，1741年增至5,700万磅，1805年则达到9,400万磅，即在一个世纪中增加了1.35倍。养牛头数，17世纪末约为450万头，1779年因牛瘟等原因降至350万头，但由于牛种改良，牛个体增大，存栏期缩短，因此在18世纪后期牛肉年产量增加了37%。[3]这个迅速发展的农业，不仅保证了英国的食物供给，而且还为毛纺织业、制烛业、制革业等工业部门提供了充足的原料。因此，在1699—1742年间，英国每年进口粗羊毛数量从700万磅降至200万磅，从占国产羊毛总产量的18%下降到4%。这个比例在1760年以后还进一步下降。在此同时，毛织品出口却迅速增加。以不变价格计

---

[1] 用Dean与Cole, *British Economic Growth, 1688—1959*第64页表17中有关数字计算而得。
[2] 据吴承明先生的估计，1840年前后江南每年输入稻米约1,500万石，够江南330万人一年口粮（见本书第八章第二节）。19世纪初江南人口约为2,640万，亦即12.5%的江南人口依靠输入的稻米生活。
[3] 前引Dean与Cole书，第68—74页。

算,毛织品出口在1699—1742年间由250万英镑增至350万英镑。而在整个18世纪内,毛织品出口总值增加1.5倍。[1]

在农业产量迅速增加的同时,英国农业中的劳动生产率也在不断提高。而农业劳动生产率的提高,又使得大批人口有可能离开农村而进入城市,脱离农业而转向工商业。17世纪末,英国拥有5,000以上居民的城镇,总居民数不到全国人口总数的13%,而18世纪中叶增至15%—16%,18世纪末更达到25%。在各城镇中,工业城镇人口增长最快,其中像利物浦的人口在1700—1740年中增加了2倍,接着在1740—1800年间又增加了5倍。伯明翰人口在1675—1760年间增加了4.5倍,在1760—1801年间又增加了1倍。曼彻斯特和格拉斯哥的人口在1763—1801年间都增加了2倍。在18世纪前半期英国全部新增人口都集中在7个工业郡,而6个主要农业郡的人口则下降了9%。1750年以后工业地区的人口增长仍然快于农业地区。[2]因此18世纪英国工业人口的增加是依靠农业中的人均产量的剧增而达到的。[3]

虽然农业在明清江南经济中的地位极为重要,而且也构成了明清江南工业发展的基础,但是在以后的时期中,它不可能像上述英国农业那样,对经济近代化的发生与发展起到巨大的推动作用。

如前所述,明清江南农业的发展,主要是通过提高生产的集约程度与资源合理利用的水平两种途径来达到的。从以后的情况来看,依靠这两种手段来发展农业,仍然还有一定余地。换言之,即使不从根本上改变农业的技术基础,通过这两种手段,也还能够在一定限度内增加农业产量。例如,明清江南水稻生产中的人工投入

---

[1] 前引Dean与Cole书,第68—69页。
[2] 前引Dean与Cole书,第8、75页。
[3] 同上书,第75页。

虽已接近劳动的边际产量将剧减的界限，但尚未达到极限。据1980年对嘉兴地区有代表性的8个大队或生产队的生产成本核算进行统计，结果表明每亩早稻的人工投入为15个，晚稻为29个。[1]也就是说，明清江南水稻生产中的人工投入还可增加，还可进一步劳动集约。在另一方面，在明清江南自然资源合理利用程度最高的地区——江南平原，生产集约程度和经济回报都较高的蚕桑业生产还有相当大的发展空间。因此在同治以后，太湖北部的低田地带（特别是无锡）的桑树种植迅速扩大，成了可与太湖南部杭嘉湖地区相媲美的蚕桑区。宁镇地区和浙西山区的土地利用程度长期以来一直较低，到1950年代还有相当的潜力可利用。[2]因此在江宁府的一些地方，同治以后蚕桑业有颇大发展。至于江南各地的水面，明清时代的利用水平还颇低。乾隆时黄卬说：在太湖北部的无锡等地，虽"多溪荡，且近震泽，而水清则生不着，凡鱼鳖虾蟹螺蚌之属虽时出不穷，然仅以供击鲜之助，惟渔户则于斯生养，未若淮泗之干鱼、滨海之鲫鲞可以通行各郡也"。[3]可见人工养鱼不发达，鱼产量也不很高。直到嘉道时，钱泳还说：利用水面种菱、藕等水生植物，可使"民不告劳而食不匮"，本是一项重要的资源；但苏、松、常、镇四府的农民，却"惟知种苗禾、种豆麦蔬菜而已，其有水者弃之"。[4]对于太湖的利用，更只限于自然捕捞一法。因此直到1950年代末，太湖水面的利用程度仍甚低。[5]

但是，在看到在传统技术的范围内江南农业还有一定发展空间

---

[1] 参阅李百冠《论商品农业基地的建设——太湖平原发展农业商品若干问题的探讨》。
[2] 孙敬之：《华东经济地理》，第54—55页。
[3] 《锡金识小录》卷一"山泽之利"。
[4] 《履园丛话》卷四水学"协济"条。
[5] 参阅程潞等《江苏省苏锡地区农业区划》。

的同时，我们也应承认：总的来说，到了清代中叶，这种空间已颇为有限。例如，农业生产的集约程度虽然还可提高，但如通过增加人工投入，将意味着劳动的边际产量将以更快的速度下降；而通过增加肥料投入，则依赖远方运来的豆饼，又将迫使江南农业产品的生产成本上升，从而削弱江南产品在国内外市场上的竞争力。因此从某种意义上可以说，到了19世纪中叶，江南农业进一步发展的潜力已十分有限。除非从根本上改变农业生产的技术基础，否则江南农业很难出现长期持续的令人注目的发展。而从根本上改变农业生产的技术基础，又只有在近代工业发展起来后才能做到。在江南经济近代化的进程中，江南工业发展所需要的大量原料和食物，都不能通过发展本地农业而获得。因此尽管农业仍然很重要，但它不可能对江南近代工业化的发展发挥重大的推动作用。

第二，轻工业的发展将在经济近代化中起主导作用。

如前所述，江南不可能建立起一个强大的重工业，因而也不可能走英国那种"煤铁主义"的工业化道路。然而明清江南已有一个发达的轻工业，而各方面的条件也允许它可有进一步的发展。因此江南的工业化将以轻工业为主导，这是必然的。

从世界若干国家和地区工业化的历史可见，虽然重工业（特别是煤铁工业）的发展在工业化中起着举足轻重的作用，但轻工业（特别是纺织工业）的发展也具有不可低估的意义。特别是在工业化的早期阶段，轻工业的地位尤为重要。从经济学的观点来看，与重工业相比，轻工业的资本有机构成较低，所需的技术较简单，更能适合传统经济向近代经济转变过程中生产力发展的物质技术条件和社会经济条件。因此迪恩与科尔在总结纺织业何以会成为英国工业化过程中的领头部门时，指出这是因为：纺织业产品具有广大的国内外市场；原料与产品的重量都很轻，便于运输；劳动技术简单，仍属传统技艺，因而可吸收大量非熟练工人；基本设备可通过少量而分散的资本支出逐渐建立，使工人能够自己提供纺车、织机与工作场所，以及雇佣所需辅助劳力。总之，纺织业非常适合一个低收入社会的发展，而且比起其他工业来，也较少受累于外贸限制与重税的消极影响。①纺织业的这些优点，在明清江南已得到了充分发挥，而且在以后的发展中也起着重要作用。

  海内外中国经济史学界有一种相当普遍的看法，认为中国传统的"男耕女织"（即纺织业与农业结合于一个农民家庭中）严重地妨碍了近代工业的产生和发展，因而是经济近代化的障碍。我们认为这种意见颇可商榷。吴承明先生指出：机器大工业与传统手工业之间不仅有矛盾的一面，而且也有互补的一面，甚至有母子关系的一面。②从英国的情况来看，工业革命的领头工业部门是棉纺织业，而在工业革命初期，棉纺织业的近代化乃是以家庭手工业的发展作为依托的。到1810年代初，英国棉纺织业经历了半个世纪的革命性变革，在净产值上已赶上毛纺织业而成为该国最重要的产业部门。但直至此时，家庭棉纺织业仍然是工厂工业不可缺少的重要补充。当时纺纱和轧花已经机械化了，但织布基本上仍由家庭手工业承担，所用技术与上个世纪相差无几。1811年英国纺纱工厂的职工总数约为10万人，而在家庭织机上工作的织工及其助手却有25万人之多。③由此可见，分散的家庭手工业对英国棉纺织工业的发展所起的重大作用决不可低估。我们知道，英国棉纺织业革命的第一步是以珍妮机、阿克莱特水力纺纱机等为代表的纺纱机械化，而纺纱机械化的直接原因则是纺纱工效大大落后于织布工效。如果没有

---

① 前引Dean与Cole书，第163页。
② 吴承明：《中国近代经济史若干问题的思考》，《中国经济史研究》第5期，1988。
③ 前引Dean与Cole书，第191—192页。

这样一个发达的家庭手工织布业，那么纺纱的机械化当然也不可能发生。近代中国的情况，虽因西方近代工业的冲击而不完全如此，但也有相似之处。在此方面，最有力的证据就是：对于中国的近代化棉纺织工业来说，最有利于其发展的土壤不是那些传统棉纺织业落后（或根本没有传统棉纺织业）的地区，而是传统棉纺织业高度发达的江南。李鸿章1879年创办上海机器织布厂，力图"分洋人之利"，但未成功。后弃布就纱，专力于纺纱，以机纱供应农村织户，才挽回局面。以后民营纺织工业的发展也走的是这条道路。这表明在近代化的初期，传统手工业对近代工业的确具有重要的互补作用。中、英在上述现象方面的相似，并非历史的巧合。因此明清江南高度发达的传统手工业，并不一定是近代化的障碍，相反倒可能是一种有利的条件。

第三，发展高附加值产品的生产对于经济近代化具有重要意义。

明清时期江南生产力的发展已表现出一个重要趋势，即江南产业发展的重心，逐渐向那些有较高附加值的产品的生产转移。在农业方面，从水稻生产向蚕桑业生产的转变就是一个最明显的例证。不仅如此，即使在蚕桑业生产中，也有一个不断提高产品质量的趋势，以致江南蚕丝（湖丝）在几个世纪中在海内外一直被视为最佳之丝，完全占据了上等丝的市场。由于江南丝的价格比其主要竞争对手广东丝以及贵州、四川丝都高出不少，[①]所以这种以质取胜的发展路线使得江南得以充分扬长避短，获得丰厚的收益。而江南自19世纪后期以来逐渐丧失了其在国际上等丝市场上的传统垄断地位，主要原因也是江南未能如法国、日本那样以科学的方法改进蚕桑业生产，从而提高蚕丝质量。纺织业的情况亦与此相类。如前所

---

① 参阅本书第八章第三节。

述,到了清代中期,由于华北、湖广、广东、四川、贵州等地纺织业的迅速发展,江南纺织品的国内市场大大收缩,这显然不利于江南纺织业的发展。但从另一方面来看,华北等地纺织业的工艺水平明显低于江南,生产出来的纺织质量不能与江南相比,因此只能在本地或本地区中下档次的纺织品市场上与江南产品相角逐并具有一定优势,而上等产品的市场仍为江南纺织品所垄断。一直到19世纪之前,江南农家的手织棉布在质量方面还优于英国新式工厂机器所织的棉布,[①]而且在价格上也具有明显优势,以至在英国本土市场上也畅销无碍。因此这种着眼于高附加值生产的发展路线,明清时期已在江南逐渐凸现出来。从根本上来说,这种路线乃是明清中国乃至东亚的地区分工与专业化的必然产物。江南蚕丝和纺织品的主要竞争对手,因得地理之便,不仅接近原料来源和消费者,而且本地劳力与原料的价格也明显低于江南,所以其产品(主要是中下档次的产品)在本地市场上享有明显的优势。江南产品要不被逐出这些市场,唯一的出路就是提高产品档次,占领高档产品市场。

除此之外,发展奢侈品生产也是发展高附加值产品生产的一个重要方面。我们知道,传统手工业在经济近代化中的积极作用主要有二:一是在那些可以使用机器进行生产的行业中,传统手工业在若干重要工序上仍能发挥重大作用,从而成为机器大生产不可或缺的补充(例如近代早期棉纺织业中的情况即是);二是在那些不能使用机器进行生产的行业中,传统手工业的发展可吸纳大量的劳动力,减轻就业压力对机器使用的阻碍,同时还可创造出可观的财富,成为本地区经济近代化的重要资金来源。由于后一类手工业与近代工业仅有互补关系而无冲突对立,它们不仅不会成为近代工业

[①] 赵冈、陈钟毅:《中国棉业史》,台北:联经出版事业公司,1977,第103页。

发展的牺牲品，相反倒会从近代工业的发展中受惠不浅，因为近代工业的发展将为这些传统手工业生产提供更优良的工具和原材料。在这类手工业中，奢侈品生产最值得注意。奢侈品生产是组成消费资料生产部类的两大主要亚部类之一，产品附加值高，便于长途运输，可以长期储存。同时奢侈品生产"建立在活劳动占优势的基础之上"，[1]主要依靠劳动者个人的技艺和智慧，而不需要很多生产数据。因此在那些能源与原材料贫乏、但拥有大量素质较高的劳动人手的地方，发展奢侈品生产是一个合理的选择。不仅如此，奢侈品生产的发展对于经济近代化的发生和发展也可起到积极的作用。例如在工业革命开始以前和以后很久，奢侈品生产在法国经济发展中一直占有重要地位，并对法国的经济近代化也起了不可忽视的作用。

早在明代后期，江南的奢侈品生产就已在全国处于领先地位。张瀚说："民间风俗，大都江南侈于江北［此处说的'江南''江北'，泛泛指长江以南和以北］；而江南之侈，尤莫过于三吴［即本书中的江南］。自昔吴俗习奢华，乐奇异，人情皆观赴焉。吴制服而华，以为非是弗文也；吴制器而美，以为非是弗珍也。四方重吴服而吴益工于服，四方重吴器而吴益工于器。……工于器者，终日雕镂，器不盈握，而岁月积劳，取利倍蓰；工于织者，终岁纂组，华不盈寸，而锱铢之缣，胜于盈丈。是盈握之器，足以当终岁之耕；累寸之华，足以当终岁之织也。"[2]王士性也说："姑苏人……善操海内上下进退之权。苏人以为雅者，则四方随而雅之，俗者则随而俗之。……寸竹片石磨弄成物，动辄千文百缗。"[3]徐宪卿则说：

---

[1] 《马克思恩格斯全集》第25卷，第263页。
[2] 《松窗梦语》卷四"百工纪"。
[3] 《广志绎》卷二"南都"。

"苏郡之民游手游食者多,即有业,亦不过碾玉、点翠、织造、机绣等役。"①这些都反映了江南奢侈品生产的发达和在全国的地位。江南有众多的、素质较高的劳动者,而江南的奢侈品在中国以及东亚有着广大的潜在市场。因此发展奢侈品生产以提升江南的产业,是一条可行之路。

第四,经济近代化将会使地区经济更加依赖外部市场。

任何国家或地区的经济近代化都离不开一定的外部经济环境,后者实为前者赖以发生和发展的必不可少的外因。英国的工业革命虽然主要是在"自己完成的经济循环"(笛福语)的基础上发生的,多少带有"自立性"的色彩,②但其优越的外部环境所起的巨大作用,乃是不可否认的。在工业革命开始的阶段,因为国内需求增加缓慢,同时许多重要资源供给不足,要使经济迅速成长,必须依赖国外市场的急遽扩大。

在18世纪,英国大多数工业都程度不同地参与了对外贸易,但它们各自的发展情况却大不相同。那些主要面向国外市场的工业成长迅速,而主要依赖国内市场的工业则发展缓慢。还有少数工业(如啤酒酿造业)基本上不参与外贸,其扩大仅仅跟得上人口的增加。主要的出口工业及为之提供某些原料的工业,成长率比其他大多数经济部门显然更高。因此海外贸易在18世纪英国经济发展中占有的极端重要性,是无可置疑的。③这里我们要强调的是,18世纪前半期英国外贸的成长率(在1.0%—1.5%之间)虽然略低于后半期的成长率(在1.1%—2.3%之间),④但已相当高,显示出海外市场

---

① 徐宪卿:《条奏被灾疏》(收于《古今图书集成·食货典》卷一〇三"农政部")。
② 大河入晓南:《英国的工业革命》,收于周宪文编《西洋经济史论集》,台湾银行,1984年印行。
③ 前引Dean与Cole书,第61—62、83页。
④ 前引Dean与Cole书,第29页表8。

对工业革命发生的重要作用。明清江南的情况与此有相似之处。在1368—1850年的五个世纪中，棉纺织业从一个无足轻重的产业发展成为江南最大的工业部门，蚕丝生产也有大幅增加，主要原因就是它们都是外向型的产业，大部分产品输往外地市场。相反，像碾米业等一些产业，主要面向本地区内的消费，因此尽管其绝对规模也随着人口的增加和城市化水平的提高而有相当大的扩大，但是其发展速度显然大大低于纺织业。

从本书"制约篇"各章中可以看到，明清江南工农业对外地的依赖程度与日俱增。到了清代中期，江南工农业所需的铁、木材、大豆与豆饼乃至粮食，都严重依赖外地供应；而江南主要产品丝与纺织品（棉布与丝织品），又大部分输往外地。具体而言，清代中叶江南最重要的工业产品是棉布，而江南输往外地的棉布，据吴承明先生的估计，竟占到江南棉布总产量的近90%之多。[①]与此相对照，17世纪末英国最重要的工业产品和出口产品是毛织品，而毛织品的出口数量在总产量中所占的比重远远低于80%。[②]19世纪初期，江南本地所消费粮食的1/8来自外地；[③]而在1760—1800年间，英国每年进口粮食的数量仅及国产谷物数量的1%—6%。[④]在原料方面，蚕丝和羊毛分别是江南与英国最重要的输出入原料。清代中期江南所产蚕丝的绝大部分是输出到外地；而17世纪末英国出口羊毛仅占

[①] 吴承明：《论清代前期我国国内市场》。
[②] 据17世纪末George King估计，当时英国毛纺织业每年创造的附加值约为300万英镑，而同时期英国毛织品出口总值近于250万英镑（前引Dean与Cole书，第59、82页）。两相比较，则后者约为前者之80%。但前者是附加值，未将原料（羊毛）的价值计入。若加入羊毛之值，则毛纺织业的年产值将大大超过300万英镑。因此出口产品在总产品中所占的比重远远低于上面所得到的80%。
[③] 见本书第八章第二节。
[④] 用Dean与Cole, *British Economic Growth, 1688—1959* 第64页表17中有关数字计算而得。

羊毛总产量的17.5%。因为毛纺织业的迅速发展，18世纪羊毛进口取代了出口，而1740年代初进口羊毛也仅为国产羊毛的3.5%。①从上述最主要的工农业产品输出入情况来看，清代中叶江南经济与外地的关系，可能比18世纪中叶英国与外国的关系还要紧密。因此江南经济发展对外部环境的依赖程度当然也更为强烈。在此情况下，江南经济的近代化也就更加离不开外地的发展。

其次，在各种外部市场中，起关键作用的是"区外"市场而非"国外"市场。从英国来说，这里所说的"区外"市场就是大英帝国内的殖民地市场。近代早期英国海外贸易的增加，几乎完全是由于英国与其在爱尔兰、美洲、非洲及亚洲殖民地之间的贸易扩大。18世纪初，英国对其殖民地的出口仅占其出口总额的1/5，但到18世纪末，这个比例提高到了4/5。其中对美洲的出口增长最快，尽管出现了美国独立战争，在18世纪仍增加了20倍以上。②而对于江南而言，其"区外"市场当然主要就是中国国内市场。这个市场扩大也很快，特别是新开发的东北、华中和西南地区的市场，成长尤快，以致江南与东北之间的豆—布贸易、与华中之间的稻米贸易以及与西南之间的木材贸易，都名列当时世界上最大规模的单项贸易之中。在14—19世纪中，中国国内市场有显著的扩大，到了19世纪开始时，其绝对规模之大，在世界上无有其匹。因此无论与外国的贸易发展如何，江南经济的发展仍将继续主要依靠与国内其他地区的贸易。

总之，从明清江南生产力的发展情况来看，江南的传统经济在此时期已经发展到了很高的水平，出现了若干经济近代化的征兆。尽管学界在这些征兆是否能够发展成为真正的近代化的问题上

---

① 前引Dean与Cole书，第68—69页。
② 前引Dean与Cole书，第86、87、96页。

意见分歧甚大，但是可以肯定的是，由于各方面条件的制约，江南绝不可能发生英国式的经济近代化。换言之，江南的经济近代化决不可能主要是在"自己完成的经济循环"的基础上发生的，从而带有"自立性"的色彩。大陆学坛上的"封建主义"学派和"资本主义萌芽"学派，尽管观点彼此冲突，但都把英国道路当作一种普遍的历史发展模式，认为明清中国社会经济的发展也必然走此一途；而明清中国之未像西欧一样发展成为近代工业化社会，则被归咎于"封建"势力的强大。事实证明，这种观点将复杂的历史过于简单化了。兹以江南为例而言，姑且不论明清时代是否出现了"资本主义萌芽"（即早期的资本主义生产关系），仅从当时江南生产力发展的能源基础而言，要出现英国式的工业革命就是决不可能的，因为资本主义并不是仅靠制度变革就能够产生和发展的。雷格莱在其新著《延续、机会与变化》一书中说道："要成功地摆脱有机经济所受的制约，一个国家不仅需要那种一般意义上的资本主义化以达到近代化，而且也需要下述意义上的资本主义化，即越来越多地从矿藏中而非从农业产品中获取原料，尤其是能够开发大批能源储备，而非依赖各种过去提供生产所需热能与动力的可再生能源。英国经济正是在上述两种意义上资本主义化了的，但这两种意义上的资本主义化之间的联系，最初是很偶然的，并无因果关系。"[1]因为是一种偶然的联系，所以也就不具备普遍意义。由此而言，生产关系的变革（表现为初期资本主义雇佣劳动在某些经济部门中的出现）并不能导致经济的近代化。只有当生产力发生重大变革（表现为技术、能源、材料等方面的革命）时，生产关系的变革才可能导致重大后果，经济近代化也才可能发生和发展。因此从生产力的角度，而非

---

[1] 前引 Wrigley, *Continuity, Chance and Change*, 第115页。

仅从生产关系的角度,来研究中国的传统社会经济及其变化,将有助我们破除在中国经济史学坛中居于主导地位的"生产关系决定论"史观,从而能够更充分、更如实地去探求中国历史的真相。

附　录

一、"江南地区"之界定

在中外学术界的明清经济史研究中，江南地区向来是最受青睐的宠儿。但奇怪的是，对于江南地区的地域划分，却从来没有一个统一的意见。在各个研究者的笔下，江南地区大至可囊括苏南、皖南、浙江甚至江西，小至仅有苏南一隅（苏、松、常、镇四府）或太湖东南平原一角（苏、松、嘉、湖四府）。介乎其中者，则有苏、松、杭、嘉、湖五府说，苏、松、常、杭、嘉、湖六府说，苏、松、常、镇、杭、嘉、湖七府说，苏、松、常、镇、宁、杭、嘉、湖八府说，苏、松、常、镇、宁、杭、嘉、湖、甬、绍十府说，等等，不一而足。这种情况，必然会导致各人研究结论的分歧。之所以如此，主要原因盖在于对作为经济区域的江南地区的界定，缺乏统一的或公认的标准。

在中国古代经济区域的划分问题上，往往是仁者见仁，智者见智，论说纷纭，莫衷一是。大致说来，划分的主要方法有两种：一种以行政区划为根据，另一种则以自然与经济条件为基础。显然，对于经济史研究来说，后一种方法较为恰当。其理由施坚雅（G. William Skinner）先生论之已详。[1]施氏对中国历史上经济区域划

---

[1] 参阅 Skinner, G. William, "Regional Urbanization in nineteenth Century China", in G. William Skinner eds.: *The City in Late Imperial China*, Stanford University Press (Stanford), 1977.

分的理论，后经斯波义信先生发展改进，成为一种比较成熟的区域研究理论。施氏主要着眼于水路交通，故其理论核心可简述为"地域即河川流域"。斯波氏则在重视水路交通的同时，也强调生态系统的作用，从而把施氏的"地文地域"说，发展为"地文—生态地域"说。[1]我们认为施氏—斯波氏的理论是可以成立的，但还应补充一点：我们所划的经济区，在古代人的心目中，应当也是一个特定的概念。换言之，即须得到历史的承认。鉴于以往对江南地区的划分比较混乱，我们认为有必要在确定其合理范围之前，对我们所依据的标准作一阐释。

首先，这个地区必须具有地理上的完整性，必须是自然—生态条件相对一致的整体。一般说来，在其外部有天然屏障将它与毗邻地区分隔开来；而在其内部，不仅自然—生态条件大致相同，而且往往还属于同一水系，因而其内部各地有着紧密的联系。其次，这个地区内部各地的经济发展水平应当比较接近，而且彼此之间经济联系也十分紧密，从而构成一个经济上的整体。再次，这个地区在人们心目中应当是一个特定的概念，也就是说，被人们视为一个与毗邻地区有显著差异的特定地区。下面我们就根据这三个标准，来检查本书所确定的江南地区的范围是否合理。

（一）本书所说的江南地区，包括明清的苏、松、常、镇、应天（江宁）、杭、嘉、湖八府及由苏州府划出的太仓州。这八府一州的地域范围，与严格意义上的长江三角洲地区大致相同。

这八府一州东临大海，北濒长江，南面是杭州湾和钱塘江，西面则是皖浙山地的边缘。这个地域范围，与凌介禧所说的太湖水系范围完全一致："其南以浙江〔钱塘江〕为界，北以扬子江为界，

---

[1] 斯波義信：《宋代商业史研究》，第30—45页。

西南天目绵亘广宣诸山为界，东界大海。"①江海山峦，构成了一条天然的界线，把这八府一州与其毗邻的江北（即苏北）、皖南、浙南、浙东各地分开，这条界线内外的自然生态条件有明显差异。其内土地平衍而多河湖；其外则非是，或仅具其一而两者不能得兼。当然，正如任何一种划分方法都有不可避免的局限性，这种划分方法所确定的自然地理界线也不可能绝对精确。例如宁、镇二府（特别是江宁府）在地平多水方面就比其东南苏、松等府略差，但是如果和其西邻的皖南诸府相比，差别就更大，显然还是更接近其东邻的常州等府。因此把宁、镇二府与东南诸府划为一区，是比较合理的。又如杭、湖二府西部多山，自然条件大不同于东部平原，但鉴于这两府人口和经济重心都在东部，西部山区只是东部平原的附庸，因此我们也就不肢解这两府，而仍旧将其西部山区归入所划地区。至于上述界线之外的一些地方，如江北的扬州府及通、泰二州，杭州湾以南的甬、绍二府，在自然条件方面与界线以内的松、太或杭、嘉不无相似之处，因此有的学者把它们同界线以内八府一州同划为"长江三角洲经济区"。这样划分是有道理的，但是一则因有山海相隔，扬、通、泰、甬、绍等州府与苏、松等八府一州并不构成一个地域整体（扬、通、泰在地理上属于两淮平原，而甬、绍属于浙东山地）；二则在古代人们心目中，扬、通、泰、甬、绍也与苏、松等八府一州所形成的地区有别，未被视为这个地区的一个部分。因此我们认为还是把范围限定于八府一州较为合理。

这八府一州在地理上还有一个极为重要的特点，即同属一个水系——太湖水系，因而在自然与经济方面，内部联系极为紧密。

太湖水系，古有三江五湖之称。实际上，严格地说，应当是

---

① 凌介禧：《东南水利略》卷五《杭湖苏松源流分派》。

一河二溪三江五湖。一河，即江南运河，北起镇江，南抵杭州，纵贯江南平原中心地域，是京杭大运河的南段。二溪，即太湖水系的上流和水源，在西北是荆溪，西南是苕溪。荆溪水系各支流基本上都在宁、镇二府，只有部分支流源头在苏皖交界处。这些支流汇成的干流分别在常州府宜兴县大浦港、百渎口附近各港渎流入太湖，是太湖主要水源之一。苕溪水系各支流也有一部分源于皖浙交界处，但其流域基本上在湖、杭二府。这些支流所汇成的干流，在湖州府德清县流入太湖，成为太湖的另一水源。此外，荆溪有一部分水（约占总流量的10%）经江南运河而流入长江，而苕溪约30%的水经黄浦江等河流直接入海。总而言之，荆溪、苕溪两水系，把太湖西部的宁、镇、常、湖、杭五府，与东部苏、松、嘉三府联系了起来。三江，自古说法不一。东晋庾阐说是松江、娄江与东江，[①]后代顾夷、张守节、蔡沈、黄震、金履祥、吴荃、王廷瑚等也持此说，[②]但韦昭认为是松江、钱塘江与浦阳江；周程声称是吴淞江（即松江）、娄江与钱塘江；钱泳断言是扬子江、吴淞江与钱塘江；而庄有恭则说是吴淞江（即松江）、娄江与黄浦江。[③]总而言之，除韦昭等少数人外，一般都认为三江是介于长江与钱塘江之间、位于太湖东面的入海河流。但是这些河流情况变化很大，到明代中叶以后，只有黄浦江成为太湖东部的主要河流和太湖水出海的主干。当然，中小河流仍然很多，形成著名的江南平原水网，把太湖以东苏、松、嘉三府紧密地联系在一起。至于五湖，历来解释也不一致，但多数人认为是太湖及其附近的几个较小湖泊，王士性

[①] 郦道元：《水经注》卷二九，引庾阐（仲初）《扬都赋》注。
[②] 参阅郑肇经《太湖水利技术史》，农业出版社，1987，第21—22页。
[③] 详见王士性《广志绎》卷二"两都"；顾祖禹《读史方舆纪要》卷十九；钱泳：《履园丛话》卷四水学"三江"条；庄有恭：《三江水利议》（收于《太湖备考》续编卷一），等等。

和袁学澜干脆就说五湖是太湖的别称。①太湖上纳二溪之水,下通三江出海,形成了太湖水系的中心。太湖水系的主要河流,都是东西流向。但江南运河则纵贯南北,将东流各河连贯起来,使得江南水网更为完备。另外,应天(江宁)府的大部分地区本不属太湖水系,但通过人工开挖的胥溪,亦与江南水网相接。②

太湖水系的完整性,使得这八府一州在水利方面形成一个不可分割的整体。翁澍描绘太湖地区地势说:"江宁、镇江、杭州、湖州,绕吴之南、西、北,为高壤;嘉兴、常州以次渐卑;至姑苏,太湖为至极。"③也就是说,这些府在地理上都以太湖为中心。凌介禧在谈到太湖水系时说:"太湖实潴其中。浙[江]、扬[子江]之水高于内河,而西南及西北一带山水非太湖无由倾泄,则太湖之总汇分注,固七郡一大关键。假苏、松无杭、湖之来源,流恐立涸;杭、湖无苏、松之去委,水必横流。"④顾炎武说得更为具体:"太湖,……带苏、湖、常三府之境,东南之水皆归焉。其最大有二:一自宁国、建康等处以入溧阳,迤逦至长塘湖,并润州、金坛、延陵、丹阳诸水,会于宜兴以入;一自宣歙、天目诸山,下杭之临安、余杭,湖之安吉、武康、长兴以入,而皆由吴淞江之流入海。……北有百渎,纳建康、常、润数郡之水;南有渚溇,纳宣歙、临安、苕□[原缺一字]诸水;其东则入于三江。"⑤姚舆则说:"太湖跨江浙三州十余县,为众水畜泄之所。苏、松、太无杭、湖之来源则水易涸,常、

---

① 王士性:《广志绎》卷二"两都";袁学澜:《吴郡岁华纪丽》卷十一"起荡鱼"条。
② 胥溪运河在唐末以前千余年间一直是航道,五代宋元停运。明初经整治,与秦淮河水系相接,成为苏浙漕粮至南京的主要运道。永乐北迁后,失去漕运作用,筑坝以调节太湖入水,成为太湖上游重要水利设施之所在。
③ 《具区志》卷五水利。
④ 《东南水利略》卷五《杭湖苏松源流分派》。
⑤ 《肇域志》第四册。

嘉、湖无苏、松之去委则水四溢。此东南数郡所以共盈歉者也。"①

因为这种紧密联系，所以一旦上游来水太多，或下游宣泄不畅，即要造成大范围的水灾。早在南朝初年，刘浚就说三吴一带，"地沃民阜，一岁称稔，则穰被京城；时或水潦，则数郡为灾"。②关于其原因，当时吴兴百姓姚峤说得很明白，是"二吴、晋陵、义兴四郡［大体上相当于明清苏、松、嘉、湖四府］，同注太湖，而松江沪渎壅噎不利，故处处涌溢，浸渍成灾"。要根治之，不仅须疏通入海河道，更应以上游着手，"从武康苎溪开漕谷湖，直出海口一百余里，寄渠浛，必无阂滞。……四郡同患，非独吴兴，若此浛通，列邦蒙益"。③以后，明人顾士琏指出，"娄［江］之通塞，东南六郡之大利大害也"；④清人王同祖则说："三江［指吴淞、黄浦、娄江］通，则太湖诸水不为害，苏、松、常、镇、杭、嘉、湖七府皆安。"⑤因此在明代，主要泄水干道吴淞江，成了"七郡之关键"。⑥到了清代，慕天颜也说："自三江湮塞，震泽泛滥，以田为壑，而苏、松、常诸州县及浙西三郡［杭、嘉、湖］受患日深。"⑦但是，不仅下游水道壅塞，而且上游水利不修，太湖水系的大部分地区都要受患。唐末台濛在荆溪上游的胥溪（在明代应天府高淳县境内）筑堰，"以节宣歙、金陵、九阳江之水，直趋太平州、芜湖"，使之不入荆州，减轻太湖下游的洪水压力。⑧北宋时堰废，"宣、歙、池、九阳之水不入芜湖，反东注震泽；下又有吴江岸之阻，而震泽之

---

① 姚舆：《水利说》（收于《太湖备考》续编卷一）。
② 沈约：《宋书》卷九十九之二"凶传"，中华书局，1974年排印本。
③ 《宋书》卷九十九之二"凶传"。
④ 《娄江志》（收于陈瑚《确庵文稿》）。
⑤ 《肇域志》第一册。
⑥ 单锷：《吴中水利书》，中华书局，1985年排印本。
⑦ 慕天颜详略，见于嘉庆《常昭合志》卷二水利。
⑧ 《肇域志》第一册。

水，积而不泄"，①又致下游经常患水涝。明初因"水没吴中田禾"，再行筑坝，引水由太平、芜湖入长江。②嗣后不断增修。道光二十九年坝决，苏、松、常、镇、嘉、湖诸府，立成巨浸，酿出百年来未有的大洪灾。③一坝兴废，对八府一州中大部分地方竟然有如此巨大影响，说明这八府一州确实是一个由太湖水系紧密联系着的整体。

正因如此，凌介禧把太湖水系的杭、嘉、湖、苏、松、常、镇比方为一个人身上的各个器官，而水流则"犹一身血脉贯通"，因此治水时须有整体观念，综合治之，否则"一有不治，则两省数郡均受其害"。④张翰总结说："谈水利于东南者，以太湖为最，即《禹贡》所称震泽，乃东南一巨浸。五堰居上游，三江在下游。昔五堰筑则上流有所止，三江导则下流有所归。其在于今，则深有可虑者。经界久湮，堤防无备，当事者不以时蓄泄，是以霖雨连绵，则弥漫千里，吴越之间往往汇为巨壑矣。议者谓宜寻五堰旧基，更筑堤溧阳，则杀宣、歙、九阳之水以节其入；按三江故道，开百渎、宜兴至陡门、江阴，则通吴淞之水以宣其出。庶几水得所归，禾稼不致淹没矣。"⑤后来的人也指出：治理江南水患，必须全盘统筹，上下游并举，方可奏效。例如曹胤儒说："太湖上流，金坛、广德、乌程、归安、临安、余杭之间，并有坝堰，当以百计，各志可稽。盖使诸山之水潴而后泄。其潴也，可以救彼地之旱；其泄也，可以救彼地之潦。且视苏、松水势之大小而启闭之，计无便于此者。今俱废，其利害可睹矣。"⑥刘汝镠则说："浙西三郡水源，来

---

① 单锷：《吴中水利书》。
② 刘献庭：《广阳杂记》卷四。
③ 郑肇经：《太湖水利技术史》，第162页。
④ 《东南水利略》卷五《杭湖苏松源流分派》。
⑤ 《松窗梦语》卷四十三"农纪"。
⑥ 曹胤儒：《水利论》（收于《太湖备考》卷三）。

自天目、余杭为上流，嘉、湖为咽喉，东至苏、松为尾闾。今余杭坝已修筑，是上流略治，而去路不驶。……湖中七十二溇港，皆委输于苏境，将欲筹浚下流，自必合江苏而并举。"①由此可见，太湖水系所包含的各地，彼此联系非常紧密，确实形成了一个整体。而这个整体性的地域，基本上就是我们所说的八府一州。因此我们把这八府一州划为一个地区，确实是符合上面提出的第一个标准的。

（二）从经济联系的角度来看，这八府一州之地也形成一个完整的地区。施坚雅先生曾把以往学界关于经济区主要特征的看法总结如下。一个19世纪的中国经济区，应当具有以下主要特征：1. 一个经济区应当是该地区高层中心地（high-level central place）的最大经济腹地；2. 该经济区的核心（core）是连接该区内各高等级城市的主要贸易路线的集中之地，这些路线所构成的网络的密度由核心向边缘（peripheries）递减；3. 核心是主要经济资源（特别是人口）的集中之处；4. 河流的流域是决定一个经济区的关键因素，特别是因为该河流的水系所提供的运输网络是该地区的经济整合的基础。简言之，一个经济区应当有一个人口和财富集中的核心，围绕这个核心的是一些人口和财富密度逐渐递减的同心圆。该地区的主要城市的商业腹地都在该地区的边界之内，这些城市之间的商业联系很密切，而最密集的城际贸易几乎都在该地区的核心部分。②

施氏的这个总结，应当说是比较完备的。以他总结的这些特征为标准来看，上述八府一州之地所形成的地区，应是一个非常完整的经济区。首先，在明清时期，这个地区已形成了几个高层中心地——苏州、南京、杭州、松江（明）—上海（清），而这八府一

---

① 刘汝璆：《湖州溇港议》（收于《太湖备考》续编卷一）。
② G. William Skinner, *Marketing Systems and Regional Economies: Their Structure and Development*.

州就是这些高层中心地的经济腹地。其次，在此地区的高层中心地中，有一个中心地高踞其他各中心地之上，即苏州。苏州不仅位于太湖水系的中央位置，而且也处于此地区内最重要的交通要道——京杭大运河——的中段，因此也居于江南水路交通网的中心。江南绝大多数重要城镇，都有水路与苏州相通。苏州的这种中心的位置，也体现在其经济地位上。在明清时期，苏州不仅是江南最大的商业城市，而且也是最大的工业城市。其人口和财富在当日的中国范围内都是无与伦比的，因此完全可以说苏州是该地区的最高层中心地。在此中心周围，由南京、杭州、松江（明）—上海（清）构成了一个三角形的核心区。此核心区内集中了这八府一州内的大多数城镇、人口与工商业，而在此核心区外的其他部分（主要即太湖以西的宁镇丘陵和浙西山地）在城市化、人口密度和工商业繁荣程度等方面均逊于核心区内的部分，而且在经济上依附于后者，属于边缘地带。因此这八府一州构成了一个符合施氏标准的经济区。

不过，在这八府一州构成的经济区与严格按照施氏标准界定的经济区之间，存在一个重大差别，即：此地区内有几个大城市的商业腹地，超出了此地区的边界。例如南京和杭州两个城市，尽管它们与此地区内各地的经济联系远远超过与此地区外各地的经济联系，但作为苏、浙二省的省会，而且地理位置又靠近此地区的边界，所以它们的商业腹地并不完全局限于边界之内。特别要指出的是，这两个城市是仅次于苏州的全国最大的丝绸产地，且南京是全国最大的木材、稻米市场之一，因此在某些方面它们的贸易范围甚至远远超出长江下游地区。至于苏州，更是如此。作为全国最大的商业城市，苏州及其近郊集中了全国最大的稻米、棉布、丝绸、木材等市场。无怪乎施坚雅先生认为苏州城是19世纪中叶以前中国唯一拥有全国性经济中心地位的城市，其经济腹地可以说延伸到了中国大部分地区。[1]事实上,不仅是这些大城市,就是江南一些专业化的市镇,贸易范围也往往越过上述边界。[2]因此不能把这个地区视为一个按照施氏标准界定的普通的经济区。然而,尽管如此,我们仍然应当看到:一般而言,这个地区内各中心地之间的联系大大超过它们各自与外地的联系。由此而言,这八府一州所构成的地区,其内部经济联系十分密切,使得该地区确实可称为一个经济上的统一体,或者说一个完整的经济区,但同时也是一个在全国处于中心地位的经济区。这种地位使得这个地区的经济具有一种"开放"的特点,因而颇有异于施氏所划定的其余经济区。

(三)这八府一州之地,由于内部经济联系的紧密和经济发展水平的接近,很早就被人们当作一个与周围地区有别的区域。这个区域的主体部分是江南平原,古称吴或三吴。吴或三吴的具体范围,历来也有争论。唐代《十道志》《通典》《元和郡县志》的解释是吴郡(唐苏州,包括明清苏、松、嘉三府及太仓州)、吴兴(唐湖州,明清湖州)和丹阳(唐润州,包括明清宁、镇二府),或吴郡、吴兴与义兴(唐常州,明清常州)。唐僧释处默诗说:"到[钱塘]江吴地尽,隔岸越山多。"明人王士禛引用此诗时解释说:"今浙西之杭州、嘉兴称吴地,钱塘江以东乃为越地。"[3]元陈椿诗亦云:"钱塘江水限吴越。"[4]他们都把吴或三吴的南界定为钱塘江。由此可见,尽管在

---

[1] 参阅前引Skinner文。
[2] 例如在丝绸贸易方面,苏州府吴江县的震泽与盛泽镇及黄溪市,湖州府乌程县的南浔与乌青镇,归安县的菱湖与双林镇,嘉兴府崇德县的石门镇,桐乡县的濮院镇,秀水县的王江滨镇等,在棉布贸易方面,松江府华亭县的朱泾、枫泾、七宝镇,上海县的乌泥泾、龙华、法华、三林塘镇,青浦县的朱家角、金泽镇,嘉定县的南翔、罗店、安亭、外岗、娄塘、诸翟镇及千门塘市等,都是著名的专业市镇,其产品有颇大部分远输江南之外。参阅刘石吉《明清时代江南地区的专业市镇》(收于刘氏《明清时代江南市镇研究》)。
[3] 《香祖笔记》。
[4] 陈椿:《自题熬波图》诗(收于正德《松江府志》卷八"田赋")。

唐代以前，对吴或三吴的解释不一，但至少自唐代起，这一地域在人们心目中就已是一个范围比较清楚的地理概念了。具体而言，这个地区就是长江与钱塘江之间的长江三角洲地区。中唐时把润、苏、常、湖、杭五州（即明清八府一州）及钱塘江北岸的山区小州睦州正式划为浙西观察使辖区，看来与此不无关系。两宋除把从润州析出的升州（又称江宁府，即明之应天、清之江宁）划到江南东路作首府外，其余因旧，易名为浙西路，辖于两浙路转运使。可见在长达数百年的时期中，这个地区一直被作为一个单独的行政或财政区。到了元代，两浙路取消，浙西路并入江浙行省，虽不再享有作为次一级财政区的地位，但仍同为一个大行政区所辖。到了明代，朱元璋把这个地区一分为二，北部苏、松、常、镇、宁划入南直隶，南部杭、嘉、湖并入浙江省。从此，这个地区就分处于两省管辖之下。

朱元璋把这个地区一分为二，谭其骧先生指出这主要是从政治着眼，从经济、文化等方面来看是极不合理的。[①]这里我们要补充一点：对这种人为割裂一个完整经济区的弊端，当时人亦已早有察觉。例如，苏南五府（苏、松、常、镇、宁）与苏北诸府本不属一经济区，人为地把二者捏合在一起，结果是"名虽一省，几同二省"。明廷也不得不正视现实，特置吴中抚院，专治苏南五府。清代亦因之，设专使治苏南。[②]又如浙西三府（杭嘉湖）与浙东诸府（包括浙江其他各府），差别也很大。明人胡宗宪说："浙东地形与福建连壤，浙西地势与苏、松连壤。"[③]不仅地形不同，农作方式也大有差异。万历嘉兴平湖人贺灿然说："同一浙也，浙以西，先麦

---

① 谭其骧：《浙江各地的开发过程与省界、地区界的形成》，《历史地理研究》第1期，1986。
② 叶梦珠：《阅世编》卷三"建设"。
③ 胡宗宪：《筹海图编》卷十二"经略三"。

而后稻;浙以东,先稻而后菽。浙以西,冬十二月种麦而四月获;五月种稻,秋九月获。浙以东,春三月种稻,夏六月获;秋七月种菽,九月获",①形成了两个不同的农业区域。由于两地经济发展水平颇为不同,故浙东很早就成为另一个经济区。②甚至在社会风俗上,浙东西也有很大不同。明人王士性说:"两浙以[钱塘]江为界而风俗因之。浙西俗繁华,人性纤巧。……浙东俗敦厚,人性俭啬椎鲁,尚古淳风。"③因此,把浙东西扭合在一起也不妥当。

明代有人明确提出应改变这种不合理现象,在明代就已有人明确提出应改变,具体办法是将苏南诸府与浙西诸府析出设一新行政区,置一督抚以治之,④实即恢复唐代浙西道。清初凌介禧更从治水的角度明确指出:"盖杭、嘉、湖、苏、松、常、镇,古称浙西七郡为平江,明初犹属一省,洪武十五年分隶嘉、湖为浙江,苏、松为直隶也。省虽分而水利仍合,上源不治则流病,下流不治则源病。然则合两省为一贯之治,介禧一人之私说乎?非也。"⑤明清朝野人士也每每把这些州府连举并称。例如徐献忠说湖州民风,"七郡中独号朴实"。⑥弘治时叶绅谈"东南"的水患,所指仅"七州"(即苏、松、常、镇、杭、嘉、湖)。⑦万历时袁黄(了凡)谈"江南"灌溉问题,所举地域亦为苏、松、常、镇、嘉、湖六府。⑧清圣祖筹划江浙水利,特谕"江南省之苏、松、常、镇及浙江省之杭、嘉、湖诸

---

① 《六欲轩初稿》(不分卷)"救荒八议"之五"议种"。
② 参阅藤井宏《新安商人の研究》。
③ 《广志绎》卷四"江南诸省"。
④ 《天下郡国利病书》(原编)第11册浙江上。
⑤ 《东南水利略》卷五《杭湖苏松源流分派》。
⑥ 《吴兴掌故集》卷十二"风土"。
⑦ 顾清:《东江家藏集》卷十六《送金舜章序》(引自滨岛敦俊《土地开发与客商活动——明代中期江南地主之投资活动》)。
⑧ 《了凡杂著》卷五《劝农书》卷五"灌溉第六"。

郡"，宜建闸座。①靳辅论财赋说："江南之苏、松、常、镇，浙江之杭、嘉、湖等府，在汉唐以前不过一泽国尔，自钱镠窃据，南宋偏安，民聚而地辟，遂为财赋之薮。"②翁澍论江南地势，仅言及宁、镇、苏、常、杭、嘉、湖七府。③钱泳论江南水利，将苏、松、常、镇、杭、嘉、湖及太仓"七郡一州"同论。④一马姓学者也说"治水者莫不知治下流，……三江为七府之下流"。⑤这些例子都可以说明：至少从唐代以来，这个地区就已在人们心目中形成了特定的概念。因为有其地理的与经济的背景，虽然这个地区被从行政上人为分割开来，但是它在人们心目中作为一个完整地区的观念，并未改变。由此又可见，把这八府一州划为一个经济区来研究，符合前面我们提出的第三个标准。

（四）最后，我们来看看"江南"这个地理名词含义的历史演变。这个演变也是造成对"江南地区"范围的理解不统一的原因之一。

在较早的古代文献中，"江南"一词，如同"中原""西域""塞北""岭南"等地理名词一样，只是用来表现特定的方位，并不指有明确界线的地域。当时人们心目中的"江南"，包括了长江（主要是中下游江段）以南、五岭以北的广大地区。唐代十道的划分与命名，也颇受上述传统观念的影响，因而江南道包括了今日浙、赣、湘、闽四省及苏、皖二省南部。我们所说的江南地区，唐代以前叫吴或三吴，唐代叫浙西，已见上述。因此早期的"江南"与我们所研究的江南，可以说是两回事。

---

① 康熙四十二年十一月二十二日上谕（收于乾隆《长兴县志》卷十"水利上"）。
② 靳辅：《生财裕饷第一疏》（《皇朝经世文编》卷二十六"户政"）。
③ 《具区志》卷五"水利"。
④ 《履园丛话》卷四"水学"。
⑤ 马某：《水利条陈》（收于《太湖备考》卷三）。

由于江南道太大，内中各地的差异甚巨，因此盛唐时便把它一分为二。今日的浙、闽二省及苏、皖南部被划为"江南东道"，余为"江南西道"。但这样划分还是太粗，中唐时，结合各地半割据状态，又把江南东道分为浙西、浙东、宣歙、福建四个观察使辖地。应当说，这个划分相当准确地反映了各地区的自然差异，是很有意义的。这样，我们所说的江南就变成了"浙西"。到了宋代，为着征取财赋的方便，设置了许多"路"。盛唐的"江南东道"，被分成两浙、福建和江南东三路。这时的"江南东路"，实即中晚唐的宣歙观察使辖区及"江南西道"的部分地区。由于这一地区没有大城市，故把升州（江宁府）从浙西划过来作首府。因此，到了此时，我们所说的江南竟与"江南"二字完全无关了。

从元代起，"江南"不再被用作行政区名称，尽管在清代的官方文献中，江苏省有时也称为"江南省"。①但令人费解的是，自此以后，"江南"一词却越来越广泛地被用来指原来称为吴、三吴或浙西的那个地区，而吴、三吴、浙西这些原有的称呼，反而少用了。人们在谈论江南赋税、江南水利、江南民风等问题时，通常就指苏南浙北八府一州。明后期有人建议把苏南浙北诸府划为一个行政区，设督抚治之，也把这个区域称为"江南腹心"。②而东鲁古狂生的小说，也明确地说苏、松、常、镇、杭、嘉、湖七府就是"江南"。③不过，由于不是正式的行政区划，所以江南一词的使用也比较随便，有时仅被用来指苏南，有时又扩大到苏南浙北八府一州

---

① 《天下郡国利病书》（原编）第11册浙江上。
② 《醉醒石》第八回。
③ 尽管如此，但在时人观念中，苏北仍被排除在外。典型的例子如林则徐、陶澍、李彦章等人，身为江苏省最高行政官员，但在《江南催耕课稻编》这一半官方农书中，却把江南与江北明确分开。在此书中，江南仅指苏南而不包括苏北。

以外（特别是包括甬、绍等府）。即使在苏南浙北八府一州以内，也常常只用来指其中的几个州府。由此造成的混乱，大概就是今日"江南"一词无有统一地域界限的根源。

但是经过以上辨析，我们可以得出结论：从经济史研究的角度来看，明清时期江南地区的地域范围，应当是指苏、松、常、镇、宁、杭、嘉、湖八府及太仓州所构成的地域范围。

二、明清江南蚕桑亩产考

在明清江南农业经济史研究中蚕桑亩产是一个十分重要的问题，同时也是一个十分复杂的问题，而其之所以复杂，主要原因在于：第一，蚕桑生产包括桑业生产和蚕业生产两个性质颇不相同的部分，环节众多，使人不易弄清真相；其次，有关蚕桑亩产的史料记载往往相互矛盾抵牾。本文的目的，就是力求通过对有关史料的考辨分析，弄清此问题。为此，我们将依次讨论以下问题，然后再做出结论。这些问题是：（一）桑地亩产桑叶的数量是多少？（二）养一筐蚕需要多少桑叶？（三）一筐蚕可产多少丝？（四）蚕桑亩产值是多少？（五）蚕桑亩产值与水稻亩产值相比如何？下面就一一加以讨论。

（一）一亩桑地可产多少桑叶？史籍记载颇不一。兹将明清史籍中的主要史料胪列于下，再加分析。

1.《吴兴掌故集》卷三"物产"："大约良地一亩，可得桑八十个。每二十斤为一个。计其一岁垦锄壅培之费，大约不过二两，而其利倍之。"

2.《茅鹿门文集》卷六《与甥顾儆韦侍御书》："大抵地之所出，每亩上者桑叶二千斤，岁所入五六金；次者千斤；最下者岁所入亦不下一二金。故上地之值，每亩十金；而上中者七金。"

3.《沈氏农书》"运田地法":"壅地,果能一年四壅,罱泥两番,深垦□净,不荒不蟥,每亩采叶八九十个,断然必有;比中地一亩采四五十者,岂非一亩兼二亩之息?而功力、钱粮、地本,仍只一亩。孰若以二亩之壅力,合并于一亩之事半功倍也?"

4.《沈氏农书》"运田地法":"种法以稀为贵,纵横各七尺,每亩约二百株。株株茂盛,叶必满百。""叶必满百",陈恒力、王达先生释为所产桑叶达一百个。

5. 康熙《乌程县志》卷五"习尚":"大约良地一亩,可得[叶]八十个(二十斤为一个)。"

6. 乾隆《乌青镇志》卷二"农桑":"大约良地一亩,可得叶千三四百斤;计一岁垦锄壅培之费,多不过三两;则算常值亦有倍称焉。"

7. 嘉庆《桐乡县志》卷十二"农桑":"[桑树]每亩约二百株,株株茂盛,叶必满百[个]。"

8.《安吴四种》卷二十五《齐民四术》第一下农一下农政(嘉庆辛酉):"[种桑],科方五尺,则亩为二百四十科。地桑盛者,科得叶四斤,则亩饲桑二十四箔[大眠起,称重四斤为一箔,今召("召"字疑为"呼"字之误)一盘]。树桑阴相交则不滋下植,先栽时可相间一丈,掘坑深三尺五寸,粪量加,亩六十科,科盛者叶四十斤,亦饲蚕二十四箔。"

9. 同治《双林镇志》卷十四"桑事"(原纂):"大约良地一亩,可得叶一千斤。然溢额者少,不足者多也。"

10. 吕桂芬《劝种桑说》(光绪二十年):"头年种秧,……第三年每株即可摘叶斤许。如可种谷四百斤之田,计一亩即可种成桑树三百株,第三年即可收叶三百斤。第四年可收六七百斤,第五年即可收桑千余斤矣。若每株收桑五斤,共计可收一千四五百斤。"又,据同时同地人吕广文撰《蚕桑要言》（光绪二十年）："新昌向来种桑，……无论古法今法，均可培桑一千。但照古法，必须逐渐培至七八年方可收叶一千斤；仿照今法，培至三四年便可收叶一千斤。"

从地域而言，上引史料第1至第6条以及第9条都是关于湖州府的材料，第7条讲的是嘉兴府主要蚕桑区桐乡的情况，第9条泛言整个江南（或许还包括皖南一带），而第10条则出自光绪时绍兴府新昌县人吕桂芬与吕广文的笔下，[①]应当是该地情况的反映。新昌虽然不属于本文所说的江南，但由于与江南毗邻，而且新昌蚕桑技术又来自江南，所以应可视为江南情况之侧面反映。又，以上史料，从时间上来说，第1至第8条属于本文研究的时代，第9条稍迟，第10条则更迟。尽管如此，第9、10条仍然有一定参考价值，可作为间接证据来使用。

第1、2、3、4、5、7条材料基本一致，即上等桑地亩产叶80—100个（每个20斤）。第2条说中等桑地亩产叶50个，第3条则说40—50个。第6条说良地亩产叶1,200—1,300斤（即65—70个），而第8条则说亩产叶2,400斤（120个）。第9条反映了太平天国战争后蚕桑业的衰落，此时良地的亩产量，仅及明代中地的亩产量。第10条则颇值得玩味：毗近江南的绍兴府山区县份新昌，蚕桑业本不如江南发达，但其桑地亩产，一般亦可达50个，或者更达70—75个。

以上诸说，颇不一致。比较统一的，是上等桑地（良地）亩产叶80—100个。中等桑地（中地）亩产量出入很大，自40个至120个不等，须作辩证。下等桑地（下地）的亩产量不详，亦须加以求证。

从本书第三章第二节可知，明清江南养蚕，每筐一般用叶7.5个。据张履祥《补农书》"补农书后"："地得叶盛者，一亩可养十

[①] 此二人很可能就是一人，见章楷《中国古代栽桑技术史料研究》，第217页。

数筐，少亦四五筐。"即上等桑地每亩所产之叶，可养十数筐蚕，而下等桑地所产之叶，只可养4—5筐蚕。若张氏所说的"十数筐"以13筐计，每筐用叶7.5个，则共需用叶97.5个，即与上述上等桑地亩产叶量可达100个的记载相符。养蚕4—5筐以4.5筐计，每筐用叶7.5个，共需用叶34个，仅略低于第3条中所说的中等桑地亩产叶量（40—50个）之下限。张履祥《策邬氏生业》又说瘠地种桑，每亩可养蚕6.7筐。按照上述用叶量，合用叶50个。可见，每亩产叶40—50个，应当是下等桑地的产量。中等桑地亩产量是多少呢？当然应当介于上等桑地亩产量之下限（80个）与下等桑地亩产量之上限（50个）之间，即50—80个，一般情况应为60—70个。但是上引材料第2、3条中明确说中等桑地亩产叶40—50个，又应作何解释呢？为了弄清这一点，需要对江南种桑的情况作进一步的讨论。

在明清江南，桑树种植已非常专业化，即主要密集地种在专业桑园内。但是除此之外，还有一种种桑稀疏的非专业化桑地。陈恒力、王达先生称这种桑地为"花白地"，指出这种地不是"整片桑园"，即非以生产桑叶为主的专业桑园。前面所引张履祥《补农书》"补农书后"中关于桑地每亩养蚕筐数的那段文字之后，还有一句："最下二三筐（若二三筐者，即有豆二熟）"，指的就是这种"花白地"。[①]前引材料第2条中说上地亩产桑叶2,000斤（即100个），收入5—6两银；次者亩产叶1,000斤（50个），按照同样的比价，收入应为2.5—3两银；最下者收入1—2两银，按此比例，应产叶400—670斤（20—34个）。养一筐蚕用叶7.5个，那么此处所说的上地每亩可养蚕13筐，次地6.7筐，最下地1—4.5筐，与上引张履祥所述情况相符。而这种最下地，就是上述"花白地"。由于本文所讨论的是专

---

① 陈恒力与王达：《补农书校释》，第104页。

业桑园的情况，所以这种"花白地"应当排除。排除之后，亩产40—50个叶的桑园就应当列为下等桑园了。

因此，我们可以得出这样的结论：在明代中后期和清代前中期的正常年份，江南平原蚕桑业发达地区的上等桑地，通常亩产叶80—100个，上好年份可达120个，较差年成则为70个左右；中等桑地，一般年成亩产叶60—70个，较好年成可达70个以上，较差年成则为40—50个；下等桑地则通常亩产叶40个以下。章楷先生认为明清时代江浙地区的桑叶亩产量，"一般在一千五六百斤上下［即75—80个］，最高可达二千斤［即100个］"，应当是年成较好的情况。[①]陈恒力、王达先生则认为：在明末清初的江南（嘉、湖一带），上等桑地每亩可产叶2,000—2,800斤（100—140个），中等桑地1,000—1,300斤（50—65个），下等桑地800—1,000斤（40—50个）。[②]亩产叶1,300—2,000斤（即65—100个）的桑地属于哪一类桑地，陈、王先生未说明。这里，我们把章、陈、王氏的估算相权衡，认为中等桑地亩产量应在1,000—1,600斤（即50—80个）之间，与上面我们的推算结果相符。因此，一些学者仅根据上引第1至第5条材料，便下结论说明清江南上等桑地亩产80—100个，中等桑地40—50个，未免太过偏。在本文中，我们主要关心的是中等桑地的亩产，而如上所述，在一般年成，中地亩产叶当为60—70个。这个结论，我们认为是比较符合事实的。

（二）养蚕一筐需要多少桑叶？历来说法也颇有出入。不仅蚕、桑品种的差别，而且各地在水土、气候、饲养方式等方面的不同，乃至各地衡（秤）量（筐）制度的歧异，都对此具有重大影响。这里我们仅就一般情况作分析。所谓"一般情况"，即：地域上仅限于杭、嘉、湖、苏四府平原蚕桑区；气候正常；饲养头蚕

---

① 前引《中国古代栽桑技术史料研究》，第195页。
② 前引《补农书校释》，第104页。

（春蚕），品种为四眠蚕；饲料为湖桑；衡量以湖州秤、筐为准。以此为前提，进行讨论。兹亦先列出主要资料如下。

11.《沈氏农书》"蚕务（附六畜）"："若细细计之，蚕一筐，火前吃叶一个，火后吃叶一个，大眠后吃叶六个。"可见，湖州养蚕1筐，需叶8个。

12. 乾隆《海盐县续图经》卷一"县风土记"："蚕出火一斤，食叶百斤，作茧十斤，缫丝一斤，此大略也"，"蚕有家种，有客种。向只有家种，十余年来，有自余杭、湖州带归者，食叶猛，每斤［蚕］较家种多数十斤，缫丝亦重数两。愚民第利其多似也，竟弃家种而养客种"。按：出火（即第三次休眠之蚕）一斤，得大眠蚕一筐，是湖州惯例。海盐饲蚕法向来仿效湖州，[①]因此每斤出火之蚕，即合湖州一筐。据前引文，海盐出火一斤至成茧共吃叶100斤，相当于湖州蚕1筐吃叶5个。出火前吃叶数不详。若以1个计，则总共吃叶6个。如果这仅指"家种"的情况，那么"客种"1筐吃叶还要增加数十斤。兹以30斤计，则每筐需叶7.5个，略低于第11条中沈氏所说的需叶量。

13.《吴兴蚕书》："（凡蚕以乌重一钱为一筐。出火以二十四两或二十两为一筐，大眠以六斤或五斤为一筐。亦有不以筐计而论分数者：以出火为主，出火一斤得茧十斤为十分，九斤为九分，以此递增减）。……计蚕一筐，五斤者约食叶八个（火前一，火后一，大眠至老六），六斤者十个。……大眠与辍火［即出火］同，亦称分两。每辍火蚕一两，长至大眠以重四两为正额，过四两为蚕长，不及四两为蚕损，恒以此卜受成之丰歉。"据此，可知湖州大眠蚕5斤一筐者需叶8个，6斤一筐者需叶10个。若是出火1斤，应得大眠4

---

① 天启《海盐县图经》卷四"县风土记"。

斤，按上比例，需叶约6.5个。

14.《安吴四种》卷二十五下《齐民四术》第一下农一下"农政"（嘉庆辛酉）："大眠起，秤重四斤为一箔，今召［疑为"呼"字之误］一盘。""……自下蚁至大眠，每盘食叶二十五斤；大眠起，每盘食叶一百斤（连嫩枝计，实净叶七十五斤）。约净叶一百斤，饲蚕一盘。"此条所言，与第8条材料相符，即一筐蚕吃叶一百斤（5个）。此处的一筐，为大眠蚕四斤，少于第13条所说的每筐五斤或六斤。但据《西吴蚕略》："凡出火一斤，得大眠四斤为四斤捉，得五斤为五斤捉。"同治《湖州府志》卷三十一"蚕桑下"："出火一斤半为一筐，亦有一斤为一筐者。"可知此处所说以出火四斤为一筐，也符湖州习惯。不过，此条材料有一点颇值得注意，即秤叶时，若连嫩桑枝算，桑叶用量就要多出大约1/4来。

15.《广蚕桑说辑补校订》："初生之蚕，谓之蚕花。蚕花落纸时，便须以戥秤称之。盖蚕花一钱，饲之得法，约可得大眠五六斤，统前后计之，须食叶百三四十斤（震按：假如自己桑地所生之叶，累年计算，每年得有二千斤左右，则可留蚕花一两左右。大约蚕花一钱，自小至老，须食叶二百斤，则是年蚕必丰稔，否则每钱亦须百六十斤）。……［大眠后］拾其眠者，置平底盘中，盘满则以秤称之（为此后桑叶计也。大眠五斤，除前所食不算外，尚须食叶百余斤）。"按：此书初出于江苏溧阳人沈练之手，反映的是道光时期的情况。后又经数人增订。最后一次增订是湖州人章震福于光绪三十三年所作，主要据其在湖州的见闻，以按语形式对原书进行增补校订（引文中的"震按"，即章氏的按语）。据引文可知：（1）大眠蚕5—6斤为1筐；（2）据沈练原文，养蚕一筐共需叶130—140斤（即6.5—7个）；（3）据章氏按语，养蚕一筐，上好年成需叶200斤（即10个），一般年成160斤（即8个）；（4）据引文末注，大眠蚕5

附 录 481

斤，需叶百余斤（即5个有余），大眠之前吃叶数若依第13条材料所言情况计（即2个），共需叶7个左右。

16.《五亩居蚕桑清课》："约净蚁一两，得丝一百六七十两，食叶十六七石之谱。"此书成于咸、同时期，作者为安徽青阳人曹笙南，但此书撰成后曾经其旅居浙西的侄子曹英审阅修订，故亦可视为浙西蚕桑技术的总结。净蚁1钱，通常为蚕1筐，食叶16—17石。一石桑叶有多重？据《安吴四种》卷二十五下《齐民四术》第一下"农政"："每蚁一钱，老蚕一盘。有叶三十石者，可下蚁三两略多备拣。"又据同书，每盘蚕需叶100斤（见引文第15条）。两条合观，可知桑叶1石重100斤。因此本条所说："净蚁一钱，……食叶十六七石之谱"，意即每蚕1筐，需叶1,600—1,700斤（8—8.5个）。

17. 沈秉成《蚕桑辑要》（同治）："蚕已大眠，用广盘贮之。秤蚕三斤，饲叶百斤，成茧五斤，可得丝八九两。"大眠蚕3斤饲叶百斤，依此比例，则大眠4斤、5斤、6斤，应分别饲叶130斤（6.5个余）、160余斤（8个余）和200斤（10个）。

18.《蚕桑捷效书》（同治）："每小蚕一两，食净叶约二十担，可得丝一百五六十两。三眠时并在一筐，秤蚕一斤可得丝一斤。四眠谓之大眠，每蚕一斤，除以前食叶不计外，以后再食二十余斤，约可收茧二斤。每茧一斤，多则缫丝二两，少则一两二三钱，多寡不齐，大约总以十分缫一为常。"此书为江阴人吴火宣所著。他汲取嘉、湖、苏、常一带的蚕桑技术，根据自己的实践经验撰成此书。据引文可知养蚕一筐，用叶2担（即10个）。这里说的1筐蚕，为出火1斤或大眠4斤。

19.《育蚕要旨》（同治）："大约每［出火］蚕一斤，自收下到上山。吃叶一百五十斤。此上上蚕也，稍平者不到此数。"由此可知，就是上上蚕，每筐也才用叶150斤（即7.5个），一般蚕用叶量则低于此数。

20. 同治《双林镇志》卷十四"蚕事"（原纂）："按双镇之东北，蚕论斤，每出火一斤，收茧十斤，谓之十分，多寡准此；双镇之西南论筐，每出火一斤四两，谓之一筐，亦收茧十斤，谓之十分。故论斤者之十分，较论筐者为十二分半。……每蚕一斤，自小茧至上山，约食叶一百六十斤，每筐则食叶二百斤（叶秤不满十六两），此为上等蚕之食。叶愈少，则蚕愈次矣。"按：据第13条"出火以二十四两或二十两为一筐，大眠以六斤或五斤为一筐"，可知双林东北的筐应为四斤之筐。

21. 《蚕桑述要》（同治）："乌蚁一钱，大眠放叶以后五昼夜工夫，至上山做茧为止，须食叶一百五六十斤。食叶愈多，则获茧愈厚；食叶少则茧力薄。如食叶一百三十四斤为中稔；倘食叶不及百斤，则为歉收矣。故须于收蚕之初，先筹桑叶，宁多毋缺。……出火秤量蚕花分数，即在此时。如一钱乌蚁，四眠种秤重六斤有两（十六两官秤）。"此段材料说得比较准确，1筐蚕（大眠6斤），上稔食叶150—160斤（7.5—8个），中稔则130—140斤（6.5—7个）。

22. 《蚕桑提要》（光绪五年）："新蚁一钱，三眠时约可得蚕一斤，每三眠蚕［按：此处指出火］一斤，前后食叶约一百四十斤；此湖州人算法也。新蚁一钱，大眠时约可得蚕五斤或六斤不等，每大眠一斤，前后食叶二十五斤，大眠蚕五六斤，前后食叶一百三四十斤；此杭州人算法也。一就三眠时计算，一就大眠时计算，前后食叶数，不甚参差。"从引文中可看出：湖州大眠蚕1筐（5斤—6斤），食叶140—150斤（即7—7.5个），杭州则仅为130—150斤（即6.5—7个）。

以上12条材料（第11—22条），从地域上来看，除第12、14、21条外，都是讲述或侧面反映湖州情况的（就是第12条，也与湖州有关），第14条大约是针对江南全区乃至皖南一带的，而第21条是方大湜任安襄郧荆兵备道时为在当地劝课蚕桑，根据当时流行的几种蚕书写成的（这几种书都已失传），估计主要根据的也是江南养蚕的经验。在时间上，明代材料较少（仅有第11条）；清代颇多，但主要在嘉庆、道光（第13、14、15条）和同治朝（第16、17、18、19、20、21条）。同治朝距离我们所研究时代的下限（1850年，即道光三十年）不远，因此尚可应用。第22条虽然时间较晚（光绪五年），但反映的是湖州、杭州的情况，因而也可作为参考。

通观以上材料，尽管众说纷纭，还是可以得出大致结论：（1）明清江南（以湖州为主）的蚕筐，分为三种，即大眠4斤为一筐者（以下简称四斤筐）、5斤为一筐者（简称五斤筐）和6斤为一筐者（简称六斤筐）；（2）同样一筐蚕，因在不同的年份（如第15条），不同的饲养水平（如第19、20条），或因不同的蚕种（如第12条），用叶量会有颇大出入。在这里，我们综合各方面的情况，将育蚕总状况分为三级：最佳（最好的年份、最好的管理和最好的蚕种）、一般和一般以下。在此基础上，我们即可知不同斤数与条件的蚕筐的需叶数量大致范围为（表附–1）。

表　附-1*

育蚕状况 蚕筐差别	最佳	一般**	一般以下
四斤筐	8（20）	6.5（13），5（14），6.5余（17）， 10（18）	
五斤筐	10（20）	8（13），7（15），8余（17）， 8（11）	
六斤筐	7.5—8 （21）	10（13），10（17），6.5—7（21）	5以下 （21）

续 表

育蚕状况 蚕筐差别	最佳	一般**	一般以下
五六斤筐	10（15）	6.5—7（15），8（15），7—7.5（22），6.5—7（22）	
其他***	7.5（19）	6—7.5（12），8—8.5（16），7.5以下（19）	

*表内数字，括号外为每筐用叶个数，括号内为本节引用资料编号。

**凡引文中未说明为"上上蚕""上稔""中稔""歉收"等情况者，一律以"一般"计之。

***引文中未说明蚕筐斤数者，归入"其他"类。

注：此条原未表明系几斤筐及何种育蚕情况。陈恒力与王达先生根据每筐产丝1斤与大眠蚕每斤产丝4两的比例，认为应系四斤筐。① 但细读《沈氏农书》中有关文字，沈氏说的是每筐产丝1.2斤，故应为五斤筐（参阅下节）。又，沈氏在此说的是一般产丝率。

从此表可见，各书所记数字出入颇大。大体上可以说，一般育蚕状况下的四斤筐，每筐需叶6.5个左右，五斤筐需7.5个左右，六斤筐8.5个左右。② 明清江南养蚕以哪一种筐为主不详，兹将三种筐通计之，合每筐7.5个左右。

（三）一筐可产多少丝？前引材料第12、16、17、18诸条已言及。除此之外，再列史料如下，以供分析之用。

23.《沈氏农书》"蚕务（附六畜）"："每筐收丝一斤，才足抵本。所赢者止同宫、茧黄，提起不够二钱之数。若收成十分以下，便不足偿叶本矣。"据前引材料第13条，"出火一斤得茧一斤为十

---

① 前引《补农书校释》，第81—82页。
② 表附-1中四斤筐在一般情况下的用叶量，各数相差太大。兹去掉最高、最低两数，将余下各数作算术平均，得6.5个；五斤筐各数相差不甚大，将各数平均得7.83个；六斤筐亦依此法平均，得8.83个。但考虑到"五六斤筐"一栏中有关各数均较低（平均仅有7.06个），"其他"一栏中有关各数看来应当是五六斤筐的数字，但也较低（平均7.5以下），因此我们将上面所得的五斤筐和六斤筐数字都作适当下调，分别为7.5和8.5筐。

分";又据第18条,"每茧一斤,多则缫丝二两,少则一两二三钱,多寡不齐,大约总以十分缫一为常"。按:十分缫一,即每斤茧出丝一两六钱。但《吴兴蚕书》说:"四眠净茧八斤可成丝一斤";同治《双林镇志》卷十四"蚕事"也说:"每茧一斤,做丝得平秤二两,亦有不止数者。"可知每斤茧得二两丝是通常情况。因此每筐收丝一斤,是四斤筐蚕的一般产量,但是除丝之外,还有同宫、茧黄,虽然质较差,但亦可缫丝(沈氏说:"虽乱丝薄茧,均足入经纬而获价值"),所得之丝,论价合正丝之五分之一。因此《沈氏农书》中所说的,应是五斤筐的产量,即五斤筐每筐蚕产丝一般为1.2斤。

24. 崇祯《乌程县志》卷四"土产":"大约蚕大起时秤得六斤为一筐,每筐收茧一斤为一分,以十二分为中平,过则得利,不及则失利。"据此,可知六斤筐蚕每筐一般产茧12斤,可得丝1.5斤(茧8斤得丝1斤)。

25. 张履祥《策邬氏生业》:"计桑之成,育蚕可二十筐。蚕苟熟,丝、绵可得三十斤。虽有不足,补以二蚕,可必也。"此段记载不很明确,难以使人得知每筐蚕究竟产丝和绵各多少。

26. 《安吴四种》卷二十五下《齐民四术》第一下农一下农政:"抬护温凉得法,加减适宜,[蚕]二十五日可老,每盘丝至二十余两。日愈多愈减,叶愈增,三十七八日老者,每盘丝不过七八两。"由上节论述可知,此处说的蚕筐是四斤筐,每筐产丝二十余两,即大约1.5斤,不过这应当是最高限。

27. 道光《石门县志》卷四"物产"引劳翮霄语:"[出火]分筐头,每筐一斤八两,用秤称定。……[大眠后]又用秤称,每六斤为一大筐。……每筐上收者得茧十五六斤,中下不等,直至一二斤为止。大率人工缺失、寒暖候乖则收成歉薄。"据此,六斤筐最多产茧15—16斤,最少1—2斤。按每斤茧产丝2两计,则每筐蚕最多产丝近2斤。

28. 同治《双林镇志》卷十四"蚕事"(原纂):"初生之蚕,俗名乌儿,每重一钱(戥子),可得出火一斤,大眠四斤(二十四两秤),为中平之率。……每出火一斤,或论筐收茧几斤为几分,六七分为中平,十二分为上上。谚云'蚕花廿四分',乃颂祷之夸词也。……秤茧(二十四两秤)或八斤,或七斤为一吊(不可再少,恐作丝单薄无神气也),两吊可作丝一车。"按:此条内容不十分明确,且与第20条及23条中所引同书关于茧出丝率的记述有矛盾。此条中的四斤筐因用二十四两秤,实则按标准秤计的六斤筐。每筐一般收茧6—7斤,合标准秤9—10.5斤,最多则18斤。每两吊(标准秤21—24斤)出丝1车。但据《蚕经》,出火1斤为1筐,"可以得茧八斤,为丝一车而十六两",因此上述两吊茧应得丝3车(即3斤)。按第23条中所引《双林镇志》记载,每斤茧可做丝得平秤2两,两吊茧亦应得丝约3斤。《双林镇志》卷十四"蚕事"(原纂)又载:"[丝]每车二十余两或三十余两而止(天平秤),若仅十余两者不成车也。"① 若依每斤茧出丝2两计,则9—10.5斤茧可出丝1.1—1.3斤,18斤则出丝2.3斤。此即双林每筐(六斤筐)蚕出丝量。咸丰《南浔镇志》有关记载与本条略同("南浔左近,以出火一斤得茧一斤为一分,递增至六七分为中平,十二分为上上矣"),可并而论之。

29.《西吴蚕略》:"凡大眠六斤得毛茧十二斤为倍收,十斤为中收,不及为薄收。"按每斤茧产丝2两计,分别产丝1.5斤(倍收)和1.3斤(中收)。

---

① 明代江南每车丝一般重1斤(16两)。除上引《蚕经》所述"为丝一车而十六两"之文外,《三刻拍案惊奇》第二十五回中也说海宁县袁花镇妇人郑氏箱内有"丝一百二十两,……计七车",即每车合17两。清代一般情况当亦如此,双林镇的情况可能是例外(参阅凌濛初《三刻拍案惊奇》,北京大学出版社,1987年排印本)。

30.《育蚕要旨》:"四眠蚕一斤,得茧二斤。"据此比例,四斤筐应收茧8斤,五斤筐收10斤,六斤筐收12斤。按每斤茧产丝2两计,分别产丝1斤、1.3斤和1.5斤。

31.《吴兴蚕书》:"俗以蚕一斤得茧二斤为对花,犹属八折算也。"据此,这种"蚕一斤得茧二斤"的算法,只是一种比较保守的方法;其所得的结果,仅是实际产量的80%,因此我们可以把这个比例视为中等产量(即中收产量),而把未经打折的情况视为上等产量(即上收产量)。据此,我们可以推算出四斤筐的产茧量是8斤(中收)和10斤(上收),按每斤茧产丝2两计,分别产丝1斤和1.3斤。五斤筐的产茧量为10斤(中收)和12.5斤(上收),可得丝1.3斤和1.6斤。六斤筐的产茧量为12斤(中收)和15.6斤(上收),可得丝1.5斤和2斤。这里还要指出:此处所说的上收,也还只是一般情况,并不是最好收成,因为据同书,如果饲养得好,四眠蚕一斤,可以得茧2.6—3斤。

下面,我们再将有关材料进行整理分类。

第12条材料中吃叶6个的蚕,应为四斤筐,吃叶7.5个者则应为五斤筐。此条材料说的是普遍情况,因此可知乾隆时海盐的四斤筐产丝1斤,五斤筐1斤数两(兹以3两计,即为1.2斤)。第16条材料中每筐蚕吃叶8—8.5个,应为六斤筐。得丝16—17两,取中数合16.5两,即1斤强。这也是一般收成。第17条材料中每斤大眠蚕产丝约2.83两,据此,四斤筐、五斤筐、六斤筐应分别产丝0.7斤、0.9斤和1.1斤。第18条材料中每筐蚕吃叶10个,系六斤筐,产丝约15.5两,合1斤弱。此条与上条均属普遍情况。第23条系五斤筐中收产量,每筐收丝1.2斤。第24条为六筐中收产量,每筐产丝1.5斤。第26条中四斤筐的上收产量,每筐产丝1.5斤,下收则仅0.5斤;中收如以中数计,每筐应为1斤。第27条说六斤筐最高产量达每筐产丝2

斤左右，但还不是上述材料中最高者。第28条中的六斤筐中收产丝约1.2斤，上收则2.3斤；但据29条，六斤筐上收仅1.5斤，中收则1.3斤。据第30条，四斤筐产丝1斤，五斤筐1.3斤，六斤筐1.5斤。而据第31条，四斤筐产丝1斤（中收）和1.3斤（上收）；五斤筐产丝1.3斤（中收）和1.6斤（上收）。六斤筐产丝1.5斤（中收）和2斤（上收）。兹将上述情况制为表附-2：

表 附-2*

收成情况 蚕筐差别	上收	中收	下收
四斤筐	1.5（26）， 1.3（31）	1（12，31），0.7（19）， 1（26），1（30）	0.5（26）
五斤筐	1.6（31）	1.2（12），0.9（17），1.2（23）， 1.3（30），1.3（31）	
六斤筐	2（27）， 3（28）， 1.5（29）， 2（31）	1（16），1.1（17），1（18）， 1.5（24）， 1.2（28），1.3（29），1.5（30）， 1.5（31）	

*括号外数为每筐蚕产丝斤数，括号内数为引用材料编号。

将上表各栏目中数字作算术平均，则又可得表附-3。

表 附-3

收成情况 蚕筐差别	上收	中收	下收
四斤筐	1.4斤	0.9斤	0.5斤
五斤筐	1.6斤	1.2斤	
六斤筐	2斤	1.3斤	
通　计	1.7斤	1.1斤	0.5斤

由此可见，明清江南每筐蚕的产丝量，一般约为1斤略多（17—18两），上收则为1.7斤（28两）。另外，尚有绵的收入。

（四）明清江南蚕桑亩产值问题，因清代资料欠缺，颇难作全面探讨。在这里，我们拟主要就晚明时期情况进行探讨。

首先，我们来看看桑叶的亩产值。

明末湖州的桑叶价格，陈恒力、王达先生推算为每个值银0.1两，但似乎证据不足。[①]据《涌幢小品》卷三"蚕报"："湖之畜蚕者多自栽桑，不则预租别姓之桑，俗曰秒叶。凡蚕一斤，用叶百六十斤。秒者，先期约用银四钱；既而收而偿者，约用五钱，再加杂费五分。蚕佳者用二十日辛苦收丝，可售银一两，余为绵为线。"康熙《乌青文献》亦载："凡畜蚕者，或自家桑叶不足，则预定别姓之桑，俗曰梢叶。……梢者，先期约用银四钱（谓之现梢）。"据此可知，自万历至康熙，湖州一带的叶价，每8个约为银4—5.5钱。如以中数4.75钱计，则每个合银6分。《沈氏农书》"运田地法"中说："计管地四亩，包价值四两。"所谓"包价值"，就是现秒叶之包银。[②]沈氏桑地亩产桑叶一般年成为80个，每8个现秒价4钱，80个恰为4两（沈氏在此处的计算应是以较平常的情况计），因此可以证明《沈氏农书》中的叶价，和《涌幢小品》及《乌青文献》中的叶价相符。另外，上引《涌幢小品》说蚕（出火）1斤食叶8个，亦与《沈氏农书》中每筐蚕食叶量相符，可见万历以来湖州蚕桑生产的一般情况一直变化不大。因此我们采用每个0.6钱作为晚明湖州之叶价，应较妥当。如前所述，明清江南桑园一般亩产叶60—70个，每个价0.6钱，共约4两。据前引材料第1

[①] 陈恒力与王达：《补农书研究》，第50、242页；《补农书校释》，第81页。
[②] 关于这个问题，我已有专文作辩证（李伯重：《对〈沈氏农书〉中一段文字之我见》），兹不赘述。但在该文中，我把"现秒"与"赊秒"两笔费用合起来作为总叶价，是错误的，已承田尻利先生指出（田尻利：《清代的太湖南岸地方における桑葉賣買》（上、下），《鹿兒島經大論集》第27卷第4號，1987；第25卷第1號，1988）。正确的做法，应是以其中之一作为叶价，而非和起来作叶价。

条，嘉靖时湖州亩产叶80个的桑地，每年工本2两，"其利倍之"，即亩产值为4两。又据前引材料第2条，到了万历时，湖州产叶100个的良地，"岁所入五六金"，即每亩总产值为5—6两，不过这是上等桑地的亩产，自然高于一般桑地。因此，虽然由于桑叶价格时有波动，但是大致而言，一亩中等桑园的亩产值近于4两。

接着我们再根据蚕桑生产的最终产品（丝与绵）来看看蚕桑的亩产值。如前所示，明清江南桑园一般亩产叶60—70个，可饲蚕8—9筐，每筐得丝1斤，因此每亩桑园一般产丝8—9斤。唐甄《潜书》下篇下《惰贫》说：清初的苏州府震泽一带，"一亩之桑，获丝八斤"，正与我们的结论相近。至于上等桑园，兹以《沈氏农书》所言情况代表。据该书，亩产叶80—100个，可饲蚕10—12.5筐，每筐产丝1.2斤，故每亩桑园可得丝12—15斤，比中等桑亩高出约60%。

除了丝而外，养蚕还有绵的收入。绵是丝的副产品，除直接作絮使用外，尚可打线织绸，收益不低。宋应星说："凡双茧并缫丝锅底零余，并出种茧壳，皆绪断不可为丝，用以取绵。……湖绵独白净清化者，总缘手法之妙。……其治丝余者名锅底绵，装棉衣衿内以御重寒，谓之夹纩。凡取绵人工，难于取丝八倍，竟日只得四两余。用此绵坠打线织湖绸者，价颇重。以绵线登花机者名曰花绵，价尤重。"[1]每筐蚕可产绵多少，未有记载。张履祥《策邬氏生业》说养蚕20筐，可得丝、绵共30斤。以每筐蚕产丝1斤计，则一筐蚕产绵约0.5斤。按照万历时官方的丝、绵估价折算标准，绵为每斤0.5两银，而丝价为0.63两，[2]亦即绵价为丝价的4/5。据此，每筐蚕的丝、绵总产值，应为丝产值的1.4倍。

晚明湖州的丝、绵价格变化颇大。万历时丝、绵价，已见上

---

[1]　《天工开物》乃服第六卷"造绵"。
[2]　同治《湖州府志》卷三十四"田赋一"。

述。不过需要指出的是官方的估价可能偏低。从下引《涌幢小品》中的记述可知，万历时归赡养蚕1筐，用叶8个，收丝可售银1两，余则为绵为线。若依每斤丝0.63两银之价，每筐蚕应产丝1.6斤。而《沈氏农书》中的每筐蚕也是吃叶8个，产丝仅1.2斤，彼此悬殊颇大。固然沈氏所说为一般年成的产丝量，但朱国桢也是泛言一般情况。因此比较慎重的办法，是把《涌幢小品》的每筐蚕产丝之量，也依《沈氏农书》定为1.2斤。1.2斤售银1两，则每斤价为0.83两，加上绵的收入，每筐蚕的产值为1.16两。崇祯时的丝价，据《沈氏农书》"蚕务（附六畜）"中的经纬丝价平均，每斤为1.03两。根据以上产量与价格数字，可知晚明湖州中等桑园每亩桑叶产值大约是3.6—4.2两银，丝、绵总产值是11.2—12.6两；上等桑地每亩桑叶产值为4.8—6两，丝、绵产值则为16.8—21两。

（五）蚕桑生产是否有利可图？我们还须将蚕桑的收入与其他作物作比较，方可做出结论。由于水稻生产是明清江南农业最基本的生产部门，因此在本节中，我们选择水稻为对象，与蚕桑进行亩产值的比较。

蚕桑亩总产值明显高于水稻，这应当是没有问题的。兹以明代后期和清代初期江南平原情况为例论证之。下面我们来分析几条有关史料。

32. 张履祥说：桐乡一带的水田，"田极熟，米每亩三石，春花一石有半，然间有之。大约共三石为常耳"。①据陈恒力、王达先生的推算，该地当时一般年成的亩产为2石。②

33. 张履祥在说了上面一段话后又接着指出："吾乡田隘土浅，故止收此"，若是"田宽而土滋"的"下路湖田，有亩收四五石

---

① 《补农书》"补农书后"。
② 前引《补农书研究》，第27页。

者"。可见在当时的江南,也有亩产达到4—5石的高产田。

34. 顾炎武说:"吴中之民,有田者十一,为人佃作者十九,其亩甚窄。……岁仅秋禾一熟,一亩之收不能至三石,少者不过一石有余。而私租之重者至一石二三斗,少亦八九斗。佃人竭一岁之力,粪壅工作,一亩之费可一缗,而收成之日,所得不过数斗,至有今日完租而明日乞贷者。"[①]文中说"一亩之收,不能至三石,少者不过一石有余",一般产量以其中数计,应在2石左右。又,"私租之重者至一石二三斗,少亦八九斗",一般者当为1石略多,产量以田租之倍计,也是2石稍多。顾氏又说:"佃人竭一岁之力,粪壅工作,一亩之费可一缗。"明季嘉、湖一带的钱银比价,大约是每银一两约兑钱一千二三百文,[②]即每缗合银0.8两上下。明末大灾荒出现以前(崇祯十二年以前),这一带的正常米价,大约是每石米值1两银,[③]故0.8两银合米0.8石。这就是种稻的生产成本(即"工本")。顾氏还说:扣除工本并完租之后,佃农"所得不过数斗"。换言之,扣除工本0.8石并完租1石外,佃农尚可得数斗。据此,可知水稻亩产量当为2石略多,与前两个估数一致。

35. 到了清初,叶梦珠说:"就吾郡一府〔松江府〕之田论之,华〔亭〕、娄〔县〕、青〔浦〕邑,亩收三四钟,皆石外起租,甚至一石五六斗者比比。独上海上田不过石一二斗,次则八九斗,下至六七斗起租耳。"[④]也就是说,华亭、青浦、娄县之田,一般亩产米3石以上,而上海的亩产量在2石上下。

36. 陆世仪对清初江南水稻亩产量进行了精确的计算。据其结

---

① 顾炎武:《日知录》卷十"苏松二府田赋之重"条,世界书局,1936年排印本。
② 《补农书研究》附录三《奇荒纪事》沈以澄注。
③ 《补农书校释》,第77页。
④ 《阅世编》卷一"田产"。

果，好地亩产在2.4—3.6石米之间，常田则在1.5—2.6石之间。①

　　这5条材料都比较可信，所涉及的地区均在江南平原，时间则俱在明亡前后，故可视为对17世纪中期江南平原水稻亩产的普遍描述。根据这些材料，可知明季江南平原水稻亩产一般为2石米，高者则为3石或更多；按一般价格计算，分别合银2两和3两（或3两以上）。据前节，明末蚕桑亩产值，中等桑园约11.2—12.6两银，上等桑园16.8—21两银，分别与水稻一般亩产（即中田亩产）和较高亩产（即上田亩产）相比，则可得表附-4：

表附-4

田地等级 亩产值	上等	中等
水稻	3两	2两
蚕桑	16.8—21两（以18.9两计）	11.2—12.6两（以11.9两计）
蚕桑为水稻之倍数	6.3	6

　　《沈氏农书》未记载其水稻的亩产量。陈恒力、王达先生推测是亩产米3.35石，②但足立启二先生认为此推测无根据。足立氏根据《补农书》"补农书后"中的平年产量（稻与春花共计米3石）和《沈氏农书》"运田地法"中扣除租额外每亩盈米1石的记载，认为沈氏之田亩产米2石。③两个估计数位悬殊，不可不作一辩证。

　　《沈氏农书》"运田地法"将农业收入最基本的用途分为三大项，即"功力、钱粮、地本"。用现在的话来说，就是生产成本、赋税和

---

① 《思辨录辑要》卷十一"修齐篇"。
② 《补农书研究》，第27—31页。
③ 足立啓二：《明末清初の一農業經營——〈沈氏農書〉の再評價》，《史林》第61卷，1978。

494　发展与制约：明清江南生产力研究

地租。但是在明清江南，纳税主要是地主的事，因此赋税可以归结到地租项中。下面，我们就循此思路，对沈氏水稻亩产问题进行探讨。

《沈氏农书》"运田地法"："长年每一名，工银五两；吃米五石五斗，平价五两五钱；盘费一两；农具三钱；柴酒一两二钱；通计十三两。计管地四亩，包价值四两；种田八亩，除租额外，上好盈米八石，平价算银八两。此外又有田壅、短工之费，以春花、稻草抵之，俗所谓条对条，全无赢息。"长工一人，只能管地4亩或种田8亩，不可得而兼之，对此我已作过辩证。①这里我们还要强调：沈氏在此段引文中所说的13两银，只是长工种田8亩或管地4亩的工银及农具费、盘费。这一点，陶煦早已注意到了。他在《租核》"量出入"中，引用了沈氏此段文字的主要内容，并与光绪初年苏州雇长工种稻田的工食农具相应费用进行了逐项比较，结果是两者大体相同。在"推原"和"量出入"中，他又特别说明：虽然当时工食费用或有高低，但"再少者不能耕十亩者也，今酌计其中"，因此这确实是种稻10亩的工价。另外，春熟收入大约每亩900文，稻草800文，合计1,700文；而豆饼费用每亩500文，雇短工每日50—70文。雇短工主要是在夏季收（春花）种（插秧）时节，具体雇工数不详。若以每亩需要雇工1人日计，则种稻10亩共需雇工10人日。每人日工钱以60文计，总计600文。豆饼费用之外，其他肥料（主要是人粪），也要花钱购买。②因此稻草、春花收入，恰可抵粪壅、短工之费，与《沈氏农书》所说相符。陶氏在计算了雇工种田的各项收入之后说："使尽如一石二斗〔租米〕之实额，则〔每亩〕仅余钱四百矣（每石折钱一千八百）"，即仅余2斗余，虽不至如沈氏所说"全无赢息"，但也所得微少，近乎顾炎

---

① 李伯重：《对〈沈氏农书〉中一段文字之我见》。
② 见《租核》"推原""量出入"。春花作物中，油菜所用人粪，每亩合钱400—500文。

附录 495

武所说佃农"收成之日，所得不过数斗"。此外，陶氏说春熟作物亩产值900文，稻米值4,320文，前者仅及后者之20%，大大低于张履祥说的50%之数。而沈氏经营之田，不很重视春熟作物生产，亩产应较张氏所言低，也与陶熙所言相类。因此可以用《租核》中所说的情况，来帮助对《沈氏农书》中有关记载进行分析。

沈氏虽然自己经营田产，但在计算收入时说要先扣除租额。这是因为沈氏是经营地主，在他的观念中，地租（即"地本"）乃是其田地本来就应当有的利息。沈氏田的租额多少？其书未载，尚需进行考察。

从前引顾炎武之语来看，明季佃农的所得，包括两个部分：一是工本的补偿，一是此外的剩余。前者通常是一恒量，后者则为变数。经营得好则有之，否则无之。这个剩余一般不大（顾炎武说仅每米数斗，而据陶熙提供的数字计算则每亩2斗），但不排除在更好的经营条件下可以达到更高数量。工本补偿与剩余相加通常等于亩产米量的一半，即与租额相等。经营地主自己雇工种田，目的即在于获得这个剩余，而且其经营水平越高，得到的剩余就越大。这就是经营地主努力改进经营的动力之所在。另一方面，经营地主的经营能力比一般农民强，所以也确实可能得到比一般农民田地更多的剩余。如果我们知道沈氏的种田工本与所得剩余的数量，那么其田租额与亩产量也就可以得知了。

沈氏水田生产的剩余，他说得很清楚，即上好年成每亩可盈余1石。一般年成多少不详，但总应达到一般佃农的水平（即每亩数斗）。其生产成本，根据本书第三章第一节中对工食和肥料开支进行计算的结果，大约为每亩1.06两银。

我们知道，沈氏之田实行一年两作（水稻与春花），因此水田的总收入为稻米与春熟作物产品，而支出则主要为长工工钱以及长工劳动所需的农具折旧费与运输费（即"盘费"）、短工工钱、肥料费用三大项。据《沈氏农书》"运田地法"，短工工钱与肥料费用可用春花与稻草的收入抵充。因此长工的工钱以及农具、盘费，就只能从稻米的收入中支付。这些费用平摊到该长工所种的水田上，每亩合1.06两（兹以1.1两计）。这里我们要指出：根据这个数字，沈氏必须从其每亩水稻的收入中拿出1.1石（合银1.1两）作为种田工本。沈氏的租额，不应低于种田工本，否则就不如出租合算了；但也不能高于工本加剩余，更不能等于工本加最大剩余，因为剩余本是一个变量，最大剩余更不可必得。从明代史料中来看，江南田租最高的地方是吴江县，最高者为1.8石。[①]这里，我们把沈氏田租定为1.5石，即租额比工本（以1.1石计）多出4斗，参诸顾炎武所言，应属合理。这样，工本（1.1石）加平年剩余0.4石，再加上租额1.5石，共计3石。若是上好年成，每亩的剩余达1石，则亩产更可达3.6石。这个估计是否过高呢？我们认为不然。首先，这种田租1.5石的田地确实存在，而且就在沈氏住地不远的吴江，并至少自弘治以来就有一些田地的田租高达1.8石。其次，沈氏种田的原则是"勤耕多壅，少种多收"，"孰若以二亩之壅力，合并与一亩之事功倍也"。[②]因此他的水稻生产亩投资虽高，但同时亩收益也必定较厚。再次，前引张履祥语已清楚地指出："下路湖田，有亩收四五石者，田宽而土滋也。"湖州即是张氏所称的"下路"。[③]因此，经营得好的湖

---

① 见弘治《吴江县志》卷六"风俗"；嘉靖《吴江县志》卷十三"风俗"。
② 《沈氏农书》"运田地法"。
③ 陈恒力、王达先生释"下路湖田"为："或者是湖州，或者是嘉善、平湖中、小湖附近之田（二县均有小湖）。"（《补农书校释》，第103页）但是我们认为张履祥所说的"下路湖田"，指的只是湖州的低田。张氏曾"旅食归安"，对湖州的情况颇为熟悉，故在其书里谈论湖州甚多，并常将桐乡与湖州作比较，而极少谈及嘉善、平湖。另外，他在说到东方之地时，用的是"东路"而不是"下路"。张氏还一再说"湖州低乡，稔不胜淹"，"下乡田低，无春花"，同时又说"湖州无春熟"。可见，他说的"下路湖田"，指的是湖州的低田。

州上等水稻亩产米4—5石，是可能的。因此，我们可以认为沈氏之田平年产米3石，上丰之年3.6石。按时价计，亩产值分别为3两和3.6两。

与此相较，沈氏桑园每亩产叶80—100个，以中数90个计；沈氏养蚕每筐用叶8个，90个叶可养蚕11筐；每筐蚕可以收丝1.2斤，绵0.6斤，按当时价格，11筐蚕所产之丝与绵共值银18.5两。因此，沈氏桑地的亩总产值约为18.5两。与上述稻田平年产值相较，可知蚕桑亩产值6倍于水稻，恰与前面所得的蚕桑亩产值6倍于水稻的结论相符。

蚕桑亩产值比水稻高，但投资也比水稻多，因此必须作净产值比较，方能得知蚕桑是否比水稻有利可图。扣除工本之后，蚕桑是否仍比水稻利大？明清江南人士意见颇有分歧。主要看法大体有三种：

第一，蚕桑利不及稻。例如万历时湖州归安人孙铨说："奸民指称地［即桑地］理倍收于田，此不端本而齐末之论也。若计其功之劳逸，费之盈缩，息之常变，则二地不易一田矣。"①亦即每亩蚕桑的净收入，只有水稻净收入之半。②

第二，蚕桑、水稻均无利。提倡此说的主要是《沈氏农书》。该书"运田地法"在讨论了种田的收支问题后说："俗所谓条对条，全无赢息，落得许多早起晏眠，费心劳力。"即种稻全然无利。而在该书"蚕务（附六畜）"中，又说养蚕每筐收丝十分（即1斤），"才足抵本，所赢这止同宫、茧黄，提起不够二钱之数。若收成十分以下，便不足偿叶本矣"，也是利润微少。因此，蚕桑、水稻均无利或微利。

第三，蚕桑、水稻俱有利，但相较之下，蚕桑利厚，水稻利薄。持此说者众多，代表者为张履祥。张氏在《补农书》"总论"中说："佃户［种田］，终岁勤劳，祁寒暑雨；吾安坐而收其半，赋税之

---

① 孙铨：《上郡守论田地六则》（收于光绪《菱湖镇志》卷四十二"事纪"）。
② 引文中未提到蚕，但是后文中不仅讲到蚕，而且还列举了桑、蚕生产的各项成本，详见孙氏文。

外，丰年所余，犹及三之二，不为薄矣"，因此种稻是有利可图的。但是蚕桑利又大大超过水稻，故张氏在《补农书》"补农书后"说："地之利为博，多种田不如多治地。"张氏还把蚕桑与稻田的各种投入与产出项目进行了概括性的对比。①有趣的是，这个对比与孙铨所作的对比，结论全然相反。在《策邬氏生业》中，张氏还具体地比较了蚕桑与水稻的收入范围，即"瘠田十亩，自耕仅可足一家之食；若雇人代耕则与石田无异；若佃于人，则计其租入仅足供赋税而已"。但若取其中三亩改种桑，五年之后，"计桑之成，育蚕可二十筐。蚕苟熟，丝、绵可得三十斤，虽有不足，补以二蚕，可必也。一家衣食已不苦乏"。换言之，1亩蚕桑的净收入，比水稻高得多。

　　孙、沈、张三人的上述看法，都有颇大片面性。首先，这些看法的背景各不相同。孙氏意在强调种稻，而张氏大力倡导蚕桑。因此都尽量是其所是，非其所非，成为两个极端。沈氏身处明末社会经济总危机爆发的前夕，当时江南农业生产条件也在日益恶化之中。在这样的背景之下，沈氏对农业经营的前途抱有一种悲观的态度，②认为蚕桑、水稻均无利可图，只"落得许多早起晏眠，费心劳力"，是很自然的。其次，孙、沈、张三人的看法，也带有地方色彩。这一点，张氏已清楚指出："桐乡田地相匹，蚕桑利厚。东而嘉善、平湖、海盐，西而归安、乌程，俱田多地少"，原因是"农事随乡"。桐乡"田隘土

---

① 张氏原话较长，且其中不少文句已被本文其他部分引用过，故在此不具录。
② 沈氏在其书中反复抱怨"今属肥壅艰难"，"近来粪价贵"；"[昔日雇工]习攻苦，戴星出入，俗柔顺而主令尊；今人骄惰成风，非酒食不能劝"；"[养蚕]若假手下人，采蚕者鼠窃狗偷，喂蚕者杯盘狼藉，多糜工力，堕落农务"；"[豆]饼价增"；"近年夏叶竟无梢主"；等等。在其《奇荒纪事》一文里，更指出："自崇祯十一二年以来，虽无水旱为灾，然连年薄收，米价不减两许。而赋税渐增，征科繁扰"；崇祯十三、十四、十五年大灾，米价高达斗米千钱（其时"每银一两约兑一千二三百文"），以致"男女相食"；崇祯十四年"叶少价贵，丝绵如同草芥"；十五年"丝绵稍稍得价，而叶贱如粪土，二蚕全白无收"。这些，都表现了当时农业生产客观条件的恶化。

浅",水田亩产低于"下路湖田";而"湖州无春熟,种田早,收获迟,即米多于吾乡[桐乡]"。①因此桐乡蚕桑获利相对更多,从另一种角度来看,也是在此种稻获利较在嘉善、平湖以及湖州种稻获利为少的缘故。沈氏家住湖州归安县涟川,在双林、涟市两镇之间。此地距张氏所在的嘉兴桐乡县杨园村虽不过数十里之遥,但两地的农业生产条件却有相当的差异。②沈氏与张氏都精于农事,"农事随乡"这一原则是熟知的。因此他们根据本地特点,权衡种田与治地的利弊并得出不同的结论,乃是必然的。至于孙氏,虽然家居归安县何地不详,但他所说是归安一般情况,应与沈氏田庄的情况相近。大约也是水稻亩产较高的缘故,所以孙氏并不以蚕桑为然。

明了以上背景之后,我们再对三人的说法进行详细分析。

首先,万历时期归安县水稻与蚕桑生产中的投入与产出情况,史料不多,兹主要依据庄元臣《庄忠甫杂著》中的材料论之。庄氏原籍吴江县十三都,至其祖父时移住归安县南浔镇。其父与朱国桢(亦南浔人)为青年时代的密友。庄氏本人于万历三十二年中进士,三十七年卒。从其家世与经历来看,庄氏家族的主要活动范围在吴江与归安交界之处(南浔就在归安境内邻近吴江之地),③亦即当时蚕桑区的中心部分。

据《庄忠甫杂著》"治家条约"第二十八条"派租米",庄氏田产收租情况为:"庄上田租,大房田十三亩,二房田二亩,每亩除粮银五斗在大家户上办外,每房收一石二斗租一亩。大房该收十五

---

① 湖州并非全无春熟,但湖州人对春花之重视的确不如桐乡。参阅《补农书校释》,第103、107页。
② 张氏在《补农书》"补农书后"中已明确地说:乌镇以北、涟市以西的地方,在土性和所宜水稻品种方面,均与桐乡不同,而沈氏所居住的涟川恰在乌镇以北、涟市以西(见《补农书校释》,第1页)。
③ 参阅滨岛敦俊《明末江南鄉紳の具體像——南潯莊氏について》,《明末清初期の研究》,京都大學人文科學研究所,1989。

石六斗，二房该收二十四石范围。其余各房私收，各自收租，各自办粮，大家不管。"（按：文中"二房该收二十四石"，据"二房田二亩，……每房收一石二斗租一亩"，当为"二房该收二石斗"。）由此可知，庄氏家族长房与二房收租每亩1.2石。在毗近的吴江县，据弘治《吴江县志》卷六"风俗"和嘉靖《吴江县志》卷十三"风俗"，"每亩一亩，起租一石，至一石八斗"（弘治志），"农田计亩索租，下子八斗，上至一石八斗而止"（嘉靖志）。计其中数，则在1.3—1.4石之间。庄氏家族长房、二房之田亩租1.2石，按照这个标准而言，应当只属中等偏下之田。亩租1.2石，则产量应为2.4石，佃农所得为1.2石。在此1.2石中，依前引顾炎武所言，除工本外可有数斗剩余。这数斗剩余，即也属于种稻的净收入，兹依前述沈氏例以4斗计之。工本依顾炎武所说一般情况，以0.8石计。据此则每亩水稻的净产值应为1.6石米（地租1.2石加剩余0.4石）。万历中后期归安米价，据茅元仪回忆，大约每石0.7两银。[1]据此，庄氏种稻亩净产值约1.12两。

庄氏的桑园，据"治家条约"第十四条"定家用"，每年工银与肥料两项投入，已达1.78两银。蚕桑生产其他项目投资不详，若代以沈氏蚕桑生产中的有关数字，则庄氏蚕桑生产亩均总投资约为6.65两；其桑地亩产丝量不详，兹以中等桑园亩产丝量之高者（9斤）计之，加上绵的收入，合银10.08两。[2]因此庄氏蚕桑亩净产值约为3.43两，为其水稻亩净产值之3倍，利可谓厚矣。但蚕桑生产风险比水稻大，如果庄氏蚕桑只能达到中等以下产量，或丝价大幅下跌，获利就只能与

---

[1] 见茅元仪《掌记》。茅氏为归安望族，元仪仕于崇祯朝，他回忆幼时米价为每石0.7两，从时间上推算，应为万历中后期时的情况。

[2] 参阅本书第三章第二节。又，庄氏桑园为经营较好的中等桑园，丝价以每斤0.8两计。

水稻相等甚至更低了。①此外，水田除种稻外，还可种春花，其产值依张履祥说可达水稻产值的1/3。桑地虽也可种一些间作作物，但亩产量甚低，远不及水田春花。春花的生产成本不详，但从《浦泖农咨》来看，种麦的工本仅及水稻之1/4，而像豆类、油菜等，由于所需人力、肥料投入不多（油菜需肥虽多，但所产菜饼及枝叶还田，可抵消很大一部分），产品单位成本应更低。因此若连春花计算，则水田的净产值还要提高不少。虽然孙铨所说"二地不易一田"固然是夸大之词，但亦非全然没有道理。他说桑园每亩工本仅为1两余银，低于同时庄氏桑园工本，可见孙氏所谈的桑园生产较为粗放，因而亩产值亦应较低。蚕桑亩净产值降低，而水田（水稻与春花）净产值就相对升高。同时，孙氏反复强调蚕桑生产风险大，而风险性大当然也会降低蚕桑生产的优越性。但一般言之，蚕桑的亩净产值还是大大高于水稻的。

其次，沈氏说蚕桑、水稻生产俱无利或微利，也不符实情。如前所述，就正常情况而言，他的水稻平年亩产可达3石米，合银3两，扣除工本1.1两后，净收入达1.9两，本、利相比，利为本之170%，不为薄矣。可见他的"种稻无利"之说本非事实。下面，我们就来看一看他的"蚕桑无利"说是否能够成立。此说主要建立在沈氏对养蚕成本与收益的分析上，即前引《沈氏农书》中的一段话："每筐收丝一斤，才足抵本；所赢者止同宫、茧黄，提起不够二钱之数。若收成十分以下，便不足偿叶本矣。"因此，我们将对这段话进行分析，看看他说的是否符合实际。

沈氏所说"每筐收丝一斤，才足抵本"的"本"字，不是仅

---

① 例如，桑地的亩产丝量减少30%，或丝、绵市价下落30%，庄氏蚕桑亩净产值即已低于其水稻亩净产值。又，水稻生产当然也有风险，但是由于生产的环节比蚕桑生产少，而且受市场变化影响的程度也较蚕桑生产小，所以相对而言，比较稳定一些。

指"叶本",而是指全部工本(即蚕桑总投资)。据本书第三章表3-8,沈氏蚕桑每亩总投资高达7.5两银(以桑地每亩养蚕10筐计),每筐收丝1斤,价银1两,共计10两,除去工本7.5两,仅余2.5两。若再交纳赋税,并扣去地租(即《沈氏农书》"运田地法"中谈到种桑时所说到的"钱粮"与"地本"的合计),[①]恐怕就的确没有多少剩余。因此沈氏说每筐收丝1斤才足抵本,是正确的。但实际上沈氏的蚕每筐仅丝收入已达银1.2两,即使各种支出(包括赋税和地租)合计达每亩10两(平摊每筐蚕1两),每筐也还有2钱赢余,加上绵收入4.8钱,共获利6.8钱,10筐共6.8两。更何况桑地本来可得的纯地租(地租扣除赋税后的部分,即"地本")也还是他的收入。因此若年成正常,蚕桑是大有利可图的。只有年成不佳,或遭遇意外,才会出现"不足抵本"的现象。

沈氏的水稻与蚕桑生产俱获利不薄,但相比之下,蚕桑之利更厚。其蚕桑生产亩均总产值约为18.5两,而亩均投资为7.5两。这样,我们可以得知沈氏蚕桑平年亩净产值大约为11两,约为其水稻亩净收入(1.8两)的6倍。

当然,由于物价变化,货币收入的比较可能不一定能够反映真实的情况,所以我们还应从实物收入方面来作一比较。如果以实物计,崇祯时沈氏水稻与蚕桑亩净产值之比为1石米:4.7斤丝(包括绵折丝),而万历时庄元臣的相应比数为1石米:3.2斤丝。虽然丝、米的价格比例时有波动,但大体而言,在明代后期的江南,1石米与1斤丝的价格总是相差不很大。因此,无论庄氏还是沈氏,

---

① 沈氏是平民,必须交纳赋税。他在计算水田收入时,即首先把地租应得之数(即"租额")扣去,然后才计算其他(参阅《补农书校释》,第77页注3)。对于桑地,情况亦应相同。桑地地租若以水田地租(1.5石)计,则工本、地租之和已达9两。桑地赋税虽然较轻(《补农书校释》附录《书改田碑后》),但如加入计算,那么10两的收入确实所剩无几了。

其蚕桑亩净产值都在水稻的4倍上下。

第三，至于张履祥的看法，虽然没有足够的数据可资数量分析，但张氏之言也为我们提供了一个大概的比较。张氏说："田极熟，米每亩三石，春花一石有半，然间有之，大约共三石耳。"平年米亩产量，依丰年米亩产量在亩总产量中所占的比重（2/3）计，当为2石。张氏又说："地得叶，盛者一亩可养蚕十数筐，少亦四五筐。……米贱丝贵时，则蚕一筐，即可当一亩之息矣（米甚贵，丝甚贱，尚足与田相准）。"①由于亩产2石，所以一亩之息，按租额计，应为1石米。每亩桑地养蚕筐数，兹取张氏所说"十数筐"与"四五筐"之中数，为9筐（"十数筐"以13筐计，"四五筐"以4.5筐计）。如以此计，米贱丝贵时，每亩蚕桑净收入相当于9石米；米甚贵丝甚贱时，尚且相当于1石米；中等情况则应大致为5石米，即相当于5亩水稻的地租收入。

此外，张履祥在为友人邬行素遗属策划生业时说："瘠田十亩，自耕仅可足一家之食；若雇人代耕则与石田无异；若佃与人则计其租入，仅足供赋税而已。"②这里所说的"一家之食"，到底是多少？张氏在另一文中说："凡人计腹而食，日米一升，能者倍之而已。"③邬氏遗属是老弱妇孺，食米量以平均每人每日1升计，全家5人年食米18石。"瘠田十亩自耕仅可足一家之食"，亦即10亩水田的粮食（水稻、春花）总产量大约相当于18石米。张氏又将自耕与雇工耕种的收入作比较。而雇工的开支，可见于《沈氏农书》"运田地法"关于长工的费用。沈氏说长工一人年收入及主人付给长工的农具折旧费、盘费共13两银，可折米13石。而清初人口减少，雇工价格上涨，④不应低于

---

① 《补农书》"补农书后"。
② 《补农书校释》附录《策邬氏生业》。
③ 《补农书校释》附录"酿酒对水稻配置的影响"。
④ 例如《补农书》"补农书后"说："近年人工既贵，偷惰复多。"

此数。兹以此数计,据"若雇人大耕则与石田无异"之语,可知10亩水田的收成,在支付长工费用(合米13石)以及肥料种子等费用后已无剩余,亦即总产值应在18石左右。①张氏还谈到了出租给他人耕种的情况。我们知道,在明末清初的江南,地主出租土地,虽可有地租收入,但同时也必须交纳赋税。当时(顺治时)赋税虽然号称"悉复复明万历间之旧","悉复复万历间原额",但明末不少加派(特别是最为沉重的辽饷加派),仍沿袭下来了,因此清初赋额虽轻于崇祯朝,但重于万历朝。特别是在桐乡所在的浙江,情况更是如此。浙省顺治十八年纳税田亩仅及万历六年的96%,而赋粮却达15%,亦即亩均赋粮增加163%。②因此,如果把万历时归安县实征赋粮每亩0.5石,③或万历时乌程县实征税每亩0.6石,④作为顺治时桐乡实际赋粮征收量,应当不会过多。姑以此计,那么张氏所说"若佃于人,则计其租入,仅足供赋役而已",可以理解为每亩收租只有0.5—0.6石,产量倍之,应为1石略多(但这只是水稻,若连上春花,合计高者应可达1.8石)。水稻亩产量既如此之低下,因此扣除生产成本后,净产值(不包括春花)几近全无,乃属必然。⑤总而言之,邬氏田地如种水稻,亩净产值极低,一家人断难以倚此为生,是很清楚的。

然而,邬氏的水田改造为桑园之后,3亩可养蚕20筐,得丝绵30斤,"一家衣食已不苦乏"。依前所述,邬氏一家一年食米18石,

---

① 雇工种田,肥料由主人家提供,其费用不详。沈氏是每亩大约0.55两银(参阅本书第三章第一节)。邬氏贫困,恐怕没有那么多。若是以沈氏之半计,则为每亩0.28两。又,雇工种田,种子、忙工之费,也由主人家支付。工钱、肥料、种子、农具、盘费等一切合计,当近每亩1.8两。
② 陈支平:《清代赋役制度演变新探》第1—3章,厦门大学出版社,1988。
③ 详前引庄元臣言。
④ 崇祯《乌程县志》卷三"赋役"引沈演语。
⑤ 为什么雇工种田"全无收入"而出租给他人却有地租可得?张氏未说原因。我们猜测这可能与田主的经营能力有关。若田主经营得法(如沈氏),获得高于一般佃农所能获得的亩产,那么雇工耕种显然是合算的。

衣服费用不详。据庄元臣《治家条约》第二十七条"分衣银",庄氏家仆每年衣服费用为:"每家仆夫妇二人,夏衣分银三钱,在五月初给;冬衣分银四钱,在十月初给;其单头则半之。"邬氏遗属5人,以成人4人计(稚子2人计1人)。若依上述标准,共合1.7两银,兹姑以此计。银1.7两,折米1.7石。"衣食以不苦乏",总费用当在20石米之谱。换言之,每亩蚕桑产值折米当在6.7石以上。又,张氏说3亩桑地可产丝、绵共30斤,按万历湖州官方估价折算,合丝28斤,每亩平均为9.3斤,虽仅属中等桑园产量,但与邬氏之田的亩产米量相比,比数却高达1石米:9斤丝。而如上所述,万历时庄元臣与崇祯时沈氏的相应比数分别为1石米:3.2斤丝和1石米:4.6斤丝。因此张氏所说的比数,高出庄氏与沈氏一倍以上。因不知生产成本及有关价格,难以确知邬氏之桑园的亩净产值。但其田种稻亩净产值极低乃至全无,相较之下,蚕桑亩净产值5倍以上于水稻,是不难达到的。因此在桐乡,蚕桑亩息大大厚于水稻,应可以肯定。也正因如此,邬氏倘若遵照张履祥的指示去做,数年之后,不仅可以衣食无虞,而且还能够读书买田,成为小康之家。

综上所述,我们可以得出以下结论:就一般情况而言,明后期与清前期江南蚕桑的亩总产值大约4倍于水稻,亩净产值亦为水稻的4倍上下。较之整个稻田生产(水稻和春花),则蚕桑的亩总产值与净产值高出的倍数要相应降低一些。张履祥说明季归安每亩蚕桑之息倍于田,看来太过保守。[1]而万历四十四年桐乡知县胡舜允说:"地收桑豆,每四倍于田",[2]似乎是一个比较适中的估计。总之,无论从哪一方面看,蚕桑获利都大大高于水稻以及水田。

---

[1] 《补农书校释》附录《书改田碑后》。
[2] 光绪《桐乡县志》卷一。

征引文献目录

目　次

中文文献：
　一、古代文献　　二、地方志　　三、近代文献
外文文献：
　一、英文文献　　二、日文文献

说　明

一、本目录中的中文古代文献指1911年以前出版的文献（包括重印、重版者及经后人校注者），近代文献则指1911年以后出版的文献；在本目录中均按作者姓氏（少数情况按照文献名称）或其译音，依照大陆汉语拼音字母顺序排列。

二、本目录中的地方志仅标明修志时代，其他情况俱见中华书局1985年出版之《中国地方志联合目录》。本目录中的地方志，按照全国志、省志、江南府县志、江南市镇山水关梁志、江南以外地方志分类排列。

三、本目录中的英文文献按作者姓氏，依照拉丁字母顺序排列；日文文献按作者姓氏，依照日文五十音图顺序排列。

中文文献

一、古代文献

1. 爱必达：《黔南识略》，道光二十七年刻本。
2. 班　固：《后汉书》，中华书局，1965年排印本。
3. 包世臣：《安吴四种》，光绪十四年刻本。
4. 曹士桂：《馥堂公宦海日记》，云南省博物馆藏手稿。
5. 曹雪芹：《红楼梦》，人民出版社，1964年排印本。
6. 草亭老人：《娱目醒心编》，上海古籍出版社，1988年排印本。
7. 晁补之：《鸡肋编》，《丛书集成初编》排印本。
8. 陈　椿：《熬波图》，吉田寅校本，见吉田寅《元代制盐技术资料〈熬波图〉研究》。
9. 陈　旉：《陈旉农书》，中华书局，1956年排印本。
10. 陈继儒：《晚香堂小品》，《中国文学珍本丛书》第18辑。
11. 陈继儒：《农圃六书》，《陶朱公致富奇书》。
12. 陈起编《南宋群贤小集》，嘉庆六年石门顾氏读画斋重刻本。
13. 陈子龙等编《明经世文编》，中华书局，1962年影印本。
14. 陈作霖：《炳烛里谈》，宣统三年刻本。
15. 程　珌：《洺水集》，《四库全书》本。
16. 《重订增补陶朱公致富奇书》，道光二十年重刻本（绿野堂藏版）。
17. 褚　华：《木棉谱》，《上海掌故丛书》，上海通社，1935年。
18. 《大唐六典》，广池千九郎训点、内田智雄补订本，广池学园事业部（昭和四十八年）。
19. 戴　震：《戴东原集》，《四部备要》本。
20. 东鲁古狂生：《醉醒石》，金城出版社，2000。
21. 董开荣：《育蚕要旨》，同治十年刊本（亦见于汪日桢《湖蚕述》）。
22. 董　谷：《碧里杂存》，《丛书集成初编》排印本。
23. 董　浩：《授衣广训》，嘉庆刻本。

24. 杜　佑:《通典》,商务印书馆《万有文库》十通本。
25. 范成大:《骖鸾录》,《丛书集成初编》排印本。
26. 范　濂:《云间据目钞》,《笔记小说大观》第3辑,江苏广陵古籍刻印社1984年影印本。
27. 范祖述:《杭俗遗风》,收于《小方壶斋舆地丛钞》第6帙。
28. 方　苞:《方望溪先生文集》,《四部丛刊》本。
29. 方　回:《桐江续集》,《四库全书》本。
30. 方以智:《物理小识》,《四库全书》本。
31. 费星甫:《西吴蚕略》,道光二十五年廛隐庐刊本。
32. 冯桂芬:《校邠庐抗议》,光绪二十七年聚丰坊刻本。
33. 冯梦龙:《醒世恒言》,人民文学出版社,1956年排印本。
34. 冯应京辑《养余月令》,万历刻本。
35. 高德基:《平江纪事》,《丛书集成初编》排印本。
36. 高时杰:《桑谱》,见于汪日桢《湖蚕述》。
37. 顾公燮:《消夏闲记摘抄》,《涵芬楼秘籍》第2集。
38. 顾　禄:《桐桥倚棹录》,上海古籍出版社,1980年排印本。
39. 顾　禄:《清嘉录》,上海古籍出版社,1986年排印本。
40. 顾起元:《客座赘语》,中华书局,1987年排印本。
41. 顾　清:《傍秋亭杂记》,《涵芬楼秘籍》第4集。
42. 顾炎武:《天下郡国利病书》,道光十一年仿刊聚珍版。
43. 顾炎武:《日知录》,世界书局,1936年排印本。
44. 顾炎武:《官田始末考》,台北:广文书局,1980年影印本。
45. 顾祖禹:《读史方舆纪要》,中华书局,1955年排印本。
46. 光绪《大清会典事例》,光绪三十四年商务印书馆石印本。
47. 归有光:《震川先生文集》,光绪六年常熟归氏重刻本。
48. 归　庄:《归庄集》,中华书局,1962年排印本。
49. 郭柏苍:《闽产录异》,光绪《郭氏丛刻》本。
50. 韩　锷:《四时纂要》,《四时纂要校释》,缪启愉校释,农业出版社,1981。
51. 何刚德:《抚郡农产考略》,光绪二十九年抚群学堂刊本。

征引文献目录　509

52. 何良俊:《四友斋丛说》,中华书局,1959年排印本。

53. 贺灿然:《五欲轩初稿》,北京大学图书馆藏明刻本。

54. 贺长龄等编《皇朝经世文编》,道光六年思补楼重校印善化贺氏原本。

55. 洪亮吉:《卷施阁文甲集》,乾隆六十年贵阳节署本。

56. 胡　炜:《胡氏治家略农事篇》,中华书局,1958年排印本。

57. 胡应麟:《少室山房笔丛》,《四库全书》本。

58. 胡宗宪:《筹海图编》,《四库全书》本。

59. 黄省曾:《稻品》,《丛书集成初编》排印本。

60. 黄省曾:《蚕经》,《丛书集成初编》排印本。

61. 黄宗坚:《种棉实验说》,上海《农学报》第26册,光绪二十四年。

62. 黄希宪:《抚吴檄略》,普林斯顿大学葛斯德图书馆藏影印明刻本(胶卷)。

63. 霍与瑕:《霍勉斋集》,乾隆十二年南海石头书院刻本。

64. 计六奇:《明季北略》,中华书局,1984年排印本。

65. 郏　亶:《治田利害》,绍定《吴郡志》。

66. 郏　亶:《奏苏州治水六得六失》,绍定《吴郡志》。

67. 姜　皋:《浦泖农咨》,上海图书馆,1963年刊本。

68. 蒋伯超:《南漘楛语》,《笔记小说大观》外集。

69. 蒋廷锡等编《古今图书集成》,中华书局,1934年影印本。

70. 焦　循:《忆书》,《丛书集成初编》排印本。

71. 揭傒斯:《揭文安公全集》,《四部丛刊》本。

72. 金武祥:《粟香二笔》,《江阴丛书》。

73. 金友理:《太湖备考》,乾隆五十年刊本。

74. 邝　璠:《便民图纂》,石声汉、康懿成校注,农业出版社,1982年。

75. 李处权:《松庵集》,《四库全书》本。

76. 李光庭:《乡言解颐》,中华书局,1982年排印本。

77. 李鸿章:《李文忠公全集》,光绪十一年刊本。

78. 李鸿章:《李文忠公海军函稿》,光绪二十八年莲池书社本。

79. 李　乐：《见闻杂记》，上海古籍出版社，1986年排印本。
80. 李延寿：《南史》，中华书局，1975年排印本。
81. 李彦章：《江南催耕课稻编》，道光十四年刊本。
82. 李　翊：《戒庵老人漫笔》，中华书局，1982年排印本。
83. 李　渔：《无声戏》，《李笠翁小说十五种》，浙江人民出版社，1983。
84. 李　渔：《笠翁觉世名言十二楼》，东京大学东洋文化研究所藏胜鹿文库本。
85. 李宗昉：《黔记》，《黔南丛书》第2集。
86. 郦道元：《水经注》，《四部丛刊》本。
87. 梁清远：《雕丘杂录》，咸丰六年正定府署重刻本。
88. 林则徐：《林文忠公政书》，朝华出版社，2018。
89. 林则徐：《云左山房诗钞》，光绪十二年福州林氏家刻本。
90. 林昌彝：《砚桂绪录》，咸丰刻本。
91. 凌介禧：《程安德三县赋考》，道光十三年蕊珠仙馆刻本。
92. 凌濛初（梦觉道人、西湖浪子）：《三刻拍案惊奇》，北京大学出版社，1987年排印本。
93. 凌廷堪：《校礼堂文集》，道光《皇清经解》本。
94. 刘献庭：《广阳杂记》，北京：中华书局，1957年排印本。
95. 楼　璹：《耕织图诗》，光绪十年涉园重印本。
96. 鲁明善：《农桑衣食撮要》，《丛书集成初编》排印本。
97. 陆　粲：《庚巳编》，中华书局，1987年排印本。
98. 陆龟蒙：《甫里集》，《四库全书》本。
99. 陆　楫：《蒹葭堂杂著摘抄》，《丛书集成初编》排印本。
100. 陆　容：《菽园杂记》，中华书局，1985年排印本。
101. 陆　深：《金台纪闻》，《丛书集成初编》排印本。
102. 陆世仪：《论区田》，王毓瑚编《区种十种》，财政经济出版社，1955。
103. 陆世仪：《思辨录辑要》，《四库全书》本。
104. 茅　坤：《茅鹿门先生文集》，明万历刻本。

105. 缪荃孙:《云自在龛随笔》,收于《古学汇刊》第1集杂记类。

106.《明神宗实录》,台北:"中研院"历史语言研究所,1962年校印本。

107.《明世宗实录》,台北:"中研院"历史语言研究所,1962年校印本。

108. 纳兰性德:《渌水亭杂识》,《通志堂集》,康熙三十年刻本。

109. 农工商部:《棉业图说》,京师农工商部印刷科宣统三年刊本。

110. 潘曾沂:《区种法》,《区种十种》。

111. 潘曾沂:《潘丰豫庄本书》,光绪八年津河广仁堂刻本。

112. 蒲松龄(西周生):《醒世姻缘传》,齐鲁书社,1980年排印本。

113. 齐学裘:《见闻续笔》,光绪二年天空海阔之屋刻本。

114. 齐彦槐:《梅麓诗钞》,光绪二年重刻本。

115. 钱大昕:《潜丘札记》,雍正刻本。

116. 钱希言:《戏瑕》,《丛书集成初编》排印本。

117. 钱 泳:《履园丛话》,中华书局,1979年排印本。

118. 乾隆《物料价值则例》(江苏、浙江),东京大学东洋文化研究所藏本。

119.《清实录》,中华书局,1985年影印本。

120. 情痴道人:《觉后禅》,《明清善本小说丛刊》第18辑,天一出版社影印本。

121.《清朝文献通考》,商务印书馆《万有文库》十通本。

122.《清高宗实录》,中华书局,1986年影印本。

123.《清世宗实录》,中华书局,1985年影印本。

124. 邱 濬:《大学衍义补》,《四库全书》本。

125. 屈大均:《广东新语》,中华书局,1985年排印本。

126. 阮葵生:《茶余客话》,《丛书集成初编》排印本。

127. 阮元等纂嘉庆《两浙盐法志》,嘉庆六年刊本。

128.(瞻思)沙克什:《河防通议》,《四库全书》本。

129. 单 锷:《吴中水利书》,中华书局,1985年排印本。

130. 沈秉成:《蚕桑辑要》,郑辟疆校注,农业出版社,1960。

131. 沈　练:《广蚕桑说》,仲昂庭辑补,农业出版社,1960。

132. 沈氏（名佚）:《沈氏农书》,《补农书校释》,陈恒力校释、王达参校,农业出版社,1983。

133. 沈襄琴等纂嘉庆《两淮盐法志》,嘉庆十一年刊本。

134. 沈　约:《宋书》,中华书局,1974年排印本。

135. 师　范:《滇系》,光绪十三年云南通志局刊本。

136. 石韫玉:《独学庐三稿》,嘉庆十年《独学庐全稿》本。

137. 司马光:《资治通鉴》,中华书局,1956年点校本。

138. 司马迁:《史记》,中华书局,1959年排印本。

139. 宋　雷:《西吴里语》,《适园丛书》。

140. 宋应星:《天工开物》,中华书局,1959年影印本。

141.《苏州府永禁盗窃农民耕牛碑》,洪焕椿编《明清苏州农村经济资料》,江苏古籍出版社,1988年。

142. 孙嘉淦:《南游记》,《小方壶斋舆地丛钞》第5帙。

143. 孙之騄:《南漳子》,《武林掌故丛编》第6集。

144. 唐佩金:《闻川缀旧诗》,宣统三年刻本。

145. 唐　甄:《潜书》,中华书局,1984年排印本。

146. 陶　澍:《陶云汀先生奏疏》,道光刻本。

147. 陶　煦:《租核》,民国十六年刊本。

148. 陶宗仪:《（南村）辍耕录》,中华书局,《元明史料笔记丛刊》本。

149. 天然痴叟:《石点头》,上海古籍出版社,1957年排印本。

150. 田汝成:《西湖游览志》,上海古籍出版社,1958年排印本。

151. 田汝成:《西湖游览志余》,浙江人民出版社,1980年排印本。

152. 田艺蘅:《留青日札》,上海古籍出版社,1985年排印本。

153. 同治《户部则例》,同治十三年刻本。

154. 万历《大明会典》,万历重刻本。

155. 汪大渊:《岛夷志略》,《四库全书》本。

156. 汪日桢:《湖雅》,光绪六年刻本。

157. 汪日桢:《湖蚕述》,《湖雅》。

158. 王光彦:《名胜杂记》,《小方壶斋舆地丛钞》。

159. 王　介：《正学斋文集》，《泾阳文献丛书》。

160. 王　圻：《东吴水利考》，北京图书馆藏明刻本。

161. 王庆云：《石渠记余》，光绪十六年刻本。

162. 王世懋：《闽部疏》，《丛书集成初编》排印本。

163. 王士性：《广志绎》，中华书局，1981年排印本。

164. 王士禛：《香祖笔记》，上海古籍出版社，1982年排印本。

165. 王象晋：《二如亭群芳谱》，《群芳谱诠释》，伊钦恒校释，农业出版社，1985。

166. 王有光：《吴下谚联》，中华书局，1982年排印本。

167. 王应山：《闽大记》，中国社会科学出版社，2005。

168. 王在晋：《越镌》，《明清福建社会经济史料杂抄（续十）》，《中国社会经济史研究》第3期，1988。

169. 王　祯：《王祯农书》，王毓瑚校注，农业出版社，1981。

170. 王　征：《远西奇器图说》，《丛书集成初编》排印本。

171. 王　征：《新制诸器图说》，《丛书集成初编》排印本。

172. 卫　杰：《蚕桑萃编》，中华书局，1956年排印本。

173. 魏　收：《魏书》，中华书局，1974年排印本。

174. 魏　源：《魏源集》，中华书局，1976年排印本。

175. 魏允恭编《江南制造局记》，上海文宝书局石印本，光绪三十一年。

176. 文　秉：《烈皇小识》，《中国内乱外患历史丛书》第17辑。

177. 翁　澍：《具区志》，康熙二十八年刊本。

178.《吴城日记》（作者名佚），江苏古籍出版社，1985年排印本。

179. 吴敬梓：《儒林外史》，人民文学出版社，1975年排印本。

180. 吴　宽：《匏翁家藏集》，《四部丛刊》本。

181.《吴门事类》（作者名佚），洪武《苏州府志》卷四十二"土产"。

182. 吴其濬：《植物名实图考》，光绪六年刻本。

183. 吴伟业：《梅村家藏稿》，《四部丛刊》本。

184. 吴震方：《岭南杂记》，《丛书集成初编》排印本。

185. 吴振棫：《黔语》，《黔南丛书》第2集。

186. 吴焯:《蚕桑捷效书》,章楷:《中国古代栽桑技术史料选编》。

187. 吴自牧:《梦粱录》,《丛书集成初编》排印本。

188. 奚诚:《耕心农话》,南京农业大学、中国农业科学院中国农业遗产研究室藏抄本。

189. 席书辑《漕船志》,《玄览堂丛书》。

190. 谢肇淛:《五杂俎》,中华书局,1959年排印本。

191. 徐德清:《听雨轩笔记》,《笔记小说大观》。

192. 徐栋编《牧令书》,道光二十八年京都明道堂刊本。

193. 徐福:《闽政领要》,同治十一年福建刊本。

194. 徐光启:《农政全书》,《农政全书校释》,石声汉校释,上海古籍出版社,1979。

195. 徐珂:《清稗类钞》,中华书局,1984—1986年重印本。

196. 徐锡麟:《熙朝新语》,上海古籍出版社,1983年排印本。

197. 徐松辑《宋会要辑稿》,中华书局,1957年影印本。

198. 徐铉:《稽神录》,《太平广记》,中华书局,1961年排印本。

199. 许旦复:《农事幼闻》,光绪《双林镇志》卷十三"农事"及咸丰《南浔镇志》卷二十一"农桑一"。

200. 许仲元:《三异笔谈》,《笔记小说大观》第1辑。

201. 许缵:《滇行纪程》,《丛书集成初编》排印本。

202. 严从简:《殊域周咨录》,台北:华文书局,1963年重印本。

203. 杨秉桂:《潜吉堂杂著》,清刻本。

204. 杨光辅:《淞南乐府》,《上海掌故丛书》第1集。

205. 杨华:《膳夫经手录》,《丛书集成初编》排印本。

206. 姚廷璘:《历年记》,《清代日记汇抄》,上海人民出版社,1982。

207. 姚旅:《露书》,厦门大学图书馆藏抄本。

208. 姚士麟:《见只编》,《丛书集成初编》排印本。

209. 叶德辉:《书林清话》,宣统三年刊本。

210. 叶梦珠:《阅世编》,上海古籍出版社,1981年排印本。

211. 叶盛:《水东日记》,中华书局,1980年排印本。

212.《一片情》(作者名佚),明末刻本,东京大学东洋文化研究所图书馆双红堂小说藏本。

213. 尹元炜:《溪上遗闻集录》,道光二十九年抱珠楼藏版本。

214.《雍正朱批谕旨》,光绪石印本。

215. 慵讷居士:《咫闻录》,《笔记小说大观》第4辑。

216. 于　麟:《清夜钟》,《明清平话小说选》第1集,上海古籍出版社,1986。

217. 余继坚:《典故纪闻》,中华书局,1981年排印本。

218. 虞　璹:《尊白堂集》,《四库全书》本。

219. 俞贞木:《种树书》,《丛书集成初编》排印本。

220. 元成等纂《续纂淮关通志》,嘉庆二十一年淮关刻本。

221.（元）大司农司纂《农桑辑要》,《丛书集成初编》排印本。

222. 袁　黄:《了凡杂著》,东京大学东洋文化研究所图书馆藏本。

223. 袁　燮:《挈斋集》,《四库全书》本。

224. 袁学澜:《吴郡岁华纪丽》,美国国会图书馆藏抄本。

225.《云间杂识》(作者名佚),乾隆平湖陆氏《奇晋斋丛书》刻本。

226. 曾羽王:《乙酉笔记》,《清代日记汇抄》,上海人民出版社,1982。

227. 张潮辑《虞初新志》,文学古籍刊行社,1954年排印本。

228. 张春华:《沪城岁事衢歌》,《上海掌故丛书》第1集。

229. 张　岱:《陶庵梦忆》,上海古籍出版社,1985年排印本。

230. 张　翰:《松窗梦语》,《武林往哲遗著》。

231. 张集馨:《道咸宦海见闻录》,中华书局,1981年排印本。

232. 张履祥:《补农书》,《补农书校释》,陈恒力校释、王达参校,农业出版社,1983。

233. 张履祥:《杨园先生全集》,同治十年江苏书局本。

234. 张　焘:《津门杂记》,《小方壶斋舆地丛钞》第9帙。

235. 张廷玉等:《明史》,中华书局,1974年排印本。

236. 张　燮:《东西洋考》,中华书局,1981年排印本。

237. 张　萱:《西园见闻录》,燕京大学哈佛燕京学社铅印本。

238. 张　英:《恒产琐言》,《丛书集成初编》排印本。

239. 赵尔巽等:《清史稿》,中华书局,1977年排印本。

240. 赵吉生：《寄园寄所寄》，康熙三十四年刻本。

241. 赵慎珍：《榆巢杂识》，《笔记小说大观》外集。

242. 郑光祖：《醒世一斑录（杂述）》，青玉山房咸丰二年刻本。

243. 郑若曾：《郑开阳杂著》，陶风楼刻本。

244. 郑若曾：《太湖图说》，顾炎武：《天下郡国利病书》卷四十五"江南三"。

245. 郑元庆：《湖录》，乾隆《湖州府志》卷四十。

246. 支华平：《支华平先生集》，万历四十八年支氏清旦阁刻本。

247. 周必大：《二老堂杂志》，《丛书集成初编》排印本。

248. 周亮工：《闽小记》，《丛书集成初编》排印本。

249. 周庆云：《盐法通志》，民国四年刊本。

250. 朱国桢：《涌幢小品》，中华书局，1959年排印本。

251. 朱克敬：《瞑庵二识》，《笔记小说大观》外集。

252. 朱祖荣：《通属种棉述略》，光绪二十三年农学丛刻本。

253. 诸　联：《明斋小识》，《笔记小说大观》第4集。

254. 庄　绰：《鸡肋编》，中华书局，1997。

255. 庄元臣：《庄忠甫杂著》，北京图书馆藏清初抄本。

256. 酌元亭主人：《照世杯》，上海：上海古籍出版社，1985年排印本。

二、地方志

1. 全国志

《元和郡县图志》，中华书局，1983年

《大明一统志》，《四库全书》本

嘉庆《大清一统志》，《四部丛刊》本

2. 省志

乾隆《江南通志》

康熙《浙江通志》

雍正《浙江通志》

弘治《八闽通志》

嘉靖《四川总志》

雍正《四川通志》

光绪《畿辅通志》

3. 江南府县志

（1）苏州府（包括太仓州）

元丰《吴郡图经续记》

绍定《吴郡志》

洪武《苏州府志》

正德《姑苏志》

康熙《苏州府志》

乾隆《苏州府志》

道光《苏州府志》

同治《苏州府志》

光绪《苏州府志》

崇祯《吴县志》

民国《吴县志》

乾隆《长洲县志》

嘉靖《吴江县志》

康熙二十四年《吴江县志》

乾隆《吴江县志》

乾隆《震泽县志》

至正《昆山郡志》

嘉靖《昆山县志》

道光《昆新两县志》

崇祯《常熟县志》

康熙九年《常熟县志》

康熙五十一年《常熟县志》

雍正《昭文县志》

乾隆《常昭合志》

光绪《常昭合志稿》

弘治《太仓州志》

崇祯《太仓州志》

万历《嘉定县志》

乾隆《嘉定县志》

光绪《嘉定县志》

乾隆《镇洋县志》

（2）松江府

绍熙《云间志》

正德《松江府志》

崇祯《松江府志》

康熙《松江府志》

嘉庆《松江府志》

弘治《上海志》

嘉靖《上海县志》

康熙《上海县志》

嘉庆《上海县志》

民国《上海县续志》

518　发展与制约：明清江南生产力研究

乾隆《华亭县志》
乾隆《娄县志》
万历《青浦县志》
康熙《青浦县志》
乾隆《青浦县志》
光绪《青浦县志》
康熙《南汇县志》
乾隆《南汇县志》
光绪《南汇县志》
道光《川沙抚民厅志》
光绪《川沙厅志》
民国《川沙县志》
正德《金山卫志》
乾隆《金山县志》
光绪《金山县志》
乾隆《宝山县志》
光绪《宝山县志》
万历《崇明县志》
乾隆《崇明县志》
光绪《崇明县志》
民国《崇明县志》
（3）常州府
康熙《常州府志》

乾隆《常州府志》
乾隆《武进县志》
正德《江阴县志》
嘉靖《江阴县志》
康熙《江阴县志》
乾隆九年《江阴县志》
道光《江阴县志》
万历《无锡县志》
康熙《无锡县志》
《锡金识小录》
嘉庆《重刊宜兴县旧志》
嘉庆《重刊宜兴县志》
（4）镇江府
康熙《镇江府志》
康熙《丹徒县志》
乾隆《溧阳县志》
（5）江宁（应天）府
嘉庆《江宁府志》
光绪《续纂江宁府志》
民国《首都志》
正德《江宁县志》
乾隆《上元县志》
同治《上江两县志》

征引文献目录 519

弘治《句容县志》

乾隆《句容县志》

嘉靖《高淳县志》

正德《高淳县志》

(6) 杭州府

万历《杭州府志》

康熙《杭州府志》

乾隆《杭州府志》

康熙《钱塘县志》

嘉靖《仁和县志》

康熙十二年《余杭县志》

嘉庆《余杭县志》

康熙二十二年《富阳县志》

乾隆《临安县志》

康熙《新城县志》

嘉靖《海宁县志》

(7) 嘉兴府

康熙《嘉兴府志》

《嘉府典故纂要》及续编

嘉庆《嘉兴府志》

光绪《嘉兴府志》

康熙《嘉兴县志》

万历《秀水县志》

康熙《重修嘉善县志》

嘉庆《重修嘉善县志》

光绪《嘉善县志》

乾隆十年《平湖县志》

乾隆四十五年《平湖县志》

康熙《石门县志》

道光《石门县志》

康熙《桐乡县志》

光绪《桐乡县志》

天启《海盐县图经》

乾隆《海盐县续图经》

(8) 湖州府

《吴兴掌故集》

万历四年《湖州府志》

乾隆《湖州府志》

同治《湖州府志》

崇祯《乌程县志》

康熙《乌程县志》

光绪《乌程县志》

康熙《归安县志》

乾隆《长兴县志》

乾隆《安吉州志》

嘉靖《武康县志》

道光《武康县志》

嘉庆《於潜县志》

道光《昌化县志》

康熙《孝丰县志》

4. 江南市镇、山水、关梁志

康熙《(吴郡)甫里志》

《元和唯亭志》

《甪村志》

《黎里志》

《同里志》

《平望志》

乾隆《续外冈志》

《黄渡镇志》

《黄渡续志》

《南翔镇志》

《安亭志》

《沙头里志》

《紫堤村志》

《蒲溪小志》

《金泽小志》

《重辑张堰志》

《杨舍堡城志稿》

《白下琐言》

《金陵琐志》(收于1963年重印之《金陵琐志八种》)

《续金陵琐志》(收于《金陵琐志八种》)

《凤麓小志》(收于《金陵琐志八种》)

乾隆《(江宁)石步志》

《唐栖志》

《宁志备考》

《海昌外志》

《海昌备志》

《闻川志稿》

《续澉水志》

《澉水新志》

《乍浦志》

《濮川所闻记》

民国《濮院志》

乾隆二十五年《乌青镇志》

道光《震泽镇志》

咸丰《南浔镇志》

民国《南浔志》

《菱湖志》

光绪《菱湖镇志》

嘉庆《双林续记》(见于光绪《双

林镇志》卷九"物产")

光绪《双林镇志》

乾隆《唐墅志》（道光二年抄本）

康熙《前溪逸志》（北京图书馆藏抄本）

嘉庆《东林山志》

嘉靖《浒墅关志》

道光《浒墅关志》

雍正《北新关志》

5. 江南以外地区方志

（1）浙东、皖南、苏北

宝庆《四明志》

至正《四明续志》

嘉靖《淳安县志》

万历《龙游县志》

淳熙《新安志》

弘治《徽州府志》

康熙《婺源县志》

嘉庆《宁国府志》

万历《通州志》

乾隆《直隶通州志》

《崇川咫闻录》

康熙《六合县志》

嘉庆《如皋县志》

《白蒲镇志》

嘉庆《高邮州志》

光绪《赣榆县志》

嘉庆《东台县志》

（2）江西、湖南、湖北

万历《铅书》

同治《铅山县志》

道光《会昌县志》

淳熙《三山志》

乾隆《长沙府志》

嘉庆《湘潭县志》

嘉庆《郴州总志》

道光《辰溪县志》

同治《袁州府志》

乾隆《汉阳县志》

同治《续辑汉阳县志》

（3）福建、广东

嘉靖《延平府志》

道光《厦门志》

嘉庆《南平县志》

康熙《宁化县志》

道光《永安县续志》

乾隆《佛山忠义乡志》

道光《佛山忠义乡志》

民国《佛山忠义乡志》

咸丰《顺德县志》

（4）四川、贵州、云南

嘉靖《保宁府志》

嘉庆《华阳县志》

道光《新津县志》

道光《中江县志》

道光《綦江县志》

道光《新津县志》

咸丰《隆昌县志》

同治《重修成都县志》

光绪《荣昌县志》

道光《遵义府志》

（5）华北

隆庆《华州志》

顺治《潞安府志》

乾隆《临清州志》

咸丰《青州府志》

康熙《峄县志》

光绪《绛县志》

三、现代文献

1. 阿尔温·托夫勒：《第三次浪潮》，生活·读书·新知三联书店，1983。
2. 白寿彝：《明代矿业的发展》，《北京师范大学学报》第1期，1956。
3. 保尔·芒图：《18世纪产业革命——英国近代大工业初期的概况》，商务印书馆，1983。
4. 保罗·贝罗赫：《1900年以来第三世界经济的发展》，上海译文出版社，1979。
5. 北京市农林局编《农业常用数据手册》，人民出版社，1975。
6. 滨岛敦俊：《土地开发与客商活动——明代中期江南地主之投资活动》，《"中研院"第二届国际汉学会议论文集》，1989。
7. 波梁斯基：《外国经济史（封建主义时代）》，生活·读书·新知三联书店，1958。
8. Charignon, A. J. H.：《马可·波罗行纪》，商务印书馆，1937。
9. 曹恭隆：《肥料史话》，农业出版社，1981。
10. 陈慈玉：《从清代前期淮安关功能论官商的关系》，"中研院"近代史研究所编《近代中国初期历史讨论会论文集》，1988。

11. 陈恒力与王达:《补农书校释》,农业出版社,1983。

12. 陈恒力与王达:《补农书研究》,中华书局,1958。

13. 陈支平:《清代赋役制度演变新探》,厦门大学出版社,1988。

14. 陈忠平:《明清时期江南地区市镇考察》(未刊稿)。

15. 程潞、杨万钟、金家相与吴建藩:《江苏省苏锡地区农业区划》,《地理学报》第25卷第3期。

16. 川胜守:《明末清初长江沿岸地区之春花栽种》,"中研院"历史语言研究所编《近代中国农业经济史论文集》,1989。

17. 辞海编辑委员会:《辞海》(1979年版缩印本),上海辞书出版社,1980。

18. 从翰香:《论明代江南地区的人口密度及其对经济发展的影响》,《中国史研究》第3期,1984。

19. 大河入晓南:《英国的工业革命》,周宪文编《西洋经济史论集》,台湾银行,1984年印行。

20. 丁格兰(F.M. Tegenren):《中国铁矿志》,农商部地质调查所,1923年印行。

21. 窦鸿身、连光华:《太湖的自然地理及水产资源的利用问题》,《地理》第5期,1963。

22. 杜黎:《关于鸦片战争前苏松地区棉布染踹业的生产关系》,《学术月刊》第12期,1962。

23. 杜石然:《中国科学技术史稿》,科学出版社,1982年。

24. 段本洛、张福圻:《苏州手工业史》,江苏古籍出版社,1986年。

25. 方楫:《明代的海运和造船工业》,《文史哲》第5期,1957。

26. 方载辉、汤起麟与陈明达:《浙江的耕作制度》,浙江科学技术出版社,1984。

27. 费孝通、张子毅:《禄村农田》,商务印书馆,1944。

28. 冯法和:《中国农村经济资料》续编,黎明书局,1935。

29. 傅衣凌:《明代江南市民经济试探》,上海人民出版社,1957。

30. 傅衣凌:《明清社会经济史论文集》,人民出版社,1982。

31. 傅衣凌:《明清时代商人及商业资本》,人民出版社,1956。

32. G. G. 坎农:《近代农业名人传》,农业出版社,1981。

33. 郭松义:《清代国内的海运贸易》,《清史论丛》第4辑,中华书局,1982。

34. 国家统计局:《我国钢铁、电力、煤炭、机械、纺织、造纸工业的今昔》,中国统计出版社,1958。

35. 韩大成:《明代商品经济的发展与资本主义萌芽》,收于《中国资本主义萌芽问题讨论集》,生活·读书·新知三联书店,1957。

36. 洪焕椿编《明清苏州农村经济资料》,江苏古籍出版社,1988。

37. 胡道静:《农书·农史论集》,农业出版社,1985。

38. 华东师范大学等八校合编《中国经济地理》,华东师范大学出版社,1983。

39. 黄承钧:《清代黔东南的木材出口与商品经济略观》,《民族经济》第1期,1988。

40. 嘉兴地委政治研究室:《嘉湖蚕桑资料》(近代篇),嘉兴地委政治研究室1985年印行。

41. 翦伯赞:《中国史纲要》(中册),人民出版社,1963。

42. 建设委员会调查浙江经济所:《杭州市经济调查》,《民国史料丛刊》第22辑,台北:传记文学出版社,1971。

43. 解荫杞:《提高我国农业劳动生产率的途径》,《人民日报》,1959年3月12日。

44. 科兹洛夫、彼尔乌森:《简明经济学辞典》,人民出版社,1959。

45. 利奇温:《18世纪中国与欧洲文化的接触》,商务印书馆,1960。

46. 李百冠:《论商品农产品基地的建设——太湖平原发展农业商品生产若干问题的探讨》,《农业经济论丛》第4辑。

47. 李伯重:《对〈沈氏农书〉中一段文字之我见》,《中国农史》第2期,1984。

48. 李伯重:《水转大纺车及其历史命运——兼探明清中国未能出现工业革命的原因》,《平准学刊》第3辑。

49. 李伯重:《唐代江南地区粮食亩产量与农户耕田数》,《中国社会经济史研究》第2期,1982。

50. 李伯重:《唐代江南农业的发展》,农业出版社,1990。

51. 李伯重:《唐代长江流域农民副业生产的发展》,《厦门大学学报》第4期,1982。

52. 李伯重:《唐代长江中下游地区农业生产集约程度的提高》,《中国农史》第2期,1986。

53. 李伯重:《我国稻麦复种制产生于唐代长江流域考》,《农业考古》第2期,1982。

54. 李华:《从徐扬〈盛世滋生图〉看清代前期苏州工商业的繁荣》,《文物》第1期,1960。

55. 李龙潜:《清代前期广东采矿、冶铁业中的资本主义萌芽》,《学术研究》第1期,1979。

56. 李龙潜:《清代前期广东地区若干手工业部门的资本主义萌芽》,《中国资本主义萌芽问题论文集》,江苏人民出版社,1983。

57. 李荣昌:《上海开埠前西方商人对上海的了解与贸易往来》,《上海社会科学院学报》第2期,1987。

58. 李文治、章有义编《中国近代农业史资料》,生活·读书·新知三联书店,1957。

59. 李文治:《明清时代中国农业资本主义萌芽问题》,李文治、魏金玉与经君健:《明清时代中国农业资本主义萌芽问题》,中国社会科学出版社,1983。

60. 李长年:《清代江南地区的农业改制问题》,《中国农业科学》第7期,1962。

61. 利广安、任鑫保:《长江三角洲局部棉区提高粮棉产量的几个问题》,《经济研究》第10期,1964。

62. 利马窦、金尼阁:《利马窦中国札记》,中华书局,1983。

63. 梁方仲:《中国历代人口、田地、田赋统计》,上海人民出版社,1980。

64. 林举岱:《英国工业革命史》,上海人民出版社,1979。

65. 刘翠溶:《明清时期长江下游地区都市化之发展与人口特征》,《经济论文集刊》第14卷第2期,1987。

66. 刘石吉:《明清时代江南市镇研究》,中国社会科学出版社,1987。

67. 刘再兴:《中国工业布局学》,中国人民大学出版社,1981。

68. 鲁明中等:《我国农村能量消费典型分析》,《农业经济论丛》第4辑。

69. 罗红星:《明至清前期佛山冶铁业初探》,《中国社会经济史研究》第4期,1983。

70. 罗伊斯顿·派克:《被遗忘的苦难——英国工业革命的人文实录》,福建人民出版社,1984。

71. 吕学海:《顺德丝业调查报告》,广东省政府1935年印行。

72. 马克思:《马克思恩格斯全集》第23、25卷,人民出版社,1972。

73. 缪启愉:《陈旉农书选读》,农业出版社,1981。

74. 南京农学院与江苏农学院主编《作物栽培学》(南方本)上册,上海科学技术出版社,1979。

75. 潘鸿声:《解放前长江、黄河流域十二省区使用的农具》,《农史研究集刊》第2辑,科学出版社,1960。

76. 彭信威:《中国货币史》,上海人民出版社,1965年。

77. 彭泽益:《清代前期手工业的发展》,《中国史研究》第1期,1981。

78. 彭泽益编《中国近代手工业史资料》,生活·读书·新知三联书店,1957。

79. 祁延平:《苏南丘陵岗地水稻供水问题》,《地理》第1期,1963。

80. 丘亮辉:《中国近代冶金技术落后原因的探讨》,《科学传统与文化》,陕西科学技术出版社,1983。

81. 裘良儒、蒋猷龙:《浙江丝绸史辑要》,《浙江文史资料选辑》第24辑,浙江人民出版社,1983。

82. 全汉昇:《南宋稻米的生产与运销》,《中国经济史论丛》,香港:新亚研究所,1972年刊行。

83. 全汉昇:《清季西法输入中国前的煤矿水患问题》,《中国经济史论丛》。

84. 全汉昇:《清末汉阳铁厂》,《中国经济史研究》,香港:新亚研究所,1976年刊行。

85. 全汉昇:《上海在近代中国工业化中的地位》,《中国经济史论丛》。

86. 全汉昇:《鸦片战争前江苏的棉纺织业》,《中国经济史论丛》。

87. 全汉昇:《自明季至清中叶西属美洲的中国丝货贸易》,《中国经济史论丛》。

88. 全汉昇与王业键:《清雍正年间的米价》,《中国经济史论丛》。

89. 三 月:《我国第一部蒸汽机的问世》,《北方论丛》第1期,1983。

90. 上海港务局:《上海港史话》,上海人民出版社,1979。

91. 沈燮元:《明代江苏刻书事业概述》,《学术月刊》第1期,1957。

92. 沈宗瀚编《中华农业史论集》,(台湾)商务印书馆,1979。

93. 石声汉:《农政全书校释》,上海古籍出版社,1979。

94. 实业部国际贸易局:《中国实业志》(江苏省),实业部国际贸易局,1933年印行。

95. 实业部国际贸易局:《中国实业志》(浙江省),实业部国际贸易局,1933年印行。

96. 史宏达:《明代丝织业生产力初探》,《文史哲》第8期,1957。

97. 史宏达:《试论宋元明三代棉纺织工具发展的历史过程》,《历史研究》第2期,1957。

98. 司徒尚纪:《明代广东农业和手工业分布的若干特色》,《经济地理》第4期,1982。

99. 斯塔夫里阿诺斯:《工业革命为何始于英国》,《世界史研究动态》第4期,1983。

100. 孙健:《中国第一家民族资本近代工业的出现》,《学术研究》第3期,1979。

101. 孙敬之:《华东经济地理》,科学出版社,1959。

102. 谭其骧:《浙江各地的开发过程与省界、地区界的形成》,《历史地理研究》第1期,1986。

103. 唐启宇:《中国作物栽培史》,农业出版社,1986。

104. 唐雄杰:《皖苏浙赣四省米粮运输过程之探讨》,《交通杂志》第5卷第6、7期。

105. 田汝康:《17—19世纪中叶中国帆船在东南亚洲》,上海人民出版社,1957。

106. 汪胡桢:《民船之运输成本》,《交通杂志》第3卷第3期。

107. 王彬生:《棉花》,高等教育出版社,1959。

108. 王家范:《明清江南消费风气与消费架构》,《华东师范大学学报》第2期,1988。

109. 王茂修:《金沙江水输泥量增加引起科学工作者极大关注》,《光明日报》1986年8月12日。

110. 王守义:《明代山西的潞绸生产》,《中国社会经济史论丛》第2辑,山西人民出版社,1982。

111. 王毓瑚:《中国农学书录》,农业出版社,1964。

112. 王毓瑚编《区种十种》,财政经济出版社,1955。

113. 韦庆远、吴奇衍、鲁素编《清代的矿业》,中华书局,1983。

114. 魏金玉:《关于中国农业资本主义萌芽的几个问题》,《中国资本主义萌芽问题论文集》,江苏人民出版社,1983。

115. 魏金玉:《明清时代农业中等级性雇佣劳动向非等级性雇佣劳动的过渡》,李文治、魏金玉、经君健:《明清时代的农业资本主义萌芽问题》,中国社会科学出版社,1983。

116. 翁礼馨:《福建之木材》,《福建调查统计丛书》之五,福建省政府印行,1940。

117. 吴　枫:《中国古代文献学》,齐鲁书社,1982。

118. 吴　慧:《清代粮食亩产量的计量问题》,《农业考古》第1期,1988。

119. 吴承明:《关于中国资本主义萌芽的几个问题》,《文史哲》第3期,1981。

120. 吴承明:《论明代国内市场和商人资本》,《中国资本主义与国内市场》,中国社会科学出版社,1985。

121. 吴承明:《论清代前期我国国内市场》,《中国资本主义与国内市场》。

122. 吴承明:《早期中国近代化过程中的外部和内部因素》,《教学与研究》第3期,1987。

123. 吴承明:《中国近代经济史若干问题的思考》,《中国经济史研究》第

5期,1988。

124. 萧国亮:《清代上海沙船业资本主义萌芽的历史考察》,《中国资本主义萌芽问题论文集》,江苏人民出版社,1983。

125. 谢国桢编《明代社会经济史料选编》,福建人民出版社,1981。

126. 星野芳郎:《技术革新的根本问题》,科学技术文献出版社,1979。

127. 徐新吾:《鸦片战争前中国棉纺织手工业的商品生产与资本主义萌芽》,江苏人民出版社,1981。

128. 徐新吾:《中国和日本棉纺织业资本主义萌芽的比较研究》,《历史研究》第6期,1981。

129. 许涤新、吴承明:《中国资本主义的萌芽》,《中国资本主义发展史》(第一卷),人民出版社,1985。

130. 薛慕桥:《旧中国的农村经济》,农业出版社,1980。

131. 亚当·斯密:《国民财富的性质和原因的研究》,商务印书馆,1972。

132. 严中平:《中国棉纺织业史稿》,科学出版社,1963。

133. 严重敏、刘君德、孙大文、卢奇达:《试论苏锡地区农业发展与中小城镇的关系》,《地理学报》第30卷第3期,1964。

134. 严重敏、陆心贤、郑国安:《杭嘉湖地区水土资源的综合利用问题》,《地理学报》第25卷第4期,1959。

135. 杨　宽:《中国古代冶铁技术发展史》,上海人民出版社,1982。

136. 杨　樰:《略论郑和下西洋的宝船尺度》,《海洋史研究》第3期。

137. 杨济琪:《从国家、集体、社员三者利益关系看农业生产存在的问题——江苏省吴县农业经济调查》,《农业经济问题》第4辑,农业出版社,1982。

138. 伊·叶·拉比诺维奇:《大不列颠与爱尔兰》,天津人民出版社,1977。

139. 于尔根·库钦斯基:《生产力的四次革命——理论和对比》,商务印书馆,1984。

140. 于瑞厚:《试论规模经济》,《论生产力经济学》,吉林人民出版社,1983。

141. 余英时：《中国思想传统的现代诠释》，台北：联经出版事业公司，1987。

142. 约翰·克拉潘：《简明不列颠经济史——从最早时期到1750年》，上海译文出版社，1980。

143. 张秀民：《明代南京的印书》，《文物》第11期，1980。

144. 章楷编《中国古代栽桑技术史料研究》，农业出版社，1982。

145. 章楷与余秀茹编《中国古代养蚕技术史料选编》，农业出版社，1985。

146. 赵冈、陈钟毅：《中国棉业史》，台北：联经出版事业公司，1977。

147. 赵雅书：《中国水平之演变》，《台湾大学历史系学报》第4期，1977。

148. 浙江农业大学蚕桑系：《桑树栽培与养蚕技术》，农业出版社，1976。

149. 曾同春：《中国丝业》，商务印书馆，1933。

150. 郑肇经：《太湖水利技术史》，农业出版社，1987。

151. 郑至章：《明清江南雇工经营的利润问题》，洪焕椿与罗仑主编《长江三角洲地区社会经济研究》，南京大学出版社，1989。

152. 中国农业科学院：《稻作科学论文选》，农业出版社，1959。

153. 中国农业科学院中国农业遗产研究室：《中国古代农业科学技术史简编》，江苏科学技术出版社，1985。

154. 中国社会科学院历史研究所清史研究室编《清史资料》，中华书局，1980。

155. 周匡明：《我国桑树嫁接技术的演变》，《科学史集刊》第9期，1966。

156. 周匡明：《中国蚕业史话》，台北：成文书局，1985。

157. 周世德：《中国沙船考略》，《科学史集刊》第5期，1963。

158. 周宪文：《西洋经济史论集》，台湾银行，1984年印行。

159. 朱孔甫：《安徽米业调查》，《社会经济月报》第4卷第3、4期，1937。

160. 朱新宇：《浙江丝绸史》，浙江人民出版社，1985。

161. 淄博矿务局、山东大学编《淄博煤矿史》，山东人民出版社，1986。

外文文献

一、英文文献

1. Barrow, John, *Travels in China, the second edition*, London, 1806, printed for T. Cadell and W. Davies, in the Strard.

2. Bowden, Witt, Micheal Karpovich and Abott Pyson Usher, *An Economic History of Europe since 1750*, American Book Co. 1937.

3. Bray, Francesca, "The Chinese Contribution to Europe's Agricultural Revolution: A Technology Transformed", in *Explorations in History of Science and Technology in China* (the special number of *the Collection of Essays on Chinese Literature and History* in honor of the eightieth birthday of Dr. Joseph Needham), Shanghai guji chubanshe (Shanghai) 1982.

4. Buck, John Lossing, *Chinese Farm Economy*, The University of Nanking and the China Council of the Institute of Pacific Relations, Nanking (Nanjing), 1930.

5. Buck, John Lossing, *Land Utilization in China*, The University of Nanking (Nanjing), 1937.

6. Carus-Willson, B.M., "An Industrial Revolution of the Thirteenth Century", in *Economic History*, vol. 11.

7. Dean, Philips and W. A. Cole, *British Economic Growth, 1688—1959: Trends and Structure*, The Cambridge University Press (Cambridge), 1969.

8. Elvin, Mark, *The Pattern of the Chinese Past*, Stanford University Press (Stanford), 1973.

9. Fei, Hsiao-tung (Fei, Xiaotong), *Peasant Life in China—A Field Study of Country Life in the Yangtze Delta*, William Clowes and Sons, Limited (London and Beccles), 1937.

10. Glamann, Kristof, *Dutch-Asiatic Trade, 1620—1740*, Danish Science Press, 1958.

11. Harwell, Robert, "A Revolution in the Chinese Iron and Coal Industry during

the Northern Song, 960—1129", in *Journal of Asian Studies*, vol.21, no.2.

12. Ho, Ping-ti, *Studies on the Population of China, 1368—1953*, Harvard University Press (Cambridge), 1959.

13. Huang, Philip, *The Peasant Family and Rural Development in the Yangzi Delta, 1350—1988*, Stanford University Press (Stanford), 1990.

14. Li, Lillian, *China's Silk Trade: Traditional Industry in the Modern World, 1842—1937*, Harvard University Council on East Asian Studies (Cambridge),1981.

15. Nef, John U., *The Rise of the British Coal Industry*, Gordge Routledge and Sons Ltd. (London), 1932.

16. Perkins, Dwight H., *Agricultural Development in China, 1368—1968*, Aldine Publishing Company (Chicago), 1968.

17. Rawski, Evelyn S., *Agriculture Change and the Peasant Economy of South China*, Harvard University Press (Cambridge), 1972.

18. Rozman, Gilbert, *The Modernization of China*, Free Press (New York), 1973.

19. Rozman, Gilbert, *Urban Networks in Ch'ing China and Tokugawa Japan*, Princeton University Press (Princeton), 1973.

20. Skinner, G. William, "Regional Urbanization in nineteenth Century China", in G. William Skinner eds.: *The City in Late Imperial China*, Stanford University Press (Stanford), 1977.

21. Rozman, Gilbert, "Marketing Systems and Regional Economies: Their Structure and Development", paper presented for the Symposium on Social and Economic History in China from the Song Dynasty to 1900, Beijing, Oct. 26— Nov. 1, 1980.

22. Wang, Yeh-chien, "The Impact of the Taiping Rebellion on Population in Southern Kiangsu", in *Papers on China*, vol. 19, East Asian Research Center, Harvard University (Cambridge), 1965.

23. Wrigley, E. A., *Continuity, Chance and Change*, Cambridge University Press (Cambridge), 1988.

二、日文文献

1. 安部健夫:《米穀需給研究——雍正史のとしてみた一章》,《東洋史研究》第34卷第4號。

2. 足立啓二:《大豆粕流通と清代の商業的農業》,《東洋史研究》第37卷第3號。

3. 足立啓二:《宋代兩浙における水稻作の生産力水準》,熊本大學,《文學部論叢》17號,1985。

4. 天野元之助:《中國農業史研究》(增補版),禦茶の水書店,1979。

5. 吳金成:《明末洞庭湖周邊の垸堤の發達とその歷史意義》,《史朋》第10號。

6. 吳金成:《明代社會經濟史研究——紳士層の形成との社會經濟的役割》,中村智之譯,汲古書院,1992。

7. 大澤正昭:《蘇湖熟天下足——〈虛像〉と〈實像〉のめいだ》,京都民科歷史部會:《新しい歷史學のために》第179號。

8. 大澤正昭:《陳旉農書の基礎的研究》,《琦玉大學紀要》第24卷。

9. 加藤繁:《支那經濟史考證》,東洋文庫,1974。

10. 加藤繁:《康熙乾隆時代における滿洲と支那本土の通商について》,《支那經濟史考證》。

11. 北田英人:《中國江南三角州における感潮地域の變遷》,《東洋學報》第63卷第3、4號。

12. 北田英人:《宋元明清期中國江南三角州に農業の進化と農村手工業の發展に関する研究》(1986—87年度科學研究費補助金〈一般研究C〉研究成果報告書),1988。

13. 岸本(中山)美緒:《清代前期江南の米價動向》,《史學雜誌》第87編第9號。

14. 岸本(中山)美緒:《清代前期江南の物價動向》,《東洋史研究》第37卷第4號。

15. 岸本(中山)美緒:《明末の田土市場に關する一考察》,《山根

幸夫教授退官紀念明史論叢》上卷，汲古書院，1990。

16. ギャンペル，ジ.（Gimpell，J.）:《中世の産業革命》，岩波書店，1978。

17. 岡崎文夫、池田靜夫:《江南文化開發史》，弘文堂書房，1943。

18. サバリ（Savary）兄弟:《世界商業大辭典》,《東亞經濟研究》第25卷第6號。

19. 佐伯有一:《明代匠役制の崩壞と都市絹織物業流通市場の展開》,《東洋文化研究所紀要》第10冊，1956。

20. 佐伯富:《清代鹽政の研究》,《東洋史研究叢刊》Ⅱ，1956年。

21. 重田德:《清代における湖南米市場の一考察》,《東洋文化研究所紀要》第10冊，1956。

22. 斯波義信:《宋代商業史研究》，風間書店，1976。

23. 斯波義信:《宋代江南經濟史の研究》，東京大學東洋文化研究所，1988。

24. 田尻利:《清代の太湖南岸地方における桑葉賣買》(上、下),《鹿兒島經大論集》第27卷第4號，1987。第25卷第1號，1988。

25. 田中宏已:《清朝の興隆と滿洲の礦工業——紅夷砲製作を中心として》,《史苑》第34卷第1號。

26. 畑地正憲:《清朝と李氏朝鮮の朝貢貿易——特に鄭商の盛衰をめづつて》,《東洋學報》第62卷第3、4號。

27. 寺田隆信:《山西商人の研究》，東洋史研究會，1972。

28. 寺田隆信:《鄭和——中國とイスラム世界と結んだ航海者》，清水書院，1981。

29. 東亞同文書院:《支那經濟全書》，東亞同文書院，1908年刊行。

30. 濱島敦俊:《明代江南農村社會の研究》，東京大學出版會，1982。

31. 濱島敦俊:《明末江南鄉紳の具體像——南潯莊氏について》,《明末清初期の研究》，京都大學人文科學研究所，1989。

32. 藤井宏:《明代田土統計に關する一考察》,《東洋學報》第30卷第3、4號，第31卷第1號。

33. ヘデ，イ.(Hedde, Isidor):《南京條約直後の支那對外貿易統計》,《東洋史研究》第6卷第6號。

34. ヘデ，イ.(Hedde, Isidor):《萬物解》,宮崎市定譯,《東洋史研究》第6卷第6號。

35. 南滿洲鐵道株式會社上海事務所:《江蘇省無錫縣農村實態調查報告書》,1941年印行。

36. 仁井田升:《唐令拾遺》,東方文化學院東京研究所,1933年刊行。

37. 日野開三郎:《北宋時代における銅鐵の産出額について》,《東洋學報》第22卷第1號。

38. 西嶋定生:《中國經濟史研究》,東京大學出版會,1975。

39. 根岸秀行:《幕末開港期における生系、繰系技術轉換の意義について》,《社會經濟史學》第53卷第1期。

40. 宮崎市定:《明清時代の蘇州と輕工業の發達》,《東方學》第2輯。

41. 宮崎市定:《宋代における煤と鐵》,《東方學》第13輯。

42. 山脇悌二郎:《長崎の唐人貿易》,吉川弘文館,1964。

43. 吉田金一:《ロシアと清の貿易について》,《東洋學報》第45卷第4號。

44. 吉田光邦:《宋代の鐵》,《東洋史研究》第24卷第2號。

45. 吉田寅:《元代製鹽技術資料〈熬波圖〉研究》,汲古書院,1983。

46. 渡部忠世與櫻井由躬雄編《中國江南の稻作文化——その學際的研究》,日本放送出版協會,1984。

后 记

像太史公那样，读万卷书，行万里路，究天人之际，成一家之言，是我少时未来梦的主旋律。在家父李埏先生的精心诱导培养之下，我很早就开始学习中国史，即使是在动荡年月，也未尝中辍。在那动荡的十年中，家父被剥夺了教书的权利，于是把全部的心血，倾注在我这个唯一的学生身上。从如何找数据、做卡片开始，家父手把手地将我一步一步引上了治学之途。1975年，我的处女作《北宋方腊起义》出版，标志着我已踏上了治史的不归路。1978年，我考入厦门大学攻读中国社会经济史，又有幸先后得到韩国磐、傅家麟两恩师的指导，终于得以一步步朝着少时的梦境走去，尽管梦境的目标——做一个太史公那样的史家——是永远也达不到的。

虽然我长在昆明，学在厦门，但却与江南史研究有不解之缘，大概是命中注定。我的硕士论文，做的是唐代长江中下游地区农民经济的研究，后经增改，写成《唐代江南农业的发展》一书，由农业出版社于1990年刊出。博士论文题为《明清江南工农业生产六论》，完成于1985年。以后经大幅增改，于1988年发展成为本书初稿。承蒙刘石吉先生美意，于1991年将书稿推荐给联经出版事业公司。之后我又根据刘翠溶先生的审查意见作了颇大删改，于1991年底完稿于密执安大学。因此此书的写作，若从做博士论文（1981）算起，前后已有十度寒暑。1992年以后，我对一些问题的看法发生了变化，但是由于本书体现了我在写作本书时的主要观点，而这些观点在中外学界已产生了一定的影响，因此在最近审阅校样时，在观点上力求保持原样，仅只对字句作了一些修润，并对史料作了一些必要的增补和订正。这样做，读者想必能够理解。

在本书即将付梓之时，我首先想到的，是家父倾注在我身上的无限慈爱和心血。没有他老人家的从小培养，做一个历史学者对我永远都只是一个梦想。其次，傅、韩二恩师的精心教导之恩，也是我永远感激不尽的。衣凌师生前一直切盼亲睹此书出版，但终于未能如愿，令人不胜怅然。

在此书（包括其前身《明清江南工农业生产六论》）的写作过程中，我还有幸得到许多学者的关怀与指教。其中，吴承明、李文治、王仲荦、韩振华、陈诗启、方行、杨国桢先生曾审查了我的博士论文，并提出宝贵的意见。改写成本书后，多蒙吴承明、斯波义信先生惠览全稿并惠赐序文。书稿送到联经后，又承刘翠溶先生精心审查，并提出详细而精当的修改意见。联经编辑部主任方清河先生和责任编辑沙淑芬女士为促成此书的早日出版，亦不遗余力。此外，不少中外著名学者，也对此书的刊出予以深切的关怀。因此此书虽成于我手，但也凝集了许多学者的智慧和厚爱。在此，谨向他们致以深切的感谢。

此外，我在写作与修订本书时，还蒙厦门大学、浙江省社会科学院、中国社会科学院经济研究所、日本东京大学东洋文化研究所、法国国立高等社会科学研究院中国中心、美国加利福尼亚大学洛杉矶校区中国研究中心、密执安大学中国文化研究所、普林斯顿大学东亚研究所、哥伦比亚大学东亚研究所等研究机构提供各种帮助与便利，在此亦一并致谢。

李伯重

2002年8月于清华大学

李伯重著作目录

自1974年以来，在国内外出版学术专著16部（独著），在中国、美国、英国、日本、韩国等地发表中英文论文多篇，并有合著史学作品4部，合作翻译学术作品3部，合作主编史学论文集2部。此处仅列已出版之书，论文从略。

中文专著

1.《唐代江南农业的发展》，农业出版社，1990；再版：北京大学出版社，2009。

2.《江南农业的发展，1620—1850年》，上海古籍出版社，2007，获第六届北京哲学社会科学优秀科研成果奖（2001）。

3.《江南的早期工业化，1550—1850》，社会科学文献出版社，2000，获第二届郭沫若中国历史学奖（2002）；修订版：中国人民大学出版社，2010。

4.《发展与制约：明清江南生产力研究》，（台北）联经出版事业有限公司，2002。

5.《理论、方法与发展趋势：中国经济史研究新探》，清华大学出版社，2002，获第四届中国高校人文社会科学研究优秀成果奖（2006）。增订版更名为《理论、方法、发展、趋势：中国经济史研究新探》，浙江大学出版社，2013。

6.《多视角看江南经济史（1250—1850）》，生活·读书·新知三联书店，2003，增补版：商务印书馆，2022。

7.《千里史学文存》，杭州出版社，2004。

8.《中国的早期近代经济——1820年代华亭—娄县地区GDP研究》，中华书局，2010，获第四届郭沫若中国历史学奖（2012）和第六届中国高校人文社会科学研究优秀成果（2013）。

9.《史潮与学风》，中国人民大学出版社，2014。

10.《新史观新视野新历史》，香港城市大学出版社，2018。

11.《火枪与账簿：早期经济全球化时代的中国与东亚世界》，生活·读书·新知三联书店，2017，获教育部第八届高等学校科学研究优秀成果奖（2020）；繁体字版：（台北）联经出版事业有限公司，2019。本书于2017年获第六届坡州亚洲图书奖（Paju Book Awards）。（坡州图书奖包括著作奖、策划奖、书籍设计奖和特别奖。著作奖评选范围来自中、日、韩的母语原创作品，每年选一种）

12.《李伯重文集》（四卷本），四川人民出版社，2024。

英文专著

1. *Agricultural Development in the Yangzi Delta, 1620−1850*, The Macmillan Press Ltd., Houndmills, UK & St. Martin's Press& Inc., New York, USA, 1998，获北京市第六届哲学社会科学优秀成果奖一等奖（2000）。

2. *An Early Modern Economy in China: The Yangzi Delta in the 1820s*, Cambridge University Press, Cambridge, UK, 2020.

3. *New Perspectives on Chinese Economic History*, Tsinghua University Press, Beijing, China, 2023.

4. *Guns and Ledgers: China and the East Asian World in the Age of Early Economic Globalization*, Palgrave Macmillan, UK, 2023.

韩文版著作

1.《理论、方法与发展趋势：中国经济史研究新探》，韩国 Chaek Se Sang 出版社，2005。

2.《火枪与账簿》，韩国 Geul Hang A Ri 出版社，2018。

合著

1. 千里（李伯重）、延之（李埏）:《北宋方腊起义》，云南人民出版社，1975。

2. 李埏、李伯重、李伯杰:《走出书斋的史学》，浙江大学出版社，2012。

3. 李埏、李伯重:《良史与良师——学生眼中的八位著名学者》，清华大学出版社，2012。增补版易名为《良史与良师——学生眼中的十位著名学者》，北京大学出版社，2012。

4. 李伯重、韦森、刘怡:《枪炮、经济与霸权》，现代出版社，2020。

主编作品

1. 李伯重、周生春编《江南的城市工业与地方文化（960—1850年）》，清华大学出版社，2004。

2. 李伯重、董经胜编《海上丝绸之路：全球史视野下的考察》，社会科学文献出版社，2021。

翻译作品

1. 王国斌（R. Bin Wong）：《转变的中国：历史变迁与欧洲经验的局限》，李伯重、连琳琳译，江苏人民出版社，1998。

2. 斯波义信：《宋代江南经济史研究》，李伯重、方健等合译，江苏古籍出版社，2001。

3. 伊懋可：《中国的历史之路》，李伯重、王湘云、张天虹、陈怡行合译，浙江大学出版社，2023。

壹卷
YE BOOK

洞见人和时代

官方微博：@壹卷YeBook
官方豆瓣：壹卷YeBook
微信公众号：壹卷YeBook
媒体联系：yebook2019@163.com

壹卷工作室
微信公众号